探究真谛

上海广播电视论文选

第十三辑

上海市广播电视协会　编

文匯出版社

封面题词	龚学平
主　　编	林罗华
执行主编	肖林云
编　　委 （按姓氏笔画排序）	王克耀　许志伟　张骏德　吴　林 肖林云　林罗华　赵复铭

求真路上，不忘初心

当承载着行业思考的第十三辑《探究真谛——上海广播电视论文选》新辑付梓，恰是我作为上海市广播电视协会会长任期的尾声。轻抚书页，墨香犹存。本辑共收录六十五篇论文，这既是上海广电人面向时代之问的集体答卷，也映衬着广电行业的发展轨迹。

党的广播电视事业，从诞生之初便肩负着追寻真相、传播真理、沟通真情的崇高使命。这本论文选以"探究真谛"为名，正是对我们行业核心价值的永恒叩问与执着坚守。无论时代风云如何变化，"为党发声、为人民立言"始终是广电人的初心使命。

几十年来广电行业经历了前所未有大变革。从模拟到数字，从单向广播到互动融媒，从单一屏端到万物互联，技术洪流席卷，传播格局重塑，用户习惯颠覆。但不变的是，一代代上海广电人始终怀揣着对真实、对专业、对责任的敬畏之心。在变革的激流中奋力搏击，在坚守与创新中追求卓越。这本论文选，正是这种精神的当代延续与生动注脚。它证明，无论媒介形态如何迭代，无论传播格局怎么变，"内容为王"的黄金定律没有变；无论传播环境如何复杂，追求真相、服务人民的初心未改。

当下，我们身处一个更具挑战也蕴含无限可能的"大视听"时代。人工智能深刻重塑内容生产与分发，元宇宙开辟虚实交融的新场景，全球化传播面临新语境。上海，作为中国改革开放的前沿和具有世界影响力的国际文化大都市，其广播电视与网络视听事业肩负着特殊使命。如何巩固壮大主流思想舆论阵地？如何打造具有全球竞争力的精品力作？如何构建自主可控、安全高效的全媒体传播体系？如何让优质声画赋能城市软实力？这本文集中众多富有前瞻性与建设性的探讨，为解答这些时代课题提供了思路与启迪。它们彰显了上海广电人勇立潮头、敢为人先的锐气，也寄托着我们对行业未来的无限期许。

我坚信，根植于上海这片创新沃土，拥有深厚积淀与蓬勃活力的新一代广电人，必能以更大的勇气拥抱变革，以更深的定力坚守本真，以更广的视野开拓未来。持续编撰的《探究真谛》，必将记录下他们更为璀璨的思想火花与实践硕果。

展望前路，挑战与机遇并存，变革与坚守同行。唯愿上海广播电视与网络视听事业的航船，继续高扬“探究真谛”的风帆，在建设具有强大传播力、引导力、影响力、公信力的国际一流新型主流媒体征程中，书写无愧于时代、无愧于人民的壮丽篇章！让我们始终牢记初心、勇担使命，将巩固壮大主流价值、主流舆论、主流文化作为己任，立足上海、服务全国、面向世界，共同推进主流媒体系统性变革和高质量发展，为上海建设习近平文化思想最佳实践地作出新的更大贡献！

最后，我谨代表论文选编委会向致力于广电事业改革发展并辛勤耕耘的同行们表示崇高的敬意！对论文选的全体作者和参与论文收集选编的全体工作人员表示衷心感谢！

上海市广播电视协会会长
林罗华
二〇二五年六月

目　录

视听传播篇

新媒探究篇

融媒建设篇

综合专题篇

视听传播篇

提高国际传播效能的改革与创新探索

——以 ShanghaiEye 的国际传播实践为例

杨颖杰

提　要：在全球化背景下，地方媒体的国际传播实践越来越受到关注，特别是像 ShanghaiEye 这样具有鲜明地域特色和文化符号的地方 IP，其国际传播的实践为地方媒体如何走向全球提供了更多的可能性。本文基于对上海文广国际传播中心国际传播旗舰产品 ShanghaiEye 的研究，分析地方媒体如何突破传统局限，借助全球视野和海外线上线下平台拓展其国际影响力，通过深入探讨 ShanghaiEye 与国际受众的互动模式、跨文化传播的策略及传播效果的评估，指出地方媒体在国际传播中既要坚持本土特色，又要顺应全球传播趋势，创新性地整合多元资源，以提升国际传播效能和影响力。

关键词：国际传播效能　机制创新　地方媒体　国际化与本土化　ShanghaiEye

引　言

在全球化和信息化快速发展的今天，全球传播格局发生了深刻的变迁，这种变迁不仅改变了广义上的国际新闻传播方式，也重塑了各国间的交流路径与国际形象。过去几十年，全球传播的主导权主要掌握在欧美发达国家手中，尤其是美国和西方主流媒体。这些国家通过控制全球信息流动，深刻影响了国际舆论的走向，并且在全球传播体系中占据着不可替代的地位，长期以来在全球范围内建立了强大的话语权。这种不对称的信息传播格局在很长一段时间内没有得到有效改变。

随着中国经济的崛起和全球影响力的增加,中国的国际传播需求日益凸显。特别是近年来,中国在国际舞台上的地位和影响力持续上升,这要求中国媒体不断增强国际传播的能力,以便更好地塑造国家形象、提升文化软实力并推动全球事务中的话语权。中国政府也认识到,全球传播的格局正在发生变化,媒体已经成为国家竞争力的重要组成部分。

2021 年 5 月 31 日,中共中央政治局就加强我国国际传播能力建设进行第三十次集体学习。习近平总书记在主持学习时强调,讲好中国故事,传播好中国声音,展示真实、立体、全面的中国,是加强我国国际传播能力建设的重要任务。也就是说,在新形势下形成同我国综合国力与国际地位相匹配的国际话语权,为我国改革发展稳定营造有利的外部舆论环境,是我国加强与改进国际传播工作的重要性和必要性所在。

在全球化背景下,地方媒体的国际传播实践越来越受到关注,特别是像"ShanghaiEye"这样具有鲜明地域特色和文化符号的地方 IP,其国际传播的实践为地方媒体如何走向世界提供更多可能性。

一、资源与效能双重挑战下的 ShanghaiEye 机制创新分析

在全球化和信息化时代,新媒体促进了地方与世界的实时链接,地方-国家-世界的层级结构被打破。在国际公众视野中,地方形象不再仅仅成为国家形象的一部分,而是可能代表国家形象,成为国际社会理解中国的起点。事实上,上海这座城市的全球化特质为地方媒体提供了独特的国际传播角度,可以展现创新和经济发展的成就,展现中国式现代化的城市样本,同时也弥补中央媒体在地方特色传播上的不足。

另一方面,国际传播内容和平台建设,涉及技术革新、运营机制、管理模式、内容生产等多个层面的投入。在信息技术迅速进步和互联网广泛普及的背景下,传统媒体正遭遇空前的困境:受众关注度分散,广告收益减少,以及来自商业平台的强劲竞争等。

ShanghaiEye 是上海广播电视台(SMG)整合台内资源重磅打造的国际传播品牌,其围绕视频特色,以国际语态讲述中国故事,传达中国立场。2024 年,ShanghaiEye 对外发布视频及图文超过 1 万条,海外总覆盖量逾 1.78 亿;其中,视频在 YouTube 平台的点击量超过 1 000 万次,观看时长超过 100 万小时。此外,电视报道内容通过 ShanghaiEye+共享机制,被全球 221 家媒体下载使用超过 1 600 条次。

早在上海文广国际传播中心 2023 年 10 月挂牌之前,ShanghaiEye 就已作

为一个新媒体品牌，于 2017 年由上海外语频道团队创办。2020 年，随着全国广电媒体融合改革的深入，ShanghaiEye 与上海广播电视台融媒体中心国际新闻部进行了首轮融合。依托 SMG 融媒体中心，ShanghaiEye 打破壁垒，实现生产流程创新，做到“中文与英文、大屏与小屏、国际新闻与国际传播”互通。正是依靠这三个维度的流程再造，依靠有限人力生产出大量优质视频内容，团队梳理出快速创作、编译和再加工的创新工作流程；同时，依托东方卫视国际特色和海外记者站，对中国和国际热点问题进行快速反应，实现海内外平台同步踩热点，形成受众互动、内容互哺、影响力互补的新型传播格局。

这一快速反应机制在全球新冠疫情期间，展现了国际传播和舆论斗争的高效能。2022 年 3 月至 6 月，聚焦“魔都战疫”，ShanghaiEye 共计推送播发图文和视频 1 458 条次，总互动超过 23 万次，视频播放量 1 590 万次。通过美联社 AP、欧洲电视联盟 ENEX、国际视频通讯社 CCTV＋、今日俄罗斯 RT、俄新社等渠道，主动提供刊发 175 条与上海疫情相关的专篇，总共被全球 60 多个国家及地区的 300 多家媒体下载使用超过 1 500 条次，无论是发布量还是互动量、外媒使用量都创新高，有效传播了中国立场和中国声音，也及时回应了全球关切。

二、高质量生产和跨文化传播挑战下的 ShanghaiEye 叙事创新探索

ShanghaiEye 作为地方媒体的国际传播平台，必须解决如何创作和呈现具有全球吸引力内容的问题。具体来说，高质量生产的同时，如何突破跨文化传播的屏障，是其面临的主要挑战。习近平总书记曾就国际传播能力建设指出，“更加充分、更加鲜明地展现中国故事及其背后的思想力量和精神力量”“向世界阐释推介更多具有中国特色、体现中国精神、蕴藏中国智慧的优秀文化”“要深入开展各种形式的人文交流活动，通过多种途径推动我国同各国的人文交流和民心相通”。

党的二十大后，以元首外交引领的新时代中国特色大国外交，在全球舆论场掀起热潮。充分利用国际舆论场的自然热度，打造好“头条工程”也成为 ShanghaiEye 国际传播的主要抓手。而 YouTube 频道“ShanghaiEye 魔都眼”中的“Why China”专栏，正是通过创新的“头条”叙事方式有效提升中国思想和中国力量对外传播力的典型案例。

2024 年，“Why China”专栏的主题《元首外交里的大故事》从元首外交出发，讲述中外文明交流互鉴和中国全面发展进步的故事，向海外解码“你所不知道的中国”。比如 2023 年 11 月 15 日，中美元首在旧金山斐洛里庄园的会晤结束时，

拜登亲自将习近平主席送到上车处道别，并饶有兴致地观赏了习近平主席乘坐的红旗轿车，称赞“Beautiful!”。这一细节迅速在海外社交媒体上引发网友热议；与此同时，以“＃redflag＃ChinesePresidentialCar”为标签的内容，迅速登上海外社交媒体热搜榜：相比拜登的“野兽”，中国国家主席的座驾有何特别之处？中国又是如何从“零”起步，打造出席卷全球的新能源车产业？

《元首外交里的大故事》第一集“*About Xi Jinping's Hongqi sedan: Why Biden admires it so much?*”聚焦习近平主席这台备受海外普通网友关注且好奇的红旗车，通过细腻的镜头语言，穿越时空隧道，讲述新中国成立以来，中国自主汽车品牌怎样在历代领导人的关心下，从无到有，从模仿到创新，直至自主研发、自力更生，走出一条中国“智”造新能源车的筚路蓝缕之路。视频一经上线即成“爆款”，24 小时内“ShanghaiEye 魔都眼”英文 Youtube 频道获海外覆盖浏览数逾 15 万，海外受众观看视频时长约 500 小时；而且数据持续发酵上涨，长尾效应显著，海外受众互动留言踊跃热切。与大多数作品不同的是，“Why China”系列将目光投向元首外交、大国外交，放大元首高访行程中一些受到海外普通网友高热度讨论的切面，使这些外交大事之“细”成为故事主体，而大国元首则成为中国故事的讲述者，亲自“代言”可信、可爱、可敬的中国。这一创新的叙事方式，也收获了精准的国际传播效果。

三、加强本土化和国际化双重平衡挑战下的 ShanghaiEye 人文交流

世界正经历百年未有之大变局。中东乱局、俄乌冲突、极右翼政党在欧洲大陆的崛起、美国新一届政府的逆全球化趋势……为应对国际局势和地缘政治的不确定性，当下，我们迫切需要不同文明之间的相互交流和平等交往。2014 年 3 月 27 日，习近平主席在巴黎联合国教科文组织总部发表演讲时首次提出文明交流互鉴理念。他强调：“文明因交流而多彩，文明因互鉴而丰富。文明交流互鉴，是推动人类文明进步和世界和平发展的重要动力。”在文明交流互鉴的语境下，中华文明的国际传播也面临着新格局和新挑战，尤其是在本土化与国际化的平衡方面，需要突破瓶颈。值得注意的是，“Z 世代”和“阿尔法世代”已成为当下传播的主力军。“Z 世代”一般指出生于 1995 年至 2009 年的人群，他们成长于互联网时代；“阿尔法世代”则指出生于 2010 年之后的人群，他们出生和成长在移动互联网及社交媒体盛行的年代，更是“Z 世代”的接力棒和传承者。他们跨越国界和文化障碍，在各大平台上自如穿梭，推动了信息、意识和文化在全球范围内的流通。而针对这一群体的国际传播活动，往往会获得更高的“回报率”。

2023 年元宵节，ShanghaiEye 双语纪录片《Chinese Puzzle——我在美国学中文》在东方卫视、东方卫视海外版、上海新闻综合频道、看看新闻 Knews 和 ShanghaiEye 国际传播矩阵同步播出。在东方卫视播出累计触达人次 1 273 万，大学以上高学历观众群体占比达 31.9%，较前一年同期提升 26%。该片还在美国城市卫视三大平台 Dish Network9949、南加州无线频道 31.3 频道和美国城市新闻网播出；并在美国政治首都华盛顿、经济文化中心纽约，以及中西部俄亥俄社区等地举办多场针对美国青少年的交流活动，在海内外取得广泛而深入的反响。

近年来，中美关系遭遇波折，陷入低谷，但两国有识之士积极努力，共同推动两国关系向好，而民间外交的作用在当下更加凸显。事实上，习近平主席也早就指明了推动两国人民多走动、多来往、多交流的方向："中美关系的希望在人民，基础在民间，未来在青年。希望更多中美青年相知相亲、携手同行，成为两国友好的新一代使者，为中美关系发展持续注入动力。"2023 年 2 月 8 日，《人民日报》大江东工作室发文《国之交在于民相亲！从这部纪录片看美国人与"中国谜题"的相遇》评论说，学会中文的美国人，会形成哪些对中国的新认知？美国"汉语热"背后，展现了哪些中美民间交流新气象？点滴积累的认知、扭转的偏见、消除的误解，会在多大程度上影响中美关系？《我在美国学中文》在寻找答案，也在探究中国文化海外传播的路径。

"国际传播"具有丰富的内涵，不能简单等同于"对外新闻"。狭义的国际传播仅指跨越国界的大众传播，而广义的国际传播包括跨越国界的大众传播和人际传播。从公共外交的视角看，多元主体的融合已经构成全新的国际传播图景，也为推动对话提供了更多的可能。2016 年，上海广播电视台曾推出另一部纪录片《生命的回响——犹太人在上海》，记录了第二次世界大战期间在上海获得庇护而幸存下来的两万名犹太人的故事。该片不仅获得了当年的中国新闻奖国际传播一等奖，更是成为迄今为止第一部也是唯一一部在美国国会播出的中国纪录片。

事实证明，国际传播能力的增强和中国故事的生根发芽不是一蹴而就的，而是需要传播持之以恒的努力和不惧风云的气魄。正如习近平主席所言："越是困难的时候，越需要拉紧人民的纽带、增进人心的沟通，越需要更多的人站出来为中美关系鼓与呼。"

四、ShanghaiEye 提升国际传播精准度和有效性的创新探索

相较于中央媒体，地方媒体在全国性、全球性平台建设方面，因资源和投入

所限，往往需要寻找“高性价比”的新途径。特别在新媒体环境下，地方媒体需要创新传播方式，借助社交平台、数字视频和直播等手段，增强受众的参与感和互动性，打破时间和空间的限制，增强国际传播的有效性。

2025年新年伊始，上海文广国际传播中心ICS外语频道实施数字时代全平台焕新升级。焕新后，ICS外语频道现有的全部视听内容和服务功能，全方位注入ShanghaiEye全媒体平台，突破ICS外语频道只能覆盖上海本土受众的传播局限性，利用互联网平台将更多优质内容推向海内外，实现单向传播向交互传播的重要变革。传统电视频道关闭后，ShanghaiEye从两大维度上平移主流媒体的传播渠道，进一步提升国际传播的能效。

一是全新创制的英语电视杂志节目《ShanghaiEye》亮相东方卫视。2025年元旦起，每周一至周五，东方卫视全新推出一档英语杂志节目《ShanghaiEye》，立足上海，面向海内外外籍人士，提供及时有用的服务信息，重点聚焦上海城市生活、财经科技、文化体育等领域，讲好中国故事、诠释中国现象。

二是服务改革开放、服务全球受众，“ShanghaiEye LIVE24”外语视频直播流持续拓展海内外传播渠道。已在海外Youtube平台试运营一年的24小时英语视频直播流“ShanghaiEye LIVE24”登录看看新闻App、看东方App，实现海内外同步播出，进一步拓展传播渠道，深度链接海内外的用户生活场景和多屏多端。“ShanghaiEye LIVE24”集纳了解释性中长视频、新闻资讯、纪录片、人物访谈等各种视频形态，编排灵活，把真实中国的鲜活故事讲述给世界听，进一步呈现上海这座城市形象丰富、立体、多维、生动的整体风貌。

在海外社交平台方面，目前，ShanghaiEye的英语订阅用户已超过330万，粉丝忠实度高；特别是以视频为特色的YouTube平台，以全球视野解读中国和世界局势，粉丝互动性强、增长稳定而快速。不过，海外社交媒体平台也面临诸多不确定性。平台在数据合规、内容审核等方面的政策变化，经常给中国媒体的传播带来困扰。特别是在涉及政治议题时，平台对内容的监管可能会影响内容的自由发布和传播范围。如何确保内容既能符合平台的规则，又能够有效传播，是地方媒体在国际传播中的重要挑战。

结　语

站在新时代的十字路口，立足本土，聚焦中国式现代化，构建具有感染力和说服力的中国叙事，解读复杂中国的人情故事，推动中西方价值观的理解和互动，地方媒体在链接中国特色与全人类共同价值方面大有可为。

首先，地方媒体立足自身优势、主动作为能够推动地方文化的全球传播。上海作为中国的经济、文化和金融中心，其独特的城市风貌、文化底蕴和国际化气质，使其成为全球范围内具有高度吸引力的城市。通过 ShanghaiEye 这样的国际传播平台，上海可以向世界展示其独特的城市魅力、创新精神和文化积淀，增强其在全球范围内的影响力。其次，地方媒体立足地域特点的主动创新有助于推动中国软实力的建设。在全球传播格局中，媒体已不再仅仅是信息传递的工具，还是文化和价值观传播的载体。地方媒体，尤其是如 ShanghaiEye 这样的跨文化传播平台，能够通过多语种、多平台的传播形式，向国际观众呈现更为立体、丰富的中国故事。此外，ShanghaiEye 作为地方媒体国际传播的代表，其国际传播实践还具有重要的示范意义。通过对其传播模式、内容策划和受众互动等方面的解构，能够更好地理解地方媒体如何在国际传播中实现精准定位、有效互动和跨文化沟通，这对于提升中国地方媒体的国际传播能力和竞争力具有重要参考价值。

总体而言，全球传播格局的变迁为中国地方媒体提供了更多的机遇，但同时也带来了更复杂的挑战。地方媒体在积极应对这些挑战的同时，需要通过创新传播手段、提升内容质量与国际视野，逐步建立起自己的立体式全球传播体系，从而更好地满足中国在国际舆论中提升话语权和塑造国家形象的需求。

参考文献：

[1]《习近平：讲好中国故事，传播好中国声音》，求是网 http://www.qstheory.cn/zhuanqu/2021-06/02/c_1127522386.htm，2021 年 6 月 2 日。

[2] 吴瑛、施懿：《从 Z 世代到阿尔法世代：地方国际传播的年轻态力量》，《对外传播》2024 年第 6 期，第 44 页。

[3] 习近平：《习近平谈治国理政(第四卷)》，北京：外文出版社，2022 年，第 317 页。

[4]《文明因交流而多彩，文明因互鉴而丰富》，中国共产党新闻网 http://cpc.people.com.cn/xuexi/n/2015/0721/c397563-27337517.html，2015 年 7 月 21 日。

[5] 关世杰：《国际传播学》，北京：北京大学出版社，2004 年，第 1 页。

[6] 章文宜、马梅：《全球与地方：文明交流互鉴视域下的国际传播探究》，《对外传播》2024 年第 6 期，第 68 页。

作者简介：

杨颖杰，上海文广国际传播中心主任助理。

拓展内容　优化表达
提升传播效能

——试论电视媒体的对外报道策略

徐笑燕

提　要：当今世界，西强我弱的传播格局并未发生质的改变，国内主流媒体对外报道的传播力和影响力仍不理想，外宣效能有待进一步提高。近年来，全球范围内视频类社交平台和互联网电视的兴起，给传统电视媒体开辟了一个面向海外主流人群进行国际传播的崭新舞台。电视主流媒体应坚持以对外报道内容建设为核心，推动外宣话语的国际化表达，对外展示真实、立体、全面的中国，传递发展、合作、共赢的全球价值理念，为改革发展稳定营造有利的外部舆论环境。本文尝试从国际传播的基本态势、海外受众的认知习惯等角度出发，从内容布局和国际化表达两个方面探讨提升主流电视媒体国际传播效能的有效路径与对外报道策略。

关键词：对外报道　国际表达　外宣效能

引　言

落实国家战略，把发展、合作、包容、共赢、构建开放型世界经济、打造人类命运共同体等当代中国核心价值理念更好地传向世界，是主流媒体的责任和使命。随着移动互联网、社交媒体及互联网电视的兴起，我国电视主流媒体的外宣工作迎来广阔舞台和崭新契机——要以中国立场、国际表达为核心，积极拓展传播渠道，面向海外主流人群，讲好中国故事，为加快构建中国话语和中国叙事体系，加强国际传播能力建设，提升国际传播效能进行有益探索。

一、对外传播的基本态势分析

（一）对外传播的困境与瓶颈

当今世界，一个国家国际权力的延伸和强化，更多的是取决于对话语权的争夺。当今中国，综合国力快速提升，利益分布日益广泛，对国际事务的介入持续加深，正从一个独善其身的耕耘者转变为全球发展的贡献者和国际秩序的维护者，但在国际话语权争夺中依然处于弱势地位。一个国家国际话语权的大小，很大程度上来源媒体的传播能力。对新闻媒体而言，就是指通过信息内容传播来影响国际舆论，塑造国家形象，形成于己有利的国际环境，进而提升本国主导国际事务的能力。当前，西方大国凭借强大的传播能力将人权危机、海洋争端、安全威胁讲成国际关系主流话语，为其地区战略搭台，严重威胁中国的安全与发展。反观国内主流媒体，其对外传播的影响力仍不理想，经常陷入声量大、听者寥，甚至在被西方媒体修饰之后产生反向效果的困境。

长期以来，西方媒体构建了一套完整的负面话语体系，来描述中国和中国媒体。同时，我们的对外传播不能完全适应中西方话语形态和话语逻辑的差异，可信度面临挑战。比如各种宣传世界领先的成就报道，就未必能给大国形象加分，反而留下一个自我膨胀、沾沾自喜的追赶者的印象，引发更多对竞争与对立的担忧。

要赢得亲近感，提升可信度，必须善于运用海外受众熟悉的表达形式和语言逻辑。只有从媒体传播理念、报道形式等多个环节进行整合，优化信息内容，打造出更多融通中外的新概念、新范畴、新表述，真正做到中国立场、国际表达，才能在面对外部世界充满疑虑甚至敌意的审视时清晰地阐释自己，才能更有效地传播自己的价值理念，进而影响国际主导话语，为长远发展创造认同与合作远多于怀疑和对抗的、安宁稳定的外部环境。

（二）对外传播的机遇与使命

面对世界百年未有之大变局，中国积极倡导发展、合作、包容、普惠的全球价值理念，获得了国际社会，尤其是发展中国家的广泛响应。随着经济文化实力的显著提升，中国话语在逻辑说服力上具备了与西方一争的基本条件，全球话语体系的重构正在进入一个快速演变的关键时期，迫切需要主流媒体提升影响力，在对外传播中发挥核心作用。

移动互联网、视频社交媒体的兴起，使得地方电视新闻媒体有了一个触达海外主流人群的崭新渠道，电视媒体外宣迎来了更广阔的舞台。积极拓展海外社交平台这一传播主渠道，使自己逐步成长为海外主流人群了解中国的重要信息源，为加快构建中国话语和中国叙事体系，拓展国际话语权贡献媒体力量，这理应成为电视新闻媒体在对外报道中追求的目标。

二、对外报道的内容布局和发力方向探讨

新时代对外传播的核心使命是把发展、合作、包容、共赢，构建开放型世界经济，打造人类命运共同体等当代中国核心价值理念更好地传向世界。践行这一使命，迫切需要提升外宣效能，尤其要更加强调对外报道的针对性。首先是直面不解、忧虑，甚至质疑和攻击，积极地阐释和回应；其次要在外部世界重点关注的领域持续发声，消除误解和敌意；最后就是寻找可以在中外民众间达成一致的、符合人类共同价值维度的主题和议题，拉近与海外观众的距离，树立可信形象和亲近感。

（一）改善民主制度有关报道

民主、自由、人权是西方媒体描述中国的负面话语体系中的最核心部分，也是西方民众对华误解最深的部分。相比于直接论争，见人见事的新闻报道在改善这种认知偏差方面可能更有优势。中央媒体常以改善贫困地区生存条件、保障底层劳动者就业环境，以及推进基层民主为内容方向展开对外报道，主题宣传色彩较重，不容易被接受。相对而言，从立法冲突、政府决策调整、公民权益自救等热点新闻事件切入，去表现决策者与民众的良好互动，个人和社会力量的发展及其在社会治理中的良性作用，以及民意表达渠道的畅通等，更能真实地反映全过程人民民主的运行机制和运行效果，也更容易被理解，从而影响海外观众的认知。

（二）规范市场化改革报道

市场化改革是世界关注中国的又一个焦点。市场开放程度和法治水平决定了外资进入中国的意愿，市场经济地位的认定直接影响中国在国际贸易中是否受到公平对待。我国诸多媒体应特别关注资本市场、技术市场和信息市场发展，

民营经济的成长和社会服务业的开放，能源等垄断行业的市场化改革等；应更加重视反垄断、产权保护等公平竞争机制的确立，充分报道商事案件和打假行动，反映市场环境的日益规范。在报道中不能只讲机遇，也要提示风险，冷静观察的专业语态更容易赢得海外受众的认同。

另外，中国企业走出去，应避免高声宣扬海外投融资的直接成果，而要更加关注其对全球资源配置效率、产业链完善的提升效应；对投资地社会经济发展的积极影响，比如基础设施升级，投资、产业和质量标准的建立；尤其要围绕人的发展做文章，比如为投资目的地创造就业、培养技术工人队伍、帮助改善社会医疗等。针对以美国为代表的西方发达国家对中国企业的无理打压，泛化国家安全概念，阻挠中国企业正常投资和经营活动的，舆论上要据理力争，寸步不让，但对于类似中概股在美遭做空等事件，就不宜过度反应；相反，利用市场机制保护投资者利益，维护市场秩序，是成熟资本市场的重要特征，值得学习借鉴。

（三）增加健康医疗改革报道

在西方国家的对外宣传上，医疗保障和尖端医疗科技一样，都是重要内容，意在通过对比渲染制度优势。基于这个逻辑，海外对中国的医疗保障体系十分关注。只要把握得当，增加对医疗改革进程的报道可以为国家和政府形象加分。报道中应该通过纵向梳理来积极报道中国医疗保障体系的不断完善，包括医疗总费用中政府支出比例的不断提高（个人支出比例已降到30%以下），优质医疗资源的不断扩容（国家区域医疗中心建设）和配置的不断优化（资源下沉，缩小城乡医保水平差距），医保药品目录高频调整（国谈和带量集采）等。报道同样必须强调现实挑战。医保基金面临的压力，来自国家连续大幅度提高医保报销比例，叠加人口老龄化的加快。从问题和挑战入手，符合西方受众对新闻报道的习惯认知。面对不熟悉中国医保体系的海外受众，我国媒体应充分解析历史沿革、现实背景和改革思路，从而很好地展现政府积极盘活有限资源，提升保障水平的负责任形象。

（四）重视生态环境保护报道

过去很长一段时间，春天北方沙尘大的时候，BBC 记者就会在北京找个居民区做现场报道。也曾有一段时间，美国驻华使领馆发布的空气质量监测数据引起中国民众的强烈关注。美英媒体和官方机构关注中国的环境质量，为的是给中国经济快速发展添加一个负面的注脚，通过类比制造偏见的意图明显。如今，中国早已对40年高速发展所付出的环境代价和资源代价有了清醒的认识，正着力转变发展方式，对外报道中重视生态环境保护和绿色生产生活方式等内容，可以改变西方民众在西方媒体影响下形成的习惯认知。我国媒体可重点聚焦从政府到民间的全社会环保意识；以法治方式（环境立法、开发项目环评制度）和市场机制（碳交易）促进长效环境治理，巩固生产生活方式转变；加大能源革新、生产设备操作革新、废水废气排放及治理等环境工程技术研发投入；强化国际合作，兑现国际承诺等。

（五）强化竞技体育专业化报道和评论

竞技体育几乎是最能跨越国别、文化和意识形态障碍，达成价值认同的领域。对外传播中强化对竞技体育项目的专业化报道和评论，有助于消解疏离感。多年来，西方媒体不断给中国体育事业贴上政治标签，攻击中国运动员的培养和训练模式，并以极大的偏见看待中国体育公平竞争环境。即便这样，中国还是诞生了姚明、李娜这样的职业体育巨星，极大地改善了中国体育的国际形象。随着中国体育的开放度越来越高，更多在职业化和国际化模式下培养出来的运动员亮相世界舞台，比如近年来涌现出来的网球职业选手张之臻、吴易昺、商峻程、郑钦文、张帅等，还有像谷爱凌这样更加国际化的优秀运动员，充分关注与报道他们的竞技表现和赛场外的生活，能真实地反映中国鼓励运动员自由成长、尊重运动员个人选择、真诚推动跨国界交流的积极面貌，进一步巩固中国的开放形象。

（六）拓展国际报道广度深度

对外报道中，国际新闻不可缺少。一方面，它是受众判断媒体实力和国际化程度的依据；另一方面，对外传播中的国际报道是影响国际主导话语，争夺国际话语权的重要内容载体。首先是中国对外政治和经贸关系中的热点事件，要准确报道中方态度，积极阐释中方立场。目前来看，要提升对外传播效果，此类报道的内容边界和深度都需要拓展。其次是重点关注周边事务，强大起来的中国能否成为构建地区稳定的力量，是全世界所关心的。外界往往会从媒体报道的聚焦点，来解读中国政府处理地区事务的态度和方式。最后是在地缘政治和热点冲突事件中，传递好中国声音。外部世界往往能够通过观察媒体的报道角度，来了解中国的全球安全观和治理理念，以及在应对国际挑战时是否能给出有启发意义的解决方案。

三、国际化表达方式研究

怎样在全球媒体市场中展现竞争力，提升话语权，这是外宣媒体面临的重大考验。要让海外受众看得明白、看得进去，首先要熟悉并掌握西方媒体惯用的表达方式。

（一）口语化故事化讲述

西方电视新闻报道在语言与文本风格上历来强调口语化和故事化。“避免使用日常对话时不用的词汇或表达方式”“避免使用长句”，这是西方电视新闻写作的基本要求。西方电视新闻报道注重聚焦个体对象，使故事化讲述成为可能。把复杂的新闻事实，用逻辑关系排列，以故事化的语言串联，最后形成一个STORY（故事），这是西方电视新闻记者必备的基本功，也是西方受众熟悉的表达方式。对外报道注重故事化，更利于海外人群理解和接受。其与国内一般新闻语言存在较大差异，因而对文本编译提出了较高的要求。故事化还体现在对声画配合的极端重视上，国际一流电视媒体的新闻画面剪辑极少碎片化或无意义，镜头长短节奏也并不死板固定，一切都出于故事讲述和情绪烘托的需要。而在跨文化传播中，以画面语言来架构故事，相较于陷阱重重的文本转换，拥有显著优势。在视频社交媒体逐渐成为传播主渠道的今天，像李子柒这样几乎纯粹用画面语言架构故事的互联网视频创作，已经在国际传播中展现出了惊人的穿透力。

（二）客观平衡报道与个性化自由表达并重

客观平衡是西方媒体标榜独立性的常用口号。客观平衡首先体现在叙事方式上，尽量运用“展示”而非“讲述”。两者区别在于，前者叙述者不介入叙事，不留下讲述的痕迹，不带有评价的成分。一般情况下，他们在新闻报道中只陈述事实，很少提供观点，展现一种尊重受众，由受众对新闻事实做出判断的姿态，但事实的选择、排布的逻辑，往往隐含价值和立场引导。与此形成鲜明对比的是，时事评论中强烈的个性化自由表达特征。评论嘉宾都毫不掩饰自己的观点和立场，且表达上都带有明显的个人情感色彩，给观众留下的印象是：这是一个包容多元观点、鼓励自由表达的平台。在对外报道中，运用好不同背景的评论嘉宾，有利于让海外受众形成上述印象。其中尤其应当重视海外智库学者对中国问题的研究和观点，展现中国平和谦逊、愿意吸纳先进理念的开放姿态。

（三）注重视觉呈现与表达手段

信息传递有效性的要求决定了视觉设计在视频新闻制作中的重要性，因而成为国际一流电视新闻媒体相互间竞争的重要环节。从平面图表，到三维动画，再到虚拟成像，更到增强现实，随着视觉技术的演进，视觉包装作为影像和声音之外的一种辅助表达手段，在视频新闻中的作用越来越突出。它以数据可视化、表现信息要素间的逻辑关系为主要目标，与文本解说相配合，帮助受众更好地理解新闻，引导他们形成判断和立场。简洁、直观、强化核心信息，强调说明性，是这种视觉辅助表达手段的核心制作原则。

（四）合理运用解析类报道

海外电视新闻节目一般新闻条数不多，单条篇幅较长，调查类报道受到青睐，显示出受众对深度内容的偏好。这种偏好在互联网用户中得到延续，并且演化出新的形态——解析类（解释性）报道。这类报道往往以一段时间以来持续引发关注的时事热点为解析对象，通过深度回溯，讲述事件之所以发生的历史原因，或者梳理其演变至当下状态的历史脉络。美国新闻评论网站沃克斯（VOX）是这类报道生产者中的代表。其解析的题材有美国大选为什么只有两个选择、AI怎样帮助以色列选择轰炸目标、红海货轮遭袭到底跟什么有关等。其中也不乏与中国相关的选题，比如台湾问题和中美芯片战等。很多报道的论据似是而非，结论颇为牵强，多采用简单图示，视觉效果也一般，然而观看量和粉丝数却相当可观。这只能说明，这种以热点事件为由头的泛知识内容，比传统的电视新闻深度报道具有更鲜明的互联网用户思维。这类报道对创作者个人的知识储备、信息和数据收集能力，以及表达艺术有较高要求。如何借鉴这种报道形式，在对外报道中高效地吸引海外受众，值得进一步研究和探索。

结　语

党的二十大报告提出，“要加快构建中国话语和中国叙事体系，讲好中国故事，传播好中国声音。加强国际传播能力建设，全面提升国际传播效能，形成同我国综合国力和国际地位相匹配的国际话语权”，为突破外宣效能瓶颈指明了方向。新时代的电视主流媒体，必须持续推动对外报道创新，紧紧围绕建设形成同我国综合国力和国际地位相匹配的国际话语权，拓展对外报道内容布局，提升国际化表达水平，在将中国式现代化壮丽图景清晰地呈现给世界的同时，摆脱用西方话语阐释中国模式的桎梏，创造中国自己的国际话语体系，进而影响全球话语体系的重构，这将是一个不断实践、反复总结、大胆突破的长期过程，需要耐心和定力。

参考文献：

[1] 谢新洲，黄强，田丽.互联网传播与国际话语权竞争[J]，北京联合大学学报（人文社会科学版），第8卷第3期。

[2] 杨晨曦.构建中国的国际话语体系：方向与路径[J]，科教文汇，总372：185。

[3] 程云杰.复杂舆论环境下中国国家形象的对外传播[D]，新华社新闻学术年会，2010年。

[4] 康文君.新型主流媒体对外传播模式研究[J]，新闻研究导刊，第12卷第18期83页。

[5] 刘倩颖.以BBC和CCTV为例浅析文化差异视角下的中西传媒在传播理念上的差异[J]，科技传播，2017(22)。

[6] 王一多，赵鹏.对外传播中的叙事和传播策略——以美国驻华使馆微博为例[J]，对外传播，2017(8)：53。

作者简介：

徐笑燕，上海广播电视台融媒体中心新闻采访部副主任。

论地方媒体国际传播新闻类视频产品的转型

——以上海文广国际传播中心原创新闻类视频为例

丁　琛

提　要：随着我国地方国际传播中心建设进入快车道，地方媒体国际传播新闻类视频的发展迎来更大的机遇和挑战。本文以上海文广国际传播中心原创新闻类视频为例，分析在从传统广电到"先网后台"的模式转型过程中，地方媒体在国际传播新闻类视频产品的体裁分类和话题分类的特点、优势及不足之处，探讨地方媒体如何在国际传播新一轮发展中立足地方特色资源，提升国际传播效能，并进行策略研究，提出改进措施。

关键词：国际传播　地方新闻　视频　模式转型　策略研究

引　言

习近平总书记在党的二十大报告中指出："加强国际传播能力建设，全面提升国际传播效能，形成同我国综合国力和国际地位相匹配的国际话语权。"2023年，我国的地方国际传播中心建设驶入快车道。2023年10月23日，上海文广国际传播中心(SMG International)成立，以"坚持立足上海，做中国式现代化城市文明塑造与国际传播的排头兵"为核心定位，全力打造"上海城市形象国际传播"的第一视频窗口，建设与上海城市功能相匹配的国际传播立体生态圈。

中心通过轻量化调整，以"先网后台"模式全面拥抱新媒体和海外传播渠道，国际传播运维重心从围绕电视频道的"大屏"转向海外平台油管直播流"ShanghaiEye Live24"。在这个过程中，国际传播新闻团队逐步摆脱了传统广电媒体较为单一的产品布局和叙事方式，而是着重以上海故事的国际表达为核心，以解释类、体验式的中长视频为特色，兼顾地方特点的时效视频，通过国际合作渠道和全球媒体协作，呈现中国式现代化的上海样本。

本文以地方媒体国际传播新闻类视频的发展为切入口，分析探讨在加强国际传播能力建设的当下，新闻类视频如何跳出传统广电媒体惯性思维，以传播对象为中心，以移动优先为引领，在产品体裁开拓、话题分类打造方面开拓实践创新的路径。同时，对转型中的视频产品的不足和相应改革措施进行思考。

一、从传统广电到“先网后台”的模式转型分析

传统电视媒体以新闻直播为时间线准绳，以主持人播报和记者报道为叙事方式，以与海外媒体机构供片和交换等形式“借船出海”为主要传播渠道，单向到达传统媒体受众为主的海外人群。长期以来，存在受众画像模糊、数据统计困难、传播效果不精确等问题。同时，由于广电媒体的“重资产”特性，围绕拍摄、制作，演播室的直播或录制等，需要大量人力物力的投入，记者编辑也常常处于跨平台多任务状态，不能专注于视频产品的创作和创新。

“先网后台”的模式明确了以新媒体产品为主线，以新媒体海外平台为主要渠道，让团队能集中精力打造国际传播新闻类视频产品。从准备到完成初步转型，工作流程经历了以下三个阶段的变化：

第一阶段，转型准备——大屏成片的小屏拆条。在保持电视端直播任务的前提下，通过软件将电视端节目自动拆条，编辑二次加工，将部分电视端成片改编为新媒体视频推送。该阶段的视频产品还未摆脱电视端报道的叙事方式，时效性不强，编辑的发挥空间有限。

第二阶段，转型开启——大小屏双版本的同步推进。在重点选题上配置人手，同步制作新媒体版本和电视端版本，既满足网端叙事方式的要求，又保证电视端的播出安全。该阶段的新媒体视频产品开启了实质性的转型，但双屏同步的要求下，耗费较多的资源、人力、时间。

第三阶段，初步转型——小屏优先，先网后台。团队明确按照新媒体视频要求进行策划和采编。其中，时效性强的作品即时推送，特别是国传中心独家的选题抢先网络首发；记者编辑能有较充足的时间进行策划和采编制作深度的中长视频，能集中精力思考和创新；团队可以进一步根据不同新媒体平台的特性，在产品内容和形式上进行差异化生产，还可以通过平台的数据和评论，进一步了解新媒体国际传播对象的偏好和特征，为加强“对象感”的国际传播提供更多依据。此外，通过中心内部平台，可以将作品原始版本与文稿上传共享，最大限度地用

好中心资源，并为平台提供多语种素材。

从一段时间的实践来看，第三阶段将是一个较为复杂且长期的阶段，它主要体现在调动团队积极性和创造性，提升工作效率，推动国际传播社交化、视频化，帮助提升国际传播效能上。同时，在实践的过程中提出了如何更细化、更高质量的实践创新课题。

二、拓展多种体裁，聚焦重点话题，结合地方特色打造国际传播新闻类视频的实践创新

（一）有的放矢，开拓多种体裁推动地方特色品牌打造

作为地方媒体，要讲好中国故事的国际传播，需要打造地方特色的传播品牌，吸引海外受众。经过前期研究和讨论，特别是对传播对象和地方媒体自身资源优势进行分析，团队梳理出的品牌打造途径包括：解读中国制度，提升政治话语的阐释力；讲述地方经济发展故事，反映中国式现代化的路径和前景；挖掘地方历史文化资源，通过国际化的表达吸引海外受众。经过一段时间的实践创新，团队将重点打造的中长视频体裁主要分为：解释性视频（Explainer）、深度观察（Witness）、视觉与体验（Trending）。

1. 解释性视频（Explainer）

解释性视频是国际舆论斗争的重要新媒体产品。中国在国际舆论的关注度不断飙升的同时，也面临着在国际舆论环境中失语的问题。以西方发达国家政府和媒体为主力的力量，在涉华事务和报道上污名化、标签化、政治化出现升级趋势。现阶段，针对“有理说不出，说了听不进”的情况，需要及时做好解释工作，抵御西方国家对我国的妖魔化宣传，树立可信、可爱、可敬的形象。

解释性视频针对国际舆论热点，通过数据、事实、举例等进行有理有据的反驳，同时摆脱传统电视媒体新闻报道模式，通过比喻、拟人化演绎等方法，探索更易于理解和传播的叙事方式。例如2023年开始，菲律宾利用其在中国南沙群岛仁爱礁非法“坐滩”二十多年的破旧军舰，频频挑衅生事，多次派遣船只向非法“坐滩”军舰运送建筑材料，企图加固军舰永久侵占仁爱礁，中国海警不得不采取必要的维权执法措施。而菲律宾官员和媒体却贼喊捉贼、反咬一口，以美国为首的西方媒体则借机大肆炒作，反诬中国“以大欺小”，为菲律宾侵权挑衅行径站台撑腰。对此，团队推出了视频《仁爱礁的事实与真相：菲律宾的“反复横跳”到底是怎么一回事？》，从四个方面揭穿谎言，还以真相：“谁是仁爱礁的主人？谁在改

变仁爱礁现状？菲律宾究竟意欲何为？谁在幕后操弄指使？”编导从历史的经纬度进行了严谨的考证，并根据我国外交部的口径进行演绎，一人饰演多个国家的角色，通过动作和对话，揭示出仁爱礁就像是美国埋在南海的“一颗雷”，引线在它手里捏着，时时借机点火唬人、制造事端。视频发布后，收获了海外网友在网络平台上的热烈讨论，也引导海外观众以更加理性的角度看待问题，收获了国际传播的实效。

中国作为全球第二大经济体，其经济发展是全球关注的焦点，同时也面临着国际舆论各种质疑和污蔑的声音。对此，团队推出财经解释性视频《中国热词》(China Buzzword)，不仅对中国经济发展新词新动向进行阐述，还及时针对国际舆论焦点进行澄清解释。例如在2024年政府工作报告中提出的“新质生产力”，对海内外受众来说，是比较新颖的概念。团队第一时间由外籍专家参考官方来源进行撰稿，深入浅出地解释了这一热词的丰富内涵。又例如对美国提出的所谓“产能过剩”，外籍专家清晰阐述美国这一论调的谬误和其背后的政治动机，进而阐明中国应对气候变化的大国担当。

通过一段时间的实践，团队陆续推出了一批解释性视频，时长5～10分钟居多，涉及政治、经济、社会等“硬核”热点话题。视频产品基本都是小切口，通过举例、对比、比喻、列数据等形式，立体化地告诉受众“是什么”“为什么”。

通过这一系列解释性视频在油管的数据和反馈，受众偏好国际舆论热点话题，特别是中国以往不擅长直面讲述的话题，团队观察到，只要掌握得当、有理有据，受众的关注度就会上升，尤其表现在受众自发在评论区留言并互动。

2. 深度观察(Witness)

中长视频中的深度观察这一体裁的目标受众是以油管为主阵地的国际传播平台用户。这要求团队围绕重大主题、国际传播焦点等话题，充分利用好地方资源进行深耕，通过地方故事的小窗口展现中国故事的新篇章。不同于传统电视的叙事方式和长度限制，深度观察视频给予记者更多的发挥空间，包括主题设置、人物采访、拍摄手法、制作手段等方面。初步转型的过程中，深度观察视频重点突出“他们是谁”“这是什么”“为什么”，并有意识地与海外受众进行连接，以增进了解，引起共鸣。

例如海外受众对中国的科技发展主题一直表现出较高的关注度，不同国家的受众也对本国在中国的投资企业有一定的关注，带着这些话题热度，团队在2023年推出了系列深度观察视频《解码外资研发中心》。该系列新媒体视频跳出了传统电视媒体导语加记者画外音报道的惯性思维，由外籍专家走进外资研发中心，与研发人员对话，从具体的应用产品入手，了解研发技术和产品在中国乃至全球发展和应用。该系列包括《从“橡胶轮胎”到“电池包”》《超级液体“聚变”成“大风车”叶片》《照明界的节能高手有多强》《微米空间的流体操控》等，以小见大，突出了“是什么先进的科技”和“为什么选择中国”这两大焦点，反映了上海在跨国公司地区总部及外资研发中心方面的独特地位，也反映了中国对外资企业持续开放的态度，以及外资企业对中国市场的信心。

而在2024年推出的深度视频中，《一路向北》从赴京参加两会的代表委员角度，讲述中国立法机构和政治协商机构是如何为了中国发展出谋划策的；《巴西人在中国》则在中巴建交50周年之际展现了一组在中国的巴西人的工作和生活，讲述他们为什么选择中国；《我爱中医》《无名英雄》《侬好，国际转校生！》《老外也爱上夜校》等一批深度视频则聚焦包括老外在内的普通人如何在上海找到他们热爱的事业和学业。在财经领域，得益于上海的独特优势，一批深度视频通过记者讲述、实地采访、动画演绎等方式，在海外社交平台上获得关注，包括《372秒谈谈C919的国际市场打开路径》《“数据”为什么被称为21世纪的新“石油”？750秒给你讲明白！》《西方针对中国的“过剩产能”炒作是否站得住脚？》等。

团队深刻地感受到，得益于常年深耕本地的国际传播队伍，在此轮国际传播转型升级的过程中能进一步发挥“挖角度”“找人物”“讲故事”的能力，呈现出一批有深度、有共鸣的视频产品。在这个过程中，逐步形成的有代表性的两大“观察”形式特点：一是以人物特写方式用第一人称讲述故事，二是以外籍专家角度讲述故事和抒发感想。在充分沟通的基础上，让外籍人士来讲述他们的故事和相关评价，让外籍专家带着他们的角度来体验，不仅会有中国人可能会忽略但对于外籍人士而言重要的信息，还会有新颖的思维火花迸发。上海有着近20万的常住外籍人士，充分利用好上海的外籍人士资源，讲述他们眼中的中国和他们在中国的故事，将更贴近外籍受众，引起共鸣。

我们深刻地感受到，把故事落实到人物上、把话题转化成真实体验，是让海外受众更容易理解中国故事的有效方式。这些视频产品的呈现，一扫以往传统新闻视频的模式单一、传播单向特征，拉近了与海外受众的联系，在充满代入感地看故事的过程中，潜移默化地展现了中国的大国形象。此外，通过外籍人士故事讲述者的社交媒体圈，扩大了传播的涟漪效应。由此可见，地方媒体可以充分挖掘这些条件，加强国际传播叙事能力，持续扩大国际传播能力。

3. 视觉与体验(Trending)

视频产品的重要特点在于视觉冲击和代入体验。有别于传统媒体的单向报道，“轻量化”新媒体转型下的视频更突出代入感和共情，特别适合展现生活方式和文化体育等方面话题。同时，记者需要具备沉浸式体验的能力，包括主观镜头的运用、现场的描述、个人风格的演绎等。此类视频在后期剪辑时还可以根据主题有更多的发挥空间。

通过筛选适合国际传播的新闻类话题，团队持续推出一批视觉与体验类视频，包括《在“春运”感受“流动中国”》《吃在上海，“繁花”不止黄河路》《在上海沉浸式“走进”巴黎圣母院》《奇“喵”夜背后的猫神传说》《全球最大室内滑雪综合体初体验》《上海打工人草坪　到底有多好躺?》等，这些视频充分利用了上海本地特色话题和场景，且始终牢记辅以中国背景，联结海内外普通人的共通点，生动讲述多样的中国故事。

在国际传播的海量信息中，如何第一时间抓住用户注意力至关重要。因此，视觉要素完整、剪辑逻辑清晰，符合通用视觉习惯是最基本的要求。在此基础上，团队经过不断学习和思考，逐步形成了一套规则，即设定基础要素，留足创作空间。设定基础要素，包括统一字体、相适应的配色、标题字数范围等；同时，由创作者来负责整体剪辑、起标题、选封面。例如团队对油管平台视频的封面设计要求画面干净、主题词简洁，有时配以记者本人或体验者本人的头像，力求使受众一眼就能了解主题。

实践证明，在通用规则上给予创作空间，能更好地激发团队从国际传播的角度进行创作。例如一条关于如何领取“中国绿卡”——五星卡的视频，标题为《我的工作签证被取消了，为什么?》(My Chinese visa was canceled ... Why?)，封面上是外籍专家的头像，配以简洁的标题文字，特别是“为什么”(Why)居中，占整个封面的三分之一，醒目且容易引起兴趣。该视频在油管海外平台引发热议，网友们纷纷表示点击封面之后不知不觉就看完了整条视频，感到信息量很大，对中国的工作许可证、“中国绿卡”等话题兴趣更浓了。

（二）利用地方优势，打造重点分类话题

笔者对文广国际传播中心自 2024 年 1 至 6 月的英语原创新闻类视频进行了统计。在总计 515 条视频中，文化主题类 196 条，占比 38%；财经主题类 139 条，占比 27%；城市主题类 73 条，占比 14%；其余为体育、外交、科技等主题。

2023 年 10 月，习近平总书记对宣传思想文化工作做出重要指示，强调“着力加强国际传播能力建设、促进文明交流互鉴”。上海是中外文化艺术交流的重要窗口，利用这一独特优势，文化新闻类视频突出了中外文艺演出、中外艺术展览、中国历史文化探寻等话题。例如在上海国际电影节、上海电视节期间，推出记者体验、人物特写、专访等多样态的视频产品；在古埃及文明大展开幕之际，推出猫视角的体验博物馆“奇喵夜”，引起海外网友对在上海的特别展览的兴趣；而

三星堆·金沙古蜀文明展的视频则以小见大，展现了中国博大精深的历史文化。

财经类视频从“是什么”的基础上，重点讲述“为什么”，更加注重深度挖掘和对外阐释。视频产品重视国际关注的热点，并结合地方资源，重点展现在中国的投资、金融、消费等市场，代表性视频包括《新一轮在华外商投资的背后》《260 秒探秘“低空经济”的产业链价值》《外资制造业企业为何选择临港?》《上海苹果新店为何大排长龙?》等，真实地展现中国市场，及时反映外资企业关心的优化营商环境，反映中国是国际产业链、供应链的重要一环。

而城市主题涵盖更广泛的内容，切口小，接地气，展现中国城市发展与海外城市的异同，帮助海外受众理解中国式现代化这一重大主题。例如视频《全天开放一个公园一共分几步?》是关于上海一座公园是否 24 小时开放的话题下，来自各方面 300 多人的大讨论，以及之后的开放步骤。记者通过演绎的手法，用路人甲的表达方式，对比了美国纽约中央公园等的管理，潜移默化地介绍了中国的全过程人民民主，展现了全民参与、全民讨论、全民决策的过程。

随着全国各地方国际传播中心的成立，地方国际传播呈现百花齐放的景象。可以观察到，各地方国际传播中心立足于本地，充分挖掘特色资源，突出一个或数个重点，展现地方形象，服务国家整体国际传播格局。例如四川国际传播中心集中展现大熊猫这一海外受众喜爱的 IP，海南国际传播中心围绕海南自贸区集中做文章，刚成立不久的贵州国际传播中心则立足本地自然、人文资源，突出“一村　万桥　大世界”主题。

作为上海本地的国际传播媒体，团队认识到，上海正在聚焦的是“五个中心”建设，目标是加快建成具有世界影响力的社会主义现代化国际大都市，而上海本身拥有较雄厚的国际传播资源和生动多样的国际传播场合，是中国国际传播的重要窗口。在此背景下，相较于其他地方国际传播中心，上海海纳百川的特点更加突出，涵盖的国际传播资源丰富多样：既有中国式现代化上海样本的格局，又有人民城市人民建的精细化特色；既有国际化大都市的风范，又有江南水乡的历史人文品位。它的包容性和多样性决定了其国际传播话题的丰富性。此外，上海每年举办的各类国际性盛事，涵盖经济、金融、科技、文化、体育等方面，都适合成为国际传播中“自带流量”的话题。经过多年的耕耘和梳理，以及和其他地方国际传播媒体的交流，我们深刻地感受到，上海在文化、财经、城市等主题下均有明显的地方资源优势，为重点分类话题提供了丰富的素材。

三、新闻类视频产品在转型的新阶段还存在不足

在新一轮持续的国际传播改革和发展中，作为地方媒体，需要持续做好以国

家战略为引导，立足地方特色资源，触达目标受众。以笔者所在的国际传播中心为例，新闻类视频产品在转型的新阶段还存在不足之处，着眼于长远发展，需要进一步的改革。

1. 国际传播个性 IP 还比较欠缺。在统一的主品牌之下，个性化细分 IP 数量还不够充足，类型还不够丰富，尚未形成突出的 IP 矩阵。一些个性 IP 尚处于初级孵化阶段，还需要进一步打磨和调整，要形成一批标志性的媒体人物、垂类主题及相应的视频产品。

在传统的国际传播模式中，国家和官方媒体承担了主要的传播者角色，受众接收信息是被动的。在新媒体国际传播格局中，传播者与受众都可以是信息的生产者和传播者，信息来源更加多样，传播者的叙事方式更加多元。这要求团队从新媒体国际传播受众的角度来进行 IP 设置和创新，记者编辑要进一步摆脱传统媒体的叙事者角色，敏锐发掘海外舆论热点，多角度尝试体验者、演绎者、阐释者、评论者等角色，将中国故事个性化、具象化、地方化。

从传统的单一产品目标转化成多元 IP 产品目标的过程中，需要搭建与之相适应的梯度团队，深度挖掘中长视频，兼顾时效视频。可以通过试点工作室等方式，为个性 IP 产品打造提供更多的创作空间和资源支持。在这一过程中，需要有积极尝试的努力和一定的试错耐心。

2. 视频生产和运维反馈的结合还不够紧密。传统国际传播框架下，叙事方式多为说服教育，传播方式多为单向传播。既然已经借船出海，圈定了一定的受众目标，视频在播出的时候基本完成了使命，但在新媒体国际传播格局中，还应有条件地收集海外用户的效果数据和评论内容，以传播效用反哺内容生产，为策划选题提供指导和方向，同时通过评论互动与受众直接交流，增加真实性和黏性。因此，需要树立完整传播链的意识，平台运维团队通过监看数据和反馈，与记者编辑团队及时进行分析讨论，通过创作和运维的紧密结合，在新的作品中进一步增强国际传播对象感。此外，作品推送后，在社交媒体的评论区应保持活跃度，通过补充信息和思想交流，加深受众对视频产品的理解，让受众感受到活生生的创作者，拉近传播距离。

3. 视频领域的国别传播和精准传播尚未成熟。英语是目前最常用的国际传播语种，而多语种传播是进行国别传播和精准传播的重要手段。通过 AI 等技术辅助，与高校小语种专业的合作等方式，可以初步形成同一素材内容的多语种翻译、制作、传播。虽然单纯的多语种版本可能在传播数量上加分，但不意味着在传播效果上收到同样的效果。需要认识到，一种语言的背后，更多的是一个群体受众的文化背景。因此，围绕目标受众的语言和背景，在讲述中国故事的时候注重挖掘连接点，甚至在选题阶段就进行有针对性的内容选择，是国别传播和精准传播的重要手段。同时,拓展推送策略也非常重要,包括推送时间、推送平台、推送地区、主题词设置、提及相关网络大V等。

四、改革措施与发展策略研究

第一,针对新闻类视频国际传播个性IP还比较欠缺这一现状,需要进一步探索细化视频产品分类。

目前,上海文广国际传播中心全力打造国际传播超级视频IP ShanghaiEye,在这一总IP下设有三大子产品:ShanghaiEye 24小时直播流(ShanghaiEye LIVE24)、ShanghaiEye+视频共享平台(ShanghaiEye PLUS)和ShanghaiEye会客厅(ShanghaiEye MEET)。在这三大子产品框架下,无论是直播流的内容支持、共享平台的选题互动,还是高端访谈的策划执行,都需要团队在日常工作中打好坚实的基础,形成个性鲜明的IP矩阵,立体式向世界讲述"复杂中国"的鲜活故事。

经过初步的探索,团队已经在解释类视频、深度观察、体验类视频方面形成了发展的大方向,还需要在此基础上进行个性化的IP孵化。例如解释类视频中涉及国际舆论斗争的,在摆明中国立场的前提下,可以进一步探索场景演绎类IP、拟人化对话IP等;而在深度观察类视频中,可以逐步培养知识型观察者IP、对话类双IP等;在体验类视频中,进一步强化文旅体验官IP、"上海通"外籍达人IP、中外好友搭档IP等。

IP的创新与孵化需要从队伍架构和工作机制上进行创新。作为一项新的措施,从2025年开始,团队不再"打统仗",而是以工作室形式组队。中心鼓励各工作室发挥自己的优势和长处,给予创作空间进行视频IP的试验和推进。以上IP的孵化过程中,还需要团队注意在内容创作中淡化官方媒体属性,进一步研究突出人设,发挥主动性和创造性,并有一定的容错试错。

第二,针对视频生产和运维反馈的结合还不够紧密这一现状,我们对改进措施进行了思考和梳理。

目前,已经对重大题材、重点时期、特别项目及数据特别亮眼的单个作品等方面的数据与反馈有及时的梳理和向上汇报。这些梳理内容还可以进一步补充,成为团队内的分享学习重要依据。特别要做好和一线记者编辑团队的讨论,对视频内容的效果进行评估和校验,对视频产品方向提供参考依据,包括选题内容、话语环境、视频形式、IP特征等。在这一过程中,需要形成定期分享讨论、特别项目及时沟通的机制。

以视频产品在油管平台的视频发布和运维反馈为例,首先,以周及月为周期，通过油管的频道信息中心了解产品表现，借助详细的数据分析查看不同类型内容的表现，并通过工具对评论进行排序以查找出最重要和最相关的对话，在此基础上可以进行进一步的人工分析。例如评论"热词云"可以直观地展现受众关注点和观点，而人工分析可以重点放在有数据亮点的视频上，从受众地区、评论内容等方面进行进一步的解读。此外，对于意料之外的"数据洼地"视频，也有进行分析的价值，帮助了解视频传播效果不佳的原因。

其次，以上这些分析结果以周及月为周期，反馈给视频生产团队，推动视频生产的改进和创新。例如根据评论区"热词云"的分析，可以进一步了解受众的关切，为相关选题的角度选择进行针对性的调整，让疑问和好奇得到答案，让偏见得以纠正。以视频《我的工作签证被取消了，为什么？》为例，视频从持卡人的第一人称，重点描述了五星卡的定义和功能。在近万次观看中，有数十组评论，从热词分析中发现，除了"祝贺"是最高频的评论，不少受众提出了如何"申请"的问题，有的还在评论区内自发进行了互助问答。因此，团队可以就这一话题进行延展，继续策划包括"如何取得五星卡？""为了五星卡，我需要做哪些工作？"等切中受众关注热点的内容，实现"精准投喂"和"持续热点"。

另外，视频生产和运维反馈的结合还体现在新媒体传播效果运维上。如果说新媒体视频的推送是传播的第一阶段，那么评论区的运维则是传播的第二阶段，特别是在油管平台上，持续时间可以达以年计算。其中，可以是采取主动态势，在评论区发表引领性观点；也可以是以账号运维者的身份对评论区进行信息服务，对积极的评论给予肯定，对歪曲的观点以客观事实回复。以深度观察视频《中国——重新定义新能源产业》为例，该视频展现了新能源汽车的整车电池底盘从概念到推向市场仅用了两年时间，反映了中国科技企业的创新和高效。视频已经有超两万人观看，评论如潮，多为对中国科技发展速度的震惊，以及对新产品的好奇。有网友提问："我可以只买一个带驾驶位的电池底盘吗？看起来太有意思了。"由于科技类视频有一定的专业性，在这传播的第二阶段，此类热点视频需要运维与生产团队的紧密合作，针对集中的评论，由生产团队提供准确信息、运维团队进行评论运维，进一步推动传播的长尾效应。再以视频《我的工作签证被取消了，为什么？》为例，针对评论区的提问，可以通过团队紧密合作，在评论区提供相关文字信息和链接，让受众的提问得到及时的回应，提升账号的可信度，增加受众黏性，实现国际传播价值的增值。

第三，针对视频领域的国别传播和精准传播尚未成熟这一现状，可以从单个试点到逐步铺开的策略下，试行以下改进措施。

首先，进一步了解受众，为国别传播和精准传播提供细化的依据。以油管平台为例，通过后台对受众的兴趣与偏好进行分析，形成以国别、兴趣点为基础的精细化受众画像。将画像特征定期与视频创作团队进行分享学习，持续增强国际传播的对象感。

其次，内容创作团队可以结合本地特色资源从单个项目着手进行试水。例如笔者所在的国际传播中心的日语团队在积累了近30年的日语国际传播工作经验基础上，更加注重选题设置的相关性，并且在移动优先的战略下，注重加强与日本媒体机构和受众的互动。其中，《龙年闹新春》系列视频邀请在沪生活的日本嘉宾和精通中国年俗的文化专家，分享糖果拼盘、纪念邮票、豫园灯会等老上海的"经典项目"，并前往美甲沙龙、香囊教室、鲜花市场等地进行拍摄，介绍年轻人的过年"新玩法"，吸引中日两国各年龄层受众的点赞。而在中国和巴西建交50周年之际推出的人物系列视频，所用语言为英语和葡萄牙语，其中不乏用葡萄牙语讲述在中国的故事，表达流畅地道。

以上单个项目的试水，还需要做好传播数据和反馈的研究，用以反哺优化国别传播和精准传播。这一工作需要和"多语种工作室"紧密结合。ShanghaiEye下设的"多语种工作室"通过对英、法、德、日、韩、西、俄及阿拉伯语等八大语种体系下的海外社交媒体的热点内容进行梳理和分析，为ShanghaiEye海外平台传播提供不同国家和地区、不同语言、不同关注点、不同叙事风格的依据。利用好"多语种工作室"，即使是同一个传播主题和原素材，也可以进行针对性的个性化议题设置和内容编辑，并在专辑分类、发布关键词设置等方面进一步细化，在实践中加强对象感。

结　语

随着各地方媒体纷纷成立国际传播中心，国际传播中的地方新闻类视频产品的发展进入新的发展阶段，受到的关注也达到了前所未有的高度。在这个舞台上，地方国际传播媒体通过新媒体矩阵的建立和运维，直接面向国际受众，从体量、内容、触达等方面达到了一波高峰。但同时，我们也清楚地认识到，地方新闻类视频产品这一领域也面临着国际传播高质量发展的挑战，挑战来自对国际传播对象的研究、对本地资源的挖掘利用、对先进技术的应用、对人才队伍的支持和管理等。

放眼全球，地方国际传播媒体应注重将全球、中国、地方三者链接起来，加强对重大主题的理解和参与，结合地方自身资源，承担起国际传播"毛细血管"的角色。我们需要进一步探索细化神品产品的分类，大胆鼓励个性IP的创建和打磨；需要进一步深度结合视频生产和运维反馈，形成定期机制，以反馈来提升内容质量，用内容质量来提升传播效果，形成动态循环；通过最新技术和项目化试水，进一步开拓国别传播和精准传播领域，让国际传播更贴近目标受众。

展望未来，只要锚定前进方向，在试错中积累经验，地方国际传播媒体在新闻类视频产品这一赛道上将大有可为，为国家的国际传播贡献独特的力量。

参考文献：

[1] 施懿，吴瑛.地方国际传播中心建设：现状、问题与展望[J/OL].青年记者.https://doi.org/10.15997/j.cnki.qnjz.20240523.002.

[2] 赵可金.中国全球战略传播中"哑嗓子"问题及其对策.当代中国与世界，2024(1)：107-116.

[3] 全球城市与国际传播.《上海广播电视研究》，2024(3)：15.

[4] 张毓强，姬德强."全球地方"视角下的中国国际传播新格局.对外传播，2024(1)：66-70.

作者简介：

丁琛，上海文广国际传播中心报道部编审。

探索传统广播以“新闻＋”模式做好高质量传播

李雪梅

提　要：在媒体融合的背景下，传统广播面临全新的发展机遇与挑战。“新闻＋”模式作为创新实践，为广播新闻注入了更多活力，为行业转型提供了新思路。本文基于分析传统广播的现状，探讨“新闻＋”模式的特点及其应用路径，结合具体案例，总结传统广播如何借助新闻与科技、文化、服务等领域的融合，提升传播效果与报道质量。本文提出基于技术赋能、内容创新、用户互动和全媒体协作，广播新闻可以实现从单一报道到多元传播的高质量转型，从而在媒体生态中占据更加重要的地位。

关键词：传统广播　新闻＋　媒体融合　高质量报道　内容创新

引　言

在全媒体格局加速演进的时代，以数字化为核心的技术革新不断推动媒体融合发展，传统广播不得不面对传播形态、传播受众及传播内容的全面变革。与此同时，受众对新闻的需求逐渐从单一信息获取转向多样化、深度化和服务化，这对传统广播提出了新的要求。作为应对的创新手段，“新闻＋”模式近年来崭露头角。基于将新闻与科技、文化、经济、社会服务等多领域进行融合，传统广播可以拓展新闻报道的深度与广度，探索新型传播方式，提升受众黏性。本文结合传统广播发展现状，分析“新闻＋”模式在提升报道质量中的实践价值，并引用实践案例，探讨传统广播如何基于融合创新实现高质量报道转型。

一、传统广播的挑战与机遇

在全媒体时代，传统广播行业正经历前所未有的冲击。以数字化转型和新媒体平台的崛起为背景，广播面临传播形态固化、受众流失及内容同质化等多重挑战。广播以声音为核心传播载体，依赖单向传播方式，难以满足当下受众对交互性和多维信息体验的需求。特别是在短视频、社交媒体等新兴媒介强势发展的冲击下，广播的传播路径越发狭窄。数据显示，广播的主要受众仍以中老年人为主，年轻群体大量流失，导致其覆盖范围逐渐缩小。许多广播新闻内容缺乏创新、重复性高，停留在单向信息灌输阶段，难以吸引和留住用户，进一步削弱其市场竞争力。

然而，这些挑战的背后也蕴含着转型升级的重大机遇。随着技术革新与传播生态的变迁，传统广播迎来了数字化赋能与内容创新的可能性。例如5G网络的普及为广播拓展了传播维度，智能设备（如智能音箱、车载媒体）的普及则扩展了广播的应用场景，助力实现全时段、全场景的覆盖。广播媒体的便捷性和即时性在移动传播时代仍具有不可替代的优势，基于融媒体的手段，广播新闻不仅能够突破时间与空间的限制，还可以实现跨平台的全链条传播。

“新闻+”模式正是广播行业破局的重要创新路径。借助“新闻+服务”“新闻+文化”“新闻+互动”等形式，广播新闻能够实现内容多元化与场景延展。例如“新闻+服务”可以帮助广播嵌入出行导航、健康资讯等日常应用场景，使其不再仅仅是传播工具，而成为生活助手；“新闻+文化”则基于深度讲述，将文化传承与新闻传播结合起来，为广播注入了更多情感价值。

广播媒体的技术升级也为其突破困境提供了可能。借助大数据分析，广播可以实现精准的内容推送；基于人工智能语音识别与合成技术，广播能够极大地提升新闻生产效率。例如智能语音助手和车载智能终端的普及，重新激活了广播新闻的传播潜力，让其不仅成为家庭生活中的伴随媒体，更成为汽车驾驶中的重要信息来源。这些技术的引入赋予广播新闻更高的灵活性与传播深度。在重大事件报道中，广播的优势也得以进一步彰显。以2024年9月贝碧嘉台风等恶劣天气事件期间的新闻报道为例，广播凭借其实时性与伴随性，成为特殊时期不可或缺的信息传播渠道。尤其是在台风防御信息传递中，广播充分发挥了其广覆盖的优势，为基层群众提供了及时、权威的台风动态和安全防护建议。这不仅体现了广播的社会责任，也为其在多媒体竞争中的生存提供了新的启示。

二、“新闻＋”模式的内涵与特点分析

“新闻＋”模式的核心在于打破新闻的单一属性，基于跨领域融合，为新闻赋予更多元的功能与价值。这一模式不仅是对传统新闻内容和传播方式的突破，更是对新闻行业自身发展方向的一次再思考。基于多维度的创新探索，“新闻＋”模式正在为传统广播注入新的生命力，并为其在全媒体时代的竞争中赢得优势。

（一）跨领域融合

“新闻＋”模式强调新闻与其他领域的深度融合，为新闻赋予更广阔的应用场景。例如“新闻＋服务”模式以新闻报道为切入点，提供天气、交通、医疗等便民服务，从而满足受众在日常生活中的实际需求。这样的报道不再仅仅局限于新闻事件的呈现，而是基于信息与服务的结合，让新闻成为一种参与生活的工具。同时，“新闻＋文化”模式则将新闻内容与文化传播有机结合。例如基于新闻报道讲述非遗文化、地方艺术和历史遗迹的故事，既赋予了报道更多的情感和人文深度，又促进了文化的传承与传播。这种跨领域的深度融合，突破了传统新闻的界限，形成了更有温度和广度的报道形式，也让新闻服务的范围从信息扩展到全方位的生活场景中。

（二）技术赋能报道

在“新闻＋”模式中，技术的赋能成为新闻采编与传播的重要驱动力。基于大数据、人工智能、云计算等技术，新闻机构能够快速获取、分析并精准推送信息。例如大数据技术可以帮助新闻媒体实时监测社会热点，捕捉到最受关注的话题，并根据用户的浏览习惯实现个性化的新闻推送。而人工智能的应用则能够提升采编效率，如基于 AI 文本生成技术快速制作新闻初稿，利用图像识别技术处理海量素材。区块链技术的引入也使得新闻内容的可信度和版权保护得到有效提升。基于技术赋能，广播新闻不仅能够实现精准化的内容制作还能增强传播的广泛性和效率。例如在突发事件报道中，基于技术支持的新闻系统可以实时更新、调整内容，从而确保新闻的时效性和真实性。

（三）互动性与参与性增强

互动性与参与性是“新闻＋”模式的重要特征之一。基于融媒体平台的建

设，广播新闻能够与受众建立起双向沟通的桥梁。传统广播新闻往往是单向的信息传播，而融入“新闻＋”模式后，广播基于社交媒体、线上直播和实时评论等形式，吸引受众直接参与到新闻生成和传播的过程当中。广播台可以设置听众实时连线、直播评论区讨论等环节，让受众不仅是新闻的接收者，也是新闻的共创者和传播者。同时，新闻内容还可以基于听众的反馈不断优化，形成良性循环的多向传播格局。这种互动性增强的传播方式，不仅提高了受众的参与感，也进一步丰富了新闻内容的多样性。广播还可以基于在线投票、热点讨论等形式，收集受众对于社会热点的观点，从而使新闻报道更具群众性和现实意义。

（四）内容的叙事创新

在“新闻＋”模式中，新闻内容的叙事创新是提升传播效果的重要途径之一。从单纯的信息输出转向故事化表达，让新闻不再仅仅是冷冰冰的事实陈述，而是基于生动的叙事与细腻的情感渲染，与受众产生情感共鸣。例如在报道一场台风灾害时，不仅以数据呈现受灾人数和损失情况，还可以讲述一线救援人员的感人故事，展现新闻背后的温度。这样的叙事方式能够让受众对新闻内容产生更深刻的记忆和感受。广播新闻还可以引入鲜活的案例和多视角的讲述方式，拓展新闻叙事的边界。例如在讲述一项科技突破时，可以采访科学家、普通受益者及专家学者，呈现出一个立体化的新闻视角。这种叙事创新赋予了新闻更多的情感温度和人性关怀，使其在众多新闻内容中更易被受众记住和传播。

三、“新闻＋”模式在广播中的应用路径探索

“新闻＋”模式的成功实践在于其突破了传统新闻的单一传播模式，基于创新路径构建了更贴合时代需求的广播报道形式。以下从服务、文化、技术和互动四个维度具体探讨其应用路径。

（一）新闻＋服务：从信息提供到实用服务

“新闻＋服务”模式不仅传递信息，更注重解决受众实际需求。例如上海新闻广播《创·见宝山》和《走进张江高新区》系列融媒调研报道正是这一模式的典型案例。

以《创·见宝山》为例，该节目围绕宝山区的发展规划、产业创新和城市治理等热点，结合居民实际需求提供多维度的服务功能。例如针对市民关心的居住环境优化问题，节目实时推送最新的政策解读，并结合数字化平台提供周边生活便利设施的查询服务。通过整合新闻与实用功能，节目突破了传统新闻的局限，不再只是信息的单向输出，而是实现了与受众的互动和实际需求的对接。类似的还有《走进张江高新区》系列，在关注高新区科技成果与创新动态的同时，也为科技企业和创业者提供针对性的服务。节目中不仅报道最新政策支持与科研成果，还开发了线上平台供观众查询企业优惠政策、创新资源分布等信息，甚至通过融媒体平台进行线上咨询与答疑。这种"新闻＋服务"的形式，结合报道内容与实用功能，不仅帮助受众获取信息，还能在实际场景中应用，提升了新闻传播的价值。《创·见宝山》和《走进张江高新区》系列案例表明，"新闻＋服务"模式能够从受众需求出发，整合新闻报道与实用功能，将新闻内容转化为实际生活中的工具。这一模式既强化了新闻与民生的连接，也提升了新闻在社会服务中的作用，使其在数字化时代焕发出新的生命力与影响力。

（二）新闻＋文化：赋予报道更多情感与文化内涵

"新闻＋文化"模式将新闻报道与文化传播有机结合，赋予新闻更深层的情感价值和文化内涵。例如《创·见宝山》系列聚焦宝山地区深厚的文化积淀，通过对历史遗址、红色文化、传统民俗等内容的挖掘，讲述地方文化的故事，增强受众的文化认同感。节目不仅在音频报道中展现宝山历史文化的独特性，还通过融媒体平台推出可视化内容，如短视频和互动专题，让受众能更直观地了解宝山的文化风貌。这种结合情感叙事的方式使新闻报道不仅是信息的传播，更是文化传承的有力工具。《走进张江高新区》系列不仅关注高新技术的发展，也将目光投向高新区内多元文化的交融与创新。节目深入挖掘科技与文化的结合点，例如高新区内艺术装置的设计理念、科技赋能的文化创意展览等，将"科技"与"人文"相融合，让受众在了解高新区科技成果的同时，也感受到其背后的人文温度。通过采访设计师、策展人等多方参与者，节目赋予新闻报道更深刻的文化内涵，提升了受众的情感共鸣。这种"新闻＋文化"的报道模式，旨在通过叙事化的方式连接受众与文化资源，成为文化推广的重要渠道。以《创·见宝山》和《走进张江高新区》为代表的案例表明，新闻不再是单纯的信息记录者，而是文化的传播者和价值的赋能者。这种模式不仅传递了文化知识，还基于情感和细节的叙述激发了受众对文化保护与传承的关注，使新闻报道在全媒体时代焕发出新的活力和意义。

（三）新闻＋技术：借助数字化工具实现创新

在“新闻＋技术”模式下，数字化技术为新闻传播注入了前所未有的活力。通过人工智能、大数据分析等技术的应用，新闻不仅是信息的载体，更成为精准服务的提供者。例如《创・见宝山》系列以技术赋能为特色，通过数据可视化和交互式地图呈现宝山地区的地理、历史和经济信息，听众不仅能通过音频了解新闻，还可通过节目相关的线上平台实时浏览图文、观看视频，甚至参与虚拟旅游。这种技术结合极大地增强了新闻的互动性和沉浸感。

与此同时，《走进张江高新区》系列以技术为支撑，将科技园区内的创新成果通过 AR（增强现实）和 VR（虚拟现实）技术直观呈现给受众。例如在报道高新区科技展览时，受众可通过扫描二维码进入 VR 场景，直观地体验高科技设备的操作流程和实际应用场景。这种创新报道形式，不仅拉近了受众与新闻的距离，也展示了新闻与技术深度结合的潜力。大数据和智能推荐技术为新闻内容的精准推送提供了可能。《走进张江高新区》系列利用听众数据分析，根据听众对高科技、文化创意等内容的兴趣点，定制化推送相关专题报道。人工智能技术也提高了新闻生产的效率，语音识别技术能够将记者采访内容快速转录为文本，而 AI 编辑技术可以智能排版新闻稿件。在《创・见宝山》的内容制作中，AI 数据分析技术还被用于整理受众对新闻内容的反馈数据，以便及时调整报道方向。以《创・见宝山》和《走进张江高新区》为代表，“新闻＋技术”不仅实现了新闻传播形式的创新，也显著提升了传播效果。这种模式将数字化工具与新闻生产深度融合，使新闻报道从单向传播转变为双向互动，极大地增强了受众的参与感和沉浸感，为传统新闻在数字化时代的转型提供了重要的实践样本。

（四）新闻＋互动：强化受众参与和反馈机制

“新闻＋互动”模式以加强受众的参与感和反馈机制为核心，推动了新闻传播从单向信息流向双向甚至多向互动的转变。通过与受众的互动，新闻不再仅仅是一个信息传递的渠道，更成为一个共同参与和创造的过程。例如《创・见宝山》系列通过建立在线互动平台，鼓励受众在节目播出过程中提出问题、分享意见或参与话题讨论，使得受众可以直接与节目内容产生联系。节目通过社交媒体和直播平台开展实时互动，提供互动环节如在线问答、民意调查等，受众可以在节目进行过程中提出与宝山区发展相关的疑问，甚至影响节目的内容走向。《走进张江高新区》系列同样注重与受众的互动，节目不仅提供科技新闻和创新政策的解读，还通过互动环节鼓励观众进行线上咨询，或参与实时投票，表达对特定议题的看法。例如观众可以通过平台投票选择他们最关心的科技创新领域，节目组根据投票结果调整报道重点，使新闻内容与受众的兴趣紧密结合。此外，通过直播和线上讲座，节目组还定期邀请专家和企业代表与观众进行互动，实时解答问题，增强了节目的互动性和趣味性。新闻＋互动的模式推动了新闻传播的双向反馈机制，不仅促进了受众对新闻内容的深度参与，还让新闻生产者能够根据受众的需求和反馈及时调整报道方向。通过与受众的互动，新闻报道不仅能够激发受众的参与热情，还能建立起长期的受众关系和忠诚度，提升受众的黏性与影响力。随着社交媒体和互动平台的普及，新闻与受众之间的互动性进一步加深，新闻传播逐渐从传统的单向信息传递转变为多维度的交流互动，新闻的传播效果和社会影响力得到了显著提升。

结　语

在全媒体时代，“新闻＋”模式为传统广播的发展提供了全新的思路。通过与服务、文化、技术等领域的深度融合，广播新闻不再局限于单一的信息传播，而是逐渐朝着多功能、多场景的综合化方向发展。结合实际案例可以看到，“新闻＋”模式不仅有效提升了广播的传播效果和受众黏性，也为广播行业的转型提供了切实可行的路径。通过这一模式，广播不仅能够更好地满足受众的需求，还能够在全媒体竞争中占据一席之地。

展望未来，传统广播应进一步深化“新闻＋”模式的应用，特别是要加强技术赋能、内容创新和互动性增强的结合，持续优化报道质量，提升新闻传播的精准度与实用性。在这一过程中，广播行业不仅要顺应技术发展的潮流，紧跟大数据、人工智能等新技术的应用，更要坚守新闻传播的责任与核心价值，确保新闻报道的真实性、公正性与社会责任感。同时，广播在未来的融合创新中要注重信息服务的社会价值，提升新闻内容的多样性、深度与广度。

随着全媒体生态的不断演化，广播不再仅仅是传播信息的工具，它需要通过更加精准的内容策划和更丰富的传播手段，去满足不同受众群体的多元化需求。未来，广播可以通过加强与社交媒体、在线平台的互动合作，进一步拓展传播渠道，增强与受众的联系，提升受众的参与感和获得感。

参考文献：

[1] 张玉芬.探究新媒体下广播新闻如何转型升级[J].中国报业，2024，(06)：198－199.
[2] 袁海芳.新闻编辑在广播融媒体建设中的转变与坚守[J].新闻文化建设，2024，(05)：

190－192.
[3] 景知诚.“内容为王”是传统广播走向媒体融合的立足之本[J].记者观察，2024，(05)：110－112.
[4] 洛松曲西.传统广播电视与新媒体的融合发展分析[J].家庭影院技术，2024，(02)：87－90.
[5] 郑敏.传统媒体在重大新闻事件中的短视频传播分析[J].记者摇篮，2023，(11)：90－92.
[6] 李昊川.媒体融合背景下传统媒体广播节目创新策略探究[D].长春师范大学，2023.
[7] 袁海芳.AI时代传统广播发展之路[J].新闻文化建设，2023，(19)：151－153.

作者简介：
李雪梅，上海广播电视台东方广播中心融媒体采编部主任记者。

论电视新闻即时性与深度性的平衡策略

谢晓红

提　要：随着数字化技术和24小时新闻循环的普及，新闻生产面临即时性与深度性之间的冲突。本文探讨了新闻报道中这两者的关系，分析了它们在新闻生产中的表现和冲突根源。研究发现，新闻机构在快速响应事件的同时，常常忽视了对事件背景和影响的深入分析。为应对这一问题，本文提出了平衡即时性与深度性的理论路径，包括分阶段报道法、多平台传播策略和受众需求的多层次平衡。通过这些策略，新闻机构既能满足即时信息需求，又能提供深度分析。本文的研究为新闻机构在新时代新闻生产中提供了可行的操作路径和理论支持，有一定的实用意义。

关键词：电视新闻　即时性　深度性　平衡策略

引　言

随着数字技术和互联网的普及，新闻传播环境发生了深刻变化。新闻机构在应对即时信息传播与深度分析之间的矛盾时，也面临着巨大的挑战。即时性和深度性是现代新闻生产中的两大核心特征，既能满足受众对快速信息的需求，又能提供对事件背后原因及深远影响的深入分析。然而，由于时效性与深度报道之间在资源和时间上的矛盾，新闻机构在内容制作时常常不得不在两者之间寻找平衡。

本文旨在探讨如何在新闻报道中平衡即时性和深度性，分析新闻机构如何通过分阶段报道法、多平台传播及根据受众需求进行个性化推送等策略来实现两者的有效结合。通过对新闻生产中面临的挑战及应对策略的分析，本文希望为新闻行业在数字化时代提供新的理论路径，帮助新闻机构在快速变化的媒体环境中保持竞争力，并为受众提供既具时效性又具深度的新闻内容。

一、新闻即时性与深度性：概念界定与理论基础

在现代电视新闻中，新闻即时性和深度性是两项核心特征。随着 24 小时新闻循环的普及，新闻报道不仅要求迅速传递信息，还需要提供对事件的深入分析。然而，这两者往往存在冲突。本章将首先明确即时性和深度性这两个概念的内涵，并基于相关理论框架探讨它们在新闻报道中的表现与互动关系。

1. 新闻即时性与深度性的定义

新闻即时性指新闻在事件发生后迅速获取并传达信息的特性。在数字媒体和社交平台的影响下，新闻传播周期大大缩短，特别是突发事件中，新闻机构须迅速发布基本事实，满足观众对新鲜信息的需求。即时性侧重于时效性和快速反应，使观众能第一时间了解事件的基本信息（如时间、地点、人物、事件经过等），通常忽略背景分析与深度探讨。

新闻深度性则强调对事件的全面分析和深入解读。除了传递事实，深度报道还探讨事件背后的成因、背景、社会影响等，帮助观众理解事件的复杂性。深度性通常通过调查研究、专家访谈等方式呈现多个角度，需要投入更多的时间与资源进行详尽分析。

2. 新闻即时性与深度性的理论对比

新闻即时性理论认为新闻的核心价值在于"新鲜性"，强调越早发布信息越能满足公众对实时信息的需求。因此，新闻工作者必须迅速处理并发布信息。即时性理论的优势在于能够迅速回应观众的时效性需求，尤其在突发事件中，能够传递关键信息，帮助社会稳定。然而，过度追求即时性可能导致新闻内容简化，忽视事件的深层次分析。

新闻深度性理论则强调新闻不仅要传递信息，还要深入分析事件的背景、成因及其后果。它要求通过多角度的分析帮助受众全面理解事件的复杂性。深度性有助于促进理性思考和判断，但它需要更多的时间和资源，这对快节奏的新闻生产而言是一大挑战。商业化压力往往导致新闻机构偏向即时性报道，忽视深度性。

3. 新闻即时性与深度性在电视新闻中的互动和平衡

新闻即时性与深度性之间的冲突主要体现在新闻制作中的时间压力和内容深度的矛盾。在突发事件发生时，电视新闻需要迅速传递基本信息，通常简化报道，注重事件的表面事实。由于时间限制，深度性往往被忽视。例如在自然灾害或政治事件中，新闻可能集中报道事件的基本情况，而缺乏对其原因和长远影响的分析。虽然即时性能够迅速回应观众需求，但信息碎片化也导致缺乏全面的背景分析。

尽管新闻即时性与深度性存在一定冲突，但通过合理策略，它们可以协同工作。许多新闻机构采取“即时报道＋后续深度报道”的方式，既满足观众对即时信息的需求，又能通过后续报道提供深入分析。例如在重大事件发生后，新闻可以先进行实时报道，迅速传达事件的基本信息。随后，采用专题报道、长篇调查等方式深入分析事件的背景及其多维度的解读。这种方式既能满足时效性需求，又为受众提供更深的理解和思考空间。

现代电视新闻的成功不仅依赖于新闻即时性与深度性的平衡，还受到观众需求的影响。受众需求理论表明，观众不仅希望获取快速信息，还渴望了解事件的多层次内容。在信息碎片化的时代，观众不再仅仅满足于简洁的事实传递，而是希望能从新闻中获得更多背景、影响和后续发展报道。因此，新闻机构需要在新闻即时性与深度性之间找到合适的平衡，既满足观众对新闻速度的需求，也给观众提供足够的深度分析。

二、新闻即时性与深度性冲突的根源和机制

随着数字媒体的兴起及 24 小时新闻循环模式的普及，新闻生产面临着前所未有的即时性压力。这种即时性要求新闻报道迅速而简洁地向公众传达信息，而这种追求速度的做法往往与新闻报道的深度性形成了强烈的冲突。接下来，我们将深入分析这种冲突的根源与机制，探讨数字化时代新闻生产中即时性与深度性之间的博弈，以及其对新闻内容呈现方式的深远影响。

1. 新闻生产中的即时性压力

传统媒体时代，新闻的生产周期较长，记者需要时间进行采访、调查和编辑，确保信息的准确性和完整性。然而，随着数字技术的迅速发展，尤其是社交媒体的崛起，新闻生产周期已经显著压缩，新闻机构需要在极短的时间内获取并发布信息。这种即时性要求直接影响了新闻内容的呈现方式和深度。新闻报道必须

快速简洁，以便及时回应受众的需求，然而这种对时间的高度压缩导致新闻内容往往缺乏深度，难以涉及事件的复杂背景或长远影响。

即时性新闻强调快速传播，因此新闻报道中往往缺乏对事件背景的深入挖掘，更多的是对“事实”的简洁呈现。为了迅速回应公众关切，新闻报道更多聚焦事件的时间、地点、人物等基础信息，而忽视了事件产生的原因、内在联系、历史背景或社会影响。信息的碎片化和简化是即时性压力下的常见表现，公众可能只能获得事件的表面信息，而无法深入理解事件背后的深层原因与本质特性。反应性报道的倾向，即仅仅报道事件发生的表面现象而不进行深入分析，也使得新闻内容显得浅薄。

2. 新闻深度性被忽视的原因

尽管深度性是新闻报道中的核心要素，但由于即时性新闻生产模式的压力，深度性往往被忽视。深度性被压缩的主要原因包括商业化驱动、受众需求的变化及新闻生产成本的增加等。

随着媒体行业的商业化日益加剧，新闻机构的盈利模式越来越依赖广告收入和观众流量。为了吸引更多的受众，媒体常常将短平快的即时新闻作为优先选择。即时新闻通过热点话题、突发事件等方式迅速吸引观众注意，能够迅速提高点击量和收视率。相比之下，深度报道需要投入更多的时间、资金和人力，因此往往被视为“奢侈品”，难以在商业化环境下得到足够的支持。

现代受众的新闻消费模式越来越倾向于碎片化和即时化，特别是在社交媒体和移动互联网普及的背景下，受众几乎可以随时接收到最新信息。面对信息过载，受众的时间和注意力变得尤为宝贵，他们更倾向于选择简明扼要的新闻形式，逐渐减少对深度内容的兴趣。这一消费趋势使得新闻机构在激烈竞争中，更愿意投入资源满足即时性需求，而忽视了对深度报道的投入。

此外，深度报道通常需要大量时间与资源进行调查、采访和数据分析，成本较高。在新闻行业竞争激烈的情况下，媒体机构倾向于选择能迅速完成且成本较低的即时性报道，深度报道因此常常被边缘化。在人力和资金有限的情况下，长篇调查类报道往往被视为一种资源的浪费。

3. 理论分析：新闻即时性与深度性的冲突机制

信息流通理论认为，新闻传播速度与信息内容的质量和深度之间存在一定的制约。随着传播速度的加快，新闻机构往往需要在短时间内简化和提炼信息，以确保能够尽早发布。这种加速传播的需求，往往使得新闻的深度和细节得不到充分呈现。这种“速度优先”的传播方式使得深度内容的挖掘空间受到压缩，信息的复杂性和多维度分析被忽视。新闻机构在追求快速传播的过程中,不得不做出对报道内容的"取舍",往往牺牲了报道的深度。

社会认知理论则从受众的认知角度出发,解释了新闻即时性与深度性冲突的机制。该理论认为,受众的注意力和认知资源有限,因此他们在面对大量信息时更倾向于选择简单、直观的新闻内容。而随着社交媒体平台的普及,受众对即时信息的需求日益增加,他们更关注快速获取新闻而非深入理解新闻。

三、新闻即时性与深度性平衡的理论路径探析

在快速变化的媒体环境中,新闻机构面临的核心挑战之一是如何平衡新闻报道中的即时性与深度性。随着技术进步,尤其是大数据、人工智能等新技术的应用,新闻生产和传播的方式发生了根本变化。同时,受众不仅希望获取即时的事件信息,还渴望了解事件背后的复杂原因和多角度的分析。如何在满足受众即时需求的同时提供深度的分析,成为新闻机构必须解决的问题。

1. 平衡模型的构建

要在新闻报道中平衡即时性与深度性,首先需要构建一个理论框架,帮助新闻机构在具体实践中找到合适的操作路径。这个模型需要综合考虑新闻生产流程、受众需求、技术支持等多个因素,以确保新闻在迅速响应事件的同时,能够提供足够的深度分析。

即时性和深度性看似对立,但它们各自满足不同层次的受众需求。在突发事件中,受众急于获得最新的、最基础的信息,而深度性则满足受众对事件背景、社会影响及长远后果的关注。即时性能够快速提供事件的"表面信息",而深度性则能够揭示事件的深层原因与本质属性,帮助受众获得对事件的全面理解。新闻机构需要在即时性和深度性之间找到平衡,以满足不同受众群体的需求。

分阶段报道法是一种有效的平衡模型构建策略,将新闻报道分为两个阶段:第一阶段是即时信息发布。事件发生后,新闻机构需要快速发布简洁明了的信息,让观众第一时间掌握事件的基本情况,如时间、地点和主要人物等。在这一阶段,报道应以简洁直接为主,避免深入分析背景。第二阶段是深度分析。随着事件逐渐清晰,新闻机构可以通过专题报道、长篇调查或专家解读,深入分析事件的背景、原因及广泛影响。此时的报道应具备更强的分析性、解释性和预测性,帮助受众全面了解事件的多维度背景和长远影响。通过这种分阶段报道法,新闻机构不仅能在突发事件发生的初期迅速满足受众对即时信息的需求,还能

在后期提供更深层次的分析，帮助受众理性地理解事件的全貌。

2. 内容生产中的平衡策略

要实现即时性与深度性的平衡，新闻机构需要采取一系列有效的内容生产策略，这些策略不仅能够增强新闻报道的即时性，还能确保报道的深度不被忽视。

如前所述，分阶段报道法可以帮助新闻机构在即时性和深度性之间找到平衡。具体来说，在新闻报道的初期阶段，机构应优先关注事件的即时性，迅速发布简洁的新闻信息，让观众尽早了解基本情况。随后，随着事件发展，新闻机构可以通过深入调查、专家访谈和长篇报道等形式，提供更全面的分析和解释，以满足受众对深度内容的需求。

随着互联网、社交媒体和传统电视平台的逐步融合，新闻传播的渠道愈加多样化。新闻机构可以根据不同平台的特点，制定差异化的传播策略，确保能在各个平台上有效传递即时信息和深度分析。

首先是即时性报道，在社交媒体、新闻网站等平台上，新闻机构可通过快速更新、短新闻等方式发布即时信息。社交媒体的传播速度较快，适合满足受众对最新信息的需求；其次是深度报道，在传统电视、长篇专题网站等平台上，新闻机构可以通过长篇报道、专家访谈、专题分析等形式，为受众提供详细的事件背景、深入的政策分析或社会反思，通过多平台传播，新闻机构能够满足不同受众群体的需求，实现即时性和深度性的双重覆盖；最后是专题报道与深入连续报道，专题报道是深度报道的有效形式，能够通过长篇调查、专家访谈和数据分析等方式，深入挖掘事件的背景和影响。新闻机构可以在第一阶段发布即时信息后，继续利用专题报道的形式，提供更为详细的背景、数据和分析。这不仅有助于提升报道的深度，还能帮助观众全面理解复杂的社会事件。

3. 受众需求的多层次平衡

在新闻报道中，受众的需求已经从简单的信息传递，发展到更加复杂的情感驱动和认知驱动的双重需求。新闻机构需要在满足受众即时性需求的同时，也要通过深度报道满足他们的认知需求。

根据“知识传播与情感传播理论”，受众的需求不仅来源于对事件的理性认知，还包括情感上的反应。在即时新闻的传播过程中，受众更多关注新闻的真实性和时效性，情感驱动成为重要动因。当受众深入了解复杂事件时，他们往往希望通过深度报道获得更多背景信息、分析和见解，这时认知需求成为核心驱动力。新闻机构不仅需要通过即时报道来满足受众的情感需求，还需通过深度报道来回应其认知需求。

在信息过载的环境中，受众更倾向于从深度报道中筛选出有价值的内容。新闻机构可以通过长期调查、专题分析等方式，帮助受众获得更深刻的洞察与理性判断。深度报道不仅能提供更具价值的信息，还能帮助受众形成更全面的认知与判断。

随着大数据技术的进步，新闻机构也能够通过数据分析精准识别受众的个性化需求。在满足即时信息需求的同时，机构可以推送与受众兴趣相关的深度内容。例如有些受众可能更关注政治和社会热点的分析，而另一些则可能更喜欢娱乐或科技领域的深入报道。借助大数据和个性化推送，新闻机构能更加精准地满足不同受众的需求。

结　语

本文探讨了在信息爆炸、受众需求多样化和技术革新的背景下，新闻机构如何平衡新闻即时性与深度性。通过分阶段报道法、多平台传播策略和专题化报道等实践策略，新闻机构能够快速响应事件，提供即时信息，同时深入分析背景与影响，满足受众对深度理解的需求。

在这一过程中，理解受众的情感驱动与认知驱动尤为重要。即时性新闻能够激发受众情感共鸣，而深度报道则提供理性分析，帮助受众全面理解事件。因此，新闻机构需要在满足快速信息需求的同时，为受众提供更为多维、深入的新闻内容。

随着大数据和人工智能的应用，新闻机构将能够更精准地平衡新闻即时性与深度性，提升报道效率和受众认同感。然而，尽管技术为新闻行业带来更高效的工具，新闻机构仍须保持对新闻伦理和社会责任的高度关注，确保报道的公正性与真实性。

未来，新闻行业的成功不仅依赖技术进步，更需要在新闻即时性与深度性之间找到持续的平衡，确保新闻传播既快速有效、又深入人心，真正提高新闻的传播力与感染力。

参考文献：

[1] 李兴伟，王旭东.新闻学概论[M]2版.北京：高等教育出版社，2016年版.

[2] 张娅玲.数字化背景下的新闻即时性与深度性关系探讨[J].新闻与传播研究，2018(3)：89-102.

[3] 王雪梅.信息传播速度与内容深度的关系研究[J].新闻与传播研究，2017(6)：45-53.

[4] 张兰.社交媒体对受众认知的影响与即时性新闻的挑战[J].现代传播,2019(4):37-42.
[5] 黄晓峰,王磊.数字新闻时代的传播模式与受众需求[J].现代传播,2020(5):56-63.
[6] 张伟,李华.新闻生产与技术变革的互动分析[J].媒体与文化,2021(3):78-85.

作者简介:

谢晓红,上海广播电视台融媒体中心上视编播部《上海早晨》责任编辑。

全媒体竞速时代辟谣类新闻的传播策略研究

——基于上海广播电视台辟谣专栏《求证》的实践分析

王　申

提　要：在全媒体竞速的新媒体时代，辟谣类新闻节目作为遏制谣言传播、引导公众理性思考、“使网络空间清朗起来”的一种重要手段，其发展和创新受到广泛关注。2023 年年底，上海广播电视台融媒体中心升级视频辟谣专栏《求证》，探索“轻骑兵微调查”的快速响应能力和大小屏联动的辟谣机制，在舆论场以更迅捷、全面的传播布局，对冲短视频谣言所谓“眼见为实”的虚构真相。一年来，在与网络谣言赛跑、对抗的实践中，形成了一些生产机制。本文以《求证》专栏及其他辟谣平台的实战实例为观察对象，对辟谣类新闻的传播策略提出一些思考。

关键词：辟谣类新闻　短视频　舆论场　传播策略

引　言

随着互联网技术和社交媒体的快速发展，信息传播速度大大加快，信息传播门槛大大降低。短视频作为一种重要的信息传播载体，加速博取注意力经济，用情绪价值带动舆论节奏，在公共社交中扮演着越来越重要的角色。但是，它极易让人忽略信息的完整性、真实性和客观性，给谣言的孕育、传播、发酵提供了土壤，更给别有用心之人提供了制造谣言、博取眼球的工具。当前，在公共突发事件中，社交平台上各种虚假短视频已经成为负面舆情的重要诱发源。简单的文本辟谣已不足以消弭情绪的对立和冲突。本文拟通过观察梳理“谣言传播的新特点”“辟谣类新闻的发展与实践”，分析“提升辟谣新闻传播效果的实战做法”，研讨“未来辟谣类新闻的传播策略”。

一、谣言传播的新特点分析

随着互联网技术和社交媒体的快速发展，信息传播速度大大加快的同时，信息传播门槛大大降低。尤其当前，短视频作为一种重要的信息传播载体，以所谓的“眼见为实”，用碎片化信息的“冲击力”，加速博取眼球，通过情绪价值带动舆论节奏，让人极易忽略信息的完整性、真实性和客观性。

谣言对于公众和社会的危害性无须多言。把握谣言传播趋势从而调节舆论走向的研究，也早已有之。公开资料显示，20 世纪 60 年代，研究者 Daley D J 和 Kendall D G 通过比对谣言和流行病，发现网络信息扩散过程与疾病传播具有相似之处，提出了基于病毒传播模型的 DK 谣言传播模型。此后，越来越多的流行病模型被信息传播动力学所采用。这些模型从受众研究出发，通过不断加入变量因素，帮助分析辟谣新闻在不同阶段的传播规律。比如近年来，中国传媒大学研究人员所提出的模型，在谣言传播阶段考虑情感因素、在辟谣传播阶段考虑信任机制，为我们进一步思考辟谣的方式和效果，提供了一定的理论参考。此外，观察还发现，网络信息老化迭代周期加速，对“初代”谣言改编增删门槛极低，生成式 AI 技术的日渐成熟，使得网络舆情的爆点越发扑朔迷离，传播链条上的种种变量，都有可能改变谣言的传播路径与效果，导致谣言传播的特点和辟谣工作的难点，存在与时俱进的复杂性。

研究表明，谣言初期的传播速度呈指数级增长，速度快、范围广、危害大是其显著特点。因此，抢抓窗口期，及时辟谣至关重要。同时，作为维护公众知情权的重要力量，辟谣类新闻的传播优势也非常鲜明。

第一，针对性强、直击痛点。谣言大都牵动着社会热点和公众关切。相较于一般新闻作品，辟谣类新闻报道的主题性和针对性更为鲜明。切口小且目标明确，出手就应稳准狠，直击要害。

第二，专业性强、话题多元。谣言涉及的领域五花八门，需要核查的主体千门百类，不少网络谣言暗含复杂的科学议题。事实说话、实地调查、核心取证、专业论证、多方印证的辟谣才能以其专业性，在舆论场形成意见高地，进而引导舆论走向。

第三，权威性强、可信度高。辟谣类新闻作品通常由权威媒体或机构发布，信息来源可靠，一些具有较高影响力的媒体账号或意见领袖在转发辟谣信息时，能够迅速放大声量，提升传播效果。

二、辟谣类新闻的发展回顾

不同于传统新闻生产流程中的事实核查，辟谣类新闻被看作是一种创新的新闻体裁。

2003年，美国第一个由专业记者团队组成的事实核查网站(FactCheck.org)成立，开启了事实核查运动的新起点。在此之后，《坦帕湾时报》开设了"PolitiFact"网站(2007年)、华盛顿邮报开设了"Fact Checker"栏目(2007年)。2009年，PolitiFact由于核查了超过750条公众人物言论，获得普利策新闻奖。2010年，FactCheck.org由于揭露美国联邦医疗保健立法中的欺骗性主张而被授予专业记者协会大奖(Sigma Delta Chi Award)。

在我国，2011年1月，《人民日报》率先在要闻四版创立《求证》栏目。当时，正值网络媒体蓬勃发展，信息芜杂，谣言随之到处传播，公众饱尝"雾里看花"之苦。栏目开栏便鲜明宣示："求真务实是党报的品格。帮助公众辨真伪、明是非，是媒体的职责。我们开设《求证》栏目，对各类争议新闻、疑点事件进行探寻，力求通过严谨核实与深入调查，澄清事实，还原真相，回应关切，阻击谣传，促进和谐，提升公信力。"

公开资料显示，十余年来，随着媒介生产技术的演进，中央及地方媒体的辟谣类新闻实践不断发展。2018年8月，中国互联网联合辟谣平台上线，建立了由多部委指导、地方和主要网站参与、权威专家支持、群众举报监督的网络联动辟谣机制。而在上海，2016年7月，由上海市委网信办与《解放日报·上海观察》联合打造的"上海辟谣平台"正式上线。2021年9月，由澎湃新闻主办的《澎湃明查》开始运营，推出开放式中英双语平台，明查外媒及海内外社交平台上的不实涉华信息。尤为值得关注的是，短视频兴起后，传统的图文辟谣已不足以消弭信息的不对称，公文体的信息发布也不足以让受众解渴并建立信任。在此背景下，上海市网信办与上海广播电视台合作，试点推出辟谣新闻的视频产品。

视频辟谣专栏《求证》由此应运而生。但是我们在实践中渐渐发觉，"以短博短""以快打快"并不是视频辟谣的终极赛道，探索"轻骑兵微调查"的快速响应能力和大小屏联动的辟谣机制，才能在纷繁复杂的舆论场以更迅捷、全面的传播布局，对冲短视频谣言所谓"眼见为实"的虚构真相。具体来说，在报道中，我们采取先网后台的策略，既要有抢占第一落点的"快炒"，也要有理性解析的"煨炖"，还要有合理解决问题的"加餐"。

三、如何提升辟谣效果研究

在辟谣过程中，媒体可以突出辟谣信息的及时性、权威性、专业性和针对性，来增强公众对辟谣信息的信任和接受度。其中，及时和权威是影响传播效果的关键因素；同时，我们也可以充分利用当前媒介生产技术演进下的先进传播手段，提升辟谣新闻的传播效果。

1. 以快速响应机制应对突发，第一时间回击谣言

在谣言传播的初期，及时发布准确的信息至关重要。辟谣新闻节目应建立快速反应机制，一旦发现谣言有扩散的趋势，立即启动辟谣程序，迅速收集和核实相关信息，并通过多种媒体渠道及时发布辟谣内容，抢占舆论先机，避免谣言进一步发酵。

2024 年 7 月初，网络上出现"上海地方财政紧张，向寺庙借款 100 亿元周转债务"的不实传言及伪造新闻截图，并在微信群中广泛传播，造成恶劣社会影响。上海广播电视台《求证》报道组快速响应，在市委网信办的指导下，30 分钟内完成了关键人物采访、图文撰写、短视频制作等全流程生产，并同步通过大小屏多渠道传播，在最短的时间给予网络谣言最有力的回击，澄清了上海地方财政的运行状况，消除公众疑虑，维护城市形象。数据显示，作为首发原创辟谣消息，报道形成微博话题后，当月阅读量达 9 699.7 万，并被上观新闻、财联社、《青年报》《新京报》、凤凰网等多家知名媒体转载，及时有效的辟谣有力阻断了谣言扩散。

2. 以轻骑兵微调查方式，提升报道的权威性和可信度

辟谣类新闻作品需要针对具体谣言进行澄清，提供确凿的证据和科学的解释，才能有效说服公众。在学界对"辟谣信息采纳的关键要素"探究中，可信度是被普遍提及的关键要素，而可信度可以通过权威机构和专家背书来提高。同时，如果辟谣内容有充分的证据支撑，如数据、事实、案例等，也可以增强辟谣信息的说服力和可信度。

以上文提到的《求证》报道《上海跟佛祖借了 100 亿元　权威部门回应！》为例，辟谣信息中，财政局的官方回应成为一锤定音的关键。此外，我们在实践中发现，调查手段的公开透明、核心信息的取证、交叉信源的互证，都能有效提升辟谣新闻的权威性和可信度。2024 年 1 月，一段疑似上海地铁"阻拦"cosplay 女孩搭乘的短视频，在网络上引发舆情。与简单引用官方回应辟谣不同，《求证》的报道不仅完整还原了被断章取义的原视频，同时采访多位动漫爱好者穿着动漫

服装乘地铁的亲身经历，引用B站 Up 主乘地铁参加 cosplay 活动的视频，再结合地铁的官方回应，相互佐证还原真相，并通过专家采访表达了“市民发展个人兴趣须兼顾公共秩序，达成社会管理与个人自由相平衡”的观点。报道推出后，很快就上了微博同城热搜榜，此前的舆情也迅速得到平息。

3. 以公众需求为触角，提前介入舆论场引领话题

在辟谣类新闻作品的传播中，了解受众的需求可以先发制人。在一些热点事件发生前，通过收集和分析相关信息，研判公众关注的焦点，提前介入舆论场，及时发布权威报道、解疑释惑，引导公众正确认识和理解事件，避免谣言的产生和传播，同时树立和积累主流媒体公信力。

例如2023年年底，上海儿科发热门诊持续高位运行。家长们关于“儿科爆了”的担心焦虑情绪有蔓延趋势。《求证》报道组主动作为，追寻“分级诊疗制度在就诊高峰中的作用”。三路记者，分别前往同一个区的三级医疗机构，从早上8点蹲点到凌晨12点，记录并比较同一时间三家医院儿科挂号就诊的人流量，用翔实数据将波峰波谷客观地进行呈现。为进一步了解社区医院的儿科诊疗力量，引导预期、合理分流，报道组电话采访了全市16区的246家社区卫生服务中心，用数据和实证调查把就诊高峰背后的深层原因及解决方案层层展示。报道推出后，被上观新闻、澎湃新闻、东方网、《新民晚报》等上海几乎所有主流媒体转载，全网阅读量破千万。多个社区卫生服务中心进一步优化服务，开出夜门诊，满足夜间分流诊疗的需求，形成了社会共治应对高峰的良性互动，有效化解了一场可能发生的舆情风险。

4. 以多元形式创新表达，提高受众接受度和传播覆盖面

美国学者 E. M. Rogers 于20世纪60年代提出的创新扩散理论是传播效果研究的经典理论之一，亦可为辟谣类新闻作品提升传播效果提供借鉴。该理论认为，创新的属性会影响其扩散速度和传播范围。在辟谣类新闻作品的传播中，采用新颖的传播形式，如短视频、漫画、数据动画、体验式报道等，可以以更生动、直观的方式呈现信息，提高辟谣信息的注意力优势，促进其快速传播。

以视频辟谣为鲜明特色的《求证》专栏，在实际运营中充分发挥上海广播电视台视频制作的优势，同时将文字、图片、音频、视频等多种元素有机结合，制作出更符合互联网传播特色的辟谣新闻作品。在视频创作的表现形式上，也不停留于短视频 PPT 式的简单呈现。例如在求证“同一场电影网购价与票面价为何不同”时，首次引入 AR 图表呈现方式，将实拍调查画面和调查数据虚实结合，极大地提升了数据可视化的视觉体验。在求证“网传攻略假冒学生可抢购火车

票?”“双子山门票黄牛有渠道?”“blueglass 网红酸奶成新型泻药?”等坊间谣言时,采用了代入感极强的体验式报道,用实证发声、以亲测共情。同时,辟谣作品先网后台,高度重视社交媒体、短视频平台等新兴媒体的传播力量,不仅在上海广播电视台融媒体中心的官方 App《看看新闻》上有充分报道,还在微信视频号、抖音、快手、B 站、小红书、微博等平台开出官方账号,充分利用全媒体传播生态的优势,扩大辟谣信息的传播声量。

四、辟谣新闻的传播策略探讨

党和国家一直高度重视网络谣言的治理。辟谣类新闻在全媒体竞速时代面临着新的挑战和机遇。观察发现,不仅传统媒体,包括新媒体平台纷纷开设辟谣专栏,且朝着多元化、专业化、数智化等方向发展。

一是大小屏互为补充的传播策略,以更迅捷、全面的媒体产品和传播布局,由浅及深瓦解网络谣言虚构的真相。《求证》在实践中发觉,谣言背后常常蕴含着更深层的社会问题和更值得探讨的社会性议题;以短视频方式发布的谣言,除了有“眼见为实”的迷惑性,更带有煽动情绪的特点,极易影响公众的认知与判断。以短视频辟谣回击,虽然速度更快,但碍于篇幅有限,无法涵盖对这些“背后议题”的深入挖掘,也无法从根本上消弭分歧。因此,《求证》探索了新媒体短视频与《夜线约见》电视访谈的深度融合,小屏“厘清事实、回击谣言”,大屏“纾解情绪、解决问题”,大小屏联动,构成完整传播链。以全媒报道《统一着装跑步在黄浦滨江被保安阻拦? 管理方发声》《夜线约见:滨江畅跑,怎么管理更畅心?》为例,报道组就一则网络短视频引发的“统一着装不能在滨江跑步”话题,以求证调查的方式通过短视频正面回应,澄清网络误读;同时以深度访谈的形式,对如何提升城市管理水平进行理性探讨、提出合理建议。这组报道实现了从辟谣中发现问题、再到推动问题解决的闭环;也形成了从解决“一件事”到观照“一类事”的闭环,提高了媒体公信力,也助力化解了突发公共事件中政府辟谣的信任困境,彰显了主流媒体的社会价值。

二是构建政府主导、媒体联动、自媒体参与、跨部门跨领域协作的多元辟谣主体协同机制。观察发现,为更好地治理谣言,从中央到地方,各级政府部门已开始联合媒体、科普机构等单位共同组建辟谣平台。比如《求证》《上海辟谣平台》皆是市网信办与地方主流媒体合作孕育而生。在此基础上,作为主流媒体更应主动加强跨部门和跨领域合作,以“政府之手”整合权威信源,在谣言发生时,第一时间发布权威辟谣信息,回应舆论关切。同时,主流媒体还应更好地运用“媒介之手”,加强与新媒体、自媒体的合作,实现信息共享和协同辟谣。传统媒体具有权威性和公信力，新媒体具有传播速度快、覆盖面广的优势，自媒体则更贴近垂类用户、传播方式个性灵动。联动合作可以更高效地传播辟谣新闻，拓展信息覆盖面，提升传播效果，通过两手齐抓，构建全方位的辟谣体系。

三是加强技术赋能、数智并用，通过大数据和人工智能手段为科学、高效辟谣护航助力。观察发现，很多谣言发起于微信群等社交平台，通过跨群转发潜伏扩散，最终爆发成舆情热点。谣言跨平台串联、多级传播、多次发酵，给追踪、监测和溯源带来挑战。而随着人工智能和大数据技术的不断发展，这一难题正在得到解决。通过大数据分析可以对谣言进行追踪、监测和溯源，揪出造谣者并发现谣言的传播趋势，提前预警进行拦截。而找到造谣者、严惩不贷，本身也是回击谣言最有力的方式。此外，利用大数据和人工智能技术，还能对辟谣信息进行精准推送，根据用户的浏览历史、兴趣爱好等信息，将辟谣信息推送给可能受到影响的用户，更有针对性地阻断谣言潜在传播链，防止虚假信息进一步扩散。

四是用“众包”方式增强公众的辟谣意识和参与度，鼓励公众成为维护清朗网络空间的督察员。

学界早已发觉，移动互联网时代的一个突出特点是，人人皆媒体。“过去由专业媒体人主导的大众传播，已经扩展为全民参与的传播，我们进入了一个人人皆媒的时代。”在较早进入新媒体传播研究的清华大学教授彭兰的早期论文中，她提出：“在‘后真相’时代，专业化的媒体仍应是寻求真相的主导者。但另一个可以预见的事实是，未来我们要超越‘后真相’，将需要依赖多种力量的协同，例如专业与专业力量的协同，专业与业余力量的协同，人与机器力量的协同。”

而这样的预见已然发生。比如微信打造的“全民较真”平台，名字就很直白地表达了它的宗旨，向网友征集线索，对网友提供的线索核查回应，人人都能来较真。但有学者观察到，权威主体不足成为它较大的发展局限。再比如“抖音辟谣”平台基于其庞大的用户数据，遴选多领域权威机构和专业人士，共同制作辟谣短视频。有学者观察到，它创建了一种基于众包模式的辟谣机制，整合机构、媒体、专家和公众一同参与辟谣。具体来说，平台将辟谣任务分包给已认证的专业号及专业用户，由他们创作辟谣视频并上传，平台将这些视频整合发布，并鼓励用户转载转发。这些都是在“人人皆媒”的传播生态下，阻击谣言的有益尝试。

结　语

综上所述，在全媒体竞速时代，如何跑赢谣言，其实已成为政府、主流媒体、社交平台及公众的共同责任。面对新形势，通过创新传播形式、强化技术支撑、增进跨界协作、鼓励公众参与等传播策略，将有助于提升辟谣新闻的传播效能，为构建清朗网络空间、营造健康真实的信息传播环境发挥作用。

参考文献：

[1] 郭妍，武岳巍，林彦君等.基于情感因素和信任机制的谣言与辟谣动力学模型构建.中国传媒大学学报，2023(12)第30卷第6期.
[2] 牛静，黄彩莉.事实核查新闻的创新实践及其评价，《新闻爱好者》.2018(12).
[3] 人民日报“求证”栏目：阻击谣言正本清源，中国记协网 2018(10).
[4] 张放、范琳琅.公共危机中社交媒体辟谣信息采纳的关键要素探究——基于新冠疫情微博辟谣文本的计算分析.新闻界，2022，10.
[5] 埃弗雷特·罗杰斯(美国)著，唐兴通、郑常青、张延臣译，《创新的扩散》(第五版)2016(1).
[6] 彭兰.人人皆媒时代的困境与突围可能.新闻与写作，2017，11.
[7] 潘晴晴.微信辟谣报道的传播策略探析——以“全民较真”为例.新闻研究导刊，2017(11)第8卷第21期.
[8] 王明、郑念、宋雨琦.短视频时代政府辟谣机制创新研究——基于“抖音辟谣”的众包实践分析.自然辩证法通讯，2022(2)第44卷第2期.

作者简介：

王申，上海广播电视台融媒体中心上视编播部主任。

跨越语境的桥梁：纪录片跨文化传播中的适配策略

——以大型纪录片《何以中国》的译制实践为例

顾文俊

提　要： 在跨文化传播中，承载着丰富的历史、文化和社会信息的纪录片，是中华文化走向国际的一种重要载体。然而，作为高语境文化的中文内容，在国际传播中面临语言障碍和文化差异的挑战。本文通过纪录片《何以中国》的译制实践，探讨如何通过有针对性的译制策略，将深奥的历史转化为低语境文化目标观众易于理解的内容，实现从高语境文化向低语境文化的有效转换，提升跨文化传播的效果，完成其文化传播使命。

关键词： 高语境文化-低语境文化　跨文化传播　《何以中国》译制

引　言

由国家文物局、中共上海市委宣传部指导，上海广播电视台制作出品的大型纪录片《何以中国》荣获 2024 年第 29 届上海电视节“最佳系列纪录片”奖（白玉兰奖），被本届电视节国际评审团誉为“蕴含深远创作力量的佳作”。笔者参与了该系列纪录片英文版及送评“白玉兰奖”的英文版译制工作，回顾整部片子的英文译制，犹如一个密集解码和进行文化、语义适配的过程。“白玉兰奖”带给译制工作极大的鼓舞，也激发了笔者对《何以中国》这类极富文化底蕴的中文纪录片何以走出国门、进行有效的跨文化传播的思考。本文尝试代入高-低语境文化这一对概念，意在通过各种实例，阐释中文纪录片译制在“穿越文化墙”时要采取的译制策略，通过这样的二次创作，使译文的表达更加精确，更贴近海外受众的审美习惯和对中国元素的期待。希望这些思考能与译者和纪录片制作人士产生共鸣，助力更多优秀中文纪录片“扬帆跨海”，推动中华文化海外传播。这样的思考伴随《黑神话：悟空》《哪吒 2》等以中国神话为主题的文化作品的成功出海，亦变得更为迫切。

一、跨文化传播中的高-低语境文化理论

1. 高语境文化和低语境文化理论

被视为系统性研究跨文化传播第一人的美国人类学家爱德华·T. 霍尔(Edward Twitchell Hall)，在他 1976 年出版的《超越文化》一书中提出了高语境文化(high-context culture)与低语境文化(low-context culture)概念。

高语境文化中传播或信息即是，绝大部分信息或存于物质语境中，或内化在个人身上，而极少数则处在清晰、被传递的编码信息中。低语境正好相反，即将大量的信息置于清晰的编码中。

对于高语境和低语境所代表的两种文化的特点及其传播方式，学者迈伦·卢斯蒂格(Myron Lustig)和乔琳·科斯特(Jolene Koester)曾加以概括，具体如下：

1. 高语境文化：(1) 内隐，含蓄。(2) 暗码信息。(3) 较多的非言语编码。(4) 反应很少外露。(5) 圈内外有别。(6) 人际关系紧密。(7) 高承诺。(8) 时间处理高度灵活。

2. 低语境文化：(1) 外显，明了。(2) 明码信息。(3) 较多的言语编码。(4) 反应外露。(5) 圈内外灵活。(6) 人际关系不密切。(7) 低承诺。(8) 时间高度组织化。

也就是说高语境文化的沟通方式中，许多信息是通过非语言线索传递的，如语境、关系、暗示，以及共同的历史、价值观和社会公认的行为模式等。这种沟通方式对隐含的信息和背景有较高的依赖。

高语境文化中的语言内涵，需要观念和行为习惯的长期积累，这些习惯深植于历史和过去的经验之中，构筑成一个连贯、交织且持久稳定的体系，也形成了一定的“理解门槛”。高语境文化下的交流对于那些缺乏共享价值观和历史背景的人来说，难以迅速理解。

而低语境文化中的交际双方，习惯用语言本身的力量来交流。较少依赖于非言语元素或共享的背景知识。

2. 高低语境文化国家

霍尔在《超越文化》一书中特别指出："尽管文化不会独立地依存于天平的一方，但天平确有高低之分。美国文化并非处于底层，它只是偏向天平较低的一方……有着伟大而复杂文化的中国就处在天平的高语境一方。"

美国传播学学者威廉·古迪肯斯特(William Gudykunst)发展了霍尔的高-低语境理论，他认为说英语的国家大多具有低语境文化特性，东亚国家（如日本和中国）的文化则具有高语境特性。

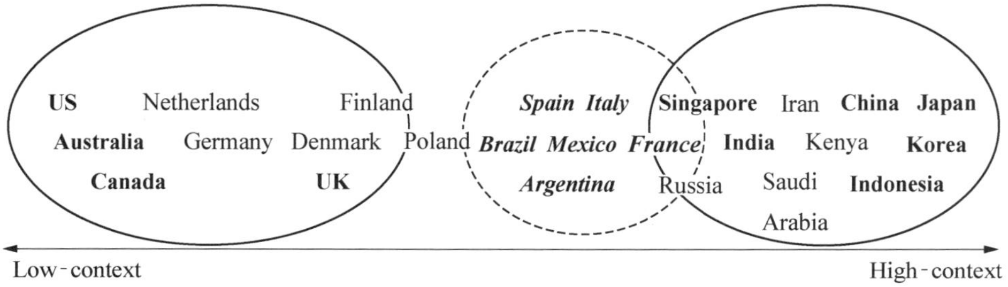

（图示：高低语境文化国家。笔者注：上图箭头右指方向代表"高语境"，代表国家有中国、日本、韩国等；箭头左指方向代表"低语境"，代表国家有美国、英国、加拿大等。）

3. 了解高语境和低语境文化理论的意义

"文化是人类的媒介。"高语境文化和低语境文化理论这一对概念的提出为跨文化传播提供了一个重要的理论依据，也为如何有效地进行跨文化传播提供了新的视角。在跨文化交流日趋频繁的今天，这个理论有助于指导不同文化背景下的人们增进理解、减少偏见和误解，并灵活地调整自己的跨文化沟通策略，对于提升沟通能力和传播效果具有重要意义。

二、高-低语境文化理论对于纪录片译制的重要性

纪录片《何以中国》英文译制工作的代表性在于，它是由国家文物局和上海市委宣传部指导、上海市文物局支持、上海广播电视台打造的大型纪录片，是一部聚焦于考古实证、历史演进、文明溯源的大型考古纪录片。它立足"中华文明探源工程"和"考古中国"的重大研究成果及最新发现，系统性追溯了中华文明的根基、起源、形成与早期发展的历程。

整个系列共 8 集，文本的总撰稿人是考古专业人士，这给予解说词文本学术性强、专业性强的基因，8 集文本经过多年反复的打磨，对历史事件、人物、器物

的叙事描述有着高度凝练、精确细腻的特点，也不乏饱含意象的隐晦表达，以及充满隽永的人文基调和文学色彩的片段，这些塑造了《何以中国》独特的文本特色和叙事美学，也使得《何以中国》具有鲜明的高语境文化的特征。将这样一部中文纪录片进行英文译制，就需要我们在“高语境文化的纪录片”和“低语境文化目标语言受众”之间架起一道桥梁，将显性的、隐性的内容信息、独有的文化含义，运用适当的、有针对性的译制策略，进行正确清晰的“解码”，准确传递纪录片中的文化符号与历史内涵，避免因语境差异造成的误读或曲解，使传播效果打折。

三、案例分析——《何以中国》译制的策略和方法

1. 内容简化与明确表达以突出核心信息

(1) 专业术语的处理

《何以中国》中涉及大量关于文物器物或考古方面的专业术语，这些专业术语保证了内容的准确性和权威性，但也对观众的理解和接受度形成挑战。为避免这种情况，翻译时选择用通俗易懂的方式进行阐述，将核心含义翻译出来。

例 1: 大部分城墙仍保留数米甚至 10 米高，宽度约 15 米，墙体有多排纴木洞，这是修补城墙时留下的痕迹。(第八集《天下》)

这句话里出现了一个非常专业的词“纴木洞”。经查找，在关于“石峁遗址”考古的一些报道中找到相关描述：

宋代《营造法式》中记载，古代工匠在修筑城墙墙体时，“每筑高五尺，横用纴木一条”。即筑城时使用纴木横向插入墙体进行承重，防止意外塌毁，作用类似于今天进行混凝土浇筑时预先搭建的钢筋。

由此可见，“纴木洞”是指充当“钢筋”作用的木头架设在墙内留下的孔洞。因而，这句翻译如下：

Many sections of the wall, up to 10 meters tall and around 15 meters wide, has rows of holes where wooden beams once acted as reinforcement.【直译参考：大部分城墙仍保留数米甚至 10 米高，宽度约 15 米，墙体有多排曾经加固用的木梁留下的孔洞。】

例 2: 这些陶杯的形态不尽相同，以斜直腹杯、斜弧腹杯、喇叭口卷沿杯为主。(第四集《古国》)

这句描述的是古人烧制红陶杯的窑场遗迹。撰稿人用了非常专业的词汇来描述杯形——斜直腹杯、斜弧腹杯、喇叭口卷沿杯。国外专业的文博类网站上有

对应的说法：slim and tall cups with a small straight mouth，wider bodied cups with a flared mouth，and flared-mouth with rolled edge。但是片中画面显示，这三种杯形其实有着共同的特征。考虑到这一段的核心信息是，这些红陶杯的发现，证明四千多年前的人类社会已出现专业的生产线，因此选择从共性入手翻译，将非核心的信息处理得简洁些：

They vary in shape，but most are slim and tall with small and straight or flared mouths.【直译参考：它们（这些陶杯）的形态不尽相同，但都瘦长，带有小的、直的或喇叭形的口部。】

（2）翔实细节的处理

《何以中国》有很多硬核细节，体现了纪录片在考据方面的高标准。"细节铺展"在对低语境文化观众的跨文化传播情形下，有可能是"双刃剑"。细节可以塑造对某事某物的认知，但对非母语观众来说也可能因陌生信息多形成"信息过载"。

例 3：此后八年间，他一度封禅、五次东巡。他登峄山，攀泰山，上琅邪，经之罘，过东观，临碣石，至会稽，巡行之处，皆刊石勒铭。（第一集《秦汉》）

"登峄山，攀泰山，上琅邪，经之罘，过东观，临碣石，至会稽"罗列了秦始皇东巡到过的地方，一句中出现了七个地名。对母语观众来说，这句的排比写法营造出一种历史恢宏感和语言上的韵律感；但是对英文受众来说，陌生的地名未必能引发他们的共鸣，反而可能分散他们对核心内容的注意力。这一段的主要信息是讲秦始皇在东巡的所到之处均留下了石刻，因此，译制时选择将具体的地名略去，承接上句后处理如下：

Throughout the following eight years，he visited the eastern regions four more times，covering thousands of kilometers. Many sites along the route were marked with stone tablets.【直译参考：此后八年，他再东巡了四次，行程数千公里。沿途的许多地点都立有石碑作为记录。】

（3）诗意文字的处理

《何以中国》有一些比较诗意和抒情的文字，这些语句以意象为依托，用"言外之意"和"画外之音"营造出了深远的意境和强烈的情感烘托。比如以下例子：

例 4：看我们的文明在摇篮里的孩提模样，被她稚嫩的笑容打动；看她在辽阔的山川大地上蓬勃成长，在五千多年前形成一个可以称作中国的共同体，长成为真正的文明；看她经历龙山时代五百年激荡整合，将共同体凝聚为政体，为夏商王朝的诞生欢欣鼓舞；看她究天人之际，由尊帝到尚德，由编户至齐民，完成政体、社会乃至华夏文明的整合。（第一集《秦汉》）

这段文字出现在第一集的结尾段落，使用了拟人化的手法展现中华文明经历的重大成长阶段。整段文字把叙事和抒情结合在了一起，作为收尾段落，起到了烘托氛围和情感升华的作用。但也正因为是结尾段落，其作用除了情感升华，也有对这一集的内容作高度概括及对未来分集展望的作用，考虑到抒情最终是为叙事服务，在这里叙事更须优先体现，因而采用了较为直白的方式翻译：

We'll see this civilization in its infancy.

We'll see it forged into an empire that would one day become China.

We'll see it experience 500 years of the Longshan Era, watch tribes come together to become communities, and see the birth of the Xia and Shang dynasties.

We'll see the shift from imperial supremacy to a climate of esteeming virtue, as complex social and political structures begin to take shape.

【直译参考：我们看到这一文明孩提时的模样；看她被铸就成一个帝国，并最终发展为中国；看她经历 500 年龙山时代，看着部落聚集成为共同体，目睹夏商王朝的诞生；看她从尊帝到尚德的转变，同时复杂的社会与政治结构逐步成形。】

2. 打破文化专属语境以化专属为共通

文化专属语境包含了特定文化背景下的独特知识，具有较强的地域性和排他性，对非母语观众来说可能不熟悉，甚至完全陌生。对于这些内容的译制，要通过对原文化和目标文化的深刻理解及适配，进行恰当的阐释和转换，不然，不仅会造成理解困扰，甚至可能造成误解。

对于文化专属语境的内容，《何以中国》里不同的情况也有不同的处理方式：

（1）补充背景增加注释

《何以中国》在描述一些历史事件、历史人物、独有的文化概念时，隐含了大量的背景知识，犹如一个“压缩包”，因此对于英语国家受众来说需要加以注释，帮助其理解。

例 5：公元前 219 年，秦始皇在仲春之月开始了他的东巡。此后八年间，他一度封禅、五次东巡。（第一集《秦汉》）

“封禅”，是中国古代帝王在太平盛世或天降祥瑞时，到泰山举行的祭祀天地的大型典礼，向天地宣告功德，祈求国家长治久安、百姓安居乐业。片中没有解释“封禅”什么意思，默认母语观众对此的了解。在英文译制时，有必要采取解释型的翻译来“解压缩”，这里对于“他一度封禅”的处理如下：

He paid tribute to the sacred Mount Tai to inform Heaven and Earth of his success in unifying all of China.【直译参考：他到神圣的泰山举行祭祀典礼，向

天地宣告他统一中国的功德。】

例 6：两千多年前，长安城中的汉武帝望向九州华夏的舆图。他决意为汉王朝打开连接外部世界的通衢。（第一集《秦汉》）

这句的"他"指的是汉武帝，汉武帝的一个重要历史功绩是开启了"丝绸之路"。解说词"打开连接外部世界的通衢"用含蓄的文艺笔法提到这条对世界历史产生深远影响的贸易通道。为了使这一隐含的"主角"被清晰地理解，在此进行了加注：

More than 2000 years ago, in the city of Chang'an, Emperor Wu studied a map of his empire. He resolved to open up pathways to the west connecting China to the outside world. The Silk Road.【直译参考：两千多年前，长安城中的汉武帝望向九州华夏的舆图。他决意为汉王朝打开连接外部世界的通衢——丝绸之路。】

(2) 用对方熟悉的文化类比进行文化适配

"橘生淮南则为橘，生于淮北则为枳。"同一个事物在不同的环境可能会被赋予不同的意义、产生不同的认知。而某些文化专属元素翻译不当可能会适得其反。因此，以目的语文化为导向的"归化"翻译策略是一种可行的处理方式。

例 7：我们经秦汉传续，虽历五千年而不老，中国依旧如旭日朝阳。（第一集《秦汉》）

在中文的语境里，"旭日朝阳"有希望、光明、积极向上的象征。但是，在英文的语境文化里，"旭日"有日本之象征的含义。因此，需要从中文语境的象征意义入手翻译，而不是直译"rising sun(旭日)"。由于这是第一集最后一句，对整个系列有着开宗明义的作用，后续的分集将深入解读一个具体的文明阶段，因此做如下处理：

We'll trace the origins of China before China.【直译参考：我们将探寻中国"何以中国"的起源。】

"China before China"是《何以中国》的英文片名，此处也有点题的意味。

例 8：这是同时期世界上规模最大的水坝系统，蓄水量达 4 600 余万立方米，相当于 3 个西湖。（第四集《古国》）

在中文写作里，经常可以看到使用西湖作为面积参照物的例子，主要是因为西湖在中国具有广泛的认知度、明确的面积数据，便于比较和理解。但是，对于外国受众，西湖是陌生的，以此参照起不到相同的效果。因此，最好使用通用性更强的事物来作参考物。因此这段文字翻译如下：

This was the largest dam system in the world at that time, with a storage capacity equivalent to approximately 18 000 Olympic sized swimming pools.

【直译参考：这是同时期世界上规模最大的水坝系统，蓄水量达 4 600 余万立方米，相当于 18 000 个奥运标准游泳池大小。】

高语境文化与低语境文化的适配，不是为了削弱文化特性，而是为了找到沟通的平衡点，让不同文化背景的人群更有效地理解彼此。

3. 强化逻辑关系以消除理解障碍

逻辑关系是跨语言沟通的“隐形语法”。高语境文化中，背景、非语言线索或文化认知都能传递信息。但对其他文化背景的受众来说，如果缺乏一些明确的逻辑串联，他们可能难以跟随情节的发展，无法形成清晰的理解。因此有必要弥补逻辑缺失，构建逻辑上的连贯性，使复杂关系和陌生叙事变得清晰易懂。

例 9：宣王时期的短暂中兴终究无力回天。至幽王时，这种东西失衡的战略布局终于彻底暴露其弊端。申侯以女儿申后和外孙宜臼被废一事为由，联合缯国与犬戎杀幽王于骊山下。此后平王迁往成周，数百年来的祖居故地不得不被放弃。（第七集《家国》）

这段文字的历史背景是西周灭亡和东周开启，一系列重大历史事件被高度浓缩在这一段落中。同时，还出现了多个人物：宣王、幽王、申侯、申后、宜臼、平王。除了申侯，申后和宜臼三个人物之间的关系明确提到，他们与另外几人，以及其他人之间的关系，都没有提及。对英语观众来说，人物关系的缺失可能会妨碍他们构建起人物和事件的逻辑图谱，造成理解困难。

其实，宣王、幽王、平王是祖孙三代。周幽王宠妾，废黜正室申后及太子宜臼，引发申后的父亲申侯的不满，于是他联合异族进攻西周，导致周幽王丧生和西周王朝的灭亡。宜臼即位，是为平王，并迁都洛邑，史称东周。

通过补充人物的关系及相关的一些信息，将这段翻译如下：

By the time King Xuan's son took the throne, the western region was in revolt. The new king, King You, was married to the daughter of the Marquis of Shen, and they had a son. When King You disavowed his wife and the future heir, the Marquis of Shen conspired with the State of Zeng and the Quanrong tribe and killed King You at Mount Lishan. In 770BC, the young heir, Yijiu, took the name King Ping, and relocated the family to Chengzhou, abandoning their western capital and ancestral home. 【直译参考：当周宣王的儿子继位时，西部已生动乱。这位新王，即周幽王，娶申侯的女儿为妻，并生下一个儿子。后来，幽王废黜王后和王位继承人，申侯于是勾结缯国与犬戎，杀幽王于骊山下。公元前 770 年，宜臼继位，是为平王，他迁都成周，放弃了位于西面的祖居故地。】

4. 引入目标观众的测试以拾遗补阙

目标观众的理解度和接受度对传播效果有着直接的影响，进行验证的一个有效方法是进行目标观众测试。除了检验语言是否地道，更重要的是发现一些逻辑漏洞。因为文化、认知的不足可能会使目标受众无法自动填补信息空白，从而放大某些漏洞，而母语文化下的译者对此未必能觉察。

这一方法在《何以中国》的译制实践中得到了验证。在《何以中国》译制中，有多名外国专家参与，基于他们对中国历史文化的了解程度和英语母语的思维习惯，某种程度上，他们充当了目标观众测试这一功能。

例 10： 十五年（此处指嬴政在位的第 15 年，笔者注），从平阳军。十七年，攻韩。十八年，攻赵。十九年，南郡备警。廿一年，韩王死。廿二年，攻魏梁。廿三年，攻荆，楚昌文君死。（第八集《天下》）

这段记录了秦军军吏"喜"的"履历"，前文讲的是秦陆续攻克一众小国，统一大业已势如破竹。这段的后文，讲的是秦始皇完成了统一。

一开始译文基本根据原文措辞翻译：

In the fifteenth year, he served at Pingyang. In the seventeenth year, the Qin attacked the Han. In the eighteenth year, they attacked the Zhao. In the nineteenth year, got prepared to counterattack in Qin's Southern Commandery. In the twenty-first year, the King of Han died. The twenty-second year, the Qin attacked the Wei, and in the twenty-third year, they attacked Chu, Lord Changwen of the Chu died.

原文中的"攻"都译为"attack（进攻）"。外国专家的反馈是，如果顺着译文上下文的逻辑，这一段应该是讲秦始皇在统一天下的进程中，将各国一一拿下。但是译文说的是他在"进攻"各国，后文突然就说"完成统一"了，在逻辑上似乎不太顺理成章。对这一反馈意见进行仔细思考后，再对秦灭诸国的时间又做了进一步的资料查阅，最终我们意识到，"攻"可能不是我们从字面上理解的"进攻"的意思，而是指"打败消灭"，从文中诸侯国被"攻"的年份上看，都是对得上的。于是，译文调整如下：

In the fifteenth year, he served at Pingyang, and two years after that, the Qin **defeated** the Han. They **defeated** the Zhao in the eighteenth year. The following year, the Chu broke faith with the Qin and attacked Qin's Southern Commandery. Three years later, the Qin **defeated** the Wei, and in the twenty-third year, they **defeated** the Chu.【直译参考：第十五年，他服役于平阳。两年后，秦灭韩。十八年，灭赵。次年，楚叛约，袭击秦之南郡。三年后，灭魏。第廿

三年，灭楚。】

为使信息更为聚焦，还略去了“韩王死”“楚昌文君死”的翻译。

结　语

习近平总书记在党的二十大报告中强调：“讲好中国故事、传播好中国声音，展现可信、可爱、可敬的中国形象。加强国际传播能力建设，全面提升国际传播效能，形成同我国综合国力和国际地位相匹配的国际话语权。”

《何以中国》完成英文版译制后也在积极探索海外平台的传播。2024 年国庆期间，英文版先导片上线，在海内外新媒体端推发。在上海广播电视台国际传播旗舰产品 ShanghaiEye（魔都眼）开设在 YouTube 的账号上，3 个月内浏览量近 3 万次，观看时长 41.7 小时。评论区最热门的一条评论就是问：“这个纪录片什么时候播出？哪里能看？”用短短 3 分钟打动了海外受众，吸引他们的关注与兴趣，塑造了这个系列高品质的形象，对于后续《何以中国》的海外播出起到了积极的作用。

虽然文化有不同语境有落差，但这些不是不可逾越的，若能做好语境的“调停者”和“平衡者”，不仅能搭建起沟通的桥梁，更能取得令人满意的传播效果。要达到这个目的，笔者认为要在语境的两端做到：第一，与原创团队紧密合作深入理解原作；第二，增设目标观众的测试反馈环节。前者是为了做到“信”——把承载大量文化密码的内容了解透彻，后者是为了做到“达”——让跨文化的受众能看懂。并且，后者在《何以中国》的译制实践中，体现出预期之外的有效性。对历史和文化底蕴深厚的作品来说这点尤为重要，因为这类作品可能需要经历二次解码——从“古”到“今”再到“外”，构建受众前测机制能检验目标受众的敏感度，发现潜在的漏洞，提升作品的完成度和跨文化传播的效果。

有了“信”和“达”，在此基础上再攀登“雅”的高峰，打造出“中国好故事”，为中国文化和内容产品“出海”助力前行。

参考文献：

［1］《超越文化》，［美］爱德华·T. 霍尔著，居延安等译，上海文化出版社，1988－12.

［2］《跨文化交际学》，贾玉新著，上海外语教育出版社，1997－9.

［3］《高语境与低语境交际中的隔阂及其传播策略》，汪聪，《今传媒》，2015－1.

［4］《超越文化》，［美］爱德华·T. 霍尔著，居延安等译，上海文化出版社，1988－12.

［5］《The Culture Map：Breaking Through the Invisible Boundaries of Global Business（文化地图：打破全球商业的无形边界）》，［美］ Erin Meyer（艾琳·迈耶）著，［美］

PublicAffairs(公共事务)出版社,2014－5.
[6]《超越文化》,[美]爱德华·T. 霍尔著,居延安等译,上海文化出版社,1988－12.
[7]《纪录片〈何以中国〉播出——倾听中华文明的历史回响》,人民日报海外版,2023年12月15日.

作者简介:

顾文俊,上海文广国际传播中心项目部主编。

国际传播中的“反文化折扣”现象

——ShanghaiEye 实践解码

陈砚青

提　要：在全球化与数字化的双重浪潮下，国际传播面临着前所未有的挑战与机遇。传统“文化折扣”理论认为文化差异会导致传播效能的衰减，然而，以 ShanghaiEye（魔都眼）为代表的中国外宣新媒体平台通过内容创新、技术赋能与传播策略，成功实现了“反文化折扣”——将文化差异转化为差异化竞争力。本研究以 ShanghaiEye 及其子平台“魔都眼 DecodingChina”的短视频实践为研究对象，通过与 BBC Studios、CGTN 等国际平台的策略差异对比，并结合案例分析，揭示其重构西方受众认知框架的路径，以期为数字时代的国际传播理论体系提供新的解释框架。

关键词：跨文化传播　文化折扣　ShanghaiEye

引　言

在全球化 3.0 时代，国际传播成为连接不同国家和地区的重要桥梁。传统“文化折扣”理论认为文化差异导致传播效能衰减，但以 TikTok、ShanghaiEye 为代表的新型媒体平台却展现出逆势增长现象，为国际传播提供了新的机遇，使得文化传播更加多元化、互动化和个性化。这种“反文化折扣”现象挑战了既有理论范式，亟待新的解释框架。

一、文化折扣理论的局限与数字时代的突围

（一）传统文化折扣理论的困境

“文化折扣”一词由霍斯金斯和米卢斯于 1988 年提出，指文化产品因受众文化背景差异导致的价值衰减。例如亚洲大片在好莱坞市场时常会因文化符号陌生而票房受限，传统纪录片在西方平台也常因叙事逻辑差异被边缘化。

然而，数字平台的兴起彻底重构了传播逻辑。算法文化逐渐取代传统线性传播模式，文化差异不再是不可逾越的鸿沟，反而成为内容创新的源泉。《哪吒2》成为全球票房最高动画、TikTok 跨文化渗透等现象证明，特定文化元素可能转化为“文化溢价”。

（二）Z 世代的媒介素养与跨文化接受特征

1. Z 世代媒介素养的核心特质

● 信息获取方式多元化。Z 世代成长在数字化时代，信息获取方式不再局限于传统媒体，而是更加依赖于互联网和社交媒体。

● 参与内容创作与分享。Z 世代渴望分享自己的原创视角和观点，他们积极参与内容创作和分享，成为数字内容创作和传播的重要力量。

● 认知框架的“迭代性”。面对复杂的政治议题，Z 世代更依赖“碎片化信息拼图”而非系统性叙事。

● 批判性思维与辨别能力。由于面临信息碎片化、虚假信息等问题，Z 世代逐渐培养起批判性思维和辨别能力，青睐带有＃FactsCheck 等标签的内容。

2. 跨文化接受特征

● 价值观开放性与文化包容性。Z 世代成长于全球化的背景下，对多元文化持开放态度，愿意与他人分享自己的跨文化体验。同时，他们也具备较好的语言能力和跨文化沟通技巧，能够跨越文化障碍进行有效的沟通。

● 对本土文化的认同与传承。虽然 Z 世代具有多元文化背景和跨文化接受特征，但他们也非常重视本土文化的认同与传承，愿意了解和传承自己的传统文化和习俗，并将其与现代文化结合起来，创造出具有独特魅力的新文化形式。

（三）反文化折扣的提出与内涵

基于此，本研究提出“反文化折扣”的操作化定义：在跨文化传播中，传播主体通过策略性编码，将源文化特质转化为目标受众的认知兴奋点，可使文化差异成为增强传播效能的差异化要素，最终实现传播效果指数级增长的现象。这一概念的核心在于，文化差异本身并非障碍，而是可以被编码为“传播钩子”。ShanghaiEye 的实践验证了这一理论的可能性。目前，ShanghaiEye 海外社交媒体矩阵用户超过 310 万，海外传播量突破 10 亿级。

二、ShanghaiEye 的平台定位与传播策略

（一）平台定位与数据表现

ShanghaiEye 由上海广播电视台（SMG）于 2016 年推出，2025 年全面焕新。从三个维度全力打造国际传播超级视频 IP，进一步提升国际传播效能。

● 英语电视杂志节目《ShanghaiEye》：立足上海，面向海内外外籍人士，提供及时有用的服务信息，讲好中国故事、解释中国现象。

● ShanghaiEye 海外社交媒体矩阵：根据不同平台的特点，主动设置议题，精准触达国际受众，特别是年轻用户，加大互动交流，提升品牌影响力。全平台用户超过 310 万，YouTube 频道订阅量近 30 万，#ShanghaiStories 话题标签累计互动超 500 万次。

● ShanghaiEye Live24 外语视频直播流：集纳新闻资讯、纪录片、人物访谈等各种视频形态，编排灵活，把“真实中国”的鲜活故事讲述给世界听。

（二）与其他国际平台的策略对比

1. 内容定位与受众分层

平　台	BBC Studios	CGTN	ShanghaiEye
核心定位	全球新闻与文化输出标杆	中国国际政治与经济叙事	中国城市文化与青年生活方式

续 表

平　台	BBC Studios	CGTN	ShanghaiEye
受众特征	中高收入、教育水平高的精英阶层	年轻化、关注国际议题的群体	Z世代、亚文化爱好者
内容类型	深度纪录片、新闻分析	快节奏短视频、专题报道	轻量化、强互动性内容

2. 叙事模式对比

BBC Studios。依托《Planet Earth》《人类星球》等IP，通过宏大叙事强化“权威感”，但受限于严肃基调，缺乏情感共鸣设计，在Z世代中渗透率较低。

CGTN。以“政治议程优先”为核心，常用“官方话语转译”模式，西方年轻群体对其内容有较高的“议题预设偏见”。

ShanghaiEye。聚焦“非政治性日常叙事”，如“中国春节零食”“弄堂宠物大会”等，通过“烟火气”消解意识形态壁垒，通过互动式剪辑引导观众参与认知重构，契合Z世代“反内卷”“追求真实”的价值观。

3. 技术应用差异

BBC Studios：投资VR/AR技术打造沉浸式体验（如《复活节岛》纪录片），但成本高昂，难以高频次产出。

CGTN：依托中央广播电视总台全球新闻采集网络，实现事件报道的“速度优势”，但算法推荐较依赖第三方平台（如YouTube等）。

ShanghaiEye：构建“数据中台＋用户共创”生态，利用UGC内容降低制作成本并增强真实性。

三、ShanghaiEye的“反文化折扣”实践策略

（一）内容创新：文化锚点与全球叙事的融合

1. 文化锚点的深度开掘

本土符号的当代转译。如将二十四节气转化为数字艺术、用VR技术还原上海石库门场景等。

文化原型的现代性重构。传统叙事框架的年轻化表达，如非遗守艺人系列采用“Z 世代网红＋老匠人”对话形式。

2. 全球叙事的策略适配

“以人为本”的情景化植入。在“上海社区公园 24 小时开放”中，通过对比纽约流浪汉问题，展现中国城市治理中的“以人为本”。

情感共振的跨文化触发。灾难报道中采用“人类命运共同体”视角，如郑州暴雨救援中中外志愿者合作的故事。

（二）叙事创新：打破认知结构差异

1. 对接国外话语形式。采用美式脱口秀、英式讽刺等叙事风格；以中外类比简化受众理解过程，消解文化差异和偏见。

2. 抽象概念具象化。例如通过“晒背争议”展现社会观念变迁，将“集体主义”与“个人自由”置于具体场景中讨论。

3. 主观立场模糊化。用客观记录代替主观输出，不宣传、不吹捧，展现事件全貌、集纳各方声音，让受众自己做出判断。

4. 严肃议题生活化。引用生活场景解释严肃议题，增强内容的亲和力和故事性，提高受众的接受度和认同感。

（三）技术赋能：算法驱动的精准传播

1. 标签策略。视频标题嵌入“＃TikTokMadeMeBuyIt”“＃FoodieAdventure”等国际热门标签。

2. 跨平台联动。将 YouTube 长视频剪辑为抖音短视频，同步推送至 Instagram Reels，实现流量最大化。

3. 用户画像分析。针对欧美观众偏好“实用攻略＋文化猎奇”的特点，开发上海生存指南、必打卡网红餐厅等垂直内容。通过算法推荐精准触达目标受众，实现“内容找人”而非“人找内容”。

4. A/B 测试机制。同一视频上传不同封面图和标题，根据点击率动态优化算法模型。

四、ShanghaiEye 的“反文化折扣”案例分析

（一）案例一：中国春节零食的传播策略

在 2025 年 1 月 26 日一则关于中国春节的短视频中，ShanghaiEye 将春节概括为“一个可以放肆吃零食的节日”，规避了关于这一传统节日的宏大叙事，从“零食”这一生活化的元素切入，拉近外国观众和中国春节的距离。

记者通过轻松幽默的方式介绍了春节期间的各种零食和风俗。如在介绍坚果时，戏称“坚果是白人通往 ICU 的门票”（白人易对坚果过敏），而身为中国人最好的就是“几乎什么都能吃”。同时，视频还插入了一些冷知识和文化背景介绍，增强了内容的趣味性和可读性，使得受众能够更好地理解和接受中国零食的文化内涵和独特魅力。

记者将自己摆在“体验者”而非“推介官”的位置，全面展现自己的好恶。比如品尝鱿鱼干、鳕鱼片之后，她坦言需要 altoid——一种美国著名的薄荷糖来清口，暗示该类产品腥味重。品尝传统果脯加印子之后，吐槽说口味太重。立体的形象和唠嗑式的互动，既拉近与受众的距离，又增加了视频的层次感和可信度。

（二）案例二：中国公共厕所的变革与西方受众的认知差异

在 2024 年 11 月 30 日的短视频中，ShanghaiEye 以“中国公共厕所的变革”为主题，通过记者的亲身体验和实地探访，向西方受众展示了中国公共厕所的卫生状况、设施条件和管理水平等方面的改善和提升。

视频开篇警告“一定要带纸”、字幕提示“本视频可能出现排泄物”，契合了部分观众对中国厕所“脏乱差”的惯性思维，消解了他们对同主题宣传视频的排斥心理，吸引他们带着猎奇的心态继续观看。

视频先抑后扬，并不避讳中国公厕的不足。由于外国人习惯使用坐便器，记者从寻找坐便器出发，在来到一个干净却只有蹲便器的厕所后，她向观众展示了如何使用蹲便器，提示要“卷起裤脚”，并表示“脚上沾上尿液十分正常”。尽管视频此后展示的厕所环境逐渐升级，但依然通过不时地暴露小缺点，创造“冲突”、形成起伏，与传统宣传视频的直线型叙事形成区分。平衡中立的表达加强了视频的可接受度。

此外，尽管视频中提到了中国公厕的便利程度，比如在上海“每 200 米到 400 米就有一个厕所”，但并未“代替观众”形成结论。而是通过摆事实，列举纽

约街头公厕的罕见程度、欧洲公厕的收费文化等，切中身在其中的受众的痛点。在“你是想要‘有些味道’但遍地都是的公共厕所，还是要收费且难找的厕所”的提问中，引导观众自发得出结论。

（三）案例三：南海问题的通俗化解读与中外受众的共鸣

在 2024 年 5 月 31 日的短视频中，ShanghaiEye 以“南海问题”为主题，通过通俗化解读与生动比喻向中外受众介绍了南海问题的历史渊源和现实争议。

记者站在小区喷泉池边，将喷泉池及其内的鹅卵石比作南海和仁爱礁，将顶楼邻居比作中国，自己则演绎菲律宾。通过向邻居喊话“我想要这片池塘，因为它离我更近”，轻巧地点破菲律宾的强盗逻辑。她将一辆老式自行车推下池塘，指代 1999 年菲律宾海军派登陆舰坐滩仁爱礁，声明会将船拖走，却久不兑现，图谋实际控制；将几个纸箱推下水池，并在其上备注“修船材料”，指代 2024 年菲律宾向仁爱礁运送建筑材料，名为修船实欲修建永久性设施。视频于是代表中方发问“为什么要修，直接（按承诺）拉走不就完了”，揭露菲律宾此地无银三百两、出尔反尔的丑恶行径。将严肃晦涩的外交辞令变为易于理解的日常对话，孰是孰非一目了然。

视频最后，小水池里已堆满垃圾，记者问道：“怎么样，你们觉得我还要往里面扔更多垃圾吗？”引人发笑的同时激发受众的共鸣和思考。整个视频将国际议题和利益相关方与日常生活场景和事物进行类比解读，使受众能够像厘清家长里短、邻里矛盾一般，解码复杂敏感的南海问题。

（四）案例四：城市治理智慧的展现与中外民主制度的对比

在 2024 年 4 月 1 日的短视频中，ShanghaiEye 以“闵行文化公园 24 小时开放争议”为主题，通过展现城市治理中的极小案例向受众展示了中国的城市治理智慧和民主制度。

视频开篇提问：“如果纽约中央公园 24 小时开放，纽约人会怎么说？”迅速将上海治理的一个小问题生发成全球城市治理的共性问题，拉近观众与议题的距离。记者随后模仿纽约人的口吻质疑 24 小时开放政策，罗列流浪汉、安全、财政支出等问题；话锋一转她表示，“我明白他们为什么有这么多问题，因为这是‘西式民主’，但我没想到中国人也这样”。看似讽刺中国没有民主，实则以退为进，冲破西方民众的信息茧房，告诉他们民主并非西方“特产”。

以此为论点，视频截取了社区研讨会上各界代表的发言。通过对流浪汉现象等问题的中外对比,记者论证部分代表的质疑是杞人忧天。尽管如此,在谨慎论证后,最终公园决定先延长开放时间至午夜 12 点,并采取加强安保、关闭湖畔区域、加装摄像头等多项举措,视情况逐步延长开放时间至全天。

全片无一句说中式民主之优越,却尽显其普惠包容。通过这种策略性的传播方式和深度对比的形式,ShanghaiEye 逐步瓦解外国观众对中国民主制度的刻板印象,对西方舆论的抹黑和攻击形成冲击。

结　语

在数字时代,“反文化折扣”现象揭示了国际传播的新规律：文化差异不再是障碍,而是创新与差异化的源泉。ShanghaiEye 积极贯彻习近平总书记在国际传播领域的重要讲话精神,展示真实、立体、全面的中国,通过“内容即外交”的实践证明,当传播者跳出“文化输出”思维,转而以共情、幽默、游戏化的方式解码文化基因时,差异本身便成为最强大的传播力。这一范式不仅为中国媒体“出海”提供了路径参考,也为全球跨文化传播的理论与实践开辟了新维度。

同时,ShanghaiEye 的成功也启示我们,国际传播不仅是信息的传递,更是文化的交流与融合。在这个过程中,我们需要尊重和理解不同文化之间的差异,以开放包容的心态去接纳和欣赏这些差异。只有这样,我们才能真正实现文化的交流与互鉴,推动人类文明的共同进步。

作者简介：
陈砚青,上海文广国际传播中心编辑部主编。

论广播短评的创新策略
——以990早新闻《晨间快评》栏目为例

周仲洋

提　要：在媒介融合与信息碎片化时代，广播短评作为传统媒体的重要舆论载体，正面临时效性、互动性与吸引力不足的挑战。本文以创新策略为核心，从论点、论证方法与论述语态三个维度切入，探讨如何通过观点革新、逻辑强化与情感共鸣提高广播短评的传播效能。文章提出，广播短评须以问题意识挖掘新闻本质，以逻辑推理增强说服力，以场景化表达构建共情空间，最终在"观点输出"与"受众需求"之间建立动态平衡，实现传统媒体评论的创新突围。

关键词：广播　短评　创新策略

引　言

短评是符合广播新闻节目传播规律的一支"轻骑兵"。《晨间快评》是FM93.4上海新闻广播《990早新闻》中的一档新闻短评栏目，以两分钟左右长度为主，紧扣中央及上海市委、市政府中心工作，直击热点新闻，关注社会民生，以春风化雨、见微知著的广播语言开展舆论引导。本文试图通过分析《晨间快评》中的一些获奖篇目创作思路，探讨广播短评如何为新闻报道增色，提升传播效果。

一、《晨间快评》创作的底层逻辑

面对自媒体时代的冲击，传统广播新闻评论的创新发力点应当聚焦于在权威解读新闻事实时亮明主流媒体立场，在把握社会热点问题时快速引导舆论走向；同时，改变以“高高在上”的姿态进行“说教式”评述。很多人会认为，“新闻评论是广播媒体的短板，因为广播有着稍纵即逝的特点，与新闻评论层层深入、抽丝剥茧、篇幅较长等特征不相符合”。正是基于这方面的考虑，《晨间快评》从设立之初便更多地配合记者的录音报道出现，记者在新闻报道中阐述事实，主播在新闻评论中点明观点，两部分内容相互配合、相互补充，让听众在了解新闻事件经过的基础上，开启观点共鸣与共情的过程。同时能够让评论开门见山，省去了叙述的环节。因此，广播短评与新闻报道相结合的形式，可视为广播评论一种较为合理的打开方式，对于丰富广播新闻版面起到重要作用。

得益于互联网尤其是社交媒体的勃兴，众多热点事件发生后，观点和评析往往在第一时间海量涌现，这对《晨间快评》如何迅速抢占舆论制高点提出了要求和挑战。既然是评论“轻骑兵”，撒手锏自然是“唯快不破”，“快”体现在两个方面：首先是时效上的快速反应，《晨间快评》中的很多篇目都是当天热点当天即评，先于上海其他媒体发声；其次是结构上的轻快表达，对于一些主题上高屋建瓴的内容，善于用短小精悍的形式，在两分钟以内清晰地表达观点，四两拨千斤，以小见大。

在追求快的同时，《晨间快评》作为《990 早新闻》的栏目，具有党的官方媒体传声筒的属性，权威、准确、客观、公正是必须坚守的底线。在“人人都有麦克风”的时代，为什么还需要“金话筒”、需要官方媒体的评论员？人们期待的不仅是手速，也不是“语不惊人死不休”，而是一种真正的敏锐度，是判断力，是在滚滚洪流中保持独特声音、找到自身牢固“存在感”的能力和定力。越是在情绪裹挟着观点满天飞，贩卖焦虑，充斥极端思维的时候，越需要官方媒体的评论讲理性、讲逻辑，做到有立场，力争有洞见。《晨间快评》往往在记者调查报道、追踪报道的基础上展开，具有天然优势，能够在关键时刻发出关键声音，重大事件彰显重大作用，通过对重大决策、民生热点的深度关切，有力地撬动舆论场，呈现原创观点。

以上是《晨间快评》栏目设立的背景初衷，亦是主流媒体广播短评创作可以遵循的通用原则。

二、论点创新：让观点新颖独到，带着问题意识看新闻

创新广播短评，观点新颖、视角独到尤为重要，切忌说“正确的废话”。传统广播短评常陷入“观点同质化”困境，根源在于对新闻事件的表层解读。《晨间快评》往往会以“问题意识”切入，从“发生了什么”转向“为何发生”与“如何

解决”。

1. 跨领域设置议题，突破认知局限

很多时候，一些跨学科思维可以被运用于新闻评论，一则法制新闻的背后可能有从经济学角度讨论的观点；一则正面宣传报道背后也可能隐含着舆论监督寻找民生痛点的空间。《晨间快评》需要对新闻报道有更多的追问，而不仅仅是顺势而评。2023 年 9 月 21 日的《990 早新闻》中，记者报道了“上海一名男子怒砸 18 辆共享单车，因故意损毁公私财物被行政拘留”这样一则消息，原本是一个简单的社会新闻，但是《晨间快评》抓住了男子多次联系人工客服不顺利的细节，去追问：男子愤怒的原因是什么？令他不满的企业客服是否真的无法解决问题？评论中说道：

> 如今，很多行业的客服电话都换上了智能语音客服，但是智能客服经常变成“智障客服”，用户的需求被 AI 按在地上摩擦，而人工客服永远藏在深处。有媒体做过测试，从拨打电话开始到真正人工客服接手，整体耗时少则 100 多秒，长的要 300 多秒，“捉迷藏”的倒计时早该结束了……
>
> 服务行业不能总想着用一堆冰冷数据拼凑出的智能语音挡在前面降低成本，永远不可取代的应该是人和人之间的情感交流。修好 18 辆共享单车后的企业，还是好好想想如何修复客服与客户之间的那道裂痕吧！

这样一则评论，并没有简单停留在对肇事者的追责，而是更进一步去思考现象背后“人工智能客服”和“急需帮助的客户”之间隐藏的深刻矛盾。从肇事者的荒唐，挖掘出背后的另一种荒唐——“智能客服变成智障客服”，提醒着服务行业企业应该好好思考如何修复客服和客户之间的那道裂痕！通过对新闻事实的进一步追问，《晨间快评》实现了单一新闻事件与社会话题的深度互动，让观点独到且有意义。

2. 预判性思维引领舆论方向

发现问题可以着眼当下，也可以面向未来。《晨间快评》的观点创新有时候也得益于和采访记者共同策划有新闻价值的选题，通过预判新闻事件的潜在影响，提出前瞻性观点。例如在上海出现多家俄罗斯商品馆之初，《晨间快评》创作者就与记者报道合力，采访遇到虚假宣传的消费者，采访俄罗斯游客，揭露这种商品馆售卖的商品名实不符，多为中国内地生产的产品。针对监管部门回复的“未发现，不予立案”，当天的《晨间快评》推出了《别让一句“未发现”，掩盖了消费者的“上当受骗”》，呼吁市场监管部门承担起相关责任。这样的报道与评论，赶

在俄罗斯商品馆售卖“三无”产品的情况泛滥之前推出，倒逼监管执法部门出动查处，及时维护上海城市形象，可以说是防患于未然。

类似的案例还有《晨间快评》对于骑手群体的关注。上海外卖小哥三年赚百万元的视频在网络上引发热议后，评论没有简单地去为高收入背后的辛勤付出点赞，而是将论点放在外卖员高业绩背后的不安全因素。评论者引用了另一则关于“外卖平台大量规划逆行路线，送餐骑手为准时送餐选择逆行”的新闻作为论据，观点鲜明地指出，骑手创造的“神话”，绝不能用“风险”来垒就。

总之，带着“问题意识”看新闻，能够帮助评论者从新闻事件中挖掘出社会深层内容。而要挖掘出一个真正创新的论点，最理想的状态就是找出一种“个案—现象—制度—观念”不断延伸的过程。具备了问题意识，也就意味着认识的深化和言说的针对性。

三、论证方法创新：增强逻辑推理，内外延伸为新闻报道赋能

《晨间快评》多年的创作发展历程，衍生出各种有特色的论证方法。比如通过权威数据与因果推理构建严密论证，在讨论夜间经济政策有效性时，引用城市夜间消费增长比例等数据，对比政策实施前后的社会调查结果，形成政策—数据—效果的完整逻辑链；用归谬法揭露矛盾本质，通过假设反面观点成立后的荒谬结果，反向论证自身立场；用角色扮演法以第一人称带入新闻事件，在叙述中直接表达观点。无论何种论证方法的创新，本质上都是增强评论的逻辑推理，通过内外延伸为新闻报道赋能。

1. 对比论证，强化说服力

看一个人也好，看一件事物也好，看一个政策也好，看一个观点也好，要尽可能将其置于纵横坐标之中。《晨间快评》经常会采用横向（跨地域或领域）与纵向（历史维度）对比论证的方法强化说服力。2024 年春运，我国多地遭遇低温雨雪冰冻灾害，多趟列车晚点、停运。上海电台记者恰好搭乘其中一趟列车返回上海，在 2 月 5 日的《990 早新闻》中，记者以亲历者的视角报道了这趟晚点 600 多分钟的特殊“慢速动车”，更重要的是记录了车厢内一幕幕温暖瞬间：看不到针对列车限速和晚点的无理取闹，孩子们空闲时写两笔作业，无聊时看看窗外雪景；原本计划双向奔赴的情侣，默默调整了会合的车站；工作人员与乘客利用短暂的停靠时间，齐心协力搬运应急食品；超长时间加班值守的乘务员依然耐心回答每个问题……当天配发的《晨间快评》，编辑站在纵向的角度去对比、去发问：16 年前同样发生气象灾害的春运是何种情景？评论说道：

一年春运一年新，一路旅途一路暖。D958次列车上的种种温馨场景，或许只是今年特殊春运的缩影。许多媒体使用《2008年以来最复杂春运天气》的标题来形容这次的艰难，但我们相信16年前的场景不会重演。从那时的旅客滞留、饥寒交迫，到如今的从容不迫、平稳有序，春运就是观照中国社会变迁与发展的一面镜子，让我们看到人心、管理、科技、保障等层面相较于以往的进步。天气带来的延误固然令人焦虑，但我们潜心破题，应对好这场加试，一次“慢”下来的春运，何尝不会收获一次快速的成长？

一套组合拳下来，论述就不是仅仅停留于一趟列车所呈现的暖心场景，而是将这趟列车置于中国春运的历史长河中，呈现出时代进步的缩影。

2. 比喻论证，让新闻场景形象生动

为了快速抓住听众注意力，《晨间快评》经常创设性地将新闻事件中一些政策法规、矛盾冲突等比喻为听众可感知，好理解的元素或场景。例如在报道新施行的《上海市食品经营许可和备案管理实施办法》首次明确对食品安全风险较低的简单制售行为，设置“简单制售”经营项目的新闻时，评论以“拍黄瓜”比喻那些应该被有序放开的“简单制售”行为，让人们更能理解餐饮企业因为“拍黄瓜”而被“小案重罚”的困境。评论将这次新的监管标准改革的意义比喻为：“为经营者划定一条合规的赛道，让他们不用顾忌触碰违规边界地自由奔跑，而不是盯着那条起跑线，一味地判罚抢跑”。这种形象的表述，提升了人们对上海优化营商环境的理解。

而在另一则报道“杨浦区一名植物人病患被要求亲自前往指定医院评残办证”的新闻时，当天的《晨间快评》将不作为的基层服务部门比作“木头人”，生动地将患者的窘境呈现在听众面前：

当植物人被当作“植物”一样搬上搬下时，人们看到了围在他身旁的障碍如“荆棘满地”：就诊的医院无法做伤残鉴定，能做鉴定的医院又距离较远，还有那条最要命的铁规定“请植物人亲自跑腿来证明是植物人”……所有这些无不像呆呆立在一旁的“木头人”，没有搭把手的主动，只有摇摇头的冰冷。

3. 内外延伸，触及议题广度深度

一篇新闻评论要尽可能地触及深度与广度，就必须在内外空间中延展。《晨间快评》为新闻报道配发，但绝不能仅仅顺着报道中呈现的观点，再把道理说一遍。在处理许多新闻议题的过程中，论述的丰富性和充分性都来自由表及里、从单独到体系的问题开掘。理想状态下，新闻评论需要捕捉到核心的新闻元素最好是当时当刻或一段时间来热门的、重要的变动，并从中剖析出其所代表的某一类阶段性问题，甚至进一步挖掘背后所承载的时代命题。2023 年 4 月 10 日的《990 早新闻》中，记者在报道中讲述了这样一则故事：一对年逾古稀的老夫妻，在旧改动迁时不忍舍弃陪伴了他们六十多年的一株紫藤树。政府多部门协调联动，将老树精心移栽到和平公园中，满足了老人的心愿。在报道之后配发的《晨间快评》进一步深化主题，从"紫藤新生"，引申到城市更新的两个维度：一是如何传承历史文脉，二是如何让人文暖意融入现代都市生活。评论中提到：

> 如何看待老树，代表着城市更新中如何传承历史文脉。城市留给现在和未来的，不应只有泛黄的老照片。故地重游之时，人们希望那些过往生活的点点滴滴有真实可感的存在，来对抗忘却，而非简单封存的标本。
>
> 如何获取新生，代表着如何将城市更新深度融入现代生活。如今这株紫藤树在和平公园冒出新芽，正如郑阿姨所说："自家的树，成了大家的树。"老故事与新生命的融合共生，才是城市更新的根本目的，才能展现一个有活力、有内容、有灵魂的城市状态，让历史文化"活"在现代生活。
>
> 这样一则"老树新生"的故事，让人们得以窥见历史发展滚滚进程中，城市记忆在细微末节处饱含温情的流转。对于个体印记的珍视与保护，终将留住整座城市文脉的根与魂。

这样一篇评论，从紫藤树"搬家"这一小切口反映城市更新的大课题，展现了人民城市的人本价值和温度，提高了报道的深度与广度。

四、论述语态创新：构建场景与受众共情

广播评论的语态影响着受众的收听情绪与体验，决定着能够在多大程度上与受众形成共情，筑成共识。好的内容需要通过生动的话语表达来呈现，多讲前人没讲过的新话，别人才会关注；多讲让人一听就懂的白话，别人才会理解；多讲有筋骨力道的短话，别人才会认同。有时一旦说话方式转变，就能变"小众循环"为"大众循环"。

《晨间快评》经常会采用"场景构建法"，既能够与新闻报道形成衔接与过渡，又能够提高新闻报道的画面感，吸引听众收听。在对负面新闻的评论中，可以将新闻报道中的矛盾冲突点提炼出来，通过调侃讽刺的话语，描述这种矛盾冲突最大化导向的一种场景，引发人们对现状的反思。例如在讨论中国邮政拒绝客户使用电子身份证的舆论监督报道后，评论这样开场：

在数字化浪潮成为大趋势的当下，中国邮政对电子证件的接受度仿佛还停留在石器时代。作为一家物流运输企业，成功实现了把数据“关门外”，让百姓“跑断腿”。回想起上周的报道，董女士最终只能在邮局门口叫了顺丰来取包裹，中国邮政难道不该把这种用户的无奈之举，视为对自身“老态龙钟”的数字化系统的一种羞辱吗？

评论将邮政寄递客户站在邮局门口，却不得不使用顺丰快递的尴尬场景描绘出来，用犀利的语言讽刺了中国邮政在数字化转型趋势面前的惰性。而在对需要正面宣传的新闻报道配发评论时，所构建的“场景”应该能够帮助最大限度地与受众共情。例如在为沪苏通铁路开通运营的新闻配发评论时，笔者设想了铁路开通后，给人们生活带来的便捷幸福的“场景”：

曾经，开汽车行驶在沪通公路大桥上，电话那头会传来这样的问候：“过桥了吗？”如今，坐高铁飞驰在沪苏通铁路，将会听到更兴奋的声音：“进站了吗？”——这就是幸福的模样。

在构建场景的时候，也可以允许基于报道事实进行适度的“合理想象”。例如在报道上海零工早市的新闻时，配发的评论用朴实却极具感染力的语言带听众去想象凌晨打工人的各种不易，为他们乘坐的车辆是否超载而担忧，极大程度上使人们形成共识，去为这些为生活努力打拼的人提供更坚实的保障。

有人会从他们身上灌满“鸡汤”：看过凌晨 4 点的上海，面朝楼宇的缝隙，留下湿透的脚印，为生活打拼不曾退缩。但其实，每一个平凡的清晨都只是上演着他们最普通的剧本：“老乡介绍老乡，就一起干吧；老家工钱才一百，这里能有两百，工资还能日结；真找不到工作，来这里吃顿早饭也行啊……”他们采访中所表现出的风轻云淡，与辛劳的现实生活形成反差，让人越发觉得，圈外人是难以真切触摸和体悟到他们弯过腰的每一刻。

报道中，我们听到了他们生活的点滴碎片：有人遭遇过恶意欠薪，有人困顿于“大龄劣势”，有人家里的菜种得好好的，因为大棚被淹，没了本钱；报道中，我们也看到了他们三五成群，被如同“黑车”一般、不知是否超载的面包车辆拉走，离去的身影，令人不安。

结　语

广播短评的创新并非对传统的彻底颠覆，而是在坚守新闻真实性与公共性的前提下，通过观点锐度、逻辑强度与情感温度的协同升级，重构其在融媒体时代的核心竞争力。唯有以创新为锚点，广播短评方能突破快餐式评论的桎梏，成为兼具思想深度与传播效能的“声音灯塔”。

在撰写这篇论文时，正值 DeepSeek 等 AI 技术疯狂迭代，它们让眼见不再为实，让百业灰飞烟灭，有人说，今后或许不再需要人工创作评论了。但笔者始终坚信，飞过时代的沟沟坎坎，人们始终拥有历史的信息，带着过往的温度，这是 AI 所不具备的。想要引发人与人之间的共情，想要治愈人心，想把观点真正放进人的脑袋，依然需要来自我们人类本身的创作，来自有生命力的创作。

参考文献：

[1] 毛维静.《东广微话题》：打造全媒体时代的广播新闻“微评论”[J]，中国广播，2016(4)：22.
[2] 朱珉迕.从“观点文本”到“观察文本”——问题意识主导下的时政评论创新[J]，新闻战线，2022(06 上)：42.

作者简介：

周仲洋，上海广播电视台东方广播中心，上海新闻广播频率首席融媒体新闻编辑。

全媒体时代传统教育媒体转型策略探究

——以上海教育电视台为例

马　莉

提　要: 随着全媒体时代的到来,传统教育媒体面临着巨大的挑战与机遇。本文以上海教育电视台为例,深入分析全媒体时代传统教育媒体的发展现状及面临的问题,探讨其在内容创新、技术赋能、机制改革、合作共赢等方面的转型策略。通过研究发现,上海教育电视台在转型过程中积极探索,取得了一定成果,但仍需不断地完善和发展。希望本文的研究能为其他传统教育媒体的转型提供借鉴,推动传统教育媒体在全媒体时代实现可持续发展。

关键词: 全媒体时代　内容创新　技术赋能　机制改革　合作共赢

引　言

在当今数字化、网络化快速发展的全媒体时代,信息传播的方式和格局发生了深刻变化。传统媒体与新兴媒体深度融合,形成了多元化、立体化的传播生态。传统教育媒体作为传播教育知识、文化和理念的重要载体,也面临着前所未有的挑战和机遇。传统教育媒体需要积极适应时代发展的需求,从内容生态布局到全媒体技术矩阵打造、从机制体制改革到拓展产业生态,不断进行转型和创新,以提高自身的传播力、影响力和竞争力。

上海教育电视台作为国内具有影响力的教育媒体之一,自成立以来,一直致力于传播教育信息,推动教育改革和发展。在全媒体时代,上海教育电视台也在积极探索转型之路，不断调整和优化自身的发展策略。本文通过对上海教育电视台的深入研究，分析其在全媒体时代的转型策略，为其他传统教育媒体的发展提供参考和借鉴。

一、全媒体时代传统教育媒体的优势和面临的挑战分析

（一）传统教育媒体的优势

传统教育媒体在长期的发展过程中，积累了大量的教育资源，涵盖了从基础教育到高等教育、职业教育等各个领域。同时，传统教育媒体在内容的策划、制作与审核方面有着严格的标准和流程，能够保证教育内容的质量和权威性。上海教育电视台深耕教育30年，始终坚守"立足教育，服务社会"的办台宗旨，以教育、健康、公益为特色内容，创作和传播了无数精品力作，为推动上海教育卫生事业发展和社会进步做出了重要贡献。

（二）传统教育媒体面临的挑战

1. 传播格局的变革

全媒体时代，短视频、直播、社交媒体等新兴平台对传统媒体的冲击巨大，信息传播呈现出多元化、碎片化、即时化的特点，传统教育媒体的单向传播模式难以满足受众的个性化需求，受众群体逐渐流失，市场份额不断下降。上海教育电视台历史上拥有诸多品牌节目，比如《ETV家庭教师》《世纪讲坛》《一代名师》《中国名校大学生辩论邀请赛》《院士礼赞》《中国之最》《健康热线》《名医大家》等，申城观众家喻户晓、有口皆碑。但是随着互联网的发展，受众的观看习惯和审美品位都发生了变化，传统品牌节目在互联网时代的传播力、竞争力不断下降。

2. 技术更新的压力

人工智能、大数据、云计算等新兴技术的快速应用，要求教育媒体不断更新技术设备和生产流程，以提升内容生产效率和传播效果。近年来，上海教育电视台在技术方面做了持续的升级改造，优化演播室配置、加大轻量化摄录设备投入等。但对于全面的融媒体转型生产来说，技术保障尚显不够。另外，教育台的人才储备明显不足，缺乏技术与内容融合的复合型人才；目前，员工平均年龄42

岁，年龄结构总体偏大，习惯以大屏模式来进行小屏的创作，在理念和思维的转换上明显不足。

3. 内容消费习惯的变化

受众对教育内容的需求更加多样化，短视频、直播等形式的流行，促使教育媒体必须调整内容呈现方式，以适应新的消费习惯。上海教育电视台原有的节目形式比较单一、创新匮乏，垂类领域拓展不够。台网融合、大小屏协同传播缺少创意和成功案例，真正做到在线、在场、在播的全媒体案例较少。

4. 盈利模式的变化

传统教育媒体的盈利模式相对单一，主要依赖于广告收入和政府补贴，在新媒体环境下，这种盈利模式面临着巨大的压力。上海教育电视台是一个公益二类差额拨款单位，财政拨款远远不够维持单位的运转，多年来一直靠自身经营，努力创收。但随着电视开机率、节目收视率的持续走低，广告客户流失，经营不断下滑。

二、全媒体时代传统教育媒体转型策略研究之一——内容创新与技术赋能

（一）内容创新：深耕优质，融合多元

1. 坚持内容为王

在全媒体时代，优质内容仍然是媒体的核心竞争力。传统教育媒体应注重内容的深度、专业性和独家性，提供有价值的新闻故事和深度分析，加强对重大事件的深度报道和独家解读，提高内容的权威性和可信度。必须以用户需求为导向，通过精品内容、特色节目的打造，增强内容互动性、体验性与分享性，提高内容传播力、影响力和竞争力。

依托教卫领域丰富的内容资源，上海教育电视台始终将教育和健康作为核心内容，不断拓展涵盖基础教育、思政教育、家庭教育、老年教育和健康教育等方面的垂类产品，大力扶持具有创新和经营能力的 IP 产品，比如《公共安全教育开学第一课》就是一个成功案例。《公共安全教育开学第一课》是沪上中小学生开学必看的品牌节目，由上海市教育委员会、上海市公安局、上海市应急管理局、上海市消防救援局联合主办，由上海教育电视台精心打造，连续 7 年共播出 14 季。

2024年春季开学播出的《公共安全教育开学第一课》(第13季)首次走进上海援疆对口地区新疆喀什，聚焦校园内外公共安全，分为“防治学生欺凌、网络安全、春季传染病预防和控制、交通安全”四个板块，采用现场体验、情景演绎、模拟操练、安全提示等多种形式，让学生在沉浸式的视听体验中，掌握应急避险技能，增强公共安全防范意识。沪喀两地首次合作拍摄公共安全教育开学第一课，也开启了安全教育全新模式。2024年秋季开学播出的《公共安全教育开学第一课》(第14季)深度聚焦校园欺凌、行走安全、文具选择与消防安全四大领域，清晰传授“勇敢对欺凌说不”“校园行走安全指南”“精选安全文具秘籍”和“校园火灾预防攻略”等关键技能，全力构筑坚不可摧的校园安全堡垒，守护每一位师生的安全与健康。

2. 融合多种内容形式

创新内容形式，将文字、图片、音频、视频等多种形式有机结合，实现内容的多元化呈现。根据用户需求和偏好，提供个性化、定制化的内容，如短视频、直播、互动新闻等。

2024年2月27日上海健康频道正式上线。这是上海教育电视台与上海市卫健委、上海市健康促进委员会办公室共同打造的全国首个省级全媒体健康科普平台，旨在更全面地反映上海医学界健康科普水平与百年医学历史人文情怀，更好地加强科普能力创新、助推科普资源开发、聚焦科普人才培养。同时，通过大小屏双向联动打通医患信息壁垒，让市民随手、随身获取更多优质健康科普资源。

目前，平台入驻科普机构已达39家，入驻节目专题19个，入驻专家288位，累计发布科普视频1 712条，举办直播54场，触达受众40余万人次。伴随“上海健康频道”的建设，上海教育电视台的品牌活动“健康脱口秀”推陈出新，再创佳绩。“健康脱口秀”第四季参赛人数587组，覆盖全国19个省份。截至2025年1月，第四季总曝光量近6亿人次。

(二) 技术赋能：构建全媒体传播矩阵

1. 强化技术支撑

技术是媒体融合的催化剂，面对行业深刻变革，传统教育媒体只有不断拥抱数字化潮流，才能以全新的面貌打开融合发展新空间。构建全新的技术支撑体系，以人工智能、大数据、区块链和5G等技术为核心，推动传统教育媒体变革。

上海教育电视台着力打造“绿叶融媒”生产平台。打通大屏小屏间的生产壁垒，实现素材一键上传、多系统跨平台制作、远程云共享等便捷功能。建设新媒体轻量化直播间，进一步配备轻量化制作设备，为新媒体直播、短视频制作提供便利。引入智能化生产工具，如 AI 数智人、智能剪辑系统等，提高内容生产效率与质量，降低人力成本。

2. 优化生产流程

利用技术优化内容生产流程，如在策划环节依托大数据拓宽选题渠道，在采集环节依托 5G 与云计算实现多种采集模式和跨平台资源统合。2024 年以来，上海教育电视台积极探索 AIGC 技术在内容生产中的应用，通过与腾讯云合作，利用人工智能生成视频内容，提高了内容生产的智能化水平。

3. 构建全媒体传播矩阵

传统教育媒体应搭建连接万物的全媒体传播矩阵，整合线上线下资源，实现与用户的全方位连接。通过自建平台或与社交媒体平台合作，拓展传播渠道。作为隶属于上海市教委的省级专业电视台，上海教育电视台现已具备摄、录、编、播的全高清完整生产链，配备主流摄录声光设备、网络直播、转播设备，建成集高清电视频道、官方网站、绿叶媒资库、强国号、微信号、抖音号、快手号、头条号等于一集的新媒体产品，以及“校园电视育人平台”终端于一体的多元传播矩阵，为新时代下全媒体转型提供有力支撑。

4. 提高平台影响力

建立基于互联网思维的评价体系，以流量和效果为导向，提高传统教育媒体在各大平台的影响力。加强平台的用户体验设计，提高用户的满意度和忠诚度。上海教育电视台坚持移动优先，通过优化移动端内容呈现，加强与用户的互动，进一步提升了内容的传播效果。2024 年，上海教育电视台网络粉丝量达到近 600 万，比 2023 年增长 20%。其中，教育台官方微信公众号粉丝增长 54%，达 99.3 万。台官微视频号粉丝增长 196%，已近 20 万，全年直播 88 场，发布原创短视频 300 余条，其中 9 条播放量超十万，两条超百万。台官方抖音号两条短视频播放量超千万。“上海教育”政务新媒体粉丝超 213 万，总阅读量超过 3 100 万。全年 8 次上榜“上海政务新媒体传播影响力榜单”，入选“全国走好网上群众路线百个成绩突出账号”，获中央网信办通报表扬。上海教育新闻网浏览量 191 万，是 2023 年的 3 倍。“绿叶育人平台”规模不断扩大，合作校覆盖 8 个区、146 所学校，在库思政类视频超 600 小时，点播量超 3 万小时，直播 150 次。平台整合红领巾校园融媒体联盟建设，进一步丰富视频内容、开展多样化德育思政活动。

三、全媒体时代传统教育媒体转型策略研究之二——机制改革与合作共赢

（一）机制改革：管理扁平化

党的二十届三中全会提出推进主流媒体系统性变革，这就要求传统媒体在系统性上下功夫，全方位推进组织架构、管理流程、运营模式等变革。同时，这一改革导向的根本要求则是构建“媒体平台化、管理扁平化、运营团队化”的组织架构和运行机制。

1. 重塑组织架构机制

打破传统媒体分立的组织架构，按照垂直领域重组内部机构。优化采编、经营、技术、管理等部门的分工与协作，构建协同共享的工作链条，实现对优质内容的全价值链开发和利用。上海教育电视台以扁平化、垂直化的机制创新突破组织框架，解放思想、放开手脚，转变传统思维，充分拥抱市场，点燃生产活力。

实行工作室管理制度。赋予工作室独立的选人用人权、自主运营权、绩效分配权、资源使用权，充分面向市场经营，独立核算、自负盈亏。工作室业务打破新旧媒体界线，对于大屏节目生产没有硬性任务规定。教育台根据工作室业务属性核定启动资金，制定 KPI 考核标准及奖惩方案。工作室向教育台按比例上缴利润，规定时间内无法达标的，予以退出。

工作室负责人竞争上岗。工作室负责人须具备对台的资源良性运营的能力，维护 IP 品牌，开拓垂类市场，能将绿叶品牌在相关领域内打响擦亮，扩大影响力。同时，具备大屏创收和互联网流量变现的能力。

落实全成本核算。根据市场规则核定人员、设备、场地、制作、播出成本等。所有成本纳入工作室各类项目的营收核算，促使工作室负责人树立成本意识，充分借助外部市场，降低教育台的成本，实现降本增效。

2. 优化工作流程机制

消除各部门各自为政、生产分发环节脱节的问题，构建从内容采集、编辑、审核到发布的全流程协同机制。引入智能化工具，如人工智能、大数据等，提高内容生产与传播的效率和质量。

3. 完善人才保障机制

人才是媒体发展的关键。在全媒体时代，传统教育媒体需要培养一批既懂教育又懂媒体、既具备传统媒体制作能力又掌握新媒体技术的复合型人才。建立科学的人才管理、培训和引进体系，不断提升媒体从业人员的数字素养。事业发展离不开关键人才。上海教育电视台通过关键人才的培养引进，打造一支在媒体深度融合趋势下懂业务、懂运营、懂技术，具备创新思维和市场竞争意识的专业人才队伍。同时，完善优化激励机制，制定适应全媒体业务的 KPI 指标。

考核向新媒体倾斜。确保新媒体业务成为考核的核心指标，不仅关注传统大屏节目的制作质量，更将新媒体运营效果纳入考核范畴；同时，设置一系列新媒体相关 KPI，如粉丝增长率、视频播放量、用户反馈评价等。

构建科学有效激励机制。奖勤罚懒，修订现有奖惩制度。对于在新媒体创新、技术革新、经营等方面做出突出成绩的职工予以奖励。无法完成 KPI 指标，各项能力落后的职工进入“待岗池”，实行上海市最低工资标准。

培养引进关键人才。以“青年导航计划”为抓手，培养“五边形战士”，即具备采编、内容策划、技术运用、市场经营及运营管理等多方面能力的复合型人才。同时，通过内部选拔、外部引进等方式，提高商务经营人员比例，组建一支具有创新精神和市场开拓能力的经营团队，使其能够更好地适应市场变化，推动企事业持续发展。

（二）合作共赢：拓展产业生态

推进全媒体传播转型，要以探索开创多元经营模式、鼓励支持创新创业为目标，与其他传统媒体或新媒体平台开展合作，实现资源共享、优势互补。如地方电视台与省级媒体联合制作大型新闻专题，整合采访资源、传播渠道，提高节目质量与传播效果。同时，与新媒体平台合作开展内容分发、联合推广，拓展传播路径。另外，也可与科技企业、文化产业、金融机构等跨界合作，探索新商业模式。例如与科技企业合作开发媒体融合技术应用，与文化产业合作打造文化 IP 衍生产品，通过跨界合作拓展业务边界，挖掘新的盈利增长点，构建完整的媒体产业生态。

上海教育电视台致力于打造“学习型社会建设传播大平台”，通过线上线下结合的方式，满足不同年龄段受众的学习需求。例如老年教育节目《银龄课堂》通过大屏传播和线下活动，为老年人提供了丰富的学习资源。上海教育电视台与上海市教委紧密合作，运营“上海教育”政务新媒体账号，通过多平台传播，提高了教育信息的传播效率。

另外,上海教育电视台持续夯实以“绿叶”品牌为核心,以教育内容为基础,辐射多类产业经营的“绿叶生态圈”。激活教育台及下属企业创新能力,盘活各类教育卫生资源。围绕德智体美劳“五育”并举理念,拓展绿叶育人平台、绿叶艺术团、上海校园绿叶运动大联盟等品牌 IP 效应,打通产业链堵点,努力走出一条具有媒体融合特质的“产业助力媒体”的经营新路,争当城市文化内涵建设新榜样。

结　语

全媒体时代的到来,给传统教育媒体带来了巨大的挑战和机遇。上海教育电视台作为国内具有影响力的教育媒体之一,在全媒体时代积极探索转型之路,通过实施内容创新、技术应用、机制改革和融合传播等策略,取得了一定的成效。

然而,上海教育电视台在转型过程中仍然存在一些不足之处,需要进一步完善和发展。对其他传统教育媒体来说,上海教育电视台的转型经验具有一定的借鉴意义:传统教育媒体应加强内容创新,推进媒体融合,加大技术投入,完善体制机制,以适应全媒体时代的发展需求,实现可持续发展。

在未来的发展中,传统教育媒体还需要持续关注行业发展动态,积极探索新的发展模式和转型策略,不断提高自身的传播力、影响力和竞争力,为传播教育知识、推动教育改革和发展做出更大的贡献。

参考文献:

[1] 邓少华.把握好五大关系　推进主流媒体系统性变革[J].中国记者,2024(12).

[2] 崔晓燕,张静.从融媒体工作室探究传媒传统媒体转型路径[J].中国报业,2023(11).

作者简介:

马莉,中共上海市教育卫生工作委员会新闻中心(上海教育电视台)办公室副主任(主持工作)。

短视频赋能“硬新闻”：传播生态重构下的路径与挑战

王卫东

提　要：短视频的兴起重构了现代社会的传播生态，传统媒体“硬新闻”面对着传播力式微的困境。本文结合短视频传播特性、受众行为特征与案例，提出短视频赋能硬新闻的轻量化叙事、场景化表达、算法化分发的路径，分析其提升传播效果的内在逻辑，并探讨面临的挑战与应对策略，旨在实现新闻社会价值与传播效率的统一。

关键词：短视频　硬新闻　传播生态　轻量化叙事　场景化表达

引　言

伴随着移动互联网的蓬勃发展，短视频异军突起，凭借其独特的传播特性，迅速成为信息传播的核心载体。其碎片化、即时性、强互动等特点，改变了大众获取信息与娱乐的方式。与之形成鲜明对比的是，传统媒体中以严肃性、公共性为核心特质的“硬新闻”正面临受众流失、传播效率低下等困境，在信息传播格局中的影响力日渐式微。

在此背景下，借助短视频重构硬新闻（即以时政、经济、社会重大事件为核心，强调时效性、公共性和思想深度的严肃新闻报道）的传播生态，成为媒体融合进程中的关键命题。这不仅关乎硬新闻在新媒体环境中的生存与发展，更对新闻业履行社会职责、传播公共价值意义重大。

本文基于传播学理论，结合实际案例，深入探讨短视频赋能硬新闻的可行路径，反思潜在风险，探寻短视频时代可持续发展的策略。

一、传播生态重构：短视频的崛起与硬新闻的困境

1. 短视频的传播特性与受众行为转向

短视频的蓬勃发展，得益于其独特的传播特性，这些特性深刻影响并改变着受众的行为模式。

(1) 碎片化是短视频的显著特征之一。其时长通常控制在 1～3 分钟，契合移动端受众在通勤、等待等碎片化时间的阅读习惯。短视频信息密度高，简短精练，便于在社交平台传播扩散，受众能在短暂闲暇之际，快速浏览获取信息。

(2) 即时性是短视频的突出优势。随着智能手机普及和 5G 技术发展，信息传播速度空前提高。在突发事件发生时，现场人员可借助手机迅速拍摄并通过短视频平台分发。如 2022 年 2 月俄乌冲突发生首月，"看看新闻 Knews"抖音号日更量达 40 条以上，月总流量超十亿，受众能第一时间了解冲突情况。

(3) 短视频强大的互动性激发了受众的参与热情。平台提供的评论、点赞、转发等功能，搭建起了受众之间及受众与创作者的互动桥梁。受众不再是被动接收者，而是能积极参与传播和讨论，从而形成"病毒式传播"效应。例如 2020 年 11 月"丁真的微笑"短视频，经受众二次创作，与文旅推广、扶贫议题等多个领域完美结合，全网播放量超 50 亿次。

(4) 算法化分发是短视频平台提高传播效率的核心技术手段。平台通过分析受众的浏览历史、搜索记录等行为数据，精准勾勒受众画像，推送符合其兴趣偏好的内容。《中国网络视听发展研究报告(2023)》显示，主流短视频平台的算法推荐机制使受众日均停留时长超 120 分钟，提高了受众体验和内容传播效率。

短视频的即时获取、社交分享、沉浸体验等特性，满足了受众在信息获取、社交互动和娱乐消遣等多方面的需求。

2. 硬新闻亟须通过形式创新重获生命力

硬新闻聚焦时政、经济、社会等重大议题，其核心价值在于传递有思想深度的信息，承担公共价值传播使命，为公众提供决策参考和认知基础。然而，在技术快速迭代的新媒体时代，硬新闻传统的传播模式受到巨大冲击，亟须通过创新来重塑自身的吸引力和传播力。

(1) 时效滞后是硬新闻面临的一大挑战。报纸、电视等传统媒体采编流程烦琐，从线索收集到最终发布需多个环节，耗时较长，难以适应新媒体"秒级竞争"的节奏。如 2022 年俄乌冲突爆发时，央视新闻电视报道延迟约两个小时，而

“看看新闻 Knews”抖音号在事件发生 10 分钟后就发布相关视频，且日更 40 条，这种时效性的巨大差距，凸显硬新闻在与新媒体的竞争中处于劣势。

（2）互动缺失导致硬新闻传播效果不佳。传统媒体硬新闻的单向传播模式，受众缺乏反馈和参与途径，难以与媒体实时互动，削弱了受众的参与感和积极性。尤其是年轻群体，他们成长于数字化时代，对互动性有着更高的需求。CSM（央视索福瑞）数据指出，《新闻联播》的年轻观众占比偏低：15～34 岁群体不足 10%。而 CNNIC（中国互联网络信息中心）统计数据显示，同类短视频账号 20～39 岁受众比例为 39.7%，这表明硬新闻在吸引年轻受众方面面临严峻挑战。

（3）形式单一是硬新闻传播的关键软肋。长期以来，硬新闻主要以文字、图片、长视频呈现，缺乏视觉冲击力。随着视频技术发展和受众审美变化，尤其是 Z 世代（指 1995 年至 2009 年间出生的一代人）更倾向于通过短视频获取新闻。中国传媒大学调查数据显示，75%的 Z 世代受众青睐短视频新闻，仅 12%选择读报、看电视获取新闻信息，这意味着硬新闻若想在新媒体环境中实现有效传播，必须在形式上进行创新。

二、路径探索：短视频赋能硬新闻的三大策略

1. 轻量化叙事：从复杂到核心

轻量化叙事是短视频赋能硬新闻的重要策略，通过提炼新闻内容和简化表达形式，实现硬新闻在短视频平台的“软着陆”，使其更易被受众接受和理解。

（1）信息浓缩是轻量化叙事的关键。传统硬新闻报道长篇大论，增加了受众获取核心信息的难度。英国专家研究表明，网络受众对视频的耐受力只有短短的 18 秒。而目前，这个“吸睛”时间已经缩短为 7 秒。2022 年 4 月，“看看新闻 Knews”发布的《上海，我们来了！各地医疗队驰援上海》短视频，运用蒙太奇剪辑手法 7 秒钟汇集各省市医疗队集结出发场景，网络点击量达 6 416.7 万，证明了信息浓缩对提高硬新闻传播效率的有效性。

（2）情感共鸣是轻量化叙事的重要维度。在硬新闻报道中融入人文视角，能打破传统报道的冰冷感，增强叙事感染力，引发受众情感共鸣。2022 年 8 月重庆山火救援期间，央视新闻以消防员第一视角拍摄火场实况并配以现场同期声，让受众身临其境感受消防员的艰辛与英勇。该视频 24 小时内获赞超 200 万次，转发量突破 50 万次，使饱含情感的短视频成为触动受众内心的情感纽带。

2. 场景化表达：从抽象到沉浸

场景化表达通过还原新闻现场和融合多模态元素，为受众构建“身临其境”的观看体验，增强硬新闻传播的吸引力和说服力。Vlog第一视角拍摄和多模态元素融合为场景化表达提供了丰富形式，通过结合AR（增强现实）、VR（虚拟现实）等先进技术，能还原事件全貌，带来沉浸式体验。

2022年北京冬奥会期间，《人民日报》利用VR技术模拟碳排放对冰川的影响，将抽象的环境问题生动地呈现给受众。该视频播放量达1.2亿次，受众留存率提高35%，为受众创造了立体、丰富的信息空间，显著提升了硬新闻的传播效果。

3. 算法化分发：从广撒网到精准触达

算法化分发借助大数据和人工智能技术，根据受众兴趣、行为等特征，将硬新闻精准推送至目标受众，解决传统传播模式中“受众错位”的问题，提升传播效率和效果。

“看看新闻Knews”立足时政、军事等“硬核”内容，与其他商业短视频平台实行差异化竞争。其抖音号分发的地缘政治相关内容占五成以上，通过兴趣标签匹配，将热点内容准确触达目标受众，并借助社交裂变激励受众传播，粉丝数量从最初的100万迅速突破1 700万，在上海乃至全国主流媒体影响力排行榜中名列前茅，实现了硬新闻在社交平台的广泛传播和深度渗透。

三、主流媒体重大主题报道的短视频创新实践分析

在短视频重构传播生态的背景下，各地主流媒体积极创新，借助轻量化叙事、场景化表达、算法化分发等创新路径，以技术赋能、叙事创新和矩阵传播为突破口，围绕重大主题报道展开探索，实现硬新闻的“破圈”传播。

1. 时空对话：国家公祭日的历史记忆重塑

2021年12月13日，南京报业的龙虎网在第八个南京大屠杀死难者国家公祭日推出《穿越84年的时空对话》。运用分屏技术，将幸存者后人与1937年的外科医生置于同一画面，通过深刻追问和字幕，引发观众对历史与和平的思考，成功地将国家公祭日这一庄重的主题，以短视频的形式呈现给广大受众。“穿越84年的对话”传播量高达3.2亿次，主流媒体通过创新技术手段和独特叙事方式，实现了重大主题的有效传播。

2. 技术赋能：沉浸式还原当年的那些事

2024 年是甲午海战爆发 130 周年，东方卫视推出的“实证甲午——历史的回响”特别报道，创新使用 XR 演播室，通过现场连线、沉浸式讲述和 AIGC 技术的多元视角展现，再现甲午黄海海战壮烈场景。制作团队借助专业考古船舰数字模型，通过 AICG 技术复原构建三维模型，让“定远舰”以第一人称的视角回顾历史，同时回望“致远舰”战斗到最后一刻的壮烈景象，将观众网友们代入其中，刻下震撼的印记。特别报道衍生出的近 40 条短视频，全网浏览量 502 万、互动 12.6 万，展示了技术赋能在硬新闻短视频传播中的巨大潜力。

3. 乡土叙事：乡村振兴的“沉浸式”表达

2023 年 3 月，《新京报》推出“乡村振兴纪实”系列短视频。记者深入多地示范点，采用第一视角 Vlog 形式记录乡村振兴历程。在凉山篇章中，通过 AR 技术叠加村民前后生活影像，结合动态数据图表展示人均收入变化。系列视频还引入扫码溯源功能，将观看与参与乡村振兴结合起来，实现了新闻传播与经济发展的良性互动，带动特色农产品销售额增长 120%。

4. 文化破壁：经典 IP 的年轻化再造

2022 年北京冬奥会期间，人民日报社新媒体推出《用〈西游记〉打开冬奥会》，将《西游记》角色与冰雪运动深度融合。这种“文化符号＋技术重构”的创新模式，成功在 Z 世代群体中打通了古今对话的通道，借助短视频平台，“西游记冬奥”话题浏览量突破 5.6 亿次。

5. 国际传播：考古现场的“零时差”体验

2024 年 2 月，东方卫视推出全国首档考古文博类专栏《中国考古报道》，通过 3D 复原、AI 算法精准修补文物残片的纹理细节，将古老神秘的文物栩栩如生地展现在观众眼前。《楚国最高等级墓葬！武王墩墓揭开神秘面纱》《中国“睡美人”？辛追夫人真容重现》《中国三星堆神秘金面具背后那翻越山海的文化密码》等精彩短视频通过 YouTube、X 等海外账号向全球播发，对外覆盖人群超 65.4 万，海外用户观看时长超 1 296 小时。YouTube 评论区多国网友留言赞赏，实现了考古文化的国际传播，提高了中国文化国际影响力。

从这些实践案例可以清晰地看出，当硬新闻脱下严肃刻板的外衣，以技术创新为翅膀、以情感共鸣为内核，就能真正走进寻常百姓的生活，实现更广泛、更深入的传播效果。

四、主流媒体短视频“赋能”硬新闻遭遇瓶颈

尽管短视频为硬新闻传播带来活力，但发展中也暴露出诸多问题，制约了主流媒体短视频新闻的发展。

1. 内容同质化与创新不足

短视频新闻生产领域，主流媒体蹭热点现象普遍，内容同质化严重。《中国网络视听发展研究报告(2023)》显示，2023 年抖音平台约 60%的时政类短视频由多家主流媒体同步发布，内容重复率达 45%。如 2024 年韩国空难事故报道，大量媒体使用相同素材和类似文字，削弱了传播效果，使受众产生审美疲劳。

2. 严肃性与娱乐化的矛盾

短视频平台天然具有的娱乐属性与硬新闻强调的严肃性、专业性存在冲突。为迎合受众对硬新闻进行不恰当的“软化”处理，会损害新闻专业性和公共价值。如 2023 年 4 月的“中科电员工怒怼领导”事件，“看看新闻 Knews”因为联系不上这名自称“中科电员工”的发帖者，诸多细节无法核实，因此放弃了这波流量。果然，此事后来迎来反转：发帖者身份造假、事件发生地造假，属一则实打实的“假新闻”。由此可见，不被流量裹挟，不被热搜冲昏头脑，是主流媒体在短视频新闻制作上的底线。

3. 受众互动与参与度不足

短视频的社交属性要求媒体与受众双向互动，但多数主流媒体仍停留在单向传播模式。新华社抖音账号拥有 1.2 亿粉丝，但评论区“官方回复”占比仅 3%，而头部自媒体账号回复率超 30%，能更好地增强受众的忠诚度。

4. 算法依赖与信息茧房风险

算法推荐机制提高了硬新闻传播效率，但也带来信息茧房风险。主流媒体面临两难困境：完全依赖算法，可能丧失舆论引导主动权，加剧信息片面性和偏见；忽视算法，则难以精准触达受众。

五、直面挑战，硬新闻传播找到属于自己的深海

在短视频时代，硬新闻的传播效能既依赖于技术工具的精准适配，也取决于

内容深度的持续深耕。主流媒体作为硬新闻传播的重要力量，需要在算法逻辑与新闻价值、流量追求与公共责任之间找到平衡点，通过创新实践与伦理重构，探索出可持续发展的传播路径。

1. 以真实性、“硬核内容”突破浅层传播

短视频虽有技术优势，但盲目追求短视频化存在风险。在短视频时代，真相与流量的竞争越发激烈，硬新闻的权威性必须建立在真实性的基础上，传统媒体应打造“硬核内容”。因此，《东方新闻》的短视频创作就摒弃了“广撒网”的粗放式思维，将重点放在打造“硬核内容”上。其短视频产品《东方快评》正是基于大小屏共生理念，采用竖屏拍摄和口语化表达，选取重大事件或热点迅速发声。2022 年 8 月美国众议院议长佩洛西窜访台湾，《东方快评》连续 10 天发表相关评论，掷地有声地传递我方立场。特别是 8 月 3 日《历史不会浓缩于一个夜晚》的短视频，时长仅 2 分 30 秒，网络点赞量近 400 万，评论转发量超过了 2 万。

2022 年 2 月 24 日俄乌冲突爆发，《东方快评》十天连续做了十期“一图看懂”系列，把大屏中精致的美编制作手段转移到小屏上，全方位解析局势变化，让人一目了然，该系列短视频流量上亿，网友评论区反馈的高频词从以往的“看不懂”转变为“原来如此”，这充分证明了优质内容与创新技术相结合能够有效提升硬新闻的传播效果。

2. 打破信息茧房，确保权威内容不被流量湮没

算法推荐机制是把双刃剑，可能导致公众陷入信息孤岛。有研究显示，抖音受众接收的时政新闻中，同类观点内容占比高达 80%，这种“立场过滤”现象正在加剧社会共识的撕裂，使公众难以接触到多元的信息和观点。在河南暴雨期间，“暴雨互助”话题采用“精准＋多元”模式，既推送救援信息，又通过设置“反信息茧房”按钮推送灾情全景报道，累计播放量达 80 亿次，有效避免了社会恐慌，在信息传播和舆论引导方面发挥了积极作用。

3. 激活受众创造力，促其成为“叙事合伙人”

短视频时代，硬新闻传播需激活受众创造力。对 Z 世代这一庞大的年轻受众群体而言，他们在短视频平台上的每一次操作都可能影响硬新闻的传播效果。主流媒体应引导受众成为“叙事合伙人”，利用短视频社交属性转化受众参与热情。上海广播电视台推出的《“人民之城”融媒联播》其中的“立麦海采 · 我想对你说”，通过街头随机采访的 100 多位市民，亲口述说上海这座城市这些年来的巨大变化，通过这种方式，新闻从单纯的“观看”行为转变为受众的积极“参与”，

传播过程不再是单向的信息灌输，而是演变成一场全民共建的互动仪式。

未来的硬新闻传播，将是一场技术、价值与受众之间的三角平衡：以价值引领技术发展，坚决拒绝算法至上的错误倾向；以深度内容对抗信息碎片化，不断延伸短视频的内容边界；以受众共创成就媒体与受众之间的信任，因为受众参与是重建媒体公信力的关键所在。当硬新闻摆脱严肃刻板的固有形象，以技术创新为有力翅膀、以受众共情为核心动力，它必将在短视频的汹涌浪潮中找到属于自己的广阔发展空间。

结 语

短视频的轻量化叙事、场景化表达和算法化分发为硬新闻传播带来新机遇，拓展了传播渠道和受众范围，使硬新闻传播更生动高效。未来，硬新闻在短视频时代的发展，须平衡"短平快"形式与"深真稳"内容。一方面，要利用短视频技术优势提高传播效率，让硬新闻精准抵达受众；另一方面，要坚守专业精神，注重内容质量，确保硬新闻的核心内涵和社会意义。

只有在技术与内容间找到平衡点，不断探索创新传播路径，积极应对挑战，硬新闻才能在短视频时代实现社会意义与传播效能的双重突破。这需要主流媒体、短视频平台、行业监管部门和广大受众共同努力，营造健康的传播环境。

参考文献：

[1] 中国互联网络信息中心.第 49 次《中国互联网络发展状况统计报告》[R].2022.
[2] 汤天甜，温曼露.短视频舆论传播中的风险扩散及其治理研究[J].新媒体与社会，2024(30).
[3] 高琰鑫.融合背景下主题报道的传播力提升路径[J].新闻研究导刊，2021(10).
[4] 李艺.如何增强主流媒体短视频舆论引导力[J].中国报业，2024(11).
[5] 高菲.重大主题宣传中短视频的创新表达策略[J].传媒评论，2024(20).
[6] 中国网络视听节目服务协会.中国网络视听发展研究报告(2023)[R].2023.
[7] 南京报业传媒集团.国家公祭主题短视频创作案例集[Z].2023.
[8] 央视市场研究.2022 年新闻短视频受众行为研究报告[R].2022.

作者简介：
王卫东，上海广播电视台融媒体中心通联部副主任、主任编辑。

知识付费的下半场　传统广电媒体价值的再思考

顾　洁

提　要：随着2016年得到App的上线，知识付费行业驶入了一个快车道，但是近10年过去后，知识付费行业却发生了巨大的改变。基于个人IP为核心的知识付费行业的上半场已经落幕，各大流量平台入局后，知识付费行业的下半场已经开启。而在这轰轰烈烈的行业洪流之中，传统的广电媒体并非只能袖手旁观，而是应抓住机遇，利用自身的优势，躬身入局，在行业中占据一席之地。

关键词：知识付费　广播电视　新媒体　AIGC

引　言

知识付费行业近年来出现了许多颠覆性变化，并于2020—2022年迎来爆发性增长。据iiMedia Research(艾媒咨询)数据显示，2022年中国知识付费市场规模达1 126.5亿元，较2015年增长约70倍，预计2025年市场规模将达2 808.8亿元。

“任何一个传播现象的形成都必须遵循传受双方的需求，知识人爆红正是时代洪流下的媒介文化实践。”从受众角度来看，调查数据显示，62.2%的中国知识消费者认为自己对知识有焦虑和担心，80.1%的消费者会继续购买知识型产品。而最早提出“信息焦虑”的美国学者理查德-索尔-沃尔曼则认为，信息时代“无用信息”的爆炸以信息的形式“给我们提交了许多无用的东西”，信息焦虑是“数据与知识之间的黑洞”，可以说，信息时代的人类长期处于“沉浸于信息却饥渴于知识”的状态，不断更新知识信息服务的手段与技术是帮助用户摆脱焦虑的重要方式。也正因如此，知识付费才出现了爆发性增长。但是，任何一个行业不会永远处于增长期，总会在一定的时候遭遇到发展的瓶颈，同时又在不断寻找新的增长点。

随着2022年8月得到App的母公司思维造物撤回创业板上市的申请，知识付费行业也进入了一个拐点。曾经的知识付费“四大天王”：罗振宇（得到App创始人）、樊登（原樊登读书App、现帆书App创始人）、吴晓波（巴九灵创始人）、李善友（混沌App创始人）虽然风光还在，但面临的竞争格局已然不同。不少行业分析师都认为，基于个人IP为核心的知识付费行业的上半场已经结束，垂直性知识付费平台向系列化、深度化、专业化发展，随着流量平台的入局，知识付费行业的下半场已经开启，其本质是“内容—流量—变现”模型的内容升级。

传统的广播电视具有强大的内容生产能力和知识传播能力，在现如今轰轰烈烈的知识付费时代洪流之下，传统媒体似乎已经丧失了制高点，但是，这并不意味着传统的广电媒体毫无机会。尤其是在充分利用自己的头部资源优势、权威性优势和现有受众优势的情况下，切准赛道、建立完善的付费体系并提供多元化内容的前提下，传统广播电视依然可以在知识付费领域开辟自己的第二曲线，让知识付费成为新的收入增长点。本文试图通过探究知识付费领域的新趋势，剖析传统广电媒体自身的优劣势，来探讨广电媒体在知识付费这个领域未来可能的发展前景。

一、知识付费领域的新趋势

（一）内容和载体的多元化

2016年得到App的上线，被称为知识付费的元年。之后，罗振宇、樊登、吴晓波等超级IP通过高频曝光与付费模式相结合，扩展了个人IP的影响边界和变现效率。但随着时间的推移，对超级IP的过度依赖和透支引发了一系列问题，如内容同质化和付费产品复购率低等。最典型的案例就是2023年2月21日，樊登读书宣布正式启用新品牌名“帆书”，主要就是为了去个人化色彩，强调团队和多元化的内容。

流量平台入局后，知识付费产品也从最初的财经、读书等维度开始偏向生活、娱乐维度，其内容和载体呈现更多样化的发展，而且各流量平台又因为各自受众的年龄、性别、偏好等的不同，在不同领域有着差异化的表现。目前，MAU（每月活跃用户数量）排名前列的知识付费平台可以说是各有特色，比如以音频见长的喜马拉雅 App，用户最偏好的付费产品是有声书，且 60%集中在儿童读物和小说。知乎用户最偏好的付费产品是文字故事专栏，在盐选付费排名前 30 中，故事专栏占比达到 93%。而在 B 站，弹幕视频的强互动性使得用户对知识类内容的接受度高于一般视频平台。

（二）经营模式的多样化

知识付费行业逐步从单纯的内容销售转向提供更全面的服务，即从知识付费向知识服务转型，这种模式下，创作者可以通过全链路打通创作和销售，沉淀品牌和内容价值，集“引流—传播—转向—服务”于一体。

比较典型的如吴晓波的巴九灵公司，其提供的知识付费内容不仅包括泛财经知识传播和在线音视频课程，还包括企投家学院（提供面向企业投资者的培训和教育服务，帮助企业管理层提高管理和投资能力）、新匠人学院（专注匠人文化传承，提供相关领域的教育和培训服务）、高端课程、海外游学等多种形式的教育服务，可以说构建了一个全面的知识服务体系。据吴晓波本人透露，巴九灵公司每年收入在 3 亿元左右，其中知识付费、企业付费、广告收入各占三分之一。

而樊登读书（现帆书）的收入模式则完全不同。能够查到的资料显示，2020 年，樊登读书的营收达到了 10 亿元左右，其中最大的收入板块是樊登的订阅产品，占总营收的 60%～70%；其次的收入版块则是线下代理销售，樊登读书通过城市代理的模式进行会员卡销售，各级代理通过销售获得利润分成，同时地方分会也是承载会员线下活动的重要组织；此外，樊登读书还通过加盟模式开设书店，这也成为其收入来源之一。

（三）AIGC 的新应用

人工智能的不断发展为知识付费产业带来了新的机遇和挑战。生成式人工智能（AIGC）在知识付费领域中的应用将进一步丰富知识付费产品的内容和形式，提高用户体验与满意度，推动知识付费产业的健康发展。

根据数据显示，截至 2023 年年底，喜马拉雅平台上 AIGC 内容总量已达到 2.4 亿分钟，占其音频内容的 6.6%。同时，平台上移动端用户的 AIGC 渗透率也达到了 14.8%。喜马拉雅创始人兼 CEO 余建军表示：“我们希望 AI 能够成为优质内容创作和分发的驱动力，为每位创作者和用户赋能。”

同时，AI 也在知识付费体系的各个流程中，发挥了新作用。比如通过智能对话和机器学习功能，AI可以帮助用户实现自动化运营，节省人力成本、提高效率。此外，人工智能可以通过对于受众的数据分析，为受众定制最适合自己的学习计划、推荐学习课程，并根据学习情况自动调整学习内容和节奏。这种个性化学习计划能够提高学习效果，满足不同学员的学习需求。

二、传统广电媒体在知识付费领域的优劣势

（一）内容、形式、人才的丰富性

传统广电媒体拥有丰富的内容生产经验和专业的人才资源，这些都是知识付费领域所需的关键要素。目前，知识付费内容形式已经从最初的音频类扩展到视频、直播、图文等多种形式，传统广电媒体可以利用自身在音频、视频内容制作上的优势，开发适合不同用户需求的产品。

自20世纪90年代以来，广电媒体经历了多轮的改革。频道频率的细分化、内容创作的多样化及主持人的专业化，都培养了广电媒体进军知识付费领域的一片沃土。广电媒体最大的财富就是经验丰富的采编播人员，而人的因素才是成功的关键。主持人或者编辑记者在同一领域耕耘十数年后，俨然可以成为这一领域的"代言人"，这就能够成为知识付费的突破口。在激发主持人及编辑记者的主观能动性，并愿意打破之前的分配体系，实行更加灵活的分配制度的前提下，广电媒体可以打造出更多的知识红人和类型更丰富的知识付费内容。

（二）头部资源的汇聚和自身权威性优势

近年来，知识付费内容生产者从最初的行业大V、KOL等专业人士逐渐转向"全民皆师"的局面，传统媒体可以吸引更多有一技之长的非传媒从业人员参与到知识付费行业中。可以说，除了自身的采编播人员之外，传统媒体拥有一批知识界的精英群体，这些头部资源是市场上的稀缺资源，可以成为吸引用户的亮点。传统广电媒体完全可以利用其背后强大的机构优势及技术人员力量，为这些精英群体打造知识课程。

同时，在知识爆炸的时代，知识付费的内容其实也是良莠不齐，人们更信赖传统媒体提供的权威知识。传统媒体可以利用这一点，提供高质量的知识内容，建立用户的信任，从而构建自己有别于其他互联网平台的知识付费体系。同时，广电的人才储备也让知识付费＋知识服务成为可能，目前广电系统内部层出不

穷的工作室就为各领域的服务打下了基础。

（三）平台影响力日渐式微、用户画像难以精准

随着技术的不断迭代，主流媒体目前面临的最大挑战是平台优势不再。在Web1.0时期，主流媒体就已开始面临“渠道失灵”的问题，而在如今的场景时代，无论是硬件设备还是软件应用，主流媒体还都没有建立突出的优势。传统广电媒体平台的影响力已经远远不及新媒体的平台。如何成功破圈，从而吸引受众、留住受众，是传统广电媒体亟待解决的问题。

同时，目前为止，主流媒体的用户画像不像互联网媒体那样可以极为精准。大数据在新媒体中的应用，已经可以做到精准推送，不论是内容还是广告都在算法之下实现了每个受众的个性化推送，但传统的广电媒体目前仍然采用单向的、固定的模式进行传播，这种落后的生产方式，难以满足现有受众的需求，也是传统广电很难解决的短板。

而要解决这样的短板，有两种途径，一是传统广电媒体砸重金搭建自有新媒体体系，二是拥抱现有的新媒体平台。第一种目前时机已晚，但是并不是毫无机会，且在现有用户基础上，能够实现裂变的话，可能会有意想不到的结果；而第二种随着抖音等平台向B端知识付费用户收费渐成趋势，可能会越来越受束缚。

（四）传统媒体技术上的落后性

传统广电媒体的技术劣势是比较显而易见的，因为传统广电媒体的技术逻辑与新媒体的技术逻辑完全是两种体系。以安全播出为底层逻辑的传统广电技术如何克服先天基因上的差异，是摆在传统广电媒体面前最大的难题。“基因是一个物种区别于另一个物种本质的特征和秘密，媒体融合试图在传统媒体上嫁接新媒体的做法很难成功，因为两个介质属于两个不同‘物种’，从底层技术架构上讲，传统媒体是‘广播式’的散点状传播结构，而网络媒体则是网型的拓扑结构，即两者底层的DNA都不相同。传统媒体转型不顺很大程度上是自身的基因与新媒体的基因不兼容造成的，互联网基因并不是传统媒体所能简单嫁接来的，除非另起炉灶。”在技术层面，另起炉灶难度可想而知，人力、财力都需要巨大的投入。需要指出的是，传统广电媒体要勇于自我否定、自我突破、自我革新，技术上的差距也并不是不可逾越的，需要先有向死而新生的勇气，才可能在遍地荆棘中找到一条坦途。

三、传统广电媒体目前已有的初步尝试

目前，各地的广电媒体有不少已经入局知识付费领域，而由于其媒体属性不同和本身内容上的差异，主要分为财经类、视听阅读类等不同的类型，以下是几个典型的案例分析。

（一）第一财经旗下有看投 App 和第一财经 App

有看投 App 是由第一财经推出的投资者教育与服务平台，最早于 2015 年 12 月 5 日发布，App 提供了包括投资课程、投资锦囊、模拟炒股大赛等多种服务。到了 2021 年，第一财经与益盟股份达成深度合作，共同宣布“有看投”升级，引入“大咖擒牛”秘籍和“实用看盘”神器等新功能，这次升级旨在深耕投资者教育服务领域，双方深度打造“产品、教育、服务”三位一体的投资生态圈。与此同时，第一财经在电视端每天晚上 7:00 的《谈股论今》节目及其他电视端的节目中，重点宣传有看投 App，将电视的观众引流至 App。近年来，有看投 App 的盈收已经成为第一财经创收的主要来源之一。

2019 年，第一财经又推出自身的第一财经 App，同样尝试进入知识付费领域。目标用户主要是中高端商务人士、决策者、研究者，内容具有强烈的投资导向，目前会员人数已经突破 350 万，它也将成为第一财经下一阶段创收的重要平台之一。

（二）第一财经广播的“一财知道”和浙江经济广播的“95 财团”

不论是电视还是广播，广电媒体在知识付费领域的尝试走在前列的都是财经类的专业媒体。第一财经广播于 2020 年开始尝试打造自身知识付费平台“一财知道”，在自有主持人、财经评论员、财经专业嘉宾的基础上，提供了投资理财的系列付费课程。同时，第一财经广播利用广播端的资源扩大“一财知道”的影响力，在广播端全天直播节目中滚动播出“一财知道”知识类短音频，每周五广播端和视频端同步推出“一财知道”直播课。2023 年，“一财知道”引入面授课，以及走进上市公司等线下活动等新的服务形式，增加了用户的黏性。

浙江经济广播于 2023 年开始打造“95 财团”，在知识付费领域进行了初步的尝试。与“一财知道”基于音频内容不同，“95 财团”一上线就打造各种短视频的内容，充分利用了主持人及嘉宾的资源。而“95 财团”的财经课程内容则分为初阶、中阶、高阶，以面对不同层次的受众需求。

“一财知道”和“95 财团”的知识付费尝试都是广播内部的一种探索，由于受限于资金与技术的能力，所以两个平台的打造都是基于小鹅通提供的技术支持。与第一财经电视相比，体量也相对较小。

（三）江苏省广播电视总台的“松鼠悦读”

“松鼠悦读”是由江苏省广播电视总台结合广播媒体在音频制作上的资源和技术优势，以及大量车载亲子家庭用户资源，打造的一款以亲子成长为主题的全媒体有声阅读平台。平台以微信公众号、小程序、H5 网页、喜马拉雅 App 为载体，以广播节目《松鼠悦读》为支撑，结合江苏广电的媒体资源，最终形成广播、微信、喜马拉雅等覆盖多种媒体渠道的线上线下传播矩阵。平台通过“电台知名主播＋名校名师＋行业专家＋图书版权合作”的独特模式开发原创精品亲子通识类知识付费音视频产品。“松鼠悦读”的重点之一是打造以声音为标志的明星 IP。例如明星主播王丹，共上线 7 门原创课程，460 多期音视频产品，全网累计订阅量超过 9.7 万，累计播放量超过 1 000 万。2019 年，该项目被列入国家广播电视和网络视听产业发展项目。2020 年后，松鼠悦读通过不断更新内容、增加用户互动、拓展新的营销渠道和平台，以及深化内容与服务，实现了稳定的发展和用户增长。

四、传统广电媒体在知识付费领域的探索路径

AI 技术的突飞猛进，自媒体的强势发展，使得传统媒体正经历着前所未有的挑战。而在知识付费领域，传统媒体目前尚未形成能够与得到 App 等相抗衡的产品，但这并不意味着传统媒体就毫无机会，在做好精准定位、制定好合适的运营策略，并全面规避风险后，广电媒体也能占有一席之地。

（一）垂类选择：聚焦垂直领域、发挥专业优势

传统广电媒体在知识付费领域的核心竞争力在于其权威性和专业性，因此，选择适合的垂类内容至关重要，从目前的实践及未来的发展趋势来看，以下四个方向是比较适合广电媒体进行深耕的：

1. 财经与投资。广电媒体在财经领域拥有丰富的资源和专业人才，如第一财经的“有看投”已经取得了初步成功。财经类内容具有较高的用户付费意愿，且受众群体明确，模式相对成熟，适合财经类媒体进一步深耕，并挖掘更多延展性的内容和活动。

2. 教育与亲子。亲子教育类内容市场需求目前依然旺盛，广电媒体可以通过与教育专家、名校名师合作，开发高质量的亲子课程。同时，利用自身的权威性优势，与用户建立起长期可持续性的信任纽带，增加用户的黏性，与用户共同成长。

3. 文化与历史。广电媒体在文化传播方面具有天然优势，可以通过深度挖掘历史文化资源，打造具有文化底蕴的知识付费产品。例如结合地方特色文化，开发地方历史、民俗文化等课程。

4. 健康与生活。随着健康意识的提升，健康类知识付费产品需求增长迅速。广电媒体之前在电视和广播端均有较为成熟的健康节目。在知识付费的下半场，可以转化思路，将节目打造成知识付费产品，邀请医学专家、营养师等专业人士，开发健康养生、疾病预防、心理疏导等系列课程。

（二）运营策略：内容运营与用户运营并重

如何做好一档节目是传统广播电视从业人员比较擅长的领域，但对于内容的运营及用户的运营，却仍然是短板。由于传统媒体的触达率在不断下降，所以传统媒体也需要改变过去的思维模式，做到以下三个方面：

1. 内容升级，从碎片化到系统化。在知识付费领域，传统广电媒体应避免提供碎片化的知识胶囊，而是注重内容的系统性和深度。例如在课程的开发上，可以开发系列课程，帮助用户从入门到精通，满足用户对系统化学习的需求。同时，结合广电媒体的资源优势，推出独家内容或与知名 IP 合作，提高内容的稀缺性和吸引力。同时，在各平台加大推广力度。

2. 用户运营，精准画像与社群化运营。广电媒体应借助大数据技术，逐步完善用户画像，实现精准推送和个性化服务。同时，通过建立用户社群，增强用户黏性，可以定期举办线下活动、线上直播互动等，增强用户的参与感和归属感。

3. 技术赋能，拥抱 AIGC 与智能化工具。广电媒体应积极引入生成式人工智能（AIGC）技术，提高内容生产效率和质量。利用 AI 生成个性化学习计划、智能推荐课程等，提升用户体验。同时，通过智能化工具优化运营流程，降低人力成本。

（三）风险规避：趋利避害，实现可持续发展

打造知识付费产品的过程中，也会存在着各种无法预知的风险，其中包括了人的因素、平台的因素、政策的因素等。如何实现产品的可持续发展，需要注意

以下三个方面：

1. 避免过度依赖单一 IP。广电媒体应避免过度依赖单一主持人或专家 IP，而是注重团队化和多元化内容生产。例如可以通过打造多个知识红人，分散风险并丰富内容生态。

2. 克服技术短板，合作与创新并重。广电媒体在技术上的短板可以通过与互联网平台合作来弥补。例如与喜马拉雅、抖音等平台合作，借助其技术优势和流量资源，快速打开市场。同时，广电媒体应积极探索技术创新，逐步建立自有技术体系。

3. 商业模式，实现多元化变现路径。广电媒体应探索多元化的商业模式，避免单一依赖知识付费收入。例如可以结合广告、企业服务、线下活动等多种变现方式，形成可持续的盈利模式。

结 语

2023 年路透新闻研究院相关研究数据显示，80%的受访媒体领导表示数字订阅和会员付费将成为重要收入来源之一。

传统广电媒体在知识付费领域虽然面临技术、用户画像精准度等方面的挑战，但其在内容生产、权威性和专业人才方面的优势不可忽视。通过聚焦垂直领域、升级内容质量、优化用户运营及规避潜在风险，广电媒体完全可以在知识付费的下半场找到自己的发展路径。未来，广电媒体应以优质内容为核心，结合技术创新和商业模式创新，逐步构建起具有自身特色的知识付费生态，在激烈的市场竞争中占据一席之地。

参考文献：

[1] 黎藜，陈佳思."去精英化"的知识再生产及其价值反思——以 B 站"知识人出圈"为例[J].传媒观察，2023，(12)：90－96. DOI：10.19480/j.cnki.cmgc.2023.12.005.

[2] 许加彪，梁少怡.播客复兴：听觉媒介社交化发展的价值优势与理性反思[J].当代传播，2023，(03)：103－105＋112.

[3] 喻国明，秦子禅.场景时代：主流媒体面临的挑战与创新路径[J].媒体融合新观察，2022，(02)：4－7.

[4] 谭天.媒体转型的转基因和基因重组[J].媒体融合新观察，2022，(02)：19－22.

[5] 崔保国，虞涵.2023 年中国传媒产业发展报告[J].传媒，2023，(15)：15－20.

作者简介：

顾洁，上海广播电视台第一财经广播总监，主任记者。

地方志纪录片叙事模式的创新探索

——以纪录片《志在上海》为例

金　莹

提　要： 地方志纪录片作为地方历史文化传承的重要载体，蕴藏着丰富的史料价值。然而，如何将传统方志的史料价值与现代纪录片的叙事技巧结合起来，打造具有独特风格和鲜明特色的叙事模式，仍是一个值得探讨的问题。本文以地方志纪录片为研究对象，特别以上海广播电视台出品的地方志系列纪录片《志在上海》为例，通过分析传统方志的史料价值和现代纪录片的叙事技巧，探讨将两者有效结合的叙事模式。地方志纪录片应以史料为基础，以现代纪录片的叙事技巧为手段，通过人物、事件、场景等元素的巧妙编排，构建具有历史深度、文化内涵和艺术感染力的叙事模式。研究表明，地方志纪录片可以通过创新叙事模式，将历史与现实、文化与生活结合起来，打造具有独特风格和鲜明特色的叙事作品。

关键词： 地方志纪录片　叙事模式　中国影像方志　纪录片技巧

引　言

近年来，我国深入开展了对地方志的编修工作，习近平总书记也曾多次强调要注重修史修志，让书本和文物动起来。随着这股热潮，地方志纪录片创作也呈现出蓬勃发展的态势。地方志作为一种重要的史料载体，记录了地方的历史、文化、经济、社会等方面的变迁，具有重要的史料价值和文化传承意义。地方志纪录片以其独特的叙事方式，将地方志的史料价值与现代纪录片的叙事技巧结合起来，为传承地方文化、记录历史、促进社会发展提供了新的途径。

地方志纪录片的创作，不仅可以将地方志的丰富史料以生动形象的方式呈现给大众，还可以激发人们对地方文化的兴趣，增强文化认同感。此外，地方志纪录片的创作，还可以推动地方志研究的深入开展，为地方志的数字化建设提供新的思路。

基于上述研究背景和意义，本研究将聚焦于地方志纪录片如何将传统方志的史料价值与现代纪录片的叙事技巧结合起来，打造具有独特风格和鲜明特色的叙事模式。具体而言，本研究将探讨以下问题：

第一，如何有效地将地方志史料融入纪录片叙事，使其既能体现地方志的史料价值，又能满足现代纪录片叙事的逻辑和节奏？

第二，如何运用现代纪录片的叙事技巧，例如人物塑造、情节设置、影像语言等，来展现地方志史料的丰富内涵和文化价值？

第三，如何构建地方志纪录片的叙事模式，使其既能传承地方文化，又能吸引现代观众？

本研究将采用文献研究和案例分析结合起来的方法。文献研究将以地方志史料和现代纪录片理论为基础，梳理地方志史料的价值和现代纪录片的叙事技巧，并分析两者结合的可能性和策略；案例分析将以 2024 年上海广播电视台出品的地方志系列纪录片《志在上海》为样本，深入分析其叙事模式、语言表达和创新特点，并探讨其创作经验。

一、地方志史料价值与现代纪录片叙事技巧

（一）地方志史料价值分析

1. 地方志的史料类型与价值

作为中华文化重要载体，地方志是我国文化遗产中非常宝贵的重要组成部分，在我国浩如烟海的文化典籍中，占有很大的比重。统计数据显示，全国保存的各种方志有 8 500 种左右，共 11 万多卷，占我国现存古籍十分之一左右。地方志作为一种重要的历史文献，其史料类型丰富多样，涵盖了文字、图像、实物等多种形式，为研究历史、文化、社会提供了宝贵的资料。

首先，地方志的文字史料是其最主要的组成部分，包括志书、文集、碑刻、档案等。志书是地方志的核心内容，记录了地方的地理、历史、人物、经济、文化等方面的信息，具有较高的史料价值。地方志系列纪录片《志在上海》依托上海市

地方志办公室的优势资源，全面展示了包括古代上海历史地方志《云间志》、上海各区县地方志、上海各行业地方志等大量方志内容，为全面研究上海历史提供了重要参考。

其次，《志在上海》还以图像史料及实物史料为基础，构建了一个全面而立体的方志展现平台，以纪录片的形式，全方位地展现了上海从唐代建制以来，从一个小市镇到普通县城、到重要港口、到近代崛起为中国最大城市的千年历程，在结合地方志和纪录片两者方面进行了探索。

2. 地方志史料的挖掘与整理

地方志史料的挖掘与整理是纪录片创作中不可或缺的重要环节。地方志作为一种独特的史料类型，其内容丰富、信息量大，涵盖了政治、经济、文化、社会等各个方面，为纪录片创作提供了宝贵的素材。但与此同时，其内容的过于庞杂，也给纪录片选取适当素材造成了一定的难度。怎样在浩如烟海的地方志史料中挖掘出适合的故事，选取出恰当的素材，是每一部地方志纪录片的难点和重点。

地方志系列纪录片《志在上海》在体量上共有 36 集，每集 5 分钟。单集以一个主题为线索，深挖相关内容，同时配合具体播出时间节点，制造传播效应。全系列以 36 集的篇幅跨度 10 个月的播出周期，形成一个完整的规模效应，并运用多种方法进行挖掘，包括文献检索、实地考察、口述史采集等多种方法，构建具有上海特色的地方志纪录片的框架。同时，《志在上海》特别注重遵循地方志特有的客观性、准确性、完整性原则，对史料进行严谨解读和分析，将其与纪录片的主题和叙事逻辑结合起来，从而更好地发挥其价值。

地方志史料的整理与挖掘对于纪录片创作具有重要的意义。一方面，地方志史料可以为纪录片提供真实可靠的历史背景和文化信息，增强纪录片的真实性和可信度；另一方面，地方志史料可以为纪录片提供独特的视角和素材，使纪录片更具地方特色和文化深度。在这个方面，《志在上海》为地方志纪录片的呈现提供了一个范本。

（二）现代纪录片叙事技巧探析

1. 叙事模式与技巧

近年来，现代纪录片叙事模式不断创新，为观众呈现更丰富多元的叙事体验。常见的叙事模式包括线性叙事、非线性叙事和多线叙事等。线性叙事模式以时间顺序为主线，按照事件发生的先后顺序展开叙述；非线性叙事则打破时间顺序，通过跳跃、回溯等手法，呈现更具戏剧性和复杂性的叙事结构；多线叙事则通过并行叙述多个故事线，展现不同人物、事件之间的关联与冲突。

方志系列纪录片《志在上海》则根据不同的内容，以集为单位，呈现不同的叙事模式。

例如在讲述上海历史的单集《上海的来历》中，采用的是线性叙事的方法。该集通过《上海市志・地理分志》中的各项记载，讲述了从唐天宝十年（公元751年）开始，上海地区有了首个独立的县级行政区“华亭县”；到同时期位于如今上海青浦区的“青龙镇”出现；到北宋天圣元年（1023年），上海最早的建制“上海务”第一次出现在文献上；到南宋末，上海正式成为上海镇；到元至元二十九年（1292年），上海从镇升级为县等一路过来的发展历程。

与此同时，在另一集《从金山到上海》中，采用的则是非线性叙事。本集的开头以“上海海拔最高点是哪里”这一问题构筑悬念，通过街头采访的形式，让观众在包括佘山、上海中心等几个选项之中思考究竟哪个是正确答案，最后揭秘位于上海金山区的大金山岛才是真正的上海海拔最高点。由此讲述大金山岛本来和大陆相连，南宋以后才渐渐与大陆分离，成为海中的一个岛屿的相关历史。但在这个内容讲述完毕之后，主创并没有沿着时间线索继续向前推进，而是回溯到约6 400年前，上海冈身形成的时期。因为金山被认为是在上海最早成陆的地区之一就是以冈身为标志。这样的非线性叙事，一下子构建出了“上海海拔最高点”和“上海最早成陆地区之一”两个具有标志意义的特色，将上海金山区的地方志特色一下子展现出来，让人印象深刻。

近年来，现代纪录片叙事技巧日益精进，所以更需要纪录片创作者根据不同的叙事模式和主题，灵活运用叙事技巧，才能创作出具有方志特色的纪录片艺术作品。

2. 叙事语言与表达

现代纪录片叙事语言主要包括影像语言、声音语言和文字语言。影像语言是纪录片叙事中最直观的表达方式，通过画面构图、镜头运动、光影变化等手段，展现人物、事件和场景，营造特定的氛围和情感。在地方志纪录片中，叙事语言的运用需要结合地方志史料的特点。如何将地方志史料包含的大量文字、图片、地图等信息转化为生动的影像语言，是地方志纪录片叙事语言运用的关键。

以视觉语言为例，《志在上海》系列节目的《从金山到上海》一集中，其展现的方志内容大量为专门记载南宋及较早时期今上海淞南地区地名的《云间志》中的有关记载，如何将这些枯燥的文字记载转化为观众可以接受，并且能看懂的画面，是这集纪录片的关键。《志在上海》创作者联合上海市金山区地方志办公室，以及复旦大学历史地理研究中心，在纪录片中呈现了一条关于金山海陆变迁的动画视频。当观众看见本来与大海相连的太湖因为 6 400 年前的强潮，最终与大海隔开，海岸线边的泥沙与动物残骸在附近堆积成“冈身”，才更加深刻地理解了“沧海桑田”这 4 个字的含义。而这条动画视频也将地方志中金山最具文化特质的“三古一卫”之一的古冈身直观地体现出来了。就这样，地方志中的文字描述转化为了画面，图片成了动画，地图变成了三维模型，使观众更加直观地感受地方的历史文化。

以声音语言为例，《志在上海》系列节目的《茅善玉闲话沪剧》一集中，语言就是这集节目最大的特色。《志在上海》是旨在介绍传播上海地区文化特色的地方志节目，地域性是其重要特征，而沪语就是上海地区的地方性语言。在 36 集系列节目《志在上海》中，这集也是唯一一集以沪语为讲述语言的节目。国家级非物质文化遗产项目沪剧代表性传承人、国家一级演员茅善玉用沪语介绍沪剧，同时通过她在求学过程中学过的、唱过的、创作过的各个阶段的沪剧为串联，展示了《上海市志 · 戏剧卷》中整个沪剧的发展历史，将文字记载变为可以亲耳听到的唱段，利用声音语言，将地方志中的口述历史、民俗音乐等内容融入纪录片中，增强地方志纪录片的文化感染力。

此外，全系列 36 集《志在上海》节目还利用了文字语言，将地方志中的重要信息、人物介绍、时间节点等内容以字幕的形式呈现，使观众更好地理解地方志纪录片的内容，由此做到了全方位的视听语言的呈现。

（三）地方志史料与纪录片叙事技巧的结合

基于地方志史料的独特价值与现代纪录片叙事技巧的丰富性，将两者结合，构建具有地方特色的历史叙事模式，具有重要的必要性和可行性。

首先，地方志史料的丰富性与现代纪录片叙事技巧的融合，能够为历史叙事提供更深层次的解读，增强观众对地方文化的理解和认同。地方志史料作为地方历史的“百科全书”，涵盖政治、经济、文化、社会等各个方面，能够给现代纪录片提供丰富的素材和史实依据。同时，现代纪录片叙事技巧，如人物叙事、事件叙事、场景叙事等，能够将地方志史料中的人物、事件、场景等元素有机地整合，形成生动、鲜活的历史画面，从而增强观众的代入感和情感共鸣。《志在上海》系列纪录片中，有几集关于中国传统节庆活动的纪录片。本来这些内容只是方志书中的文字记载，但观众正是通过各种丰富的画面、专家的讲述、各类在上海举行的传统节庆活动更直观地感受到了方志中的相关记载，并加深了对上海这座城市独特地域民俗魅力的理解。

其次，地方志史料与现代纪录片叙事技巧的结合，能够更好地呈现地方历史的文化内涵和时代精神。《志在上海》节目中有一集讲述的方志内容为上海旅游节的诞生。上海旅游节诞生于20世纪90年代，其发展至今已经有20多年。在这集纪录片中，观众可以看到不同的时代发展特色。以浦东开发开放为契机，上海旅游节在90年代举行的“外国游客到上海市民家中做客”的活动、花车大游行的活动、美食节的活动、玫瑰婚典的策划和实施，都反映着那个时代的特色。进入21世纪之后，上海旅游节推出的浦江彩船巡游等又与当时上海浦东陆家嘴的发展和新地标的建立有着紧密的关系。而如今，上海旅游节的活动更全面地融合了文化和旅游，在演出市场、博物馆等方面全面开花。这些内容都让观众在了解方志内容的同时，对时代特征和时代精神有了更深的把握。

最后，地方志史料与现代纪录片叙事技巧的结合，能够为地方历史的传承与传播提供新的路径。地方志史料的整理和利用，能够为地方历史的传承提供重要的参考依据。现代纪录片作为一种大众化的传播媒介，能够将地方志史料以更生动、更易懂的方式传播给更广泛的受众，实现地方历史的有效传承和传播。《志在上海》节目以短视频的方式同时在电视平台（上海广播电视台纪实人文频道）和网络平台（上海广播电视台纪实人文频道下属短视频渠道和上海市地方志办公室下属短视频渠道）传播，让地方志的传播更符合新时代的传播规律，也让更多更广泛的受众接触和了解地方志的内容。

二、地方志纪录片叙事模式创新

基于地方志史料与现代纪录片叙事技巧的融合，构建地方志纪录片叙事模式创新，需要从以下三个方面着手：

首先，要融入现代戏剧结构和叙事技巧，丰富叙事内容和表达方式。经典戏剧结构中最典型的是因果式线性结构。因果式线性结构严格遵循着戏剧性叙述的规律，通过一个首尾相连、圆满完整的故事来强化事件之间的因果关联，最核心的动力就是故事性。在《志在上海》系列节目中《苏州河治理》这集，就运用了“因果式线性结构”的方式，以地方志中记载的关于苏州河治理这一重大事件为核心，通过影像、声音、文字等多种手段，还原历史事件的真相，增强观众的代入感和参与度。围绕这个内容，创作者分别构建了“苏州河为何会受到污染”“污染造成了哪些危害”“怎样治理污染”三个大块，将地方志纪录片解构为一则具有起承转合四个阶段的故事，运用现代戏剧手法将其呈现出来，从而使节目更具观赏性。

其次，要注重叙事语言的创新，以简洁、生动、准确的语言，将地方志史料中的信息转化为通俗易懂的叙事内容，使观众能够更好地理解和接受地方历史文化，甚至在观看纪录片时，一下子就能辨认出这是一部具有地方志特色的纪录片。在《志在上海》系列节目中，怎样将地方志的特色最大化地呈现出来也是创作者思考最多的方面。由此，《志在上海》创新性地在节目中设立了“方志人”这一角色，由在上海各个市、区地方志办公室担任实际工作的地方志工作人员出镜。他们从幕后走到台前担任引导嘉宾，向相关学者提问，探讨方志记载中的历史，并担任相关解说词的配音解说，和嘉宾一起体验相关地方文化。“方志人”这一设置的定位，既类似 BBC 等相关历史纪录片中的主持人角色，同时又是方志内容领域的专家，而且从节目一开始就亮相，与嘉宾一起参与直至节目结束。这一角色的大量露出，极大地体现了地方志的特色，也让普通观众了解到了“地方志工作人员”这一本来默默无闻的群体。

最后，要用创新手段体现文化精神的传承和文化保护的意义。《志在上海》以纪录片的形式，将上海的城市精神、文化理念和价值观融入其中，通过生动的人物故事和历史事件，展现了上海的开放包容、创新进取等精神。上海作为中国重要的国际化大都市，始终秉持开放包容的姿态，吸引着来自世界各地的文化和人才。纪录片中，我们可以看到上海在不同历史时期，如何接纳不同的文化，并将其融入自身发展之中，形成了多元包容的城市文化。该系列好几集纪录片都展现了上海在近代历史上，如何吸收西方先进的文化和技术，并将其与中国传统文化结合起来，最终形成了独具特色的上海文化。同时，纪录片还展现了上海的创新进取精神。在纪录片中，我们可以看到在各个领域的上海人，如何不断突破自我，取得了令人瞩目的成就。

结　语

研究表明，地方志纪录片叙事模式创新具有重要的意义。首先，它能够有效地将地方志史料的价值转化为影像表达，为观众提供更直观、更生动的历史文化体验；其次，地方志纪录片叙事模式的创新，能够有效地突破传统纪录片的叙事框架，探索新的叙事表达方式，为纪录片创作提供新的思路和方向；最后，地方志纪录片叙事模式的创新，能够更好地满足现代观众的审美需求，提高纪录片的传播力和影响力。

本研究通过对《志在上海》系列地方志纪录片的案例分析，发现地方志纪录片叙事模式的创新，可以有效地将地方志史料与现代纪录片叙事技巧结合起来，从而创造出具有独特魅力的影像作品。研究结果表明，地方志纪录片叙事模式的创新，不仅能够提高纪录片的文化价值，更能够推动纪录片创作的不断发展。

基于上述研究，地方志纪录片未来的发展趋势值得关注。首先，应进一步挖掘地方志史料的深度和广度，将其与现代纪录片叙事技巧深度融合，打造更加立体、多元的叙事体系；其次，应积极探索新的叙事模式，例如运用沉浸式体验、互动式参与等新技术，提高观众的参与度和情感共鸣；最后，应继续加强地方志纪录片的传播推广，利用新媒体平台扩大受众群体，提高其社会影响力。

地方志纪录片作为地方文化传承的重要载体，其发展潜力巨大。未来，应不断创新叙事模式，提高制作水平，为观众呈现更加精彩、更有深度的文化影像作品。

参考文献：

[1] 马泽.历史建构与影像呈现：纪录片《中国影像方志》的叙事研究.山西大学.2020.6.1.
[2] 柳玉秀.地方志服务“一带一路”的路径探析——以纪录片《美丽西江》为研究范本.广西地方志，2016(04)：14-17.
[3] 徐明慧.电影戏剧叙事结构研究.今古文创，2021(40)：42-43.

作者简介：

金莹，上海广播电视台真实传媒导演。

从蒋万安上海行看岛内政治人物媒介形象塑造

赵颖文

提　要： 本文以2023年8月台北市市长蒋万安赴上海市参加"上海台北城市论坛"的行程为案例样本，从整个行程中议题设置、语言符号运用、非语言符号运用三个维度，分析了蒋万安媒介形象的塑造特点，并指出在去中心化的网络传播环境中，政治人物形象是经过媒体与受众进行加工和传播的；唯有以真、善、美为准则的媒介形象塑造，才能建构出表里如一的政治人物形象。

关键词： 媒介形象　建构　议题设置　符号

引言：选题缘由与研究意义

政治人物处于社会政治生活的中心，其媒介形象影响着公众对于领导者乃至政权的基本认知，也会对政策的施行效果产生作用。特别是随着移动互联网时代的到来，政治人物形象的传播速度更快、传播渠道更多元、传播范围更广。

在中国台湾地区，由于选举的需要，政治人物都十分重视自身媒介形象的塑造。2023年8月29日至8月31日，台北市市长蒋万安率团来到上海，参加"上海台北城市论坛"，并在上海进行一系列参访。在3天的行程中，他展现出了年轻、活力、亲民、睿智的媒介形象，给大陆民众带来了新鲜感。透过蒋万安的上海行，可以看到中国台湾地区塑造政治人物媒介形象的一些有效做法，同时也不应忽视选举政治中过度的个人营销给社会政治生活带来的负面影响。

一、媒介形象的定义及建构

政治人物的媒介形象是政治人物作为一个客观存在，通过报刊、电视和网络等媒介所呈现出来的公开形象，包括社会公众对经过多渠道直接与间接获得的关于政治人物的家庭背景、成长经历、言谈举止、服饰发型、精神风貌、政策主张和政治理念等信息，构建起来的整体印象。

李普曼指出，新闻媒介是我们头脑中图景的主要来源，媒体可以帮助民众建立脑海中的关于周围世界的形象。议程设置理论具体描绘了在政治与公共事务方面，大众媒介对受众脑中图景的影响。其核心观点是，大众媒介将描绘的关于世界的重要图景转移到受众脑海中，成为他们脑中的图景。媒体重视并不断强调的议题，会成为民众心目中的重要议题。

因此，一些学者认为，政治人物形象是经过媒介基于自身的价值取向进行加工和传播的一次建构，在这个过程中，社会公众不是信息的被动接收者，也不是白纸一般的“空白人”，每个人都带着自身既有的经验基础、文化背景和价值判断。同时，媒介形象也是政治人物为了达到某种政治目的而演化出来的符合自身设计定位的形象，与其真实形象有所出入，“这些形象特质让民众有所感触和联想，可能并不反映他们的真实特点，但是只要能够在受众方面引起想要达到的效果就够了”。

二、蒋万安上海之行媒介形象塑造分析

（一）充分运用议题设置

传播学的议程设置理论认为，大众传播具有一种为公众设置“议事日程”的功能，传媒的新闻报道和信息传达活动以赋予各种议题不同程度的显著性的方式，影响着人们对周围世界的“大事”及其重要性的判断。

议程一：夜逛豫园

从日程表上来看，蒋万安 3 天的上海之行，最核心的议程是 8 月 30 日出席“上海台北城市论坛”，8 月 29 日晚上与上海市市长龚正举行会谈也是此行的“重头戏”。另外，上海方面还安排了其到洋山港、上图东馆、上海城市规划馆、居民社区等一系列参访活动。但行前，台北方面强烈要求增加两个“自选动作”，一是在浦东滨江和在沪台湾青年一起骑共享单车，另一项是逛夜市、吃小吃。逛夜

市这一项，本来考虑静安嘉里中心的安义夜巷，后出于场地、安保等方面的考虑，改为豫园。

上海方面预判到，这两项行程意在展示蒋万安个人形象，不建议大陆媒体跟随采访，也不作为新闻报道的重点。但从最终的传播效果来看，两项活动依然成为本次行程中传播最广的议程。

8月29日晚上，蒋万安带领台北市代表团冒雨来到上海豫园，考察夜经济，并品尝当地美食。在一家小吃店门口，他品尝了刚刚出笼的汤包，边吃边竖起大拇指。当《大公报》记者喊话问他，这里的汤包和台湾品牌鼎泰丰哪个更好吃时，他笑着回答“都好吃”。随后，他还在豫园品尝了家乡味“宁波汤团”、台湾小吃“大肠包小肠”等。代表团的到来引起了游客的兴趣，大多数游客并不认识蒋万安，透过人群看到这位帅气的嘉宾，有游客以为是演艺明星，甚至有人将他误认为吴彦祖。现场视频中，面对热情的外地游客，蒋万安用四川方言打招呼，向游客发出邀请：“欢迎到台北来玩，到台北来吃小吃、逛夜市！”在一家工艺品店，大批民众隔着玻璃窗向蒋万安挥手、拍照，蒋万安把双手举过头顶比起一个大爱心。

第2天，在搜索引擎输入“蒋万安”，首页显示的几乎全是蒋万安逛豫园的条目，不仅有沪台两地媒体的报道，还有不少网民在自媒体上发表了自己拍摄或转载的小视频。例如自媒体“一路上走走停停的旅行”以《在上海豫园偶遇蒋介石曾孙蒋万安！》为标题推送视频，收获网友评论“帅啊！啥时来珠海走走。珠海也有夏湾夜市～”等。由于蒋万安特殊的身世背景，有网站在推送蒋万安逛豫园视频时，打上了历史人物的标签，也有的网站因为他帅气的形象，贴上了娱乐明星的标签，凡此种种，可以看出“蒋万安逛豫园”这个议程达到了“出圈”的传播效果。

议程二：滨江骑行

上海行第三天清晨8点，蒋万安身着运动服、牛仔裤现身浦东陆家嘴滨江，和在沪台湾青年代表一起骑上了街边的共享单车。上海市台办同样没有邀请大陆媒体采访这场活动，而是在活动结束后提供了视频素材。上海人民广播电台旗下的微信号“话匣子”当天上午推送了经过剪辑的短视频，标题为《台北市市长蒋万安和台湾青年在陆家嘴滨江骑共享单车》。短视频一经推出就成为爆款，阅读量突破百万。视频下200多条评论中，很多人首先注意到蒋万安的着装：“牛仔裤、T恤衫、平底鞋，年轻有为，活力四射”；有评论把蒋万安的公众形象总结为“接地气、亲民，就像邻家大男孩”；还有一类评论认为蒋万安上海之行将对两岸关系产生正面影响：“上海-台北多来往，多沟通，一家亲”“沪台两市互相学习，为民众共同创造良好的出行环境”，等等。

议程三：论坛自拍

在“双城论坛”上与上海市市长龚正自拍合影，更能显出蒋万安团队的新闻策划能力。

8 月 30 日上午，上海台北城市论坛在上海国际会议中心举行，论坛尾声，在双方签署合作备忘录后，台北市长蒋万安与上海市长龚正在台上握手合影，随后两人转过身背对众人，蒋万安拿出自己的手机与龚正自拍合影，逗乐全场。蒋万安把这张自拍照片发在自己的社交媒体上，几乎是与此同时，这张照片也出现在多家台湾媒体的新媒体平台，继而被中新社等大陆媒体转载。

在台湾地区，脸书等社交媒体因其庞大的用户数量而被频繁应用于政治选举和社会运动，成为政治人物宣传政见、塑造形象的重要平台。一项针对蔡英文、朱立伦、柯文哲社交媒体内容发布的研究显示，三人在 2016 年 5 月 20 日至 2018 年 5 月 20 日之间，在脸书发文数量分别为 710 篇、865 篇、598 篇。研究总结了台湾地区这三位政治人物在形象塑造上的共同点，比如在工作上都将自己塑造成兢兢业业的形象；在生活中强调自己有活力、有热情；在群众中展示自己亲民的一面。

作为政坛新生代的蒋万安，同样重视社交媒体的作用。在出发前往上海参加双城论坛时，他就在脸书发文，指唯有维持对话的机制才能维持两岸互动的稳定。把与龚正的自拍发布在社交媒体，也是他塑造亲民形象的惯用手法。据台湾媒体透露，论坛一结束，台北市新闻机构官员就把这张自拍合影群发给各家媒体，在互联网上迅速发酵。由于上海市市长龚正在自拍时也表现得大方亲民，微笑着向镜头挥手，很多大陆媒体也把“自拍”这个环节做进了有关双城论坛报道的标题里，这张照片无疑占据了两岸媒体双城论坛报道的“C 位”。

（二）语言符号运用

1. 演讲注重台风

在传播学中，语言符号是指由音、义两者结合构成的符号，包括口头语和以书写符号文字形态出现的书面语。语言符号是人与人之间进行交际的工具，而且是人类社会中最重要的传播媒介之一。人们借助语言符号从而使思想得以表达、感情得以传达、知识得以交流。从哲学意义上来看，思想是通过语言表达的，思维是语言的“内核”，而语言是思维的“外壳”。

政治领导人的语言风格直接关系着人们对于他的形象认知。在选举政治中，富有感染力的语言风格能够帮助候选人博得选民的好感。蒋万安在这方面也是训练有素。

在2023“上海台北城市论坛”主论坛的致辞中，蒋万安神态自信，语速适中，语调铿锵有力，配合富有节奏的手势，演讲的对象感很强。讲话中，他重点提到“双城好，两岸好”，这句口号一连喊了五次；他用唐诗来形容两岸关系：两岸关系如同在江河中行舟，不应该是“过尽千帆皆不是”，也不能够一厢情愿地认为“轻舟已过万重山”，而是应该“在困难中摸索前进的方向，在迷雾中做到冷静思考”。仔细分析蒋万安的这番发言，并没有关于两岸关系的实质性论述，规避了很多敏感话题，没有谈及九二共识、台海局势，更多地表达两岸对话交流的具体情境，但出众的台风和细腻的措辞，还是给人留下了深刻印象。

同时值得注意的是，在双城论坛上发言的其他几位台北市代表，也十分注意演讲中的台风，他们都尽量不看稿、不站定，而是拿着手持话筒站在舞台前端更靠近观众的位置，用比较口语化的语言去讲解PPT，严肃的内容也让人容易理解。

2. 随时互动塑造“亲民”形象

8月31日下午，蒋万安的参访行程围绕着“社区”。他首先来到长宁区乐邻坊，参观了那里的“生境花园”、宝宝屋和社区食堂。走到宝宝屋时，蒋万安说：“开始想我的儿子了，我三个儿子，老大比较大，另外两个，一个两岁、一个七个月。”他还向大家介绍说，台北也有临时托育，“我太太最近常常使用，因为我的孩子很小。”

在长宁区新泾五村的居民活动中心，蒋万安用上海话“侬好”向社区老人问好。品尝完蛋挞，他又学说了一句上海话“好切”。

蒋万安的这几次语言互动，传递出寻求情感认同的意图：在宝宝屋，他能够感同身受双职工家庭对于儿童看护的迫切需求；与社区居民互动，他展现出对上海文化的浓厚兴趣，让人们感到他与自己有着相同的生活经历、心路历程，从而对他的观点产生认同。

（三）非语言符号运用

非语言符号是指不以人工创制的自然语言为符号，而是以其他视觉、听觉等符号为信息载体的符号系统，包括容貌、身材、服饰、发型、举止等。政治人物通过非语言符号传递公众形象，公众也乐于通过非语言符号的蛛丝马迹来寻求有价值的政治信息。

三天的上海行，从论坛的西装领带、到社区参访的白色衬衫、滨江骑行的 T 恤牛仔裤，蒋万安的穿着始终简洁得体。在保租房社区和青年人一起打篮球，他脱下西装外套，挽起衬衫袖子，投了 6 球、进了 3 球，遗憾表示穿的皮鞋无法大展身手。在新泾五村与老人互动，他蹲下身来与老人说话，还用毛笔写下“万事平安”四个字，俊秀的字迹，不禁让人联想到海峡两岸文化的一脉相承。

蒋万安也很擅长运用身体语言与新闻记者互动。每来到一个新的场景，他都会边走边向四周包括记者在内的工作人员和民众招手。行程中安排有两次记者群访，第一次是抵达当天，在老港垃圾处理厂的展厅，现场工作人员在展厅中间摆放了一张演讲桌，内设可安插话筒的架子，同时在距离演讲桌 3 米开外拉了一排隔离线。提前等候的大陆媒体把话筒放置好以后，纷纷自觉撤离到隔离线之外，而稍晚抵达的台湾媒体摆放完话筒后，并没有撤离的意思，而是包围站在演讲桌周围，有的甚至在桌脚旁席地而坐。待蒋万安来到群访现场，他和他的团队没有要求记者保持距离，而是习惯于在一群记者的包围中回答问题，台湾记者的提问也是你争我夺，靠“喊话”来抢得提问机会。

在身体距离上，蒋万安离记者很近，对媒体抛出的问题似乎也是“有问必答”。但复盘群访问答，蒋万安的“有问必答”，并没有超出事先准备好的素材框架。比如有台湾记者问此次上海之行会不会触及“九二共识”，蒋万安在回答时回顾了双城论坛的历史，提炼了本次双城论坛的主题，畅谈了刚刚在洋山港、老港垃圾处理厂参访的感受，分享了台北市在倡导低碳生活方面的经验……面面俱到、滔滔不绝，唯独没有回应“会不会触及‘九二共识’”这个敏感问题。在随后的作答中，蒋万安表示，“在大环境越困难的时候，在两岸关系越紧张的时候，就更需要交流对话”。有记者提出，行前蒋万安在台北发表讲话时用到了一些敏感词汇，是不是对访问的一个“定调”、会不会在上海期间使用这些词汇，蒋万安同样也是侧面回应道：“我们就是秉持对等、尊严、善意、互惠原则来进行施政交流，我就是以台北市市长的身份，来进行城市之间的施政交流。”

“双城论坛”是上海、台北两座城市的交流，侧重于经济发展、社会治理、文体活动等领域，但在当前两岸政治局势背景下，这是两岸为数不多的“亲密接触”，往往被赋予更多的政治期许。蒋万安上海行期间对于“九二共识”“一个中国”的表态，也是各界最为关注的。对于这些关键立场，蒋万安在不同的场合表现出不同的态度，语言符号和非语言符号传递出不同的信号。

网络是一种去中心化的“新型互动媒介”，不同媒体、不同受众，会对同一新闻事件、同一公众人物做出不同的解构。人物本身表现出的不一致性，首先会导致不同媒体在新闻选择上做出不同反应，进而引发受众发表各种截然相反的评价，使公众人物难以形成稳定、统一的媒介形象，最终不利于其观点的发布和政策的实施。

三、政治人物媒介形象塑造的启示与反思

通过对蒋万安2023年上海之行的深入分析，我们可以从多个层面总结出政治人物媒介形象塑造的经验与教训，为未来相关研究和实践提供有益的参考。

（一）形象塑造的策略与技巧

蒋万安在上海之行中展现了其团队在媒介形象塑造方面的专业性和策略性。通过精心设计的议程设置、语言符号运用，以及非语言符号的巧妙搭配，蒋万安被成功塑造成为一个年轻、亲民、睿智且富有活力的政治人物形象。例如他通过夜逛豫园、滨江骑行等活动，展示了亲民和接地气的一面；在演讲中注重台风和措辞，传递出积极向上的形象。这些策略不仅赢得了媒体的关注，也获得了公众的好感，尤其是在新媒体平台上引发了广泛讨论。

此外，蒋万安在社交媒体上的活跃表现也体现了其对新媒体传播规律的深刻理解。他通过发布与上海市长龚正的自拍合影等方式，进一步强化了亲民形象。这种“网感”十足的传播策略，不仅吸引了年轻用户群体的关注，也为两岸交流营造了积极的舆论氛围。

（二）形象塑造的真实性与一致性

尽管蒋万安的媒介形象塑造在策略上取得了显著效果，但其在语言符号和非语言符号中表现出的自相矛盾，也暴露出形象塑造过程中真实性与一致性的重要性。例如他在公开场合回避敏感政治问题，但在某些言论中又表现出摇摆立场，这种不一致性不仅削弱了其形象的真实感，也引发了不同媒体和受众的多样化解读。

从政治传播的角度来看，政治人物的媒介形象必须以真实为基础，追求内外统一、表里一致。只有当政治人物的形象与其内在品质和实际行动相契合时，才能赢得公众的长期信任和支持；否则，过度包装和设计感过强的形象可能会被公众识破，从而降低其公信力。

（三）媒体的角色与责任

对新闻记者和媒体从业者而言，蒋万安上海之行也提醒了他们在报道政治人物时需要保持独立性和批判性。媒体不应完全陷入政治人物设置的“议题”，而应通过深入调查和多角度报道，为公众呈现一个全面、客观的政治人物形象。此外，媒体在报道过程中应避免过度娱乐化倾向，以免误导公众对政治人物的认知。

（四）对未来政治人物形象塑造的启示

蒋万安上海之行的案例表明，政治人物的媒介形象塑造是一个复杂的系统工程，需要综合考虑多种因素。首先，政治人物自身应具备良好的内在素质和形象意识，主动与媒体和公众建立积极的互动关系；其次，媒体与传播团队应注重传播策略的设计和实施，通过多样化的传播手段和平台，塑造符合公众期待的政治人物形象；最后，公众的参与和反馈也是形象塑造过程中不可忽视的因素，政治人物与媒体应重视公众的评价和建议，及时调整传播策略。

结　语

综上所述，蒋万安的上海之行为我们提供了一个生动的案例，展示了政治人物媒介形象塑造的策略、技巧及面临的挑战。政治人物的形象，一方面由新闻媒介的相关报道来塑造；另一方面，也由民众的互动，甚至“口碑”来塑造。唯有政治人物本身是道德模范、言行一致，新闻媒体与受众互动才能塑造出完美的政治人物形象。只有以真、善、美为准则进行媒介形象塑造，才能建构出表里如一的政治人物形象；否则，其形象会留下缺陷与不足。

未来，随着新媒体技术的不断发展和社会环境的变化，政治人物的媒介形象塑造将面临更多的机遇和挑战。只有坚持以真实为基础，注重策略性和一致性，才能塑造出真正能够赢得公众信任和支持的政治人物形象。

参考文献：

[1] 源贞.政治传播语境下政治人物公众形象的建构——基于建构主义的一种分析[J].新闻世界，2016(2)：81-84.

[2] [美] 沃尔特·李普曼.公众舆论[M].上海世纪出版集团，2006.

[3] 郭庆光.传播学教程[M].中国人民大学出版社,1999：141.
[4] 林碧莺.台湾政治人物社交媒体内容发布策略及效果研究[D].厦门大学,2019.

作者简介：

赵颖文,上海人民广播电台记者。

用新闻"专业主义"解决科技新闻"专业性"问题

——从一则报道看科技新闻的表达

缪文犀

提　要：科技新闻因其专业门槛高的特点，给记者报道的准确性带来一定的挑战。而企业基于自身利益需要，又有"放卫星"的现实冲动。如何客观、准确地对科技新闻进行报道？本文作者立足实践，以一则关于南京某医药公司与上海某医院合作研发 CCR8 靶向小分子拮抗剂的报道为例，结合对比国内外科技新闻报道要求，提出用新闻的"专业主义"解决科技新闻的"专业性"问题。作者提出：慎用第一、保持客观性；多重佐证、保持独立性；少用术语、牢记社会责任，指出这三条是破解科技新闻报道准确性不高问题的重要方法。

关键词：科技新闻　新闻专业主义　准确性　专业性

引　言

随着上海国际科创中心建设及新技术的蓬勃发展，新闻报道中的科技新闻越来越多。各种专有名词、专用术语越来越多地出现在科技新闻报道中。这使得科技新闻报道常常不够通俗易懂，受众难以理解。而记者编辑往往是新闻专业出身，自身科学素养不够，这就很容易导致新闻的准确性不够。如何让科技新闻报道既准确又客观，既专业又通俗？笔者立足新闻实践，从一则报道入手，深入探讨与思考科技新闻报道的专业性问题及解决之道。

一、科技新闻报道中存在的问题及衍生危害

术语多难以理解,“卫星”满天飞,是目前科技新闻报道普遍存在的问题。

南京某某医药公司宣布与上海某肿瘤医院就全球首个CCR8靶向小分子拮抗剂IPG7236达成战略合作,在该医院开展二期临床A的试验。这是不久前见诸各大媒体的一条新闻。笔者注意到,某些省级媒体及有全国影响力的官媒大报,均采信了这一说法。

笔者审核编导发回来的稿件时第一反应认为这个说法有两个疑点:第一,对于“全球首个、全球第一”这种类似的表述,需要核实其准确性。第二,CCR8、靶向小分子拮抗剂、IPG7236这些专有名词密集出现,设置了阅读门槛,让普通观众不明所以。

类似的问题和表达,笔者在审稿中时有发现。比如ADC(抗体偶联药物)是一种新型疗法,兼具小分子药物的强大杀伤力和单抗的高度靶向性……连续的专有名词的直接使用而不加任何解释,让受众难以理解。

更严重的是,如果被采访对象用所谓“高技术”“专业性”来“夹带私货”,而记者编辑又纯粹“拿来”,却不做调查,会让我们的报道有可能不准确,甚至不客观,会误导受众甚至社会。

二、科技新闻报道问题存在的主要原因

(一)科技新闻本身专业性强

科技新闻的报道晦涩难懂,往往是由于报道的科技领域专业性强,具有技术门槛。尤其是在生物医药领域,新疗法新科技层出不穷。经过长期专业学术训练的科研人员已经习惯了用专业术语来进行交流。对他们来说,单抗、小分子、拮抗剂,这些术语已经是司空见惯的东西。在科创企业,科研人员向社会发布相关的科研成果时,也习惯性用术语来表达。而广大的受众并没有这方面的科学素养和知识积累,导致对术语众多的报道难以理解。

(二)利益驱动让企业有“放卫星”的冲动

在激烈的市场竞争中,谁在关键科技领域率先取得突破,谁就赢得先机,这让部分科技企业有“放卫星”的冲动,在向记者编辑提供信息的时候,常常不自觉

放大技术的先进性，而对“稳定性”等存在的问题避而不谈。

（三）编辑记者的科学素养良莠不齐

面对科技新闻的专业性，科技企业的“趋利性”，作为“翻译”和“桥梁”的记者编辑就至关重要。不为专业术语所惑，不为某些企业的“趋利性”所惑，拨云见日，把事实用通俗易懂的语言传播给受众，这应该是媒体人的追求。但由于记者编辑大都是新闻专业出身，科学素养良莠不齐，而科技的发展又一日千里，这让不少编辑记者在面临科技新闻报道的表达困境时，缺少破局之道。

三、如何用新闻的“专业主义”解决科技新闻的“专业”问题

要解决科技新闻报道中存在的问题，特别是由于其“专业性”带来的准确性问题，笔者认为需要用新闻的“专业主义”来解决。新闻专业主义（professionalism）是指媒体与从业人员对新闻事业的态度和职业信念，其核心主张是新闻报道的客观性与社会责任。用新闻专业主义的客观性（中立、实证）、独立性、社会责任来解决，用“魔法”来打败魔法。

（一）慎用“第一”，保持客观性

20 世纪 70 年代，美国新闻学教授迈可·莱恩和詹姆士·坦卡德（Michael Ryan and James W. Tankard Jr.）合著的《科技新闻报道中的问题》（*Problem Areas in Science News Writing*）一书中就提到：不要轻易使用绝对化的字眼，如“突破”“治愈”“关键性的突破”等，除非得到科学家的同意。

50 年后，这个原则依然适用。

120 万元一针，肿瘤细胞清零。这是 2021 年的一条爆炸新闻。患者陈阿姨罹患淋巴癌，在上海瑞金医院使用 CAR-T 细胞疗法后，癌细胞消失了。但是当时患者的主治医生团队对肿瘤细胞“清零”“治愈”这个说法特别反感。他们觉得准确的表达应该叫完全缓解，就是患者通过 CT 检查从影像学上看不到病灶了。但这不等于“治愈”，至少要“完全缓解”持续 5 年，或许才能谈得上治愈。对于疗效，医学上有完全缓解、部分缓解、疾病稳定、疾病进展、治愈五个评估词语。

科学家的良知和专业，让报道更专业。

新闻专业主义的“客观性”，要求我们对报道要严格把关，防止主观偏见和感情色彩。科技的进步，让人类能战胜癌症，这让任何人对“全球第一”“重大突破”

这样的事情都乐见其成。但这是感性方面的,客观性会让我们去思考,科技发展的复杂性、这个第一是否货真价实,是否经得起时间的考验?

同样,对于前例中表述的全球首个 CCR8 靶向小分子拮抗剂这个说法,笔者觉得同样需要慎重,除非经过核实。

(二)对关键信息的核实需要"多重佐证""三角平衡",保持独立性

如何核实关键信息。经典教程告诉我们,可以请新闻当事人——科学家去审核。在 *Problem Areas in Science News Writing* 中,作者提出了:让科学家去复核。在新闻实务中,我们也有记者和编导请新闻当事人去核实新闻事实。不过,仅仅请当事人去核实是不够的,就好比请运动员去充当裁判。《新民晚报》的俞陶然提出,可采用"比对　采访"的方法,即在采访企业后,还须采访相关领域的高校、科研院所专家,将双方或多方的说法进行对比,以求得事实真相。这是避免信源偏差的重要技术手段。

为什么要这么做?为什么仅仅请新闻当事人核实远远不够?这是因为,当科学飞速发展,很多科学家已经不单纯是象牙塔里的学者,好多已经创业变成了企业家。这个时候,新闻媒体所谓的"独家消息"很可能是某单位或个人"精心设计的传单",独厚于某些人或机构团体的利益。

而新闻媒体作为社会公器,并不是某一家机构或企业的"传声筒",代表的是社会公众的集体利益。新闻专业主义的"独立性"让我们在核实信源的时候,不能听一家之言,而是要"兼听则明"。要求我们要用实证科学的理性标准评判事实的真假观念,服从于事实这一最高权威。

以南京某某医药公司宣布与上海某肿瘤医院就全球首个 CCR8 靶向小分子拮抗剂 IPG7236 这条新闻来说。仅仅采信南京这家医药公司和上海这家医院的科研人员的说法,显然是不够的,因为他们是利益当事人。对于这项成果的"领先性""重要性",需要引入更多的评估。

那么如何核实信源呢?《新闻采编业务》中提出的"三点平衡""多重佐证",给了一个很好的方法。俞陶然提出了第三方学者,专家当然是可以的。而这个三点和多重,还可以是当事人的对立方,比如与该企业从事类似研究的企业。

(三)尽量少用术语,多用平实的语言

关于科技新闻报道中的术语使用,笔者在学界发现了不同的声音。在英语世

界中，术语的使用没有争议，就是要少用。George Orwell（乔治·奥威尔）《政治与英语》(*Politics and the English Language*)提出：能用常用词的时候，就不要用外来词、科学术语和行话。《经济学人写作手册》也明确指出：避免用术语。不用术语又要准确，要动脑筋才行。如果非得用术语，不能脱离其特定语境。许多时候日常词汇完全可以替代术语。"快"(fast)可替代"指数性增长(exponential)"。如果要用肯定行为(affirmative action)或者公司治理(corporate governance)，你必须解释清楚它们是什么。往往在解释的过程中你会发现不需要用这些术语了。

在中文世界，笔者看到了两种不同的观点：一种集中在学术界，术语的使用被认为是专业性的表现，甚至还有个词汇叫术语群：科技新闻与一般新闻的区别在于它运用特有的术语组成术语群，表现固定的科学内容，使新闻的学术性明显呈现出来。是否具有术语群就成为科技新闻的显著特征。大量的新闻实践证明，在一篇消息中，就一般情况而论，凡使用5个左右的科技术语可称作术语群。500字以内的短新闻，只要含有3个术语，足以证明它是一条合格的科技新闻。这是中国人民大学新闻学院研究员刘保全的观点，一度被不少学者引用。

而清华大学人文社会科学学院的刘建明也提出，术语群在科技新闻中的集结，使局外人产生变幻莫测的印象，在受众激起特殊的意念，很容易把它和其他新闻清晰地区别开来。

对这类观点，笔者不能苟同。事实上，连续性的术语的使用，不仅不能让人激起特殊的意念，反而让人望而生厌、敬而远之。在新闻记者的实践中，多位一线记者阐述了相同的观点。《健康报》浙江记者站记者宋黎胜曾提到这样一个案例："胸腔镜下治疗手汗症"在20世纪90年代中期曾做了两次报道，均采用了有较多学术用语的消息形式，结果该技术开展10年，病人仅有近两百例。而当宋黎胜用可读性较强的社会新闻的形式来写，少用术语之后的3个多月来，全国有近10个省市的150多名患者慕名前来治疗。宋黎胜由此得出结论：由此可见，"科技新闻平民化"有着很好的效果。同样是报道，学术用语让人敬而远之，平民化报道让患者慕名前来。孰高孰低，不言自明。

作为新闻专业主义的社会责任，要求我们体现人文关怀，反映人民群众的意见、愿望和呼声。我们要用老百姓喜闻乐见的语言，他们能听懂的话来表达。《财经》副总编王烁《有效写作13篇》就明确提到：报道里有大量的术语，有时很难避免使用，但不能有可以任意使用术语的心态。使用术语就有责任解释这些术语，能不用尽量不用，实在要用就少用，且必须解释。这是使用术语的前提。

如何解释？宋黎胜提到了三种方法：一个是比喻法：移植就是用一个正品的器官零件替换一个无法修理的器官零件。一个是拟人法：什么是医学上的"排异"呢？就是人体有一套完善的自我保护机制，对"外来客"极为排斥，一定要将“闯入者”驱逐出境。还有一种就是直接解释:“异种器官移植”,即把动物身上的器官植入人体,简单明了。

在笔者的新闻实践中,也体会到多用比喻,用大家能理解的语言和经验,去类比解释未知的领域是一个好方法。

(四)对一条新闻的独立实证调查

本着用新闻的“专业主义”解决科技新闻的“专业”问题的原则,笔者对前述报道《南京某某医药公司宣布与上海某肿瘤医院就全球首个 CCR8 靶向小分子拮抗剂 IPG7236 达成合作》重新核实信源。

第一个问题是 CCR8 靶向。笔者通过检索得知,CCR8 是一个全球全新的治疗癌症的有价值的治疗靶点,在包括肺癌、肝癌、乳腺癌等多种实体癌的治疗中能发挥重大作用。但 CCR8 这个全球新靶点和这家南京某某医药公司没有任何关系。在 CCR8 的发现过程中,全球的科研人员及吉利德等跨国药企发挥了重要作用。

第二个问题是小分子拮抗剂。笔者检索发现,目前全球针对 CCR8 靶点的药物有 19 个,全部处在临床阶段。进展最快的是国内的礼新药业和跨国药企施贵宝,很早就进入二期临床阶段。而这家南京企业在 2024 年年底刚刚和上海某肿瘤医院合作,就进入二期 A 阶段。在这 19 种药物中,有 18 种都属于大分子生物药,只有南京这家药企属于小分子化合药。所以它叫(小分子)拮抗剂,其他药则称为(大分子)抑制剂。

也就是说,有一种治疗癌症的全球最新靶点 CCR8 被发现了。全球的生物医药企业都在抓紧研发,争取早点把药做出来。但是所有研究的 19 家企业,都还处于临床试验阶段,最快的也是在二期临床。而根据统计数据来看,从二期临床到三期临床,一般只有不到 25%的成功率。其中,有一家南京的企业,采取了跟其他 18 家都不一样的临床路径,即小分子拮抗剂的技术方法。

把这些前提都标注出来,还会多少人对这个全球首个 CCR8 靶向小分子拮抗剂去欢呼雀跃?因为失败的概率非常大。如果等三期临床结果出来,再做评价这个“全球首个”是否更有意义?如果失败了,这个所谓小分子拮抗剂是不是就毫无意义?

有一件事很有意思。如果按照这家企业的逻辑,所有 19 家企业,都可以宣传,自己是全球第一,因为有 19 种技术路径和细分的新方法。但是现实情况是,其他 18 家企业均保持沉默,并没有大肆宣传,甚至包括跑在第一梯队的礼新和吉利德。那么这背后的原因又是什么?

基于“三点平衡”“多重佐证”的原则，笔者咨询了5家机构，其中包括从事CCR8研究的这19家企业中两家的CEO，以及包括中科院院士在内的3位细胞免疫治疗领域专家。笔者的问题是：1. 使用全球首个CCR8靶向小分子拮抗剂这个表述，是否不够科学和严谨？多数人告诉笔者，对此不予置评。不去评价同行，但自己不会采用这种类似说法，因为还没有成功上市。2. 为什么其他机构在这个时点不去宣传？一位CEO告诉笔者，目前他们的研发进度属于第二梯队，从第一梯队的吉利德等跨国药企二期临床数据来看，不够稳定，疗效并不是持续一路向好。所以他们需要观察对方企业的临床情况，再决定自己的研发进度，目前还有不确定性。

笔者查阅资料又发现，南京的这家医药公司，采取的是中美双报的方式，即同时在中美两国开展临床试验。那么他在美国的临床试验情况如何？为何避而不谈美国试验，却大肆宣传在国内的二期临床试验。笔者通过查阅美国FDA（美国食品和药品管理局）相关官网得知，其在美国的二期A临床预计要到2025年12月结束。由于中美两国临床审批制度和流程差异，这个过程要比国内晚了近一年。

此外，从公开渠道获悉，该公司为初创企业，目前刚进入布B+轮融资，金额没有披露。此前B1轮融资仅为两亿元人民币。理论上来说，这与一家创新药所需要的资金应该相差较大。而上海这家肿瘤医院为高瓴资本旗下，对于药企会采取以资金支持换取股份的运作模式。从动机上讲，早点放“卫星”，通过加大曝光量，来赢得更多资本关注，是符合双方逻辑和利益的。

十几家企业同时在做这个靶点，都处在研发过程当中。这个时候，相对实力较弱的南京这家企业，在需要大量融资的时候，需要发声，放“卫星”的欲望更强烈。相反，其他实力强劲的大企业，更愿意等水落石出药物研发成功上市后，再发布消息。如果一味地采信发声者的“独家消息”，可能有违新闻准确和客观的原则。

了解了这么多前因后果，笔者在审稿时，删除了全球首个CCR8靶向小分子拮抗剂IPG7236这种不严谨的表达方式。用了一种更平和，更浅显易懂的表达：

“近日，南京某某医药公司与上海某医院达成了一项全面战略合作，推动其自主研发的抗癌药的二期临床，加速靶向抗肿瘤新药转化进程。

“当前医学界对肿瘤的治疗有两种大的思路：一类是手术、放化疗，还有一类就是免疫细胞疗法。前者以直接清除肿瘤细胞为目的，后者则是通过激发人体自身的免疫系统，增强免疫力。免疫检查点抑制剂就是后者免疫疗法中的一种。

“在免疫检查点抑制剂疗法中，目前科研人员发现了多个靶点，其中CCR8

被认为是一个极具潜力的肿瘤免疫靶点，对结直肠癌、乳腺癌、胃癌等治疗将提供帮助。目前全球范围内，尚无 CCR8 靶点药物获批上市，处于在研状态的 CCR8 靶向药达到十余款，而中国南京的某某医药研发的 CCR8 小分子拮抗剂，是其中唯一的小分子药物，且享有完全独立的知识产权。”

这个表述，既避免了“全球首个”这种“拉大旗，做虎皮”的不准确表述，又肯定了其具有完全自主知识产权的特点，同时也揭示了该疗法与传统手术、放化疗的区别。笔者认为，这是一种比较客观、准确的报道方式。

多用比喻，是个好方法。还是以 CCR8 为例，笔者也做了这样的比喻：如果把人体比喻成一部汽车的话，肿瘤就好比路上的一块巨石。传统的手术、放化疗，就是要么把石头搬走（手术切除），要么把石头用激光震碎（放化疗）。新兴的细胞免疫疗，主要不是搬石头，而是提高车的能量（提高人体自身免疫力）。其中的细胞疗法，就是给汽车装导航仪，让汽车有了千里眼，车就一直在正确的道路上行驶，不会撞到大石头。另一个分支的免疫检查点抑制剂，则是不断地调整刹车，让刹车系统碰到石头就刹车，虽然癌症这个大石头很狡猾，它会随时撞向汽车；有时还会穿上隐身衣，让汽车难以识别；有时候又释放烟幕弹，让汽车判断失误。但是有了导航仪和正确的刹车，就能避免车毁人亡的悲剧。当然既装导航仪，又修刹车，同时还搬石头，也就是现在的联合疗法，就是手术和细胞疗法进行综合治疗。

结　语

准确，是新闻报道的基本原则之一。不扩大、不缩小，对报道尤其是科技新闻报道尤其重要。和普通的民生社会新闻不同，科技报道具有专业门槛，对新闻专业、文科生出身的记者编辑来说，并不具备特别的新闻素养。而对不少企业来说，在激烈的竞争面前，有着“放卫星”的天然冲动。给科技新闻报道的“准确性”带来挑战。

如何解决这个问题，无论从理论还是从笔者的实证调查，都说明了，用我们新闻的“专业主义”的三条原则，来对付科技新闻的“专业性”造成的高门槛，是个重要的方法。

参考文献：

[1] Michael Ryan and James W. Tankard Jr.. Problem Areas in Science News Writing.
[2] 俞陶然.论科技新闻的真实性和准确.新闻爱好者，2012(02).
[3] 朱元鸿.风险知识与风险媒介的政治社会学分析.台湾社会研究季刊，1995(6).

[4] 乔治·奥威尔.Politics and the English Language.政治与英语.
[5] The Economist Style Guide(经济学人写作手册).
[6] 刘保全.科技新闻如何保证科学性?——兼评部分“中国新闻奖”获奖作品.青年记者,2006(04).
[7] 刘建明.论科技新闻的特征.闻爱好者,1996(05).
[8] 宋黎胜.浅谈医学科技新闻平民化.新闻实践,2004(12).

作者简介:
缪文犀,上海广播电视台东方财经频道专题部主任。

融媒体语境下传统文化的创新性表达

李媛媛

提　要：中国的传统文化是中华民族千百年来智慧的结晶，是我们需要世代传承的精神财富。在数字化传播与媒介融合的浪潮中，传统文化在表达、传承、播扬等方面，都会因为媒介生态变革而带来新的机遇与挑战。作为新时代的传统文化传承者，我们需要树立新观念、利用新技术、深化新合作，在其与现代审美的相互交融中汲古润今，为传统文化在新时代的表达和传播提供强劲的原动力。

关键词：新媒体语境　传统文化　当代表达与传播

引　言

近年来，中华优秀传统文化的复兴浪潮高涨，戏曲、舞蹈、民乐、民俗等不少传统文化产品在融媒体的加持下频频破圈，从所谓的小众文娱形式走进了大众视野，成为一个又一个文化爆款单品。深入研究这些传统文化的破圈、出圈、爆圈现象后，我们可以得出这样的结论：中国传统文化在表达、传承、播扬等实践中，已经开始有广度、有深度、有温度地拥抱互联网，从不同角度突破传统的表达、传承和播扬圈层，在更广阔的领域绽放传统文化的时代魅力。如何灵活利用融媒体的力量，从而实现与时代浪潮之间科学系统的对接，将中华优秀传统文化有机地深植人心，使其真正的价值在当下得以实现，是我们新时代的文艺传播者的责任和使命，而如何在融媒体语境下完成传统文化在新时代的创造性转化和创新性发展，是我们亟须思考和解决的重要任务。

一、树立新观念，促使传统文化的主动创新

基于报纸、广播、电视、电脑、手机等构成的融合媒体模式成为当下社会基础架构的重要环节，中国传媒生态和传播格局、传播方式也随之发生不同程度的变革。互联网的出现，使得任何一个事件在任何时空都可能接触到媒体的影响，对同一条内容，也会因为传播的路径不同，表现为不同的结果。传统文化也不例外，因为融媒体语境对受众接受心理及接收习惯带来了一定程度的量变和质变，所以传统文化的表达和传播方式也必然要随之发生变化。观念决定思路，思路决定出路，想让传统文化的表达和传播顺利转型，首先要树立与融媒体语境相匹配的新观念，只有这样才能突破旧模式，让融媒体成为传统文化新发展的重要助力。

（一）升级新思维

在以往惯有的传统文化表达和传播方面，大多是停留在物理空间的改变，属于一种“我演你看”的单向输出；随着新媒体的普及和应用，“我演你看”这一固有物理空间的有限性逐渐被突破，“短视频＋直播”正在成为其新的表达空间和传播形态，无论是从受众的习惯养成，还是从获取信息的及时性、丰富性、互动性上，移动终端的优势已越来越大，这使得传统文化能够以更快的速度、更广的范围被更多人了解和接受。于是人们开始主动在表现形式、创意策划、内容呈现等各个方面全方位进军移动新媒体端，创新性构建更多融媒体时代的“新范式”，实现传统文化发散性表达和传播的“裂变效应”。

作为一档大型戏曲文化创演节目，山东卫视的《戏宇宙》以其独特的创意和深厚的文化底蕴，吸引了很多年轻观众的关注。《戏宇宙》没有像以往的戏曲节目那样只是对戏曲进行平面的展示，而是以新的思维打破传统的戏曲观演渠道，创新性地采用“戏曲＋”的创演新模式：首先是从年轻人的审美角度和现代创作意识打开最初的流量密码，其次就是以观众的视角设计体验互动和节目产生共鸣，最后就是借助互联网开拓网络营销新模式。这三个环节组合在一起已经不是单一的艺术生产过程，而是在整个生产、运营、宣传等所有的过程中都很好地借用了融媒的即时性、参与性和交互性特征，从而实现了传统戏曲“破圈”的创造性转化和创新性发展。

作为有着深厚底蕴的传统文化，从来都不缺少流量，缺少的只是如何利用融媒思维对内容重新解析与整合。融媒思维是随着融媒快速发展而兴起的一种思

维方式，它并不是固有思维模式的延伸和补充，而是一种融合数字化、网络化、智能化、多元化、速读化等多种属性于一体的思维方式。它以互联网为基础，通过信息的快速传播和共享，促进创新协作和价值共享，对传统文化的表达方式和传播模式有着巨大的影响。思维模式是撬动能力建设的有力杠杆，所以我们势必颠覆传统的观念及应用，以开放、共享、创新和变革的心态对传统文化进行有效的创造性转化，将原有的受众思维升级为用户思维、将固定思维升级为动态思维、将线性思维升级为移动思维，突出融媒体的互动感、体验感、沉浸感、伴随感，把流量真正地转换成能量。

（二）激活新创意

创意是一种新颖、独特且富有创造性的思维或想法，它通常能够打破常规，带来全新的视角和解决方案，是推动社会进步和个人成长的重要动力，是我们在现代社会中必备的能力之一。英国小说家、诗人詹姆斯·马修·爱文森说过："一个真正的创意能够把不同的元素、观念和思想结合起来，产生出前所未有的新颖思想和结果。"因为传统文化已经形成了固有的表达和传播模式，所以要想有新的表达和传播方式，就必须让自己保持创作激情和对新事物的好奇心，不断学习和探索新的领域和知识，激发自己的创意思维，去尽可能地加入多元融合、多维升级、多向赋能的传统文化发展新格局中。

在激活新创意为传统文化赋能的道路上，河南卫视率先迈出改革的步伐，从辛丑年(2021 年)春晚就开始用融媒体思维对传统的晚会形态进行大刀阔斧的改造，通过"奇妙游"这个全新的创意点将中华传统文化的典型形象与时代精神、前沿科技创新交融，打造《唐宫夜宴》《洛神祈福》《龙门金刚》等一个又一个创意奇"妙"的出圈节目，在传播中具有高度的文化穿透力，赋予了传统文化新的表现形式，以及由静态到动态、由平面到立体、由守正到创新的文化语境。尤其是在首个"世界非遗版"春节的特殊背景下，2025 年河南春晚的节目创意十足，比如《云台奇幻非遗市集》以奇幻庙会为创意点，用李子柒作为串联人，将布袋戏、面塑、鱼灯等多非遗文化的表演融入其中，不但让观众领略到非遗文化的多样与独特，还利用李子柒的"静"与庙会的"动"形成鲜明的对比和反差，呈现出非遗文化过去、当下与未来的奇妙图景，重塑了传统文化的表达语境。

在传统文化的表达和传播中，创意是整个生产、传播过程中最具增值潜力的环节，是我们对传统文化进行创新转化的必备利器。但好的创意绝对不是简单的传统文化的元素堆砌，更不是新奇点缀的创新表达，而是文化价值与生活美学的和谐统一，是充分借用融媒体的助力，对传统文化进行全方位、深层次、多领域的创造性开发,使其性价比最优化地转化为社会共享的文化成果。所以传统思维中的文化创意,已经不能满足传统文化在当下的时代性表达。

二、利用新技术,助力传统文化的时代表达

融媒体时代的到来,给传统文化带来了更多传播与发展的空间,它让传统文化和大众更为亲近。如果说新的创意是传统文化表达和传播的主导力量,那么新的科技则为传统文化的表达和传播提供了强有力的保障,给新创意成为新的文化产品提供了可能。推动融媒体语境下传统文化的高质量发展,技术队伍是关键一环。传统文化完成新时代的转变和转换,就必须充分且合理地利用新技术走出舒适区,不断探索新的表达方式和发展模式。

(一)推出新表达

随着融媒体态势的不断发展,新兴技术以惊人的速度融入社会发展的各领域和全过程,给传统文化在新时代的创新和转化带来了新的契机。相对稳定是传统文化的一个固有特征,和融媒时代的秒读性有着严重的脱节问题,这就需要我们传统文化从业者转变创作思路,不但要用融媒的视角思维推出新的创意,还要提高对各种新媒体技术的利用率,借助虚拟制作(VP)、增强现实(AR)、扩展现实(XR)、人工智能(AI)等先进的数字技术,针对融媒特性打造出"定制款",逐步丰富传统文化的表达和实现传统文化传播的利益最大化。

央视春晚永远是新科技赋能传统文化的引领者,在乙巳蛇年的央视春晚依然使用了大量的创新技术,使得传统文化焕发出强烈的时代感与旺盛的生命力。在武术节目《笔走龙蛇》中,采用了阿里云通义大模型 AI 技术,以"天空环绕视角"进行云上多视角拍摄,为观众呈现"空中环绕、时空凝结"等创新观看体验。技术人员采用先进的 AI 技术对画面进行 3D 模型重建,将拍摄画面融合渲染,形成一个完整立体的 3D 视频图像,为观众呈现物理摄像机无法拍摄的影像,以三维立体的方式概念实现了空间的多维度和多层次内容表达。除此之外,央视春晚还运用了 AI 绘画、裸眼 3D、AR、XR+VP 等多种技术融合,打破了传统文化表达的多重空间,开启了一场多样视觉交互新体验。

运用互联网、云计算、人工智能等新一代信息技术,推动优秀文化资源数字化转化和再生产,已经是传统文化活态传承的必然形式,我们必须以主动开放的姿态,借用新科技推进它的创造性转化和创新性发展,只有这样传统文化才能绽放出时代风采。只有对传统文化持续不断地进行科技赋能,才能持续颠覆其传

统的内容生产、展示、传播和交互方式，催生传统文化的产品创新和业态创新。

（二）促生新模式

融媒体语境的形成给传统文化带来了新的机遇，但是也给我们带来了相应的问题：传统文化的形式和内容越来越丰富，视频带给人的心理和精神价值会越来越多元，传统文化类作品面临的传播环境也会越来越复杂，这就需要我们打造一个科学系统的全新的传统文化产业模式。在融媒体时代，高光时刻绝对是传统文化传播过程中吸睛的重要筹码，而新科技就是这些高光时刻的有力保障，AI、AR、VR等新技术已然成为推动传统文化传承与发展的“加速器”。发挥数字技术对中华优秀传统文化的内容创新、业态创新、模式创新与场景创新的深度渗透和核心支撑作用，催生云演出、云直播、云录制、云展览等新型文化业态，创造全息互动投影、数字场景、数字旅游等新型文化消费模式，不但给传统文化的传播与发展带来了更多动力，更重要的是突破了以往单一的文化传播与传承方式，形成全新的、立体的、系统的文化传承与弘扬意识。

2023年5月，封面新闻9.0全新上线，重磅推出互动版块，让你在指尖就可以轻松愉快地与三星堆文物互动，或是漫溯考古中国，或是通过寻找藏宝图碎片去找江口沉银遗留下来的宝藏，再或是来一场“血战到底”，一测你是不是资深的东坡迷……这些有趣的互动，让传统文化内容以全新的方式得以传播和发展，展现了中国传统文化之美，这也印证了在融媒体语境中，传统文化和数字科技已经开启了双向的立体化融合，这个融合已经催生与引领了传统文化业态新的模式和业态。

科技创新是传统文化生产的有力保障，我们在利用新科技赋能传统文化网络化、数字化和智能化转换升级的同时，还要对其表达和传播进行颠覆式变革，发展新型产业。从这个角度出发，数字技术的快速发展，相应地加快了传统文化新型产业的形成，成为传统文化高速度高质量发展的新引擎。

科技赋能：节目充分利用现代科技手段，如XR技术、动作捕捉技术等，为观众带来了全新的视觉体验。虚拟宣传员“未·央”的加入，更是将新潮的二次元文化和传统的戏曲艺术融为一体，让年轻观众在享受科技带来的便捷和乐趣的同时，也能感受到戏曲文化的深厚底蕴。

三、深化新合作，完成传统文化的融合传播

融媒体时代的到来，给传统文化的广大受众带来了极大便利，同时也改变了

传统文化的行业生态，正重塑着传统文化信息传播的发展格局。在传统的表达和传播思维中，传统文化总是以扁平化、单一化、符号化的形象而存在，更多的是以输出者和传播者的主观视角参与其中，缺少了传统文化和受众之间的有机关联。融媒体语境下，我们不能再以单打独斗的形式出现，而是应该深化新的合作模式，建立多方深度联动合作的新格局。

（一）借用新平台

随着新媒体平台慢慢成为大家获取信息的主要方式，过去那种“互联网＋传统文化”的简单组合，已经不能满足大众当下的需求，应该让传统文化借助其他的流量、能量、产量载体，通过各个平台的深度相加、相融，生产出更多有思想、有温度、有品质、接地气的立体多元化产品，让传统文化的文化内涵传得更开、更广、更深。

舞蹈诗剧《只此青绿》是近年来传统文化的一个爆款，出品单位除中国东方演艺集团之外，还有故宫博物院和人民网。在《只此青绿》成功上演的背后，绝对得益于故宫博物院文化底蕴的支撑，也少不了中国东方演艺集团艺术品质的保障，更离不开人民网传播流量的担当，正因为这三大文化 IP 的跨界合作，才有了《只此青绿》的逐层破圈。从春晚好评舞蹈，到火爆各大社交媒体，再到线下一票难求，舞蹈诗剧《只此青绿》正是靠着新的平台和新的合作，以惊艳的姿态突破戏剧这单一圈层，成为被大众所接纳并喜爱的文化形式，尤其是春晚后的“青绿腰”更是带动全国民众积极主动参与到《只此青绿》的解读和传播中，为传统文化的表达和传播产生积极意义。

在以流量为核心的融媒语境中，传统文化的从业者不再仅仅是内容生产者，也是内容运营者，更是产品营销者。观众的喜好、审美，决定着作品能否成为“爆款”，要想让作品“出圈”，传统文化的创作者和传播者都必须转变固有思维，研究受众心理，打破固有的生产壁垒，用新思维主导资源配置，建立适用融媒体时代的管理流程、运营模式和体制机制，通过新的科学技术与新的运营手段，借助新的生产平台和新的推介渠道，让作品契合大多数人的审美，促进重点作品多次曝光，成为能量和流量的结合体。

（二）拓宽新渠道

创新是文艺保持活力的必由之路，在娱乐方式空前多元的当下，传统的传播方式很难广泛且持久地吸引现代观众，利用新的表达形式、新的传播方式，不断拓宽舞台，扩大影响，进而实现破圈是传统文化当下表达和传播的最终诉求。在融媒体时代，戏曲、曲艺、美术、诗词等传统文化形式，都不再是独立的个体，而是一种“能量＋流量”的立体化存在，观众也不再是纯粹的信息接收端，而是变为“传播＋接受”的综合体，更重要的是很多受众对有效信息进行分享时，多多少少都会加入自己的态度，这样就裂变为多种传播渠道，升级为二次传播的连锁反应，持续在垂类受众之间继续发酵，从而增强传播的影响力。

早在2021年，潮汕英歌舞就依靠网络的传播迅速走红，随后揭阳文旅开始加强与抖音等平台的合作，开展新媒体采风和网红达人座谈活动，最终使得多个和“英歌舞”相关的话题登上各大平台的热榜。去年春节，英歌舞在网络平台上的搜索量同比上涨千倍，不仅再次“出圈”而且还顺利“出海”，那段在伦敦街头6分钟的表演，吸引了70万人现场围观，成为传统文化新渠道传播的现象级案例。在乙巳蛇年的央视春晚上，以英歌舞为题材的舞剧《英歌》片段以新的方式呈现到观众面前，节目主创把英歌舞中的传统亮点和时尚元素进行了全新融合，既展现英歌舞“中华战神”的精神内核，还能让这一极具地域特色的传统文化引起全国观众的共鸣。从民间自发到网络赋能，再到舞剧加持，艺术从业者以不同的角度对英歌舞进行诠释，也以不同的渠道把英歌舞推介给不同的受众群体，让英歌舞这一传统文化的魅力释放到极致。

从英歌舞的表达、传承、播扬的特点不难看出，让传统文化在当代重温后根深叶茂，除了进行适应时代需求的有效诠释，更重要的则是借助融媒的加持进行传播渠道的转化、开拓和升级，整合融媒体平台资源，搭乘新型媒介形式，根据数据分析量身定制传统文化的表达形式，通过网络平台等让传统文化得到更加广泛深入的传播效果，只有这样才能真正把平台变为主场，创造属于自己的流量主场。

结　语

在融媒体的语境中践行传统文化的表达和传播，就是要利用融媒体跨时空、大容量、开放性、交互式、移动化等固有特点，把传统文化的历史意义和时代价值提炼出来，继而传递给更多的受众，让传统文化融入当代人的生活方式、满足当代人的精神文化需求。在表达和传播的过程中，传统文化促生了融媒发展的新模式、新样态，融媒语境也加快了传统文化的创造性转化、创新性发展，我们应该更客观地把控传统文化和融媒发展的深度合作，实现二者的双向奔赴和互相成就。

参考文献：

[1] 郭雯，方毅华，李蔚杭.从“融媒体”谈“媒体融合”[J].新闻爱好者，2020(9)：68-70.
[2] 仲敏.融媒体对传统文化传承的作用及路径研究[J].新闻研究导刊，2021，12(8)：242-244.
[3] 谢佳.融媒体时代传统文化如何“破圈”？[J].新闻爱好者，2023(4)：110-112.
[4] 丁燕伟.融媒体时代中华优秀传统文化出版与传播创新路径探析[J].出版广角，2023(24)：64-67.
[5] 徐洋.融媒体对传统文化国际化传播的影响[J].青年记者，2019(29)：8-10.
[6] 金婷，任丙超，孙社兵.数字经济背景下传统文化电视作品传播路径研究[J].新闻爱好者，2022(9)：81-83.

作者简介：

李媛媛，上海戏曲广播节目主管。

音乐媒介与城市叙事：以《童声漫游上海》系列视频为例探讨城市形象传播新路径

胡　晔

提　要： 在全球化传播背景下，城市形象的塑造对国家整体形象的建构至关重要。城市国际形象的传播不仅是提高城市知名度的重要方式，也是促进跨文化交流和民间友好互动的关键途径。本文以《Shanghai Let's Meet for Melody（童声漫游上海）》中英双语城市形象系列视频为研究案例，探讨其如何通过创新的音乐媒介、独特的叙事视角和多平台传播策略，塑造上海的国际城市形象，推动中美文化交流。通过分析该项目的内容创意、视觉叙事及传播策略，探讨其在全球传播格局下的实践经验，以期为未来城市形象国际传播提供借鉴。

关键词： 城市传播　上海城市形象　国际传播　跨文化交流　叙事策略

引　言

2024 年是中美建交 45 周年，为认真贯彻落实习近平主席"未来 5 年邀请 5 万名美国青少年来华交流学习"的重要倡议，推动新时代中美民间人文交流，建设好习近平文化思想最佳实践地，上海文广国际传播中心在中共上海市委外宣办的策划、组织和指导下，携手首次访沪的美国知名儿童合唱团 One Voice，于 2024 年 1 月 1 日起共同策划推出《Shanghai Let's Meet for Melody（童声漫游上海）》中英双语城市形象系列短视频，以音乐为媒、以青少年为介，在上海向世界向全球展示一幅中国式现代化的上海图景。

该系列视频一经播发，立即在海外引发持续强烈反响，国际传播成效显著。截至 2024 年 11 月底，全网传播量达到 5 500 万，海外播放量超 215 万，海外观看时长超 3.5 万小时，海外互动量达 5.2 万，获得《人民日报》海外版、新华社 GlobaLink、CGTN 等央媒海外矩阵的主动发布。主打城市 MV《Golden Hour（金色时刻）》成为中国内地唯一获得第 29 届亚洲电视大奖最佳音乐录影带提名奖的作品。

继《Shanghai Let's Meet for Melody（童声漫游上海）》之后，合唱团于 2025 年策划推出了《童声漫游中国》系列，在北京天坛演唱中文歌曲《如愿》的视频走红社交媒体，获得超过百万次点赞，同时也获得外交部的高度评价。外交部发言人郭嘉昆表示，这条视频广为传播、深受好评，再次表明加强中美人文交流是得人心、顺民意的。国之交在于民相亲，希望中美友谊的种子生根发芽，不惧风雨。

本文将通过对《Shanghai Let's Meet for Melody（童声漫游上海）》系列视频的案例分析，探讨其在上海城市形象构建中的国际传播策略与创新实践，分析其如何通过融合本土文化与国际视野，创新性地呈现上海的城市形象。同时，结合《童声漫游中国》项目的成功经验，探讨其对中美民间友好交流的积极影响。

一、城市传播与形象塑造

城市形象这一概念最早由美国城市学家凯文·林奇在其 1960 年出版的《城市意向》一书中提出，他认为城市形象是多数城市居民共有的心理图像。城市形象是一座城市的精神、经济与政治文明的结合体。传播学对城市形象传播的研究较为多元，主要聚焦于视觉化塑造、媒介建构及策略创新等方面。当前已步入视觉传播的时代，文字化叙事难以满足公众需求，叙事的视觉化转向将城市形象传播带向新的进程。在城市形象的塑造中，视觉元素的利用丰富了受众感知，媒介文本形态的可视化性质也强化了城市形象的直观与真实，媒体对城市形象的建构由此成为研究热点。在新媒体发展进程中，媒介不仅再现城市的实体形象，更建构了人们对城市的认知与记忆，全方位赋予了城市空间多重意义。就宏观层面而言，从媒介再现的角度出发，可将城市形象的媒体建构理解为“一种由不同力量共同交互作用而构筑的想象地理”。研究者以 YouTube、TikTok 等新媒体平台为例，探讨短视频对城市形象建构与传播的影响，有研究者认为在短视频的介入下，城市形象从规模性宣传变为渗透式传播。部分研究者关注传播策略创新，认为在城市形象传播的框架之下，将“利益相关者策略，城市营销策略，大众传媒策略和文化策略”等组合运用能够取得较好的传播效果。与此同时，全媒体时代生活化、场景化的扩散模式亦有利于城市形象的塑造。

二、《Shanghai Let's Meet for Melody(童声漫游上海)》的出海出圈

(一)作品内容

在新时代背景下,传统的文化交流方式面临新的挑战与机遇。新媒体技术的迅猛发展,尤其是短视频平台的普及,为国际传播提供了更加便捷和高效的途径。作为全球最大的经济体之一,中国的城市形象传播尤为重要,如何通过创新手段展示中国式现代化的城市风貌、提高中国城市国际形象,是当前亟待解决的问题。

上海作为中国的经济和文化中心,承载着展示中国式现代化成就的重要使命。上海文广国际传播中心在市委外宣办的策划、组织和指导下,携手美国知名儿童合唱团 One Voice,于 2024 年 1 月 1 日起共同推出《Shanghai Let's Meet for Melody(童声漫游上海)》中英双语城市形象系列短视频,以音乐为媒、以童声为介,邀请美国犹他州 One Voice 儿童合唱团约 50 名团员在来沪期间行走上海、放声歌唱,拉近中美两国人民的心灵距离,吸引更多国际友人了解上海、爱上上海、拥抱上海,提高海外受众对上海的好感度。

(二)传播效果

天籁童声越过江河、飞过申城,也将赞叹的音符唱进全球观众的心里。《童声漫游上海》系列短视频一经播发,立即在海外引发持续强烈反响,国际传播成效显著:

我国驻美大使谢峰第一时间在 X 平台转载视频并热情点评,该系列视频还得到了外交部发言人汪文斌、外交部副部长华春莹、我驻巴基斯坦文化领事张和清、我驻纽约总领事陈立等外交人士纷纷在海外社交平台上转载并发表热情洋溢的评论。我驻美大使馆、国务院新闻办、美国驻沪总领馆,以及上海美国商会等机构也第一时间在平台 X 进行转载;该系列视频也得到了广大海外网友长篇热议、好评如潮;并进行全球多渠道广泛传播,引发超长"长尾效应",得到《人民日报》海外版、人民网、新华社 GlobaLink、CGTN、中新网等央媒海外矩阵主动发布,凤凰网、香港 BNN 网、澳门广播电视股份有限公司、澳亚卫视、台湾旺报等中国港澳台地区媒体也进行了报道。该系列的主打城市 MV《Golden Hour

（金色时刻）》成为中国内地唯一获得第29届亚洲电视大奖最佳音乐录影带提名奖的作品。

三、内容理念、叙事视角与媒介形式多维度创新

《Shanghai Let's Meet for Melody（童声漫游上海）》中英双语城市形象系列短视频推出三大国际传播产品——城市MV、城市微纪录片及互动式短视频，作品重点展现出了三个维度的特色与亮点：

（一）内容创新：从小切口入手，探索多维立体国际传播的新思路

在数字媒介技术飞速发展的背景下，媒介不仅与城市深度融合，更从各个层面参与到城市形象的塑造过程之中。媒体内容生产与个体基于数字平台的传播行为，都会潜移默化地影响城市形象的形塑，并使城市形象快速地转向一种数字化的形态。城市的数字形象来源数字空间中多元主体共同参与形塑的数字表征，代表了媒介与城市空间的深度融合，是传者与受者共同作用的形象复合体。《Shanghai Let's Meet for Melody（童声漫游上海）》系列短视频从国际视角创新表达，小切口显大主题，通过美国青少年的视角，发挥其"文化中介"角色，推进地方文化转译：从强调首次体验的真实反应，用富有对象感的讲述方式赢得共情，引来合唱团成员及亲友团在社交媒体上的自发传播，直达海外社群，促进了更广阔的人群之间跨越国界的交流沟通，让很多从未来过中国的海外普通民众看到了真实的中国，感受到了上海蓬勃发展的生命力。

同时，该系列以《First Everything in Shanghai（在上海的第一次）》为题，推出中英双语城市漫游微纪录片，将填空题"First ________ in Shanghai"留给合唱团的每一位孩子，全程记录他们来到上海这座城市的所见所行所感，捕捉其惊喜、感动、流连忘返的瞬间。第一张自拍、上海的第一高度、第一次舞台、第一次Citywalk、第一口上海传统美食、第一程魔都地铁之旅、第一位中国朋友，在这些海外新生代们的行走间、观察里、分享中，自然展现上海的摩登、魔幻和魔力，让更多中外受众心向往之、近悦远来。

（二）主体创新：青少年为"介"，跨文化交流新主力

在数字传播时代，Z世代和阿尔法世代既能扎根地方，又能借助数字技术轻松地链接世界，成为推动地方形象走向世界的关键力量。推进年轻态力量参与

城市国际传播,更能有助于挖掘地区资源禀赋,增强城市品牌的年轻态传播力;同时借助网络扩散规律,提高城市文化的年轻态影响力,并构建行动者网络,促进地方公众的年轻态行动力等。青少年是中美文化交流的中流砥柱,推动中美民间交往的"朋友圈"更年轻、更具青春活力,而美国 One Voice 儿童合唱团正是这样的一支团队。

美国 One Voice 儿童合唱团诞生于 2002 年盐湖城冬奥会期间,由 180 名 4 至 17 岁热爱音乐、喜欢合唱的孩子们组成。他们是美国家喻户晓的合唱团,在 YouTube 上拥有 488 万订阅用户、超 10 亿的视频播放量。此行的 40 位合唱团成员来自不同城市、不同文化背景,年龄从 8 岁到 16 岁不等。海外年青一代在中国上海的所见所闻、亲身经历,是讲述中国故事最生动、也最有说服力的鲜活案例。除了城市 MV,该视频系列还以 #ShanghaiLetsMeetForMelody 为社交媒体互动话题挑战,为海外年青一代尤为青睐的 TikTok、YouTube Shorts 平台策划制作十余条互动式短视频,以美国青少年个人视角入手,用短小而生动的内容激发海外年青一代的兴趣,展现多样化的中华文化初体验群像。

更为重要的是,合唱团的孩子们通过这段旅程,亲身体验了中国的传统文化与风土人情,与上海的孩子们建立了友谊,形成了深厚的情感连接。新媒体传播,是依赖高度身体卷入的"即兴表演"。年青一代通过数字平台进行地方文化呈现和身体实践的"展演",通过新媒体话题的设置,吸引了更多海外受众参与线下打卡和线上分享,这种交流不仅增进了海外青少年对中国的理解,也为未来更多的文化交流互动打下了基础,进一步推动中美之间的民间交流与友谊。据了解,此行之后 2025 年 One Voice 儿童合唱团的中国行报名热情高涨,经过层层选拔,50 位老朋友带着新朋友再次踏上新的中国之旅,为中美之间谱写新的友情篇章。这种延续性的以音乐和文化为纽带的交流活动,成为两国青少年彼此了解、共同成长的坚实友谊根基。

(三) 媒介创新:音乐为媒,实现文化交流和情感共鸣

音乐作为一种情感传播的强大工具,通过调动听众的情感反应来增强传播效果。儿童的纯真歌声,尤其是来自美国合唱团的生动表演,能够触发受众深层的情感共鸣,实现情感共通,拉近文化和情感的距离。情感传播理论指出,情感比理性更能触动人心,而音乐是一门跨越国界、跨越时间、跨越文化的语言,这种无国界的情感联结有助于深化受众对上海这座城市的好感。利用音乐这一全球共通的语言,向海外受众传播上海的城市文化与精神面貌,促进文化理解和认同。上海文广国际传播中心与美国 One Voice 儿童合唱团全程紧密协作,从创

意筹备、拍摄、后期制作到海内外联合宣发，始终牢牢抓住城市 MV 这个生动载体，以音乐和合唱团成员们在上海高歌的鲜活画面，构筑起中美友谊之桥、沟通之桥、情感之桥，实现社会化与情感化传播。

尤其是合唱团为上海献唱这支专属城市 MV《Golden Hour（金色时刻）》，倾情唱响上海旋律。《Golden Hour》是 2022 年美国知名歌手 JVKE 创作的热门歌曲，火爆 TikTok、YouTube、Spotify 等海外社交媒体平台，其中 TikTok 话题搜索量超 40 亿次。此次，One Voice 儿童合唱团版本的《Golden Hour（金色时刻）》在上海的地标性景点取景，配以孩子们清澈的歌声，生动地展现了上海的中国式现代化风貌和人文魅力。这种音乐与城市形象的融合，不仅增强了视频的观赏性，也拉近了不同文化背景受众之间的心理距离。

三、国际传播视域下的城市形象建构路径探索

（一）深化国际化传播，发挥年轻态力量

在全球化背景下，青少年作为文化交流的生力军，其独特视角和表达方式更容易引起同龄人的共鸣。要充分发挥 Z 世代和阿尔法世代等年轻态力量，促进他们在城市与世界的互动融合中确立身份、实现自我，同时推动中华文化与多元文明的交流互鉴，向世界展现充满生机活力的地方形象和中国形象。

未来可以考虑与更多国家和地区的青少年团体合作，吸引来自全球不同文化背景的年轻受众参与，通过亲身体验的方式了解真实的中国，持续深化国际人文交流，打造具有全球影响力的文化交流品牌。

（二）融合地方特色，打造沉浸式文化体验

本土地方特色是塑造独特城市形象的核心基础。城市形象的国际传播首先需要深入挖掘本土文化资源，塑造独特文化符号，展现城市的特性与魅力。在未来的项目中，可以进一步融入上海的历史文化、传统手工艺和地方美食等元素，打造沉浸式的文化体验。通过安排外国青少年参与上海的传统文化活动，让他们亲身感受上海的独特魅力，从而深化对中华文化的理解，增强传播效果。

城市形象建构和传播的重要目标是，城市精神的凝练和市民个体对于城市的情感归属与文化认同。深度媒介化视域下，城市文化空间不断延展、丰富，为唤醒和延续城市集体记忆、挖掘城市文化内涵、重建人的精神“乡土”提供实践场

域。随着媒介革命的深化，城市空间与媒介的关系越来越紧密。媒介的嵌入使部分城市的可见性迅速提升，推动城市形象多维建构和大众感官秩序重塑，在塑造城市品牌的同时，也重组和平衡着城市空间资源，使单面化的城市形象文化空间颠覆性重置，为城市文化的发展提供了空间场域。受众不仅是信息的接收者，也能成为信息体验的一部分，可以通过 VR、AR 等技术重现，让受众身临其境地感受城市文化，深化城市形象，进而产生更深的情感共鸣。

（三）增强品牌效应，建立长期文化项目

以《Shanghai Let's Meet for Melody（童声漫游上海）》为基础，可以考虑建立长期性的文化交流品牌项目，持续邀请海外意见领袖青少年团体来华进行文化体验，打造具有影响力的文化交流 IP，以增加项目的连续性和影响力，形成品牌效应，同样挖掘该年轻群体的巨大潜力，推动中外民间交流的常态化和机制化。

除此之外，以多渠道与立体式构建传播格局，拓展地方开展国际传播的“朋友圈”和“新可能”。多元传播主体带来多样化传播模式，使得城市形象传播从以往的官方宣传逐步向多元主体共同参与的渗透式传播发展，呈现出语态的多样性。多语态传播模式下城市日常生活逐渐成为主要内容，宏大的城市叙事被生活分享所取代，城市形象变得更加生动、丰满、立体。

（四）跨文化合作，实现全球传播

跨文化合作是推动城市国际形象传播的有效路径。《Shanghai Let's Meet for Melody（童声漫游上海）》正是通过与美国知名儿童合唱团 One Voice 的积极合作，通过与国际知名团体的跨界合作，融合不同文化元素，打造具有全球吸引力的文化产品。这种合作不仅有助于提高城市的国际知名度，也促进了不同文化之间的理解与认同。

（五）多样化传播渠道，扩大受众覆盖面

在信息传播速度极快且竞争激烈的当下，如何提高城市形象传播的效能，创新表达方式显得至关重要。传统的传播媒介，如电视和报纸，虽然仍然具有影响力，但在短视频、社交媒体和互联网不断崛起的数智时代，创新的传播方式和形式成为信息传播的核心。短视频因其形式短小精悍、传播迅速而成为当下最有

效的传播工具之一。

社交媒体与短视频平台已逐渐成为全球化语境下的主要传播路径。《Shanghai Let's Meet for Melody(童声漫游上海)》系列通过灵活多样的表达方式，充分利用了社交媒体平台的传播优势。视频内容结合了音乐、影像和互动形式，通过互联网平台进行全球传播，不仅提高了传播的覆盖面，也增加了受众的参与感。互动性是现代传播的一大亮点，观众可以通过二次创作拍摄、留言、分享等方式参与到城市形象的传播中，进一步增强了传播的效能。

此外，该系列视频还通过跨平台、多语言版本的制作与发布，构建城市海外全媒体传播矩阵，确保了内容的全球覆盖和不同文化背景受众的需求。

结　语

《Shanghai Let's Meet for Melody(童声漫游上海)》通过创新的内容设计、独特的叙事视角和多元的传播渠道，有效地实现了上海城市形象的国际传播，体现了媒介融合背景下城市国际传播的新路径。该系列不仅成功塑造了上海现代化、开放包容的城市特质，还有效推动了中美两国青少年的民间友好交流与跨文化理解。

以音乐为媒介，以青少年为主体，通过融合地方文化特色和国际视野，成功地探索出一条富有创新性的城市形象国际传播道路。这种以青少年视角切入、以真实体验为基础的传播方式，契合了数字时代跨文化交流的趋势，激发了海外受众的情感共鸣与参与热情。

未来，城市形象传播需要持续深化跨文化合作，进一步发挥年轻群体在国际传播中的主导作用，并充分挖掘城市文化特色，创造更多沉浸式的文化体验。此外，应不断拓展多媒体传播平台，丰富传播手段，形成更加立体、多维度的传播格局。唯有如此，才能推动城市形象传播的长效发展，促进更广泛、更深入的国际人文交流，进一步巩固与提高中国城市在国际社会中的美誉度和影响力。

参考文献：

[1] 黄琳.5G 时代视觉传播语境下城市形象传播的范式革新[J].四川轻化工大学学报(社会科学版)，2020(06)：84－100.

[2] 陈映.城市形象的媒体建构——概念分析与理论框架[J].新闻界，2009(05)：103－104＋118.

[3] 任孟山.城市形象传播：从规模性宣传到渗透式传播[J].青年记者，2021(05)：4.

[4] 何国平.城市形象传播：框架与策略[J].现代传播(中国传媒大学学报)，2010(08)：13-17.
[5] 张春蕾.全媒体时代重庆城市形象传播策略创新[J].传媒，2022(04)：76-78.

作者简介：
胡晔，上海文广国际传播中心项目部主编。

媒介化治理视域下传统媒体的功能重构

——基于上海广播电视台都市频道《老好的生活》实证研究

张烨华

提　要： 本文通过对上海广播电视台都市频道《老好的生活》节目的深度分析，探讨主流媒体在老龄化社会中的责任担当与角色创新路径——如何在拓展自身盈利空间的同时，更好地承担社会责任。作为上海首档专注养老服务的电视节目，《老好的生活》通过内容生产模式革新、价值引领突破，社会议题引导、产业服务对接，构建了“媒介化养老服务平台”的典型范式，实践着适老化传播的“上海样本”。研究结论不仅为老年节目创新提供了实践启示，也为媒介深度参与社会治理提供参考。本文的研究重点在于以这一节目为蓝本，以“媒介化治理”为切口，分析传统媒体在新传播环境下的社会功能拓展。

关键词： 媒介化治理　传统媒体　老龄化社会

引　言

（一）人口老龄化与银发经济浪潮简介

截至2023年年底，上海户籍60岁以上人口568万，占比36.8%，按照国际标准已经进入深度老龄化社会。从全国层面看，联合国预测数据显示21世纪中叶，全国60岁及以上的人口占比将超40%。2025年1月7日，国务院发布了

《关于深化养老服务改革发展的意见》；2024 年 1 月，国务院发布了《发展银发经济增进老年人福祉的意见》。连续两年的国办一号文都是关于养老，中国老龄化问题的紧迫性和严重性不言而喻。

与此同时，“银发经济”所孕育的消费新蓝海，也在逐步改变着社会消费结构。社会消费将从对原有的面向成年型、年轻型社会的公共政策和制度，转为进行**适老化调整**。2023 年年底，银发经济市场规模已达 7 万亿，机构预测未来增幅为 11%～15%，2050 年有望达到近 50 万亿，占到全国总消费 35%，这是一个可预见的具有长期增长性的领域。

（二）电视对老龄群体的重要意义

国家统计局 2022 年人口普查显示，我国 60 岁以上人口智能设备普及率仅为 41.3%，远低于全年龄段 81.5%的平均水平。近年来，尽管传统媒体的收入和收视都在下降，但大量数据显示，电视在老年群体中仍处于信息来源核心地位。

1. 比例高。截至 2023 年年底，全国 60 岁及以上人口达 2.97 亿，老年观众贡献了 40.4%的电视收视总量，是电视收视的主力军。

2. 时间长。《2020 智能电视大屏收视洞察研究报告》数据显示，老年观众是电视观众最忠实的群体。与青少年观众收视时长逐年下滑不同，老年观众收视时长呈现明显的逐年上升趋势。其中，65 岁以上观众人均收视时长(观众)高达 372 分钟，相当于每个人平均每天收看 6.2 小时的电视节目。可见老年观众对电视的忠诚度之高。

3. 影响力大。从用户对各类资讯获取渠道的信任度来看，地方媒体在使用群体中拥有很高的信任水平，近 90%的使用者表示“信任”，其中 48.7%表示“非常信任”。

综上所述，传统电视仍是银发群体最主要的信息获取渠道，同时也是娱乐和精神文化生活的重要组成部分。但与之形成反差的是，“适老化内容”的供给存在结构性失衡。

一、“老年向”电视节目现状分析

（一）节目类型单一

多数地面频道无论在白天时段(9:00～17:00)还是夜晚黄金时间，节目构成多为新闻时事、医疗养生、曲艺、抗战剧四大主体。这些内容比较传统、比较安全，但总体内容单一，缺乏创新和多样性，缺乏更适应当代老龄群体精神需求的生活服务类、政策解读类、情感需求类等内容。

目前的“老年向”节目，除了《忘不了餐厅》（关注认知障碍公益真人秀）、《屋檐之夏》（忘年共居观察真人秀）、《前浪》（老年生活纪录片）等在内容或形式上具有创新点，大部分节目还是传统的专家访谈或课堂教学形式，围绕养生、健康等话题进行阐述。在传播语态上，也依旧沿用传统“我说你听”的单向传递，交流性不足。

（二）广告质量较低

部分广告商认为老年观众审美水平有限，在广告制作上缺乏对老年群体心理和需求的精准把握。广告风格往往比较陈旧，画面和文案缺乏吸引力，不能很好地引起老年观众的共鸣。甚至在部分地市地面频道出现收藏品虚构原价、以专家形象做疗效证明、夸张夸大宣传等问题。

（三）老年形象的“刻板印象”

多数电视节目中呈现的老人，还是“刻板印象”中的老人，他们呈现出无助、脆弱、认知能力差、守旧、与时代脱节等特征。尽管有不少老人形象体现了传统美德，如孝道、家庭等，但总体上节目中老人负面形象较多。他们不仅在生理上失能（体弱多病，无法自理）；而且在社会冲突中失德（倚老卖老）。针对老年人的“媒介歧视”在电视节目中有比较明显的存在。

二、传统媒体功能重构——从环境监测到治理协同

面对新媒体时代、老龄化社会，传统电视在巨变中如何重构？这既是现实感的生存考量，也需要传播学理论角度的深入思考。

传统传播学理论把媒体视为“社会之镜”，拉斯韦尔的环境监测功能强调媒体对现实的客观映照。而著名美国新闻评论家普曼的“拟态环境”理论虽然与拉斯韦尔“社会之镜”理论不同，认为大众传播形成的信息环境并非客观环境镜像，而是媒体通过信息选择、加工和报道，重新结构化后向大众所提供的环境。“拟态环境”理论触及了媒介的建构性，但总体上仍将媒体置于被动反映者的框架内。这种工具论视角在新媒体时代已经遭遇解构。“媒介化社会”理论认为，媒介逻辑已深度嵌入社会肌理，成为伯格与卢克曼所言“现实的社

会建构”的核心机制。

（一）拉斯韦尔环境监测功能的时代局限

哈罗德·拉斯韦尔在1948年提出的传播三大功能论中，环境监测(Surveillance of The Environment)强调媒体通过信息传播帮助社会感知环境变化。具体到老年电视节目的日常实践，往往表现为对养老政策、老龄化动态等信息的单向传递。

1. 信息传递的机械

典型例子表现为对政策文件的照本宣科、养老数据的简单播报。如多数新闻节目对长护险政策跨省申请、家庭照护床位VS家庭病床、适老化改造补贴等报道，仅凭新闻往往难以理解申请条件、申请流程等。

2. 服务功能的缺失

在拉斯韦尔理论中，媒体角色是被动的“信息雷达”，往往不注重对受众需求的动态响应机制。这导致传统老年节目陷入供需错配困境，比如大量节目都是传统的医疗养生类，而忽视了更有针对性、更具服务性的内容，比如政策解读、数字鸿沟跨越等。

3. 参与渠道的匮乏

环境监测功能下的媒体如同“传声筒”，未能构建政府、市场与公众的对话空间。这里正面的例子是北京台的《向前一步》，但类似节目凤毛麟角。当媒体仅承担环境监控的“单行道”角色时，老年群体在认知老龄化社会(Ageing Society)的同时，却难以参与“老年友好化社会”(Age-Friendly Society)的建构。

（二）夏瓦以“媒介化”推动“治理协同”

2008年，丹麦学者施蒂格·夏瓦在《文化与社会的媒介化》提出了媒介化治理(Mediated Governance)理论，突破了传统功能主义的认知框架。这种传播学理论的发展，**为传统媒体的社会功能创新性重构提供了关键路径**。

夏瓦认为，媒介化(Mediatization)是现代社会的一个核心特征，它是指媒体逐渐从“传播工具”演变为独立的社会力量，深度渗透并重构其他社会领域的运作逻辑。“媒介化治理”构建了政策制定者、服务提供者与受众的常态化对话机制，形成“需求感知—方案设计—服务供给”的治理回路。

如果从老年节目的角度来拆解该理论，媒介化治理既是公共价值共创者——运用媒介传播重塑社会认知框架，在老龄化议题中协调代际观念冲突，培育新型养老观念；也是技术伦理调停者——在智能技术普及过程中建立“数字防火墙”，守护老年群体的信息权益与数字尊严。

三、《老好的生活》媒介化治理创新实践分析

（一）节目简介

上海广播电视台都市频道《老好的生活》开播于2020年，是上海第一档专门面向老年观众的养老服务类节目。播出当年，上海地区平均收视率就破1，最高收视超1.6。对比2020年当年全国省级地面频道的新节目数据——2020年上半年全国省级地面频道共上档新节目50余档，其中收视率破1的仅3档，收视率不足0.1%的有41档，占比80%。《老好的生活》的收视表现相当亮眼。同时，节目的招商也非常成功，甚至出现广告商过满，需要协调播出的情况。

（二）创新叙事体系

《老好的生活》在经济效益和社会效益方面的双成功，得益于它独有的叙事体系，主要体现在以下三个方面：

1. 选题以“帮忙”为核心，着重于“关键小事”

“强服务性”是《老好的生活》节目内容创制的重点。首先在选题上，聚焦老年人吃饭、就医、养老、文化娱乐等身边的“关键小事”——比如帮丧偶的老人找到感兴趣的文艺社团；协调小区居民并落实全小区加装电梯；帮助经济困难的老人寻找合适的养老院等。

2. 展示全新老人形象

有六块腹肌的60多岁“爷叔”在桂林阳朔攀岩绝壁；70+奶奶一天一套穿搭儿子衣服，被邀巴黎时装周走秀；80多岁大学校长卖了一套房，房款捐赠乡村学校——《老好的生活》中的老人，活力满满、审美在线、慷慨包容。他们身上的精气神、生命力，让很多年轻人都自愧不如。这才是这个时代老人真实的形象和面貌。

3. 让观众真正看懂

在结构上，有别于以往的简单概括的资讯报道，《老好的生活》以“老年人友好”的 30 分钟以上时长，展示办事过程中的各种细节和关键节点，方便老年观众在后续类似的情况下按图索骥。此外，节目还会非常详细地算好经济账、时间账、精力账。比如 2023 年 7 月播出的《任老伯家的适老化改造》，栏目组接到 82 岁任先生的委托，他的妻子手术后腿脚不便，已经很久没有洗澡，家里亟待进行卫生间改造。节目组不但多方比价、找到了适合的供应商、见证监督了改造的全过程，而且以此为蓝本，把上海家庭“适老化改造”的全本经济账、时间账，算得非常具体。以“润物细无声”的方式，普及了市政府力推的好政策。

（三）助力好政策真落地

与传统新闻报道和调查类专题都不同，几年来《老好的生活》摸索出了一条独有的内容道路——完整充分地从老年市民的角度来解读政府政策，从而在无意中探索了“媒介化治理”的新实践。

上海作为中国老龄化最早也最严重的超大型城市，政府出台了大量相关政策以服务老年市民。但老年观众认知程度有限，加之传统新闻报道往往是“由上至下”从相关委办局官方发布的角度报道，多数观众听不懂，往往导致好政策的推广和落地需要较长的时间。此外，也有部分政策在基层执行中退化成了“口袋政策”或者“盆景政策”。而《老好的生活》在为观众解决具体问题的过程，有效推动了一些政策的真正实行。比如 2023 年，节目帮助 82 岁的林仙敏老先生落实了跨省长护险，这也是上海第一例跨省长护险落地。

《老好的生活》这种独有的报道形式，既不同于传统正襟危坐的政务发布类新闻，也不同于以往冲突激烈的曝光式调查，而是以一种温和的“准纪录片”或者“轻量化纪录片”的方式，以鲜活的人物故事和强服务性的角度，做好了政策解读。类似的实践，有效解决了前文所述的拉斯韦尔传统理论体系中媒体以环境监测功能为主，导致新闻报道比较简单生硬，虽然传递了信息，但受众理解度低的问题。

（四）媒介化治理推动社会观念转变

5 年间，《老好的生活》真实地推动了社会观念转变、推动了立法、助力了养老产业发展。而这些，正是媒介化治理视域下，传统媒体功能重构的有效尝试。

中国老人不愿意进养老院。在传统认知中，进养老院往往意味着被子女抛弃。养老院也经常被符号化为“全控机构”，与被遗弃、孤独、失去自由等负面意象相连。这种污名化认知深深植根于社会观念，成为阻碍老年人选择机构养老的重要障碍。而《老好的生活》节目通过独特的叙事策略，成功地将养老社区重构为老年人展现自我、实现价值的“展演舞台”，为破解这一社会认知困境提供了新的思路。

从 2021 年开始，《老好的生活》节目开设了一个 5 分钟左右的“探院版块”，专门介绍养老院或者养老社区。这个版块也是上海首个“养老院探院”电视小专题。通过主持人入住体验式报道、嘉宾“卧底”养老院做服务员等多种方式，介绍养老社区的环境、餐食、娱乐和医疗配套。

戈夫曼的“拟剧理论”可以为理解这一认知重构提供理论框架。在传统认知中，养老院作为“全控机构”，其前台与后台的界限被刻意模糊，老年人的个体性被机构化生活消解。而《老好的生活》通过镜头语言的精心设计，将养老社区重构为充满活力的展演舞台。在这里，老年人不再是消极的被照顾者，而是积极的生活表演者。他们参与园艺、绘画、音乐等丰富多彩的活动，甚至拍搞笑视频、拍 MV 大片，在“前台”展现自我价值，获得社会认同。

节目通过“前台”的精心设计，展现了养老社区作为理想化表演空间的特质。镜头下的养老社区不再是冰冷的机构，而是充满温度和活力的新空间。老年人在这里可以自由选择参与各类兴趣小组，发展个人爱好，甚至重新找到人生价值。这种“前台”展示有效消解了“被遗弃”的污名化认知，代之以自主选择、品质生活的积极意象。

在“后台”的呈现上，节目运用纪实手法，展现养老社区专业化的照护服务。护理人员的专业素养、适老化设计的细节关怀、医疗资源的便捷可及，这些“后台”要素的展示，进一步强化了养老社区作为理想居所的正面形象。这种前后台的有机统一，成功建构了养老社区的全新社会形象。

由于节目客观的态度和高效的传播力，每次播出相关养老机构的“探院”或者“测评”，都有大量观众来电咨询(来电近 200 个)。《老好的生活》一档节目，几年间潜移默化地改变了上海老人对“进养老院”的偏见。类似的观念改变还可以呈现在更多方面，比如老年人婚恋、银发再就业市场等，都可以是媒体＋产业发展的新赛道。

(五) 体现“全过程人民民主”的生动实践

2023 年，《老好的生活》节目与上海市人大社会建设委员会一同推出了小版块《人大代表看养老》。这个小专题很快就成为明星版块。通过主持人与市人大代表一起深入社区，发现问题、解决问题，为老年人的福祉出谋划策，并推动人大立法。

《老好的生活》在半年间促进两件人大议案。2024年两会期间《关于进一步完善家庭照护床位政策建设“身边养老院”的建议》的议案，源于《老好的生活》与《嘎讪胡》合作的一次走访。市人大社会委领导来到黄浦区老西门街道家庭照护床位服务中心与多位市民访谈，参与这次调研的金缨代表随后提出了上述议案。

《老好的生活》推动的另一项人大议案是《关于完善新时代城市建设者保障性租赁房政策倾斜照顾养老服务从业群体推动银发经济增进老年人福祉的建议》。这一议案来源一期“关注年底老年照护家政服务人员短缺”的节目，当时邀请了市区两级人大代表同讨论。之后形成议案提交到2024年上海人代会，并得到了13位人大代表的联署。

这是真实的“全过程人民民主”的生动实践。2024年1月和12月，《老好的生活》分别两次在上海市人大常委会“民主的过程”短视频大赛中荣获“最具人气奖”。这档节目的优秀不仅体现在报道上，而且体现在推动立法、推动社会观念进步上。可以说，是媒介化治理的生动案例。

四、媒介化治理传统媒体的功能重构

（一）媒介转型的时代命题

德鲁克在《创新与企业家精神》一书中提出了创新的七个主要来源：意外事件、不协调事件、流程需求、行业和市场变化、人口结构的变化、认知上的变化、新知识。讨论了多年的传统媒体创新，是否也可以参考上面的路径？七种创新路径中，行业和市场变化、人口结构变化都可以是重要的切入点。

1. 行业和市场变化

媒体行业的巨变无须赘述，问题是巨无霸的传统媒体如何在巨变的行业中找到新定位？是否可以尝试以传统媒体的政府背景、社会公信力为核心，积极参与社会治理，进而获得产业先机。比如推动立法，推动社会旧观念变化（养老社区的时尚化概念塑造、老年人婚恋、退休人员再就业等）；比如帮助行业与城市的行政组织、社会动员、管理体系等深层次资源做链接，为行业发展造势、造节、造产业。

2. 人口结构的变化

人口结构变化同样重要。主流媒体在老龄化社会中的责任担当与创新路径,响应人口结构变化是应有之义。这种变化是缓慢的,但观察它、追随它,有助于确立新赛道和产品服务创新。主流媒体更可以利用好信息差,依托政府背景,扶植和入局新产品、新行业;抑或是参与政策制定,从而布局产业,提早吃到新产业红利,更大地发挥媒介化治理的效能。

(二)节目实践的创新启示

面临老龄化社会,《老好的生活》的实践验证了媒介化治理视域下,电视媒体的诸多可能:

1. 功能重构。媒体从社会观察者转变为治理参与者,构建起"政策解读—需求响应—服务供给"的闭环系统。

2. 价值重塑。更新陈旧的社会观念,有效消解了养老院="被遗弃"的污名化认知,代之以自主选择、品质生活等有时尚感的积极意象。

3. 范式创新。开创"政府主导—媒体协同—市场参与—公众共建"的四维治理模式,为全球老龄化应对提供上海方案。这种创新不仅实现了拉斯韦尔理论的功能拓展,更通过媒介化治理的实践探索,重新定义了传统媒体在数字时代的核心价值。

结　语

上海广播电视台都市频道《老好的生活》节目几年来所做的传统电视媒体媒介化治理实践,本质上是媒体逻辑与社会治理逻辑的深度融合。这一进程不仅需要内容创新与模式突破,更需重构"传者—内容—受众"的关系链,使媒体从社会观察者转型为治理共建者。随着人口结构变迁的加速,激活媒体的公共资源整合能力,或将催生中国式现代化语境下"积极老龄化"的特色路径。

传统媒体的功能重构是个大课题。本文运用传统传播学与媒介化社会理论,联系上海广播电视台都市频道《老好的生活》节目的多年实践,具体分析与探讨主流媒体在老龄化社会中的责任担当和角色创新路径,本文只是初步的成果。有关节目创新、功能重构、价值重塑等方面的研究与探索仍在进行中,让我们共同努力奋斗!

参考文献：

[1] 张天莉.打破惯性：银龄浪潮下的广电行业新入点[J].上海广播电视研究，2024(10).
[2]《数字时代如何助力老年人"老有所安"》.新华网，2022-07-28；https://baijiahao.baidu.com/s? id=1739551209861009558&wfr=spider&for=pc.
[3] 王茜.数字鸿沟与数字反哺：老年人的数字媒体使用现状与影响[J].上海广播电视研究，2024(4).
[4]《在视频内容中"消失"的2.64亿老年人》.传媒1号 2021.5. https://lmtw.com/mzw/content/detail/id/201382.
[5] 同[1].
[6] H. 拉斯韦尔.传播在社会中的结构与功能[M].北京：中国传媒大学出版社，2023.
[7] 沃尔特·李普曼.舆论[M].北京：北京大学出版社，2018.
[8] 彼得·L.伯格，托马斯·卢克曼.现实的社会建构[M].北京：北京大学出版社，2019.
[9] 施蒂格·夏瓦.文化与社会的媒介化[M].上海：复旦大学出版社，2018.
[10] 杨雪.2020上半年电视创新节目及收视回顾[D].SMG总编室存档.http://fanqie.smg.cn/html/news/202007/0328943.html.
[11] 欧文·戈夫曼.日常生活中的自我呈现[M].北京：北京大学出版社，2008.

作者简介：

张烨华，上海都市乐聆文化传播有限公司内容制作中心总监。

对中国Z世代运动员采访策略研究

——以2024年巴黎奥运会采访为例

何 佳

提 要：2024年巴黎奥运会期间，以潘展乐、郑钦文、全红婵等为代表的中国Z世代运动员(1995—2009年出生)成为全球媒介关注焦点，也给体育传播提出了新课题。本文以巴黎奥运会采访为例，对中国Z世代运动员这一承载了新时代体育精神的"社会代"群体构建群体画像，提出针对性的采访策略，通过优化提问设计、平等对话氛围、善用社交渠道、协同内容创作等方式，有效弥合代际沟通障碍，提高传播效能，为跨代际采访提供参考的同时，也为提高中国体育国际传播力打开新思路。

关键词：Z世代 跨代际 媒介形象 2024年巴黎奥运会 体育采访策略

引 言

2024年，第33届夏季奥林匹克运动会作为全球瞩目的体育盛会，吸引了全球约50亿受众的目光。中国代表团在巴黎取得了40块金牌、27块银牌、24块铜牌的境外参赛最佳成绩，其中Z世代运动员贡献35块金牌，占比高达金牌总数的87.5%。

巴黎奥运会期间，以潘展乐、郑钦文、全红婵、孙颖莎、盛李豪等为代表的中国Z世代运动员凭借卓越的竞技成绩和鲜明的个性行为，成为全球媒介焦点，同时也给记者们带来了前所未有的挑战：一方面，信息传播的速度要求达到了极致；另一方面，传统采访策略与Z世代运动员的行为特征存在显著冲突，导致"无效采访”频发，被受众评论为中国记者“集体翻车”的一届奥运会。

本文以 2024 年巴黎奥运会采访为例，对中国 Z 世代运动员这一承载了新时代体育精神的社会代群体构建群体画像，深入探索其多元代际特征，旨在制定适应代际差异的采访策略，助力传统媒体突破传播局限，提高传播效能，为跨代际采访提供参考的同时，也为提高中国体育国际传播力打开新思路。

一、试论代际差异视角下中国 Z 世代运动员采访策略的研究价值

社会代(Social Cohorts)是代际社会学(Sociology of Generations)的核心概念，由德国社会学家卡尔·曼海姆等人提出，区别于以生理年龄或父代—子代血缘关系为基础定义的代际概念，社会代是因重大历史事件影响而形成独特社会性格并对后续历史产生重大影响的同龄群体。Z 世代这一概念源自欧美地区，即 Generation Z，通常是指 1995 年至 2009 年出生的人群。2023 年开始，Z 世代以 32.1%的最高比例成为世界人口最多的代际。

针对中国 Z 世代运动员这一典型社会代群体调整、制定采访策略，本质上是一场代际文化传播主导权的争夺。对内，通过年轻化叙事弥合代际鸿沟，使体育成为凝聚社会共识的重要纽带；对外，以 Z 世代运动员为载体重构中国形象，将文化自信转化为可感知的青年力。这不仅是传统媒体提升奥运报道传播效果的策略问题，更涉及代际身份认同、文化价值传递、国家形象构建等多维度的深层影响，是重构国际传播叙事体系的战略命题。其研究价值主要表现在以下四个方面：

1. 弥合代际沟通隔阂，促进有效对话

从 2000 年悉尼奥运会到 2024 年巴黎奥运会，中国代表团近七届奥运会年龄大致在 23～25 岁，Z 世代运动员已经成为奥运主力军。从前几代运动员赛后“感谢国家”的传统表达，到 Z 世代面对媒体展现出来的松弛感，代际差异与沟通障碍凸显。

随着奥运新兴项目的大发展，记者与运动员之间的代际差异将更显突出。巴黎奥运会由于首设滑板、霹雳舞等新项，中国代表团中未满 20 岁的运动员近 40 人，其中最小的滑板运动员郑好好年仅 11 岁。这些年轻运动员不仅在新兴项目表现突出，也是游泳、跳水、射击等传统项目的中坚力量。

值得注意的是，体育领域是所有领域中代际差异最突出的。运动员更迭速度远远大于从业记者，传统采访策略基于 X 世代(1965—1980 年出生)记者的

“集体主义+奋斗美学”价值观框架，代际差异导致了巴黎奥运会上多项采访出现问答失焦。分析探讨Z世代运动员采访策略不仅能弥合代际沟通隔阂，也将给未来其他领域解决代际沟通障碍提供有益参考。

2. 破解主流媒体困局，优化传播策略

应对去中心化传播挑战，传统媒体单向输出的采访模式在新媒体时代触达效果一般。根据英国信息调查公司OnePoll的调研数据，74%的Z世代主要通过数字渠道获取体育内容。同样，Z世代运动员发布信息也不再单纯地依赖传统渠道。巴黎奥运会期间，传统媒体赛事收视率热度甚至远不及运动员社交平台发布的短视频。

研究Z世代运动员采访策略是传统媒体突破传播权力旁落的关键战役。体育新闻不仅是赛事结果的报道，更是运动员精神、情感和成长历程的呈现，通过准确把握Z世代运动员的特点，运用有效的采访策略，能有效提升传统媒体的传播效果，让受众更好地理解体育精神的内涵，让体育成为凝聚社会共识的纽带。

3. 助力中国运动员国际媒介形象转变

西方媒体长期对中国运动员存在政治化解读，而中国Z世代运动员的媒介形象正在发生转变。例如中国网球运动员郑钦文（2002年出生）获得巴黎奥运会女子网球单打冠军后，用流利的英语侃侃而谈并大方认领“Queen Wen”（中文翻译为“文女王”）称号：“这个头衔，我实至名归。”以落落大方、从容自如的姿态向世界展现自信、可爱的中国青年形象，不仅打破了西方媒体对中国运动员“训练机器”低调内敛的刻板印象，还在社交媒体上引发热议，夺冠当晚微博点击量超20亿。

制定针对中国Z世代运动员的采访策略，通过高质量采访，以个体优势传递非对抗性价值观，如“享受比赛比打败对手更重要”；展现个性化审美，如佩戴国潮配饰、分享汉服穿搭；进行国际化社交，如与外国选手互换徽章、玩社交媒体合拍等，能以去政治化方式软化中国形象，借助中国Z世代运动员这一具象化载体讲好中国故事。

4. 重构国际传播格局，强化话语体系

文化记忆理论提出者、德国著名学者阿莱达达·阿斯曼（Aleida Assmann）认为：“每一个特定时代的群体都会受到特定历史时期的总体态势与核心经验的激发和影响，不管喜欢与否，一个人总是和他的同辈人共享着特定的信念、态度，看待世界的视野、社会价值、阐释模式等。”中国Z世代运动员积极输出本土文化符号，能在国际青年群体中建立文化亲近感，为中国的国际话语体系注入新活

力，抢占国际传播这个软实力博弈的微观战场，但这都基于对他们进行有效的高质量传播。

二、代际差异的“体育放大器”效应：记者与运动员代际差异凸显的原因分析

1. 行业周期特殊，强化代际冲突

运动员职业生涯短暂且多集中于青少年期，奥运选手普遍为15～25岁。对2008年、2012年和2016年三届奥运会游泳运动员年龄进行整理后发现，他们均为80后、90后，其中参加2008年北京奥运会的80后居多，而到2016年的里约奥运会时，90后是主力。近两届奥运会，尤其到巴黎奥运会，参赛运动员基本处于Z世代核心年龄段(1995—2009年出生)。但参与赛事报道的记者仍多属X(1965—1980年出生)、Y世代(1980年—20世纪90年代中期出生)，甚至婴儿潮一代(1946—1964年出生)，年龄差可达30～50岁。相较于其他领域(如政治、商业、科研、艺术等)的成就周期长，受访者年龄分布更广，受访者与记者年龄层重叠度更高，代际差异相对平滑。

2. 训练体系封闭，加深文化隔阂

训练体系的文化隔离使中国运动员长期处于封闭式训练环境，Z世代虽接触网络早但缺乏社会经验，表达方式更网络化、碎片化，致使运动员与记者双方话语体系错位。

3. 赛事节奏紧凑，放大沟通障碍

奥运会等大赛要求记者两个小时内产出多平台内容，相较于其他领域(如文化报道)可通过多次访谈、资料查证缓解认知差异，代际磨合时间被压缩至极限。

4. 舆论高度聚焦，凸显代际差异

奥运赛事触达全年龄段观众，且在短期内呈井喷式关注，代际差异被迫在高聚光下公开化。

三、构建Z世代中国运动员群体画像：代际特征及代际价值观分析

Z世代作为伴随着互联网，以及移动化、智能化设备成长起来的新生代，又

称互联网世代。中国Z世代与欧美等地的Z世代有相似之处，原因在于他们面临着相似的、具有全球共通性的结构转型与变迁。同时，全球通性与中国特性并存的事实，让中国Z世代在价值观念、生活态度、行为模式上与其他国家的Z世代有共性之余，也自有其特色。

1. 具备多元文化的成长背景

中国Z世代运动员参与国际赛事的机会增多，与不同国家和地区的运动员交流频繁，这种跨文化的经历使他们具备了更广阔的国际视野，也能快速适应不同文化背景下的比赛环境和规则，对于各种文化差异表现出较高的包容性和适应性。

与70后、80后运动员不同，Z世代运动员除了专业训练外普遍拥有多重身份，有别于封闭式训练的传统运动员形象，展现出了职业体育与社会生活的兼容性。如为中国代表团夺得巴黎首金——10米空气步枪混双金牌的盛李豪(2004年出生)和黄雨婷(2006年出生)，“干饭哥”盛李豪就读于北京体育大学，而“阿条姐”黄雨婷则还是一名高二学生；跳水男子双人三米板冠军龙道一(2003年出生)则将“奥运冠军”和“说唱歌手”两个标签融合，更以艺名“Dragon on”加盟了说唱厂牌。

与此同时，Z世代运动员相对封闭的生活场景令他们受互联网的影响更为深刻，也更容易因兴趣圈层产生归属感，而非地域或年龄群体，例如乒乓选手樊振东(1997年出生)以某歌迷身份出圈，男团夺冠当晚发布该歌手歌曲庆祝，吸引了众多歌迷互动，该条微博以137万的互动量位居巴黎奥运会期间运动员微博热度前三名。

2. 尊重个体的价值观念

相较于上一代运动员为国家荣誉牺牲个人的集体主义叙事，Z世代中国运动员更强调“为热爱而战”，反“悲情叙事”倾向，拒绝“带伤参赛”“家人生病仍坚持训练”等苦难渲染。

在Z世代的叙事体系中，他们通常以主人公姿态出现，体现个体价值与竞技成就的平衡，少了紧绷感，多了松弛感：巴黎奥运会羽毛球赛场，当对手中场休息研究战术时，男双银牌组合王昶(2001年出生)与梁伟铿(2000年出生)在现场品鉴座椅的品牌；男子步枪50米三姿冠军、“松弛哥”刘宇坤(1997年出生)的夺金感想是：“只是恰巧在我状态好的时候，恰巧举办了奥运会。”在巴黎拿下6块奖牌的张雨霏(1997年出生)对于一金未得的自信回应是：“我参赛即上领奖台。”

3. 表达强烈个性的革命

从2016年里约奥运会的“洪荒少女”傅园慧(1996年出生),到2022年北京冬奥会的谷爱凌(2003年出生)、苏翊鸣(2004年出生),再到2024年巴黎奥运会上层出不穷的“采访显眼包”,Z世代运动员敢于突破传统,表达更为直接。

潘展乐(2004年出生)以打破世界纪录的成绩夺得巴黎奥运会男子百米自由泳冠军后,接受采访直接“告状”:“我跟查尔莫斯(澳大利亚游泳名将)打招呼,他一点儿都不理我。包括美国队的阿莱克西,我们训练时,教练在岸上,他用滚翻往教练身上溅水花。感觉他们看不起我们。今天终于把他们拿下了。哎,这个能说吗?”

除了“告状”外,潘展乐在巴黎几乎就是“金句制造机”:

“我为啥要对不认可我的人说话呢?不理他就好了。”

“他们喜不喜欢我对我没影响。他们喜欢我,也不能让我超速进步;他们嘲讽我,也不会减慢我游泳的速度。”

“冠军是我们的,不满意的应该是别人。”

这些直白、锋利的言辞与传统的中庸之道相背离,却与他在赛场上所向披靡的霸气形象高度统一。以潘展乐为代表的Z世代运动员与上一代运动员相比,不仅更敢于直言不讳,也更加坚定地维护己方利益,表达上高频使用网络热梗,形成与同龄观众的情感暗号。

4. 展示高低不同的行为模式

中国Z世代运动员在整体的媒介形象建构过程中掌握着高自主性,决策参与意识强,抵触“家长式管理”,要求对训练计划、商业合作等事项的知情权与决策权。

他们深知个人品牌的重要性,在当前主流媒体报道也受到互联网传播影响的背景下,能熟练运用社交媒体,塑造自己独特的运动员形象。例如郑钦文的“郑在进行时”已成为固有IP,通过社交媒体分享日常和训练,与粉丝建立紧密的互动关系。

同时,中国Z世代运动员在不符合自我认知的事件上展现出了明显的“低服从性”。如果前文潘展乐的“告状”是“明知不能说而说之”,那么面对低质量采访,他们会毫不客气地展现“不想说的绝对不说”的真性情。巴黎奥运会乒乓球混双半决赛、千禧年组合王楚钦/孙颖莎(2000年出生)就在赛后以“你们放过我们吧”的态度,明确拒绝高密度采访引发热议。

5. 交流与生俱来的文化认同

现代奥林匹克之父顾拜旦曾说:“奥林匹克不是一场竞赛,而是一种源于内心的文化交流与融合。”

中国Z世代运动员出生在1992年邓小平南方谈话后,经历了国家经济发展和社会稳定的两大奇迹,接触到了最好的教育和训练,对中华文化更具认同性,也能更自信地承担起本土符号的国际化转译。例如在巴黎奥运会的领奖台上,游泳名将张雨霏头戴熊猫发箍出场,传递中国文化的可爱与亲切;为中国夺得首枚奥运会小轮车金牌的邓雅文(2005年出生)则在颁奖时佩戴了一枚白色银杏发簪,将中式美学成功地呈现给世界,是Z世代运动员将中华优秀传统文化符号有效嵌入的文化传播实践。

四、代际差异视角下对中国Z世代运动员采访策略构建与实践的思考

对中国Z世代运动员的采访策略,拟做如下五个方面的思考:

1. 专业提问:聚焦竞技内核,避免无效追问

尽管存在代际差异,但Z世代运动员依然更愿意回答能呈现专业度的提问。巴黎奥运会上,电视广播有限公司(TVB)记者方力申凭借专业游泳运动员背景,以一系列对潘展乐的高质量采访出圈,被受众评价“终于来了个会提问的记者”。

“我们了解到你在赛后10天内经历了200次尿检,这是真的吗?如果是,如此频繁的尿检对你的生活和后续训练产生了怎样的影响?”这个问题紧紧围绕着赛事背后的热点,既满足了受众对运动员赛后特殊经历的好奇,又深入挖掘了事件对运动员的实际影响。又如“在比赛过程中,游泳池的浪对您的发挥是否产生了影响?”此问题针对比赛中的实际场景,深入探讨技术层面的因素,体现了记者对游泳项目的专业理解。潘展乐则颇有兴致地阐述了泳池浪的实际影响,令当时热议的泳池水深等问题得到了最权威的解答,更产出了“游得快是没有浪的,游得慢才会吃浪”的金句。

相反,部分记者在采访时则表现出对赛事和运动员的了解不足。如在潘展乐着急尿检时追问生日愿望等无效提问,既浪费了宝贵的采访机会,也无法为受众获取有效信息。

2. 平等对话：摒弃传统说教，构建信任关系

Z世代运动员在分享信息时遵循基于信任的原则，更愿意与熟悉、信任的人交流。在奥运会这样的大型赛事中，很多记者并非专业体育记者，需要在高强度、快节奏的采访环境中迅速建立起信任关系，语气是最能体现沟通技巧和真诚态度的载体。

巴黎奥运会上，全红婵(2007年出生)在夺冠后以“小小巴黎，拿捏!”来表达夺冠心情，但有一名记者在采访中以“我考考你”“我教教你”等居高临下的说教式语气展开提问，提出要教她“拿捏”一词的英语表达，遭遇拒绝。

这类不当语气破坏了采访中应有的平等氛围，容易使运动员产生抵触情绪。Z世代运动员一旦产生抵触情绪就会采用更直接的方式表达感受，从而令受众看到采访过程中的不和谐，也不利于中国运动员在世界大赛背景下媒介形象的构建。

相反，如果该记者能以温和、亲切的语气提问全红婵“小小巴黎，拿捏!”的灵感来源，或许会是一次精彩的采访。

3. 情绪感知：动态调整话题，尊重表达边界

与Z世代运动员对话应充分尊重其个性与自我表达的意愿，采访过程中敏锐捕捉微表情与语言信号。一旦出现抵触、犹豫、尴尬等情绪表现，及时反思是否触及隐私并转换话题。

巴黎奥运会女子10米跳台决赛对陈芋汐的采访引发了大争议。陈芋汐(2005年出生)以微弱分差输给全红婵后被提问：“从东京奥运会到巴黎奥运会，你在同一项目上两次输给了同一个人，你觉得你的信心有被动摇吗?”记者在提问时或许预设会得到正向表达，对于19岁的陈芋汐泪洒现场明显应对不足，事后被受众广泛质疑。

虽然Z世代运动员面对“失利”更坦然，但依然不能忽视个体差异及现场氛围。记者在做出正确预判时，若受访者表现出不愿多谈的情绪，应以“咱们先放一放，聊聊……”等话术进行话题转换，以维护良好访谈氛围，保障后续采访顺利进行。

4. 思维引导：转化跳跃表达，构建深度对话

Z世代成长于数字时代，习惯于短视频、即时通信等碎片化沟通方式，这对传统采访提出了新挑战。

奥运会赛后采访时间较为紧张，Z世代运动员的非线性思维特点与碎片化表达习惯可能仅会以简短的语句或表情回应问题，缺乏详细的阐述与逻辑连贯

性,使记者在快节奏的采访中难以精准把握其思路,深入挖掘背后的故事与情感。

2012年出生的滑板选手郑好好作为巴黎奥运会中国代表团年龄最小的运动员,社会代际划分已进入Alpha世代(2010以后出生),采访中显现出了更明显的跳跃性思维。赛后未等记者提问就开始表达:“满分10分的话,我只能给自己打3到4分,因为后两滑失误了。哎,您等一下,刚刚比赛我手蹭破了。”

面对年轻运动员的跳跃性思维和非线性表达,在尊重他们的回答方式,保持耐心和专注的同时,可及时在适当时机通过引导和追问帮助运动员梳理思路,使回答更加连贯和完整。例如当运动员突然转换话题时,可以用“你刚才提到了一个很有趣的观点,我想再回到之前的问题,你能详细说说……”的方式,引导采访者回到主线,同时避免打断他们的思路和表达。

5. 平台适配:融合社交媒体,协同创作内容

1995年以后,正是我国电子技术、互联网、个人电脑、智能手机等新兴技术和产业蓬勃发展的阶段。中国Z世代相对于其他国家的Z世代更早地与媒介全息化的互联网“亲密接触”。

中国Z世代运动员习惯通过社交媒体进行沟通,若一味地采用传统访谈方式,可能会遭遇沟通障碍或难以引起参与热情。面对Z世代运动员,媒体的报道呈现方式也应更多元,充分利用他们常用的社交平台创造互动性内容。

巴黎奥运会上,Z世代运动员在互联网的轻松状态下产出了更多受众认同的内容:所有冠军均入住微博发布参赛感受;赛后通过直播与网友互动,例如男子体操队队长张博恒(2000年出生)在直播间分享如何打理头发,亲和的态度及他劳模般参加21场比赛一金未得的奥运经历,令网友都感慨“巴黎欠他一块金牌”,向受众呈现了运动员更立体、生动的一面。

面对社交媒体与智能技术深度融合的传播生态,进一步探索传统媒体与新兴平台的协同机制,激活运动员从被采访者转变为内容共创者的角色转变,同时协同创作优质内容,不仅能增强运动员与受众双方的互动性和参与感,提高传播内容的触达效能,更能帮助年轻运动员以亲诉者身份有效触动国际观众的情感,成为拓展中国体育国际话语权的创新路径。

结　语

以2024年巴黎奥运会采访实践为例,中国Z世代运动员所展现的代际文化差异与媒介表达特征为体育传播提出了新课题。本文通过构建群体画像,分析

了其多元文化背景、个体价值取向、强烈个性表达及文化认同等核心特质，并就代际差异进行了策略调整。

针对中国Z世代运动员采访策略的研究，不仅是对当下传播困局的破题，更为抢占代际文化传播主导权的前瞻性布局。科技发展的指数级跃进，正在快速缩短社会代际更迭周期，以往15年、20年的代际更迭可能缩短为10年，甚至5年一个“社会代”，代际差异对传播实践的影响将越发显著。

本文虽然为跨代际采访提供了一定的参考，但如何适配不同领域特点，仍须结合实例进行动态调整，形成跨代际采访策略的连续性框架，使传统媒体始终保持以更共情的姿态实现价值传递。

参考文献：

[1] 李春玲.改革开放的孩子们：中国新生代与中国发展新时代[J].社会学研究，2019(3)：1-24.

[2] 电通创意.Z趋势报告《折中一代：Z世代半推半就的人生》[R].2024.

[3] 孙权，聂玉波，肖辛育.代际文化视野下中华优秀传统文化活化与年轻化传播——以Z世代为核心的考察[J].智能时代的数字出版，2023(S2)：25-30.

[4][5] 王水雄.中国Z世代青年群体观察[J].人民论坛，2021(9)：24-27.

作者简介：

何佳，上海人民广播电台（上海广播电视台东方广播中心）记者。

新 媒 探 究 篇

时政新媒体的传播特色与前景探讨

——以《快看上海》新媒体账号为例

严玮骊

提　要：在信息技术迅猛发展的全媒体时代，舆论生态、媒体格局、传播方式正经历前所未有的深刻变化，时政新闻的传播，逐渐从传统媒体平台向全媒体融合传播转变。本文以《快看上海》这一上海广播电视台融媒体中心打造的时政新媒体账号为例，追溯时政新媒体的发展历程，探讨其在时政新闻传播中的特色与发展前景。通过分析《快看上海》在选题策划、内容呈现、传播方式以及受众互动等方面的特点，本文总结了该账号在重要时政活动中的内容创作和传播路径，剖析了当下的运营现状和面临的挑战，展望了未来时政新媒体的发展前景，指出技术创新、内容创意和政策支持将成为其持续发展的关键。最终，本文认为，传统时政新闻应主动适应融媒体时代的发展趋势，全方位创新报道形式、内容和渠道，在保持内容真实、权威、及时的基础上，借助多元化传播手段和平台，不断提升时政报道的传播力和影响力。

关键词：新媒体　时政新闻　快看上海　传播特色与前景

引　言

随着移动互联网和社交媒体的普及，原有的新闻传播生态发生了深刻变革，传统媒体在信息传递中的主导地位被逐渐打破，移动媒体凭借其传播迅捷、互动性强、覆盖面广等特点，迅速成为公众获取信息的重要途径，由此带来的新闻传播变革及应对策略，成为一项紧迫的新课题。各大主流媒体纷纷探索如何在新媒体平台上更有效地传播新闻，提升新闻影响力，牢牢占领主阵地。

2019 年 1 月，习近平总书记在主持中共十九届中央政治局第十二次集体学习时深刻指出："人在哪儿，宣传思想工作的重点就在哪儿，网络空间已经成为人们生产生活的新空间，那就也应该成为我们党凝聚共识的新空间。"在总书记此番讲话的 8 个月后，上海广播电视台融媒体中心全新推出了一档聚焦上海市委主要领导和上海中心工作的时政新媒体专栏《快看上海》，把网络空间作为传播时政新闻的新战场、新阵地。

作为国内地方媒体中较早探索时政新闻短视频多元化表达的栏目之一，五年多来，《快看上海》秉承在上海、爱上海、看上海的初心，将市委主要领导新闻和上海重要时政活动，以短视频、时政 Vlog、说新闻等多种极具新媒体特色的方式加以呈现，把原本程式化、套路化的时政新闻，转变为个性化表达和年轻化语态，显著提升了时政新闻的传递效率与传播广度，也拉近了时政新闻与普通受众间的距离。截至目前，《快看上海》已形成一个以微信视频号、抖音为主要发布平台的新媒体矩阵，粉丝总量近 38 万。通过对《快看上海》的研究，本文旨在揭示时政新媒体的传播特色、面临挑战和发展前景，为全媒体时代时政新闻如何借助移动传播，挺进宣传思想工作的主战场、主阵地提供参考。

一、时政新媒体的概述

（一）时政新媒体的定义与特点

时政新媒体是指通过互联网和移动设备，以数字化、网络化形式，传播国家和地方政治生活中的重要事件和政策动态的媒体平台。相比传统媒体，时政新媒体具有即时性、交互性、多样性和个性化等显著特点。第一，即时性是时政新媒体最为核心的特征。由于依托于网络技术，时政新媒体能够实时发布和更新新闻，极大缩短了信息传播的时间差，使得受众能第一时间获取最新的时政动态。第二，互动性是时政新媒体区别于传统媒体的重要特性。通过评论、分享、点赞等功能，受众不仅是信息的接收者，还是信息的参与者和传播者，大家甚至还能在这里表达意见和诉求，这种交互性增强了受众的参与感。第三，多样性体现在时政新媒体的内容呈现方式上，从文字、图片到视频、直播，时政新媒体以多样化的形式满足了不同受众的需求，增强了新闻传播的吸引力和覆盖面。第四，个性化则是时政新媒体通过算法推荐、定制化推送等技术手段，根据用户的浏览习惯和兴趣爱好，推送个性化的时政新闻内容，使得新闻传播更加精准有效。

（二）时政新媒体的发展历程

2013年10月1日，国务院办公厅发布《关于进一步加强政府信息公开回应社会关切提升政府公信力的意见》，明确各地区各部门应积极探索利用政务微博、微信等新媒体，及时发布各类权威政务信息。此后，政务新媒体如雨后春笋般涌现，从政务微博到政务微信公众号，从政务客户端（App）到政务短视频号，从小到大，从单兵作战到矩阵联动，形成了数以十万计的庞大规模。

时政新媒体的兴起可以追溯到互联网普及初期。早期的时政新闻主要通过门户网站发布，虽然具备了一定的即时性和广泛性，但互动性和个性化较为欠缺。随着博客、微博等社交媒体的兴起，时政新闻开始借助这些平台实现更为广泛的传播，这一时期，时政新闻的传播模式由单向传播逐渐向双向互动转变。受众不仅可以即时获取信息，还可以通过评论和转发等方式参与到新闻的讨论和传播中。

进入移动互联网时代，随着智能终端的普及和移动应用的发展，时政新媒体进入一个全新阶段。新闻客户端、社交媒体平台以及短视频发布平台成为时政新闻传播的主要载体，各大媒体纷纷推出独具特色的时政新媒体公众号或视频号，尤其报纸、电台等原本在视频制作方面并没有太多经验和优势的传统媒体，也尝试进入短视频领域，至此，时政新媒体实现了内容的多样化和传播的立体化。受众可以随时随地获取、分享、讨论时政新闻，极大提升了新闻的传播效率和影响力。此外，随着人工智能和大数据技术的应用，时政新媒体在新闻的个性化推荐和内容生产上取得了新的突破，使得新闻传播更具针对性和精准度。

（三）传统时政新闻与时政新媒体的关系

传统时政新闻与时政新媒体在信息传播领域各自扮演着重要角色。传统时政新闻主要依托于报纸、电视、广播等大众传播媒介，具有权威性、严肃性和公信力高的特点。然而，伴随新媒体的快速崛起，海量的网络资讯模糊了新闻焦点，受众对时政新闻的关注趋向弱化，再加上受限于传播渠道和形式，传统时政新闻的信息更新速度相对较慢，互动性不强，时政新闻的忠实用户，尤其是年轻受众流失严重。相比之下，新媒体因其迅捷的传播速度、广泛的覆盖平台以及即时互动的特性，逐渐成为受众获取信息，进而传播信息的主要渠道。

同时，两者之间也在发展中逐渐形成互补和融合的态势。传统媒体利用其积累的公信力和权威性，通过与新媒体平台的合作，将其内容在新媒体上传播，以扩大影响力和覆盖面。而传统媒体也积极转型，开设新闻客户端、社交媒体账号，甚至打造原创短视频内容，以适应新媒体环境下的传播需求。在这一融合过程中，时政新媒体借助传统媒体的内容资源和专业性，增强了自身的公信力和内容深度；传统媒体也通过新开发的媒体技术和平台，创新传播方式，拓展其在数字化时代的生存空间。两者的融合不仅提升了时政新闻的传播效果，也为新闻传播行业的发展开辟了新的路径。

二、《快看上海》视频号的概况与内容特点分析

（一）《快看上海》的基本概况

《快看上海》日常聚焦上海市委主要领导参加的各类政务活动，和全市性、全国性的重要时政活动，以上海广播电视台融媒体中心时政报道部为主要班底策划、采制，并进行日常运营维护，在视频号和抖音上多平台分发。作为一个立足于上海的地方性时政新媒体平台，《快看上海》紧密围绕市委中心工作和政策动向，上海城市发展和社会民生展开内容策划，致力于为受众提供及时、权威、看得懂又有深度的时政新闻资讯。栏目成立五年多来，无论是与市委主要领导政务活动相关的短视频，还是在重要时间节点重点策划推出的时政 Vlog，都有不少出圈的作品获得业内肯定。如 2021 年 6 月栏目推出的《（时任）市委书记李强登门看望"人民楷模"都贵玛老人》，全网浏览量突破 400 万，仅视频号点击量就达 134 万；2024 年"七一"当天，栏目推出的时政 Vlog《电波不逝　信念永存》，全网浏览量超 2 700 万，仅视频号点击量就近 300 万。

通过较贴合时政定位的标题和封面设计，《快看上海》吸引了大量受众的关注，成为上海乃至长三角地区较有影响力的时政新媒体平台之一。

（二）《快看上海》的传播模式与内容特点

《快看上海》是国内较早探索把记者主观视角与严肃时政新闻相结合，制作成时政 Vlog、说新闻等形式的地方媒体，也是较早在上海两会、全国两会、党代会等重大时政活动中，大胆创新启用短视频表达方式的媒体。其视频传播模式主要依托于短视频平台的优势，即通过碎片化、视觉化的内容形式，重时效、有深度地传递与时事政治相关的信息，迎合当今快节奏生活中受众对时政新闻的需求。内容方面，《快看上海》直击时政要闻现场，梳理新闻核心脉

络，传递市委部署要求，讲好上海发展故事，最大限度突出地方时政新闻的权威性和及时性。

应该说，市领导参加的各类政务活动，无论是会议、调研还是外事，都是值得深挖的新闻富矿，所以账号在内容选题上始终坚持"时政"定位，注重发布"硬核"动态。但时政新闻要弱化"公文感"，做到让受众看得懂、听得进，并不容易，需要在表现形式上有所突破，因此账号也更注重时政新闻的年轻化表达和碎片场景的主题性呈现。其推出的时政新媒体，改变了传统时政新闻固有的一些不足，如报道内容单一、报道方式机械、报道语言生硬等，通过具体的人物故事、现场采访、细节捕捉、政策解读等，既保证新闻内容的权威性和真实性，又注重表达方式的生动性和趣味性，让时政"硬主题"实现"软着陆"，提升了时政新闻的传播效果和社会影响力。

三、《快看上海》视频号的传播特色

（一）讲时效与求深度

根据平台的不同特性，《快看上海》在抖音和视频号两个平台上发布的内容各有侧重，抖音平台的传播类似于"权威发布"，以即时性和时效性为核心，注重权威信息的及时传递；视频号平台则在讲时效的同时，更注重对时政新闻进行深挖。视频号的内容通常在 1 到 4 分钟之间，更新频次通常是每周 1 到 2 条（上海两会及全国两会等重要时政活动时段除外），使得受众既能即时获取当下最重要的时政资讯，又能了解时政新闻背后的故事，让受众感觉到，这个账号不仅能让他对时政新闻"知其然"，还能"知其所以然"。

（二）多元化与个性化

在内容制作与传播中，《快看上海》体现出明显的多元化和个性化特点。视频号的内容涵盖了从公共政策到社会民生，从科技创新到文体活动等多个领域，表现形式则包含短视频、时政 Vlog、说新闻等多种手法，满足不同受众的多样化需求。同时，几位年轻的新媒体小编在选题方面也会依据个人风格略有侧重，如男性小编会偏重经济发展、科技创新等偏"硬"的选题，以说新闻等方式呈现；而富有亲和力的女性小编，则更适合偏民生和文艺类较"软"的选题，以 Vlog 为主的方式呈现。再加上每条短视频都尽量结合上海本地特色和文化元素，使得《快看上海》成为上海地区时政新闻传播的重要载体。

（三）互动性与参与感

《快看上海》视频号在互动性与参与感上也表现突出，形成了良好的用户互动生态。通过开通短视频平台的评论区以及点赞、分享等互动工具，受众能够积极参与到新闻事件的讨论中，表达自己的观点和看法。这种开放的互动模式不仅增强了用户的参与感，也帮助平台收集反馈，优化内容。此外，平台策划的线下互动活动，如话题讨论、问答互动、短视频拍摄技巧分享等，也进一步增强了用户对《快看上海》品牌的认识度、认可度和参与度。这些互动有利于把受众和账号紧密联系在一起，拉近距离，提升用户忠诚度。

《快看上海》的受众主要集中在城市本地居民和关注上海时政新闻的社会群体，尤其是 20 岁至 50 岁之间的年轻人和中年人。这个群体通常对社会发展进程和城市热点问题具有较高的关注度，并习惯通过移动终端获取新闻资讯。

在互动策略上，《快看上海》充分利用视频号、抖音等短视频平台的互动功能，包括评论区的开放、点赞、分享等多种形式，鼓励受众参与到新闻讨论中。这种互动不仅增强了受众的参与感，也为平台收集用户反馈和建议、优化栏目内容和表达，提供重要的数据支持。此外，平台还会定期策划线下活动，如话题讨论、问答互动、短视频拍摄技巧分享等，确保栏目能始终贴近观众需求，提升用户黏性。

通过这些互动策略，《快看上海》不仅增强了自身的传播效果，也在受众中建立了良好口碑，形成一批较为稳固的用户群体。这些时政新闻的忠实拥趸不仅是新闻的接收者，也是内容的传播者，能帮助《快看上海》扩大其在社交网络中的影响力。

（四）《快看上海》生存现状和面临的挑战

《快看上海》作为定位于时政新闻的新媒体账号，开设 5 年多来，也面临着不少挑战。首先，由于账号定位于时政，内容聚焦于时政，这使得《快看上海》的选题范围，相比常规的新闻类新媒体账号而言会更窄。时政新闻的报道不仅需要高度的专业性，还要求内容能体现出较强的权威性和独家性。这种定位虽然能为《快看上海》赢得在时政领域中的特殊地位，但也不可避免设定了较高的进入门槛，使其必须在严肃的时政主题与新媒体流量之间找到一定平衡。这种平衡的难度，导致《快看上海》更新频率相对较低，难以像其他常规的新闻类新媒体账号那样实现高频次推送。

另外,《快看上海》在报道一些重大时政选题,尤其是涉及市委主要领导的选题内容时,面临更加烦琐的审片流程。相比时政 Vlog、说新闻等一般的时政新媒体内容,重大时政选题需要经过更加严格的内容审核,这不仅增加了内容制作的复杂性,也对其时效性提出了严峻挑战。一旦这些重大时政选题的短视频无法赶在电视新闻播出前推送,那么时政新媒体赖以生存的"快"字就无法实现,在新媒体端的推送也就失去其原本的意义,账号影响力也会大打折扣。

总体来看,《快看上海》在专注时政新闻的同时,必须面对选题内容受限、审片流程复杂等多重挑战。这些挑战不仅会影响其在同类型新媒体账号中的竞争力,也会对其未来的发展提出更高要求。如何在确保时度效的前提下,提升更新频次和传播效果,将是《快看上海》未来需要着重解决的问题。

四、时政新媒体的发展前景展望

(一)技术驱动与人才培养

时政新媒体的发展前景在很大程度上受到技术进步的驱动。随着人工智能、大数据、5G 技术和虚拟现实等前沿技术的不断成熟,时政新媒体将获得更强大的内容生产和分发能力。人工智能将进一步优化新闻内容的个性化推荐,赋能生产流程的升级再造,使得新闻制作效率大幅提高。大数据分析可以帮助媒体更好了解受众偏好,精准匹配受众需求,从而制定更有针对性的内容策略。5G 技术则可以提供更高速率、低延迟的网络支持,使得高清视频、网络直播等,在重大时政活动的报道中能有更多用武之地。在这过程中,全能型人才的培养也迫在眉睫,时政新闻的从业人员既要在内容创作方面提升本领,如在视觉上,具备生动表达和深度解读重大时政新闻的能力,又要提升多媒体技能、数据分析能力和创新思维能力等,为时政新闻的创新发展奠定更扎实的人才基础。

(二)受众需求与内容创新

互联网的一大特性,就是技术、内容、形式的快速更迭和动态创新,在这样的媒体生态格局下,受众对于时政新闻也提出了更高要求,不仅要权威、及时、准确,更要让受众听得懂,看得明白,了解更透彻。时政新媒体需要从受众需求角度出发,做好重大时政活动和重要时政选题的提前策划,在守牢政治安全底线的前提下,提升创意发散思维和创新创造活力,做到上达"天线",下接"地气"。同时，要以包容的胸怀邀请更多受众参与到时政新闻事件的讨论和传播中，体验更丰富的互动感和参与感，在这个基础上深入研究受众心理和需求，根据不同特点，提供更有针对性和差异化的产品内容。通过以上这些模式的探索与实践，时政新媒体有望在保持内容质量的同时，实现可持续发展。

（三）政策支持与监管挑战

时政新媒体是引导舆论的重要载体，日益受到政府部门的高度关注。政策支持方面，政府通过各种形式鼓励和扶持新媒体的发展，例如提供新媒体专项扶持资金、加强全媒体人才培养等，这些都为时政新媒体的发展提供了有利的外部环境。而随着舆论生态、媒体格局、传播方式的不断深刻变化，新媒体平台面临的监管挑战也随之升级。时政新媒体如何兼具意识形态性和服务性，如何更好地把正导向、赋能管理、服务民众，成为必须直面和解答的问题。未来，随着相关规则规制的完善，时政新媒体需要在遵守监管规定与创新内容之间找到平衡，使其在有别于传统主流媒体的“一锤定音”和自媒体的多元表达中，以带有自身特色的话语方式和传播策略，影响更多受众。

结　语

传统媒体正在向“互联网＋”的转型道路上大踏步迈进，《快看上海》作为国内地方媒体中较早打造的时政类新媒体账号，正是致力于时政新闻的自我突破和转型发展。其以精准的内容定位、生动的表现形式、灵活的传播策略和深入的受众互动，显著提升了时政新闻的传播力、引导力、影响力和公信力。这一案例表明，在当前信息技术和社交平台高度发达的媒体格局下，传统媒体应顺应新媒体时代发展趋势，创新时政新闻的新媒体表达，并在技术创新、内容创意、监管遵循等方面找到平衡点，更好地发挥时政新闻报道的社会价值。通过不断优化传播策略，时政新媒体有望在未来的媒体生态中发挥更加重要的作用，成为公众获取时政信息的重要渠道。

参考文献：

[1] 舒炜，许然.时政类期刊新媒体如何打造流量高地：基于感知价值视域下的实践探索[J].科技与出版，2024，(07)：119－126.
[2] 兰俊.时政类新媒体产品如何做到好事传千里[J].视听，2024，(05)：158－160.
[3] 丁阳.新媒体背景下时政新闻报道如何接地气[J].中国报业，2023，(24)：170－171.

[4] 李雪峰.新媒体时代时政新闻报道实践研究[J].新闻研究导刊,2023,14(15):143-145.
[5] 张浩.新媒体时代地方时政新闻传播现状和发展策略[J].西部广播电视,2023,44(19):207-210.

作者简介:

严玮骊,上海广播电视台融媒体中心时政报道部主任。

论时政新闻画面的新媒体创新表达方式
——以时政新媒体账号《快看上海》为为例

张佰量

提　要： 传统的电视时政新闻报道在"先网后台"理念的推动下正在经历着深刻的转变，转型和变革势在必行。本文阐述了在顺应媒体融合传播的新形势新要求下，以上海首个时政类新媒体账号"快看上海"运营为例，立足时政新闻的传播特点和受众要求，深入剖析时政新媒体的画面创新表达方式，从而让更多普通百姓轻松看懂时政新闻，也为推动时政新媒体的创新转型提供探索路径。

关键词： 时政新闻　新媒体　画面创新　表达方式

引　言

近年来，舆论生态、媒体格局、传播方式发生深刻变化，新闻舆论工作面临新的挑战，因此在"十四五"规划建议中明确提出要推进媒体深度融合，实施全媒体传播工程，做强新型主流媒体。一直以来，时政新闻的报道在传统媒体平台下，具有强大的传播力、引导力、影响力、公信力。顺应媒体融合发展的要求，时政新闻播报从传统媒体到新媒体的积极转型，也正在扩大主流价值影响力版图，让党的声音在传得更开、传得更广、传得更深入的道路上不断前行。作为主流电视媒体，如何用好时政新媒体画面特有的表现力，有效整合和合理利用传统媒体丰富的生产内容，达到更好的传播效果，需要时政新闻工作者着重关注和研究。

一、融媒体传播背景下，时政新闻报道迎来新媒体时代

1. 电视时政新闻报道的特点

媒体融合背景下时政新闻报道面对的对象主要是重大的党务政务活动、党政主要领导人参与的日常活动以及与时政相关的新闻信息，起到宣传党的方针政策的作用，推动媒体融合背景下时政新闻报道的传播力，有利于推进社会主义事业的进步，促进社会的健康与和谐发展。在时政新闻权威性与指导性作用下，时政新闻报道反映出我国人民群众积极向上的精神面貌，实现中华民族伟大复兴，推动中国梦的实现。而电视时政新闻因其重要性突出而备受关注，这为主流媒体带来了核心竞争力和公信力，也让电视媒体获得了“权威媒体”的称谓。

2. 电视时政新闻在传播力、影响力上的突破及挑战

不可否认，受互联网媒体的冲击，电视时政新闻的传播力和引导力受到了巨大的挑战。在信息化时代，时政新闻在当下的传媒环境中，暂时还没有做到“精准投放”，但是互联网之下，各大平台都在以“兴趣＋算法”的方式来提高传播力。在“信息茧房”现象突出的当下，时政新闻的报道如何打通两个舆论场，即打通主流媒体舆论场与民间舆论场，在各个年龄阶层都能产生广泛的社会传播力，是目前时政新闻工作者需要探究的重要议题。

3. 时政新闻新媒体播报方式的创立

基于对时政新闻扩大传播力和影响力的迫切需求，时政新媒体播报方式脱颖而出。新媒体环境下，时政新闻的传播呈现出多样化和立体化等特点，这些鲜明的特质，从一定程度上，是对传统的电视时政新闻播报方式的一种差异化补充，不仅突破了传统媒体在时间和空间上的限制，而且通过画面、音乐、字幕等多种形式，为受众提供了更加生动、直观的信息获取方式。同时，新媒体时政新闻还具有高度的互动性和参与性，受众可以通过评论、转发等方式参与到新闻的传播过程中来。

纵观目前各大网络平台的时政类自媒体账号，一方面，他们深谙于一定的流量密码，受众范围逐渐扩大；另一方面，在时政新媒体报道过程中，常存在内容转载不完整、不全面、断章取义等情况。习近平总书记在 2019 年 1 月关于“加快传统媒体和新兴媒体融合发展”的会议中，特别指出坚持正确舆论导向是媒体融合工作的生命所系。媒体展示什么，不展示什么，怎么展示，都体现着鲜明的舆论

导向。坚持正确舆论导向是对所有媒体的要求。无论什么形式的媒体,无论网上还是线下,无论大屏还是小屏,都不能存在舆论飞地,因此,主流媒体利用新媒体打造新型传播平台,建成新型主流媒体传播链,扩大主流媒体价值影响力版图,如何让党的声音传得更开、传得更广、传得更深入是新闻工作者亟待解决的问题。习近平总书记强调:媒体融合向纵深发展,正能量是总要求,管得住是硬道理,用得好是真本事。

二、时政新媒体在融媒体背景下的创新探索

1.《快看上海》的成立

时政新闻报道在传统媒体中的根基深厚,因此在深入学习了习近平总书记提到的传统媒体和新媒体要尽快从“相加”阶段迈向“相融”阶段,从“你是你,我是我”转变成“你中有我,我中有你”,进而变成“你就是我,我就是你”,着力打造一批新型主流媒体的要求后,“快看上海”账号应运而生,并以此来探索时政新闻融合报道的新路径。

《快看上海》作为上海一个重要的时政新媒体平台,开创于2019年初。在工作中始终围绕中心、服务大局,不断提升时政报道的传播力和影响力。作为时政类账号,如何做好上海市委主要领导的新媒体报道,是《快看上海》最核心的政治使命。如何用新媒体的语言,既全面准确又突出重点地报道好市委主要领导的新闻,也是账号一直在探索和创新的关键命题。

2019年3月全国两会期间,“快看上海”在全国地方电视媒体中开了先河,尝试全国两会的时政新媒体报道,并在此后每年全国两会期间都会有新的报道内容和表达方式,陆续诞生了像《记者随团日记》《全国两会工作间》《聚焦两会“说”新闻》等一系列新媒体产品。此后,团队不断丰富短视频表达方式,推出时政微视频、时政Vlog、时政说新闻等各类时政新媒体产品。截至目前,“快看上海”已形成一个以微信视频号、抖音为主要发布平台的新媒体矩阵,粉丝总量近40万。这也体现了时政新媒体探索新路径的初见成效。

2.《快看上海》为时政新闻报道模式带来了创新

随着《快看上海》对于时政新媒体报道的逐渐深入,团队探索出了人员职能更复合、时政语态更轻松、报片审核更高效、报道时效更靠前的时政新媒体报道创新模式。

《快看上海》以融媒体中心时政报道部作为班底,进行采访、拍摄、剪辑、制作

的全流程运营。由于是大屏小屏双线作战，所以现场记者摄像在原先拍摄时政新闻的同时需要兼顾新媒体的画面拍摄和画面编辑回传，记者在现场采访的同时也要承担新媒体编辑的工作。团队用“一专多能”模式打破传统媒体在内容生产过程中普遍存在的各岗位“各自为战，按部就班”的问题。通过人员简化、工作流程简化以及融合传统电视时政新闻报道资源和模式，让时政新媒体的时效性获得了充分的提升。

正是基于这些时政新媒体报道模式的创新，在账号成立至今的五年多来，《快看上海》以时政短视频、时政 Vlog、时政新闻述评等新媒体创新报道方式，突出时政新闻的现场表达，梳理上海市委重要活动、重大会议背后的核心脉络，围绕上海中心工作大局，讲述和解读市民最为关心的上海发展大政方针，制作了一大批受众喜闻乐见的时政新媒体产品。

3. 时政画面在新媒体发布中的重要作用

在信息爆炸的新媒体时代，画面正以视觉符号的独特优势重构传播格局。时政画面自然也成了新媒体语境下的政治传播“第一语言”。在《快看上海》新媒体生产过程中，始终面临着各种前所未有的挑战和改变，而画面作为视频媒体传播的重要载体，带来的转变尤为明显。时政画面以超文本形态打破传统文字传播的线性桎梏，其多模态特征完美适配移动端传播场景。比如“快看上海”曾经报道过的市委主要领导调研上海“早餐工程”时，亲手摸一摸豆浆热不热，又比如领导调研苏州河沿岸时，坐在河边的椅子上试了试冷不冷……这些画面通过“图像优先”的认知规律直抵受众神经，是任何文字和解说无法替代的。在时政画面的烘托下，时政信息的解码更能展现与受众的情感共振。根据“快看上海”数据显示，配有现场画面的时政短视频点击量、点赞转发等互动数据都明显提升。

当“画面即观点”成为传播铁律，时政新媒体也要深耕视觉生产的专业主义。从镜头语言的精准表达到画面叙事的价值引导，每个像素都承载着塑造政治认同的重任。这种视觉语言的进化，正在重新定义数字时代政府与百姓的沟通范式。这些时政画面不再仅仅是新闻事件的记录载体，而是演化成具有独立传播价值的时政新媒体语言。

三、时政新闻在新媒体传播中的画面规范和创新特点分析

时政新闻的画面，具有其鲜明的拍摄规范和编辑顺序，而随着传播平台和受众群体的变化，时政新媒体的画面语言也应该有它独特的传承和创新。《快看上海》这些年来，就为时政新媒体的画面创新开拓了思路。

1. 遵循时政新闻规范化操作，提炼重要画面信息

众所周知，时政新闻的画面拍摄要求非常严谨，画面的构图、景别、运镜都有相应的标准。尤其是对于人物的拍摄，讲究主次分明。无论是重要会议还是领导的日常调研，画面都要"注意平衡，抓住关键"。这些画面拍摄和编辑的规范，在时政新媒体的生产制作中同样适用，但又不尽相同。

在拍摄方面：首先时政新闻拍摄更注重画面构图的完整和工整，而时政新媒体的画面可以选择更灵活的构图和视角，突出主题和关键信息，展现新闻的重要元素；其次时政新闻拍摄更注重画面运镜的稳定，而时政新媒体的画面节奏更快，画面信息量更丰富；最后就是时政新闻拍摄更注重主要拍摄对象的正面及画面居中，时政新媒体则是更注重拍摄人物的互动和动作的细节。

这些画面特点在《市委书记陈吉宁看望"共和国勋章"获得者王振义》一片的运用中尤为明显。在该片的新闻版本中，画面先给到领导和王院士握手，然后是落座，用一组常规的会见画面来配合文稿，但是在新媒体的版本中，双方握手后，就是一组领导和王院士握手交流的特写，随后画面直接给到了一大段王院士的实况，整条片子的画面围绕着王振义院士展开，甚至全景也将王院士放到了画面居中的位置，这样的画面拍摄和处理，充分体现了市委领导对于"共和国勋章"获得者的尊重和关心，直接用画面升华了时政新闻的主题。要知道在这样的时政会见拍摄时，由于时间短、现场人员又比较多，常规的拍摄重点一般不会主要放在领导会见的对象身上，而这些大量的非常规时政新闻画面，恰恰展现了时政摄像敏锐的时政新媒体画面意识和对于新媒体画面的理解。

在剪辑方面：首先，时政新闻的剪辑相对顾全大局、面面俱到，而时政新媒体则更加突出主题、突出重点；其次，时政新闻的剪辑相对平铺直叙、娓娓道来，而时政新媒体则更加讲究开篇吸睛、重点前移；最后，时政新闻的剪辑更突出画面本身来结合文稿叙事，而时政新媒体更趋向于画面、字幕、音乐音效、转场特效等因素的综合叙事，画面语言承担的信息更多元，节奏也更快。

在 2019 年 2 月摄制的《丢弃空瓶的正确"姿势"，李强书记为你手动演示》一片中，时政新媒体的剪辑特点就体现出了新闻和新媒体画面剪辑的明显差异化：首先，记者在编辑这条时政新媒体时，大量缩减了开场的外景和过渡画面，把原先领导在调研垃圾分类过程中演示丢弃塑料瓶的动作细节画面直接放在了新媒体的开篇；其次，画面紧紧盯住领导演示的整个过程没有剪辑，画面构图也从领导和社区干部的交流推到捏塑料瓶的特写再拉出来回到领导放回空瓶；最后，再用字幕强调了一遍这些展示的细节，突出重点的同时帮助观众进一步理解画面的意义。这样既有推又有拉的长镜头在时政新闻里一般会配合文稿被分切开使

用，但是在新媒体中，这样的画面剪辑在开场就展现了全片重要细节的完整性，让人印象深刻。该片的新媒体版本也获得了当年的上海新闻奖新媒体类的一等奖。

2. 轻量化设备参与下，带来更高效率的画面输出

在融媒体时代，通常来说大屏端的电视新闻制作流程从报题到采访、写稿、编片、播出呈现的内容是固定化的信息模式，且传统媒体的分工有固定模式。而时政新媒体要求画面结构更紧凑，新闻要素更突出，视觉冲击力更强，呈现的可视化表达更复合。也正因为这种差异，需要新媒体在拍摄画面时，更加注重拍摄设备的轻量化。

在栏目开办初期，《快看上海》的记者就尝试用手机来进行时政 Vlog 的出镜和空镜头拍摄，在手机广角的大景深和多变的拍摄角度下，记者出镜的灵活性和现场感大大提升。而随着手机与微单等轻量化设备已具备高清的录制能力，配合 5G 网络、剪映等手机编辑软件和 Xnews 新闻传片系统，手机拍摄的画面不仅可以进行编辑、传输并确保画质的清晰流畅，更加大大提升了时政新媒体的时效性。

在确保了安全性和稳定性之后，轻量化设备被迅速运用到了时政新媒体的拍摄当中，这让时政摄像能够在一些狭小的新闻现场灵活调整拍摄领导的角度，并能够更轻松地完成跟随拍摄、高位全景、低角度等复杂运镜，突破了传统广电级设备的体积限制，也保证了一些人多场合的拍摄安全。此外，轻量化设备的使用还创新了时政新媒体的画面叙事与内容深度拓展。长焦、微距等特殊镜头可迅速捕捉细节画面（如会议文件特写、人物表情），更灵活的机位变化还能随时调整角度拍摄现场互动，增强时政报道的感染力。

在手机、微单、Osmopocket（一款三轴机械增稳云台相机）等轻量化拍摄设备的推动下，《快看上海》的拍摄方式与内容呈现发生了多维度创新，而轻量化拍摄设备通过技术融合、便携性提升与成本优化，重构了时政新媒体的生产流程与传播形态，让时政画面的输出变得更为高效。

3. 从差异中寻求突破点，为画面表达建立新思路

随着各种新媒体平台的迅速发展，主流媒体的时政报道画面语言也更加多元、更加开放。而随着时政报道在不同新媒体平台的发布，《快看上海》也一直在探索如何在横屏和竖屏的多元化新媒体生态中，突破传统新闻画面表达惯性，通过技术赋能、叙事重构与受众思维导向，实现不同新媒体平台画面横竖屏适配与画面差异性的动态平衡。

4. 从“兼容”到“定制”

时政报道的大屏属性使得时政新闻的画面拍摄还是要以横屏为主，而时政新闻的拍摄特性也意味着现场往往只有“一遍过”的拍摄时间和空间。如此一来，要兼顾横屏和竖屏拍摄显然不可兼得。但是如何让横屏与竖屏画面实现“兼容”，也是可以通过一些“定制”的拍摄手段来实现。比如在拍摄领导讲话镜头时，通过视觉叙事逻辑利用宽幅画面构建“空间叙事”，拍摄一些带着现场人员的过肩镜头，这样拍摄的横屏画面环境感和互动性会更强，而裁成竖屏画面又不会让近景画面显得太大。又比如在拍摄领导调研时与现场群众互动的画面，在拍摄时稍稍带出周边群众的反应，这样在横屏画面会显得现场气氛更加热烈，在裁成竖屏时也能使画面中主要人物的景别留有余地。

5. 从“解构”到“重塑”

时政新闻画面从横屏到竖屏的切换不是简单的尺寸变化，而是在 16∶9 的横屏画面中裁剪出最核心的画面信息，并将“解构”掉的那部分画面信息用标题、字幕等可视化元素来补足新闻的五个 W 要素，然后“重塑”出一个新的画面。在这个过程中，如何调和时政新闻画面的严肃性和新媒体的可视性，竖屏画面的背景选择、字幕的字体和颜色都成了重要因素。在《快看上海》的新媒体生产中，把画面的重塑利用了“核心硬核＋包装软化”的模式：画面核心是时政主体画面，背景则选用适合不同时政选题调性的纯色背景，字体的选择也可以不拘一格，这样既确保了时政画面的权威严肃，也在画面的整体性上体现了时政硬选题在新媒体平台的软着陆。

结　语

时政新闻画面的新媒体创新表达是新闻传播领域的一次重要变革。这不仅是一次简单的画面形式革新，更是一次深刻的内容变革。

对于视觉类新闻而言，新媒体新闻播报在画面上的精益求精和不断创新，是提升新闻质量和吸引力的关键。以《快看上海》为案例的新媒体账号通过独特的表达方式为受众提供了更加生动、直观的时政新闻体验。未来可以通过运用更多的前沿技术，创新画面布局和设计，不断关注观众的需求和反馈。

与此同时，在面对信息过载和真实性问题等挑战时，新媒体时政新闻画面表达仍需在实践中不断完善和优化。确保每一条新闻都能更准确、生动地传达给受众，让受众在体验画面内容的过程中与时政新媒体的输出表达产生共情，提高时政新媒体的传播力、影响力。未来,《快看上海》等新媒体账号应继续探索创新时政画面表达方式和技术手段,为受众提供更加优质、高效的时政新闻服务,成为联结政府与民众的坚实桥梁。

参考文献:

[1] 金蓓蕾.Vlog在电视时政新闻中的运用及优化措施[J].中国传媒科技,2024,(04):97-100.
[2] 商永利.融媒体时代传统时政新闻传播的创新路径[J].新闻文化建设,2023,(16):187-189.
[3] 王辉.时政新闻如何搭上"融媒创新"快车[J].新闻传播,2023,(15):58-60.
[4] 李萌.时政类新闻短视频的创新发展路径[J].新闻文化建设,2023,(12):24-26.
[5] 尚小虎.新媒体下的时政新闻编辑业务探讨[J].中国报业,2023,(05):138-139.
[6] 朱晓东.竖屏叙事类短视频视觉表达研究[D].山东师范大学,2022.

作者简介:

张佰量,上海广播电视台融媒体中心制作部副主任。

先“播客”后“广播”的网络转型路径探索

傅昇岽

提　要：本文聚焦广播向播客转型的必要性与可行性，通过分析“先台后网”与“先网后台”两类转型路径，揭示播客市场作为蓝海机遇的核心价值：2020 至 2024 年中文播客用户规模增长超 95%，其高学历、高黏性特征与传统广播目标受众形成互补，而广播团队在声音叙事、专业制作与品牌积累上的优势，为播客化转型提供了天然适配性。广播与播客在媒介形态、内容逻辑及语态风格上的差异，要求广播团队须重新定位受众，强化深度内容生产能力，并选择访谈、新闻评论、知识分享等适配节目类型进行创新。同时指出，视频化播客的轻量化实践结合 AI 技术赋能，可显著提升音频内容的传播效能与商业价值，旨在为行业转型提供具备实践意义的参考路径。

关键词：传统广播　先网后台　播客　转型路径　视频化

引　言

在“强化互联网思维”“先网后台”“台网并重”等战略驱动下，传统广播面临融媒转型的巨大压力。视频化虽已成为趋势，然而，相较于电视团队在视频制作上的天然优势，广播团队在声音领域的专业性尚未完全转化为网络时代的竞争力。与此同时，网络音频市场迅速崛起，以播客为代表的长音频内容，不仅展现出巨大的商业潜力，还与广播的制作形式高度契合，成为传统广播互联网转型的重要方向。本文旨在分析传统广播向播客转型的必要性与可行性，探讨其常见形式、市场潜力、优势与挑战及视频化实践路径，为广播行业数字化转型提供参考。

一、传统广播网络转型的常见形式

随着互联网技术的发展和用户消费习惯的深刻变化，传统广播的受众群体逐渐流失，市场份额持续萎缩，尤其在年轻群体中的影响力显著减弱。在此背景下，传统广播团队正在积极探索网络转型的不同路径与模式。实践中，传统广播网络转型的路径主要分为“先台后网”和“先网后台”两大模式。前者侧重于将广播内容进行网络化改造与分发，后者则强调内容优先为网络平台设计，再反哺广播平台。两种路径各有侧重，也兼有优缺点。

1. “先台后网”路径

传统广播“先台后网”的实践路径是内容先经广播平台播出，再通过加工分发至网络端。其主要形式包括：

直接分发：剔除广播节目中的冗余成分，如整点报时和插播广告，将原始音频直接上传至音频平台。早期，由于音频市场优质专业内容的缺乏，这种操作涌现出一批高流量节目。但在当前的网络内容环境中，由于缺乏针对网络生态的适配性，已难以获得理想的流量回报。

网络化改造：对广播音频进行网络化改造，如采用更简洁的片头设计，录制符合网络审美的开场与结束语，剔除“节目正在直播”等广播专属表述，修剪直播中的瑕疵，压缩节目时长等，使其形态更接近网络音频节目的消费习惯。这种方式迎合了网端用户的偏好，相较直接分发更具竞争力。然而，广播节目固有的版块化结构及其传统媒体的语态惯性，仍可能与年轻一代网络用户审美偏好存在隔阂，限制其传播效能。

广播视频化：为音频添加字幕与图片等视觉元素后分发至视频平台，或在广播直播与录播过程中同步进行视频录制，再根据目标平台特性进行剪辑与分发。尤其是后者，满足传统听众对直播间、主播形象等的好奇心，初期效果显著。然而，广播视频化在媒介形态上的冲突使其难以有效吸引新受众。随着广播神秘感的消解，忠实听众对视频平台的持续关注动力减弱，这一路径的长期效应受到制约。

内容切片：利用短视频平台的流量红利，通过从视频化内容中提取精华片段，制作短视频并精准分发，若能形成“爆款”，则有望提升广播节目的影响力。然而，这一模式的成功高度依赖内容质量与平台算法的匹配，其不确定性不容忽视。同时，所需的资源投入对人员配置有限的广播团队亦构成挑战。

2. “先网后台”路径

“先网后台”则是一种主动的网络化策略，即内容优先为网络平台设计与制作，随后加工或同步应用于广播平台。因内容首先为网络传播制作，在流量获取上具备优势，但须平衡广播端的收听习惯。

采访短视频化：记者或主持人外出采访时，首先以视频形式记录素材，随后根据分发平台特性进行差异化剪辑。网络端以短视频形式快速发布，广播端将视频中的音频部分加工为新闻报道或节目版块。这种以网络需求为导向的创作逻辑，避免了广播媒介的固有冲突，充分利用了视频素材的多功能性，确保内容在跨平台传播中的一致性与针对性。随着广播融媒人才的成长，视频质感日趋专业化，但存在电视团队视频转型的同质化竞争。如何形成差异化，凸显广播轻快、灵活的特点，值得进一步思考。

转播网络直播：将网络视频直播的音频信号实时传输至广播，或在事后剪辑包装后播出，实现内容资源的跨平台高效利用。然而，相较于纯视频直播，这一模式对音频质量的要求更为严格，也须在语言表达上强化对视觉信息的补充描述，从而兼顾传统广播听众的收听体验。

长视频广播化：将广播团队为网络平台原创的长视频内容的音频部分，经过“广播化”处理后用于广播播出。视频与广播在媒介形态上的差异，使其难以兼顾两端受众的收听与观看需求，制作过程中须进行取舍。此外，视频平台的主流内容时长短于广播节目，导致其音频化后仅能作为节目中的局部版块。同时，视频制作的高资源投入对小型团队难以常态化实施，限制了其应用广度。

长音频广播化：对应“先台后网”中广播音频的网络传播，这一形式将为网络音频平台制作的长音频内容（如播客）进行广播化包装后播出。由于同属声音媒介，其形态冲突较小，仅须修剪与传统广播主流形象不相符的部分，即可适配传统听众的收听习惯，尤其是注重聊天或访谈播客类节目，其主流时长（约一小时）与广播节目惯性高度契合，可充分发挥广播团队在声音内容制作上的专业优势。又由于网络音频往往以年轻化、活力十足的语态呈现，对中青年听众群体具备较大吸引力。

二、播客崛起的机遇与挑战

在上一章讨论的各种路径中，将以播客为代表的长音频进行广播化，因其制作流程与传统录播节目差异甚微，对于目前大部分的广播节目团队而言，均具备较强的操作可行性。近两年，上海广播节的“声音大会”“东方畅想”等活动专门设置了播客融合发展讨论和评奖环节，也能体现出广播业界对这一趋势的关注。

但国内广播界鲜见以此“先网后台”路径进行节目创新的尝试。在互联网音频市场，普遍采用“先台后网”路径进行分发。究其原因，或由于对播客价值认知不足，或过于关注视频化转型，或现有节目管理、生产模式、评价体系对此类转型存在阻力，值得探讨，本文不做展开。但若因认知不足而放弃了播客这一广播具备天然优势的转型方向，则较为可惜。

1. 潜力巨大的“蓝海”市场

播客作为一种媒介形态，继承了传统广播“解放双眼”的伴随性特征，凭借丰富、灵活和个性化的内容选择，满足现代用户对音频内容的多样化需求。智能手机的普及和疫情期间居家时间的延长则为播客市场带来增长红利。

自 2020 年起，全球播客受众规模迅速扩大，市场规模截至 2024 年突破 300 亿美元，预计 2032 年达到 2 339 亿美元。美国知名播客 *The Joe Rogan Experience* 2022 年单集平均听众约 1 100 万，Spotify 与其签订的三年独家协议总值 1 亿美元。播客的营收能力已可媲美头部视频内容，展现出巨大商业价值。在中国，2020 至 2024 年间，中文播客听众规模从 6 840 万增至 13 350 万，增速位于全球首位。对比欧美发达国家的播客用户比例，中国播客市场仍处于早期阶段。凭借中国庞大的人口基数、持续的经济增长和人口素质的提升，播客市场增长潜力巨大。

播客核心听众呈现高学历、高收入、高黏性的“三高”特征。81.3%的中文播客听众拥有本科及以上学历，远超短视频平台用户的平均水平。月收入超过 3 万元的听众中，47.5%已连续收听播客四年以上，半数用户将播客视为使用时长最长的媒体形式。这一群体与传统广播努力吸引的高端受众高度契合。播客用户多在通勤、驾驶、家务、睡前等场景收听，与传统广播的核心优势场景高度重合，形成竞争关系。

2. 广播人的天然优势

视频赛道竞争已趋于“红海”，而中文播客市场仍处于“蓝海”阶段，高质量内容有较大机会脱颖而出。对于传统广播从业者而言，探索“先播客后广播”的制作思路，能充分发挥专业优势，转型门槛较低，更具可行性与吸引力。广播团队在音频内容制作领域的深厚积淀与专业素养，在转型播客时具备优势，能够为其播客创作带来高质量与专业性。

广播主持经过长期专业训练，有更强的语言驾驭能力，懂得通过语调、停顿和节奏吸引听众的注意力，这在播客中尤为重要。相比于非专业主播，广播主持能更自然、生动地呈现内容，提升听众的沉浸感和黏性。多年音频节目的制作经验，使广播团队熟悉内容策划、脚本撰写、录音剪辑等全流程操作，在采访技巧、话题挖掘和节目结构设计上的积累，能产出逻辑清晰、深度兼具的播客内容。许多传统广播人已在广播行业中建立了个人品牌和忠实听众群，既有的知名度和影响力可迁移到播客平台，帮助他们迅速吸引受众，借助过往积累的信任感和号召力，更快地站稳脚跟。

三、播客化转型的路径与策略

“先播客后广播”的转型，不仅是内容的迁移，更涉及内容形式、语态转换、主题选择、模式等多维度改变。如何抓住播客市场崛起的机遇，形成与传统广播的优势互补，值得分析。了解播客与传统广播的差异尤为重要。播客强调个性化、深度与互动性，与传统广播在内容生产逻辑上既有相似之处，亦有差异。在节目形态设计与节目语态把控上，须进行调整与平衡。

1. 播客与广播节目的主要差异

“大众”之于“小众”：传统广播聚焦于大众化内容，播客则倾向于小众化，针对特定兴趣的听众群体，提供深入、专业化的讨论。这种定位使其能够建立忠诚度高、参与感强的听众社区，满足细分市场的需求。然而，这也意味着播客的受众范围可能不如广播广泛。因此，在设计播客内容时，创作者须明确目标受众，并在内容的深度与潜在覆盖面之间找到平衡。

“版块”之于“主题”：传统广播节目采用版块化、单元化的设计。这种结构追求内容的多样性、听觉体验的丰富性，满足广泛的听众需求。播客平台使播客倾向于主题化与系列化的内容组织，围绕核心话题或叙事线索展开，注重深挖细节与构建连贯性。节目列表的存在，使播客节目可以打破线性传播的约束，形成前后关联。

“固定”之于“灵活”：传统广播受制于固定时段，节目时长严格受限，节奏紧凑。播客在时长上具有灵活性，既可以是短篇内容，也可以是深度探讨。这种自由度使播客能够充分展开叙述，满足听众对高质量、沉浸式内容的期待，为创作者提供创作空间。

“官方”之于“个人”：传统广播的语态正式且规范，尤其在新闻与公共事务类节目中。这种风格能建立公信力，但可能使听众感到疏远。播客的语态随意、自然，以对话式或个人化的口吻沟通，分享主观见解或情感体验。这种风格缩短了与听众的心理距离，提升用户黏性与情感联结。考虑到广播的主流媒体形象，虽建议广播主持人在播客节目中进行语态调整，但仍须注意个人公众形象的整体一致性，避免过于随意，甚至粗俗的表达。

2. 播客化转型的主要挑战

广播主持人习惯在有限时间内快速切换话题或达成访谈目标，而播客听众往往期待连贯的长篇叙事或深入的讨论。因此，在进行播客化转型时，需要适应“广度”到“深度”的创作逻辑转变，并且锻炼如何在无时间限制的条件下打造引人入胜的故事或观点的能力。

传统广播的受众以中老年群体为主，收听习惯较为固定，而播客的核心听众多为年轻、注重个性化的网络原住民。广播人在转型时须重新定位目标受众，理解年轻用户的消费习惯与审美偏好。

此外，尽管播客市场仍有较大发展空间，但竞争已日益加剧。传统广播人不仅要与独立播客创作者竞争，还要面对跨界内容生产者的挑战。如何在保留传统广播权威性的同时，融入播客所需的亲和力与个性化风格，也是转型成功的关键。这要求广播人既延续专业形象，又展现更贴近听众的一面，以满足播客受众的期待。

3. 适合播客化转型的节目类型

播客与广播存在差异，但并非无法融合。优质播客提供的深度思考、专业内容、情绪价值、强伴随性等特点，也是传统广播受众的需求。在讨论“先播客后广播”转型路径时，须寻找两者间的交集，挖掘出合适的节目类型，摸索出新型节目形态。以下是笔者认为较为合适的节目类型：

访谈与对话类播客：访谈节目是传统广播的核心版块之一，广播人熟练掌握通过声音捕捉嘉宾情感与思想深度的技巧。在播客领域，访谈类内容同样因其自然互动与深度对话的特点而广受欢迎。前文提到的 *The Joe Rogan Experience* 就以访谈见长。每期节目邀请各种名人、专家和公众人物进行深入讨论，节目氛围轻松、自由，强调自由表达和多元观点，而 Joe Rogan 本人曾是电视节目主持人，也是节目成功的重要基础。国内广播界，有大量具备优秀访谈能力的主持人，也积淀了大量优质的嘉宾资源，因此现有的访谈类广播节目也是笔者认为最容易进行播客化转型的类型，将此类播客内容精剪后在广播平台播出，也同样具有吸引力。

深度新闻与时事评论类：前文提到的 *The Daily*，以每天 30 分钟左右的时间，深入分析当日的热点新闻。每集 20～30 分钟，形式简洁，结构清晰，通常由主持人和记者进行对话，涉及专家解读和背景分析，也会通过采访和音效来增强听觉体验。对于拥有强大新闻采编团队的主流新闻广播而言，有着很强的借鉴意义。此类型节目以夜间日播或周播的形式在广播端播出，也可与常规新闻直播节目相呼应，提升新闻广播内容品质。

知识分享类与垂直类播客：由英国广播公司 4 台制作的 *The Infinite Monkey Cage*，是海外播客与广播端均收获较大影响力的一个代表。而其所代表的类型知识分享类播客，也是播客市场中常见的受欢迎类型，通常由两个固定主持人用对话式的方式讨论某一话题，其中一名通常是专业主持人，另一名则是具有一定研究背景但表达能力优秀的专业人士。因内容深入浅出，幽默风趣，尤其是高学历听众对其需求旺盛，在市场上日益受到重视。这种节目范式，在传统广播其实并不少见。对于现有的健康、科技、财经、文艺等专题类广播节目，是值得借鉴的转型思路。若能形成“专家型主持人”搭配“主持人型专家”的组合，无论在播客市场，还是广播市场，都将形成很强的竞争力。

叙事与故事类播客：以 *Serial* 和《故事 FM》为代表的叙事类播客，同样也是播客市场的重要类型，往往以其引人入胜的故事情节和精良的制作水平著称。类似于传统广播的声音纪录片形式，聚焦于某一具体案件或事件的深入调查与叙述，通常以“系列剧”的形式呈现，通过精心编排的音频元素营造沉浸式听觉体验。由于制作门槛较高，国内播客市场的同类型作品相对较少。反观广播界，并不缺乏在声音叙事、音效运用和节目剪辑方面拥有专业技能的人才和专业级别的设备。且这样的节目类型，也早已在广播市场得到过验证，具备极强的听众吸引力。具备人才和资源优势的传统广播，应重视播客市场中的这一细分领域。

4. 播客化转型的注意事项

简言之，传统广播人在转型播客时，应充分利用其在内容策划、声音表达与节目制作上的专业优势，结合播客市场的个性化与深度化特点，选择适合的节目类型。不过，由于本文主要讨论的是“台网兼顾”的广播节目互联网转型思路，考虑到广播平台节目特点及音频播客平台的内容偏好，这样的转型思路并非所有广播节目类型都适用，应结合自身节目的特点，选择更适合的路径。而传统的电话直播类节目、音乐类直播等节目类型，则更适合于视频直播化的转型。

传统广播与网络传播的受众并非完全割裂，合理衔接两者可实现用户群体的双向导流。在传统广播中，可通过口播提示或二维码插入，引导听众访问网络平台观看视频内容或参与互动讨论；而在网络播客中，则可通过提及广播频率与播出时间，吸引线上用户尝试线下收听。这种双向导流不仅扩大受众覆盖面，更通过多渠道触达增强了用户黏性，帮助节目建立跨媒介的品牌影响力。

四、视频化播客的探索与实践

近年来,视频拍摄门槛降低,互联网上兴起“视频化播客”趋势,在国内外视频平台上崭露头角,流量潜力不容忽视。视频化播客通过视觉元素丰富内容表现力,拓宽受众参与渠道,尤其在 YouTube 上流量表现突出。*The Joe Rogan Experience* 在 YouTube 上有 1 940 万订阅者,显示视频化播客的流量潜力。B 站则推出“听”视频功能,即用户在观看视频时可切换至纯音频模式,也预示着视频平台正在成为用户消费音频内容的重要入口。播客所见长的深度讨论,让观众能找到深刻的见解、观点碰撞和思考空间,是短视频内容所无法比拟的。因此,即使没有复杂的后期制作,此类视频也能收获可观的消费群体。所以,在思考广播节目播客化转型时,应同时考虑“视频播客化”转型的可能。

1. 播客视频化的意义

播客视频化主要分为“静态图像+音频”和“录音过程的同步录像”。前者工作量较小,但后者播放数据则有着显著优势。究其原因,除了受平台用户习惯和推荐算法偏好的影响,对于访谈、脱口秀等对话类节目,视觉元素的加入的确能显著增强节目的互动感和沉浸感。

通过视觉元素(如嘉宾表情、场景布置、图表展示等),视频播客能够显著提升音频内容的表达效率与吸引力。这种内容特性不仅吸引了偏好视觉体验的用户群体,还为广告植入和品牌合作提供了更多可能性,进一步提升了播客的商业价值与流量变现能力。

此外,视频化播客在社交媒体和视频平台上的传播力更强。相比纯音频内容,视频因其可视化特性更容易触发平台推荐算法,尤其是节目中的“金句切片”,在短视频平台上更获得更高曝光率和点击率,进一步扩大节目的影响力和受众范围。

2. 视频化播客的特点

视频化播客不依赖复杂特效或片段插入,而是通过舒适、自然的对话环境吸引观众,后期投入远小于传统长视频。

环境营造:视频化播客的录制环境营造轻松、生活化的氛围,如桌子上有饮料,背景有书架,座椅是舒适的单人沙发,主持人与嘉宾坐姿随意。这种“随意”环境让观众觉得亲近、放松,仿佛参与私人对话。在播客化转型时,可跳出传统广播录音间的局限,另行搭建环境。营造生活感的氛围,成本通常不高。

拍摄技术：拍摄采用固定角度，视角集中于主持人与嘉宾的互动，简洁的视觉构图让观众集中注意力于对话。特写镜头展示人物表情、眼神，增强情感共鸣。广播团队利用智能手机、三脚架和简单灯光即可实现。

剪辑风格：剪辑上，进行基本镜头切换，去除停顿、杂音或瑕疵，保留对话的连贯性和真实性。偶尔插入标题、嘉宾名字或信息图表，帮助观众理解话题。视觉元素简洁，补充对话内容。这种剪辑风格呈现真实的互动，不过度包装，自成风格。尽管视频时长较长，但后期工作量仍在小型广播节目团队可以承受的范围。

视频化播客提升音频内容的表现力、互动感和沉浸感，为商业合作和内容传播提供机会。追求自然与真实，技术简单，后期工作量可控。AI 技术为视频化转型提供助力。AI 辅助剪辑软件自动识别并剪辑精彩片段，生成字幕和视觉元素，提升视频可访问性和吸引力。AI 技术降低视频制作门槛，使广播团队更轻松地实现视频化转型。视频化是广播节目播客化发展的可行路径，值得探索。

3. 播客视频化的意义

视频化播客通过引入视觉元素，显著提升了音频内容的表现力、互动感和沉浸感，不仅增强了用户体验，还为商业合作和内容传播提供了更多机会。其在环境、拍摄和剪辑上追求自然与真实，技术实现简单，后期工作量可控。与此同时，AI 技术的发展进一步为视频化转型提供了助力。例如 AI 辅助剪辑软件可以自动识别并剪辑精彩片段，AI 生成的字幕和视觉元素也能提升视频的可访问性和吸引力。这些技术红利大幅降低了视频制作门槛，使广播团队能比以往更轻松地实现视频化转型。因此，对于广播节目的播客化发展而言，视频化不仅是一条可行路径，更是一个值得深入探索的趋势。

结　语

传统广播向播客的转型不仅是应对用户流失与市场竞争的必然选择，更是激活专业优势、重构内容生态的战略机遇。播客市场的快速增长与广播团队的声音制作能力形成天然互补，通过适配年轻化、垂直化的内容需求，可显著提升广播在互联网生态中的竞争力。同时，视频化播客的轻量化生产模式，结合 AI 技术与双向导流策略，为广播突破媒介边界提供了低成本、高效率的解决方案。

未来，广播行业须以开放思维打破传统生产惯性，在保留权威性的基础上融入播客的个性化表达，并通过技术赋能实现跨媒介内容分发。尽管转型过程中须平衡受众差异、资源投入与语态转换等挑战，但若能精准定位细分市场，挖掘声音叙事的深度价值，传统广播有望在数字化浪潮中重塑影响力，为中国音频内容生态注入新活力。

参考文献：

[1] CPA.2025 播客营销白皮书.CPA，2024，https://www.sohu.com/a/834719607_121748621.

[2] Katherine Rosman, Ben Sisario, Mike Isaac, and Adam Satariano, "Spotify Bet Big on Joe Rogan. It Got More Than It Counted On," The New York Times, February 17, 2022, https://www.nytimes.com/2022/02/17/arts/music/spotify-joe-rogan-misinformation.html.

[3] 艾瑞咨询.2023 年中国网络音频产业研究报告.艾瑞咨询，2023，https://report.iresearch.cn/report/202308/4217.shtml.

作者简介：

傅昇崇（播音名：旭崇），主任播音员，上海广播电视台东方广播中心首席主持人、制作人，科学工作室主管。

生成式人工智能(AIGC)语境中各地广电发展路径研判与风险治理前瞻

黄艳如

提　要：生成式人工智能（AIGC）技术的快速迭代，正在重构媒体内容生产与传播的范式。本文聚焦中国广电行业在 AIGC 浪潮中的战略布局，通过案例分析法探讨其应用实践、机遇与挑战。研究发现，广电机构通过成立人工智能实验室，开发 AIGC 作品及场景化工具，初步构建“技术＋内容＋生态”创新体系。然而，数据治理、伦理风险及技术自主性等问题仍需系统应对。本文提出“意识形态底线-全民普及基线-创新发展天际线”的三条线风险治理路径，为广电行业智能化转型提供理论参考与实践建议。

关键词：AIGC　广电价值重构　风险治理

随着 Sora、DeepSeek 等生成式人工智能技术的突破性发展，全球传媒行业正经历从“内容生产”到“智能创造”的范式转变。中国广电行业作为国家主流媒体阵地，亟须通过 AIGC 技术实现内容创新、效率提升、产业升级。近年来，中央及地方广电机构密集布局 AIGC 领域，通过成立实验室、推出作品及制定标准等举措抢占技术高地。本文基于多案例研究，系统分析广电行业的 AIGC 实践逻辑，探讨其技术融合路径与潜在挑战，以期为媒体智能化转型提供理论支持。

一、广电 AIGC 产业竞合态势与发展路径

2024 年堪称 AI 应用迈向大规模拓展与深度融合的标志性“元年”。在这一具有里程碑意义的开局之年，第一季度便成为广电行业积极拥抱技术变革的关

键窗口期。广电行业以高度的战略敏锐性与行动力,紧锣密鼓地开展了一系列涵盖多维度的创新实践活动。

在平台搭建层面,积极探索构建适配 AI 技术应用的新型架构;在合作模式上,广泛寻求与科研机构、科技企业的深度合作契机;在实际应用领域,大力推动 AI 技术在新闻采编、节目制作、内容分发等环节的落地;在作品产出方面,借助 AI 赋能创作高质量、个性化的广电内容;在行业规范制定上,着手拟定适用于 AI 在广电领域应用的标准体系;在频道建设维度,尝试融入 AI 元素打造特色化、智能化的频道内容。这一系列有条不紊且环环相扣的举措,精准勾勒出广电人敏锐捕捉时代脉搏、精心布局 AIGC 技术应用版图的清晰战略轨迹。

从平台建设的视角深入剖析,2024 年 2 月,总台央视以敢为人先的果敢气魄与前瞻性战略眼光,率先成立人工智能工作室。这一开创性举措犹如在广电行业的技术创新浪潮中树立起一面鲜明旗帜,产生了强大的示范引领效应,迅速带动全国各级广电单位纷纷投身于 AI 技术应用的探索热潮之中,呈现出“万马奔腾”的蓬勃发展态势。上海广电依托其国际化大都市所具备的丰富多元资源、前沿创新理念以及强大的产业集聚优势;北京广电凭借深厚的文化底蕴、丰富的政策资源以及高端的人才储备;成都广电借助西部核心城市的独特地缘优势、浓郁的地域文化特色以及快速崛起的数字经济产业;河南广电依靠源远流长的历史文化根基、庞大的受众市场以及日益完善的传媒产业生态,纷纷以迅猛之势加速在 AIGC 领域的“抢滩登陆”行动,在这片充满机遇与挑战的新兴市场中积极角逐。通过与高校科研团队开展产学研合作,共同攻克技术难题,推进理论创新;与专业科技企业建立战略伙伴关系,实现技术成果的快速转化与应用推广,以及参与行业联盟与产业集群建设,整合各方资源,形成协同创新合力等多元化合作模式,有力地促进了人工智能技术在传媒领域从基础研究、技术开发到产品应用、产业发展的产学研用一体化深度融合与良性循环发展。

在数字化转型背景下,广电机构通过设立 AI 工作室构建了可持续创新的智能生态系统。该生态系统以技术赋能为内核,通过技术-内容、创意-数据、生产-消费的三维互动机制,形成螺旋式上升的创新循环,持续推动技术迭代与模式创新,为广电行业智能化转型提供内生动力。

从内容生产维度考察,AIGC 技术显著提升了内容创新的能级。基于深度学习和自然语言处理技术,该技术实现了内容生产范式的革命性突破,使广电媒体在文化传承与国际传播领域取得突破性进展。典型案例包括:展现中华文明传承的《千秋诗颂》系列、诠释科技伦理的《因 AI 向善》专题,以及构建叙事新维度的《来龙去脉》项目。这些创新实践不仅验证了 AIGC 技术的应用潜力,更为文化产业的国际竞争力提升提供了技术路径。

在场景应用层面，头部广电机构展现出差异化的战略布局。上海广播电视台依托“新闻立台、文化兴台、融合强台”战略定位，重点突破新闻生产智能化转型。其自主研发的Scube智媒魔方，在2024年全国两会报道中实现AI辅助采编全流程覆盖，并创新性拓展至公共服务领域，推出基于手语大模型的数字人翻译系统《润爱无声》，构建科技向善的实践样本。而湖南广播影视集团则聚焦娱乐产业升级，在《我们仨》综艺节目中引入AI导演助理，通过人机协作探索青年文化表达新范式，彰显“快乐中国”的品牌定位。

值得注意的是，技术伦理治理成为行业发展的关键命题。中央广播电视总台率先构建AI应用规范体系，其颁布的《人工智能使用规范（试行）》确立了分类分级监管机制，通过技术伦理审查、内容安全评估、知识产权保护等制度设计，在技术创新与风险防控间建立动态平衡。这种审慎包容的治理模式，为行业健康发展提供了制度保障。

当前，广电行业正处于“技术赋能”向“生态重构”演进的关键阶段。从产业演进视角分析，广电机构的AIGC布局具有双重战略意义：既是应对技术革命的适应性创新，更是主导产业升级的主动性变革。这种转型不仅涉及技术工具迭代，更催生内容生产流程再造、消费模式重构和产业价值重塑。未来竞争将聚焦于三个维度：智能技术研发能力、文化价值转化能力、生态协同创新能力。只有建立技术、内容、伦理三位一体的发展体系，才能真正实现媒体智能化的可持续发展。

二、AIGC技术视域下的广电价值重构

在广电行业的发展进程中，科技创新始终作为关键驱动力，发挥着不可忽视的重要作用。近年来，AIGC（人工智能生成内容）技术的蓬勃兴起，吸引了众多广电机构积极投身于这一产业领域。在此背景下，深入探究广电机构入局AIGC产业所具备的优势以及面临的挑战，具有重要的理论与实践意义。

事实上，与整个AI行业相比，广电领域的人工智能发展呈现出其他行业难以比拟的独特优势。这些特质为广电行业在AIGC技术的应用与融合方面，构筑了得天独厚的有利条件。

首先，广电天然拥有国内最大的高质量数据壁垒。海量优质的音视频数据、用户行为数据以及内容元数据等，是广电行业难以被替代的资源优势。据中国视听大数据2023年收视年报显示，全国广播电视系统去年上星频道播出电视节目46.7万小时，新闻节目、电视剧、纪录片分别播出6.5万小时、15.1万小时、5.7万小时，是播出时长前三的节目类型。此外，文艺节目播出5.2万小时，少儿节

目播出 4.5 万小时,公益广告全年播出 1.4 万小时。这些数据为 AI 模型训练和优化提供了宝贵资源。

更重要的是,相较于网上遍布的“垃圾数据”“有毒数据”,广电数据资源普遍具有**多类别**、**多模态**、**质量优**、**数量大**、**易标注**的特点,能为 AI 技术的应用提供丰富优质的训练和优化样本,提升内容推荐、用户画像、精准营销等方面的能力。

其次,AI 技术在广电领域应用场景丰富,涵盖“策采编播存发”流程各个环节。

在**媒体采集端**,传统视频的素材检索具有输入信息量低、自动化程度低、流程复杂、耗费时间多等问题,而以 Sora 为代表的素材检索具有输入信息高、自动化程度高、流程简洁、耗费时间少等优势,能够实现工作效率大幅提升。

在**编导端**,传统拍摄流程依靠“人与人协作”,创作成本高,容错和效率低。而结合 AIGC 的拍摄流程通过“AI 驱动协作”,能够有效节省场景、舞台、人员、道具、动作、运镜等创作成本,从而刷新拍摄的速度与效率。

在**内容制作端**,传统的人工剪辑需要经历素材筛选、片段剪辑、制作过滤帧、拼接、颜色校正和调色等环节,一段 15 分钟的视频往往需要耗时 1 周甚至更久。而 AIGC 技术能够通过 AI 大模型实现智能筛选、智能剪辑、智能生成过滤帧、智能调色,整个过程丝滑流畅,一段 15 分钟视频 2～3 小时就能完成。

在**智能后期端**,传统的后期制作面对人物动作、外观、场景更改等需求,需要重新布景、造型和拍摄,耗时长,成本高;而智能化编辑只需通过分割模型和编辑模型,便可以快速实现人物动作、场景和外观变更。

在**内容分发端**,AIGC 技术能够根据每个用户的个性化需求,使用同一基础视频生成不同的定制化内容,让观众成为内容的主导者,满足个性化需求和期望,提供更贴近每个人喜好的观看体验。

再次,广电在传播渠道和用户覆盖方面优势显著。广电行业具有很强的公共服务属性。广电网络覆盖广泛,用户基数庞大,这为 AI 技术应用提供了广阔市场空间。通过智能电视、机顶盒等终端设备,广电行业可以将 AI 服务推送给千家万户,让人民群众方便快捷地享受到跨屏、跨城、跨网、跨终端的高质量视听和综合信息服务,满足用户在智能家居、智慧教育、健康医疗等方面的需求。推进广电公共服务体系深度融入网络强国、数字中国、智慧社会建设。

最后,广电行业还具备政策支持和产业协同优势。《2024 年政府工作报告》首次提出,“深化大数据、人工智能等研发应用,开展‘人工智能＋’行动,打造具有国际竞争力的数字产业集群。”从中可以看到,在国家加快发展新质生产力的战略中,人工智能作为引擎的重要性得到提升,这也意味着广电行业在 AI 发展方面将得到有力政策支持和资金扶持。同时,广电行业与高校、科研机构以及科技企业等保持着紧密合作关系，共同推动 AIGC 技术在广电行业的应用，依托“政产学研用”相结合的模式，推动 AI 技术在广电领域的创新应用和产业升级，与广电垂类场景加速融合，形成媒体新质生产力，全面赋能和引领行业转型发展。

三、AIGC 在广电行业应用中的风险治理

AIGC 技术如同一把双刃剑，为广电传媒行业带来前所未有的机遇与变革的同时，也带来了一系列潜在风险与挑战。为此，构建一套行之有效的应对策略显得尤为迫切。笔者认为，可以通过“三条线”的应对思路，即守住意识形态底线，提升全民普及基线，打开创新发展天际线，为广电行业应对 AIGC 技术浪潮提供全面系统的解决方案。

（一）守住意识形态底线：筑牢安全发展屏障

意识形态属性是广播电视的根本属性，广电领域涉及的信息传播具有社会影响力和公信力，因此对于人工智能技术的安全性和隐私性要求非常高。然而，当前生成式人工智能技术本质上是一个“黑箱”模型，其决策过程和内部机制难以被完全理解和预测，这使得其可信性存在一定局限。即使是中性甚至善意的信息，也可能在 AIGC 的处理过程中被意外歪曲，这种风险相较于恶意行为而言，涉及面更广，定义难度更大且防范更为困难。

鉴于此，广电行业在应用人工智能技术时，必须将数据的安全存储、传输和处理以及用户隐私保护置于首要位置，进一步完善综合治理体系，结合技术发展趋势制定更为有效、系统的规范体系是当务之急。具体而言，应针对性地丰富监测工具箱，运用先进的技术手段对伪造的文字、语音、视频等进行精准甄别，对涉及 AIGC 的短视频和文字新闻进行有效追溯并明确标示，以确保信息传播的真实性和可靠性。

（二）提升全民普及基线：夯实行业发展基础

在智能传播时代，提升全民媒介素养已成为广电行业的重要使命，不仅新闻从业者需要适应 AI 发展的新趋势，广大民众也需要具备运用生成式人工智能的基本能力。广电行业作为信息传播的重要渠道，有责任通过广播、电视等多种途径，开展知识普及活动，消除公众对人工智能的偏见、误解以及“神化”“妖魔化”

等错误认知。

通过普及教育,使民众能够以科学、理性的态度看待人工智能技术,轻松掌握利用人工智能工具提升学习、工作、生产和生活效率的方法,而无须花费大量的时间和金钱。此外,新闻工作者作为信息传播的关键环节,除了保持自身的自律精神外,还应积极探索对 AI 机器进行有效他律的方法,深入了解适合生成式 AI 环境下的职业规范意识和评价标准,以确保新闻传播的质量和公信力。

(三)打开创新发展天际线:引领未来发展趋势

生成式人工智能带来的不仅是技术层面的迭代,更是一场深刻的行业变革。面对这一日新月异的技术浪潮,中国广电行业不能仅仅满足于成为追随者和使用者,而应积极主动地开拓产业前沿和科学前沿。一方面,要积极稳妥地推进人工智能技术的合理发展,充分发挥其在内容创作、传播效率等方面的优势,同时避免盲目跟风和过度依赖,确保技术发展与行业需求相匹配。另一方面,要积极拥抱新一轮技术变革,深刻认识到人工智能在赋能各行各业中的重要作用,通过加强与其他行业的跨界融合,拓展广电行业的业务领域和发展空间。

在全球媒体竞争日益激烈的背景下,中国广电行业应勇于突破传统思维的束缚,打开创新发展的天际线,穿越行业发展周期,为引领未来发展奠定坚实基础。

作者简介:

黄艳如,上海广播电视台技术中心、东方传媒技术有限公司(SMT)企划部高级主管。

AI 赋能与挑战：传统电视节目编导的转型之路

杨　越

提　要： 随着AI技术的迅猛发展，传统电视节目编导正处于行业变革的关键节点，本文深入剖析AI技术对传统电视节目编导工作生态的全方位影响，涵盖工作流程的革新、思维模式的转变以及面临的挑战与机遇。AI技术在节目创作流程中，从借助数据挖掘提供创意灵感，到实现智能拍摄、素材筛选、剪辑特效等，极大地提高了制作效率与内容质量，同时也拓展了创作边界。然而，编导也面临技术迭代压力、创意主体地位模糊等挑战。为应对这些变化，编导须构建驾驭AI工具、独特创意构思、深厚人文洞察和跨技术协同思维的核心竞争力体系，这是编导在AI时代实现自身价值的关键，更是助力编导在科技与艺术的融合中，创作出更契合观众需求优质作品的法宝。

关键词： AI技术　电视节目编导　工作流程　思维模式　人机协作

引　言

2025年初，中国AI模型DeepSeek深度求索引发全球关注，AI不仅成为备受瞩目的焦点，更以势不可当的速度渗透到各行各业。传统电视行业作为大众传播的重要主阵地，不可避免地深受AI技术浪潮的冲击，节目编导作为电视节目创作的核心，其工作模式与创作理念正面临着前所未有的变革。深入研究AI技术这一新质生产力对传统电视节目编导的影响与赋能，对于编导更好地适应AI时代，推动电视行业的创新发展具有重要意义。

当前，AI 技术在传媒领域应用的研究逐渐增多，但聚焦于 AI 技术对传统电视节目编导影响的深度探究仍显不足。本研究从电视节目编导的工作流程、思维模式、面临的挑战与机遇等多个维度切入，结合业界实例，探究电视节目编导应对 AI 技术的策略，旨在帮助编导积极拥抱 AI 技术变革，保持竞争力，实现自身价值。

一、传统电视节目编导的作用

传统电视节目编导是电视节目创作生产的核心人物，肩负着从节目策划、脚本创作、拍摄到后期制作等一系列关键工作，其专业能力与创意水平直接影响着节目质量和观众的接受程度。

节目策划阶段，编导须把握市场需求、观众喜好，结合自身的创意灵感，确定节目主题、形式和内容框架。内容创作阶段，编导撰写脚本，包括开场、结尾、主持人串词、嘉宾台词以及各个环节的具体内容等。拍摄阶段，编导负责安排拍摄团队、主持与嘉宾等资源，指导拍摄工作，确保拍摄内容符合预期设想。后期制作阶段，编导要对拍摄素材进行筛选、剪辑和合成，添加音效、字幕等，塑造节目节奏和整体风格。

二、AI 技术对电视节目编导的赋能

AI 技术涵盖机器学习、自然语言处理、计算机视觉、深度学习等多个前沿领域，正深刻改变着传统电视节目编导的工作方式和创作理念，使节目制作更加高效、个性化和富有创意。

1. 机器学习：AI 的核心技术之一，通过数据训练模型，使计算机能够自动学习和不断改进，编导可将其用于数据分析、个性化内容推荐等。

2. 自然语言处理：让计算机理解和处理人类语言，应用于脚本创作、语音识别与合成等方面，帮助编导更高效地进行内容创作。

3. 计算机视觉：使计算机能够“看”到并理解图像和视频内容，应用于视频内容分析、智能拍摄等方面，为编导提供视频拍摄和制作的支持。

4. 深度学习：机器学习的分支，通过构建深层神经网络模型，对海量数据进行学习和分析，可用于预测观众喜好、生成特效等。

正是由于 AI 技术的广泛赋能，从中央广播电视总台到上海、北京、湖南等各地广播电视台陆续成立人工智能实验室，纷纷使用 AI 技术来创作晚会、综艺、宣传片、动画片、短剧等，形成 AI 创作新风潮。同时，部分编导工作逐渐被 AI 技

术替代，传统电视节目编导的行业地位正发生变化，面临较大的转型压力。

三、AI 技术重塑电视节目编导工作流程

AI 技术正全方位重塑传统电视节目编导的工作流程，从创意构思、内容创作到拍摄与素材收集，再到后期制作和观众反馈分析，AI 的应用贯穿了整个节目制作周期，在提高创作效率、优化内容制作以及增强视听效果等方面起到了巨大的作用。

（一）创意构思阶段

1. AI 数据洞察与热点挖掘： 通过 AI 算法对历史节目数据库、观众收视行为及潜在需求进行深度分析，精准定位市场空白与观众兴趣点。同时运用 Talkwalker 等舆情监测 AI 工具实时抓取并分析各大社交平台上的热点话题与用户讨论，自动生成内容创作建议，为编导提供节目创新的灵感来源。

2. AI 创意生成与人工深化： 借助 AI 创意生成软件，编导只需输入一些要求（主题关键词）即可生成故事梗概和剧情创意，编导在此“创意毛坯”基础上进行拓展和深化，结合专业经验和个性化表达，碰撞出新的创意火花。

例如湖南卫视 2024 年推出的旅行真人秀节目《我们仨》中，首次出现了一个汲取了湖南广电数十位资深制作人及导演作品数据的 AI 推理模型应用：AI 助理编导“爱芒”。它能根据编导要求进行创意构思，如在规划嘉宾旅行路线时，它分析了旅行类节目数据和热门旅行地信息，生成了独特的旅行路线建议供编导决策。它还能根据编导要求撰写脚本大纲，设计互动环节，搭建节目框架，为编导团队提供“创意毛坯”，进而激发其更多创作灵感。

（二）内容创作阶段

1. AI 辅助脚本创作： AI 脚本创作工具如 ScriptBook 可依据输入的主题或情节大纲，生成包含角色对话和场景描述的完整脚本。DeepSeek、豆包、Kimi 等人工智能助手，也可按要求生成节目分镜头脚本，编导再进行修改完善，让脚本更契合创作意图。中央广播电视总台（以下简称为总台）的微短剧《中国神话》就运用了 AI 脚本创作工具，通过对中国神话资料的分析提炼与编导创意的融合，生成了富有深度和创意的剧本，并细化为分镜头脚本，供编导团队进一步精细打磨。

2. AI进行角色和场景设计：借助AI图像生成技术和3D建模技术，可快速设计出各种特别的角色形象和场景，为节目增添视觉亮点。如今，数字主持人、播音员等虚拟角色已被广泛应用。例如总台的《2024中国AI盛典》节目中三名以尼格买提、马凡舒、王冰冰为原型的数字主持人，上海广播电视台的数字新闻主播申苏雅以及《杭州新闻联播》中的数字主播小宇和小雨等。在场景设计方面，2024年底总台的大型晚会《AI奇妙夜》用AI设计制作了开场节目《玫瑰星云》，其美轮美奂的星际场景和舞蹈《似梦》中的梦幻光影效果，让观众大为震撼。

（三）拍摄与素材收集阶段

1. AI智能设备拍摄：运用配备AI技术的拍摄设备，如具有智能跟焦、自动构图功能的摄像机，能根据拍摄对象的运动自动调整焦点和构图，确保拍摄画面的稳定性和美观性，提高拍摄效率和质量。2024巴黎奥运会的赛事转播节目中，就借助AI技术的拍摄设备，让观众可以从多个角度、全方位地欣赏比赛细节，还可精准呈现比赛中球体的转速、落点和轨迹特效，带来了全新观赛体验。总台《2025春节联欢晚会》使用阿里云AI技术，以“天空环绕视角”对节目《笔走龙蛇》进行云上多视角拍摄，为观众呈现了“空中环绕、时空凝结”的创新观看体验。

2. AI进行素材筛选、整理：AI工具可快速筛选和分类大量拍摄素材，识别素材中的人物、场景、动作等关键信息，方便编导快速找到所需素材，节省素材整理的时间。例如腾讯视频打造的AI综艺节目后期提效解决系统，可解决海量素材处理、人工素材检索、人工记打唱词、人工调色所带来的低效率、高误差等问题，已应用到《舞台2023》《毛雪汪》等多个综艺节目中。

（四）后期制作阶段

1. AI进行视频剪辑：AI剪辑软件能按编导设定的主题、风格和节奏要求，自动剪辑组合素材。例如Adobe Premiere Pro中的智能剪辑功能，能通过AI分析素材内容，快速生成初步的剪辑版本，编导再做精细调整，实现创意表达。《我们仨》的AI编导“爱芒”承担了部分后期制作工作，协助剪辑嘉宾的Vlog（视频播客），用AI算法快速筛选精彩片段，按照嘉宾要求的风格进行剪辑，提高了后期制作效率。

2. AI进行动画、特效、配音、字幕、调色等制作：总台的《千秋诗颂》是中国首部文生视频AI动画片，AI技术支持了从美术设计、动效生成到成片各个环节，将原本 8 个月的制作周期缩短为 4 个月，效率提升超 3 倍。总台微短剧《中国神话》利用“文生图”“文生视频”“图生视频”“文生音频”等 AI 技术生成了逼真的古代神话场景，完成了美术、动态视频画面、配音、音乐、音效等多项后期制作任务。

（五）观众互动与反馈阶段

1. AI 实现个性化推荐：腾讯视频等视频平台通过 AI 算法分析用户的观看历史和行为数据，为用户推送个性化的节目推荐列表，提供“千人千面”的体验。这也促使编导在节目制作中更加注重内容的多元化和个性化，以满足不同观众群体的需求。

2. AI 分析观众反馈：利用 AI 情感分析和语义分析技术，对观众在社交媒体、评论区等平台上的反馈进行实时监测和分析，了解观众对节目的评价、意见和建议，编导可及时调整创作方向和内容，以更好地满足观众需求。对于边制作边播出的综艺类等季播节目而言，这是提升节目观看体验的有效手段。

四、AI 技术重塑电视节目编导思维模式

1. “创意游牧”思维：随着 AI 技术的日新月异，编导的思维模式正经历深刻变革，逐渐形成一种灵活多变、突破传统框架束缚的“创意游牧”思维。这种思维强调开放性和多元性，鼓励编导在不同领域、不同文化之间自由穿梭，汲取灵感，并将这些灵感转化为独特的创意成果。以总台的《国家宝藏・展演季》节目为例，编导组巧妙运用 AI 图像识别和分析能力，精准提取敦煌壁画中飞天、乐伎、宝相花等经典元素，并将其转化为动态视觉效果，与艺术体操的动作设计完美融合，让观众在欣赏艺术体操表演的同时，深切感受到敦煌文化的深厚底蕴，为传统文化的创新表达开辟了新路径。

2. “人机共生”思维：“人机共生”描述的是人类与人工智能系统或机器之间紧密合作、相互依存的协作关系，强调人机协作、数据驱动，而传统创作思维则依赖人类经验。AI 时代，编导不管是主动还是被动，都必须认识到与 AI 的协作是一种“人机共生”模式，双方优势互补。编导负责创意构思和文化内涵挖掘，AI 专注数据处理和技术实现，共同打造高品质节目。国家文物局和总台联合策划的文化传承节目《如果国宝会说话》便是这一思维的成功范例。编导提出文化传承主题和创意方向，AI 利用图像识别、配音等技术，对文物细节进行高精度识别，生成逼真的 3D 模型，将古文物“复活”并开口说话，以生动的声音讲述自己

的故事，让观众仿佛穿越时空，与历史对话。

3. “数据创作”思维： 编导运用 AI 数据分析工具，从海量数据中挖掘有价值的信息，并以此为依据进行节目创作和决策，形成 AI 时代的“数据创作”思维。这种思维不仅贯穿于创意构思、脚本撰写、智能剪辑等环节，还体现在节目内容本身。东方卫视的《因 AI 相约》作为一档人工智能实验类交友节目，以海量大数据为支撑，通过情感类 AI 大模型“小 i 老师”了解嘉宾的择偶条件，运用智能算法生成异性形象，为嘉宾提供个性化的交友体验，如约会建议和破冰话题等。这种基于大数据和 AI 技术的交友方式，不仅展现了 AI 技术在情感领域的创新应用，更凸显了数据思维在电视节目内容制作中的重要地位。

五、AI 时代电视节目编导的挑战与机遇

（一）挑战

1. 技术迭代更新压力： AI 技术的快速迭代，使编导面临着持续学习和掌握 AI 工具、算法及技术应用的压力。例如上海广播电视台研发的 AI 制播工具 Scube（智能魔方），具备素材识别、稿件自动生成、全语种智能翻译、自动剪辑等强大功能，编导若不及时学习使用，在节目制作效率和质量上必然会落后于人。又如，随着虚拟现实（VR）和增强现实（AR）技术在电视节目中的应用逐渐增多，编导若不了解这些技术的原理和应用方法，就难以在节目中充分发挥其优势，无法创作出具有创新性的内容。

2. 创意主体模糊： 在 AI 技术深度参与创意生成的当下，创意主体的界定变得模糊，究竟是人为主宰还是 AI 主导成为编导面临的重要问题。倘若编导过度依赖 AI 生成的创意，节目很可能缺乏鲜明的个人风格和深度的情感表达，难以在众多节目中崭露头角。因此，在人机协作的过程中，编导应保持独立思考，合理平衡 AI 和人类创意的关系，对 AI 输出的创意内容进行审慎评估和筛选，牢牢掌握创意主导权。

3. 职业竞争加剧： AI 技术在创意构思、脚本创作、智能剪辑、创作效率等方面对节目编导形成了较大冲击，甚至在某些方面出现了替代现象。与此同时，掌握新技术的 AI 工程师、数据科学家等专业人才涌入电视行业，他们带来了全新的技术解决方案、创作理念和呈现方式，进一步加剧了与传统编导的竞争。这就要求传统编导不断提升自身能力，以适应持续变化的行业环境和技术变革。

4. 伦理与道德困境： AI 生成内容会产生如真实性、版权归属和数据隐私保护等一系列伦理和道德问题。近年，曾出现 AI 生成的虚假新闻视频在网络上大

肆传播的事件，这些视频以假乱真，引发了公众的误解和恐慌。所以，为避免陷入伦理和道德困境，编导在运用 AI 技术创作时须严格把控内容的真实性，确保版权归属清晰，保护数据隐私，避免侵犯他人的合法权益，维护节目的公信力。

（二）机遇

1. 创作空间的拓展： AI 技术为编导提供了前所未有的创作工具和灵感来源，极大地拓展了创作空间。虚拟现实（VR）、增强现实（AR）、混合现实（MR）等技术与 AI 的结合，使编导能突破传统创作空间的限制，创造出全新的沉浸式节目。例如总台《国家宝藏 · 展演季》节目中采用了“AI＋VR 裸眼 3D”拍摄技术，通过虚拟展示打破了传统舞台的时空局限，生动再现文物背后的历史场景，给观众带来沉浸式视觉体验。该节目还借助 AI 技术将《千里江山图》等国宝以全新的立体视觉效果呈现，让观众仿佛穿越历史长河，直观感受文物的历史价值和艺术魅力。

2. “超级编导”的崛起： 掌握 AI 技术与创意表达的编导有望成为“超级编导”，他们能够整合多领域资源，与 AI 科技公司和数据分析公司等展开合作，引领电视节目创新潮流，提升自身在行业内的影响力。总台《2025 年春节联欢晚会》的编导团队堪称“超级编导”的典范，他们与宇树科技合作的 AI 机器人扭秧歌的《BOT》、与阿里云合作的用 AI 多视角拍摄系统制作的《笔走龙蛇》，用“XR＋数字孪生＋VP”虚实融合超高清技术制作的歌曲《栋梁》以及采用 AI 交互技术的开场视觉秀《迎福》和现代芭蕾《伊人》等众多节目，为观众打造一场极具创新、震撼人心的视听盛宴。

3. 跨行业的职业发展： 编导凭借自身专业素养，借助 AI 技术，能够实现跨行业职业发展。例如① AI 创意设计师，结合自身的创意和审美，对 AI 工具生成的文案、图片、视频等素材进行创意优化和情感表达的提升，为产品和品牌打造与众不同的视觉形象；② 虚拟现实（VR）与增强现实（AR）内容创作者，将 AI 与 VR、AR 结合，创作沉浸式体验内容和虚拟场景，如教育互动体验、沉浸式影视作品等；③ AI 产品经理，依托对内容创作和用户需求的深入理解，负责策划、运营 AI 驱动的内容产品，如 AI 内容创作工具、文旅教育类 AI 应用等，以及 AI 内容数据分析师等。

六、电视节目编导应对 AI 技术的策略：打造核心竞争力

1. 驾驭 AI 工具的元能力： 在 AI 时代，编导必须具备驾驭 AI 工具的元能

力。这要求编导积极参加 AI 技术培训课程，或根据自身需求定制个性化学习方案，深入学习 AI 技术原理、AI 工具与平台的使用、智能脚本生成、AI 剪辑、特效制作等技能。同时，通过参与 AI 技术制作的节目，在实践中运用 AI 创作工具，提升自身技术能力，拓展创作思路，提升工作效率，为未来的创作奠定扎实根基。

2. 独特的创意构思力：尽管 AI 技术能够提供强大的技术支持，但它无法拥有人类独有的创造力，因此创意构思仍然是编导的核心竞争力之一。创意构思力体现在对故事独特视角的选取、对主题的创新表达以及对观众情感的精准把握上。编导需要突破常规思维，找到独辟蹊径的切入点，凭借独特的创意构思打造出具有吸引力和影响力的作品。这不仅需要编导具备深厚的文化底蕴和艺术修养，还要求其拥有敏锐的观察力和丰富的想象力，从而满足观众日益多元化、挑剔的审美需求，在激烈的市场竞争中脱颖而出。

3. AI 无法替代的人文洞察：人文洞察是节目触动人心的灵魂，也是 AI 技术难以企及的领域。人文洞察体现在对人类情感、社会文化、历史背景和人性本质的深刻理解上。编导须通过节目传递出对人类情感的细腻洞察和对社会现实的深入思考，从而引发观众的情感共鸣。为了提升人文洞察能力，编导需要不断加强自身人文素养的培养，通过广泛阅读、艺术欣赏等方式，拓宽视野，为创意表达提供坚实的人文基础。人文洞察不仅赋予节目丰富的内涵和深度，还能让节目在技术的加持下更具温度和灵魂。

4. 跨技术领域的协同思维：跨技术领域的协同思维是编导整合资源、实现节目创新的关键。编导须与不同领域的专家合作，共同推动节目的成功制作。这种协同思维体现在技术层面，也贯穿于创意、策划和执行的全过程。编导应与 AI 技术团队、数据分析师、视觉特效师等多领域的专业人员紧密协作，实现技术与艺术的完美结合。跨技术领域的协同思维不仅能提升节目的质量和创新性，还能为编导提供更广阔的发展空间。

这四大核心竞争力相互关联、相辅相成。驾驭 AI 工具的元能力为独特创意构思和人文洞察的实现提供技术支撑；独特的创意构思力和人文洞察则赋予 AI 技术应用以方向和灵魂；跨技术领域的协同思维则是将三者融合，推动节目创新发展的动力。系统性构建这四大核心竞争力，对于传统电视节目编导在 AI 时代实现从传统内容生产者向 AI 赋能的复合型创作人才转型具有决定性意义。

结　语

AI 技术正以磅礴之势重塑传统电视节目编导的工作生态。从前期策划借助 AI 进行大数据分析，到拍摄中运用 AI 智能拍摄设备，再到后期 AI 剪辑、特效制作，工作流程被深度重构；思维模式也从传统经验创作向“人机共生”“数据创作”等新模式转变。这一变革既带来技术更新压力、创意主体地位模糊等挑战，也赋予了创作边界拓展、“超级编导”崛起等机遇。未来，编导须打造“驾驭AI工具的元能力、独特的创意构思力、AI无法替代的人文洞察、跨技术领域的协同思维”等核心竞争力，唯此，方能在AI时代实现自身价值，为观众呈献更多创意与品质兼具的节目，推动电视行业迈向新高度，在科技与艺术的融合浪潮中书写自己的辉煌篇章。

参考文献：

[1] 郭子淳、李萌、孟宪宁.AI涌现式生成对视听创作的挑战：面向未来视听产业的几点思考[J].中国电视，2024(12)：31－37.
[2] 田梅.拥抱技术变革　用AI重塑创作思维：《2024中国·AI盛典》实践解析[J].电视研究，2024(09)：60－62.
[3] 陈晖.人工智能在广播电视领域的应用研究[J].电视技术，2024(12)：198－200.
[4] 刘青青、李德兵.AI技术在广播电视节目中的应用探析[J].传媒论坛，2024(22)：56－58.
[5] 张海波.人工智能技术在广播电视和网络视听领域应用探究[J].西部广播电视，2023(S1)：115－119.

作者简介：

杨越，上海文广互动电视有限公司总编室副主任。

人机共融：AIGC 重构财经节目的生产与生态

武　斌

提　要： AIGC(AI Generated Content)，即利用人工智能自动生成或辅助生成内容，包括但不限于文本、音频、图像、视频等形式。AIGC 的应用，推动并加速了财经内容创作实践的全流程创新，在推进主流媒体系统性变革、传播格局重构中发挥着重要作用。本文以笔者在财经节目制作中的 AIGC 尝试为案例，结合 20 余年的媒体实践和中外最新的理论研究，分析 AIGC 给财经电视节目生产和生态带来的变化，以及未来的发展趋势及应对措施。

关键词： AIGC　大模型　财经内容生产　人机共融

引　言

AIGC 技术的突破，为主流财经媒体的内容创作提供了新的迭代手段和发展空间。AIGC 的应用，有助于解决当前财经节目制作上面临的一些挑战。AI 算法模型可以帮助内容创作者快速分析各类数据和市场趋势，生成报告；虚拟主播和虚拟演播室的使用，突破了财经节目制作空间和时间的限制；自然语言处理技术，提高了财经新闻的语义理解和表达能力……由此，财经节目制作范式随之改变，财经媒体内容生产、生态正在重构。

一、AIGC 带来财经节目制作范式的改变

从 2022 年底 ChatGPT 的面世，到 Sora、文心一言、通义千问、豆包、智谱清

言等大模型的问世，再到2025年开年DeepSeek的爆火，“数智技术”一日千里，短短三年间，AIGC就经历了三次大的跳跃式发展。

第一次跳跃：文本生成领域——OpenAI掀起AIGC革命，从判断识别文本向理解生成文字发展，从单一任务向通用智能迈进。

第二次跳跃：视频生成领域——从静态图像生成向动态视频创作推进，从认识二维平面到模仿三维世界，从“图像绘制者”提升为“视频创作者”。

第三次跳跃：逻辑推理领域——从“模仿智能”向“推理智能”演进，从模仿人的常识到模仿人的思维，使AI从“模仿者”提升为“慢思考者”。

AIGC每一次里程碑式的进步，都触发了AI与内容生产者合作关系的变化，财经节目策划、财经视频制作手段和表达方式全流程的变革，财经节目的生产与生态的重构。

（一）AI与内容生产者新的合作关系——AIGC+PGC两翼齐飞

AI已经成为媒体内容生产者不可或缺的基础设施。内容生产者对AI的依赖与日俱增，与AI交互的频度和深度逐渐增强。主流财经媒体PGC的内容生产方式已经改变，AIGC+PGC两翼齐飞新的合作关系正在形成和演绎当中。

清华大学发布的《AIGC发展研究3.0版》指出：人机共生的时代已来。

人工智能领域专家纳达·桑德斯在著作《人机共融体》中提出，智能时代的人，将人类特有的品质——创造力、直觉、同情心、判断力，与AI的效率结合在一起，最终将向“人机共融体”的方向进化。

1. 财经视频内容制作的三种形式

财经视频内容的制作，包括PGC（Professional Generated Content，专业生成内容）、UGC（User Generated Content，用户生成内容）和AIGC（AI Generated Content，人工智能生成内容）三种形式。

传统的财经电视节目生产属于PGC范畴，完全依赖于节目编导的个人专业素养和主观判断力。比如在节目策划阶段，编导以个人经验和市场关注热点为基础，根据来自报纸、杂志、广播、电视、网络、通讯社的大量信息，判断某一话题是否具有进一步分析和讨论的价值，然后收集背景资料并咨询相关专家进行求证，力图找到一个还未被发掘的角度进行话题设计，形成细化的节目提纲。而现在借助AI，编导可以事先通过大数据识别热门话题、趋势以及潜在的受众内容需求，通过数据分析，提高选题的科学性和精准度，然后再通过自己的经验做进一步的遴选。选题形成后，编导可以通过与AI的讨论，不断获得相关的背景资料和创作灵感，优化选题策划的思路。

2. AIGC＋PGC 交互的三个层次

AIGC＋PGC 之间的交互贯穿始终，包含了初始生成、交互筛选和主观优化三个层次，构建了一个动态循环的创作流程。

初始生成：AI 通过大模型的概率预测与推理生成初步内容。

交互筛选：内容生产者与 AI 互动，通过对话和选择筛选出更优作品。

主观优化：内容生产者基于自身能力和创意对生成内容进行个性化优化。

这样，从一己之力到拥有多个“场外指导”，AIGC＋PGC 两翼齐飞的模式已经成为财经节目生产的主流。

（二）AIGC 与财经内容生产——用深度学习和算法分析实现量产

基于 AIGC 生产能力的加持，以及三个层次生产流程的人机协同，AIGC＋PGC 成为内容生产的主体。生产主体的变化，最终带动的是内容生产的全局变化。

1. 内容素材获取时间和空间的变化

随着 AIGC 的普及，内容生产者对内容诞生时间和空间的依赖性在降低。比如对于财经新闻来说，将带来诞生空间的迁移和内容竞争方向的迁移。财经新闻内容生产的空间，或许不完全依赖于新闻发布会现场，不完全取自事件发生地。财经新闻竞争的焦点，也将成为数据平台与数据采集、处理能力的竞争。

2. 内容线索和内容获取来源的变化

AIGC 开拓了新闻线索和新闻内容获取更广阔的空间。

传统的财经新闻内容获取来源，很大程度上依赖于记者编辑所关注条线上信息的跟踪：何时何地召开新闻发布会，何时有重大经济数据出台，条线上的金融机构、上市公司及相关企业有哪些动态，都是依赖于记者编辑在这一条线上长期积累的人脉资源、采编经验和新闻敏感。比如对于公司与行业新闻的报道，之前财经记者编辑都是从过往新闻报道、公司年报、机构研报等渠道去挖掘，信息面受限，而且很少能主动出击，是一个在坐等新闻发生的状态。

其实，财经新闻报道与社会新闻报道不同，社会新闻必须是已经发生了的事情，一定要满足新闻的 5W，要有关键人物、关键场景和关键事件，必须在新闻现场。然而,财经新闻可以是一个数据的变化,一个政策法规的出台,一个关键人物的言论。

这样,借助专业的AI数据分析模型,算法可以帮业界完成数据化处理工作和新闻发掘工作。比如财经大模型囊括了25个申万一级行业及多个主要的数据来源,这些数据和信息并不孤立,而是互相关联。大模型以因子化的模式监控上下游产业链,因子由记者编辑根据个人新闻敏感自行设定,任意一个关注点的异动,就会引发相关预警,新闻线索由此诞生。

3. 生产方式的变化:算法加持进行整合与加工　实现规模化生产

中国人民大学新闻学院教授彭兰在《DeepSeek如何影响及助力新闻业》一文中指出,大模型的特长之一正是内容的整合与深度加工,它们可以快速获取分散的信息碎片,并将碎片化的信息整合成有条理的答案,描绘一个事件、现象或话题进展的全程、全貌,或揭示各要素间的内在关系。

通过AI全链预警的经营图谱,记者编辑可以及时判读上市公司经营动态,深入调研,挖掘数据背后的含义,AIGC可以迅速帮助财经记者编辑生成市场趋势预测和分析报告。通过大模型分析大量财经数据和历史事件,能随时生产有价值的新闻报道,并实现规模化生产。因此,通过深度学习和算法分析类的财经报道会越来越多。

4. 协同关系的变化

生产方式的变化,进一步推动内容生产者与AI之间协同关系的变化。

智能采集、智能编目、智能拆条、智能审核、智能剪辑、智能写稿、智能视频增强、舆情监测、对话式问答……AI负责大量枯燥无聊的程序化工作,而创作者可以从中解放出来,有更多时间从事垂直、细分领域需要大量情感、情绪和情商等更高维的创造性生产和创意发掘的"心力劳动"。财经记者编辑可以不用出去拍摄新闻发布会的那些固定场景,不一定非要挤到现场,得到发布人的声音和画面,而是可以把更大的精力放在数据变化背后的深度分析上。

(三) AIGC与制作手段和表达方式——创新和颠覆随时发生

在著名的传媒理论家马歇尔·麦克卢汉眼中,技术是承载内容的容器,决定了内容可被形塑的限度。

AIGC实现了内容最大限度的塑性。AI对财经节目制作范式的影响,更多表现在手段和表达方式上。作为一种生产力的工具,AI具备了多模态生成的能力，推动了内容呈现形式的创新，内容生产场景的创新，大幅降低了主流媒体在主播、垂类记者等领域的资源投入，显著提升了内容生产效率。

1. AIGC 突破财经节目制作上空间和时间的限制

通过虚拟主播的应用，AIGC 突破了传统直播的空间限制。比如第一财经创建了能够进行新闻播报的虚拟主播伊可，正式上岗以后，能在不同空间来回穿插，大小屏直播平台“双栖”，利用 AIGC 持续创作的能力，可以 24 小时连续播报零口误。

2. AICG 实现内容生产的降本增效

虚拟人及虚拟演播室的常态化，使得财经节目制作成本大大降低，效率极大提升。比如第一财经《秒懂金融》是一档金融知识科普类的节目，之前是真人主持对嘉宾的访谈，在电视台里的演播室录制。每期节目有演播室、导控室及相关录制人员的开支，还有嘉宾的稿费，后期包装的费用，经过 AIGC 技术的加持之后，现在变成以虚拟演播室为背景，主持人＋评论员两位数字人，对谈一位真人嘉宾。真人嘉宾无论到现场与否，都可以参与录制，录制完成后在对应的智能引擎平台上做剪辑，很快就可以完成一档 30 分钟的节目。

《秒懂金融》AI 版工作流程：

第一步，利用 AI 搜索工具寻找选题；

第二步，利用 AI 写作工具撰写文章，并利用 AI 做文字校对和稿件一审；

第三步，利用 AI 写作工具进行语言的优化，做出适合电视节目的表达；

第四步，使用第一财经自己研发的视频生成软件，合成数字人视频；

第五步，利用 AI 写作工具起标题；

第六步，利用 AI 写作工具制作宣传物料，比如海报、短视频，等等。

鉴于财经节目重实效的特点，一旦有时效性非常强的重要消息诞生，这种操作模式可以很快生成一期节目，这在以前是不可想象的，比传统的直播形式更快，更深入，而且更安全。

3. AIGC 丰富内容表现形式　带来观感的提升

AIGC 丰富了节目的表现形式，给财经节目带来不一样的观感。比如在东方卫视《来点财经范儿》节目中，我们根据第一财经秒懂金融主理人应有为老师的形象特征，创作了他的仿真数字人——第一财经秒懂君。秒懂君背后则关联着大模型，秒懂君在节目现场与应有为老师真人同台对话，PK 专业水平，给观众带来新鲜的观感，很直观地感受到 AI 技术当下的发展水平，与真人之间的差异。世界人工智能大会大放送现场，我们连线 B 站虚拟主持人小可、SMG 虚拟新闻主播申苏雅，制造了一场虚拟人与虚拟人之间的对话，都给观众带来了不一样的观看体验。

4. AIGC 实现数据可视化　财经视频的优势得以充分发挥

财经节目与数据打交道是家常便饭：GDP、CPI、PPI、M1、M2，投资、外贸、信贷等宏观数据每个月都在更新；股票、基金、债券、商品的价格随时在变动；上市公司年报、季报、公司公告也会定期发布。但是，这么多重要的数据信息，长期以来都是以文字和图表的表达方式为主，视频表现的手段非常匮乏，无法发挥出财经视频相对于财经文字信息的优势。

AIGC 视频生产能力扭转了财经视频节目长期的劣势，能很快实现数据可视化。传统的内容生产方式是有图有真相，一定要有摄像师、摄影师拍摄到了相关画面，才能出视频，但是 AI 数据可视化的工具可以把数据自动生成视频、可视化图表、数据星图、动态地图……比文字、图表更直观，更有可读性。这极大改变了财经媒体人“有图有真相”的限制，变成了“有数有真相”。

二、AI 重构财经媒体内容生产生态

（一）AI 赋予视频制作的普惠和平权　将诞生内容创作的“超级个体”

当今时代，是全民共享 AI 生产力的时代。AIGC 贯穿了内容生产全链路，实现了内容生产的全民普惠，实现了视频制作的平权。这样，内容创意的价值将变得愈发稀缺。

内容生产的全自动化武装了大量的自媒体，使得一些创意能力强、策划能力强的自媒体人如虎添翼。人工智能催生“人人智能”，将诞生一批内容创作的“超级个体”，对媒体正规军的“大规模协同作战”形成挑战，主流财经媒体如果还是抱着几十年不变的生产方式和运作方式，内容流量将会被进一步侵蚀。

（二）内容生产从以资源为中心重回以内容为中心

随着 AIGC 的演进，财经媒体的内容生产生态将会进一步重构。以前，财经电视节目的生产以“资源”和“沟通”为中心，掌握嘉宾资源、制作团队和具备强沟通协调能力的电视编导是当中的扛把子。AI 时代，这样的生态将会得到改变，

以内容为核心的组织生态将具备更强的竞争力。

比如制作一档财经专题节目，在很长的一段时间内，节目的编导虽然是原创，但节目的所有内容都需要他协调其他工种来实现，包括主持人、嘉宾、摄像、制作、后期……编导并不能直接产出视频内容。在这样的制作体系下，哪个编导能请到最大牌的财经嘉宾（企业家、经济学家、财经评论员）、最知名的主持人、最优秀的制作团队，能把所有人都摆平，调动起各个角色的积极性，让所有人都按照自己的内容设计执行下来不跑偏，生产出的节目质量和社会反响就会高。这是个人资源的比拼，也是个人领导能力的体现。这样，其实他的精力主要是放在了沟通环节和协调环节，编导的个人创意在其次，财经领域的专业素质在其次，编导有再好的创意、再高的财经专业修养，如果搞不定这些关键资源，想法就完全无法实现。

那么在 AI 时代，任何一个擅长利用 AI 的编导，都不应该对主持人、嘉宾以及制作人员形成依赖关系。因为有 PGC＋AIGC 的加持，这些关键资源被弱化了，有些已经被 AI 替代了，他们和各种 AI 工具一样，属于节目可选择的生产要素和生产资料，关键是编导的个人创意以及对财经专业内容的把握能力。理想的状态是，编导不需要去搞公关，就可以根据自己的内容需要，在这些生产资料中做出选择，选择最能体现内容的最优资源配置。

以编导的创意和专业视角为中心，各工种以实现创意和体现专业化为目标，借助 AI 外脑，不断创新表达方式，重塑组织形态，或许能为财经视频的生产带来新的契机和转折点。第一批会用 AI 的财经媒体人，将占据先机。

而对于财经主流媒体而言，则可以通过整合自身数据资源，构建适配自身的媒体算法，形成自主大模型数据库＋媒体算法的应用优势。比如第一财经的星翼大模型，是专为财经领域设计的智能应用平台，DeepSeek 作为财经垂类大模型的训练基座，实现了图、文、视跨模态内容检索，高精度的内容输出。

三、如何确保 AIGC 生成财经内容的准确性和可靠性

AIGC 大行其道，但是应用在财经内容生产上，也有挑战和风险，以及带来的信息污染。信息污染，是指媒介信息中混入了有害性、有毒性、欺骗性、误导性信息元素。

2023 年 5 月 24 日午间，科大讯飞股价突然开始断崖式下跌，跌幅一度接近 9.16%，这是缘于一篇《科大讯飞出现重大风险》的警示文在网络上疯传。科大讯飞回应称：该段不实信息系某 AI 生成式软件生成。该则消息称：科大讯飞可能通过其语音识别服务非法获取了用户的个人信息，并将其用于研究。这一

行为严重侵犯了用户的隐私权，引发了公众的强烈不满和抵制。

2024 年，有不法分子利用 AI 技术伪造了张伯礼院士为某美白护肤品带货的视频，引发公众关注。后经院士团队辟谣，确认该视频为虚假内容。

2025 年 2 月，有大量“利好信息”以 AI 问答截图形式在股民交流平台传播，声称慈星股份、华胜天成、三六零等公司投资了 DeepSeek。这些谣言通过高频率传播被 AI 大模型纳入语料，导致 AI 模型的判断出现偏差，误导投资者。

……

2025 年初，达沃斯世界经济论坛发布的《2025 年全球风险报告》，将“错误和虚假信息”列为 2025 年全球面临的五大风险之一。清华大学新闻与传播学院新媒体研究中心报告显示，经济领域已成 AI 谣言的高发地。

一些不法分子利用 AIGC 伪造图像、换脸、声音克隆而牟利，一些自媒体则为了流量故意制造“爆炸性消息”……而有些则是 AI 在内容生产过程中，本身产生的“幻觉”。比如在我们实际操作过程中，曾向一个 AI 搜索引擎发出指令：“请给我列出本周影响 A 股市场的十大财经新闻。”尽管 AI 立刻写出了一篇流畅且结构规整的分析报道，然而，有经验的记者编辑发现，列出的内容不是当周的，也不是最关键的影响市场的财经新闻，如果不加判断就加以采用，很可能误导投资者，甚至引发市场动荡。

财经资讯不同于文艺作品，对于投资者决策、企业经营，甚至资本市场的正常运行都具有重大影响，任何错误或误导，都可能导致严重的后果，对于准确性要求极高。如何保证 AIGC 生成内容的准确性和可靠性，需要政策、技术、组织和个体多方面的努力。

（一）政策的规范和指引

近年来，不断有相关的规范出台，如《广播电视和网络视听数字人身份标识规范》《中央广播电视总台人工智能使用规范（试行）》，为广电 AIGC 的有序发展提供了必要依据和指导。近日发布的《人工智能生成合成内容标识办法》，明确要求给人工智能生成合成内容“打水印”，让人能有效区分是否为“人工智能生成合成内容”。

（二）技术的创新：以模制模

从技术角度来讲则需要以模制模，实施合理的矫正机制，通过构建专业的财经大模型知识库，用一个大模型去监控和监督另一个大模型。

（三）创作者 AI 素养的提升

对内容生产者而言，首先，需要强调的是，AIGC 无法完全取代财经媒体人的核心工作，只能做辅助性工作；其次，确保 AIGC 财经内容的准确性和可靠性，需要综合考虑多个方面的因素和措施。以下是基于笔者的工作实践，提出的一系列建议：

- 加快提升财经媒体从业人员的政治意识、财经专业素养和 AI 素养。
- 需要确保给予 AI 的信源、素材是精准的、人工核实过的。
- 需要对 AIGC 生成的内容进行严格的价值观审核，以确保报道内容的公正性。
- 对于专业类的财经内容，多请相关专业人士把关。
- 注重 AI 的学习和实践。每个财经电视媒体人都要成为能驾驭 AI 的人，只有深入了解 AIGC 的各种可能性和各种手段，才能更加有效地辨识 AI 生成内容的真伪。

结　语

作为主流财经媒体，要引进专业的 AI 技术人才，建立一支懂财经、懂传媒又精通 AI 技术的制作团队，以团队协作的形式，确保 AIGC 的有效应用和管理。

清华大学《AIGC 发展研究 3.0 版》指出，人机共生的时代，“问行合一”是一种高效的人机交互理念。“问”代表了对未知或复杂问题的深度挖掘与探索，“行”则彰显了人类对于机器智能输出的高效利用与转化。

技术驱动，以人为本。在 AI 技术的辅助下，财经媒体人应持续深化提问的质量与深度，探寻数据与知识背后的深层逻辑与规律。同时，须对 AI 的输出进行精准解读，并迅速转化为具有实际操作性的策略与行动，以实现人机协同的最大化效益。

参考文献：

[1] 纳达 · 桑德斯，约翰 · 伍德.人机共融体，北京：电子工业出版社.
[2] 玛蒂娜 · 罗斯布拉特.虚拟人，浙江：浙江人民出版社.
[3] 陈世欣，陈格非.ChatGPT AIGC 新时代，北京：清华大学出版社.
[4] 李寅，肖利华.从 ChatGPT 到 AIGC，北京：电子工业出版社.
[5] 董华峰.突围：我国电视经济节目发展历程研究，北京：人民日报出版社.

[6] 段峰峰.新媒体数据新闻,北京：人民邮电出版社.
[7] 清华大学研究报告.AIGC 发展研究 3.0 版.
[8] 许志强,王雪梅.媒体融合转型新阶段与应用型传媒人才培养新逻辑,成都：四川大学出版社.

作者简介：

武斌,上海广播电视台第一财经传媒有限公司节目编导。

论数智时代媒体内容资产研发路径
——以文艺类影像及节目资料为例

贺　倩

提　要：在数智时代背景下，技术壁垒逐一被打破，尤其是人工智能技术大量应用于传媒领域，从而内容制作更高效，传播路径更便捷，同时也加速了行业的颠覆性变革，媒体内容资产（以下简称"媒资"）的研发路径亟待创新，且已成为推动媒资管理高质量发展的重要力量。上海广播电视台版权资产中心（上海音像资料馆）是上海市唯一的专业音像资料馆，也是全国省级广电行业中最大的专业音像资料馆，以其丰富的历史影像及节目资料、前瞻性的数字化布局和智能化的技术应用，成为广电行业中媒资改革的先行者。本文将围绕艺术影像及节目资料的资源库建设、新媒体传播、社会大美育实践的实际案例，探讨数智时代媒资研发路径的创新与发展。

关键词：数智时代　历史影像　节目资料　新媒体传播　社会大美育

引　言

随着大数据、云计算、人工智能等数智技术的迅猛发展，传统的资料管理模式正在经历深刻的变革。这些技术的融合应用不仅极大地提升了资料信息的处理效率和安全性，也为影像及节目资料的数字化、智能化管理提供了可能。同时，新媒体传播的迅速崛起为影像及节目资料的广泛传播和普及开辟了新的途径，使得这些珍贵的资源能够跨越时空的界限，触达更广泛的受众。当下，社会公众对文化美育的需求日益增长，渴望通过多样化的渠道和形式，深入了解文化艺术的历史脉络，感受艺术创作的独特魅力，从而提升审美水平。艺术影像及节目资料作为记录艺术成就、传承艺术精神的重要载体，其建设与运用显得尤为重要。

一、数字化与智能化：优化艺术影像及节目资料管理

自2006年至今，上海音像资料馆通过大规模的数字化工作，将传统的影像及节目资料转化为数字资料，构建了庞大的数字影像及节目资料库——媒资网。数字化技术的应用不仅提高了资料管理的效率和精度，更为资料资源的长期保存和开发利用提供了有力保障。2020年起，人工智能提质修复功能、智能推荐功能的陆续研发与应用，使得资料资源的检索和应用更加便捷和精准，进一步推动了资料管理的创新发展。

（一）数字化

上海音像资料馆作为全国同行业中最早开展广播电视节目资料管理、数字化抢救修复和媒体资产管理系统建设的专业机构，2002年建成首套媒体内容资产管理系统，全面启动历史音像资料数字化抢救工程。近十年，从2015年145万小时增长至2024年155万小时，馆藏资源稳步增长。数字化工作的推进，使得影像资料的存储和管理更加高效，同时也为后续的信息化和智能化发展奠定了坚实的基础。

（二）信息化

通过媒资网实现了广播、电视、文稿、图片、图书等全媒体资源的“一站式”检索、浏览和下载，信息化管理方式极大地提高了资料的可访问性和使用效率。在信息化的推动下，用户可以更加便捷地获取所需的音像资料，无论是在研究、创作还是日常工作中，都能够快速找到所需的资源。此外，信息化还促进了音像资料的共享与交流，使得不同机构和个人能够更好地利用这些宝贵的资源。

（三）高清化

在广电超高清（4K、8K）产业的背景下，深度学习技术的发展推动了图像超分辨率技术的快速进步。以对抗生成超分辨率网络（SRGAN）为基础，结合语义

分割概率图和迭代校验内核(IKC)技术,提出了新颖的图像超分辨率生成模型。这一模型能够根据应用需求对图像中的目标物体进行识别,并使生成的超高清图像纹理更加真实,这对于广电媒资大数据尤为重要,因为涉及大量的历史影像资料的高清化处理。为了更好地适应广电领域的特定需求,上海音像资料馆制作了 IFTV(Images From TV)数据集,专门针对广电常见应用场景(如人脸或文字较多的场景)进行优化训练。这样的训练使得模型能够在多个场景中达到令人满意的图像超分辨率效果,为今后广电领域超高清内容制作提供有力支持。高清化的推进,不仅提升了影像资料的视觉效果,也为观众带来了更加震撼的观看体验。

(四)移动化

积极适应移动互联网时代的需求,媒资网功能升级,实现移动端服务及企业云盘应用等新功能。用户可以通过移动设备访问和利用影像资料,提高资料的可用性和便捷性。移动化的实现,使得用户不再局限于传统的电脑端,随时随地都可以通过手机等移动设备获取所需的资料。这不仅方便了用户的日常使用,也为影像资料的传播和推广提供了更广阔的平台。

(五)智能化

2020 年起,人工智能提质修复功能、智能推荐功能的陆续研发与应用,使得资料资源的检索和应用更加便捷和精准,进一步推动了资料管理的创新发展。自主研发"以图搜视频"AI 检索功能,利用人工智能技术提升媒资管理的效率和准确性。

AI 媒资管理系统通过智能识别、分类、标签化等技术,实现对海量媒体资产的快速检索、调用和管理。智能化管理不仅提高了工作效率,还为内容创作与推荐提供了技术支持,提升了媒体机构的竞争力。在智能化的推动下,媒资管理变得更加高效和精准,能够更好地满足用户的需求。同时,智能化也为影像资料的创新应用提供了更多的可能性,为媒体机构的发展注入了新的活力。

综上,数字化与智能化在艺术影像及节目资料管理中的应用,极大地提升了资料管理的效率和质量。通过数字化、信息化、高清化、移动化和智能化的协同发展,上海音像资料馆构建了一个高效、便捷、精准的媒资管理平台。这不仅为影像资料的保存和利用提供了有力支持,也为媒体行业的发展带来了新的机遇和挑战。未来,随着技术的不断进步和创新,数字化与智能化在艺术影像及节目资料管理中的应用将更加广泛和深入，为推动文化事业的繁荣发展做出更大的贡献。

二、挖掘与整理：凸显艺术影像及节目资料特色

上海音像资料馆在资料挖掘与整理的过程中，特别聚焦于音乐家、画家、戏曲家等艺术家的影像及节目资料，致力于构建具有鲜明艺术特色的影像及节目资料库。这一过程中，上海音像资料馆深入细致地挖掘了艺术家们的活动影像、经典作品演绎资料，并进行了系统的整理与分类。

（一）以真实性与艺术性为采集准则

在挖掘环节，上海音像资料馆不仅关注资料的丰富性和多样性，更重视其艺术价值和文化内涵。通过广泛搜集和筛选，确保所收录的影像及节目资料能够真实、全面地反映艺术家的艺术成就和创作过程。侧重艺术家创作发展的各个阶段的影像资料挖掘，尤其是跨越世纪的老艺术家，涵盖老、中、青时期人物影像的资料更为珍贵，为后续运用开发，讲好故事做资料储备。在资料挖掘实际工作中，艺术家的黑白影像资源最早可追溯至20世纪30年代，彩色影像最早可追溯至20世纪40年代。资料中的艺术影像来源经过了一系列考证工作，对其采集渠道，影像历史背景，人物面部识别等多方面进行论证其真实性。

（二）以艺术价值与历史意义为编目细则

在整理过程中，上海音像资料馆依据艺术影像及节目资料的特点，对资料进行了细致的分类和编目。通过对艺术家们的艺术风格、创作理念、历史背景等方面的深入研究，揭示出资料背后的艺术价值和文化意义。这些具有独特艺术价值的影像及节目资料，不仅丰富了资料库的内容，也为历史人文的研究提供了重要的参考，成为资料文化价值体现的重要环节。

其间，发现了一批珍贵影像资料，比如1959年小提琴《梁祝》相关人物及演出资料，含有俞丽拿、何占豪、陈钢、丁善德、孟波、谭抒真、袁雪芬、范瑞娟等8位艺术家中青年时期罕见活动影像；1948年琵琶演奏家杨大钧拜师画家齐白石的珍贵影像，完成事件发生时间地点，影像中齐白石的年龄之谜考证，等等。珍贵影像的每一帧画面可能都蕴含着历史意义，对于影像的编目要求更为细致，结合相关文献资料进行精细化编目。

（三）以音乐家影像资料为例

依托媒资网对已数字化音乐家在上海时期的人物活动影像及节目资料进行全范围梳理，甄选出声画质量优良的一批影像资料，并对影像资料的年代、时长分布、版权信息、原保存介质等进行梳理汇总，最后依据上述信息对影像资料进行综合价值评估。

1. 侧重“视”与“听”双重维度

在统计各年代影像资料的过程中，不仅记录了影像的时长，而且特别注重了“视”与“听”双重维度的考量。在“视”的维度，细致统计了人物活动影像的每一帧、每一秒，确保捕捉到艺术家们生动的艺术瞬间；而在“听”的层面，则精心记录了影像中是否包含了音乐家作品的现场演奏或演唱，以及珍贵的口述原声，力求还原艺术家们真实的艺术表达与声音魅力。通过这种全方位的挖掘与整理，旨在为艺术文化的传承与发展留下最完整、最真实的记录。

2. 精细化版权管理

版权信息方面，以严谨的态度，细致甄别影像资料的版权属性。依据翔实的资料来源、合同等材料，逐一辨别每份资料的版权归属，确保版权信息的准确无误。借助版权资产系统，进一步将版权属性精细分类，涵盖完整版权（有限制）、完整版权（无限制）、共有版权、仅播映权、无版权、版权不明、公共版权、限制版权（采集资料专用）以及混合版权等多元情形。这一精细化的版权管理，不仅有助于保护各方的合法权益，也为后续的艺术影像及节目资料利用与传播奠定了坚实的法律基础。

虽然，艺术影像及节目资料的数字化进程已规模化、成熟化，然而对于数字影像及节目资料中影像资料的原保存介质仍旧是资料研究的重要部分，因为原保存介质对于判断影像资料的价值和质量具有一定参考意义。

3. 参考原保存介质

原保存介质方面，划分为三个时代阶段：首先是“胶片存储时代”，涵盖上海电视台于 1958 年成立之前的早期阶段，以及随后的 1958 年至 1982 年，这一时期见证了影像资料的初始积累；接着是“实体带存储时代”，自 1983 年延续至 2009 年，这一时期见证了存储技术的显著进步；最后是“高清数字时代”，自 2010 年至今，标志着影像资料进入了一个全新的数字化、高清化时代。

以上划分基于上海文广集团的发展历程和储备介质的演变，使我们能够清晰地鉴别影像资料的来源、稀有度以及声画质量。

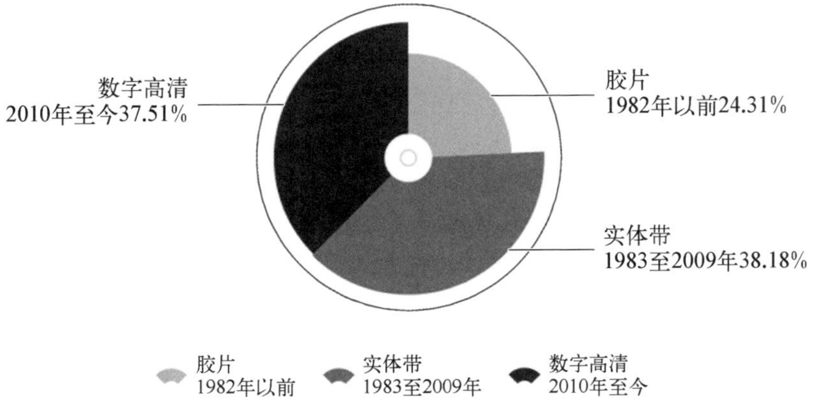

图 1 《音乐家在上海》影像资料储存介质情况

三、传播路径：构建艺术影像及节目资料新媒体传播矩阵

上海音像资料馆致力于资料文化的传播与传承，积极利用新媒体平台，构建多元化的艺术影像及节目资料新媒体传播矩阵。这一矩阵通过短视频等新媒体形式，将资料文化的独特魅力展现给更广泛的受众群体。

以《音乐家在上海》系列视听产品为例，以人物系列短视频为首发形式，在“影像上海”官方微信公众号和视频号（主平台）、上海音像资料馆官网、百视 TV 移动客户端等平台同步推出。与此同时，与短视频相配套的图文内容也一并发表，这些内容不仅展示了视频中影像资料的出处，还深入挖掘了资料背后的故事，充分发挥了上海音像资料馆的编研特长。

在《音乐家在上海》系列视听产品的传播过程中，通过精准的内容推送和互动反馈机制，实现了资料文化与受众之间的深度互动与沟通。音乐家的人物选题与其诞辰节点、重要事件节点紧密相关，因此一经发布便受到了市场的广泛关注。该系列视听产品被“学习强国”、上海音乐学院、贺绿汀中国音乐高等研究院、澎湃新闻、上海侨联、天使知音、SMG 发布、SMG 思研汇、经典 947、阿基米德等相关机构多平台转载转发，并收到了众多合作意向的联络。

《音乐家在上海》系列视听产品的成功，不仅为上海音像资料馆在艺术影像及节目资料的挖掘、研究和展示开拓了新的道路，而且基于影像资料馆藏，该系列视听产品后续还将得到进一步的开发运用。这一创新性的尝试，不仅拓宽了资料文化的传播渠道,更提升了其传播效率和影响力,为资料文化的传承与发展注入了新的活力。

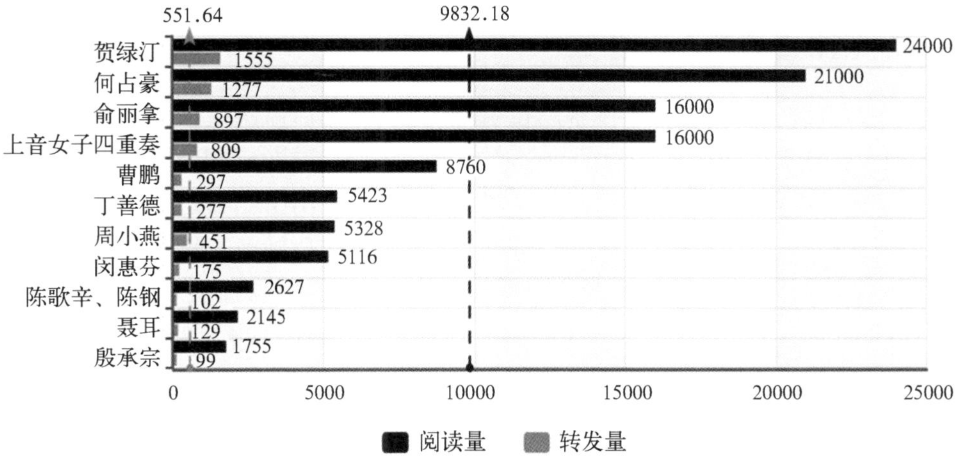

图 2 《音乐家在上海》系列短视频主平台阅读量和转发量(单位:次)

注:统计时间跨度 2022 年 7 月至 2023 年 7 月

四、公共文化服务:创新"艺术影像+社会大美育"模式

在当今蓬勃发展且日益多元融合的文化格局之下,历史影像作为文化领域的关键构成部分,于公共文化服务这片广阔天地中正开拓出一条极具创新性与前瞻性的发展路径,其核心在于开创"艺术影像+社会大美育"协同联动模式。这一模式恰似一条坚实且灵动的纽带,精准且巧妙地将蕴藏于海量媒资中的艺术影像瑰宝,与丰富多元、涵盖广泛的公共文化服务资源深度融合,二者相互交织、彼此赋能,激荡起前所未有的活力浪潮,绽放出夺目光彩。

(一)精心策划主题活动

为切实引领公众全身心沉浸于历史影像所蕴含的深厚魅力之中,一系列经过缜密构思、精心筹备的主题观影活动以及主题美育展览顺势登场。当活动拉开帷幕时,那些静静隐匿于媒资库深处的经典艺术影像资料被徐徐唤醒,通过高清大屏一一呈现,仿若瞬间开启一扇扇通往缤纷多元时空的奇幻之门。从记录人类历史重大进程的珍贵纪录片,其画面承载着岁月的沧桑与厚重,到洋溢着先锋创意、折射当代思潮的现代艺术短片，每一帧都宛如一颗璀璨的文化明珠，散发着独特光芒，凝聚着创作者的智慧与时代精神。

（二）专业讲解与互动体验

专业讲解人员由上海音像资料馆资深编研担当，详述影像拍摄所处时代的风云变幻，将那些被时光尘封的故事细节一一还原，让观众仿若置身历史现场；精准阐释其中蕴含的丰富文化内涵，条分缕析艺术风格随时代演进的蜿蜒脉络，助力观众洞悉艺术发展规律。不仅如此，互动环节的巧妙嵌入更是为整个活动注入了澎湃活力，彻底打破观众被动观看的传统模式。观众热情高涨，纷纷踊跃发言，各抒己见，分享着自身对于影像的独到感悟与深刻理解，现场气氛热烈激昂，真正为公众提供了一场集视觉震撼、听觉享受、思维启迪于一体的饕餮盛宴。在此过程中，观众于欣赏影像资料之际，不单收获了感官的愉悦，更深度触摸到影像背后的历史温度与文化深度，真切领略到影像艺术无与伦比的独特魅力。

（三）模式的实践成效

当下，这一创新驱动的模式已然在徐家汇书院、静安区图书馆、上海市少年儿童图书馆等图书馆条线稳稳扎根，成效斐然。走进徐家汇书院，宽敞明亮的观影大厅内人头攒动、座无虚席，观众仿若被一股无形魔力吸引，沉浸在艺术影像构建的奇幻世界中，不时为精彩画面发出由衷惊叹；而静安区图书馆的主题美育展览专区，人们则悠然漫步于一幅幅精心装裱的影像展品前，神情专注，悉心聆听讲解，全身心沉浸于浓厚馥郁的文化氛围之中，流连忘返。自 2023 年至 2024 年，该模式在公共文化领域的图书馆条线共完成 27 场活动。

展望未来，“艺术影像＋社会大美育”这一依托媒资力量的创新模式，无疑蕴藏着超乎想象的拓展潜能与令人满怀憧憬的应用远景。它宛如一座取之不尽的创意宝库，具备强大的适配能力，能够精准对接不同人群的个性化需求。针对莘莘学子，可量身定制专属的校园艺术影像课程体系，以生动鲜活的影像资料点燃青少年对艺术的炽热向往，激发他们勇于探索未知艺术领域的好奇心与创造力；面向忙碌奔波于都市丛林的白领群体，走进他们的公寓社区，精心打造一片能让心灵栖息的温馨港湾，借助艺术影像舒缓工作重压，于潜移默化中提升审美素养，重塑精神家园。通过持续不断、全方位地投入更广泛的公共文化服务疆域，让媒资的价值得以充分释放与传承发扬，宛如一股源源不断的清泉，持续为社会注入强劲的文化动力，赋能更多人在艺术影像的润泽下，雕琢审美、丰盈内心，尽情畅享历史影像带来的丰盛馈赠，向着文化繁荣昌盛的未来大步迈进。

结　语

经过本文的深入讨论，我们探索了影像资料的数字化与智能化、艺术影像及节目资料的特色挖掘、新媒体传播矩阵的构建，以及“艺术影像＋社会大美育”模式的创新。这些努力不仅提升了资料管理的效率，也丰富了公众的文化体验。未来，我们仍须继续开拓数智时代的媒资建设路径，利用艺术影像及节目资料这一宝贵资源，推动资料工作向高质量发展迈进。

参考文献：

[1] 贺僖.全媒体时代历史影像资料研发路径创新：以《音乐家在上海》系列视听产品为例[J].全媒体探索，2024(02)：70-71.

[2] 李昂.基于对抗神经网络和语义分割技术的图像超分辨率系统的研发和应用[J].有线电视技术，2019(11)：28-33.

作者简介：

贺僖，上海广播电视台版权资产中心(上海音像资料馆)副研究馆员。

新媒体冲击下广播媒体健康传播策略研究

吕春璐

提　要： 随着新媒体的迅速发展，广播媒体在健康传播领域面临着激烈的竞争。本文通过分析广播媒体与新媒体在健康传播领域的特点，探讨广播媒体在与新媒体竞争中面临的挑战与机遇，并提出相应的竞争策略，旨在为广播媒体在应对新媒体竞争的同时实现可持续发展提供参考。

关键词： 广播媒体　医疗卫生报道　新媒体　竞争策略

引　言

在信息传播快速发展的时代，医疗卫生等健康信息的传播对于公众健康意识的提升和健康行为的引导至关重要。新媒体凭借其独特的传播优势，在医疗卫生报道领域迅速崛起，给传统广播媒体带来了巨大的竞争压力。广播媒体如何在这场竞争中发挥自身优势，实现创新发展，是值得深入研究的问题。

从社会层面来看，准确、及时的医疗卫生报道能够帮助公众了解疾病预防、治疗等知识，提升全民健康素养。例如在新冠疫情期间，各类媒体对疫情防控知识、疫苗接种信息等的传播，有效引导了公众的防疫行为。从行业发展角度而言，广播媒体在健康传播领域的变革与创新，也是传统媒体在新媒体冲击下寻求转型与突破的重要体现。

一、广播媒体在健康传播领域与新媒体竞争面临的挑战分析

在新媒体时代，通过社交媒体平台，人们可以在任何时间、任何地方与他人分享信息、交流观点。这种互动交流方式既拉近了人们之间的距离，也为不同利益主体提供了参与社会议题讨论并表达个性意见的机会。这种“人人皆是媒体”的传播格局变化，导致传统媒体广播面临巨大压力。广播媒体面临的挑战与压力表现在：

1. 信息传播的滞后性

广播媒体的节目制作流程相对复杂，从新闻线索的获取、采访、编辑到最终播出，需要经过多个环节，且受到固定播出时间的限制。相比之下，新媒体可以在事件发生的瞬间，通过手机客户端、社交媒体等平台发布信息。例如全球首台“零噪声”DSA 在中山医院完成，相关介入手术迈入“高清时代”这一新闻事件，新媒体平台在技术启用当天就发布了相关消息，并且可以通过图文、视频进行形式多样呈现，而广播媒体对于这一事件的完整广播报道则需要等到第二天的固定节目 990 早新闻时段才能进行报道，信息传播的滞后性明显。

2. 内容形式单一

广播媒体主要以声音为传播载体，虽然声音能够传递信息，但在表现力上相对有限。与新媒体图文并茂、视频直播等丰富的内容形式相比，广播媒体在吸引受众注意力方面存在不足。例如在介绍一款新的医疗设备时，新媒体可以通过图片和视频直观展示设备的外观、操作方法，而广播媒体只能通过文字描述，难以让听众形成直观的感受。

3. 互动性有限

曾经互动性强是广播媒体相较于报纸等传统媒体的极大竞争优势，而现在广播的互动方式依然是主要依赖热线电话，听众需要在节目规定的时间内拨打电话参与互动，这不仅受到时间限制，而且由于电话线路有限，参与互动的人数也十分有限。同时，从听众拨打电话到主持人接听并回应，中间存在一定的时间差，导致互动的时效性较差。

4. 受众流失

在当今数字化信息飞速发展的时代，广播媒体正面临着受众流失的严峻挑

战。随着新媒体如雨后春笋般兴起，其凭借丰富多元的内容和便捷高效的操作方式，对受众产生了强大的吸引力。

年轻受众在信息获取的选择上，更倾向于使用智能手机、平板电脑这类智能设备。这些新媒体平台涵盖了新闻资讯、影视娱乐、知识科普、社交互动等多个领域，满足了年轻人多样化的需求。例如新闻资讯类 App 能让他们在第一时间获取全球各地的时事热点，且附带丰富的图文、视频解读；影视娱乐平台则汇聚了海量的影视剧、综艺和短视频，可随时随地随心观看。

相比之下，广播媒体的内容形式相对单一，主要依赖声音传播，缺乏视觉元素的直观呈现。在操作上，广播需要通过调频调幅搜索特定频率，相较于新媒体简单的点击、滑动操作，显得不够便捷。这种内容和操作上的差异，使得大量受众被新媒体吸引过去。这些变化，直接导致广播媒体的受众规模不断缩小。曾经在媒体市场占据重要地位的广播，如今市场份额正被新媒体逐步蚕食。过去，广播在传播信息、娱乐大众等方面发挥着关键作用，拥有大量忠实听众。但如今，新媒体的崛起打破了原有的媒体格局，广播媒体在市场竞争中面临着巨大的压力，亟待探索新的发展路径，以重新吸引更多受众，扭转听众流失的不利局面。

二、广播媒体在健康传播领域与新媒体竞争的优势分析

广播媒体在健康传播领域，与新媒体竞争也存在优势，主要表现在：

1. 专业权威性显实力

广播媒体在长期的发展过程中，与卫生主管部门、各级医疗卫生机构、医学专家建立了良好的合作关系，拥有专业的采编团队，对医疗卫生领域的政策法规、专业知识有着深入的理解。在报道医疗改革等受众普遍关心的民生政策时，广播媒体能够邀请政策制定者和权威专家进行详细解读，为听众提供准确、权威的信息，这是新媒体难以比拟的。

2. 情感联结有魅力

传统广播播音员主持人已有品牌优势，声音具有独特的感染力，广播媒体通过播音员主持人富有亲和力的声音、生动的故事讲述，能够与听众建立起深厚的情感联结。在讲述医患之间感人故事时，播音员主持人温暖的声音能够传递出情感，让听众感同身受，引发强烈的情感共鸣，增强听众对广播节目的忠诚度。

3. 地方特色有传播力

广播媒体可以紧密结合当地的医疗卫生资源和民生需求，制作具有地方特色的医疗卫生报道。满足本地受众的实际需求，这是新媒体在地方特色内容制作上的短板。

上海新闻广播“活过 100 岁”节目是在上海及周边地区久负盛名的知名广播栏目，这是一档定位精准的日播广播健康节目，其核心目标是为广大听众提供专业、实用且通俗易懂的健康知识，涵盖了疾病预防、养生保健、营养饮食、运动康复等多个领域。在内容方面，节目始终坚持专业性与实用性并重的原则。每期节目都会邀请上海知名的医学专家、营养学家等专业人士作为嘉宾，他们凭借深厚的专业知识和丰富的临床经验，为听众带来权威的健康解读。在一期关于糖尿病防治的节目中，邀请了内分泌科的权威专家，详细讲解了糖尿病的发病机制、早期症状、诊断标准以及治疗方法，同时还针对糖尿病患者的饮食、运动和日常护理等方面给出了具体的建议。专家通过真实的病例分析，深入浅出地介绍了糖尿病的相关知识，使听众能够更好地理解和应对这一疾病。

这档节目形式丰富多样，除了传统的专家访谈环节，还设置了听众热线、微信公众号留言互动等环节，让听众能够直接与专家进行交流，解答自己在健康方面的疑惑。在听众交流环节，主持人会实时接听听众的来电，将问题转达给专家，专家则会给予专业的解答和建议。这种即时互动的方式增强了节目的参与感和实用性，受到了听众的广泛好评。

4. 传统广播可与新媒体融合发展

在新媒体融合方面，“活过 100 岁”节目积极拥抱新媒体，实现了线上线下的全方位传播。栏目组在上海新闻广播新媒体客户端阿基米德 App 上定期发布节目音频、文字稿以及健康科普文章，方便听众随时回顾和学习，吸引了大量听众的参与。通过一系列的创新举措，“活过 100 岁”节目取得了显著的传播效果。许多听众表示，通过收听节目，他们学到了很多实用的健康知识，改变了不良的生活习惯，提高了自身的健康素养。

“活过 100 岁”节目的成功经验为广播媒体在新媒体冲击下做好健康传播提供了有益的借鉴，证明了广播媒体通过创新和融合发展，依然能够在健康传播领域发挥重要作用。

三、广播媒体在健康传播领域与新媒体竞争的策略研究

（一）内容创新

1. 增加深度报道

深度报道是系统反映重大新闻事件与社会问题、深入阐明其因果关系并进而揭示其实质意义的报道方式。而广播媒体应充分发挥专业优势，组建专业的医疗卫生报道小组，善于对重大的健康传播方面的事件与问题，做出全方位信息组合和多角度分析透视。报道小组成员包括具有医学专业背景的记者，能够准确理解医学术语和专业知识；资深编辑负责对内容进行精心策划和编辑，提升报道的逻辑性和可读性；行业专家顾问则为报道提供专业指导和权威解读。针对医疗改革政策解读，报道小组可以深入研究政策出台的背景、目的和预期效果，采访各级政府部门、医疗机构负责人和专家学者，从不同角度分析政策对医疗行业、患者和医护人员的影响，制作成系列深度报道。通过广播节目、专题文章等形式，全面、深入地为听众剖析医疗改革政策，帮助听众更好地理解政策内涵，并进一步普及医学知识。

2. 对目标受众传播个性化内容

传播有的放矢，找准目标受众进行个性化内容传播是关键。值得关注的是，当前广播目标受众群体是以中老年群体为主，而在上海这个高度老龄化社会中，老年人是不容忽视且非常重要的群体，目前上海市 60 岁以上老年人口超过 560 万。对于老年人而言，他们更习惯于传统媒体严肃的风格，传统媒体在他们心中就是权威的代表，新媒体或多或少会使老年人感到不适应。因此，应利用二者的受众特点进行针对性的宣传，将传播优势最大化。在这方面，上海新闻广播已经进行了积极的尝试，除了健康科普节目“活过一百岁”，还专门开设了“直通 990”节目，每天上午两小时、下午一小时直播。这档民生节目中医疗卫生政策、心理健康科普、最新医疗科技等内容经常占据大量篇幅。邀请政府部门相关负责人走进广播直播室，就某一最新医疗政策进行详细解读，同时接听听众电话，对个性化问题进行详尽细致的解读，这就使很多中老年听众成为这档节目的忠实拥趸，每天按时守在收音机前收听节目，并就自己感兴趣的话题进行参与互动。

（二）传播渠道拓展

1. 广播媒体与新媒体平台合作

广播媒体应积极与喜马拉雅、蜻蜓等知名音频平台建立长期稳定的合作关系。将广播节目内容进行重新包装和分类，根据平台用户特点和收听习惯，发布到相应的频道和专题页面。例如将健康科普类节目制作成系列专辑，如“健康小百科”系列，方便用户订阅和收听。同时，利用平台的推广资源，如首页推荐、热门榜单等，提高广播节目的曝光度。

2. 利用社交媒体扩大传播面

在微信公众号、微博等社交媒体平台上，广播媒体可以每天定时发布医疗卫生报道的精华内容。这些内容可以包括音频片段、文字摘要、图片海报等。通过设置有趣的话题标签，如“健康小知识”“医疗改革新动态”等，吸引用户参与讨论和分享。定期开展线上互动活动，如健康知识问答、专家在线答疑等。在健康知识问答活动中，设置一些与日常健康生活相关的问题，如“以下哪种食物对心血管健康有益?”，用户通过留言回答，答对的用户可以获得小礼品，以此激发用户的参与热情。同时，在推文中嵌入广播节目的收听链接或二维码，方便用户直接跳转收听。

（三）与新媒体报道形式深度融合

以往，不同类型的传统媒体各自在所属的领域中谋求发展，现在这种“生态平衡”已然被打破。新媒体既具有文字和图片的优势，也能运用动态画面传递信息，在声音信息传播方面也更具便捷性。从本质上看，新媒体是包含传统媒体的集合，在优化的基础上形成了更加有利的传播态势，与其将新旧媒体进行明确区分，倒不如积极促进媒体融合，引导媒体领域全面发展。

1. 内容形式融合

广播媒体在保持声音优势的基础上，借鉴新媒体的多元内容形式。在制作医疗卫生科普节目时，同步制作图文版本和短视频版本。例如在讲解高血压防治知识时，除了传统的广播音频，还可以制作成图文并茂的科普文章，用图表展示高血压的不同类型和症状，以及制作短视频，邀请医生通过生动的演示讲解如何正确测量血压和日常饮食注意事项。通过多形式内容制作，满足不同受众的接收习惯，扩大传播范围。

2. 传播渠道融合

整合广播媒体与新媒体的传播渠道资源。在重大医疗卫生事件报道中，广播媒体在进行现场直播报道时，利用新媒体平台进行同步推送。例如上海新闻广播每年会开设《民生访谈》系列节目，其中一期是邀请上海市卫生健康委员会负责人走进广播直播间就当年全年的重点工作做介绍，并回应市民所关切的医疗卫生热点问题。这档节目不仅通过广播端990新闻频率进行声音直播，同时，通过新媒体客户端阿基米德、话匣子App、话匣子视频号等进行同步视频直播。广播节目进行中，直播室外编辑会实时接听听众电话，部分电话还会直接转入直播室，与嘉宾进行直接对话。新媒体端也收集网友和受众的实时留言，并精选其内容，由主持人在直播室内就网友留言向嘉宾提问、解答。节目结束后，根据两小时直播的精华内容，广播采访部视频剪辑工作人员会制作短视频，在视频公众号、微信、抖音、新媒体客户端等平台进行全方位推送。节目中广大受众关切的热点问题，也会以一问一答的形式制作为海报，在各大平台推出。同时，当天990晚新闻以及第二天的990早新闻也会播出关于这档访谈节目的深度报道，通过这样一系列的组合拳，很大程度地扩大节目覆盖范围，提高广播媒体自身的影响力。

3. 互动形式融合

将广播媒体的传统互动方式与新媒体的互动优势相结合。在广播节目中设置互动话题时，同时在新媒体平台发起相同话题讨论，听众可以通过热线电话、新媒体平台留言等多种方式参与。除了固定时间播出的健康节目外，广播媒体可以利用自身开发的App或是视频号等平台，定期开展线上直播互动。根据当前季节时令养生或是高发疾病等高关注度内容，邀请知名医学专家作为嘉宾“线上开讲”，在直播过程中设置提问环节，听众可以通过弹幕、留言等方式提问，专家实时解答。直播结束后，可将直播内容剪辑成精华片段，发布到广播节目和新媒体平台上，供更多用户观看；也可尝试设置“健康知识抢答”游戏，参与者答对问题可以获得健康礼品，增强与听众的互动和黏性。

结论

广播媒体在健康传播领域与新媒体竞争虽然面临诸多挑战，但也拥有自身的优势和机遇。通过内容创新、传播渠道拓展、互动模式创新以及与新媒体深度融合等策略，广播媒体能够在医疗卫生报道领域实现与新媒体的差异化竞争，提升自身的竞争力，为公众，特别是老年受众提供更优质的健康信息服务，在信息传播的舞台上继续发挥重要作用。

未来，广播媒体还须不断探索和创新，适应不断变化的传媒环境，以实现可持续发展。

参考文献：

[1] 李春华.传统媒体记者如何应对新媒体时代带来的机遇和挑战[J].中国地市报人，2024(03)：101-192.
[2] 魏超，闫佳仪.新媒体健康传播中老年群体“数字鸿沟”的应对研究[J].声屏世界，2023(05)：95-97.
[3] 张晖.新媒体语境下广播新闻报道策略研究[J].中国报业，2021(08)：80-81.

作者简介：

吕春璐，上海人民广播电台采访部记者。

如何运用多视角新闻报道法与AI技术提升新闻客观性与准确性

唐　捷

提　要： 纽约大学教授、作家罗伯特·迪亚尼说过："You are what you read."(你阅读什么，你就会成为什么。)阅读塑造人的智识、三观。信息化时代，人人都爱关注新闻，无论是文字形式，还是视频形式。但是新闻也是一种产品，有其特有的"生产过程"，其中也不可避免带有记者的"主观成分"。记者在采制新闻时，可能会由于多种原因非主观故意地导致新闻失实或观点错误。如何在新闻采制环节及时发现问题并且纠正，从而确保新闻的客观性、真实性与准确性呢？本文就如何运用"多视角新闻"报道法与"AI技术"，同时加强"人工多重审核制度"，提升新闻报道客观性与准确性问题，进行探索与研讨。

关键词： 新闻客观性与准确性　多视角新闻　AI技术　人工多重审核制度　算法与人工结合

引　言

新闻报道必须真实，强调事实确有其人其事，强调事实的五要素(时间、地点、人物、事情、原因等)俱全，并且在交代背景与说明解释事实时也要客观准确。这已是新闻工作的基本原则与常识。然而实践中，新闻报道失实现象屡禁不止。如何有效防止新闻失实，提升新闻客观性与准确性呢？

笔者根据多年新闻采制的实践摸索，认为可以通过：一、运用"多视角新闻”报道方法；二、运用先进“AI技术”；三、运用“人工多重审核制度”。通过这三种方法，加强多角度、多领域、多方法的信息核实，同时使用算法与人工相结合进行新闻客观准确性的辅助校正。就此做一专论，进行探索与研讨，以求教于方家。

一、新闻采制过程中，为何会导致“降低新闻客观性与准确性”？

记者非主观故意导致新闻不准确或观点错误的原因，主要涉及信息收集、处理、判断以及新闻生产流程中的各个环节出现了问题。要大力强调新闻从业者深入现场，掌握第一手证据材料，始终坚持核实查证。不过，正确认识的达成往往是一个动态持续的过程，正如瑞士心理学家让·皮亚杰的《发生认识论》所述：图式的同化与顺应间的平衡是“递进性”的。记者可能无法在一次认识中达成同化与顺应的平衡，因此应时刻遵循“客观中立”的理念，以相应的技术规则来补偿认识的局限性。

案例1：2023年11月8日，宝山区融媒体中心采制了短新闻报道《游隼受伤误入居民区　学生机智出手高效救助》，由于现场同期声完整丰富，加之上海电视台、看看新闻、宝山融媒体全平台等众多媒体同时推送了此条新闻，48小时内此条新闻的阅读量超过400万。但是很快我们就通过互动反馈机制发现：新闻中的两位中学生救助游隼的方法并非规范正确。作为国家二级保护动物的猛禽，市民救助不宜自己近距离进行操作甚至加以肢体接触，而是应该拨打各区林业部门热线电话及时告知专业人员。因为对于野生动物救助专业知识的不充分，导致了此条新闻观点失之偏颇。

案例2：2006年1月16日，美国有线电视新闻网(CNN)发表声明，就其在报道伊朗总统艾哈迈迪·内贾德讲话时出现严重的翻译错误向伊朗政府表示道歉。由于翻译错误，它在报道艾哈迈迪·内贾德14日的讲话时，将他所说的“伊朗拥有和平利用核能的权利，这样的权利是不可剥夺的”和“我们国家不需要核武器”错误翻译成了“拥有核武器是伊朗不可剥夺的权利”。这一错误报道，在国际上引起轩然大波。

案例3：2012年10月28日，上海闵行区发生一起交通事故，两名家政服务人员李芬和何益红被一辆轿车撞倒，何益红重伤，李芬轻伤。《楚天都市报》在11月8日以《失控轿车驰来，她一把推开邻居》为题报道了此事，称何益红在轿车失控后一把推开了李芬，自己却被卷入车底，导致重伤。报道发出后，全国众多媒体纷纷跟进，何益红被称赞为“最美钟点工”“救人英雄”，各界人士纷纷到医院探望并捐款。然而，11月20日，《青年报》刊发报道指出，李芬否认了何益红推开她的说法，并表示自己曾和来采访的记者当面说明过，证明不存在救人一说。尽管如此，何益红被称作“救人英雄”的说法仍然被广泛传播。记者仅根据一面之词进行报道，未对事件进行全面核实，也未采访到关键当事人李芬的完整陈述，便匆忙定性何益红为“救人英雄”，这种主观臆断和片面报道引发了广泛误读。

“新闻倾向性的很多重要来源是超越记者有意识选择之外的”，中外新闻界屡见不鲜。以下是导致这些问题的常见原因：

1. 信息来源的局限性

单一来源依赖：记者仅依赖单一的信息源，而未进行多渠道的核实和交叉验证。例如仅采访某一方当事人或仅参考某一个机构的数据，导致报道片面或失实。

信息源的不可靠性：采访对象提供不完全准确或有虚假现象的信息，记者因时间或资源限制，未能进一步验证。

因网络信息的误导：记者从社交媒体、网络平台获取未经证实的信息，而这些信息已被篡改或夸大。

2. 信息处理中的疏忽

误解或误读：记者在整理采访笔记或分析数据时，可能因理解偏差或专业背景不足，误解信息的含义。

编辑环节的失误：在新闻编辑过程中，编辑可能因疏忽或对内容理解不足，对原文进行错误的修改或删减，从而改变新闻的原意。

3. 背景知识的不足

专业知识限制：记者可能对采访主题的专业知识了解不足，导致对复杂问题的解读不够准确。

文化或语境差异：记者可能因文化背景或语境理解不足，对某些内容的解读与实际不符，尤其是在跨国或跨文化报道中。

4. 主观偏见的影响

无意识的偏见：记者可能在不自觉中受到个人价值观、社会观念或文化背景的影响，对事件的解读带有主观色彩，从而影响新闻的客观性。

预设立场：记者可能在采访前对事件已有预设立场，这种先入为主的观念可能影响采访的方向和内容选择，导致报道失衡。

5. 技术或工具的误用

AI工具的局限性：如果记者使用AI工具辅助新闻采制，但未能正确理解和使用工具的输出结果，可能导致信息失实。

数据分析错误：在处理数据时，记者可能因技术不熟练或对数据分析工具的误用，得出错误的结论。

6. 行业竞争与压力

追求独家新闻：在激烈的媒体竞争中，记者可能为了追求独家新闻而急于发布，忽视了信息的核实。

流量导向：部分媒体可能更注重流量和点击率，记者可能在无意识中迎合这种导向，选择更具争议性或吸引眼球的内容，从而导致观点偏差。

7. 突发事件的复杂性

信息碎片化：突发事件中，信息往往是碎片化的，记者可能在短时间内难以拼凑出完整的事实，导致报道不全面。

现场混乱：在突发事件现场，记者可能因环境复杂、信息繁杂而无法准确判断事件的全貌，导致报道出现偏差。

8. 缺乏事实核查机制

内部审核不完善：一些媒体机构可能缺乏完善的内容审核机制，导致记者的报道未经充分核查就发布。

外部监督不足：缺乏外部监督或反馈机制，可能导致记者无法及时发现和纠正报道中的错误。

二、运用“多视角新闻”报道方法　增强新闻客观性与准确性

（一）什么是“多视角新闻”

多视角新闻，是从多个不同的角度和层面去观察、分析和呈现新闻事件的一种报道方式。它突破了传统单一视角的新闻报道模式，通过整合多种视角的信息，为受众提供更全面、客观、立体的新闻内容。正如美国社会学家赫伯特·甘斯在《什么在决定新闻》一书中所言：“理想的新闻应该是全视角的，但这种理想不可能实现；不过，新闻工作者以及新闻媒体有可能是多视角的，能够尽可能多

地展示与呈现更多的视角——起码是比今天更多的视角。多视角主义的本质是更大的平衡，这就要求在新闻判断中赋予平衡考量以更高的优先性。其结果是，新闻从业者必须对所有潜在的消息源与视角、所有的部类与角色的总体，或者‘天地万物’有着相当深切的了解与体认，以便在新闻中平衡地再现它们。”

案例：宝山区融媒体中心的新闻《游隼受伤误入居民区　学生机智出手高效救助》发布之后，为了纠正报道中的错误观点，2023 年 12 月 8 日记者及时制作了连续报道新闻专题《“让候鸟飞”　学生见证野生游隼放飞》、12 月 9 日《宝山区野生动物收容救助点揭牌》、12 月 16 日《这群孩子们的“NATURE X 社团”　将救助野生动物融入每日生活》。

在《“让候鸟飞”　学生见证野生游隼放飞》的报道中，记者采访“让候鸟飞”野保组织专家，并用现场同期声记录下游隼放飞前，专家在丛林中向学生们科普如何正确救助，如何正确放生野生动物，并让孩子们在放飞地几十米开外，拿着望远镜见证这只被救助游隼的放飞过程。在《宝山区野生动物收容救助点揭牌》的报道中，向观众广而告之全上海市野生动物救助中心的 24 小时救助电话与正确救助方法。在《这群孩子们的“NATURE X 社团”　将救助野生动物融入每日生活》报道中，记者走进校园，记录下在生物老师专业指导的野生动物保护社团，如何将“教科书式”的野保工作，融入每个人日常学习与生活中，将野保工作这项“特别事”变为“寻常事”。

这四则在一个多月中采制的连续新闻专题报道，是一组经过记者特别设计的“多视角新闻报道”，它有效纠正了第一篇报道中的差错，多角度传播了科学救助野生动物的知识与正确方法。

（二）多视角新闻的内涵

多视角新闻的内涵在于：

1. 多元化的信息来源：不仅包括记者的现场报道，还涵盖当事人的亲身体验、专家的分析解读、普通民众的观点等。例如 2021 年 7 月，河南省郑州市遭遇极端特大暴雨，地铁 5 号线发生险情。央视新闻率先以慢直播的方式关注灾情，随后开启近 50 小时不间断直播，接入超百场移动直播及连线，全景式呈现事件全貌。报道中不仅有现场以及救援实况、亲历者采访、专家分析等等，还通过先进技术还原事件始末，让大众以多元化信息来源了解事件的全过程。

2. 多维度的呈现方式：借助多种媒介手段，如文字、图片、视频、数据可视化等，从不同角度、不同形式展示新闻事件。例如人民日报新媒体中心围绕“中国共产党成立 100 周年”的主题，推出了 H5 作品《复兴大道 100 号》，该作品采用“一镜到底”的手绘长图，融合长图、H5、SVG等交互技术，覆盖300多个历史事件和场景，包括5 000多个人物、400余座建筑，通过沉浸式人机交互，让用户在视觉动画和场景声效中体验历史。除了线上互动体验，还打造了线下互动体验馆，采用动画长廊、水幕影像、裸眼3D视频等技术，让受众“走入”历史。

3. 满足多样化受众需求：不同受众对同一事件的关注点不同，多视角新闻能够更好地满足受众的个性化需求。例如第七届进博会吸引了近3 800名中外注册媒体记者参与报道并多维度呈现，其中有多平台直播与互动满足年轻受众，上海广播电视台通过广播、电视及新媒体端并机推出约150小时的融媒直播，涵盖开幕式、展馆内外的实时报道、记者连线、访谈等多种形式；专题报道与系列策划满足探索型受众，包括《进博广角镜》《进博故事会》《跨国企业重估中国机会》等专题报道；国际传播，进博会的传播影响力显著，全网不同呈现方式的信息量超过200万条，境外媒体报道信息超4.5万条，覆盖近100个国家和地区的近12亿境外各类受众。

（三）如何打造“多视角新闻”

1. 多元信息采集：多渠道获取信息，通过采访当事人、专家、目击者等不同角色，收集多方面的观点和信息。利用大数据和智能技术：借助智能感知设备和数据分析工具，全面感知和采集新闻事件的相关数据。

2. 多维度叙事：选择合适的叙事视角，根据新闻事件的特点，灵活运用内视点（如Vlog）、外视点或复合视点等多种叙事方式。结合多种叙事手段：通过时间叙事、空间叙事、关系叙事等方式，全方位展示新闻事件。

3. 多媒介融合：整合多种媒介形式：将文字、图片、视频、音频等多种媒介形式有机结合，丰富新闻的呈现方式。跨平台传播：利用报纸、广播、电视、网络等多种媒体平台，根据不同平台的特点进行差异化传播。

4. 强化受众参与：建立互动机制，鼓励受众通过评论、分享等方式参与到新闻传播中，形成双向互动。以受众为中心：根据受众的需求和反馈，调整新闻的视角和内容。

5. 技术赋能：利用人工智能和数据分析，通过多视角注意力学习等技术，识别和融合不同视角的关键信息，提升新闻的深度和广度。采用可视化技术：借助3D、全景、虚拟现实等技术，增强新闻的沉浸感和真实感。

通过以上方式，多视角新闻能够更好地还原事件全貌，提升新闻的真实性和准确度，同时满足不同受众的需求。

三、利用"AI技术" 增强新闻准确性与精致度

1. 数据挖掘与信息核实

AI技术能够快速处理海量数据，帮助记者从多渠道获取和核实信息，减少因信息来源单一或不准确导致的新闻失实。通过自然语言处理(NLP)技术，AI可以分析社交媒体、公开数据等多源信息，帮助记者发现潜在的新闻线索。例如人民日报社AIGC-X工具是我国首个AIGC内容检测工具，由人民日报社联合多家科研机构开发。该工具能够检测AI生成的假新闻、内容抄袭以及垃圾邮件等，其文本识别准确率高达90%。如通过检测发现利用AI生成的虚假新闻《广州或将成为全国首个限制外卖配送的城市》等谣言，为记者甄别网络新闻资料。

2. 多模态内容生成与优化

AI技术可以生成多种内容形式，如虚拟主播、交互式新闻等，提升新闻的呈现效果和用户体验。例如杭州文化广播电视集团在新闻联播中采用AI数字人进行播报，实现了零失误率。这种技术不仅提高了新闻的准确性，还增强了新闻的吸引力和传播效果。

3. 舆情监测与反馈

AI能够实时监测社交媒体和网络舆情，帮助记者快速了解公众反应和舆论热点，从而优化报道方向。通过情感分析和关键词监测，AI可以及时发现舆情危机，为新闻工作者提供数据支持，提升舆论引导的精准度。例如网晴科技"网晴内容安全大脑"，该AI系统具备处理音频、视频、图像和文本的全面审核能力，能够识别政治敏感信息、低俗内容、非法暴力等潜在风险。它已被《人民日报》《光明日报》、新华网、网易等多家媒体应用。

4. 个性化内容推送

AI可以根据用户的兴趣和浏览历史，实现新闻的个性化推送，提升用户对新闻的接受度和参与度。这种精准推送不仅提高了新闻的传播效率，还能帮助媒体更好地满足不同用户的需求。例如今日头条和一点资讯是AI技术在新闻媒体领域的典型应用案例。它们通过深度分析用户的行为数据、兴趣偏好等，为用户推送符合其需求的新闻内容。这些平台的推荐算法精准度高，能够帮助用户在海量信息中快速找到感兴趣的内容。

5. 提升记者工作效率

AI 工具可以承担大量基础性、重复性工作，如资料整理、数据处理等，从而让记者有更多精力投入到深度采访和分析中。例如新华社的“快笔小新”和解放日报社的“新闻魔笔”等工具，通过热点感知和资料挖掘，帮助记者快速生成新闻提纲和初稿。

6. 风险防范与内容审核

AI 技术可以用于监测新闻内容中的风险点，如虚假信息、偏见或伦理问题，确保新闻报道的客观性和真实性。例如 BBC 呼吁在 AI 生成新闻中加强人类编辑的参与，确保信息的准确性。

所以，当前的新闻业已经在很大程度上被互联网和数字媒体重塑，在线新闻(online journalism)和数字新闻(digital journalism)逐渐成为新闻消费的主要形态。它一方面开辟了新的新闻叙事方式，推动跨媒体叙事和媒介融合的兴起；另一方面改变了新闻生产的流程，使得信息生产和传播的速度被大幅度压缩，让受众能够保持对最新信息的追踪。AI 技术在新闻行业的应用不仅能够提升新闻报道的准确性和精致度，还能帮助新闻从业者更好地应对信息爆炸时代的挑战。然而，AI 工具的使用需要与人类记者的专业判断相结合，以确保新闻报道的准确度、高质量和公信力。

四、AI 须结合人工多重审核制度

(一) AI 的局限性

新闻的准确度、高质量和公信力需要人类记者的专业判断与 AI 算法相结合。这是因为 AI 虽然在数据处理和模式识别方面表现出色，但在理解复杂语义、判断新闻背景、评估信息真实性以及处理伦理问题等方面仍存在局限。以下是具体原因以及案例：

1. 语义理解不足： AI 可能无法完全理解复杂语句或隐喻的含义，容易导致误解或错误判断。例如 2017 年，《华盛顿邮报》报道了一则标题为“Trump's ‘fire and fury’ remark on North Korea raises alarm”的文章，讨论了特朗普用“fire and fury”(火与怒)形容对朝鲜的强硬态度。然而，一些基于 AI 的新闻摘要工具在生成摘要时，未能完全理解“fire and fury”这一隐喻的强烈情感色彩和政治含义，导致生成的摘要误解为字面的火灾或自然灾害相关事件。

2. 缺乏背景知识：AI缺乏对新闻事件背景的深入理解，可能无法准确判断信息的真实性和重要性。例如2024年12月，苹果公司推出的生成式AI技术Apple Intelligence在新闻摘要功能中出现了严重错误。该AI将BBC关于“联合健康保险公司CEO被枪击事件”的报道错误地总结为“嫌疑人路易吉·曼吉奥内开枪自杀”。然而，实际情况是，曼吉奥内被关押在监狱中等待引渡听证。AI未能理解事件的完整背景，导致新闻内容严重失实。

3. 伦理判断缺失：AI无法像人类记者一样基于伦理和道德标准做出判断，可能会无意中传播误导性或有害信息。例如2023年7月，Buzzfeed发布了一篇包含194个AI生成芭比娃娃的图片报道。这些图片展示了来自世界各地的芭比娃娃形象。但其中，AI生成的德国芭比娃娃被描绘成穿着纳粹党卫军制服，南苏丹芭比娃娃被描绘成手持枪支的形象。此图片因明显的文化偏见和伦理缺失引发了公众的强烈不满。AI算法在生成内容时，可能会无意中引入数据中的偏见，而人类记者能够基于伦理原则对内容进行修正，避免对特定群体造成伤害。

（二）新闻播出之前应增加“人工多重审核制度”

以下是合理高效的人工多重审核制度的环节和内容：

1. 初步审核：由编辑或部门负责人对初稿进行初步审核，重点关注内容的真实性、逻辑性和结构的合理性。审核意见须详细记录并反馈给记者进行修改。

2. 内容深度审核：首先审核人员须对新闻内容的真实性进行核实，包括查阅原始资料、多方印证以及利用技术手段辅助验证。其次须对政治敏锐性进行审核，严格遵守国家法律法规，确保新闻内容不涉及违法违规、损害国家利益或破坏社会稳定的内容。之后进行客观性审核，新闻报道应保持客观公正，避免因个人情感或立场影响报道的客观性。还包括语言文字审核，校对人员须对稿件进行逐字逐句的校对，确保没有错别字、语法错误及格式不规范的情况，以及确保新闻语言风格符合媒体的定位和受众需求。

3. 传播效果审核：须进行受众接受度评估，从传播效果、受众接受度及品牌形象等方面对新闻进行评估，确保新闻内容能够有效传达并符合媒体的整体形象。进行网络传播风险评估，评估新闻在网络传播中的潜在风险，如信息失真、网络谣言等，并采取相应措施。

4. 最终审核与确认：进行多部门联合审核，稿件须提交至文稿平台（如“融上海”App），同步至各级审核部门进行第三次审核，重点关注内容的完整性和传播效果。指定审核结果反馈，审核意见须详细记录并反馈给记者，记者根据意见进行最后修改。最终文稿、图片及新闻画面确认后方可进入发布流程。

5. 备案与存档：将所有经过审核的稿件、审核记录及校对意见整理归档，以备后续查阅与分析，并将其定期更新，确保信息的时效性和完整性。

6. 互动评论审核：对网友和观众的评论进行审核，确保评论内容符合法律法规、社会主义核心价值观和社会公德。建立用户举报机制，对违规评论进行及时处理，并将结果反馈给举报用户。

通过以上环节和内容的多重审核制度，可以有效确保新闻的准确性、高质量和公信力，同时结合 AI 技术和人工审核的优势，提升新闻制作的整体效率和质量。

结　语

在新闻采访制作过程中，前期运用“多视角新闻”报道方法，中后期采用先进“AI 技术”加以辅助，同时后期采取“人工多重审核制度”查错补漏。动态运用这三种方法，可以有效确保新闻的客观性和准确性：“多视角新闻”通过整合不同利益相关者、专家和普通民众的观点，能够减少主观偏见，增强新闻的客观性；“先进 AI 技术”能够快速处理大量数据，提高信息筛选的效率和准确性，减少人为失误；“人工审核制度”是确保新闻客观性和准确性的最后一道防线。审核人员可以对多视角报道的内容进行整合，对 AI 生成的文本进行校对和修正，从而弥补技术的不足。

三者之间相互补充，互为协同，有效制约：

相互补充：“多视角新闻”提供丰富的信息和多元的观点，但可能因信息量过大而难以快速整理。“AI 技术”可以高效地筛选和整理这些信息，为记者提供更清晰的报道方向。AI 技术虽然高效，但可能存在逻辑漏洞或数据偏差。“人工审核制度”能够弥补这些不足，确保新闻内容的准确性和合规性。

互为协同：“多视角新闻”制作方法为“AI 技术”提供了丰富的素材，AI 则为“人工审核制度”提供了初步筛选的结果，人工审核则对 AI 生成的内容进行最终把关。三者结合能够最大限度地减少新闻报道中的主观偏见和错误，提升新闻的客观性和准确性。

有效制约：“多视角新闻”可能导致信息过载，“AI 技术”则需要在海量信息中筛选出有价值的内容，这对其算法的准确性提出了更高要求。“人工审核制度”需要对 AI 生成的内容进行严格把关，防止技术带来的潜在风险，如虚假信息或逻辑错误。

综上所述，“多视角新闻”报道方法、“AI 技术”和“人工多重审核制度”在新闻制作中相互补充，互为协同，同时又有效制约。只有三者有机结合，才能确保新闻的客观性和准确性。故而为了保证新闻的客观性与准确性，提倡大力运用文中所述的三种方法，而关键在于提高记者编辑的工作责任心与新时代新媒体的业务修养，并健全与认真贯彻多重审核制度。为此，我们要永远坚持不懈，努力奋进！

参考文献：

[1] 左任侠，李其维.皮亚杰发生认识论文选[M].华东师范大学出版社，1991(34).
[2] 马修斯，恩特曼，等.新闻框架的倾向性研究[M].浙江大学学报(人文社会科学版)，2010(2).
[3] Herbert J. Gans. Deciding What's News[M].北京大学出版社，2009：396－405.
[4] 刘畅.多维视角下的新闻传播理论新探[M].济南大学出版社，2013：5－12.
[5] 肖伟.新闻框架论[M].中国人民大学出版社，2015：176.
[6] 史安斌，王沛楠.观念祛魅与边界重构：数字时代的西方元新闻话语研究[N].西安交通大学学报(社会科学版)，2021(5).

作者简介：

唐捷，上海市宝山区融媒体中心记者。

探究融媒体背景下新媒体编辑的技术应用与创新实践

孙　晨

提　要: 在融媒体时代背景下,新媒体平台有着不可或缺的一席之地,随之对新媒体编辑的技术应用与创新实践能力提出了更高要求。习近平总书记强调:“我们要运用信息革命成果,加快构建融为一体、合而为一的全媒体传播格局。”本文旨在探究新媒体编辑在融媒体背景下所须掌握的关键技术及其创新实践路径,通过分析新媒体编辑应具备的能力、关键技术应用、创新方向等,提出一套适应读者需求、提升内容质量和传播效果的新媒体编辑创新策略。通过理论与实践的结合,为新媒体编辑的专业成长和行业发展提供指导。

关键词: 融媒体　新媒体编辑　技术应用　创新实践

引　言

随着移动互联网技术的飞速发展,新媒体平台已成为信息传播和社会互动的重要载体。习近平总书记指出:“媒体融合发展是巩固宣传思想文化阵地、壮大主流思想舆论的战略举措。”在这一战略指引下,新媒体编辑不仅须具备扎实的文字功底和新闻敏感度,更须紧跟技术前沿,掌握数据分析、人工智能、多媒体制作等现代传播技术,以创新驱动内容生产与传播方式的变革。本文将从新媒体编辑的技术应用与创新实践角度出发,探讨如何在融媒体背景下,通过技术创新提升编辑的策划意识和能力,进而增强新媒体平台的市场适应性和内容竞争力。

一、新媒体编辑应具备的能力

随着新媒体技术的迅猛发展,新媒体编辑的角色愈发关键,他们不仅是新媒体内容生产与传播的核心,还须兼具多种能力:掌握多种技术工具,拥有扎实的文字功底、敏锐的热点捕捉力、精准的内容筛选技巧、良好的粉丝互动技巧以及出色的主题策划能力。这些能力素质直接关联到新媒体平台的影响力和传播效果,因此,深入探究新媒体编辑所需能力,对于全面提升新媒体平台的运营水平具有重要意义。

(一)掌握编辑工具能力

在融媒体时代,新媒体编辑的角色已经远远超越了传统的文字编排,他们现在是内容创造、视觉设计和技术应用的综合体。掌握编辑工具能力,对于新媒体编辑而言,是确保内容质量与吸引力的关键。

新媒体编辑需要掌握从各种编辑器的使用到 SVG 动画、AI 制作、短视频制作、图片编辑、H5 交互等综合能力。以青浦区官方微信“绿色青浦”微信公众号为例,常用的编辑器包括 135 编辑器、秀米编辑器、小蚂蚁编辑器等。这些编辑器能够帮助编辑进行视觉上的美化和排版,从而提升内容的可读性和吸引力。其次,Premiere、剪映等视频剪辑软件的使用,能够熟练地进行视频的剪辑、合成、调色等工作。此外,图片处理能力也是新媒体编辑不可或缺的技能之一。新媒体编辑需要熟悉 Photoshop、Illustrator 等图像处理软件,能够进行图片的裁剪、调整色彩、添加滤镜等操作。

(二)文字功底与审美能力

扎实的文字功底是新媒体编辑的基本素质。他们需要能够准确、生动地表达观点和信息,同时具备良好的审美能力,能够设计出美观、吸引人的排版和视觉效果。此外,新媒体编辑还须具备抢抓热点的能力,能够迅速捕捉社会热点和受众关注点,创作出具有时效性和吸引力的内容。例如“绿色青浦”微信公众号在奥运冠军潘展乐回国来到青浦休整时,发布的推文《青浦到底有谁在啊?! 潘展乐》,阅读量超 6 万,充分展示了其文字功底和热点捕捉能力。

（三）内容筛选能力

在海量信息中筛选真实、有价值的内容是新媒体编辑的重要职责。他们需要熟悉各类权威新闻来源和专业领域的信息渠道，如医疗科普类的“健康中国”“沪小康”，交通类的“上海地铁”，以及权威新闻来源如“央视新闻”、《人民日报》等。通过精准筛选和转发这些内容，新媒体编辑能够为粉丝们提供有价值的信息，增强平台的权威性和影响力。

（四）粉丝互动能力

与粉丝的互动能力是新媒体编辑不可或缺的一项技能。他们需要密切关注粉丝的留言和反馈，及时精选留言并进行互动回复。通过塑造一个亲切、友好的形象，新媒体编辑能够增强粉丝的归属感和忠诚度。例如“绿色青浦”微信公众号在半夜推送内容时，粉丝留言“小编辛苦啦，这么晚还在发稿子”，编辑回复“不辛苦，第一时间能推送信息给大家，很开心”。这种互动方式有助于拉近与粉丝的距离，增加粉丝黏性。

（五）主题策划能力

主题策划能力是新媒体编辑提升平台影响力和传播效果的重要手段。他们需要根据重要时间节点、重大节日、节气等相关主题进行策划，设计视觉、专栏等内容形式。通过精心策划和创意设计，新媒体编辑能够创作出具有独特性和吸引力的内容，吸引更多受众关注和参与。例如“绿色青浦”微信公众号在春节期间推出的“年味 in 青浦”系列推文，通过精美的视觉设计和丰富的内容形式，成功吸引了大量粉丝的关注和点赞。每年进博会期间的《进博 in 青浦》专栏，全方位展示了青浦作为东道主在交通、保障、展览等方面的努力与成果，有效提升了平台的传播力与影响力。

二、新媒体编辑的关键技术应用

在新媒体环境下，新媒体编辑作为内容生产与传播的核心，其技术应用能力对于提升新媒体平台的整体运营水平至关重要。

（一）数据分析技术

通过利用大数据技术，新媒体编辑能够深入洞察粉丝行为，从而精准推送内容。用户画像分析是数据分析技术的重要应用之一。通过对用户数据的收集和分析，新媒体编辑可以构建出详细的用户画像，包括用户的年龄、性别、地域、兴趣偏好等关键信息。更重要的是，用户画像分析还能揭示用户在不同时间点的活跃情况，如早上通勤时、午休间隙、下班路上等时间段。这些洞察为新媒体编辑提供了宝贵的参考，使他们能够选择最佳的推送时间点，确保内容在粉丝最活跃的时候触达，从而提高内容的到达率和阅读率。

此外，数据分析技术还能帮助新媒体编辑评估内容的传播效果。通过监测和分析内容的点击率、转发率、评论数等关键指标，新媒体编辑可以了解内容的受欢迎程度，进而调整内容策略，优化内容质量，提升用户体验。

（二）人工智能技术

AI 辅助写作、内容审核与个性化推荐等功能的出现，极大地提高了新媒体编辑的工作效率和内容质量。例如文心一言、ChatGPT 等 AI 写作工具能够自动生成文章或段落，为新媒体编辑提供灵感和素材；豆包、黑马等 AI 内容审核工具则能够快速识别并过滤不良内容，确保新媒体平台的健康运营；而个性化推荐系统则能够根据用户的兴趣和关注点，为其推荐更符合其需求的内容，从而提升用户的体验感。

（三）多媒体制作技术

随着视频、图片和音频等多媒体内容的普及，新媒体编辑需要掌握视频剪辑、照片处理、音频处理以及 H5 交互设计等技术，以制作出更具吸引力和互动性的内容。例如剪映、Premiere 等视频剪辑工具能够帮助新媒体编辑制作出高质量的短视频；Photoshop、美图秀秀、像素蛋糕等图片处理工具则能够对图片进行美化、修饰和排版；而企易秀等 H5 制作工具则能够创建出具有交互性和趣味性的 H5 页面，提升用户的参与度和黏性。

（四）社交媒体运营技术

随着社交媒体平台的不断发展，新媒体编辑需要了解并掌握各平台的规则和政策，以确保内容的合规性和安全性。同时，新媒体编辑还需要具备社群管理和互动策略的制定能力，例如“绿色青浦”铁粉群等，通过有效的社群管理和互动策略，提升用户的参与度和忠诚度，为新媒体平台的发展提供有力支持。

总而言之，新媒体编辑的关键技术应用广泛而深入，具体涵盖了数据分析技术、人工智能技术、多媒体制作技术以及社交媒体运营技术等多个层面。通过运用数据分析技术，编辑们能够精准把握用户偏好，实现内容的个性化推送；人工智能技术的引入，则让内容创作与分发更加智能化，提高了工作效率；多媒体制作技术让内容形式更加丰富多彩，增强了用户的阅读体验；而社交媒体运营技术的熟练掌握，则帮助新媒体平台更好地联结用户，扩大影响力。这些技术的应用，不仅极大地提升了新媒体编辑的专业能力和内容质量，更为新媒体平台的持续繁荣与发展奠定了坚实的基础。

三、新媒体编辑的创新方向

在新媒体时代背景下，新媒体编辑的角色与职责正经历着深刻的变革。为适应这一变化，新媒体编辑须不断拓展自身能力边界，探索创新发展方向。

（一）新媒体编辑须向复合型人才转型

在新媒体环境下，编辑不仅须具备扎实的文字功底，还须掌握摄影、视频制作等多媒体技能，以实现内容的多元化呈现。这种“会炒菜也要会买菜”的能力要求，促使新媒体编辑要成为既懂编辑又懂采访的复合型人才。通过全面提升自身技能，新媒体编辑能够更好地适应新媒体内容生产与传播的需求，实现文字、摄影、视频等领域的全面开花，成为名副其实的“融媒轻骑兵”。

（二）受众数据分析成为新媒体编辑创新的重要支撑

通过深入分析大数据，新媒体编辑能够准确把握受众的偏好和需求，从而制定更为精准的内容推送策略。近期的关键词和热门话题，成为新媒体编辑洞察受众心理、引导内容创作的重要依据。通过数据分析，新媒体编辑能够不断优化内容结构，提升内容的吸引力和传播力。

（三）新媒体编辑须不断探索新的内容呈现方式

以青浦区融媒体中心与上海航空合作为例，通过制作外宣片并在飞机大屏上播放，46 架上航荧屏飞机覆盖航线数量超 9 800 次，其中国际航线 1 600 多次，客流量覆盖 160 万人次，青浦城市形象得以在国际舞台上得到广泛传播。此外，新媒体编辑还须关注社交媒体平台的发展趋势，利用短视频、直播等新兴形式，实现内容的快速传播和互动。例如在“绿色青浦”抖音平台上，通过邀请外籍人士分享在青浦的所见所闻所感，新媒体编辑成功打造了一系列具有国际影响力的内容产品，3 条短视频播放量超 30 万，点赞量近 3 000，进一步提升了青浦城市的国际传播力。

（四）直播技术的探索

快视频、慢直播、现场直播、转播等多样化的直播方式，正以前所未有的速度改变着新媒体内容的传播格局，使得信息能够在第一时间跨越时空界限，直接触达全球范围内的受众。在这些创新的直播形式中，微信视频号的直播功能凭借其庞大的用户基础和高度互动性，成为新媒体编辑手中一把锐利的创新之刃。通过微信视频号，新媒体编辑得以策划并实施一系列跨地域、跨文化的直播活动，这些活动不仅丰富了用户的视觉体验，更促进了不同地域、不同文化背景之间的深度交流与融合。以“绿色青浦”微信公众号为例，2025 年元旦期间，上海市青浦区与青海省班玛县携手举办的跨年慢直播活动，便是一次成功的文化交融实践。在这次直播中，观众得以在慢节奏的镜头下，细细品味青浦区的现代都市风貌与班玛县的原始自然风光，感受两地截然不同的文化韵味。这种沉浸式的直播体验，不仅让观众仿佛身临其境，更激发了他们对未知世界的好奇与向往，促进了文化的传播与理解。

（五）师徒带教模式成为新媒体编辑人才培养的重要途径

通过师父传授宝贵经验，徒弟能够站在巨人的肩膀上，发挥自身所长，实现快速成长。师徒带教模式不仅有助于传承新媒体编辑的专业技能，还能够培养新一代新媒体编辑的创新意识和实践能力。通过师徒间的交流与合作，新媒体编辑团队能够形成更为紧密的合作关系，共同推动新媒体事业的发展。以青浦区融媒体中心为例，评定“首席”“名优”新媒传媒人才，实施一对一的带教机制，即由 1 名首席新闻传媒人才带教 1 名名优新闻传媒人才和 1 名区融媒体中心助理级及以下相关从业人员或基层分中心相关从业人员，每半年向青浦区新闻传媒人才评审委员会形成总结材料 1 次，共同推动新闻业务的深入发展，实现了团队整体素质的全面提升与共同进步。

四、新媒体编辑面临的核心挑战与对策分析

在新媒体环境迅速发展的背景下，新媒体编辑不仅须应对内容生产与传播的新要求，还须克服一系列核心挑战。

（一）内容生产速度的挑战

新媒体时代，信息的传播速度极快，受众对于内容的时效性要求日益提高。以青浦区融媒体中心创作的“HI 青浦”航拍系列短视频为例，在 2024 年青浦新城半程马拉松活动开始后的半小时内，即推送了现场航拍视频画面，阅读量超 5 万，这充分体现了新媒体编辑须具备快速响应与高效生产内容的能力。面对这一挑战，新媒体编辑须不断优化工作流程，采用先进的编辑工具和技术，确保内容能够在第一时间呈现给受众，满足其对新鲜资讯的渴求。

（二）多平台发布能力的挑战

随着社交媒体的蓬勃发展，新媒体编辑须将内容发布至微博、微信、客户端、小红书、抖音、快手等多个平台。不同平台具有各自的属性和受众群体，要求新媒体编辑具备针对不同平台定制内容的能力。为应对这一挑战，新媒体编辑须深入了解各平台的用户特征和内容偏好，制定差异化的发布策略，以确保内容能够精准触达目标受众，提升传播效果。

（三）增强交互性与粉丝黏性的挑战

新媒体环境下，受众对于内容的参与度和互动性要求不断提高。新媒体编辑须通过创新的内容形式和互动机制，增强与受众之间的沟通与联系，从而提升粉丝黏性。为实现这一目标，新媒体编辑可借助评论、点赞、分享等功能，开展留言抽奖、粉丝福利大转盘等活动，鼓励受众参与内容讨论和分享；同时，通过定期举办线上线下活动、发起话题讨论等方式，激发受众的参与热情，增加粉丝黏性。

（四）创新传播途径与拓宽传播渠道的挑战

新媒体编辑还须不断探索创新的传播途径，拓宽传播渠道，以扩大内容的覆盖面和影响力。与不同传播载体平台合作，如航空公司大屏、地铁大屏等，成为新媒体编辑拓展传播渠道的有效途径。这些平台具有广泛的受众基础和独特的传播优势，能够为新媒体内容提供更为广阔的展示空间。为应对这一挑战，新媒体编辑须积极寻求与各类平台的合作机会，探索多样化的合作模式，以实现内容的跨平台传播和共享。

综上，新媒体编辑在融媒体时代面临着内容生产速度、多平台发布能力、增强交互性与粉丝黏性，以及创新传播途径等核心挑战。为应对这些挑战，新媒体编辑须不断优化工作流程，深入了解各平台属性，创新内容形式和互动机制，以及积极寻求合作机会。通过这些对策的实施，新媒体编辑将能够更好地适应新媒体环境的发展要求，提升内容的传播效果和社会影响力。

结　语

新媒体编辑在融媒体背景下扮演着至关重要的角色，他们的技术应用与创新实践能力直接关系到新媒体平台的竞争力和影响力。因此，新媒体编辑应紧跟时代步伐，不断提升自身能力素质，勇于探索和实践新的创新路径，以适应新媒体环境的发展要求，为构建融为一体、合而为一的全媒体传播格局贡献自己的力量。

参考文献：

[1] 李婧.探究融媒体视角下新媒体编辑的创新机制[J].采写编，2024(10).
[2] 张墩瑞.融媒体视角下新媒体编辑创新机制探讨[J].中国报业，2023(20).
[3] 李卫兵.提高公众号阅读量的有效措施分析[J].采写编，2024(11).
[4] 聂丽芳.如何优化新媒体编辑的策划意识和能力[J].中国报业，2024(16).
[5] 邢璐.数据驱动下新媒体编辑的突破与挑战[J].新闻文化建设，2024(16).

作者简介：
孙晨，上海市青浦区融媒体中心移动媒体部副主任。

论主持人在新媒体产品创作中的作用

朱　宏

提　要：节目主持人是广播电视节目的主持者，是节目制作者群体的中心人物，通常担任主要演播者并掌管节目策划、串联、组织、播出等进展情况。节目主持人在舆论场中起着意见领袖的作用，其责任重大。而现在的主持人面临新媒体的挑战，要求在新媒体产品创作中发挥关键作用。本文分析融媒体时代要求主持人不仅要具备全面的语言表达能力与新媒体素养，还须有跨平台的创作与创新能力，结合新媒体元素创作出既新颖有深度，又适应新媒体规律的作品。

关键词：主持人素养　新媒体产品创作　创意表现能力　创造者

引　言

随着互联网的普及和新媒体技术的发展，主持人作为媒体的重要组成部分，需要具备一定的媒体素养和新媒体技能。尤其是在融媒体背景下，主持人不再仅仅需要掌握自己的语言特长，而是需要融合新媒体创作，创造出新颖的创意。

在互联网技术的推动下，新媒体已变成关键的信息传播通道，其互动性、即时性和多样性区别于传统媒体。这对传统主持人的角色提出了新挑战，要求他们不仅要具备语言和表达的技能，还须了解和掌握新媒体的知识和技术，以适应融媒体的发展。融媒体环境下的主持人，除了基础的语言表达能力，还须具备创新思维和跨平台内容创作能力。

一、新媒体产品创作概述

（一）新媒体产品的定义与发展态势

在新传媒环境下，可以转变、创新传统的主持结构，不仅在电视上主持节目，还可以进行多样性平台的主持。

在信息爆炸时代，新媒体以其互动、即时和创新特点，深刻影响生活。新媒体是利用现代信息技术，通过多种数字设备以数字化形式创造、编辑、传播与互动的产品，包括社交媒体、视频分享网站、博客、播客、网络直播等。其发展阶段的重要标志是短视频的兴起，如抖音、快手等，改变了娱乐消费习惯，推动了制作和内容创作的创新。在此背景下，传统主持人角色也发生变化，他们不仅是信息传播者，也是内容的创造者、传播者和互动的参与者，需要学习新媒体技能，更新知识结构，适应新环境需求，并在内容创作上进行创新，吸引和满足新一代用户的需求。新媒体产品的定义与发展不仅是技术进步的体现，也是文化和媒体生态的深刻变革，为传统媒体人提供了更广阔的舞台和无限可能性。

（二）新媒体产品创作的特点与挑战

在信息爆炸的时代，新媒体产品以其互动性、实时性和创新性吸引了众多用户。传统电视节目制作已不能满足现代观众需求，他们寻求的是能即时反馈，具个人互动特色的传播方式。新媒体产品创作的创新性、实时性和互动性要求主持人不仅要有即兴应变能力，还须快速把握观众注意力，并以新视角展现内容。新媒体的挑战包括技术更新速度以及高度竞争的环境，只有不断学习、适应并创新，以及与观众有效互动的主持人，才能在新媒体时代成功。

二、主持人在新媒体产品创作中的角色与职责

（一）主持人的基本职责与要求

在当下这个融媒体时代，传统的主持方式已经无法满足所有的传播需求，主持人的角色也随之发生了深刻的变化，不再仅仅局限于传统意义上的“说、讲、评”，现代主持人必须成为一个多面手，能够适应和引领新媒体的创新潮流。

作为主持人首先必须具备良好的语言表达能力。语言是传达信息、分享观

点、建立情感联系的重要工具。主持人的语言表达能力直接影响到信息的准确传递和节目的整体质量。无论是在直播还是在录播的节目中，主持人的语言需要清晰、流畅，并且能够与观众产生共鸣。

其次，主持技巧也是现代主持人不可或缺的一项基本技能。这包括了对节目内容的把控能力、现场应急处理能力，以及与嘉宾的交流互动能力。合格的主持人需要能够在节目进行中准确地把握节奏，适时地引导观众的注意力，同时也能够处理突发状况，确保节目的流畅进行。

再者，专业知识也是主持人必须具备的基础能力。尤其是当下新媒体平台的多样化，如短视频、直播等形式，对主持人的专业知识提出了更高要求，不仅要对所涉及的领域有深入的了解，还须能够针对不同的内容选择合适的表达方式和话语风格。

除此之外，融媒体时代更强调主持人的创新意识和创造力。传统的主持方式已经不能满足现代观众多元化和高标准的需求。因此，主持人需要不断地创新和尝试，不断地探索新的表达方式，创造出既有深度又有趣味的内容，以满足现代观众的口味。

诚然，现代主持人的基本职责已经不仅局限于"说话"的艺术，更多的是要有创新的思维和全方位的才能。他们不仅是节目的引导者，更是新媒体产品创作中的关键角色，通过自己的语言艺术、专业知识和创新能力，为观众带来更加丰富多彩、更具吸引力的视听体验。

（二）主持人在新媒体产品创作中的具体作用

在新媒体的浪潮下，传统的电视和广播媒体正面临着前所未有的挑战与机遇。随着网络技术的飞速发展，新媒体平台如社交网络、视频分享网站、博客等成了内容创造与信息传播的重要途径。在这一背景下，主持人的角色也随之发生了变化，他们不再仅是传统意义上的节目主持人，而是转变为新媒体产品的策划者、制作者和推广者。

在策划阶段，主持人的作用不可小觑。他们通常拥有广泛的行业知识和丰富的经验，能够准确把握目标受众的兴趣和需求，为新媒体产品的内容定位和创意开发提供方向性的指导。主持人可以根据自身的观众基础和影响力，提出与观众共鸣的话题，设计能够吸引观众参与的互动环节，从而增加新媒体产品的吸引力和黏着度。

在制作阶段，主持人的参与可以极大地提高内容的吸引力和可信度。由于他们通常具有较高的公众形象和个人魅力，他们的加入可以有效提升新媒体产品的艺术表现力和感染力。在视频制作中,主持人的出镜不仅能够增加节目的观看乐趣,还能通过其专业的知识和丰富的表现力,提高节目的信息价值和教育意义。此外,主持人在录制过程中的即兴发挥也是提升节目趣味性和真实性的重要元素。

在推广阶段,主持人的个人品牌和社交网络影响力是新媒体产品宣传的有力工具。他们可以通过自己的社交平台,如微博、微信、抖音等,分享节目亮点和个人体验,吸引更多的观众关注和参与。同时,主持人还可以通过参与线上线下的活动,如直播、讲座、粉丝见面会等,进一步扩大新媒体产品的影响力和覆盖范围。

在新媒体产品的创作中,主持人的作用不再局限于传统的主持工作,他们在策划、制作和推广的各个环节中都能发挥出重要的作用。通过他们的专业能力和个人魅力,新媒体产品不仅能获得更多的关注和好评,还能实现与观众的有效互动和深度联结,从而大大提升产品的市场竞争力和品牌价值。因此,主持人在新媒体时代中的重要性不容忽视,他们是联结内容创意、制作质量和市场推广的关键桥梁。

三、主持人在新媒体产品创作中的创意表现

(一)主持人在新媒体产品创意中的独特贡献

在新媒体产品的创作过程中,主持人扮演着不可或缺的角色,他们不仅是信息传递的中介,也是创意与内容的催化剂。通过对传统媒体与新媒体的不断融合,主持人在新媒体产品中的作用越发凸显,他们通过自己的独特视角和创意为新媒体产品注入了新的活力和无限的可能性。

主持人在新媒体产品创意中的独特贡献,首先体现在他们对内容的把控上。传统上,主持人作为节目的引导者和组织者,对话语的安排和内容的深度有着严格把控。在新媒体产品的创作中,这种能力同样重要。主持人可以根据自己的经验和见解,对节目的内容进行筛选、提炼和创新,使之更符合新媒体的传播特点和用户的观看习惯。

主持人的创意思维为新媒体产品的发展提供了新的视角。新媒体环境下的内容生产与分发,与传统媒体有着显著的不同。主持人能够利用自己的创新思维,结合新媒体的特性,为产品的定位、内容的深度、表现形式等提供新思路。例如通过利用新媒体平台的互动性,主持人可以设计一些参与性强的活动,增加用户的参与度和产品的互动性,从而提高产品的吸引力和用户黏性。

主持人在新媒体产品中的作用还体现在他们的个人魅力和品牌效应上。一个有影响力的主持人能够为节目或者产品带来额外的品牌价值。在新媒体领域，内容的创新和形式的多样化尤为重要，而一个有独特风格的主持人可以通过他们的个人品牌为新媒体产品带来标签化的识别，这对于提高产品的市场竞争力至关重要。

主持人还能通过自己的创意为新媒体产品的内容生产带来新鲜的血液。在新媒体产品的创作过程中，内容的原创性和创意性是吸引用户的关键。主持人凭借其丰富的经验和对行业的深刻理解，能够在内容的选题、表现形式和技术应用等方面提出创新的想法，为产品的内容生产注入新的活力。

主持人的创意不仅局限于内容的创意，还应包括对新媒体产品的表现形式和传播策略的创新。随着技术的发展，新媒体为内容的多样化提供了更多的可能性，主持人可以利用自己的创新思维，结合新媒体技术的发展，探索更加多元和丰富的表现形式，从而增强产品的市场竞争力。

主持人在新媒体产品创意中的独特贡献是多方面的，他们的创新思维、个人魅力和对内容的把控能力，为新媒体产品的发展提供了无限的灵感和创新的思路。随着新媒体的不断发展，主持人的这种独特贡献将更加重要，也更具价值。

（二）主持人在新媒体产品创意中的实际案例分析

在新媒体的浪潮下，传统的电视和广播主持人面临着前所未有的挑战与机遇。他们不仅要继续发挥自己的语言特长，而且还需要积极融入新媒体的创作中，发挥不可或缺的作用。

本文将通过一个具体的案例分析，探讨主持人在新媒体产品创意中的实际作用。2024 年 10 月，由嘉定区融媒体中心主持人参与的宣传微视频拍摄。该视频旨在通过网络平台推广主持人各自节目，吸引更多的年轻观众。在准备阶段，主持人作为项目的核心人物，其创意和表现力成为吸引观众的关键。

在微视频的开篇，主持人并没有简单地介绍节目内容，而是通过一段具有创意的自我介绍，巧妙地与节目主题相结合。例如在介绍《早安嘉定》节目时，两位主持人以正在直播的导播视角切入，介绍节目的呈现形式是广播直播节目，在介绍《嘉定故事》节目时，出现主持人的一段沪语念白，让观众更直观地了解特色节目《嘉定故事》的沪语播音，使观众既能了解节目内容，又能享受一次富有创意的视听体验。

在拍摄过程中，主持人不仅是在镜头前进行表演，更是在不断地与创意团队沟通，提出自己的想法和建议。在确定微视频的拍摄地点时，主持人建议选择在各自工作的录制间或直播间，这样不仅能为听众及观众揭秘节目创作的空间，更具有一定的观赏性，还能无形中提升节目的品质感。

在后期制作中，主持人也深度参与了影片的剪辑工作，特别是在微视频的开头，如何体现早上，那就是加入一些能体现早上的元素，如鸟叫音效、拉起窗帘露出台标等细节处，而空无一人的办公室，实际上体现的是主持人们已经在各自岗位上开始忙碌。主持人亲自参与了最后的剪辑合成。根据自己对节目的理解和对故事的把握，将传统的旁白与现代的元素结合起来，创造出一个既有深度又不失趣味性的表达方式。

通过这个案例，我们可以看出，在新媒体产品创作中，主持人不仅是内容的传递者，更是创意的参与者和创新的实践者。他们利用自己的专业素养和对节目内容的深入理解，为新媒体产品的创意和制作提供了无限的可能性。在未来，随着新媒体的不断发展，主持人的角色也将不断地发生变化和升级，但他们在新媒体产品创意中的重要性是毋庸置疑的。

四、主持人在新媒体产品创作中的专业素养与技能

（一）主持人在新媒体产品创作中的专业素养要求

在新媒体的浪潮下，传统的主持艺术正面临着前所未有的挑战与机遇。随着信息技术的飞速发展，新媒体产品的创作已经成为一种潮流，它要求内容创作者不仅要有传统媒体中的语言表达能力，还须具备媒体素养、网络素养和新媒体技能等多方面的专业素养。

所谓媒体素养，是指人们在处理与媒体相关信息时所需的认知能力和技能。对于主持人来说，这不仅包括了基本的语言表达和沟通能力，还包括了对新闻价值、信息评估、媒体伦理等的理解。在新媒体产品的创作中，主持人的媒体素养要求他们能够准确地把握信息的敏感点，合理地处理新闻报道与娱乐内容的关系，以及在各种信息面前保持公正、客观的态度。

而网络素养则要求主持人对互联网的运作机制有一定的了解，包括搜索引擎、社交媒体、博客等多种网络工具的使用能力。这是因为新媒体产品的创作往往涉及线上的互动和传播，主持人需要能够利用这些工具来更好地与观众互动，提升节目的参与度和互动性。

新媒体技能是指主持人在新媒体环境下，需要掌握的技能，如视频拍摄、编辑、后期制作等。在融媒体的背景下，单一的语言表达已经远远不够，主持人需要能够独立完成从前期的策划、录制到后期的编辑、发布的全流程。这不仅要求

主持人具备一定的技术知识,还要求他们能够与其他创作者协同工作,共同推动项目的完成。

当然,新媒体产品的创作对主持人的专业素养提出了更高的要求。主持人需要不断地学习和适应,提升自己在媒体素养、网络素养和新媒体技能等方面的能力,以适应新媒体环境下的创作需求。这不仅是对个人职业发展的要求,也是对社会传播生态的需要。只有不断地学习和适应,主持人才能在新媒体的大潮中立于不败之地。

(二)主持人在新媒体产品创作中的技能要求

在当下这个融媒体时代,主持人的角色已经远远超出了传统意义上的播音员或主持人的定义。随着新媒体的兴起,主持人的工作范围已经拓展到了视频内容的拍摄、编辑、后期制作等多个环节。因此,一个现代的主持人在新媒体产品创作中的技能要求也相应地发生了变化。

摄影技能是现代主持人必备的一项技能。在融媒体环境下,主持人往往需要亲自参与到视频的拍摄中来,这不仅包括基本的布光、补光、对焦、换镜头等摄影基础操作,还包括一些特定场景下的拍摄技巧,如 Vlog 拍摄、慢动作、时间延迟等。主持人通过掌握这些技能,能够更好地控制拍摄的内容和风格,使得最终的视频作品更具个性化和观赏性。

剪辑和编辑技能也是主持人需要掌握的。现代主持人不仅是视频内容的"代言人",更是内容的"创造者"。在新媒体内容的制作过程中,主持人往往需要进行视频剪辑,包括剪辑素材、调整节奏、添加特效、调色等。通过这些后期处理,可以大大提升视频的观赏性和专业度,同时也能更好地表现出主持人的个性和风格。

编辑技能也是主持人需要具备的。这包括对视频内容的策划、脚本撰写、内容架构等方面的能力。一个好的主持人需要能够根据新媒体的特性,撰写适合的脚本,设计吸引人的内容框架,使得视频内容既有深度又有趣味性。

随着技术的发展,现代主持人还可能需要掌握一些新媒体平台的运营知识,比如如何有效地进行内容推广,如何与观众进行互动等。这些都是传统意义上的"主持人"所不具备的能力,但在当下这个新媒体兴起的时代,这些能力却变得越来越重要。

现代主持人在新媒体产品创作中的技能要求已经发生了很大的变化。摄影、剪辑、编辑等技能的掌握,不仅能使主持人在内容创作中发挥更大的作用,也能使其在新媒体的大环境下拥有更广泛的发展空间。因此,现代主持人需要不断学习新的技能，不断提升自己的综合素质，以适应这个多元化、竞争激烈的新媒体时代。

五、主持人在新媒体产品创作中的影响与效果

（一）主持人在新媒体产品创作中的影响分析

在新媒体产品创作中，主持人扮演着至关重要的角色。他们不仅是信息的传递者，更是联结观众与内容的桥梁。通过其独特的主持风格和个人影响力，主持人能够显著影响新媒体产品的传播效果。

主持人的风格是其对新媒体产品进行有力推广的重要因素。一个鲜明的个人风格可以使观众产生深刻的印象，从而提高节目的辨识度。例如如果一个主持人的风格是幽默诙谐，他的这种风格可能会吸引更多的观众，并使他们更愿意分享节目给朋友或同事，进而增加节目的传播范围。相反，一个严肃认真的主持风格可能会吸引更多寻求深度信息的观众。因此，主持人的风格不仅定义了节目的定位，而且还能够影响节目的目标受众。

主持人的影响力是新媒体产品成功的关键。在新媒体环境下，信息的传播速度快，范围广，主持人的影响力可以帮助将信息更有效地传递给目标观众。一个有影响力的主持人可以利用其个人的社交媒体平台，如微博、微信、抖音等，来推广新媒体产品，从而大大提高其传播效率。此外，他们的个人品牌和粉丝基础也能为新媒体产品的推广带来额外的流量。

主持人在新媒体产品创作中还起到了内容的串联和引导作用。在多平台发布、多渠道互动的新媒体环境中，内容的连贯性和逻辑性变得尤为重要。主持人可以通过其语言和非语言的表现手法，将分散的内容串联起来，形成有逻辑、有深度的整体。同时，他们还可以通过引导观众参与，增加互动性，提高观众的参与度和节目的互动性。

主持人的创新能力也是新媒体产品成功的关键。新媒体环境下的产品创新不仅体现在技术层面，更体现在内容的创新上。主持人需要不断创新其主持风格和表达方式，以适应不断变化的媒体环境和观众的需求。通过创新，主持人不仅能够保持其个人风格的新鲜感，还能够帮助新媒体产品在竞争激烈的市场中脱颖而出。

综上所述，主持人在新媒体产品创作中的作用不可小觑。他们通过其独特的主持风格和个人影响力，不仅能够影响新媒体产品的传播效果，还能够在内容串联、观众互动和产品创新等方面发挥关键作用。因此，主持人的重要性在新媒

体时代愈发凸显,他们是新媒体产品成功的关键。

(二)主持人在新媒体产品创作中的效果评估

通过对新媒体产品的传播效果和用户反馈的分析,可以评估主持人在新媒体产品创作中的实际作用。新媒体产品的创作与发展中,主持人的角色日益重要。他们的职能已不仅限于传统的播音员,而须适应多样化的传播形式和需求。传播效果和用户反馈是衡量新媒体产品是否成功的关键指标。主持人作为产品的"面孔",其个人魅力、专业度以及与观众的互动方式,对传播效果有直接影响。成功的新媒体产品常显示出主持人的作用显著,如系列节目的观看量和互动量常高于非主导的节目。用户反馈也能反映出主持人在新媒体产品中的影响力和用户认可度。因此,主持人的角色已从信息传播者转变为联结内容与用户、提升产品影响力的关键角色,在新媒体产品的创作与评估中,其作用是一个重要维度。

结　语

在快速变革的融媒体时代,主持人的角色已不仅限于传统的"说话人"。新媒体的兴起要求主持人具备多元化的能力,包括传统主持技能、新媒体操作能力,并需要不断创新以吸引观众。他们还须掌握数据分析技巧,以优化内容和推广策略,并具备快速学习和适应新变化的能力。

本研究旨在探讨主持人如何结合个人特长与新媒体的创新特性,创造出具有个性化和创新性的内容。通过分析一系列宣传短视频的拍摄和编辑,研究发现:第一,主持人在新媒体创作中不仅要发挥语言表达优势,还需要整合多种创作技能;第二,除了表达节目风格和内容,主持人还须发挥创意,创造出别具一格的内容吸引观众;第三,新媒体特性要求主持人具备跨平台内容定制的能力。本研究尚有局限性,包括对研究对象的特定性和对不同新媒体产品类型的创作方法的探讨,尚需继续加强。未来研究应采用更广泛的样本,探讨创意的生成机制和实现方式,以及更深入研究主持人创作中的实际问题和挑战问题。

在新媒体产品创作中,主持人的角色超越了传统的主持工作,需要融合创新元素和技术手段以吸引观众。融媒体时代要求主持人不断进行个性化和差异化的塑造,深入了解目标观众的偏好,设计符合个人特色的形象和风格。同时,他们应利用新媒体平台的互动性,如社交媒体、直播等,与观众建立紧密联系,收集反馈,优化表现。此外,主持人还须提升技术素养,掌握视频剪辑、后期处理等技能，以及了解网络语言和文化。

为不断吸引观众，主持人应勤奋不懈、不断创新，尝试新的表现形式和内容形式，如虚拟现实、增强现实等。同时，主持人须与制作团队加强合作，共同推动新媒体产品的创新，满足观众需求，提供丰富多彩的视听体验。

参考文献：

[1] 裴欣欣.融媒体时代下播音主持的发展之路[J].传播力研究，2019(3)：135－137.
[2] 张清清.简析电视节目主持人如何运用新媒体创新与发展[J].新闻研究导刊，2018(9)：123，140.
[3] 庄超.媒体融合环境下新闻传播的改革探讨[J].新闻传播，2023(16)：54－56.
[4] 冯悦，杨康.新媒体环境下主持人转型思考[J].新闻前哨，2017(2)：27－28.

作者简介：

朱宏，上海市嘉定区融媒体中心音频编播部编辑。

智媒时代 AI 主播在新闻传播领域的应用与融合发展探究

王小晴

提　要： 近年来，人工智能技术呈现出高速发展态势。进入智媒时代，AI 主播凭借着高效、风格多元等优势在新闻传播领域得到广泛应用，极大地提升了节目制作效率和内容质量，同时也为观众带来了全新的观看体验。本文分析了 AI 主播在新闻传播领域的发展现状、应用场景，以及其在发展运用中的优势和困境。探讨了 AI 主播对真人主播带来的挑战与思考，并为真人主播提出与 AI 主播优势互补、促进融合发展、改进工作的相关建议。

关键词： 人工智能　AI 主播　真人主播　新闻传播

引　言

随着移动通信技术和数字技术的飞速发展，近年来，人工智能技术取得了跨越式突破，在多个行业领域有了广泛应用。尤其在新闻传播领域，人工智能技术的应用，不但极大地丰富了节目内容与形式，也为节目制作和传播带来了革命性的变革。2018 年 11 月，在第五届世界互联网大会上，新华社联合搜狗发布了全球首个“AI 合成主播”“邱小浩”。此后，AI 主播在各个媒体平台崭露头角，为观众呈现了耳目一新的观看体验。历经多年的发展优化，AI 主播的优势日益显著，从中央媒体到区县级融媒体中心都有了广泛使用，但同时也存在一定的困境与短板。在智媒时代，如何发挥 AI 主播与真人主播的优势，促进媒体行业融合发展，是值得深入思考且亟待解决的问题。

一、AI 主播的兴起与应用现状分析

（一）AI 主播的兴起与发展概况

AI 是人工智能（Artificial Intelligence）的英文缩写。AI 主播是指通过人脸关键点检测、人脸特征提取、人脸重构、唇语识别、情感迁移等多项前沿技术，并结合语音、图像等多模态信息进行联合建模训练后，生成真人主播的 AI 分身模型，可播报新闻、天气预报等信息。随着生成式 AI 与多模态交互技术的突破，AI 主播的交互能力、内容生成能力及智能化水平，为其在各种应用场景落地使用提供了保障。目前，AI 主播已进入规模化应用阶段，其应用场景呈现多元化发展趋势，如新闻传播、政务服务、教育培训、电商直播等领域。

2021 年，国家广播电视总局下发了《广播电视和网络视听"十四五"科技发展规划》，要求"推动虚拟主播、动画手语广泛应用于新闻播报、天气预报、综艺科教等节目生产，创新节目形态，提高制播效率和智能化水平"。由于 AI 主播在新闻传播领域具备的多重优势和行业的迫切需求，其不仅在小屏崭露头角，更逐渐登上大屏，在传播内容和传播介质上都实现了新突破，引发了行业、社会的广泛关注。

（二）AI 主播的特点与优势分析

在 2024 年度《中国虚拟数字人影响力指数报告》中显示，AI 主播在专业赛道以新闻报道、综艺节目为主，代替真人主播、记者和编辑。作为新闻传播领域数字化转型的核心技术应用之一，AI 主播目前已深度融入内容生产中，推动了媒体服务模式创新，改变了传统媒体的面貌。AI 主播较传统真人主播具备诸多优势：超时空限制，可实现多场景跨空间、全天候不间断播报主持，并根据观众的喜好、年龄段、观看习惯等实际情况，自动生成播报内容、定位直播风格。这些特点使 AI 主播在新闻传播中展现出强大的竞争力和应用潜力，高度契合各级新闻媒体信息播报的业务需求，不仅为媒体发展注入了新活力，也一定程度解决了区县级融媒体中心采编效率低、人员缺乏等问题。

继 2018 年新华社的首个"AI 合成主播"正式发布后，2020 年，新华社又推出全球首个 3D 版 AI 合成主播"新小微"，超写实 3D 数字人建模、多模态合成技术、肌肉系统实时驱动等多项人工智能技术，使机器可以基于输入文本生成逼真度极高的 3D 数字人视频内容。自此，AI 主播在新闻领域的发展步入快车道，各

主流媒体纷纷组建研发部门或与人工智能科技公司合作，推出自己的 AI 主播。

（三）AI 主播的应用与现状概述

目前，AI 主播在主流媒体的应用大多聚焦于新闻传播赛道，在两会报道、突发新闻、财经简报等场景广泛使用，显著提升内容产出效率。央视、新华社等主流媒体常态化启用 AI 主播进行 24 小时新闻播报，地方媒体也是紧随其后，AI 主播如雨后春笋般涌现。

新华社推出的 AI 主播“新小微”在两会期间实现多语种新闻同步推送；央视网的“小 C”在两会报道中通过与全国人大代表的对话，为观众带来了丰富的两会资讯；央视频的“AI 王冠”与其原型——央视财经评论员王冠共同合作 AI 节目《冠“察”两会》，解读国家经济政策，成为一大亮点。区县级融媒体中心也纷纷将 AI 主播应用于标准化新闻的自动化生产以及各类专题栏目的制作。如北京市顺义区融媒体中心 AI 主播“吴小迪”、常州市武进区融媒体中心 AI 主播“顾小婷”、上海市徐汇区融媒体中心 AI 主播“徐小宣”。未来随着技术迭代，其应用场景与影响力将进一步扩展。

二、AI 主播在新闻传播领域的积极影响

人工智能技术给新闻事业带来了深刻变革，不论是媒介模式、舆论生态，还是生产传播，都发生了巨大变化，可以说科技对于媒体融合的引导作用越来越显著。AI 主播的出现，拓展了广大媒体工作者的想象空间，真正实现了媒体生产的智能化，使得新闻生产传播效率及新闻价值都实现了跨越式提升。

（一）形象量身定制，适配多元需求

利用先进的计算机图形学和图像处理技术，AI 主播的外貌、声音等元素以及播报场景可以根据节目需求和观众喜好进行个性化定制。端庄、专业的 AI 主播形象在新闻报道中增加可信度和权威性；活泼时尚的 AI 主播参与综艺娱乐节目更能吸引年轻观众。AI 主播的形象随时可以调整和更新，以适应多元节目风格、播报场景，这样的高度定制化可更好地满足新闻传播多样化的需求，为节目增添独特的视觉和听觉魅力。

以上海市徐汇区融媒体中心的 AI 主播“徐小宣”为例，在《徐汇新闻》中是身处新闻演播室的坐播形象；在短视频专题《数说徐汇》中，是身着西服套装的知性

主播站播形象；在系列短视频专题《来徐汇·看美展》中，则以休闲轻松的装扮带领观众穿梭于各大美术馆观看文化艺术展览；而在春节拜年视频中，“徐小宣”则配合节庆主题换上了应景的传统中式服装，坐在有着“福”字和春联等新春氛围布置的场景中向观众送祝福，营造了喜庆的新春节日氛围，带来耳目一新的观看效果。

（二）突破时空壁垒，提高产出效能

AI 主播不受时间和空间的限制，可多场景、跨空间实现 24 小时不间断工作，为受众提供持续的信息服务。在空间上，无论是演播室还是新闻突发现场，AI 主播的多元应用场景可随意切换，从居民区里“唠家常”到遨游宇宙探秘，AI 主播可以实现“跨场景播报”，大大增强了现场感和观众的收看体验。在突发事件报道中，AI 主播能够迅速将现场信息转化为新闻报道，第一时间向公众传递最新动态，大大提升新闻的时效性。

与真人主播相比，AI 主播不存在疲劳、情绪波动等问题，不会出现失误、忘词等情况，能够始终保持高准确率的稳定表现，内容输出能够达到标准化，从而保证节目的质量，也大大提升了新闻传播的时效性。

以上海市徐汇区融媒体中心的 30 分钟录播节目《徐汇新闻》为例，真人主播完成配音工作需要经过备稿、录音和检查等环节。加上化妆、演播室调试、录制导语、审校等，真人主播完成一档新闻栏目的配音、出镜等工作至少要花费数小时。而使用 AI 主播，仅须将文本输入系统，即可实现文本内容对视频、音频的极速转换，最大限度地提高了新闻报道的制作效率，保证新闻时效性和准确性。这一过程仅需一名技术人员进行后台操作，无须主播以及导演、摄像等人员的配合与辅助，大大节省了人力和时间，提高产出效能，降低制作成本。

（三）优化工作流程，降低用人成本

相较于中央媒体，在不少区县级融媒体中心存在人力不足的问题，许多岗位只能一人多岗、身兼数职。传统的新闻播报需要安排多名真人主播轮流当班，以确保新闻节目按时播出。由于岗位人员配备相对较少，真人主播常须兼顾新闻录制和外出活动主持等多项工作。AI 主播的运用，意味着真人主播有重要活动安排或休假时，将有“替班”。2024 年，杭州文广集团首推两位 AI 主播“小雨”和“小宇”，在龙年春节假期播报《杭州新闻联播》整档节目。到 2025 年，这一阵容更是由两人扩展至六人，覆盖春节假期，引起了社会的热烈反响。有了 AI 主播的假期替班，真人主播也可以回老家过节。AI 主播的运用不仅减轻了主持人的负担，也节省了聘用真人主播或外请主播的薪酬、培训、管理等多方面的成本。

这也意味着真人主播可以从一些重复性高的播报工作中脱身，将更多时间和精力投入到需要深度思考、情感表达和创意发挥的内容创作中，如专题报道、深度访谈、节目策划等 AI 主播不可替代的工作。

（四）符合用户偏好，青年受众青睐

“很多人特别是年轻人基本不看主流媒体”，这是早几年习近平总书记调研后做出的重要判断。新媒体时代，青年用户对内容呈现的要求越来越高，主流媒体从传播容量到传播形式到感官体验再到元素使用都做出了变革与调整，尽量贴合青年的媒体使用习惯，增强内容的吸引力，使其获得更优质的用户体验。AI 主播或将成为将主流媒体和青年受众产生黏性的重要介质。

通过了解青年受众的需求与喜好，设计具有鲜明个性和独特魅力的 AI 主播形象，可以满足年轻人对个性化和多元化的审美需求，还可以为主播构建丰富立体的人物设定，如人物性格、背景故事、兴趣爱好等，让青年受众能够找到与自己兴趣相投或向往的角色，产生情感共鸣和身份认同，从而达到对青年用户群体的有效刺激，拉近与其的距离，获得更多关注。

2020 年进博会期间，上海广播电视台旗下虚拟主播“申䒕雅”首次亮相，从开始的二次元卡通风格形象，到后来升级成为超写实虚拟数字人形象，“申䒕雅”不仅参加进博会宣传、跨年晚会节目，还亮相 2022 全国两会现场，与记者一同带来耳目一新的报道。在艾媒咨询发布的“2023 年度十大虚拟数字人”榜单中，位于榜首的“洛天依”也是以其可爱的国风少女形象吸引了大量年轻粉丝，“柳叶熙”则是以其“会捉妖”的美妆博主人设，出道一夜之间涨粉百万。

三、AI 主播发展运用之困境与对策思考

（一）情感困境——AI 主播的共情难

纵使 AI 主播能精准地播报节目内容，通过算法可以高度模拟人类的表情和语音语调，但就目前的技术条件，AI 主播还无法拥有类似人类的思维认知、审美水平和价值观，在情感表达与人文关怀上存在明显短板，缺乏真实的情感基础。真情实感是语言表达艺术的核心。播音员在播报一份稿件时，需要通过自己的生活体验、情感认知和同理心转化为对稿件内涵的深刻理解，再转化为带有情感

共鸣的有声语言，是作品的“二度创作”，而不仅是文字和语音的简单转换。通过播音员的播报，观众能够从中感受到作者想表达的“言外之意”，产生共鸣。

虽然AI主播能够按照预设的语音模型播报，通过技术手段模拟出抑扬顿挫的语音语调，但缺乏真情实感的感染力，不能像真人主播那样产生共情，新闻报道也就失去了应有的温度。2008年汶川地震，四川电视台主持人宁远哽咽播报伤亡数据，感动了无数国人。这份哀恸源自对遇难同胞的深切缅怀。如果使用AI主播播报，它没有看到过灾难现场的满目疮痍，不能理解受灾群众的悲痛欲绝，即使它可以模仿出悲痛的神情和语调，却无法赋予这份声音以真情实感，自然难以真正打动观众的内心。

（二）创新困境——AI主播的同质化

内容生产是舆论引导的前提，主流媒体要在数字新闻业中巩固关键节点位置、在全媒体传播体系中持续提升影响力，其根本仍然在于内容。AI主播用于新闻生产主要依靠既定的算法和模板来驱动。当媒体都采用类似的技术和数据来源时，AI主播所呈现的内容和风格容易出现同质化现象。不论是语言表达、叙事结构还是选题策划都可能趋于相似，缺乏独特的视角和创新的表达。并且，由于AI主播在共情方面的困境，其无法将感情融入新闻内容从而进行有不同媒体特色的个性化播报。而真人主播则可以凭借自身的专业知识、个人见解和共情能力，从不同角度对新闻事件进行分析和报道，为观众提供多样化的内容选择。因此，AI主播“千篇一律”的同质化播报不仅会降低观众对AI主播的兴趣，也不利于媒体在激烈的市场竞争中取得核心竞争力。

（三）技术困境——地方媒体的被动性

媒体融合是由技术驱动的。在新闻行业普遍应用5G、大数据、云计算、物联网等技术的背景下，媒体机构面临技术使用、技术创新、技术人才、布局未来等难题。AI主播的研发涉及多项前沿技术领域，需要投入大量专业人工智能技术人员。其使用过程中的优化维护、数据更新、故障排除等同样需要强大的技术团队支持。这些AI人才不仅要具备深厚的技术功底，还要对新闻传播领域有一定的了解，才能更好地将人工智能技术与新闻业务相结合。

不少主流媒体设立专业技术团队，全面驱动人工智能的创新发展。如央视网人工智能编辑部、杭州文广集团短视频AI生产实验车间，赋能“策、采、编、发、审”新闻生产全过程。而对区县级融媒体中心来说难以具备组建独立研发团队的能力，限制了人工智能的有效应用。人才和高昂的技术成本，使得区县级融媒体中心在追赶人工智能技术潮流的过程中，往往浅尝辄止、力不从心。以上海市徐汇区融媒体中心为例，虽然它是以内容生产和发布为主的新闻媒体机构，但并不掌握前沿人工智能的相关技术，其 AI 主播“徐小宣”是通过与人工智能科技公司合作定制推出的。科技公司提供产品及平台维护，融媒体则由一名后期编辑对 AI 主播进行操作。虽基本可以满足新闻和专题播报的业务需求，但无法更进一步对此技术进行深度把控。面对新的需求和创意，往往只能被动地依赖科技公司推进，缺乏灵活性和创新性。

（四）对当前如何克服困境的对策思考

形式新颖的 AI 主播带给受众的新鲜感可能只会存在于发展初期阶段，随着受众好奇心的逐渐消散，他们的关注点必将从 AI 主播的“外在”回归到“内在”，也就是其播报的新闻内容本身。新闻媒体除了在技术上不断推陈出新，还应注重打造富有个性、深度和创新性的节目内容。加强 AI 主播参与节目的选题策划，挖掘社会热点，关注行业发展，洞察新闻事件，深耕地域特色，通过专题报道、连续报道、组合报道等多种形式，提升新闻内容的深度与广度，避免同质化现象，从而掌握传播领域的核心影响力。

与此同时，可探索 AI 主播与真人主播协同合作参与节目的可行性。AI 主播虽然在共情能力和独立思维方面有缺失，但具备强大的数据收集分析能力和播报优势，而真人主播则有对新闻事件的敏锐洞察力和个人观点，在内容生产过程中，可使二者取长补短、相辅相成。真人主播可借助 AI 主播对节目信息进行提炼、反馈，梳理形成个人观点，通过评论、即兴互动等形式，呈现更具思想性、创造性、人文性的节目内容。真人主播也可与 AI 主播同台主持、交替播报，使节目形式新颖又不缺乏深度和温度。

在 AI 技术应用方面，新闻媒体未来需要的是既懂技术又懂传播的复合型专业人才。新闻媒体应注重引进 AI 技术人才扩充技术团队，同时将 AI 技术培训纳入规划，如定期邀请行业专家进行 AI 技术知识和技能培训。针对区县级融媒体中心的 AI 应用技术短板，可寻求与省市级融媒体中心的上下联动，通过开放技术平台端口进行技术资源共享，形成技术赋能。

四、对真人主播与 AI 主播融合发展的思考

随着 AI 主播在新闻传播中的广泛运用，业内出现了真人主播是否会被 AI

主播替代导致面临失业风险的讨论。AI 主播虽然优势显著，但目前的发展依然存在难以逾越的“短板”。真人主播正站在机遇与挑战并存的十字路口，面对着职业发展的挑战，应积极主动地重新审视并重塑自身角色定位，发挥“长板”，及时调整发展策略，全方位提升专业素养与综合能力，才能守住勇立潮头的底气。

（一）坚守初心，明确使命

播音员、主持人是党和政府的“喉舌”，在荧屏上代表着各级党委、政府的形象，也代表广大人民群众的利益和诉求。作为新闻传播的重要力量，真人主播不仅要传递党的声音，引导社会舆论，还肩负着塑造社会价值观、传承文化的重要使命。因此，新闻主播应提高政治站位，坚定正确政治方向，坚守新闻工作初心，传达好党和政府的声音，反映好人民群众的愿望和心声。守正创新，履职尽责，锤炼过硬业务本领，积极走进群众、深入基层，创作更多有温度、有力量的好作品。

（二）提升素养，侧重深度

真人主播在话语权分散的新媒体时代，更应发挥 AI 无法替代的能动性，增强人的主体创造性价值，坚持权威性、专业性，提高新闻表达力。目前，AI 主播可以完全承担重复性和标准化的新闻播报任务，大大减轻了真人主播的工作任务。此时，真人主播应投入到更具价值、更有难度的工作中，将更多精力专注于报道内容的深度和创新，为观众传播更有内涵和价值的信息。真人主播要通过不断学习，加大知识储备，提升专业素养。在面对新闻事件报道时，要进行深入分析和解读，挖掘背后的深层次内涵，从以前的信息播报者转变为有思考、有深度的信息传递者，为观众带来对新闻事件的深入解读和独到见解；同时，也可以积极运用新技术和新手段进行内容创作和呈现，如利用虚拟现实、增强现实等技术提升新闻报道的沉浸感和互动性。

（三）人机协同，优势互补

人机协同理论强调，人类与机器之间不是简单的替代关系，而应通过合理分工与协作，最大化双方的优势，以应对复杂的任务和决策场景。AI 主播凭借其强大的数据处理能力，可作为播音员主持人的“得力助手”迅速处理信息，在部分节目中起到辅助新闻报道、丰富视听表达的作用。真人主播应主动学习人工智能相关技术，了解其在新闻传播领域的发展趋势。深刻认识到 AI 是一个好工具，要积极与 AI 主播协同合作，发挥各自特长优势。从用户体验来说，符合个人兴趣的内容和良好感官体验的内容始终是最好的用户黏合剂。真人主播可以通过 AI 主播对数据的收集处理整合能力，快速掌握相关的素材，为新闻报道提供更丰富的素材和更深入的解读，并通过数据分析了解观众对各类信息的偏好和反馈，及时调整报道的侧重点，制作出更有创新性和影响力的高质量节目内容，实现“智能”和“智慧”融合。

（四）塑造品牌，破圈融合

“社交媒体平台的出现，形成了媒介圈层传播态势，播音员主持人的身份从单一变得更加多样，大部分主流媒体主持人纷纷入驻短视频平台，使播音主持传播平台得到延展。”在互联网时代，真人主播须塑造自己的鲜明风格，打造独特个人品牌，不仅可以在大屏前精准播报，还能实现小屏上的个性化呈现。这就要求主播须不断提升自己的创新能力和个性化表达能力，积极尝试新的传播方式和手段。

真人主播可以充分利用好社交媒体平台这个广阔舞台与更多受众进行互动，从而为个人品牌的塑造创造更多可能性。借助 AI 技术分析粉丝和受众的偏好，挖掘当下流行话题，激发创意灵感，并由其辅助进行创意策划，使发布内容更具影响力，为主播的人格化传播赋能。真人主播通过短视频或直播的分享，将打破单一的主持形象，呈现一个比大屏幕上更加立体、丰满的人物形象，使观众更容易产生亲近感和认同感，从而增加粉丝的黏性和忠诚度。而新闻媒体的主播在社交平台上的活跃表现还能够实现“跨屏”的双向互动，通过其个人魅力和粉丝基础为大屏带来更多关注和流量，提升主流媒体的品牌影响力。

结　语

AI 主播在新闻传播领域的应用日益广泛，有效优化了节目制作流程，提高了内容广度，很好地满足了受众的信息获取需求，推动了新闻传播行业的发展进程，也创造了更多机遇与可能性。尽管在情感、创新发展和规模应用等方面还存在不足，但随着人工智能技术的进一步发展，AI 主播必将迎来更广阔的发展前景，以更加逼真的形象、更自然的沟通，为受众带来更加高效智能、互动性更强、传播渠道更广的传播模式，为新闻传播发挥更具价值的作用，也将为媒体环境、格局和传播手段带来深远影响。与此同时，伴随 AI 主播的优化革新，也必然会对真人主播的专业能力、创新能力、综合素养等提出更加严格的要求。真人主播面对 AI 主播带来的挑战和变革，需要不断提升自我、创新求变，与 AI 主播人机协同融合发展，为观众带来精彩纷呈的节目内容。

在未来，AI 主播如何深度赋能新闻传播事业发展，需要我们进一步想象、思考和探索。让我们继续努力奋斗！

参考文献：

[1] 顾海蓉，李紫嫣.融合与重构：AI 主播在播音主持中的应用[J].中国报业，2024(7).
[2] 2024 中国虚拟数字人影响力指数报告[D].https://www.sohu.com/a/788837031_121892884.
[3] 张志安，丁超逸.主流媒体系统性变革中的新闻生产与融合实践：2024 年中国新闻业年度观察报告[J].新闻界，2025(1).
[4] 宋文珍，卢迪，刘湘渼.5G 时代数字化赋能地市级媒体深度融合的模式与维度[J].传媒，2024(7).
[5] 宋宁.论人工智能技术赋能下虚拟主播的功能演进与实践路径[J].融媒视野，2024(12).
[6] 巩晓亮，陈曦.全媒体时代主持人公众记忆持久性构建[J].当代电视，2021(10).

作者简介：
王小晴，上海市徐汇区融媒体中心《徐汇新闻》责任编辑、节目主持人。

主持人与生成式 AI 双主体协同访谈策略与模式研究

王　爽

提　要：本文聚焦人工智能技术在媒体领域的创新应用，以 AI 主播等为代表的智能化传播实践为背景，考察和分析了主持人与生成式 AI 交互式协同、搭档式主持访谈的实践前景。文章从研究现状、技术支撑、合作策略、未来趋势等层面对主持人与生成式 AI 双主体协同访谈的现状与发展趋势进行了多角度探析。在此基础上，本文提出了一系列具有实践意义的建议，旨在为未来访谈节目的多元化创新发展、媒介深度融合以及播音主持人才的培养路径提供理论参考和实践指导。

关键词：主持人　智能交互　协同访谈　合作策略研究

引　言

随着生成式人工智能技术的飞速发展，传统的播音主持领域正在经历着前所未有的技术革新浪潮。智能交互的 AI 主播、模拟人类行为的数字虚拟主持人的出现标志着传统播音主持领域的运作模式和呈现形态正在迎来重塑。现阶段，AI 主播已经在新闻播报领域取得了显著进展，很多主流电视媒体已经尝试启用 AI 主播播报新闻，多家主流媒体推出了自己的 AI 主播形象，杭州电视台 2025 年春节期间的《杭州新闻联播》节目首次尝试了由 AI 主播进行全流程新闻播报。然而，当我们把目光投向访谈节目这一更需要情感交流和深度对话的领域时，AI 主持人的发展现状却显得相对滞后。AI 主持人大多作为节目的辅助元素出现，进行简单的主持任务或者在流程设定范围内与真人主持人、嘉宾、观众进行简单互动，遇到复杂环节仍然需要真人主持人介入引导。从目前的呈现来看，AI 主持人的功能在本质上更像是节目中的一个道具，未来 AI 主持人是否能够成为独当一面的好搭档，在节目呈现中挖掘更深远价值值得探索。深入观察可以发现，AI 技术在访谈主持领域既展现出了一定的潜力，也暴露出了明显的局限性。AIGC 必然刺激新闻生产实现转型，往深度、价值、情感、创新等方向转型。只有脱离既有的语料库，才能生产出超越 AI 机器新闻的新闻产品。本文尝试通过主持人与生成式 AI 双主体协同访谈的研究现状、主持人与生成式 AI 双主体协同访谈的技术赋能、主持人与生成式 AI 双主体协同访谈的合作策略等三个层面展开探讨，探寻生成式人工智能从简单播报到策略性发问的升维式赋能，旨在为人工智能技术在访谈主持领域的进一步应用提供理论支持和实践参考。

一、主持人与生成式 AI 双主体协同访谈的研究现状

主持人与生成式 AI 双主体协同访谈是指真人主持人在人工智能的交互式协同下完成访谈内容的一种节目形式，AI 实现从简单播报到策略性发问的升维迭代。AI 在其中扮演的角色既可以是真人主持人的助手，为节目提供信息、调节气氛、辅助完成访谈过程，也可以作为真人主持人的搭档，既提供信息，也输出观点，甚至还可以主动发问。目前在访谈节目领域对 AI 的运用还有大量可待开发的空间。2024 年是中国接入互联网的第三十年，也是媒体融合蓬勃发展的第十年。以 ChatGPT、Sora 等为代表的新一代信息技术快速发展、持续蝶变，不断激发着中国社会的深度媒介化与新闻传播实践的深层生态变革，勾勒出全新的传播景观。现有文献中对 AI 协同访谈相关研究内容的研究刚刚起步，更多的是涉及人工智能在语音合成、自然语言处理、面部表情和肢体动作模拟等方面的应用。在电视节目的研究中，更多集中在 AI 主播、AI 配音等领域，较少涉及人机交互、协同访谈的新兴节目样态。

目前国内电视节目中的尝试也有不少，东方卫视在 2015 年就尝试在晨间新闻节目《看东方》中启用微软人工智能主播小冰播报天气，在 2017 年上海广播电视台融媒体中心在看看新闻平台打造了首档人工智能新闻栏目《小冰摇摇吧》，人工智能主播小冰与真人主持人展开对话，这是人机协作在主持人节目中的一次创新尝试。中央广播电视总台播出的《2024 中国 AI 盛典》上，不仅通过 AI 技术模拟主持人尼格买提、马凡舒、王冰冰的形象呈现了 AI 主持人小小尼、马小凡、AI 冰冰，尝试让现场的真人主持人康辉与三位 AI 主持人同台开场，让真人主持人与 AI 撒贝宁同台串场，还用 AI 技术将孔子、老子、韩非子、苏格拉底等

历史人物“复活”，与 AI 主持人撒贝宁一起圆桌围坐展开“人工智能的发展是否会造福世界”的话题讨论。不难看出，这个阶段的 AI 主持人在台词呈现上仍然有明显的设计痕迹，但这是一个重要的尝试，随着未来 AI 技术蓬勃发展迅速迭代，AI 主持人在节目中侃侃而谈的场景值得期待。

二、主持人与生成式 AI 双主体协同访谈的技术赋能分析

1. 人机协同下的知识图谱重构

做一档好的访谈节目非常考验主持人的知识背景，过去只能依赖于主持人的自身储备和每一次访谈的勤奋准备。而 AI 技术的引入将极大地扩充主持人的知识面。2025 年春节期间由杭州深度求索人工智能基础技术研究有限公司开发的领先人工智能平台 DeepSeek 正式进入大众视野，以高效率、低成本的训练模式、开源优势和免费开放的姿态迅速引发全球科技界震动。知识获取、数据分析的智能化工具走入寻常用户的移动设备中，与 AI 对话变得更加轻松便捷。试想 DeepSeek 的语言文本以数字人乃至具身智能的形象进行口语表达，谈话场景将会更加生动。

当然，主持人持续的知识积累依然重要，因为根基深厚的知识储备能够助力主持人敏锐地判断素材准备方向，发出更好的指令，让人机交互整合信息、人机协同主持访谈成为可能，也为将来与 AI 主持人默契搭档打好基础。

2. AI 赋能的协同效率优化

协作是实现人的主体性与 AI 技术深度融合的关键，在新闻媒体的生产中，需要充分发挥人的主观能动性和创造性，借助 AI 工具的强大智能提高工作效率和质量。过去，主持人在进行一场访谈之前，通常需要做大量的资料处理工作，其中既包括素材整理，也包括向专家和权威人士求证、与节目嘉宾本人深入沟通等多个环节。当人工智能技术普及后，这些工作中的大部分都可以交给 AI 来协助完成。在机器训练相对成熟的前提下，在某些领域的知识点，人工智能的回复也许比亲自致电请教任何单个专家学者得到的答复更加全面和具体。打开应用，输入明确指令和要求，一场访谈的要点已被清晰提炼，整个过程轻松而快捷。这将会大大降低节目成本，优化资源配置。在 AI 的发展历程中，是人类的需求推动了 AI 的进步，未来 AI 必将会在更大程度上成就优秀的主持人。

3. 语言壁垒的算法消解与跨文化符号的智能转译

语言是人类展开交流的基础媒介，在促进跨文化交流中发挥着不可替代的

作用。而语言的差异和界限在很大程度上限制了自由沟通，这给主持人在面对多民族交流乃至国际传播领域的工作带来一个硬挑战。在过去，精通一门语言往往需要经年累月的学习和实践积累，而在未来，这一状况将会发生根本性的改变。基于此，借助AI的技术力量，主持人几乎可以实现无延时、无信息差地与说着不同方言、不同语言背景的交流对象进行精准的互动沟通，将信息滞后程度和表达失误率降到最低。

4. 人机协同下的多元风格生成

与真人主持人相比，AI主持人的固有特性决定了其在情感表达和临场应变能力上存在一定的局限性，这对受众接受程度的影响也不容忽视。然而AI主持人所独有的冷静、直接的风格特征，恰好为真人主持人提供了彰显个性、塑造独特主持风格的机会。值得注意的是，AI主持人的一个显著的优势是可塑性极强，可以根据不同需求灵活调整，轻松变换风格，与真人主持人的风格定位形成良好的互补。这种协同效应将推动未来主持人的访谈风格将趋向多元化、专业化，实现深度与趣味性的有机统一。从本质上讲，真人主持人的三项核心能力——灵活应变能力、细腻的情感驾驭能力、精准的价值判断能力——直接决定了与AI协同访谈的节目质量水准。这三项能力与AI主持人的技术优势有机结合，将成为未来的访谈节目新的发展方向。

三、主持人与生成式AI双主体协同访谈的合作策略研究

主持人与AI协同访谈需要构建高效的合作机制和创新理念，具体可以从以下几个方面进行深入探索和实践。

1. 主持人与AI交互式协作的角色配置

要实现真人主持人与AI主持人的协作访谈，首要任务是确立一个分工协作机制，明确AI在节目中的功能定位，避免与真人主持人在访谈工作中的功能重叠或缺失。具体可以采用优势互补的分工方式，AI为节目提供独立客观的数据收集分析、资料整理，并以精准化的语言呈现关键信息，真人主持人承担更具创造力和互动性的提问工作。未来在真人主持人与AI协作完成的访谈节目中，所有具有单纯播报属性的播音工作都应该交由AI来完成。例如这一模式在财经访谈中能够显现出显著优势，交易时间内股市行情瞬息万变，AI主持人可以实时迅速处理分析大量财经数据，快速提炼各方主要观点，而真人主持人则可以专注于话题的延伸，激发与节目嘉宾的观点碰撞，充分释放协同效应的最大化

效能。

2. 主持人与 AI 的交互式协同演练机制——互动式协作模式研究初探

AI 赋能新闻生产最根本的就是实现人与机器的生产关系协同。人工智能的深度介入，推动媒介融合向人机协同进阶，实现了人与机器、媒介与技术在形态、机制、文化和内在逻辑层面的深度融合。

这里涉及协作模式研究，通俗地讲，模式是指某种事物的标准样式，或者让人可以仿效学习的标准样式。而主持人与 AI 的交互协同机制，就是让人可以仿效学习推广的标准样式。

进阶版的协作模式中，主持人与 AI 的配合也将更加多元化。尤其在直播访谈节目中，AI 主持人能实时反馈受众反应，兼顾用户的个性化需求和互动体验，还可以通过收集和分析观众的观看习惯、喜好和反馈，主持人能够了解目标受众的偏好，从而优化自己的语言风格和内容选择，使其更具吸引力和个性化。基于深度学习的自然语言处理技术（NLP）使人机之间的自然交互成为可能，实现更流畅的对话互动，真人主持人借由 AI 的辅助实现更好的节目互动效果。AI 主持人能够快速准确捕捉嘉宾意图，并生成符合语境的回应。在主持人与 AI 的深度配合下，互动式协作的模式包括：

真人主持人与 AI 主持人联合进行发问，例如刚刚 AI 主持人提到的这组数据和数据背后的现象，您怎么看？

真人主持人对 AI 主持人的问题进行补充或深化，例如 AI 主持人提到了技术变革带来的广泛影响，您能不能举例子和我们分享一下您所在的研究领域的实际案例？

此外，真人主持人和 AI 主持人还可以形成情感与深度的相互补充：当 AI 主持人提出问题后，真人主持人通过个人魅力和情感共鸣，进一步引导嘉宾深入探讨。真人主持人可以针对 AI 主持人提出的观点，加入个人见解或情感色彩，使节目更具人文气息。同时，AI 主持人在对嘉宾观点进行快速分析后，实时给出话题延展的相关建议，帮助主持人更好地逐层推进，把控节目节奏。

3. 交互式协同机制下的主持人的角色转换

在主持人与 AI 的配合过程中，主持人需要实现身份的转型升级，从单纯的内容生产者转化为内容策划者、资源整合者、复杂运算的决策者。主持人的内容创意与 AI 的技术支持相结合，为打造一档优秀的访谈节目创造新的可能。AI 主持人的角色也将从过去的执行指令者转化为平等协作的好搭档。当然，人工智能在新闻生产中的作用始终应当是人类的协作者，而不是主导者，新闻访谈节目中的人机协同模式将会是未来访谈节目的主流模式。主流媒体的价值导向把控、对以假乱真内容的过滤、节目的风格定位、访谈的张弛节奏仍然需要真人主持人占据主导。真人主持人的一项重要功课将是如何有效整合自身的个人魅力、决策力、感召力和 AI 主持人的技术优势，在 AI 的赋能下共同打造优质的访谈节目。

4. 主持人与 AI 交互式联合创新的内容生产体系

在过去的印象中，AI 总是接受指令，回答问题。未来 AI 经过日新月异的技术迭代和大数据的强化训练，再加以人格化的呈现，AI 将实现从被动响应到主动输出的转变，AI 在节目中输出观点将不会是难事。在过去的尝试中，AI 仅仅作为节目中的一个元素，更多是按照既定脚本进行演播，而 DeepSeek 富有情感的表达和理性分析让人们更加期待 AI 的情绪价值属性和天然的咨询主体属性，不仅限于输出观点，未来 AI 结合整场节目的实时数据梳理进行反向发问引导人类思考也将会给节目带来新的亮点，让一档 AI 加入的访谈节目从最初的形式创新到内容实质的升华。

在技术创新的同时，我们既要保持运用先进技术展开创新的勇气，又要守住专业主义和价值传播的底线，确保创新真正服务于观众体验感和获得感的双重提升。目前的技术创新探索仍处于初级阶段，要让 AI 更好协助主持人在访谈节目中有突破性的精彩呈现，既需要技术创新，又需要对传播规律的深入研究和在实践中的不断探索。

结　语

人机互动的引入将给访谈节目带来革新体验，同时将吸引更多思想年轻、富有活力的受众群体。值得关注的是，在与 DeepSeek 的对话过程中，我们已经能够感受到 AI 在情绪关怀方面的显著进步。这种“情绪价值”的提供，将会随着未来人工智能技术的不断迭代而得以加强。未来，AI 主持人的情感表达将会更加细腻，向人们展现出更多的共情能力。毋庸置疑，人工智能与人类交流的越多就越聪明，这一特质在未来主持人与生成式 AI 双主体协同访谈中将得到充分体现，推动人机互动迎来更高层次的发展。综上，本文提炼出以下结论：

1. 在访谈领域，主持人将在 AI 的赋能下完成自我迭代。未来主持人不可取代的核心能力仍然是提问的能力，持续问出好问题是主持人的生存之道。

2. 交互式人机协作模式将会成为访谈节目的主流，未来主持人将在技术的赋能下向独立创新、理性客观、追求深度方向不断精进，呈现更好的双主体人机协同访谈节目。

3. 随着人工智能技术的持续进步，访谈节目的形式与内涵都将迎来新的突破。生成式 AI 技术的日益成熟将推动播音主持行业的智能化转型，为传媒行业注入新的活力。

4. 熟练掌握运用 AI 技能并与之融合发展将成为未来播音主持人才培养的主流方向。

参考文献：

[1] 郑满宁.人工智能技术下的新闻业：嬗变、转向与应对：基于 ChatGPT 带来的新思考[J].中国编辑，2023(04).

[2] 胡正荣，张帅.立足实践，面向世界：2024 年新闻传播研究前沿话题盘点[J].青年记者，2025(01).

[3] 刘潇然.AI 技术在新闻媒体领域的应用前景分析[J].新闻文化建设，2024(17).

[4] 史安斌，刘勇亮.从媒介融合到人机协同：AI 赋能新闻生产的历史、现状与愿景[J].传媒观察，2023(6).

[5] 张翼飞.AI 发展环境下广播电视主持人的发展路径[J].记者观察，2023(11).

[6] 韩林珊.AI 主持人“亮相”电视节目的思考[J].新媒体研究，2020(04).

作者简介：

王爽，上海广播电视台融媒体中心卫视编播部主持人，主任播音员。现担任东方卫视新闻节目《看东方》《午间 30 分》主持人。

融媒建设篇

市区两级融媒体深度协作增强城市国际传播力研究

——以《2024 遇见魅力上海》为例

吕 琼

提 要：本文以上海广播电视台融媒体中心联合全市 16 家区融媒体中心推出的《2024 遇见魅力上海》为例，分析市区两级融媒合作如何通过多维度视角、多平台传播，深度开掘上海全域旅游新线路、新场景、新体验，为地方媒体助力国际传播提供了宝贵的实践经验。

关键词：国际传播　市区两级融媒协作　2024 遇见魅力上海

引 言

2024 年是上海建设习近平文化思想最佳实践地的开局之年，上海广播电视台融媒体中心以“诞生地　新实践”为主题，联动全市 16 个区融媒体中心，共同推出《2024 遇见魅力上海》融媒行动。聚焦全市“文旅商体展”重大项目和重要议题，从海派城市考古、江南文旅集群、顶流节展赛会、文化空间塑造等多维度视角，深度开掘上海全域旅游新线路、新场景、新体验，呈现一系列上海都市文旅 IP，面向海内外观众打造闪亮城市名片，发出“Go And See Shanghai”（自己去看上海）的邀请。

本文着眼于《2024 遇见魅力上海》融媒体行动的第一手实践实证，从市区两级融媒体深度协作，通过“内容生态”“内宣与外宣融通”“渠道与平台互通”“打造新型传播格局”等多个维度精准发力，为地方媒体构建更有效力的国际传播体系提供有益探索和成功借鉴。

一、上海以市区两级协同为抓手，构建国际传播报道机制

截至2019年，上海全市16个区已全部完成区级融媒体中心机构整合并推出新媒体产品。上海区级融媒体客户端深度融合区级广播电视、报刊、新媒体等资源，形成分众传播、分类覆盖的格局，进一步壮大主流舆论声音。

党的二十届三中全会提出“构建更有效力的国际传播体系”，对全面提升国际传播效能，推进国际传播格局重构提出了明确要求。上海构建市区两级国际传播报道机制，面向海内外观众打造闪亮的城市名片。上海16个区级融媒体中心传播阵地集合了街镇、区委办局等职能部门，在国际传播报道上有先天的在地优势。在2024年面向海内外观众发出“Go And See Shanghai”邀请的《2024遇见魅力上海》融媒体行动，便是在此背景下应运而生的。

二、《2024遇见魅力上海》：市区两级融媒体合作实践分析

（一）以内容生态为根基　共策共创融媒体行动

“内容为王”由美国传媒大亨萨默·雷石东提出，是媒体行业中一个广为人知的基本理念。他认为，“传媒企业的基石必须而且绝对是内容，内容就是一切。”

媒体格局、传播方式和舆论生态会随时代变化，但用户对优质内容的刚性需求、主流价值对公众舆论的引领作用不会变。为此，《2024遇见魅力上海》在顶层设计上，以传播效果、传播质量为终极目标进行融媒体产品设计，将此次融媒体行动主题确定为“深度开掘上海旅游全域新路线，解锁魔都文旅新体验”。深挖各区“文旅商体展”资源，由上海市、区两级媒体合作推出16期特别节目和系列中英文短视频。

与以往联动16区推出的融媒体报道有所不同，《2024遇见魅力上海》在各大版块的内容和形式设计上注重个性化、体验感。以内容生态为根基，精心排布七大板块，涵盖“魅力××区”形象短片、“打榜‘第一站’”、“百变魔都新‘夜’态”、“全城有戏　文体大赏”、“接力‘City＋’”（接力“城市＋”）、“老外魔都新发现”以及“魔都种草笔记”，对各区地标、热门景点做深度挖掘、全域化展现，让每个区的融媒展示都围绕着核心主题展开。

“遇见魅力上海”总宣传片和“魅力××区”的90秒MV精彩画面先声夺人，凸显各区独到气质；《接力“City＋”：打卡上海的流动攻略》主打一个“海陆空”全

方位体验式新玩法。各区记者、主持人在常规 City walk、City metro 等城市游的基础上，或乘船或骑马，甚至登上直升机，以别样视角展现各区打造都市型旅游休闲街区、城市更新项目和文旅生活圈的创意风景，在老景点中发掘新项目、新玩法，在新开发中焕发新活力。同时，制作成中英文地图版“City＋”打卡攻略线路图全网发布。《百变魔都新“夜”态：品味多面夜上海》带领观众网友们品味多面夜上海，和都市白领一起观展看秀，与运动达人聊聊健身养生，随老饕们一同品尝夜市美食……通过日常生活中的场景和普通人的角色串联，让夜上海文旅 IP 在绚烂夜景和都市烟火气的映衬下更具魅力。《老外魔都新发现：一封来自上海的邀请函》邀请来自英国、法国、塞尔维亚、韩国、摩洛哥、白俄罗斯、格鲁吉亚、美国、巴西等不同国家的外国朋友来发现和推介生活在上海的美好，以个性化自述 Vlog(视频博客)的形式，推介或许还少有人知但非常值得“到此一游”的文旅资源。和弄堂爷叔赛一局康乐球，到街边小馆喝一杯咖啡，从老上海的“百宝箱”到时尚潮流“亲子游”，甚至老外教老外说上海话，从他们感受文化交流的视角，展现上海特殊的人文韵味和现代化发展带来的震撼，以外籍友人的身份寄出一封来自上海的邀请函。《“很上海”的一天：魔都种草笔记》则由旅游达人、自媒体博主体验“特种兵”短途游模式，用“很上海”的一天经历为观众网友们种草别有趣味、小而美，但平时较少人知的小众景点，吸引更多人来上海体验“加餐”式的短线项目，让花费少，但有着高品质且多元化的旅游项目进入更多人视线。“全城有戏　文体大赏”为各区文旅活动梳理了一份文化盛宴大餐“菜单”，顶流品牌项目、活动、展演、赛事日程一目了然，打出“上海原创、上海制作、上海出品”的闪亮名牌，进一步彰显城市文化软实力。

形态各异、内容丰富的版块内容，以沉浸式、体验感的展现形态，以国际化视角、网络化语言和“总有一款适合你”的主题设计，吸引更多不同地域、圈层的受众，并将精华穿珠成链、由点及面，形成一个老少咸宜、内外兼通的“深度游”导览合集视频手册，并通过诸多网络大 V、博主的转发，在海内外社交平台上打出一批高品质都市文旅新名片。

（二）以凸显品牌效应为抓手　融通内宣与外宣

近年来，将广告学中的“品牌”概念引入城市形象传播，通过城市品牌营销，对内加强城市竞争力，对外助推国家形象的亲和力和感召力，成为提升国际传播效果和国际认同程度的重要手段。为凸显《2024 遇见魅力上海》的品牌效应，主体产品线“打榜第一站”中，为 16 区文旅展示打出的“明星级”推荐牌成为重要一环。

“打榜第一站”由一位具有较高国内国际知名度的名人名家，推荐最具区位特色的文旅地标或项目，由16个各具特色的上海“第一站”，形成一批高品质都市文旅新名片，也为海外游客入境上海第一站提供多方位的特色选择。

以《2024遇见魅力上海》第一站黄浦篇为例，推荐官是《繁花》中饰演“金科长”的2023白玉兰奖视后吴越。黄浦“打榜第一站”通过她的视角带领海内外观众领略外滩源百年建筑街区以及新天地23年来发展孕育后的新标签——文化艺术街区的独特魅力。预热视频一经发布，便引发多家主流媒体以及小红书、微博、抖音、快手等社交平台转发，掀起一波关注热潮；正片播出之后，凭借吴越的生动演绎以及精良的后期制作，再次引发大家强烈的话题讨论。有博主评论道：吴越在《繁花》中饰演的“金科长”一角，给人留下了深刻的印象。她那句“心可以热，但头要冷”的经典台词至今余音绕梁，深深打动了无数观众的心。这句话无疑道出了吴越本人的人生哲学。在《2024遇见魅力上海·黄浦篇》的开播中，吴越无疑是最佳人选。她不仅对这座城市了如指掌，更是从内心深处感受到了这座城市的独特魅力。她敏锐的洞察力和独到的见解，让我们一睹这座城市的魅力。

作为虹口篇的推荐官，亚洲足球先生范志毅的亮相再次使得全网沸腾，特别吸引了爱看他综艺秀的年轻群体。作为虹口“老土地”的范志毅来到北外滩，带着大家寻找“最美机位”——涵盖上海大厦、外白渡桥以及“上海三件套”的拍摄打卡点位，那一句“快来北外滩，追着范大将军的脚步，找到属于自己的北外滩最美的机位”也是在市民游客群体中收获一波打卡热潮。而为了进一步凸显“魅力上海”品牌影响力，由范志毅跨界主麦配音的《2024遇见魅力上海》180秒中英文短视频，以不拘一格的呈现方式以及年轻态、幽默感的独到气质，在社交平台上被刷屏。

而随着著名钢琴家孔祥东、知名演员林更新、越剧王子赵志刚、沪剧名家茅善玉、上海芭蕾舞团首席吴虎生、奥运冠军钟天使、九球天后潘晓婷、场地自行车运动员周瑜、北京奥运会火炬手金晶、作家陈磊以及东方卫视著名主持人曹可凡、王冠和新加盟的新生代主持人冯琳等各区的“推荐官”犹如开盲盒般一一亮相，多圈层的传播潜力被激发，“2024遇见魅力上海”品牌效应和价值得以进一步彰显。

三、打造1+16+N国际传播格局　形成共赢合力

重塑多渠道、立体式对外传播格局是国际传播的内在要求。一方面，适应全球传播格局变迁，打造多主体、宽领域的传播生态。充分利用新兴的互联网媒

体、移动媒体和特定领域的专业媒体，扩大信息的覆盖面，提高传播效率。另一方面，科学制定传播策略。针对不同受众开展多层次、多样化传播，着力探索内容创新、形式创新、载体创新、话语创新，打破单一的信息传递方式，力求生动活泼、精准传播、全面覆盖。

美国学者尼葛洛庞帝在《数字化生存》中曾说“连弱小孤寂者也能发出声音”。融合传播时代，内容的发布者不再局限于新闻工作者，而是每一个人。主流媒体优质内容同样需要拓展传播渠道、贯通内宣与外宣，扩大“朋友圈”，做到与受众的双向奔赴。此次《2024 遇见魅力上海》融媒行动，不再囿于以往 1＋16 即 1 市媒体＋16 区媒体的传播格局，而是吸纳海外合作媒体、高校智库、网络大V、个人网红等 N 个传播网络，以此触达受众，以渠道延伸平台价值，通过平台扩张渠道资源。在长宁篇中，来自塞尔维亚的菲利普自拍 Vlog，用一口流利的中文当起了导游，呈现“家门口的好去处”，他在定西路转角的老字号秋霞阁买包子，在新华路 City Walk（城市漫步）讲述外国弄堂里的网红建筑；会说上海方言的比利时人高悦，在黄浦篇中将外滩中央广场的前世今生娓娓道来，他用老外的独特视角展现这一结合历史建筑与现代科技的特色街区；在徐汇生活了三年的法国摄影师尼克，用镜头带大家看他所发现的印象深刻的咖啡馆；而在金山篇中，摩洛哥友人伊瑞斯翻开中国第一部楷书字典《玉篇》，循着古籍里的中国汉字，寻找历史、体验非遗文化。自媒体达人“Fu 大爷”自制一份流动攻略，汇集徐家汇书院、徐家汇公园、百代小楼等在内的众多徐家汇打卡点；美食达人“甜掉大牙”则在拥有 70 多年历史的模范工人新村曹杨一村中寻觅到了网红美食餐厅……随着传播链条的打开，来沪参加 2024 斯诺克上海大师赛的“火箭”奥沙利文以及中国首位 F1 车手周冠宇也欣然加入融媒体行动，为“2024 遇见魅力上海”打卡。奥沙利文现身四明邨，和上海的爷叔们赛了一场康乐球，他用自己的亲身经历和感受，告诉大家在上海能体验到丰富的历史和多元的文化，上海也是他最喜欢的城市之一。而在收官篇浦东篇中，中国首位 F1 车手周冠宇登顶双子山，为持续两个多月的融媒行动再添精彩一笔。

四、国际传播策略探讨与影响力评估

融合传播时代，传播矩阵就是一张不断延伸且无边际的网，受众被覆盖在此之下。“网”铺得越大，影响的受众就越多。众人拾柴火焰高，传播矩阵中各个媒体平台传播效果的叠加，将新闻策划内容传得更广。《2024 遇见魅力上海》通过盘活市、区两级媒体的资源、渠道与平台，构建起了节点式的相互交织的全媒体网状传播矩阵。在这种传播机制中，矩阵中的媒体通力合作，通过不同媒介属性的不断发酵，在互联网空间引起舆论共鸣，让融媒联播的社会功效进一步凸显。

《2024遇见魅力上海》推出的系列融媒体产品线，早于电视端首先在网络上推出，通过市区两级融媒体矩阵全面联动，在各区新媒体账号中同步呈现。同时，来自不同领域的名人名流作为“文旅推介官”，进行“遇见魅力上海”话题打造和美誉营销，引流造势，顺势出圈，以范志毅为第一视角推荐的总宣传片，以及周冠宇、范志毅、奥沙利文、林更新、吴越等文体明星为各区代言的拍摄花絮，在各大平台未播先热。这些流量明星也在各自账号为“魅力上海”造势，推动融媒体行动“出圈”。

在形成高关注度和话题热度之后，融媒行动的16期特别节目和系列中英文短视频，正式通过东方卫视、上视新闻综合频道，同时结合“ShanghaiEye爱上海”的宣传主题，在看看新闻Knews全媒体矩阵、ShanghaiEye国际传播矩阵、“新闻坊+”全媒体矩阵、各区融媒体中心矩阵、百视TV、东方明珠移动电视等进行全平台发布，并协同全市各新闻单位新媒体平台，联动喜马拉雅等互联网平台进行同步宣推。

此次融媒体行动的高质高效得到了市委宣传部的大力肯定，截至2024年9月27日18时，仅上海广播电视台融媒体中心和国际传播中心旗下新媒体平台海内外传播量已超过1 610万。移动电视覆盖全市1万公交屏、5万地铁屏，日均抵达2 000万人次出行人群；《人民日报》、新华社、上观、澎湃等媒体转发相关报道。

海外社交媒体的传播效果同样成果斐然，为拓宽“多声部”内容传播方式，主创团队将一系列高质量的短视频产品精选翻译成德、英、日、韩等多语种版本，通过“ShanghaiEye魔都眼”海外YouTube、Facebook、Instagram、Tiktok、X等海外社交媒体矩阵，以及欧洲电视联盟、亚洲广播电视联盟、阿联酋国家通讯社、美联社等海外合作伙伴共同对外发布，传播量超百万。通过平台功能，着力影响有影响力的人，让每一个来过上海的人成为上海精彩的传播者。同时，众多在海外的华人、同胞、友人通过社交媒体为上海点赞、引发讨论，让“魅力上海”的长尾效应进一步在海内外引发关注和反响。

在此次融媒体行动中，《2024遇见魅力上海》共同打造一个“大小屏、中英文、海内外”融合联动，线上线下立体传播，主流媒体和商业平台同步共推的全城盛事，助力上海实现“中国入境旅游第一站、都市旅游首选地、文旅深度融合示范区”的目标任务。在2025年2月14日上海市政府新闻办举行的新闻通气会上，上海市商务委表示，2024年，上海接待入境游客超过600万人次，“入境第一站”的格局逐渐形成。2月25日，上海海关发布数据显示，2025年春运期间（1月14日至2月22日，共40天），累计监管进出境旅客达476.9万人次，较去年春运增长 28.0%。

结　语

大流量、正能量、高质量这三者是辩证统一的，必须坚持正能量前提下的大流量。有流量的不一定是好作品，但是没流量的“自娱自乐”一定称不上是好作品。国际传播并不仅是传递信息，更是服务中心工作的重要手段。在全球化背景下，一个城市的国际传播能力已经成为衡量其软实力的重要指标。

《2024 遇见魅力上海》融媒体行动是主流媒体紧紧聚焦上海市委市府中心工作，在宣传报道、全媒体呈现的基础上，进一步深度参与和塑造更多元丰富的“文旅商体展”新生态、新场景的有力探索，凸显好作品自带流量的能力，为市区两级融媒体合作在国际传播领域提供了新的路径和思路。同时，实践中也暴露出复合型专业人才短缺、外部人员支撑力度不足、区级融媒体中心发展状况参差不齐等问题。未来，市区两级融媒体更须从全球视野、国家站位和地方特色三个维度来审视和加强国际传播能力建设，不断提升国际传播的效能，为城市的经济发展和文化交流注入更多动力。

参考文献：

[1] 孙世会.地方主流媒体加强区域国际传播能力建设的路径探析：以济南国际传播中心为例[J].传媒，2024(10)：56－60.

[2] 王悦路，韩伟，李建.地方媒体提升国际传播效力的创新探索[J].中国网信，2024(10)：53－56.

[3] 郭璇.地方国际传播中心建设的向度、策略及进路，“传媒评论”公众号，2025－02－07.

作者简介：

吕琼，上海广播电视台融媒体中心上视编播部副主任。

融合传播视域下新闻现场报道的故事化表达研究

臧　熹

提　要： 本文主要探讨在融合传播视域下新闻现场报道的故事化表达。通过剖析故事化表达的内涵与作用，阐述其在融合传播格局下的价值所在。同时，本文提出了新闻现场报道故事化表达的具体策略，探讨在故事化表达策略运用过程中可能出现的误区，并分析未来发展趋势。研究发现，故事化表达能够有效提升新闻现场报道的吸引力和传播效果，符合受众的收看取向和信息需求。未来，随着技术不断进步和媒体融合深入发展，故事化表达将在新闻现场报道中发挥更加重要的作用，也呈现更加丰富的表现形式。

关键词： 融合传播　现场报道　故事化　表达研究

引　言

"出镜记者现场报道，是指视听媒体记者在新闻现场，面对摄影机镜头，以口头描述、播报和评论新闻事实为主要内容的采访报道形式。"传统媒体现场报道带有较强的"媒体—受众"的单向传播特征。融合传播打破了媒介边界，呈现出多平台协同、内容碎片化、用户深度参与、数据驱动传播等特点。在这种传播环境下，受众对新闻的需求不再局限于单纯的信息告知，而是更加注重新闻的情感共鸣、生动呈现、深度思考。融合传播视域下的新闻现场报道因此从"告知"转变为"共情"，从"单向输出"升级为"动态对话"。而故事化表达凭借其能更生动灵活展现新闻现场、更好引发情感共鸣、增加传受双方交互的优势，成为很多现场报道的表达手法。

一、故事化表达的内涵与作用

（一）故事化表达的内涵

新闻现场报道的故事化表达是指运用叙述、对话、描写、场景设置等手法，将新闻事实以故事的形式呈现给受众的表达方式。故事化表达通过情感共鸣，帮助受众更好地理解和接受新闻内容，实现信息与情感的双重传递。

例如 2018 年 8 月，央视记者张鹏军在甘肃白银靖远县山洪灾害现场的报道，就采用了故事化的表达方法。他以事发当晚老刘家抗击山洪的时间为线，串联起现场各个场景。同时，采用拟人化修辞将物品赋予情感，如白菜被淤泥埋葬，把冰箱比喻为流离失所的孩子，饭桌曾承载老刘一家无数欢笑，使得整篇现场报道鲜活生动、引人入胜、打动人心。

融合传播视域下，故事化表达更加注重情节的完整性和连贯性，强调报道者和新闻当事人的内心情感，更加注重跨屏传播的特点，同时结合现代传播技术，如虚拟现实、增强现实等，创造身临其境的体验，提升新闻报道的传播效果和观众参与度。

（二）故事化表达的作用

1. 有利于阐释新闻信息

故事化表达通过细节刻画和生动情节，将新闻事件的背景、原因、过程和结果有机结合起来，形成完整的叙事链条，使复杂的新闻事件转化为通俗易懂的故事，帮助观众更好地理解和接受新闻信息。例如 2014 年 5 月，央视记者刘骁骞在跟随巴西警察前往贫民窟围剿毒贩的现场报道中，头戴钢盔、弯腰前行、边跑边说，急促的语气节奏，略带喘息的声音，辅以晃动跟随的镜头，如讲故事一般，将围剿现场的警力、环境、过程，以及紧张氛围都展现了出来。

2. 有利于调动受众情感

"讲故事是一种柔性战略的传播方法，他首先寻找感情上的突破点，用感性的温情的力量去开启人性之本。"报道者通过讲述具有情感色彩的故事，可以引导受众产生激越、同情、愤怒、悲伤、喜悦等情感反应，增强对新闻事件的认同感和参与感。故事化表达还可以通过人物的塑造和情感的渲染，使受众深入了解新闻人物的内心世界。而人类的情感是共通的，在故事化表达中，受众也会不自觉地代入自己的情感，产生共鸣。

3. 有利于提升传播效果

精彩的故事符合受众的信息消费偏好，能够吸引受众主动关注、深入观看，并保持对新闻的兴趣度和关注度，也能够促进受众之间的分享和讨论，甚至对新闻内容进行二度创作，从而扩大新闻的传播范围和影响力。在2023年11月广西23名“小砂糖橘”(指穿橘色衣服的幼儿园娃娃)在老师带领下赴东北哈尔滨市游学报道中，记者捕捉了小朋友在冰雪中牵手摔倒、互相擦拭眼泪等充满情感的细节，相关短视频在抖音播放量高达2.3亿次，并且衍生出漫画、表情包等UGC内容达12万条，大大提升了传播效果。

4. 有利于实现跨屏传播

不同平台的受众群体，使用场景和传播特点存在差异。故事化表达表现出的生动性、趣味性，具有一定普适性，能适应跨屏跨平台的环境和受众需求。一方面，故事化表达的现场报道适宜根据不同平台特点，进行灵活调整和优化。另一方面，故事化表达还能通过多模态融合，如文字、图片、视频等，创造丰富立体的表现形式，吸引不同平台用户。同时，故事化表达还可以通过增强互动性，如弹幕、评论等，使受众主动参与到传播过程中，实现跨屏传播。

二、故事化表达策略探索

融合传播视域下现场报道的故事化表达策略，涉及叙事角度、内容选取、表现形式、跨屏传播等多个方面。

（一）秉持人本叙事

秉持人本叙事就是要从以事件为中心的叙事逻辑，转变为以人物为中心的叙事逻辑。选择具有代表性的“微观主体”作为叙事支点，通过其视角呈现事件全貌，将个体经历与公共议题有机衔接，既能降低认知门槛，又能激发情感共鸣。这种策略契合融合传播环境下碎片化、情感化的传播逻辑，可以借助社交媒体裂变效应，实现从“单向传播”到“集体共鸣”的跃迁。

这种策略的应用可以从两个方面着力。一方面，从内容角度来讲，用人物故事串联新闻信息。例如前文提到的央视记者张鹏军在山洪灾害现场的连线报道，一改以空间为主线介绍现场情况的思路，而是以老刘家一家为主线，从讲述老刘家抗击山洪的具体行动串联起房屋被毁、财物被淹等空间场景和损毁细节。通过老刘一家人的故事，完整呈现了山洪灾害造成的破坏和严重性，使观众对事件有了更深刻理解。另一方面，从表现形式来讲，可以更多采用主观镜头、自拍等手法，体现平视感，回到常人视角看新闻。例如在一些带有参与性的现场报道中，报道者可以采用自拍手法，让自己成为现场的一部分，将角色从旁观者转变为参与者，增强现场感。再如在 2022 年 8 月央视有关重庆山火报道中，既有无人机航拍展现夜幕火龙蔓延的全景，也有记者用 GoPro 摇晃不停、贴身跟拍消防员的主观镜头，这种“上帝视角＋凡人视角”的双机位叙事，既有全貌也有细节，增强了报道的视觉效果和感染力。

（二）展现情感元素

新闻是客观的，但不是冰冷的。“电视新闻报道中用的情感传播手法，对于摆脱电视新闻的说教形象，增强电视新闻的感染力和贴近性，具有十分重要的意义。”在融合传播视域下，人格化、个性化成为趋势，观众越来越不满足于对新闻进行简单的纯自然再现，而是希望一个有血有肉、可亲可敬的人在讲述。因而，在现场报道中，尤其是采用故事化表达的现场报道中，加入一定情感元素并提炼、升华是必要的。可以说，情感元素是故事化表达的驱动力之一，真实且强烈的情感是能赋予新闻报道生命力的，是可以实现传播裂变的。

展现情感，可以依托物来展现。例如央视 2016 年 5 月发表的连续报道《悬崖村扶贫记》聚焦村民每日攀爬 800 米钢梯，展现了绳索的磨损痕迹、孩童紧握钢索布满汗渍的手掌等画面，观者无不为之动容，使扶贫工程的艰巨性这一普通受众难以感知的体验，转化为可感可知的生命故事。通过情感元素的展现，实现了硬新闻的软着陆。展现情感，还可以依托人来展现。在中央电视台新闻频道 2018 年 5 月 12 日播出的《汶川特大地震十周年》报道中，记者蒋林在现场报道中，讲述了自己观察到的两个重返现场的情景——有默默献花的人，尤其是献花者穿上 10 年前的已经磨损的 T 恤；有老邻居再相聚，帮彼此自然地整理衣服、两手相握。这样的情景打动人心，充满了对受灾群众的精神关照，也唤起了观众对那场灾难的共同记忆和情感共鸣。

（三）挖掘新闻细节

电视新闻细节，“是指在电视新闻报道过程中，电视记者（包括出镜记者）在新闻现场通过采访、拍摄获得的(除了新闻五要素之外)对新闻事件发生、发展起到直接或间接作用的符号、实物、情景、语言等细小的环节和情节。"呈现细节是还原新闻事件本来面貌的重要手段。任何一个新闻事件都是由无数细节组成的,细节之间的联系体现了新闻事件中各部分的内在逻辑,有些重要细节也是导致新闻事件发生、影响新闻事件走向、决定新闻事件结果的关键因素。让细节说话,就是让典型、有特点的新闻事实说话。呈现细节是增强报道现场感的重要手段。现场报道必然以现场为王,现场绝不只有全景展现和宏大叙事,而是由众多细节建构起整体风貌。这些细节可以将现场更直观地展现在受众面前。呈现细节是进行故事化表达的重要手段。细节往往具有较强的可看性、可感性,能让现场报道更形象生动,从而激发观众兴趣和观看欲望,是联结情感的法宝。

在现场报道中,以能否通过画面直接呈现作为标准,我们可以将细节简单地分为可视化细节和非可视化细节。

可视化现场细节,是通过镜头可以展现的,记者加以说明之后,观众可以清晰了解的细节。例如2013年4月四川雅安地震后,记者蒋林在318国道一处道路损毁点的现场报道,通过"石头几乎就相当于巨大的油罐车""山石全部砸毁在路面上""车身几乎已经擦到了道路旁边的水泥围挡"等细节,故事化地展现了救援现场的情况,也凸显了救援情境的紧迫和救援环境的艰苦。

非可视化现场细节,是通过镜头无法展现的,如现场的温度、气味、味觉等各类体感,需要记者通过介绍自己的感受来进行展示的细节。例如在2020年武汉火神山医院建设的现场报道中,记者多次介绍自己在施工现场戴着口罩的感受。"因为戴着口罩,所以说短短的一点时间,我光说话走这几步路,就要大口地去呼吸。所以对于工人们来说,他们要戴着口罩,戴着一些防护的措施,来进行这样一个大量的体力活动。"记者通过介绍自己的感受,让观众感知到建筑工人的艰辛。

在现场报道中,并不是可视化细节只能用镜头加解说表现,非可视化细节只能用感受和体验表现。不能将可视化细节和非可视化细节割裂开来,两者可以相辅相成、互为表现。在2017年3月23日"看看新闻Knews"进行的解剖搁浅死亡鲸鱼的直播中,记者就采用了可视化细节和非可视化细节互为表达的手段。记者说道:"大家闻不到现场的味道,现场的人员每个人都要戴这样一个口罩,我们这个算薄的(指了指自己的口罩)。现场的工作人员都是戴这样的防毒面具的口罩(镜头摇向工作人员),因为现场的味道是非常地浓。"这段现场报道中,记者通过两种不同口罩对比这个可视化细节,说明了现场气味恶臭这个非可视化细节,让非可视化细节变得可视化,两者相得益彰。

在故事化表达的现场报道中,细节的展现可以运用拟人、比喻、对比等修辞方法，让细节更加鲜活生动，让报道更有感染力。例如前文提到的张鹏军在山洪灾害现场的连线报道，就采用了拟人化的修辞方法，说萝卜、白菜在淤泥中埋葬，冰箱像流离失所的孩子。再如笔者在上海解放70周年特别报道中，在江苏丹阳前线总指挥部旧址的现场连线中，将进入院落大门比喻为跨越历史的大门，将指挥部发报间的台灯进行拟人化表达，称其为守候的战士。这些都让现场的细节更丰满、立体，激发了受众的情绪，也让细节成为联结现场与受众的情感锚点，升华了新闻价值。

（四）打通跨屏链路

融合传播打破了传统媒体的屏幕界限，实现了电视、电脑、手机等多屏之间的信息互通与共享，同时更加注重受众的参与和反馈，通过多样化的互动形式激发受众的主动参与。现场报道也需要以跨屏联动构建多模态传播矩阵，以实时互动重塑传受关系，实现内容的全场景渗透与用户深度参与。

在跨屏传播中，要根据平台特性拆解故事元素，形成差异化叙事结构。电视端承担深度叙事功能，通过长镜头、同期声构建完整故事框架；移动端提炼高光片段，凸显个人特性，激发二次传播；社交媒体释放幕后花絮等“故事彩蛋”，延长传播生命周期。

互动赋予受众“在场建构者”的身份，增强了他们的参与感，使他们更加积极地参与到新闻传播过程中。互动的方式多种多样，既可以在内容上“埋梗”，直接提出问题，或设置容易引起受众共情和讨论的点，让受众自然互动；也可以引导受众利用平台提供的点赞、评论、弹幕、投票等交互设计来实现互动。在直播类的现场报道中，甚至可以通过互动让受众对直播走向进行选择，参与现场报道的创作。

跨屏实现了现场报道在不同终端的广泛传播，扩大了覆盖范围，而互动则让受众深度参与其中，使现场报道更贴合受众需求，二者共同提升了现场报道的传播效果和影响力，共同推动了现场报道从单向传播转向双向共创。

三、故事化表达的误区分析

（一）片面理解故事，信息失真

讲故事是现场报道重要的策略，但不能为了故事而故事，一切只为讲故事。有些报道采用夸张演绎、主观想象等手段填补事实空白，对事实夸大、歪曲，甚至编造情节，违背新闻真实性原则。有些报道移花接木、张冠李戴，甚至道听途说，用未经证实的信息拼凑出一个故事。这种过度追求故事性的做法，虽然可能在短期内吸引受众关注，但长此以往，会模糊新闻写实与虚构的界限，严重损害媒体公信力，破坏新闻行业整体生态。为此，要明确，故事化只是在事实原有情节基础上的一种表达和展现方式，而不是盲目追求一切皆用故事化。

（二）过度渲染情感，内容空洞

情感可以打动人心，扩大传播，但不能过度渲染，让情感代替事实。有些报道无节制地倾注情感元素，刻意煽动情感，将弱势群体的苦难转化成消费资本，怎么“好哭”怎么来，怎么“有戏”怎么来。有些报道渲染冲突、制造对立，用无节制的情绪来体现所谓的情感。这些都忽略了对事件本质和关键信息的挖掘，无法为受众提供有价值的信息。当情感过度泛滥，关键信息被淹没，受众在情绪的短暂波动后却得不到实质性收获，会降低对这类信息和媒体的关注度，甚至产生反感。为此，要明确，故事化表达策略中的情感元素是基于新闻事实点到为止，而不是毫无节制无限放大。

（三）过分关注个体，削弱主题

秉持人本、关注细节，能以小见大，让现场报道更生动，但不能过度聚焦，否则容易造成管中窥豹的局面。有些报道专抠细枝末节，而错失了重点。有些报道仅关心个人感受，而缺失了整体把握。现场报道的主题往往涉及社会热点、公共利益等方面，忽略主题会导致受众无法从报道中获取全面、准确的信息，对整体性认识不足，甚至对报道主旨产生误解，削弱了新闻报道在社会舆论引导中的作用。为此，要明确，关注个体、重视细节是指找到代表性的人或物，以小见大，而不是以个别替代整体，造成一叶障目。

（四）错误理解网感，流于形式

跨屏、互动是融合视域下的现场报道故事化表达的重要手法，但不能为“网感”而“网感”，简单“依葫芦画瓢”。有些报道错误理解短视频“短平快”传播模式，随意将故事切割为孤立片段，叙事逻辑过于碎片化，破坏了因果关系完整性。有些报道僵化理解新媒体传播特性，过度依赖互动、特效等技术手段，故事化表达流于“炫技”，画虎不成反类犬。有些报道机械理解跨屏传播规律，忽视平台差异和受众反馈，多渠道分发缺乏针对性，效果不及预期。这种流于形式的做法，无法建立起媒体与受众之间的有效沟通桥梁，将削弱媒体在融合传播中的竞争力。为此，要明确，融合传播的各种手段、形式皆因内容而生，目的是服务于内容，而不能让形式盖过内容。

综上，我们需要用讲故事的方法来传递新闻信息，而不是用故事覆盖新闻，避免陷入故事化陷阱，造成对媒体的反噬。

四、故事化表达的未来发展趋势探讨

随着融合传播格局进一步深化，跨平台、多模态、创新型的现场报道将越来越多，报道主题将朝着多元化、深度化的方向发展。同时，各类新技术的不断应用，将会助力内容创作，重构时空感知，推动形式创新。

（一）主题拓展

1. 多元化

目前，现场报道的主题更多聚焦于社会类选题。随着经济社会发展和受众需求变化，主题将会逐步拓展到文化、科技、生态、健康等更多方面，也更聚焦于人们的日常生活、社会民生问题。同时，由于受众细分程度不断提高，报道主题也会越来越多地满足特定群体的个性化需求和小众兴趣，吸引更精准的受众群体。另外，社会生活跨界融合趋势越发显著的情况下，不同领域的跨界或将更加模糊，现场报道会出现更多跨领域融合的主题。比如科技与文化、艺术与商业等领域的结合，现场报道必然会涉及这些领域相互碰撞和融合所产生的新现象、新趋势。

2. 深度化

在多元化的同时，受众对于新闻深度的渴求越来越强烈。当前，以长时间伴随式直播为形态，以现场报道为主要形式，在视频平台呈现的慢直播越来越多。一个直播短则 1 小时，长则几小时，如果还停留在只是将现场情况做故事化表达的层面，很难达到信息丰富、内容充实。报道者必须挖掘背后故事，引发深层思考，提升报道思想性。同时，在 UGC（用户生产内容）平台上，越来越多的相关专业人士开始对自身所涉领域的新闻事件进行专业解读，这也倒逼我们的现场报道者必须将报道做得更有深度，同时用故事化表达把这些深度内容通俗易懂、深入浅出地讲述给受众。

（二）技术赋能

不断革新的技术，正赋能千行百业的发展，传媒行业也不例外。“移动优先、万物互联、5G 赋能及智能传播等成为媒体变革新的支撑点，泛在化、智能化与生态化正成为媒体融合的演进方向。”

1. 助力内容创作

人工智能和大数据技术将在未来的新闻现场报道中发挥重要作用。人工智能可以用于自动化新闻写作、智能剪辑、语音识别等，既可以快速提炼故事化表达的基本要素，还可以帮助记者润色稿件，增强故事化表达特色，从而提升报道的精准度和感染力。大数据技术通过对海量信息的快速处理与筛选，可以自动提取出新闻价值高、故事化表达有特点的内容，减少人工筛选的工作量，还可以帮助记者分析受众的兴趣和行为，优化故事化表达的内容和形式，实现精准推送传播。

2. 重构时空感知

借助虚拟现实（VR）、增强现实（AR）、混合现实（MR）、扩展现实（XR）等技术，能为受众带来更加沉浸式的新闻现场体验，极大地拓展现场报道的时空维度，丰富故事化表达的形式。

虚拟现实（VR），通过创建完全沉浸式的虚拟环境，使受众能够身临其境地体验报道现场。例如 VR 技术可以重现历史事件或模拟未来场景，让受众仿佛穿越时空，亲睹事件的发生，让故事化表达有了新载体。增强现实（AR），通过将虚拟元素与现实场景相结合，增强了现实世界的视觉效果和信息量。例如 AR 技术可以将实时数据、图表、模型等叠加到灾难现实场景中，使受众能够更加直观地了解灾难的背景和细节，让故事化表达信息更丰富。混合现实（MR），通过将虚拟元素与现实场景深度融合，为现场报道带来全新的时空感知体验。例如 MR 技术可以创建虚拟人物和场景，与现实中的记者进行互动，拓展了现场报道的时空边界。扩展现实（XR）是 VR、AR 和混合现实（MR）的统称，它能够根据需求灵活切换虚拟与现实的结合方式。例如 XR 技术不仅可以重构空间，还可以重构时间，将历史事件与当下场景结合，为受众提供多维度、多层次的新闻体验。例如 2022 年 10 月笔者策划的《空间站飞临上海》的报道中，通过技术手段，让中国空间站飞到了外滩和苏州河上空。笔者与空间站同屏呈现，空间站、外滩建筑、苏州河宽度、笔者真人、外滩路人之间的大小比例关系一目了然。中国空间站规模有多大，这一受众无法在生活中直观认知的信息，生动、直观地呈现出来，变得可观可知可感。

以上这些技术，可以将原来的此时此地的现场报道，拓展到无限时空边界的现场报道，为受众提供突破性的视觉体验，也可以依托时空重构实现故事化表达的创新突破。

结　语

在融合传播视域下，新闻现场报道的故事化表达已成为提升传播效果的重要手段。通过人本叙事、情感呈现、细节挖掘和跨屏联动等策略，故事化表达不仅增强了新闻的吸引力和感染力，还实现了与受众的深度互动。然而，故事化表达也面临信息失真、情感过度、主题削弱等挑战，需在真实性与故事性之间找到平衡。未来，随着故事化表达主题的多元化、深度化，以及新技术赋能，故事化将推动新闻现场报道从单向输出向双向共创转变，为受众提供更加丰富、更高品质的新闻产品。

参考文献：

[1] 叶子，赵淑萍.电视采访：探寻事实真相[M].北京：北京师范大学出版社，2009：209.
[2] 刘培.出镜报道与新闻主持[M].北京：中国人民大学出版社，2019：23.
[3] 苗海江.电视新闻节目中的情感表现及分寸把握[J].新闻世界，2014(03)：26－27.
[4] 宋晓阳.出镜记者现场报道指南[M].北京：中国广播电视出版社，2008：119.
[5] 杨树弘，颜明华.全媒体传播体系建设的价值观和方法论[J].传媒，2023(14)：34－36.

作者简介：

臧熹，上海广播电视台融媒体中心主持人。

融媒体时代新闻参与基层社会治理的机制与效果研究

——以《新闻坊》到“新闻坊＋”的实践为例

魏　颖

提　要： 融媒体中心自建设之初就朝着“治国理政新平台”的目标迈进，成为一种自上而下向基层延伸的国家战略。然而，在媒介融合纵深推进的战略背景下，融媒体中心是如何依托自身新闻报道发挥舆论监督作用、助力基层社会治理的？本文以上海广播电视台新闻栏目《新闻坊》到“新闻坊＋”全媒体平台的变革、创新实践为例，探索融媒体时代新闻报道参与基层社会治理的机制与效果，并尝试对优化媒体融合报道参与基层社会治理的路径提出升进之策。

关键词： 融媒体　媒体报道　社会治理　舆论监督

引　言

2014 年于北京召开的中央深改委会议上，习近平总书记就推动传统媒体与新兴媒体融合发展的讲话中，开创了传统媒体与新兴媒体融合发展的先河（简称媒体融合）。2023 年在“十四五”规划建议中明确提出推进媒体深度融合，实施全媒体传播工程，做强新型主流媒体，建强用好县级融媒体中心。党的二十届三中全会通过的《中共中央关于进一步全面深化改革、推进中国式现代化的决定》，对健全社会治理体系做出专门部署。这是从完善共建共治共享的社会治理制度、推进国家安全体系和能力现代化的战略高度提出的一项重大任务。融媒体如何通过全媒体传播工程，坚守基层主流舆论，为群众提供综合服务和群众与政府之间相互交流的平台，顺势成为基层社会治理的有效抓手，成为当下主流媒体做好媒体融合报道的关键议题。从社会治理的角度出发，建设全媒体传播路径，可以发挥其更大的治理效能，有利于实现国家治理体系现代化建设。

一、融媒体时代新闻报道参与基层社会治理的研究趋势

（一）媒体融合理论研究

随着媒体融合的持续深化，新闻传播已经从传统的线性传播模式转变为跨平台、多渠道的互动式传播。这种转变不仅代表了技术上的飞跃，也反映了传播观念上的转变。媒体融合理论演进经历了从技术融合、内容融合到平台融合的阶段，每个阶段都影响着媒体的运营策略和受众的信息获取方式。媒体融合不仅关注技术发展，更重视发展如何让信息生成、传播及社会治理模式重塑。

1. 媒体融合发展的实践路径

媒体融合发展的实践路径包括内容融合策略、平台融合策略和受众参与互动。内容融合不仅要将传统媒体发布的内容转移到数字平台上，还要创造与数字环境高度契合的新内容，要综合运用多媒体元素，将视频、音频、图像与文本有机结合，通过个性化定制内容精准满足用户需求。平台融合实践是媒体巧妙利用多样化平台，拓宽传播渠道并提升影响力的战略，其包括建立自有平台、与第三方平台合作、跨平台内容分发等，受众参与互动是指媒体机构正通过社交互动、用户生成内容、参与式新闻等多种途径，鼓励受众积极参与内容创作与传播。

2. 媒体融合发展的技术驱动

移动媒体与社交媒体的融合是媒体融合发展的关键环节。社交媒体的即时互动特性重塑了信息的生产与发布流程。移动媒体凭借便携性优势，成为年轻用户视听消费的首选平台。社交媒体平台设置“关注”功能，增强了用户在信息消费中的自主选择权，同时也为媒体开辟了新的传播途径和互动空间。移动媒体与社交媒体的融合，不仅改变了信息传播的模式，也为媒体的商业模式和生产流程带来了新机遇。

（二）融媒体参与基层社会治理的研究

1. 融媒体中心嵌入城市基层社会治理缘起

融媒体中心能够很好地嵌入基层社会治理，一是作为信息传播工具，作为治理中介，被其他治理主体所需要；二是其自身媒介功能深度契合新时代治理需求，作为治理主体之一发挥着无可替代的作用。现代化治理离不开与信息传播的互动，这是因为，治理需要信息传播，去解决信息不对称问题；治理需要协商，去调适社会多元主体的利益；治理更需要动员，去整合社会力量。

媒体融合背景下，人与人的交流方式发生改变。随着融媒体中心的建设发展，一个平台、多方汇集、共同推进，在社会治理体系中不再仅仅是发挥信息传播、舆论引导的功能，它已经具有“政务、服务、商务”等功能，在控制风险、凝聚共识、引导群众、服务群众方面发挥着不可或缺的作用。

2. 技术赋能激活媒介治理生态活力

身处互联网时代，技术正在成为驱动社会发展进步的底层逻辑和驱动力量，即“技术可供性”。无论媒介技术如何更新迭代，“内容为王”依然成为群众最热忱的呼声，也应当成为传媒界永不过时的信条。但不可否认，对于以内容传播为核心的新闻业而言，技术赋能为其面向未来的发展提供了无限想象力。

以中国新闻奖为例，作为新闻业界最高奖项和权威标杆，其具有“风向标”作用。2022 年，第 32 届中国新闻奖首次设立应用创新奖项，共计有 6 件作品进入获奖名单。跳出传统意义上的新闻产品概念，中国新闻奖应用创新奖作品更聚焦打造以技术为基底的应用型产品。一方面，全面运用以图文、视频、H5、AR、VR 等为代表的全媒体传播技术丰富内容生态，不断构建新时代主流舆论高地。另一方面，充分运用以大数据、云计算、区块链等为代表的先进数字技术，适时嵌入算法技术，推动媒介治理朝着智能化、信息化、数字化方向发展。

二、融媒体时代社会治理的现实挑战

融媒体中心将媒体的组织与资源优势转换为服务功能，实现资源重组基础上的本地用户再联结。融媒体中心建设的全国样板，浙江省安吉县、湖南省浏阳市、福建省尤溪县融媒体中心等立足本土打造主流传播矩阵，微信公众号以及开发运营的“爱安吉”“掌上浏阳”“智慧尤溪”移动客户端粉丝群体庞大，其中“智慧尤溪”客户端创新推出“尤溪县数字乡村公共服务平台”，服务覆盖该县 30 万居民，充分巩固基层主流舆论阵地。

然而，从实践情况来看，媒体融合时代融媒体中心在自身媒体属性发挥，拓展服务功能上取得了一定成效，但在自身融合及嵌入基层社会治理等方面尚处初级阶段，新闻传播的新时代功能发挥也面临着相应的挑战。

1. 信息发布单一，引导力尚有欠缺

随着城市发展水平上升，在碎片化资讯传播中，受众以需求为导向，对信息内容品质和贴近性要求提高。通过各平台内容可以看出总体上编辑、记者融合创新意识不足，多是在新闻报道形式、编辑剪辑技巧上下功夫，原创能力和动力不足。报道内容多以宣传中央到省市区的政策、官方声音、领导活动及一般性民生服务信息为主，对除党委政府以外的社会治理主体——群众、社会组织报道不足，缺乏监督新闻，缺乏媒体预警机制，缺少烟火气。

2. 资源依赖较强，公共服务供给不足

接入各级政府的政务服务和公共事项大量数据受限，融媒体中心大多没有构建有效的市场机制，无法承接和开展更多社会综合服务业务。这些因素导致受众对融媒体中心尚未构成路径依赖，媒体融合报道的公共价值输出和生产能力仍然较弱。

三、从《新闻坊》到“新闻坊＋”的实践参与社会治理的机制与效果

2018 年 4 月，“新闻坊＋”微信小程序上线，标志着上海本地传统民生新闻电视栏目《新闻坊》，开启了贯通线上线下民生服务的转型探索，“入网”意味着“《新闻坊》将不再是一个简单的民生电视新闻栏目，而是一个集电视、新媒体、线下服务等多维一体的全媒体平台”。

至 2024 年，“新闻坊＋”拓展形成的全媒体矩阵，年阅读量突破 4 亿，其中“新闻坊”微信公众号月均阅读量超 10 万＋的稿件数达 150 条左右，列全国微信公众号“民生”榜首位，居省级广电微信公众号排名第一，连续跻身中宣部省级媒体公众号月度榜单前十，并获评国家广电总局“广电媒体融合新品牌”称号。2024 年，是媒体融合提出十周年，也是“人民城市”重要理念提出五周年、上海正式形成“一网统管”概念五周年，旨在“民有所呼，我有所应”的《新闻坊》，进阶为“坊间冷暖，上海温度”的“新闻坊＋”，“在为民服务、舆论引导等方面始终发挥着

自己的作用”——第一扇面是作为“优质传播工具”在互联网治理方向持续输出贡献，第二扇面是作为一个平台化的服务工具融入“城市治理工具箱”。

（一）塑造网感，“新闻坊＋”加出服务市民的全媒体能级

塑造网感，是从传统电视大屏节目栏目《新闻坊》转型、扩容、增能到“新闻坊＋”微信小程序，打造全媒体民生服务矩阵的“吸粉”第一步。

1. 内容为王的本质不变

“新闻坊＋”自主研发了“调研式融合报道”产品，这项数字化实践成果主要应用在突发事件、调查性报道，并由此初步建立起以此为核心的数字化修辞和叙事节奏，包括信息图表、历史内容数据化呈现、视频动图、电子杂志、全媒体流式报道等，采制生产中普遍采用移动直播、短视频、H5 应用等技术，2025 年又成功在新媒体媒介中导入直播实时弹幕功能。

2. 跨界破圈融合区级融媒体

跨界破圈融合是“新闻坊＋”同步实施另一关键举措。比如与不同组织属性、不同圈子的边界消融——继与全市 16 个区级融媒体建立全时联结，进而扩展到与多个政务新媒体、大众传媒和市场化平台媒介的联结，微信公众号、视频号、头条号、抖音、微博、小红书等矩阵系统，均形成了 PGC＋UGC 机制，涵盖了基于内容共享的策略融合、信息（数据）采集/分配的结构融合以及媒介表达的融合。

改版后的《新闻坊》大屏收视率逆市上扬，上线后的“新闻坊＋”在移动端数据亮眼，均系高质量“网感”形塑的成果：

- 在 G 端（政府），由于“新闻坊＋”对网络热点和趋势的把握、快速理解能力和传播逻辑，被认为是值得信赖、值得牵手的网媒；
- 在 C 端（电视观众和网民），“新闻坊＋”全媒体矩阵愿意研究受众/用户需求、喜好、兴趣点和痛点，极具话题吸引力、话题创造力，被认为是“很懂”引导互动的官媒；
- 在 B 端（机构），《新闻坊》电视栏目的内容被认为是善于契合互联网氛围的传统媒体，“新闻坊＋”在网络环境中的得体表现，体现了值得放心的导向把控和流量吸引能力，是优质的“合伙人”。

就这样，“新闻坊＋”以小程序为引领的全媒体扩展，依托朋友圈的扩群，带动了能力的扩项——“新闻坊”越来越能办事了，能办的事也越来越多了。

3. 朋友圈扩群

在“新闻坊＋”的实践中，不难看出，朋友圈扩群实质是广域性社会融合，重点体现“新闻坊”赖以起家的传统舆论监督功能，通过融入本市人民信访制度并形成制度性有机结合，进而成功联结起了市12345市民服务热线、市人民建议征集办公室、市大数据中心、随申办App（上海“一网通办”移动端政务服务工具）等公共事务机构。

数字化表达、跨界融合、网感塑造都是最基础的能力储备，这些措施成就了“新闻坊”民生服务IP，有资格作为一项重要的“基础设施”资产，被投入上海地方头部媒体践行“人民城市”理念的融媒试点——2020年12月，上海广播电视台启动融媒态直播项目《民生一网通》，项目同步覆盖“新闻坊＋”全媒体矩阵及本台FM广播、AM广播和移动端阿基米德App、话匣子FM公众号，在已经完成的内部融合、同业融合的基础上，探索将优质信息传播工具更广域大胆的“破圈式”跨界融合，实现现代化视听公共服务的扩群、扩能、扩项，寻求作为超大城市新型治理主体的角色，形成与城市治理要素的正向耦合，积极融入本市网络政务、应急响应、社会民生服务，为城市治理系统新增一个民生服务信息接口，为市民打开一个服务新窗口。

战疫三年，“新闻坊＋”深度关切市民急难愁的就医配药、生活保障、转运收治等诉求，火速上线“同心抗疫服务平台”，并在2022年7月正式升级为面向全市的“新闻坊同心服务平台”，年内收受多达36万余条的市民求助、反映问题、实际建议等各类信息，其中49 000条由“新闻坊＋”以各种方式实际推动解决、传递处理、协调推进，这个“一键直达”的办事平台成为城市治理工具箱里的“爆款”。

（二）从媒体融合“入局”到社会融合，参与基层社会治理

广域社会融合是媒体融合的难点，核心在于既要强联结受众，还要与社会、与政府建立起强联结关系，因此必须在以人民为中心的价值逻辑中发力释能，重塑媒体在社会中的核心价值与影响。

不竭余力响应“民有所呼”，是《新闻坊》传承给“新闻坊＋”最优质的传统资产，“新闻坊同心服务平台”向城市服务转型的底层逻辑就是契合受众/用户的关键需求。

1. 嵌入“一屏观天下”

2019年初，上海提出“一屏观天下、一网管全城”建设愿景，“一网统管”概念

正式形成——着眼“高效处置一件事”，形成重大疑难问题的预防关口主动前移、完成“预防—发现—解决（根治）”治理闭环，以相对较低的治理成本，在最低层级、最小单元，用最快速度，解决突出问题。

“一网管全城”是“一网统管”的目标之一，也是衡量“一网统管”成效的重要标准，“一网管全城”的基础功能设置就是“一屏观天下”——可观可感，才能可管。

“一屏观天下”以全市为发现域，在市区两级城运中心平台的可视化大屏上，对物理空间内的气象、交通、安全、保供、环境、人口、舆情民意、社会稳定，进行扁平化、可视化管理，一个端口呈现全息全景的城市治理要素、对象、过程、结果等各类信息；“屏聚”城市管理的需求，“网管”智能响应各类社会需求，解决公共安全、城市服务等公共事务的问题，回应市民意见和情绪。

2019 年 11 月，习近平总书记将“一网统管”定位为上海的“牛鼻子”工作，要求坚持从群众需求和城市治理突出问题出发，把分散式信息系统整合起来，做到实战中管用、基层干部爱用、群众感到受用，探索建立可持续的运作机制。

城运平台综合运用的感知/发现工具箱，有传统型功能模块“城市之声”（随申办 App、12345 市民热线及委办局现有的各类热线、人民建议、网络热点等）、“城市之眼”（市域内广布密织的公共视频信息）、“城市之感”（遍布城市的近 1.8 亿个各类物联感知设备）海量数据汇聚到数字体征系统对全城进行“全时智慧体检”，形成了强大的发现和处置机制。

“新闻坊＋”携《民生一网通》担当“一屏观天下”的游动机位，极大丰富了“一屏观天下”的实时呈现，极大延伸了主流舆论的传播场域，有效激发并活跃了获取更多“感知力”的“人民之力”，加速了现代视听信息传播系统与城市治理体系间的合理同构，通过传播、治理与服务，在城市治理中扮演更加重要的角色。

2024 年全市抗击台风贝碧嘉、普拉桑期间，根据“同心服务平台”投诉爆料、线索、留言建议的近千条数据信息，生成的信息成品，全部专报市委、市政府作为了解民情、推出相关措施的参考。

2. 从“一个问题”向“一类问题”延伸

《新闻坊》舆论监督的模式特征，是发现“一个问题”→盯住“一个点”→疏通“单环节”→办妥“一件事”；“新闻坊＋”调研式报道，则是能感知“一类问题”→审视“整个面”→打通“全链条”→解决“一类事”；若前者是基础版，那后者就是升级版，具体的升级，通过高质量联结、交互，实现“新闻坊＋”传播场域的延伸与城市治理体系高度同构，与城市治理制度紧密契合，在高度复杂的城市治理框架下，获得了稳定角色，成为治理体系（一网通管）的组成部分，或称功能组件。

视听传播系统与行政治理系统的耦合，是强调新闻媒体社会主体性功能的结果，为“新闻行动”参与治理，推动社会机制进步增加公共福祉，创造了可行动空间。

通过关注近年间多起典型案例，“新闻坊＋”组织了系列调研式报道，邀请市人大代表实地查看，对“信鸽扰民”的城市治理顽疾追根溯源，解剖“麻雀”，以点带面，对鸽舍证核发存疑“合并同类项”，举一反三、延伸开拓，推动认定并拆除了多个民怨极大的扰民鸽棚，以解决个体鸽棚，带动解决共性问题，促使市信鸽协会启动了成立 60 年来首次大规模普查，为全市每位会员建立首份电子档案，推动治理这一城市“顽疾”从治标向治本转变的第一步。

3. 从线上到线下：舆论场话语融通

移动互联赋能“双微”嬗变为大规模实时在线的独立舆论场，“万众皆媒”上可及意识形态、政治运行，下可达寻常社会生活。

2021 年 11 月底，90 后轮椅女孩赵红程将在上海亲历的三起出行“大无语事件”，发布两期微博视频《轮椅出行年度红榜和黑榜大盘点》，以近 540 万播放量冲上视频热榜 Vlog 榜第 2 名，引发“建设无障碍社会”热议。

小赵发起的这项网络热点行动，看似是“私人议题”，实则演变为社会公共议题，传播链长达数年——2023 年首演的“国内首部由残障者真人真事改编而成，且由来自上海的肢体残障人士赵红程坐在轮椅上完成演出的原创独角戏《请问最近的无障碍厕所在哪里》”，连续在京沪取得超高口碑与优异票房。

2022 年 1 月的第四个周六，“新闻坊＋”在每周最重磅的《市民议事厅》板块，为小赵专题组织了全媒体直播《心无障碍》，讨论她积累的“很多情绪和对一些现状的无法容忍”，这是在小赵以无障碍测评师身份登上央视《新闻周刊》一个月后，上海本地主流媒体主动发起的公开对话，彰显了“坊间冷暖，上海温度”。

面对媒体，小赵表示说她要通过自己的视频，让更多残障人被这个社会看到，但她绝无意于挑起事端，并激起某种情绪的对立。在她账号发布的 68 条视频中，她对于上海正在做出的努力和改进表达了赞赏。

作为这一波“上海温度”的“链长”，“新闻坊”有意拉长传播链至 2024 年第 13 个全球无障碍宣传日，全网推送了连续三期《上海轮椅 CityWalk 无障碍测评》一举冲上热搜，两位长期坐轮椅的博主小邱和小朱亲身打卡上海多个地标的公共厕所、地铁、公交、文化体育场所、下沉式广场的无障碍设施，“新闻行动”尚在进行中，“同心服务平台”就收到了各区的一大批整改反馈，“新闻坊＋”这波操作立意、站位、生效，将网民情绪的联结力、热点话题的连续力，与上海城市软实力的可感可及直接关联，广受各方点赞，这个系列获评国家广电总局 2024 年二季度优秀广播电视作品。

四、优化媒体融合报道参与基层社会治理的路径分析

当代中国的社会治理，需要优质传播工具在政府主导的多元主体协作模式中，加强参与社会互动，通过媒体深度融合发展“形成与之相匹配的信息传播能力、社会动员能力”。

1. 管理部门建立生态化思维

生态化思维是建立在生态学和生态哲理理论基础上的一种思维方式。生态化思维将传媒行业看作是复杂的生态系统，倡导一种全方位的生态关怀。它强调用发展、系统、整体的眼光看待发展。开放、动态、前瞻是生态化思维的主要特征，管理部门要遵循生态化思维推出战略性策略，要深入了解融媒体的平台功能和治理效能，尽量将本地内的所有媒体资源都整合到融媒体中心，实现域内统一部门、统一平台运作，重构优化采编流程；要多场地进行整合，将各个工作室都利用到位。

2. 精准服务，深度建构用户联结

新闻传播、舆论监督是其基础功能，要遵循“全程、全息、全员、全效”的理念创新报道内容，加强新媒体传播矩阵建设，增强传播力、影响力、公信力，提升群众黏性。只有与规模化本地用户有效联结，媒体融合下的基层治理平台才有实现可能。此外，还要做好舆论引导，培养公共精神。关心公共事务，改善公共生活，群众的公共精神培育有助于基层社会的良性运行，媒体议程设置应该增强对党中央精神、国家政策的领悟能力，增强信息敏感度，通过报道及议程设置来强化思想政治导向，开展社会主义核心价值观教育，培养基层社会治理主体承担社会责任、互助共治的意识，注意群众公共精神的培育。

3. 前置服务功能，预防与化解矛盾

增强公共服务能力，帮助政府预防与化解利益冲突，融媒体中心需要与各行业、各部门的信息、数据、服务等相接，利用好数据资源，捕捉基层群众民生需求的高频事项，靶向开发应用场景，精准灵活提供民生服务，使得政府、居民、市场供需精准匹配。

4. 创新思维破除藩篱，确保可持续发展

媒体融合既需要建设一支全媒型复合人才队伍，同样需要一支能够有效应

对市场变化，具备运营、经营能力的商业化团队。深刻理解“媒体融合发展不仅仅是新闻单位的事，要把我们掌握的社会思想、文化公共资源、社会治理大数据、政策制定权的制度优势转化为巩固壮大主流思想舆论的综合优势”的科学论述，在坚持党管媒体原则的前提下，推进传统媒体和新兴媒体深度融合，搭建匹配的体系架构，制定科学的机制方法，设计符合市场的经营模式。

结　语

本文回顾梳理了近十年间，《新闻坊》电视新闻栏目向互联网平台型“新闻坊＋”发展的思路、途径及其参与社会治理活动的机制研究。“新闻坊＋”开启了贯通线上线下民生服务的转型探索，拓展形成的全媒体矩阵，形成了多方面参与社会治理活动的运行机制，产生了积极优良的社会效果。

“新闻坊＋”的未来，需要加强与公共服务大数据的连通对接，实现更多信息化应用、功能与数据向融媒体平台的转化，要将平台服务匹配到更细分的人群、细分的地域场景，拓展出智能生态环境下的新模式。让我们继续努力！

参考文献：

[1] 夏家敏.融媒体中心参与基层社会治理的实践研究[J].新闻世界，2024(5).

[2] 傅玉萍.推动媒体融合发展，提升新闻传播价值[J].中国报业，2025(1).

[3] 陆旺.融媒体时代如何以舆论监督助力社会治理[J].新闻文化建设，2023(24).

[4] 蔡雯.体用合一：媒体融合的深层逻辑：兼论《媒介融合与融合新闻导论》付梓[J].新闻战线，2021(19).

[5] 管洪.习近平新闻思想与中国媒体融合发展新格局[J].中国记者，2018(7).

[6] 郭好进.5G时代背景下县级融媒体中心建设及发展探究[J].新闻前哨，2021(10).

[7] 任仲文.媒体融合发展[M].北京：人民日报出版社，2019.10.

[8] 魏礼群.社会治理40年回顾与展望[M].北京：中国言实出版社，2018.12.

作者简介：

魏颖，上海广播电视台融媒体中心通联部主任。

论融媒体赋能人民城市建设的创新实践与传播策略

——以奉贤区“好点子”征集活动为例

乔　欢

提　要：本文以上海市奉贤区“人民城市人民建，我为贤城献一策”活动为例，探讨融媒体在赋能人民城市建设中的创新实践与传播启示。通过分析奉贤区融媒体中心的报道策略、沟通政府部门与市民之间联系桥梁的架设以及实践价值，揭示融媒体如何通过多维传播、透明化反馈机制和全过程人民民主实践，推动城市治理现代化。研究发现，融媒体不仅是信息传播的载体，也可以是城市治理的“数字治理枢纽”，能够有效提升市民的获得感与认同感，推动城市治理范式转型。

关键词：融媒体　人民城市建设　创新　策略

引　言

“人民城市人民建”重要理念自2019年提出以来，已成为我国城市治理的重要指导思想。2024年正值这一重要理念提出五周年，上海市奉贤区以“五个新城”建设为契机，发起了“人民城市人民建，我为贤城献一策”活动。

2024年7月18日，奉贤区融媒体中心通过微信公众号发布《“好点子”征集令：奉贤新城邀你共建，丰厚奖金等你来拿！》头条推文，该推文阅读量达12.3万，位列上海奉贤2024年全年推文阅读量第四位，标志着活动正式启动。随后，又推出系列报道《人民城市人民建　我为贤城献一策》，一个月征集期间累计发布20篇以上深度报道，涵盖案例追踪、政策解读与民意分析，形成持续性的传播热度。这一系列报道不仅拓宽了市民的参与渠道，还借助朋友圈的裂变式传播，将活动影响力迅速扩大至社会的各个角落，彰显了新媒体环境下公共议题传播的独特魅力。

在融媒体多平台全方位传播下，奉贤区推出的“人民城市人民建，我为贤城献一策”有奖征集活动，在短短一个月内共征集到18 202条市民建议，是往年一年征集量(800条)的22倍多，其中211条“好点子”脱颖而出，一些民生类建议更是逐步落地。这一活动不仅展现了市民智慧对城市治理的深刻影响，更凸显了区级融媒体中心在架设政府部门与市民沟通桥梁中的关键作用。

奉贤区的实践表明，融媒体不仅是信息传播的载体，更是城市治理的“数字治理枢纽”。融媒体多平台传播与新媒体技术的融合，使政府能够精准捕捉民意并迅速响应，市民角色也由旁观者转变为积极的参与者，乃至建设者，共同绘就人民城市的宏伟蓝图。本文以奉贤区融媒体中心对活动的全程报道为样本，探讨其如何通过融媒体手段增强市民参与感与获得感，推动城市治理的透明化与民主化。

一、融媒体报道策略：多维传播激活参与热情

（一）立体化传播矩阵：覆盖“征集—落地—转化”全周期

人民城市既是“以人民为中心”的价值理念，更是数字化转型背景下多方主体协同共治的行动纲领。无论是城市规划还是城市建设，无论是新城区建设还是老城区改造，都要坚持以人民为中心，聚焦人民群众的需求。奉贤区融媒体中心采用“同步记录、同步报道”模式，从活动启动、建议征集到成果转化全程跟进。这种全周期报道策略通过多种媒体形式，实现了对活动的全方位覆盖，有效激发了市民的参与热情。

在活动初期，融媒体中心通过微信公众号、抖音等平台发布征集令，利用微信朋友圈、微信视频号、抖音等平台传播特性，快速触达年轻群体与中老年用户在内的不同年龄段群体形成持续性的传播热度。例如《“好点子”征集令》推文，通过市民自发转发与评论互动，在1小时内实现阅读量破万，48小时阅读量累计7.8万，充分展现了新媒体平台在打破时空限制、构建开放话语空间上的优势。该条推文也位列上海政务新媒体2024年7月榜单的热门阅读稿件传播影响力十佳(图1)，这种传播模式不仅降低了参与门槛，还通过多元化的意见表达机制，吸纳了不同年龄、职业市民的建议，形成“全民共创”的舆论氛围。

热门阅读稿件传播影响力十佳

(2024年7月1日–7月31日)

标题	发布账号	发布时间
奥沙利文上海初学康乐球成功融入中国大爷分段	上海体育	2024-7-16
提篮桥监狱旧址。#警示教育 #提篮桥 #上海市司法局	上海市司法局	2024-7-5
邂逅青浦二十四诗丨鸟语竹阴密,雨声荷叶香。晚窗无一事,步屧到西厢。#小暑 #节气 #诗词	绿色青浦	2024-7-9
全红婵陈芋汐夺金!全场都感动了,水花没敢动!	青春上海	2024-7-31
"大国小工匠"技能主题日活动举行三大技能夏令营开启独特技能体验	上海人社	2024-7-16
限量半价!"苏州河十二国色"暑期文旅产品上线!准考证更有百元优惠!	乐游上海	2024-7-19
千万警惕!这些骗子已经盯上你家孩子!	警民直通车上海	2024-7-20
"好点子"征集令丨奉贤新城邀你共建,丰厚奖金等你来拿!	上海奉贤	2024-7-18
超百米建筑拔地而起,张江科学城天际线再更新	PudongChina	2024-7-18
2024年上海市级中小学社会事务进校园事项白名单公布	上海教育	2024-7-23

图1　2024年7月热门阅读稿件传播影响力十佳

1. 图文传播与短视频报道

通过微信公众号、抖音等**新媒体平台**发布征集公告,以推文和短视频形式展示市民提交建议的场景,激发参与热情。这种传播方式不仅吸引了年轻一代的关注,也让老年人等不同群体能够通过熟悉的媒体渠道了解活动内容。同时,奉贤区融媒体中心利用传统媒体(如电视新闻、报纸)的优势,进一步扩大活动的影响力,形成多渠道传播矩阵。

2. 案例深度追踪

针对外卖骑手卢红提出的"社区食堂延时服务"人民建议,记者第一时间跟进政府部门响应过程,采写了《奉浦社区食堂专为骑手定制!营养实惠,量还大,小哥们冲不冲?!》头条推文。随后,又连续跟踪报道,包括《长者食堂探索延伸服务,"一老一小"一起安排→》《奉贤多家社区长者食堂提供延时服务,为外卖骑手提供实惠套餐》，由点及面展现政府部门的回应、政策的完善，系统呈现政府部门“建议受理—政策调试—服务升级”的完整响应链条。

随着社交媒体与数字技术的深度融合，融媒体已从单一的城市建设宣传渠道，升级为驱动城市治理数字化转型的平台。一方面，其实时性、强互动性与广域传播特征，突破了传统媒介的单向性局限，使城市形象（上海拥有社区长者食堂）与价值观（新兴职业群体的认同感）得以精准触达，渗透进公众认知网络；另一方面，通过创新互动模式（街头采访、直播问政、话题众创）提升参与广度，构建激励机制（参与“好点子”活动可获得荣誉认证、奖金、奖品）强化参与深度，活动过程中开发智能反馈系统（市民可以登录活动微信小程序查看结果、下载证书）保障治理效能，最终形成“创新→激活→优化”的治理闭环，推动政务新媒体从“信息传播渠道”向“政民双向赋能平台”的质变。

市民直观感受到自己的建议能够真正转化为城市治理的实际成果，这种“看得见的回应”与“摸得着的参与”让政务新媒体从信息“传声筒”蜕变为治理“共同体”，在每一次点赞、每一则评论、每一条弹幕、每一份电子证书的流转中，共同完成立体化传播矩阵建设。

（二）新媒体元素赋能：增强传播吸引力

新媒体技术的发展为融媒体传播提供了更多可能性。奉贤区融媒体中心运用人物故事化叙事与数据驱动的传播策略，进一步激发了市民的参与热情，拉近了传播与受众的距离，通过传统媒体的深度报道和新媒体的故事化叙事，增强市民的参与感。

1. 人物故事化叙事

聚焦普通市民的建言案例，传递“人人可参与”的理念。记者深入挖掘典型人物，如外卖骑手卢红，在上海拼搏 8 年，成为新就业群体“发言人”，提出的“社区食堂延时服务”建议，通过短视频（微信视频号、抖音）与深度报道（电视专题新闻、微信推文、报纸版面）结合的方式多维传播，多形式展现市民建议从提出到落地的完整过程。奉贤民政部门、各街镇纷纷响应，陆续为外卖骑手等新兴就业群体解决“就餐难”，社区食堂延伸服务从一个试点到遍地开花。而卢红本人，作为新兴领域代表参与了“人民的城市——上海打造人民城市最佳实践地”主题展，在“共‘建’人民之城‘议’起点亮上海——人民建议征集大家谈”活动中持续为所属群体发声，最直接、最生动地体现了“人民城市人民建”和“人民城市为人民”的有机统一。

2. 数据驱动传播

奉贤区融媒体中心将1.8万条建议按领域分类统计(如产业发展类占11%,民生事业类占25%,道路交通类占24%,生态环境类占12%,城市规划类占13%,地标场馆类占8%,其他占7%),并通过信息图直观展示民意分布。同时,结合第三方动态数据统计,实时更新建议采纳进度,让市民直观感知政府响应效率。通过传统媒体的权威解读与新媒体的可视化呈现,形成多维度信息传播。

(三)跨平台联动:扩大传播声量

奉贤区融媒体中心联合央媒、市媒等主流媒体转载、传播典型案例,活动征集期间,共有《人民日报》、新华社等23家中央、市、区级媒体累计报道45次(表1)。在活动征集初期,奉贤区融媒体中心和上海广播电视台政务服务融媒联播节目《民生一网通》联动,通过其平台,记者现场直播报道,并采访主办方答疑解惑,实现"电视+广播+新媒体"及"市区联动",让更多市民了解活动,进而参与互动,推动市民有序参与城市治理,共享人民城市的智慧与温度。

表1 "好点子"征集活动媒体联动部分统计

序号	发布媒体	发布时间	发布标题
1	《人民日报》	2024.8.23	群策群力建设新城,奉贤征集到1.8万条市民建议
2	《人民日报》	2024.11.6	让群众"金点子"结出改革"金果子"丨评论员观察
3	人民日报客户端	2024.11.7	中国式民主行得通很管用
4	人民日报客户端	2024.11.9	中国式民主|因为这条人民建议,外卖骑手中午能"好好吃顿饭"
5	新华社	2024.8.23	人民城市人民"建"! 1.8万+"好点子"在奉贤新城闪闪发光→丨新城好点子
6	新华网	2024.8.1	人民城市人民建　我为贤城献一策,奉贤新城建设"好点子"有奖征集啦!
7	新民网	2024.8.12	居民"好点子"有求必应,奉贤各医疗机构推出盛夏清凉服务

续 表

序号	发布媒体	发布时间	发 布 标 题
8	新民网	2024.8.24	人民城市人民“建”！1.8 万+“好点子”在奉贤新城闪闪发光
9	央广网	2024.8.2	奉贤新城建设“好点子”火热征集
10	《中国报道》	2024.8.22	人民城市人民“建”1.8 万+“好点子”在上海奉贤新城闪闪发光!
11	《中国报道》	2024.8.22	人民城市人民“建”1.8 万+“好点子”在上海奉贤新城闪闪发光!
12	中新社	2024.8.24	“人民城市人民建，我为贤城献一策”充分调动民智　让民众从“旁观者”变成“参与者”
13	人民政协网	2024.8.23	“人民城市人民建，我为贤城献一策”的“现在进行时”
14	《解放日报》	2024.10.28	1.8 万个好点子正结成“金果子”
15	《解放日报》	2024.11.1	上海：人民城市，一路繁花满城芬芳
16	《劳动报》	2024.8.23	奉贤新城建设“好点子”全方位启动，全区户外职工爱心接力站点位再升级
17	《青年报》	2024.8.5	青年学生和青年干部深入基层查实情　“金点子”助力奉贤新城建设
18	阿基米德	2024.8.17	【听】“好点子”第一时间落实，奉贤这个区域的骑手吃饭、如厕不再难
19	东方网	2024.7.26	区委书记袁泉专题研究优化新城交通路网好点子
20	东方网	2024.9.6	“好点子”聚焦毕业生就业难点、堵点，区人社局开展高校毕业生就业服务攻坚行动→丨新城好点子
21	东方网	2024.9.6	“好点子”聚焦毕业生就业难点、堵点，区人社局开展高校毕业生就业服务攻坚行动→丨新城好点子
22	看看新闻	2024.7.22	奉贤新城建设“好点子”有奖征集活动正在进行中

续 表

序号	发布媒体	发布时间	发 布 标 题
23	看看新闻	2024.7.31	环卫工人有个“好点子”奉浦街道：安排
24	看看新闻	2024.8.2	奉贤：居民“好点子”有求必应　社卫中心推出延时服务
25	看看新闻	2024.8.5	南桥镇：社区卫生中心提前开诊　错峰1小时方便居民
26	看看新闻	2024.8.5	奉浦街道：社区食堂延长营业时间　骑手吃上爱心午餐
27	劳动观察	2024.8.3	最高奖金3万元！奉贤新城发布视频征集建设“好点子”
28	上海发布	2024.7.24	奉贤新城建设“好点子”有奖征集活动举行，8月18日前可投稿参加
29	上观新闻	2024.10.27	奉贤“悬赏”3万元奖金，换来1.8万个好点子！看市民如何“重塑城市”
30	文汇网	2024.7.22	“好点子”征集令，奉贤新城邀你共建
31	《新民晚报》	2024.9.19	新城怎么建，人民来献策
32	上海大调研	2024.8.11	多倍镜下丨这条路餐饮业聚集却没有公厕，外卖小哥“三急”如何解决？
33	宣传通讯	2024.8.24	【学习园地】人民城市人民“建”！1.8万+“好点子”在奉贤新城闪闪发光

此外，中心全媒体采访部记者第一时间发掘并捕捉到的“社区食堂延时服务”案例，不仅被《人民日报》评论引用，上观新闻等多家媒体转载，还被纳入“人民的城市——上海打造人民城市最佳实践地”主题展，作为一个鲜活的故事印刻成上海践行人民城市重要理念的生动实践，形成了“央地联动、多媒共振”的传播效应。

通过与中央媒体和地方媒体的合作，奉贤区融媒体中心融合传统媒体的权威性和新媒体的高效传播力，通过微信公众号、抖音等新媒体平台与传统媒体的结合，实现传播的多维度覆盖，吸引不同群体的关注，进一步提升活动的影响力，将奉贤区的“好点子”活动推向了更广泛的受众群体。

二、融媒体创新架设政府部门与市民信息沟通桥梁

（一）透明化反馈机制

从“建议提交”到“政策落地”的全程公开透明化反馈机制是融媒体架设政府部门与市民信息沟通桥梁的重要手段。奉贤区融媒体中心通过实时公示与互动、公布监督电话与及时舆论引导等方式，实现了从“建议提交”到“政策落地”的全程公开。

具体实施中，奉贤区融媒体中心和主办方上海市奉贤区新城发展管理办公室实时对接、沟通，定期梳理分析群众身边、需求迫切、条件成熟的“好点子”，掌握人民建议派单、处置动态，推动点子早转化、工作早见效。比如延长社区卫生中心服务时间、优化社区食堂服务、引进山姆会员店云仓等民生事业“好点子”的相继落实落地，记者均做了相应的跟踪报道。

为确保执行效果，奉贤区融媒体中心通过传统媒体和新媒体平台同步公示建议处理进度，形成多渠道互动。报道中嵌入监督电话，并设置评论区收集市民反馈，形成双向沟通闭环。这种监督机制不仅让市民能够及时反馈问题，还让政府部门能够及时调整工作策略。例如长者食堂提供延时服务这一案例中，中心即时收集、汇总微信公众号、抖音后台评论中的有效建议、意见反馈至相关部门，两周内，实施食堂多次调整服务时间和餐食品种，获得市民点赞。通过传统媒体和新媒体平台的互动功能，形成有效的舆论监督和引导机制。

在“好点子”征集活动期间，奉贤区融媒体平台作为政府与公众间的“枢纽”，通过阶段建议公示、报道处理进度与政策落地细节，促进政府部门与媒体之间建立起了良性的互动关系。例如小程序接入“随申办”市民云平台上，市民可随时登录发布建议和意见，查询活动进展。而融媒体中心通过系列报道《人民城市人民建 我为贤城献一策》，同步公开政府部门的响应流程与决策依据。这种透明化机制不仅体现了网络公共空间的平等性与开放性，更将传统意义上的电子政务升级为开放型治理平台，使公众能够直接参与政策制定与监督，强化了政府公信力。

（二）民生诉求的快速响应：融媒体助推“边征集，边落地”模式

奉贤区融媒体中心持续多平台推出活动相关报道，形成了“边征集，边落地”的良性循环，让市民看到建议实实在在落地，感受到政府部门积极回应的诚意，从而激荡起了市民更广泛的参与度，使得“好点子”的征集量从最初预期的两千条，突破至 1.8 万余条，有力推动了政府部门“边征集意见，边落地实施”创新模式的深入实践。

通过传统媒体和新媒体平台的联合报道，快速传播民生改善的成果。例如市民张延在征集活动期间提出了关于奉贤新城区域增设轨交 P+R 停车场的需求。记者在平台发现了这一条建议后，在派单到相关交管部门后，积极沟通，持续关注。最终，该条建议成功落地，奉贤新城首个 P+R 停车场在 11 月 20 日正式启用，记者也对此进行了全媒体平台报道。又比如最受市民关注，占比达到四分之一的道路交通类建议，记者常驻相关政府部门，实时跟踪推进情况，选择关注度较高的道路采写报道。

11 月 1 日的微信推文《解放东路中粮区域缓拥堵一期工程完工，群众“金点子”变身治理“金钥匙”》，既有人民建议的回应，又有政府部门随后的意见征询（图 2），有图表，有分析，有方案具体展示（图 3）。这种高效的快速响应机制，不仅让市民深切感受到了政府工作的高效与务实，还进一步增强了对城市建设成果的认同感和归属感。该篇推文也位列上海政务新媒体 2024 年 11 月榜单的暖新闻稿件传播影响力十佳（图 4）。

关于解放东路中粮区域缓拥堵改造的意见征询

第1题： 请问您所居住的小区 [单选题]

选项	小计	比例
中粮南桥半岛西区	279	20.77%
中粮南桥半岛	301	22.41%
中粮南桥半岛锦云苑	471	35.07%
馨雅名庭	138	10.28%
馨雅名庭东区	152	11.32%
其他	2	0.15%
本题有效填写人次	1343	

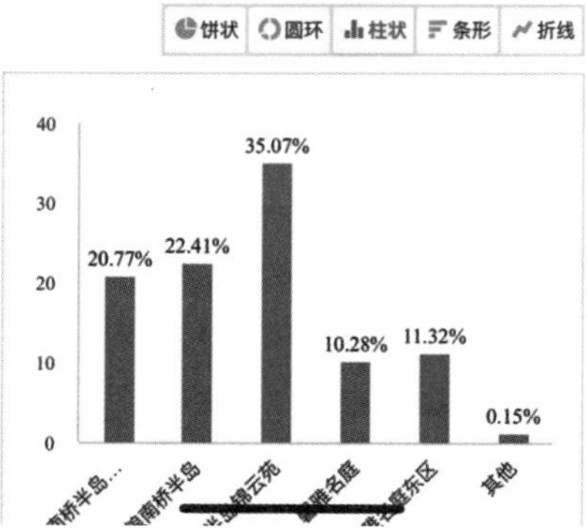

图 2　市民意见征询统计表

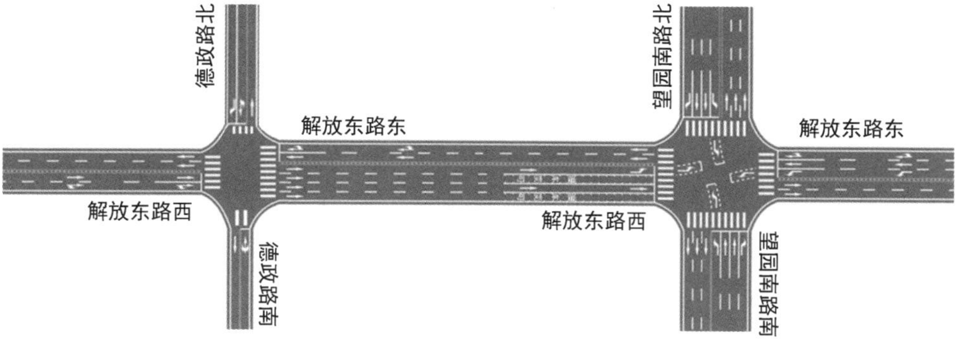

图 3　解放东路中粮区域缓拥堵方案展示

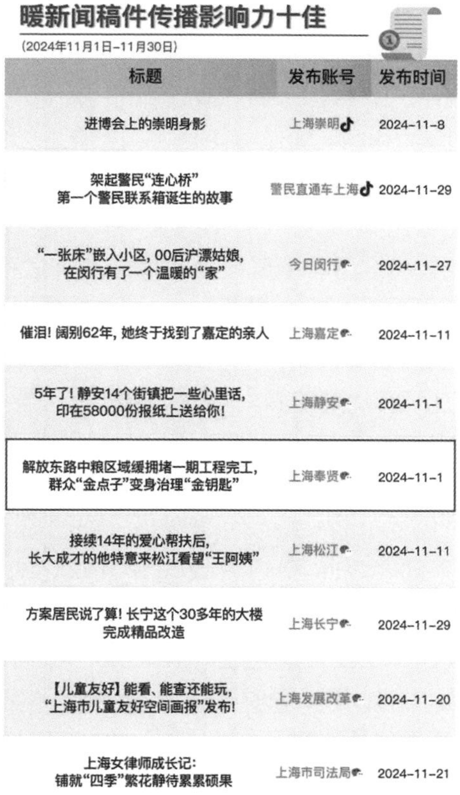

暖新闻稿件传播影响力十佳

(2024年11月1日-11月30日)

标题	发布账号	发布时间
进博会上的崇明身影	上海崇明	2024-11-8
架起警民“连心桥” 第一个警民联系箱诞生的故事	警民直通车上海	2024-11-29
“一张床”嵌入小区，00后沪漂姑娘， 在闵行有了一个温暖的“家”	今日闵行	2024-11-27
催泪！阔别62年，她终于找到了嘉定的亲人	上海嘉定	2024-11-11
5年了！静安14个街镇把一些心里话， 印在58000份报纸上送给你！	上海静安	2024-11-1
解放东路中粮区域缓拥堵一期工程完工， 群众“金点子”变身治理“金钥匙”	上海奉贤	2024-11-1
接续14年的爱心帮扶后， 长大成才的他特意来松江看望“王阿姨”	上海松江	2024-11-11
方案居民说了算！长宁这个30多年的大楼 完成精品改造	上海长宁	2024-11-29
【儿童友好】能看、能查还能玩， “上海市儿童友好空间画报”发布！	上海发展改革	2024-11-20
上海女律师成长记： 铺就“四季”繁花静待累累硕果	上海市司法局	2024-11-21

图 4　2024 年 11 月暖新闻稿件传播影响力十佳

对于涉及化妆品中试基地、生物医药产业链等长期性建议，通过传统媒体的深度解读和新媒体的专栏报道，形成全方位的政策宣传。奉贤区融媒体中心专题为此开设短视频专栏，邀请行业专家、企业家、创业者等多人群解读政策规划，增强市民对城市发展的信心。

（三）构建“市民智囊团”：人才智库与常态化机制

奉贤区的积极探索充分证明，融媒体多平台在调动公众参与公共话题积极性方面发挥着重要作用，有力推动了社会参与模式从“阶段性介入”向“全过程深度渗透”的积极转变。通过传统媒体和新媒体平台的联合互动，形成常态化的人民建议来源、人才智慧库和交流机制。例如“贤荟新城”人才智库通过定期线上研讨会，吸纳市民代表与专家共同探讨城市治理难题。这种模式不仅贯穿于决策制定前期的民意征集，还延伸至政策实施中的效果评估，成为基层社会治理的重要支撑之一。

在活动中，奉贤区融媒体中心协助主办方招募大众评审团，进一步扩大活动影响力，提升公众知晓率。大众评审阶段向全社会公开招募277名来自各行各业的大众评审官，通过集中盲审，确保每一条“好点子”至少经3人阅评，共遴选出413个“好点子”。终选阶段，邀请10名来自企业、高校、媒体、市级机关的专家学者，按照既定的奖项比例，结合各自的专业知识和实践经验，对“好点子”进行排序，最终形成建议获奖名单。奉贤区融媒体中心全过程关注并报道，如发布推文《奉贤新城，你的“好点子”，由你来评审！》《奉贤新城“好点子”初选评审工作启动》等，持续保持市民关注度。

在活动后期，官方微信“上海奉贤”发布头条推文《奉贤新城建设“好点子”有奖征集活动获奖名单出炉》，通过融媒体渠道公示完整获奖名单，并明确标注评选流程（大模型数据分析＋大众评审＋专家评审），同时开放反馈渠道（电话/邮箱），形成“数据透明—过程可溯—结果可查”的完整证据链。这种规范化公示机制不仅验证了活动结果的客观性，更通过“未获奖建议仍纳入决策参考”的表述，展现了政务活动对公众参与的尊重。

最终，在活动征集的1.8万余条建议中，截至当年11月29日的总结大会，共有3 988条进入分派实施阶段，初步形成“理论构想—实践验证—政策转化”的完整治理闭环。作为全媒体报道的后期篇章，推文通过“贤荟新城”人才智库的发布，将单次活动升华为常态化治理机制。该智库由获奖者与各领域专家组成，通过“持续沟通对接＋长效征集机制”，实现了从“被动响应”到“主动治理”的转型。这种“人民建议—专业赋能—长效执行”的三维联动模式，为城市治理提供了可复制的创新样本。

三、实践价值：人民城市理念的鲜活注脚

（一）提升市民获得感与认同感

在“好点子”征集活动中，融媒体报道中“可感案例”的呈现，诸如社区食堂与智慧停车场，使市民深切体会到自身建议对日常生活带来的积极变化，从而构筑起“参与—改变—认同”的良性循环体系。这种良性循环不仅让市民感受到自己的建议被重视，还增强了市民对城市建设的认同感。比如外卖骑手卢红的“延长就餐时间”的人民建议，一个星期就收到了所在街道的回复，还特别为他们定制了一款仅需 15 元的“大号超值套餐”。当年底，社区食堂延时服务还在奉贤区的 13 个街镇全面铺开，使快递员、环卫工人等众多城市劳动者都能在忙碌之余享受到一份安心可口的午餐。这种尊重与关怀，让卢红深感自己也是这座城市不可或缺的一部分。

（二）推动城市治理范式转型

奉贤区高度重视所征集的人民建议，将对所有“好点子”进行深入研究，结合奉贤新城发展实际和“十五五”规划，制订具体实施方案，确保每一个有价值的创意都能在新城发展中得到体现和运用。如“化妆品中试基地”等产业布局类建议，通过融媒体解读政策转化路径，实现“民意上升为决策”。这种城市治理范式转型不仅让市民的建议能够真正转化为城市建设的实际成果，还推动了城市治理的现代化。

“好点子”征集活动长尾效应明显，“人民城市人民建，我为贤城献一策”还在持续潜移默化激活市民参与城市治理的内在动力，更催生民意征集常态化转化（表 2）。

表 2　微信公众号“上海奉贤”随机一周关于人民建议转化落地统计

序号	发布时间	发　布　标　题
1	2025.2.22	东方美谷核心区“断头路”即将打通，茂园路新建工程开工在即
2	2025.2.24	3 000 元等你拿！奉贤区特色公交候车亭设计有奖征集活动火热进行中

续 表

序号	发布时间	发 布 标 题
3	2025.2.25	人民建议有落实，多部门联动帮助低层住户“剪”去烦恼
4	2025.2.26	便民|上海之鱼区域停车，今年将优化

（三）创新全过程人民民主实践

融媒体以技术手段拓宽民主参与渠道，如大众评审制、盲审制等，确保建议评选的公平性，让“人民城市”理念从口号变为可操作的治理工具。这一全过程人民民主实践的推行，不仅确保了市民能够切实参与到城市建设的每一个环节，还极大地促进了民主治理的现代化进程。

市民的全过程参与源于其社会属性与表达需求的释放。在移动互联网时代，公众通过朋友圈讨论、短视频评论等方式，自由展示个性与创新意识，形成多元文化交汇的舆论场。奉贤区融媒体中心通过捕捉这一社会心理，把市民的表达欲转化为城市治理的新动力。例如针对集卡司机提出的“延长爱心接力站开放时间”建议，融媒体中心不仅报道了案例，还通过线上投票与专家访谈，引导市民参与后续优化方案的讨论，实现了“民意—决策—认同”的良性循环。

结 语

奉贤区的实践表明，融媒体不仅是信息传播的载体，更是城市治理的“数字治理枢纽”。这一枢纽通过全平台传播链、数据驱动决策链、民意转化行动链的三链耦合，重构了政府与市民的互动逻辑。此外，通过新媒体技术赋能，政府得以精准捕捉民意，快速响应诉求，而市民则从旁观者转变为建设者，共同书写“人民城市人民建”的生动篇章。

针对当前面临的融媒体和人民城市发展的实践，本文提出了全新思考。在采用融媒体全平台传播的前提下，持续发挥其最大的枢纽作用，通过建立“建议征集—分类处理—政策转化—效果追踪”的闭环机制，推动城市治理从“政府主导”向“政民共智”转型，为城市建设、社会发展、社区治理等可持续有效发展提供有益探索。未来，随着“贤荟新城”人才智库等长效机制的深化，奉贤区有望成为全国区县融媒体推动城市治理现代化“范本”，进一步推动人与城的和谐共生与共同发展。

参考文献：

[1] 杜积西，严小芳. 人即媒体：2050年传媒大预测[M]. 北京：北京师范大学出版社，2016.
[2] 韩建民，李婷. 朋友圈传播效应与点赞心理[M]. 杭州：浙江大学出版社，2022.
[3] 徐龙章. 智慧城市建设与实践[M]. 北京：中国铁道出版社，2018.
[4] 王玮萱. 让新媒体赋能城市品牌建设[J]. 新闻文化建设，2024(1).
[5] 上海市人民政府发展研究中心. 上海社会民生高质量发展研究[M]. 上海：格致出版社、上海人民出版社，2021.
[6] 中共上海市委党校，赵勇. 人民城市建设的实践探索[M]. 上海：上海人民出版社，2021.

作者简介：
乔欢，上海市奉贤区融媒体中心全媒体采访部记者。

全媒体语境下新闻报道的共情传播策略探析

薛　松

提　要： 新闻报道的共情传播是指通过情感共鸣的方式，使受众与新闻事件或新闻人物产生情感联结的一种传播现象。随着全媒体技术的飞速发展，新闻传播的环境、方式和受众需求都发生了深刻变化，新闻的传播效果和社会影响越来越受到关注和重视。共情传播能够有效增强新闻的吸引力和感染力，促进受众对新闻事件的理解和关注，进而影响社会舆论。本文从共情理论出发，援引具体案例，分析全媒体语境下新闻报道的共情传播现象，及其传播效果和社会影响，探讨主流媒体提高共情能力，增强新闻报道传播力、影响力的应对策略。

关键词： 全媒体　新闻报道　共情传播　策略

引　言

共情，最早由人本主义创始人、美国心理学家罗杰斯提出，是指个体能够理解和感受他人情感的能力。共情理论近年来在传播学领域得到了广泛应用，特别是在社交媒体平台的新闻传播中，共情被视为一种重要的情感传播机制。

新闻报道的共情传播，是指受众在接收新闻信息时，能够感受和理解新闻事件中人物的情感和经历。共情传播不仅包括对新闻事件的情感反应，还涉及对新闻人物的同情、理解和支持。共情对于新闻传播的效果、公众对新闻事件的理解和反应，以及媒体的报道方式都有重要影响。

传统新闻报道往往侧重于事实的客观陈述，追求新闻的真实性、客观性和准确性。然而，在全媒体时代，信息传播的速度和广度大大增加，受众面临海量信息，容易产生信息疲劳和注意力分散。同时，社交媒体的兴起使得公众的话语权得到提升，他们不再满足于被动地接受新闻信息，而是更加渴望参与到新闻传播过程中，表达自己的观点和情感。在这种情况下，单纯的事实报道已经难以吸引受众的关注，新闻工作者需要寻找新的突破点，以增强新闻的吸引力和影响力。新闻报道不仅要传递事实信息，还要关注受众的情感需求。通过情感共鸣来拉近与受众的距离，提升新闻的传播效果，成为一种重要的传播策略。共情传播不仅能够增强新闻的吸引力和感染力，还能够在情感层面与受众建立深度联结，进而影响社会舆论的形成和扩展。

一、新闻报道的共情传播机制简析

共情传播，主要包括情感共鸣的激发、情感代入的实现和情感反馈的表达。情感共鸣是指受众通过接收新闻报道产生的情感反应；情感代入是指受众将自己置于新闻报道构建的沉浸式情境中，感同身受；情感反馈则是受众通过评论、分享等方式表达自己的情感态度，进一步强化共情的效果。

共情传播的有效性得到了包括心理学、社会学、传播学等多个学科领域研究的支持。

1. 共情理论

在心理学领域，共情理论强调个体能够理解和感受他人情感的能力。在新闻传播中，共情表现为受众对新闻事件或新闻人物的情感共鸣。媒体通过情感化的新闻内容，能够激发受众的情感反应，进而实现情感共鸣。

2. 社会认同理论

在社会学领域，社会认同理论认为，个体通过与群体的情感联结，获得身份认同和归属感。共情作为一种情感传播机制，能够增强受众与新闻事件或新闻人物之间的情感联结，从而构建社会认同。社会认同理论，在人际传播与组织传播中效果尤为显著。

3. 议程设置理论

在传播学领域，议程设置理论指出媒体可以通过选择和突出某些新闻事件，引导公众关注特定议题。共情作为一种情感化的传播手段，能够增强新闻的吸引力和感染力，进而影响公众对新闻事件的关注和理解，引导舆论。

可见，共情传播是具有强交互性的双向传播，不仅对参与信息接收、表达、传递的个体的认知、情感和行动具有强大的影响力，还有助于引导和塑造群体认同感和归属感。这种情感裂变效应加快了传播速度，扩大了传播范围，拓展了传播深度，能够满足碎片化、多样化、情感化的全媒体时代受众更高的信息需求和情感需要。

二、新闻报道共情传播的积极作用分析

新闻报道的共情传播在唤醒受众身份认同，引发关注，增进共识和促进公众参与及行动等方面都发挥着积极作用。

1. 唤醒受众认同

新闻的共情传播能够唤醒受众的身份认同，使受众在情感共鸣的基础上，将自身与新闻事件中的人物或群体联系起来，从而增强对自身社会角色和社会关系的认知。这种身份认同的唤醒，有助于增强受众对新闻事件中的人物或群体的同情与理解，大大提升传播效果，扩大社会影响。例如 2025 年 1 月 3 日，中国演员王星前往泰国拍戏，却被骗到缅甸的电诈园区，并被非法拘禁。王星在泰缅边境失联后，其女友立即在社交媒体上发文求助。事件的细节经媒体报道后，再次将境外诈骗问题推向公众视野，王星的遭遇也引发了人们对自身安全的担忧，由此产生了代入感和强烈情感共鸣，事件迅速升温，关注度越来越高。在舆论的强烈关注下，泰国警方开展行动，于 1 月 7 日将王星从电诈园区中解救出来。其传播效果产生了良好的社会影响与圆满结局。

2. 增进社会共识

新闻报道的共情传播不仅能够唤醒公众的身份认同，还能在传者、受众与新闻人物之间搭建起情感的桥梁，使三方凝聚成一个紧密的情感共同体，共同关注新闻事件及背后的公共议题。尤其是在灾难或危机事件中，新闻报道的共情传播能够增进社会共识，促进互助和支持。例如 2015 年 9 月，3 岁的叙利亚难民儿童艾兰·科迪在逃亡途中溺亡，遗体被冲上土耳其海滩的照片在全球传播。媒体进一步报道了艾兰一家的逃亡经历，突出了艾兰的年龄和天真无邪的形象，展现了战争的残酷和难民的绝望。相关报道迅速在全球范围内引发强烈的情感共鸣，小艾兰遇难的照片也成为难民危机的象征。德国、加拿大等国家重新审视难民政策，在接受难民的问题上达成了共识，加大了接收难民的力度，针对难民

的公众捐款和志愿行动也大幅增加。共情传播成了社会进步的助推器。

3. 推动公众参与

一方面，新闻报道的共情传播在引发受众参与方面具有显著作用，能够促使受众积极参与到点赞、评论和转发等二次传播行为中，扩大新闻的传播范围和影响力。另一方面，共情传播能够引发公众对特定事件或议题的关注，推动社会行动。仍以演员王星在泰缅边境失联事件的报道为例：王星被泰国警方从缅甸妙瓦底电诈园区解救后，舆论关注的热度并未减退。被非法拘禁数日的王星已被剃去头发，面对媒体的镜头目光迟滞、形容憔悴。这些细节强化了受众对王星不幸遭遇的共情。受众在关注、评论、转发相关报道的同时，集中表达了对泰国及周边地区治安状况的失望，以及对自身可能遭遇类似安全问题的担忧。一些原计划在春节期间赴泰旅游的中国游客纷纷取消了行程，部分旅行社的泰国游产品退订量达到 30%。春节期间，泰国旅游业损失近 50 亿泰铢(约 10 亿元人民币)。公众的持续关注，促使泰国政府积极行动起来，从 2 月初开始对泰缅边境的电诈园区断水、断电、断油，并加强与中方、缅方的执法合作，重拳打击电信诈骗、人口拐卖等跨境犯罪。2025 年 2 月 20 日，缅甸妙瓦底地区首批 200 多名中国籍涉诈犯罪嫌疑人经泰国被遣返押送回中国。电诈园区内的大批受害者此前也得到解救。可见，共情传播引发的公众持续关注、参与和行动，是促成王星事件后续往正向发展的重要因素。

三、新闻报道共情传播的潜在风险分析

共情传播的实质是引发人们情绪反应的过程。在新闻报道中，共情不足或过度共情都不能达到良好的传播效果，反而会起到消极作用，损害新闻可信度和媒体公信力，甚至引发负面舆情。

1. 共情不足

共情不足是指新闻报道忽略情感的重要性，缺乏情感温度和人文关怀，或缺少能够引起受众情感共鸣的内容，或试图表达的情感与普遍的认知、感受相悖逆，受众难以共情，甚至会产生消极的抵触情绪。例如 2020 年 2 月，武汉某晚报曾报道“90 后女护士在自然流产后 10 天重回抗疫一线”，并强调其“不顾身体坚持工作”。报道刊发后被公众质疑为忽视女性健康，引发负面评价。至于 2016 年 5 月，南昌铁路局一对青年男女职工在新婚之夜抄写党章的报道，更是因为脱离了公众的认知被传为笑谈，成为“低级红”的典型。

2. 过度共情

心理学研究表明，人的情感资源是有限的，长期暴露在大量情感信息中，会逐渐产生情感疲劳，甚至出现情感麻木的现象，进而导致公共参与冷漠。例如美国频繁发生大规模枪击事件，媒体每次都会详细报道事件细节、受害者故事和社会反应。公众在多次接触类似报道后，逐渐产生麻木感。公众对枪击事件的关注度下降，导致控枪改革的推动力减弱。不仅如此，当新闻报道过度共情，夸大、歪曲事实情节，或者对新闻事实进行片面解读，还会引发受众对其专业性和公正性产生怀疑，进而损害新闻媒体的公信力和权威性。

3. 负面共情

当新闻报道为追求共情效应，情感元素过多时，受众的注意力易被情感所吸引，而忽视事实真相和本质问题，出现认知偏差。在这种情况下，受众往往会基于情感而非理性做出判断，在未深入了解事件全貌和背景原因的情况下就不假思索地发表激烈言论，甚至对新闻当事人进行人身攻击。偏激的言论观点在媒体平台相互碰撞交织，就会产生涟漪效应，放大成为群体声浪。如果负面情绪在群体中得到聚合和放大，演化成为一种负面的群体共情，就会导致负面舆论冲击舆论场。例如 2018 年 10 月，重庆市万州区一辆行驶途中的公交车突然坠入江中，造成多人死亡。事发后，部分媒体未经深入调查核实便报道"一名女司机驾车逆行导致事故"，并通过煽情语言渲染女司机"不负责任"。愤怒的情绪迅速在公众中传播，女司机遭受严重的网络暴力和人身攻击，甚至影响到了她的家庭生活。后经警方调查，这起事故系公交车上乘客与司机激烈争执互殴导致车辆失控引发的，针对无辜女司机的负面舆情终于平息，但对女司机和家人造成的心理伤害却已无法挽回。新闻报道的负面共情引起的危害可见一斑。

四、主流媒体提高共情传播能力研究

"感人心者，莫先乎情"，对于新闻工作者来说，提高共情能力，用好共情传播策略，能够更好地理解受众的需求和情感，使报道更具感染力和影响力。对于主流新闻媒体来说，重视发挥共情传播的积极作用，规避其潜在风险，能够更多地赢得受众的信任和支持，进一步提升媒体的传播力、引导力、影响力和公信力。

1. 提高共情能力，培养换位思考习惯

新闻工作者提高共情能力是提升报道质量，优化传播效果的重要路径。采

访实践是提高共情能力的核心环节。在采访过程中，新闻工作者要深入基层，贴近群众，与采访对象进行面对面的交流和沟通，耐心倾听采访对象的讲述，观察他们的表情、动作和语言细节，捕捉和记录情感变化。

新闻工作者要培养换位思考的习惯，尝试站在采访对象的角度思考问题，更好地理解采访对象的处境和需求，在报道中准确地传达他们的声音和情感。

新闻工作者还可以积极参与社会公益活动，深入体会社会的冷暖，增强自身的社会责任感和同情心，提高对他人情感的敏感度和理解力，从而在新闻报道中更好地体现人文关怀。

2. 平衡共情与新闻专业主义

坚持新闻的客观性和真实性原则，是平衡共情与新闻专业主义的基石。面对新闻事件，尤其是容易引发强烈情感的事件，新闻工作者不能被个人情绪所左右，应避免先入为主，要以开放的心态去收集和分析信息，确保报道的客观、公正与平衡。

在报道中，合理运用情感元素是增强新闻感染力的重要手段，但必须以不损害新闻客观性和真实性为前提，可以通过讲述故事、刻画细节等方式，将情感融入新闻报道中，引发受众的情感共鸣。但在此过程中，应注意避免过度渲染情感，确保情感元素的运用是为了更好地传达新闻事实，而不是为了追求情感效果而夸大、歪曲事实。

新闻工作者还应该加强对受众的引导，帮助受众理性看待新闻事件，避免被主观情感所左右。通过提供全面、准确的信息，引导受众深入思考新闻事件的本质和原因，提高受众的认知水平和判断能力。

新闻机构和媒体平台也应建立健全相关的管理制度和监督机制，为新闻工作者平衡共情与新闻专业主义提供保障。

3. 坚守以人民为中心的价值追求

在全媒体时代，受众使用媒体的方式、习惯，媒体的生态、格局都发生了巨大变化，但主流新闻媒体重视人民情感、坚持走群众路线的优良传统应当始终不变。提高共情传播能力，既要坚持新闻报道的客观性、真实性原则，又要坚守以人民为中心的价值追求，践行群众路线，在与人民群众的共情中传播新闻信息。

新闻报道的共情传播，要把视角置于群众立场，反映群众的普遍呼声，展示群众的主流情感。与西方媒体通过负面和冲突性报道频繁展示负面情绪不同，我们的主流新闻媒体应当集中展现人民群众对真善美的追求，对生活的热爱，对美好未来的期许，彰显自豪、幸福、信心、期待、感动、致敬等正向情感的影响力。

这些正向情感的共情传播，有助于营造向善向美的社会风气；有助于鼓励人民群众对美好生活的不懈追求；有助于激发全社会的奋斗激情，为国家发展源源不断注入精神力量。

结　语

共情传播的积极意义不仅体现在增强新闻报道的吸引力、感染力，提升新闻媒体的引导力、影响力上，新闻报道引发的情感共鸣还为人们认识和理解社会，提供了共同的情绪和价值基础。新闻报道在全媒体平台的共情传播，发挥着情感动员的重要作用。全媒体语境下的主流新闻媒体既要在信息过载的环境中提高共情能力，善用共情传播策略，以感情吸引人，以感情打动人，更要在"人人都有麦克风"的全媒体传播生态中坚守主流价值，发挥正向影响，在贴近群众、服务群众中争取群众，凝聚社会共识，促进社会和谐与进步。

参考文献：

[1] 赵建国.论共情传播[J].现代传播，2021(6).

[2] 吴飞.共情传播的理论基础与实践路径探索[J].新闻与传播研究，2019(5).

[3] 王庆霞.融媒体视域下新媒体新闻叙事策略的创新路径[J].新闻研究导刊，2022(20).

[4] 蒋琳.舆论传播的情感驱动：理论机制与影响效应[J].社会科学家，2024(5).

[5] 胡钰、赵晋乙.情感传播：主流媒体人民性的实践创新与理论内涵[J].青年记者，2024(5).

作者简介：

薛松，上海市嘉定区融媒体中心主任编辑。

全媒体传播如何“秀”出“Z 世代”文化表达初探

凌姗珊

提　要：“Z 世代”作为数字时代的原住民，其文化表达方式与以往世代截然不同。全媒体传播的兴起，为“Z 世代”提供了展示自我、表达态度的广阔舞台。本文从“Z 世代”文化表达的特点出发，探讨全媒体传播如何赋能“Z 世代”文化表达，并分析其带来的机遇与挑战。这对主流媒体下一步如何转型发展，也有参考价值。

关键词：全媒体传播　Z 世代　文化表达　创意　思考

引　言

“Z 世代”指出生于 1995 年至 2010 年之间的一代人，他们成长于互联网高速发展的时代，被称为“数字原住民”。作为伴随互联网发展而长大的青年一代，与以往世代不同，“Z 世代”的文化表达呈现出碎片化、个性化、视觉化等特征。全媒体传播的兴起，打破了传统媒体的传播壁垒，为“Z 世代”提供了多元化的表达平台，使其文化表达更加自由、便捷、高效。

在全媒体传播时代，主流声音如何更好地引领当代青年？怎样推动“Z 世代”健康成长？青年群体圈层文化的发展规律是什么？如何秀出“Z 世代”的文化表达，需要结合“Z 世代”的特性、媒介使用习惯以及其对文化内容的需求，通过创新形式和策略来实现。以下从多个角度详细阐述：

一、"Z 世代"的特质与需求

1. 互联网原住民与对数字技术的深度依赖

"Z 世代"成长于互联网和数字技术高速发展的环境中，他们对新媒体的依赖程度极高，是真正的"数字原住民"。他们更倾向于通过短视频、直播、社交媒体等新型传播方式获取信息，并以此表达自我。碎片化、个性化、视觉化、圈层化是"Z 世代"文化表达的特点。"Z 世代"习惯于快速获取信息，其文化表达也呈现出碎片化的特征，例如喜欢短视频、表情包、弹幕等。"Z 世代"追求个性，渴望表达自我，其文化表达充满个人风格和创意。"Z 世代"更倾向于通过图像、视频等视觉元素进行表达。"Z 世代"根据兴趣爱好形成不同的圈层，其文化表达也具有圈层化的特征，例如二次元文化、电竞文化等。"Z 世代"有以下文化趋势：网络隐身亚文化、多巴胺穿搭、3R 生活理念、特种兵式出行、Gap Day 间隔日、MBTI 社交代码等。

2. 个性化、多元化与文化认同

"Z 世代"追求个性化表达，注重文化认同感。他们对传统文化和潮流文化的融合表现出浓厚兴趣，例如国潮热、汉服复兴等，这些文化形式既满足了他们对传统文化的尊重，又符合现代审美。"Z 世代"重视社交价值，他们通过社交媒体平台分享生活、表达观点，并通过互动增强归属感，汉服出圈、国风之美正在走向全球，也有"Z 世代"的一份助力。"Z 世代"热衷于消费具有个性化标签的文化产品，如潮玩、国风服饰、数字藏品等，这些消费行为不仅是物质需求的体现，更是文化认同和价值观表达的方式。

这些年，喜欢中华传统文化的年轻人越来越多。传统文化一定需要让年轻人进行参与和演绎，这样才会更加有生命力。有数据显示，在过去的一年，在 B 站观看过传统文化视频的用户总数 2.4 亿，B 站创作的国风类视频超过了 200 万。

二、全媒体传播如何赋能"Z 世代"文化表达

社交媒体、微信公众号、短视频平台、微博、小红书、B 站、直播平台等多元化的全媒体平台为"Z 世代"提供了多元化的表达渠道，使其能够随时随地分享生活、表达观点。各种简单易用的创作工具降低了文化创作的门槛，使"Z 世代"能

够轻松创作出个性化的内容，例如短视频剪辑、图片编辑等。基于大数据和人工智能的算法推荐机制，能够将“Z世代”创作的内容精准推送给目标受众，提高其文化表达的传播效率和影响力。全媒体传播具有强互动性，“Z世代”可以通过点赞、评论、转发等方式与其他用户进行互动，形成文化表达的共鸣和传播。

1. 主流媒体的年轻化表达

“Z世代”更倾向于观看富有情感共鸣的内容。因此，主流媒体应结合“Z世代”的审美偏好，创作符合他们价值观和兴趣点的内容。例如通过动画、短剧等形式讲述红色故事或传统文化故事，以增强代入感和认同感。

以澎湃新闻2023年推出的《“Z世代”在上海》系列短视频为例，出生在世纪之交的首批“Z世代”来到了立业的年纪，在中国，这是平视世界的一代，比起前辈们，他们有着更加宽广的全球化视野，开放、多元、创新和包容既是他们的代名词，也是上海这座城市的特色。“Z世代”和上海一起，迸发创新与灵感。该栏目通过报道“Z世代”在上海的生活、工作、学习等方面，展现他们的个性、梦想与挑战，反映这一代人在大都市中的生存状态和精神面貌。栏目内容涵盖广泛，包括“Z世代”的职业选择、消费习惯、文化兴趣、社交方式等，旨在深入理解这一群体，并探讨他们如何在上海这座国际化大都市中寻找自我、实现价值。该栏目通过真实的故事和多元的视角，为读者呈现了一个充满活力与创新的年轻群体形象，引起观众共鸣。

做好主题主线报道的年轻化表达，要做到对主题主线深刻把握，把握精神内涵，掌握核心要义。一方面要吸引年轻人关注，另一方面需要创新话语表达的方式，让好的内容能有更好的传播途径，尤其是在现在的全媒体平台上，不仅是一种新闻的传播，更是一种情绪的传播，是一种共情。

2. 传统文化与现代潮流的有机融合

当故宫口红一支难求，当汉服成为街头潮流，当国风音乐响彻大街小巷时，传统文化正以全新的姿态回归大众视野，并俘获了越来越多年轻人的心。近年来，国潮风席卷各个领域，从服饰美妆到文创产品，从影视综艺到游戏动漫，传统文化元素与现代潮流碰撞出新的火花，展现出强大的生命力。

结合“Z世代”对传统文化的兴趣，主流媒体可以将传统文化元素与现代潮流相结合，推出创新性的文化产品。例如通过国风华服、潮玩等产品，将传统文化以年轻化的方式呈现出来，从而吸引“Z世代”的关注。国潮兴起的背后，是传统文化与现代生活的深度融合，主流媒体也可以通过线上线下活动结合等方式，尝试“破圈”新玩法，让国潮以一种年轻化的方式传播。

3. 强化社交属性与用户参与

借助社交媒体平台的社交属性，主流媒体可以鼓励用户生成内容（UGC），例如通过短视频征集活动、话题讨论等方式，通过直播、问答、投票等方式增加互动，提升参与感，让“Z 世代”成为内容的创造者和传播者。这不仅能够提升用户的参与感，还能增强文化的传播效果，同时可以尝试跨平台整合，确保内容在不同设备上无缝衔接，适应“Z 世代”的多屏使用习惯。

目前，各级官方媒体都有多个新媒体平台进行内容生产后的多平台发布，但实际上互动性还不够高，市民参与仅仅停留在评论区。笔者认为，下一步的媒体融合，需要进一步提高互动性、服务性、参与度，以此提高主流媒体的权威性、不可替代性，这需要各级融媒体新闻工作者的共同参与和努力。

4. 树立文化自信与价值观引导

在传播过程中，主流媒体应注重传递积极向上的价值观，例如爱国主义、社会责任感等。通过结合“Z 世代”的兴趣点和关注点，将主流价值观融入内容创作中，从而实现文化自信的传播，同时应在视觉与叙事上进行创新，采用新颖的视觉设计和叙事方式，如动画、信息图等，增强吸引力。

以 2025 蛇年春节爆火的《哪吒 2》为例，电影探讨了深刻的价值观和社会议题，通过哪吒的成长故事，传递了自我认同、反抗命运、亲情、友情、责任、包容、勇敢和正义等多重价值观。这些价值观不仅适用于个体的成长，也对社会整体的和谐与进步具有积极的启示意义。电影通过精彩的故事情节和深刻的主题，激励观众在面对生活中的挑战时，保持勇气与信念，勇敢追求自己的理想与价值。

此外，近年来，央视也推出了一些新的动画作品，例如 2021 年推出的《熊猫和卢塔》，讲述熊猫和卢塔的冒险故事，适合儿童观看；2016 年首播的《棉花糖和云朵妈妈》，是《大头儿子和小头爸爸》的衍生作品，围绕大头儿子的同学棉花糖展开；2019 年播出的《篮球旋风》，围绕少年木马的篮球成长，传递拼搏精神；2021 年推出的《动物合唱团》，通过动物们的音乐冒险，传递友谊和合作。这些新动画延续了央视寓教于乐的风格，适合不同年龄段的观众。

5. 利用新媒体平台，打造沉浸式体验

基于“Z 世代”对短视频、直播和社交媒体的偏好，主流媒体可以通过这些平台推出沉浸式内容，例如通过虚拟现实（VR）、增强现实（AR）技术制作互动性强的节目内容，以吸引他们的注意力并增强参与感。此外，在全球化背景下，“Z 世代”展现出跨文化交流的热情。因此，主流媒体可以通过多模态翻译和跨文化传

播策略，将中国文化以更加国际化的方式呈现给全球“Z世代”观众。

主流媒体通过短视频和直播平台推出创新性内容，例如中央广播电视总台推出的“Z视界”频道，通过大小屏联动、多频道互动等方式吸引Z世代观众。

6. 打造个人“IP”的积极尝试

在这个全媒体传播的时代，涌现了无数网络红人和带货达人，而主流媒体怎么打造个人“IP”？主流媒体需不需要打造个人“IP”？笔者认为，亦可尝试。这里的个人“IP”形象，可以不是专业的主持人，可以不是传统意义上的“美女”“帅哥”，一定是形象上有特色、观点输出有干货的形象。这一做法在各级媒体中也有尝试，举个例子，《新民晚报》资深记者晏秋秋，一件套头衫、稍长的板寸，正襟危坐，脱稿点评，金句频出。近年来，晏秋秋短视频以这种简洁、明快、有料的风格赢得了无数网友的喜爱。他坚持“用老百姓的话，说老百姓的事”，用文字和镜头传递温暖与力量，逐渐收获了一大批忠实粉丝。这也算是一种成功的尝试。

笔者所供职的奉贤区融媒体中心，近期也开始尝试打造微信小编个人“IP”，编辑们通过自己的特点，结合AI软件，设计出属于自己的卡通形象，选择一些较为年轻化、非政务化的题材，尝试用突出小编名字和特定头像的方式，带领读者粉丝朋友打开链接进行阅读。同时，以小编的名义发放部分粉丝福利，也是吸引流量的方式之一。如《上海奉贤》平台近期推出的带有短视频的推文《小编给您送票啦！奉贤这里梅香四溢，一键解锁春日高级感朋友圈》，一经发布就引起粉丝的“围观”，发布仅仅两个小时，评论留言就有300多条，互动性非常强。同时，粉丝读者也记住了小编的“IP”形象，为下一次发布内容奠定了观众基础。此举不失为一种有益尝试。

在短视频泛滥的全媒体时代，要做出这样的个人“IP”属实有难度，不过主流媒体记者、编辑的优势在于，可以更敏锐地捕捉到社会热点和痛点，在嘈杂的网络声音中发出掷地有声的观点。

三、全媒体传播为“Z世代”文化表达带来的机遇与挑战简析

全媒体传播为“Z世代”文化表达带来了前所未有的机遇，比如促进文化多元化发展，丰富文化生态，增强“Z世代”的文化自信和认同感，推动文化产业创新发展，创造新的经济增长点。但也面临着一些挑战：信息过载和内容同质化问题日益严重。网络暴力、虚假信息等负面现象对“Z世代”文化表达造成不良影响。数字鸿沟问题依然存在，部分“Z世代”群体难以享受全媒体传播带来的便利。因此，主流媒体新媒体平台仍肩负着重任，如何创新思路成为当下必须探

讨的主题。

1. 技术创新探索

随着5G、AI、大数据等技术突飞猛进的进步，全媒体传播在内容生产、分发和用户体验等方面也在不断创新。AI可以自动生成新闻稿件，特别是在数据驱动的报道领域，如体育赛事、财经新闻等。使用AI生成新闻、自动化编辑和内容审核，都能提升新闻工作者的工作效率。而通过VR/AR技术，能够提供沉浸式新闻体验。利用区块链确保新闻透明度和可信度，打击假新闻。借助5G实现高清视频直播和实时互动，5G与物联网结合，还能推动智能家居、智慧城市等场景的应用。

2. 内容质量管理精准化

在内容质量上，首先可以应用的是AI审核，AI自动识别违规内容，确保传播安全。再进一步，通过用户行为分析，AI提供精准的内容推荐，增强用户体验，增强用户黏性。此外，社交媒体合作也是下一步的发展趋势，与社交媒体平台合作，利用其流量和用户基础，进一步增强互动性和体验感。

3. 新闻生产流程创新

新闻生产流程在技术的加持下越来越快。笔者认为，实时报道将是未来新闻行业发展的一个方向——利用社交媒体和直播技术进行实时新闻更新。此外，一些数据化的新闻，可以通过数据分析和可视化呈现复杂信息。

一切尝试的结果是让新闻更加透明化，公开新闻来源和制作过程，增强公信力。设立专门团队核查事实，打击虚假信息，通过报道推动社会进步，履行媒体责任。

结　语

"Z世代"是网络生活中的重要群体，与此同时，他们也是不断地成长和发展的青年群体，研究他们的网络语言表达方式及其演变，可以让全社会更好地了解他们，更好地陪伴他们成长。另外，他们也是全媒体时代的主要用户，其文化表达和网络使用习惯决定了全媒体的发展趋势。作为主流媒体，把"Z世代"作为研究对象，试图在"Z世代"的身上获取一种流量密码，或许是一种有效尝试。同时，主流媒体也肩负着在"Z世代"的群像中引导和传播主流价值观的作用，因此，探索和研究"Z世代"成了现阶段媒体人的一项任务，它能帮助我们更好地创新新闻传播方式和内容，甚至在更多方面实现前所未有的突破。

全媒体传播为“Z 世代”文化表达提供了广阔的空间和舞台，使其能够更加自由、便捷、高效地展示自我、表达态度。面对机遇与挑战，主流媒体需要紧跟“Z 世代”的媒介使用习惯和文化需求，通过创新内容形式、强化社交属性、融合传统文化与现代潮流等方式，实现文化的传播与认同。做好“Z 世代”青年的思想引导与价值观塑造，需要网络媒体积极构建青年话语体系，创造性地开展定制化生产、共情化表达、分众化引领、社群化传播。

同时，主流媒体还应注重传递积极的价值观，营造健康向上的网络环境，促进“Z 世代”文化表达健康发展，使其成为推动社会进步的重要力量。引导“Z 世代”树立正确的文化自信和社会责任感。只有这样，才能真正实现全媒体时代下“Z 世代”文化的全面展示与传播。

参考文献：

[1]《网络时代的图书馆》理论学术年刊[M].上海：上海科学技术文献出版社，2004(3).
[2] 杰拉尔德·格罗斯.编辑人的世界[M].北京：北京出版集团公司北京十月文艺出版社，2014(3).
[3] 于杨.90 后的数字化成长：中国高中生手机媒介素养教育研究[M].北京：中国传媒大学出版社，2017(6).
[4] 覃川，戚天雷.媒介化生存与大学生成长[M].北京：中国传媒大学出版社，2016(9).
[5] 张志安.媒介素养：理论、路径与应用[M].上海：复旦大学出版社，2024.
[6] 尼古拉·尼葛洛庞帝.数字化生存[M].海口：海南出版社，1997.

作者简介：

凌姗珊，上海市奉贤区融媒体中心新媒体编辑部记者、编辑。

试论区域主流媒体在地化发展的意义与策略

——以长三角广播电视和网络视听发展为例

顾舜丽

提　要：本研究旨在探讨新一轮系统性变革背景下，区域主流媒体在地化发展的重要性及其策略，以长三角广播电视和网络视听发展为例进行深入分析。区域主流媒体作为联结地方与国家、文化与经济的重要纽带，其在地化发展显得尤为关键。本文首先回顾长三角地区的媒体发展历程与创新实践，并分析该地区在全国媒体格局中的独特地位；其次，研究在系统性变革背景下，区域主流媒体本土化发展策略，提出促进媒体在地化发展的政策建议，为区域主流媒体的可持续发展提供有力的理论支持与实践指导，也为其他地区提供借鉴和参考。

关键词：区域主流媒体　在地化发展　新一轮系统性变革　长三角广播电视　网络视听

引　言

推进主流媒体系统性变革，是党的二十届三中全会提出的改革要求，也是媒体发展的现实需要，成为当前一项紧迫的改革任务。长三角地区作为中国经济最为活跃、文化最为丰富的区域之一，其广播电视和网络视听等各类主流媒体正经历着深刻的变革，也面临着前所未有的挑战。随着新一轮主流媒体系统性变革的到来，区域主流媒体更需要重新审视自身的发展路径，以适应快速变化的市场需求和技术进步。

长三角地区涵盖上海、江苏、浙江和安徽三省一市，作为中国经济最为发达的区域之一，以 4%的国土面积集聚了全国约 17%的人口，创造了全国近 1/4 的经济总量，其经济与社会发展在全国具有重要的示范作用。近年来，长三角地区主流媒体也发生了深刻的变化，经济的持续增长带动了信息传播需求的上升，传统媒体与新兴媒体的界限逐渐模糊，用户对内容的多样性和个性化需求不断增强。因此，研究区域主流媒体在地化发展，不仅有助于理解媒体如何应对系统性变革，为其他地区提供借鉴，还能更好地服务于地方经济和社会发展。

一、理论基础及对区域主流媒体在地化发展的影响

（一）系统性变革理论概述

系统性变革理论源于对复杂系统的分析，强调系统内部各要素之间的相互作用及其对整体运行的影响。该理论认为，系统的变革不仅是个别要素的变化，还涉及多个层面和多个方面的综合性调整。任何单一的变革措施都不足以实现预期的效果，必须综合考虑系统内部各要素的协同作用。在媒体领域，系统性变革通常指的是技术、政策、市场和社会文化等多种因素共同作用下，导致媒体生态系统发生的深刻转变。

在长三角地区的媒体发展中，系统性变革体现在多个维度上。首先，技术的进步，尤其是互联网和移动通信技术以及人工智能的迅猛发展，极大地改变了信息传播的方式与渠道。传统媒体与新兴媒体的界限日益模糊，用户获取信息的方式变得更加多样化，影响了媒体的内容生产和传播策略。其次，市场需求的变化。随着经济发展和社会进步，受众的需求不仅限于信息的获取，也更加注重信息的互动性和个性化。最后，政策环境的变化，也为媒体发展带来了新的机遇与挑战。随着国家对媒体行业的监管政策不断调整，地方政府在媒体发展方面的支持与引导显得尤为重要。当前学习贯彻习近平文化思想，落实党的二十届三中全会系统改革的要求，都将深刻地影响媒体的运营与发展。

（二）区域主流媒体在地化发展理论

区域主流媒体在地化发展理论，主要涉及媒体如何根植于地方文化、经济、社会环境，通过本土化的内容和服务，来满足当地受众的需求。该理论强调媒体与地方之间的互动关系，认为媒体不仅是信息传播的工具，更是地方身份和文化认同的重要载体。

区域主流媒体在地化发展，重点关注媒体如何在特定地域内进行内容的本土化调整，以满足当地受众的需求，这一理论强调了文化适应性和市场响应的重要性。强调媒体内容的本土化是实现在地化发展的核心。地方媒体应深入挖掘和报道本地区的文化、历史、风俗等独特元素，增强内容的地域性和亲和力。其次，要求建立与受众的互动机制。通过社交媒体、线上线下活动等形式，更好地了解受众需求，提升其参与感和归属感。再者，要求区域主流媒体需要与地方经济发展紧密结合，发挥其在推动地方经济、促进社会发展的作用。此外，区域主流媒体在地化发展中还需要注重技术创新与应用，积极探索新技术在内容创作、传播方式和用户体验中的作用，更多考虑多元文化的融合。长三角地区作为经济发达、文化多样的区域，各种文化交汇碰撞，媒体要兼顾不同文化的表达与传播，避免单一文化的主导。同时，长三角地区还要发挥优势，讲好中国故事，做好国际传播。

综合来看，国内外的相关研究为区域主流媒体在地化发展提供了丰富的理论基础和实证支持，同时也为后续的创新实践研究提供了重要的研究框架。

二、长三角地区媒体在地化发展的创新实践与案例分析

长三角地区的媒体创新实践体现在多个方面，本研究以长三角广播电视和网络视听领域的发展为例，做一些简单案例分析。

案例一：省市级媒体加大改革力度

上海广播电视台、江苏省广播电视总台、浙江广播电视集团、安徽广播电视台等这些媒体机构，在区域内都享有较高的知名度和影响力，面对新媒体的崛起与新技术的挑战，始终保持着勇往直前的改革创新精神，不断推动高质量发展上新台阶。

上海广播电视台改革再出发。上海广播电视台充分发挥了自身的地域优势，紧密结合长三角地区的文化特点和观众需求，形成了一系列独具特色的在地化发展策略。2014 年 3 月合并成立上海广播电视台(上海文化广播影视集团有限公司)，成为一个标志性的改革事件，经过近十年的努力，现拥有员工 1.57 万人，其中媒体从业人员数 5 213 人，资产总规模达 609 亿，连续 13 年位列全国文化企业 30 强。2024 年 9 月，又开启了新一轮的改革征程，出台的《行动方案》明确未来五年，将全面实施“新闻立台、文化兴台、融合强台”的核心战略，奋力打造主流媒体系统性变革的上海样本。

浙江广播电视集团勇当领跑者。浙江媒体行业近年来蓬勃发展，形成了多层次、多样化的传播网络。浙江广播电视集团是浙江地区的主要电视媒体，旗下拥有浙江卫视、经济生活频道、公共新闻频道等多个频道。浙江卫视作为国内知名的卫视平台，积极参与重大新闻事件的报道，经济生活频道和公共新闻频道则专注于经济新闻和社会新闻的播报，为观众提供及时、准确的信息服务。2022年，浙江省又制定了广播电视和网络视听发展《三年行动计划（2022—2024年）》，提出了“年年有变化、两年有突破、三年大进展”的工作目标，争当新时代文化高地建设的排头兵，勇当全国广播电视事业发展的领跑者。

案例二：做实基层传播，区县融媒体创新发展

县级融媒体中心是在当地承担传播力、发挥影响力的实质性载体，是我国实施融媒体深度融合发展战略的新型传媒形态。总书记提出明确要求，“要扎实抓好县级融媒体中心建设。”到目前为止，我国已有 2 500 多个县级融媒体中心，在我国形成庞大的基层融媒体传播网络。县级融媒体根植于本土，与基层人民群众的日常生产、生活息息相关，具有“主流舆论阵地、综合服务平台和社区信息枢纽”的战略性功能，在“郡县治，天下安”的新时代社会形态构建中发挥着不可估量的作用。2019 年 4 月，上海制定出台了关于加强区级融媒体中心建设的《实施方案》，探索“媒体＋政务”“媒体＋服务”“媒体＋产业”等融合发展模式，上海 16 个区级的融媒体改革取得巨大成功，为全国基层主流媒体的改革提供了借鉴。同年 6 月，上海青浦区融媒体中心挂牌成立，所辖 11 个街镇融媒体分中心同步挂牌运营，成为上海首家成立分中心矩阵的区融中心，网络触角进一步基层延伸。长三角其他地县级融媒体中心坚持特色发展，同样成效显著，比如浙江省永康市融媒体中心通过搭建全媒体问政直播平台、导入人机协同智能监测机制以及联动网民建言资政等多种方式，打好了全媒体舆论监督组合拳。

案例三：中国蓝新闻、哔哩哔哩等各类新媒体、网络视听平台加快发展

随着人工智能技术的飞速发展，传统视听领域与网络视听行业正以前所未有的速度融合，共同构筑起一个全新的大视听产业生态。短剧市场正迈向千亿蓝海，成为传媒界的新风口。2021 年 6 月，中国电视艺术家协会网络视听研究中心成立，暨 2021 年中国长三角网络视听传播高峰论坛在杭州召开，网络视听发展在长三角地区得到进一步推动。

江苏广电全媒体新闻联动平台。为顺应“三屏融合”的发展方向，由江苏网络电视台具体实施的江苏广电“全媒体新闻联动平台”建立，这是江苏广电总台作为传统媒体集团向新媒体集团转型的一个重要突破点，该平台现拥有江苏广电全媒体记者600余人，各地通讯员、地方台记者数百名，市民记者5 000余人，以及大学生记者2 000余人，已成为江苏地区最大的突发新闻集散地，真正实现了新旧媒体资源的全方位整合，传统媒体和新媒体之间的无缝衔接。

上海的哔哩哔哩公司是中国年轻世代聚集的文化社区和视频平台。2018年3月在美国纳斯达克上市。哔哩哔哩早期是一个ACG(动画、漫画、游戏)内容创作与分享的视频网站，被粉丝们亲切地称为“B站”。经过十年多的发展，围绕用户、创作者和内容，构建了一个源源不断产生优质内容的生态系统，已经涵盖7 000多个兴趣圈层的多元文化社区。

浙江中国蓝新闻打造网络正能量传播主平台。在短短一年半内，中国蓝新闻实现了粉丝数量的飞跃式增长，从500万迅速膨胀至3 300万，强势跻身全国省级卫视融合传播的第一梯队。中国蓝新闻已成为“浙江第一新闻视频门户”，平均每日贡献1.5个全国热搜话题，短视频播放量更是高达1亿次，其背后的流量密码：高“含浙量”爆款的四字秘诀“热”“情”“优”“美”的全新爆款打法引人深思。

上述创新实践，揭示了多个重要的趋势和启示，对长三角地区媒体在地化发展取得成功的关键有了很好的总结。

三、长三角地区主流媒体在地化发展的策略建议

推动主流媒体在地化发展涉及多个方向，本研究提出的策略主要集中在五个方面：

(一) 在系统性变革中，优化顶层设计

谋定职能，分层推进改革。职能定位对媒体发展具有根本性的影响，主流媒体要进一步明确自身职能，从建立全媒体传播体系的高度出发，完善中央媒体、省级媒体、市级媒体和县级融媒体中心四级融合发展的新格局。要推动不同层级媒体实现差异化发展，就广电媒体而言，首先要支持中央级广电媒体(包括央媒在各个省市的分支机构)打造国际一流的传媒“旗舰”；同时要做优省级广电媒体，打造若干在国内甚至国际具有较强影响力的骨干媒体集团；推动市县级广电媒体区域化、特色化发展，加强本地化节目制作播出。要落实广电总局新型广电网络建设要求，加快实现“一省一网”到“全国一网”的协同，加强基层指导，形成

“统一建设、统一管理、统一标准、统一品牌”的一体化运营管理格局。

满足市场需求变化，加强政策引导。长三角地区媒体市场经历了快速发展，用户的需求和行为模式都在发生深刻的转变。用户在获取信息时更加倾向于便捷性和即时性，在内容需求方面，用户对本地化、个性化及多样化内容的需求日益增强。调查数据显示，长三角地区的用户更倾向于关注与自身生活息息相关的地方新闻、文化活动及社会服务信息，年轻一代用户不仅更愿意为优质内容付费，同时也表现出对互动性和参与感的渴望。这一现象促使长三角地区的媒体机构要以满足市场需求变化为导向，推出更多互动型节目、线上线下活动，以增强用户的黏性。新一轮系统性变革的背景下，政策环境的变化也将为长三角地区主流媒体的发展带来深远的影响。长三角地区作为经济发达的区域，其地方政府在政策制定上要展现出更强的灵活性与创新性，要鼓励地方政府推出更多支持地方媒体发展的政策，例如财政补助、行业指导等，上海已经设立文化产业投资基金，支持本地媒体平台的技术升级和内容创作。要加强对基层媒体的指导，优化市场准入政策、监管政策，鼓励长三角地区的媒体市场逐渐向多元化、开放化发展，吸引更多的市场主体参与，促进地方特色媒体的发展。

（二）在内容为王中，坚持本土化策略

内容的本土化是长三角地区主流媒体在地化发展的核心策略。必须强调本土文化的挖掘与传播，有效增强媒体内容的亲和力和吸引力。坚持本土化策略，与坚持正确的舆论导向并不矛盾。作为新闻媒体首先要忠诚履职、守牢阵地，要突出政治引领，树立全国一盘棋的思想，围绕中心、服务大局，坚持核心叙事，让党的声音成为时代最强音。与此同时，长三角地区的主流媒体要更加注重原创性和多样性，深挖本土化内容。通过挖掘地方文化资源，结合地方特色，创作出富有本土色彩的节目内容，增强观众的认同感，提升收视率。要注重与地方政府、社区组织及企业的合作联系。通过建立多方合作机制，整合资源，打造共赢局面。近年来，一些媒体主动与地方旅游局合作，推出以地方旅游为主题的节目，通过宣传本地旅游资源，促进了旅游业的发展，同时也提升了媒体自身的影响力。今年上海广播电视台联合 16 个区制作的《遇见上海》获得圆满成功，这种策略不仅有助于媒体的内容丰富性，也增强了其在本地市场的渗透力。

（三）在技术创新中，坚持领先应用

利用长三角地区科技资源丰富、媒体业发达等优势，加快科技创新，坚持领

先运用。长三角地区主流媒体在地化发展的成功与否，离不开技术创新与应用推广的有效实施，要鼓励长三角地区的媒体加强科技投入，勇于技术突破，借助技术手段，重塑媒体形态，推动媒体融合发展。要关注技术应用的可持续性，定期进行技术评估与升级，加强技术培训与团队建设，确保员工能够熟练掌握新技术，提升整体执行力。要积极拥抱人工智能，提升内容创作的精准性和个性化。通过数据分析，媒体深入了解受众的偏好与需求，制定更符合本地观众口味的节目与内容。要积极探索新媒体平台建设，通过社交媒体、短视频等形式传播本土内容，一些媒体在社交平台上推出短视频系列，专注于地方美食、风俗等，吸引了大量年轻观众。这种灵活的传播方式，使得地方内容得以更广泛地传播与认可，要予以推广鼓励。

（四）在人才培养中，坚持国际化方向

人才培养与团队建设是长三角地区主流媒体在地化发展的核心策略之一。长三角地区的媒体机构要积极搭建人才培训平台，促进各类专业人才的交流与合作。通过系统化的培训机制、跨部门的团队协作、人才引进与留用策略，以及对年轻人才的关注，有效提升媒体机构的整体实力与创新能力，为其在激烈的市场竞争中打下坚实的基础。人才培养与国际化发展至关重要，区域主流媒体应注重多元化的人才引进与培养，尤其是具备新媒体运营和数据分析能力的专业人才。一些地方广播电台，如青浦区通过设置“新闻传媒人才引培政策”等，为员工提供培训和发展支持，吸引优秀人才加入。要针对不同岗位，制定相应的培训课程。例如某知名广播电视台已实施“职业发展规划”项目，鼓励员工参加外部培训和进修，提升其专业素养和职业发展能力。通过建立跨学科的团队，注重跨部门协作，形成多元化的团队结构，推动媒体在内容创作、技术应用和市场营销等方面的全面发展。要注重国际化人才的培养，要依托长三角作为国内大循环中心节点和国内国际双循环战略联结的功能优势，全力抓好国际传播重点基地建设，创新主流媒体国际传播机制，深化与全球媒体常态化合作，构建多渠道、立体式对外传播格局，深化长三角城市群国际形象推广，全面提升国际传播效能。

（五）在媒体融合中，优化资源整合

随着数字技术、互联网和移动技术，以及人工智能的迅猛发展，传统媒体与新兴媒体的界限日趋模糊。区域内的主流媒体可以通过建立跨媒体合作机制，整合电视、广播、网络视听等多种媒介资源，实现资源的共享与优化。例如长三

角地区的某知名广播电视台与当地网络视听平台联合推出的“区域文化传播”系列节目，不仅丰富了节目内容，还扩大了受众范围。通过这种合作，双方可利用各自的优势，提升节目的影响力与传播效果。长三角地区的主流媒体在融合发展中，要探索多平台、多形式的传播模式，以达到信息传播的最大化。

当前，“关停并转”成了系统性变革中的一个热词。一方面，要求做优做强广电新媒体；另一方面，精简精办频道频率。精简淘汰一批受众少、影响力弱的频道频率，集中精力办好主频道主频率和特色频道频率，进一步推进频道频率专业化、特色化、品牌化发展。这是一个痛苦的过程，但对部分媒体进行关停并转是必要的，体现了资源整合的要求。当然，资源整合还可以体现在多个方面，甚至体现在广告、营销与品牌宣传等领域，通过跨媒体的联合营销活动，形成合力增强品牌影响力。例如某网络视听平台与地方电台共同推出的“夏季音乐节”策划，结合了线上线下的宣传手段，吸引了大量观众参与，提升了活动的知名度和参与度，成为引导消费的成功案例。

结　语

长三角地区主流媒体在地化发展不仅是适应市场变化的必要选择，也是提升自身竞争力的有效举措，在新一轮主流媒体系统性变革的背景下，意义重大。媒体机构应该不断探索研究创新实践，以实现可持续与高质量发展。

本研究力图为相关领域的研究与实践提供一定的贡献与价值。本研究不仅为长三角地区的主流媒体发展提供了理论支持和实证依据，还为其他地区的媒体在地化发展提供了可借鉴的经验。在理论层面，研究整合了系统性变革理论与区域主流媒体在地化发展理论，构建了一个新的研究框架。在实践层面，本研究简要回顾了长三角地区媒体创新发展的历程，通过对长三角地区主流媒体在地化发展的创新实践的案例分析，为主流媒体在地化发展提出了五个方面的策略建议。这些建议意在有助于区域媒体提升自身的竞争力，还为政策制定者和行业从业者提供了参考，也将促进学术界与实践界的进一步交流与合作，更好地营造健康的媒体生态环境，从而推动媒体业的可持续与高质量发展。笔者愿与同行们一起，踔厉奋发，有所作为。

参考文献：

[1] 巨云鹏.深入推进长三角一体化高质量发展[N].《人民日报》，2023-12-23.
[2] 方世忠.打造主流媒体系统性变革的上海样本[J].《中国记者》，2024-10-01.
[3] 杨哲.实施三年行动计划，塑造系统变革：专访浙江省广播电视局党组书记、局长沈铭

权[J].《中国广播影视》,2022-03-15.
[4] 上海区级融媒体中心建设全面推进[N].《中国新闻出版广电报》,2019-04-10.
[5] 丁怡.电视媒体视频网站平台建设研究[D].《苏州大学硕士论文》,2016-04-01.
[6] 陈诗宗.B站的运营及其利弊分析[J].《采写编》,2021-08-15.
[7] 孟文林.培育新型融合传播力的多重路径：中国蓝新闻破圈传播的实践启示[J].《融媒》,2024-10-09.
[8] 王鹏.广电总局局长曹淑敏：深化广播电视和网络视听领域改革　以广播电视和网络视听高质量发展服务中国式现代化：访国家广播电视总局党组书记、局长曹淑敏[J].《广电时评》,2024-09-10.

作者简介：

顾舜丽,上海市青浦区融媒体中心采访部主任,主任记者。

媒介化治理视角下直播问政的融合探索和路径优化

——以《2024 夏令热线 · 区长访谈》为例

汤丽薇

提　要：在数字化转型与治理现代化协同推进的背景下，直播问政作为新型媒介治理实践，正逐渐成为重构政社互动关系的重要载体。本文基于媒介化治理理论框架，采用案例分析法对《2024 夏令热线 · 区长访谈》节目进行深度考察，探讨其运作机制。研究发现：该节目通过全媒体传播矩阵构建了“议题设置—协商对话—监督反馈”的闭环治理系统，形成政府回应性治理与公众参与式治理的良性互动。但实践中发现在议程设置、公众参与、技术赋能等方面须进一步优化。研究建议从制度设计、技术应用、主体培育三个维度构建“智慧治理生态系统”，推动直播问政从工具性应用向系统性治理转型，为创新社会治理模式提供实践参照。

关键词：直播问政　媒介化治理　媒体融合　社会治理

引　言

国家治理体系和治理能力现代化发展过程中，主流媒体主动与国家治理能力提升进行互动，与时俱进地参与国家治理、政府治理和社会治理，是一项天生的使命。近年来，随着媒体融合与技术的发展，主流媒体推出的直播问政节目依托全媒体矩阵，在直播间里打造对话空间，让公民与政府官员展开即时对话，进而在社会关注和多方推进下解决各类民生问题，当下已成为主流媒体积极参与社会治理的重要实践。

在媒介对社会系统的介入日益深度化、多元化的趋势下，媒介化社会已经成为对社会结构认知的一种新维度和新视角。媒介不仅是技术手段，更以行事逻辑和社会关联的形态，渗入到社会生活的方方面面。直播问政节目，凝聚相关利益群体，打造公共协商空间，保持对话与监督落实，助力治理媒介化发展。

在"人民城市"重要理念提出五周年之际，上海人民广播电台积极实践，在2024年7月推出《2024夏令热线·区长访谈》（以下简称《区长访谈》）融媒体节目，邀请各区区长走进直播间，接听市民来电，现场协调、解决各类急难愁盼的民生问题。该节目受到社会高度关注，共收到线索5.4万条，直播现场接听市民来电144个，超七成问题当天得到解决，回复率达百分之百。本文以《区长访谈》为分析对象，研究媒介化治理关键特征对直播问政的边际影响，并试图回答：媒介技术如何重塑治理场域的空间结构？多元主体在技术中介下的互动机制如何形成？媒体如何利用人工智能等新兴技术赋能社会治理？直播问政的治理效能提升路径何在？

一、媒介化治理的关键特征分析

（一）媒介化治理的含义

媒介化治理（Mediatized Governance）是指在媒介环境和信息技术发展的影响下，政府治理过程中的社会参与和媒介使用的相互作用，反映了现代社会中，媒体（包括传统媒体和新媒体）在政治、社会和经济治理过程中的重要作用和影响。这一概念强调了媒体不仅是信息传播的工具，更是影响政策制定、公共舆论和社会互动的重要参与者。

媒介化治理理论思想主要来源媒介化理论、发展新闻学和新公共治理理论，是跨新闻学科与公共管理学科的融合理论范式。有学者认为：中国式媒介化治理的目标是发挥媒介在治理网络中的沟通协调、互动动员与凝聚认同的功能，构建起中国特色的媒介参与治理体系。媒介化治理强调治理主体的多元性，包含了政府机关、媒介平台和社会群体，它并非对传统治理的简单替代，也从未忽略国家和政府公权力的主导。媒介化治理能促使政府在决策和执行过程中更加透明和高效。

（二）媒介化治理视角下媒体关键特征

媒介化治理视角下，媒体通过信息传播和解读帮助公众理解政策，通过舆论引导塑造社会共识，通过监督报道推动政府透明治理，通过新媒体平台增强公众参与，并通过新兴技术提升治理效能。通过这些功能，媒体在现代化治理中扮演着不可或缺的角色。

其一，媒体在信息的收集、传播和解释中扮演着关键角色，影响公众对政策和事件的理解。媒体不仅是信息的传递者，更是信息的"把关人"和"解释者"。在《区长访谈》中，收到的线索超过 5 万条，需要通过筛选、整合和解读信息，以典型案例来帮助公众理解复杂的政策和事件，进而通过民生问题推进全过程报道、政府的相关政策解读以及公众反馈的关注，帮助公众形成对社会治理的全面认知。

其二，媒体能够塑造和引导公共舆论，从而影响政府决策和社会行为。分析《区长访谈》中网友的评论，如"困扰居民半年的难题一天之内解决了！""今天下午，区长就到我们小区开了现场会""最近一周，马路菜场都没有再回潮"等，可见有些民生问题并非难以解决。通过议程设置和框架效应，媒体不仅可影响到公众的关注点和讨论方向，也能有效促进政府的治理效率。

其三，媒体通过监督和报道政府行为，促进透明度和问责制，推动治理的良好实践。如闵行区江川路街道部分小区平改坡工程，因平时管养不到位、维修基金征询不过，导致屋顶脱落无法维修。项目组提出反思："如果当初在工程实施时，就将后续的维修保养责任厘清，是否就能避免陷入这样的死结？"媒体可以在监督政府行为、揭露腐败和推动治理透明度方面发挥不可替代的作用，各区区长在节目中均表示，要在个案问题解决的基础上，推动全面解决、系统解决。

其四，新媒体的兴起使得公众能够更方便地参与到治理过程中，表达意见和诉求，从而增强了社会的参与感。《区长访谈》尝试用微博、微信、阿基米德 App 等新媒体平台收集公众意见和建议，成为公众与政府部门互动和参与公共事务讨论的重要空间。《区长访谈》进行期间，阿基米德 App 求助爆料平台市民反映问题的日均线索量较访谈开始前增长超 150％，新媒体评论互动、评论总数超过 1.6 万条。新媒体打破了传统媒体的单向传播模式，使公众能够更直接地参与到治理过程中。

其五，媒体可以更好利用大数据和人工智能等新兴技术，实现精准议题研判。大数据和人工智能技术的应用，使媒体能够更精准地分析公众需求，预测社会趋势并设置议题。《区长访谈》根据 12345 投诉类信息大数据分析，重点关注了居住环境和房屋质量问题、加装电梯和老旧电梯更换问题、非机动车充电安全问题、社区食堂建设问题、郊区硬件设施欠账问题等，聚焦基层共性问题，引发社会高关注度。

二、媒介化治理视角下直播问政发展的优势与困境分析

（一）直播问政的兴起和优势

直播问政的前身为媒体问政、融媒体问政或广电问政节目。在我国，媒体问政节目自20世纪90年代陆续出现，通过广播电视等传统媒体，以舆论监督和促进社会治理为目的，对公共事务进行深入讨论和协商，经过三十多年的发展，已成为新颖的社会治理模式。在交流形式上，大部分节目采用政府官员与群众面对面的互动方式。这种直接的对话模式有助于公众直观地观察政府的反应和态度，进而增强政府的透明度和公信力。近年来，随着互联网技术的发展，通过各类视频直播平台，政府能够实时向公众传达政策信息，同时接受公众的提问和反馈。这种新型的互动形式，打破了传统问政的时间和空间限制，增强了公众的参与感。此外，直播问政还能够通过数据分析，及时掌握公众的需求和意见，为政策调整提供依据。

（二）直播问政的实践困境与机理分析

其一，技术应用呈现"重传播轻治理"倾向。节目收集的民生数据尚未与城市运行"一网通"系统有效对接。当下直播问政节目均通过全媒体平台实现了广泛传播，但技术应用仍停留在信息收集层面。《区长访谈》中待解决的大部分问题依赖传统行政流程，智能派单、自动督办等技术应用占比低，降低了问题处理效率。未来应建立技术治理机制，构建"智能采集—自动分派—实时跟踪—数据分析"的闭环系统，实现民生数据与城市运行"一网通"系统的深度对接，开发智能派单、自动督办等功能模块，提升技术应用占比。

其二，参与主体的非对称博弈。系统性或结构性问题往往解决难度大，因此有些直播问政避重就轻，不去直击民众真正关注的问题，在话题设置上趋向"安全"，易让受众逐渐失去兴趣。如《区长访谈》中市民诉求的涉及基础设施改造的占一半以上，而最终进入政策议程的不到四分之一。此外，在节目呈现上，回应存在"程序性应答"特征，不利于节目的可持续性发展。对此可完善参与主体协同机制，制定问题分类分级处理标准，建立重大民生问题直报机制，完善公众参与评价体系。

其三，制度衔接的断层效应。有跟踪调查显示，直播问政中的承诺事项存在执行偏差。如《区长访谈》中某摊点整治案例，虽经节目协调达成共识，但后续因

部门权责不清导致整改方案搁置。此外,执行过程中出现了部门间职责边界不清、跨部门协作机制不健全、督办考核机制不完善等问题。对此,须健全制度衔接机制,可建立跨部门联席会议制度,明确部门职责边界,完善承诺事项跟踪督办机制,建立执行效果评估体系。

三、媒介化治理视角下直播问政的融合探索

《区长访谈》作为上海广播政务访谈品牌节目,坚持台网联动、常做常新,不断丰富全媒体产品序列,2024 年各平台传播总量超过 1 800 万,该节目被网友称为政府和老百姓的"空中连心桥"。《区长访谈》节目构建了"三维立体"治理场景:在技术维度,积极搭建全媒体传播矩阵,实现"音视频直播+短视频分发+政务平台对接"的跨媒介传播;在制度维度,形成"线索收集—现场督办—跟踪反馈"的闭环机制,问题解决时效较常规流程大幅提升;在主体维度,通过"市民举证—官员应答—媒体追问—专家评议"的四维对话结构,促成多元主体协商共治。

(一)搭建多渠道平台,反映真问题,解决真难题

对于正在深度转型的主流媒体而言,要将自建平台建设成为直播问政的主阵地,更好为社会治理服务。上海人民广播电台在筹备《区长访谈》时,搭建起覆盖阿基米德 App、"话匣子"公众号、广播热线等多渠道求助爆料平台,并与 12345 市民热线深度合作,广泛向社会征集问题。爆料平台开放 1 个月后,共接到线索 5.4 万条,节目组从中记录、梳理、反映,到最终解决的问题共计 3 520 个。

《2024 夏令热线 · 区长访谈》问题解决情况一览表

问题	节目前已解决	节目播出当天解决	后续解决
总计	2 280 起	429 起	811 起

(二)多元化的参与机制,探索更多传播和互动方式

直播问政应当鼓励多元化的参与机制,除了传统的直播问答形式外,可以探

索如在线投票、意见征集等更多互动方式。这些方式不仅能够丰富问政的内容，也能够增强公众的参与热情，提升问政的效率。《区长访谈》以两小时的全媒体直播节目为基础形式，不断丰富全媒体产品序列。重点策划《民生方法论》系列短视频，不仅看“做什么”，更注重“怎么做”，以具体案例的小切口，展现上海各区具有首创示范性的好经验、好做法。如虹口区为居民家门口的就业服务站点赋能，针对帮扶对象提升“一人一策”的服务能力；静安区充分利用桥下区域等“沉睡空间”，开辟运动健身场所……系列短视频由阿基米德 App、话匣子融媒体矩阵和各区融媒体中心同步推送，单篇平均播放量超 50 万。针对关乎民生的裉节问题，《区长访谈》发挥“媒体＋政务”的平台优势，通过征集线索、现场报道、快评述评、融媒传播等多种形式和渠道，推动政府部门深入了解民情，不断改进工作，提升治理能力。杨浦区区长发现不少久拖未决的问题都与基层一线情况掌握不清、专业能力不足有关，强调“精细化治理不能靠经验、凭感觉、想当然”；宝山区区长针对老旧住房改造的强烈呼声，明确表示“啃下民生‘硬骨头’，能早一天就早一天”……这些凝练、生动的“民生方法论”，通过大小屏媒体联动实现“传播热效应”，进一步展现政府的良好形象。

四、路径优化：智慧治理生态系统的建构

1. 制度创新维度：推动“媒介治理”法定程序，将直播问政纳入政府绩效评估体系。建议构建“诉求分类—智能分拨—协同处置—效果评估”的标准化流程，实现处置过程全留痕。

随着数字社会的到来，问政节目愈加需要地方政府给予前瞻性的战略布局及开放互通的地方资源。职能部门的资源配合度、议题响应度、问题整改度与最终形成良性治理闭环大有关系。此外，如何破除部门间的数据壁垒、加强政府为民新政的宣传力度和广度都是重要课题。研究《区长访谈》节目中 144 个来电诉求后发现，很多热点问题政府其实已有方案，有路径，但在推进过程中往往因信息不对称、告知缺失，造成居民的不理解，甚至是误解。比如宝山区一则反映桥面太窄、交通混乱的投诉，当事人非常激动，让区长自己去走走看。经了解，相关调整方案已有，只是没有及时告知；虹口区居民反映所住小区启动老旧电梯更换，但最终仍卡在费用问题上。居民们都不知晓，在 2016 年虹口区已制定相关资金补贴办法，对符合条件的老旧电梯给予审定价 40%（最高不超过 12 万元）的补贴……利民的民生政策老百姓却不知晓，不清楚，民心工程卡在了半道上。

2. 技术融合维度：推动城市治理数字系统与媒介平台数据互通，开发 AI 政

策推演模型,借力 AI 提升治理能力。

对接政府数据库,建立民意大数据平台,利用数据分析来驱动选题。在节目选题策划环节,通过海量数据分析后精准捕捉社情民意,再运用数据技术实现热点预判。《区长访谈》在技术融合方面做了一些实践,如阿基米德 App 爆料平台设置"我要曝光"互动版块,打通所有线索端口,对接 12345 热线,成为《区长访谈》的日常数据来源。16 期直播节目中重点关注的问题,均是项目组在前期调查数据的基础上分析进而研判出的热点。数据支撑的精准研判替代经验决策,让决策科学化,从而也让直播问政的内容更有针对性。此外,要做好智能分发策略。现在大部分直播问政均已实现全媒体传播矩阵,立体传播链已驾轻就熟,未来须加强场景化精准推送,研究各平台特点,利用算法分析用户画像,实现跨平台精准触达。

2024 年 10 月,中共中央办公厅、国务院办公厅印发的《关于加快公共数据资源开发利用的意见》提出,支持人工智能政务服务大模型开发、训练和应用,提高公共服务和社会治理智能化水平。DeepSeek 大模型的问世在政务智能化进程中激起千层浪,未来直播问政应根据实际需求和应用效果,不断实践和优化 AI 模型功能,促进技术团队与政务服务人员的沟通融合,以更加多元的"政民互动"模式让老百姓体验到更多福利。

3. 主体培育维度: 通过情景模拟培训等方式增强市民政策认知能力,建立专家智库参与机制,引入第三方评估机构,构建"市民-媒体-专家"三位一体的监督体系,形成持续改进机制。

《区长访谈》中关于电动自行车充电安全的投诉案例较多,杨浦区市民反映所住小区充电设施缺口大,导致飞线充电、电瓶入户现象严重:"三个车棚只能容纳 200 多辆车充电,而我们非机动车达到将近 1 000 辆,我们有个很大的地下非机动车库,但是一直没用,而且它的下坡道挺符合逻辑的,可以进行改造。"街道工作人员却表示,他们统计下来小区电瓶车数量只有 400 辆左右,市民立即反驳:"他是白天数的,我是晚上数的。"此案例证明:只有营造出协同治理的格局和氛围,才能助力社会治理共商共治。类似的案例还很多,包括闵行区增设正规备案的设摊点位因选址没有充分考虑客流和交通,商贩和市民都不愿去;青浦区徐泾北大居通往徐泾北城地铁站的人行天桥通行方案设置不合理……不少市民反映问题前认真做了调查研究,表达精准,言之有据,引得听众、网友点赞说"水平真高"。相比之下,一些职能部门却没能把情况摸准。尽管各区区长在节目已经指出基层工作问题,要求尽快调整,但记者后续追踪发现:相关部门、街道虽及时回复,并未有效推进问题解决,甚至未和反映问题的市民电话沟通就自行组织开展调研。

智慧治理生态系统是运用数字技术构建的协同治理体系，具有数据驱动、互联互通、智能高效、开放参与以及持续进化等特点。该系统通过大数据、物联网等技术，实时收集和分析城市运行数据，为决策提供科学依据；打破信息孤岛，实现跨部门、跨层级的数据共享与业务协同；借助人工智能、机器学习等技术，提升治理的精准性和效率；鼓励公众、企业和社会组织参与治理，形成多元共治格局；该系统还具备自我学习和优化能力，能够适应不断变化的环境和需求，从而为民众带来更高效、便捷、公平的服务，改善生活质量，激发社会活力，是未来城市发展的重要方向。直播问政可在制度、技术和主体三维度上不断创新，努力构建并优化新路径。

结　语

直播问政正在形成"媒介化治理场域"的新型治理形态，在促进政府提高治理透明度和能力方面具有明显优势，其本质是媒介逻辑与治理逻辑的深度互构。直播问政由社会多方力量共同推动。政府应主动适应媒介化治理趋势，创新治理方式，提高治理能力；媒体应发挥桥梁作用，促进政府与公众的有效沟通；公众应积极参与治理过程，提升认知能力，为政府决策提供有价值的意见和建议。直播问政未来应通过构建开放共享的治理数据平台、完善多元主体协同机制、培育数字治理文化等系统性改革，推动媒介化治理从"非常态化创新"向"制度化常态"转型，用多维手段打造民主议事空间，最终提升社会治理效能。本文从制度、技术和参与主体三个纬度提出路径优化建议，提出构建智慧治理模型，实现决策科学化、执行高效化和参与社会化。未来，随着技术的进步和治理理念的更新，直播问政有望在政府治理中发挥更加重要的作用，以"大融合"思路，盘活社会资源，吸取广泛民意，构建"共建、共治、共享"的社会治理共同体。

参考文献：

[1] 双传学.主流媒体参与国家治理现代化：定位与进路[J].新闻与写作，2020(10)：96-100.
[2] 李春雷.媒介化治理：治理效能、边界区隔以及理念衍变[J].湖南师范大学社会科学学报，2024(06)：1-11.doi：10.19503/j.cnki.1000-2529.2024.06.001.
[3] 罗昕，蔡牧.媒介化治理：作为正在兴起的研究范式[J].苏州大学学报(哲学社会科学版)，2023(06)：186-197.doi：10.19563/j.cnki.sdzs.2023.06.018.
[4] 吴雪珊，李凌芝.电视问政节目的可持续发展与创新[J].新闻前哨，2024(20)：48-49.

[5] 范俐鑫.DeepSeek“出圈”政务智能化“借力”[N].济南日报,2025-02-20.

作者简介:

汤丽薇,上海人民广播电台首席记者。

论融媒体时代短视频新闻的守正创新

黄彩云

提　要：融媒体时代，作为一种新的媒介形态，短视频新闻已成为创新新闻报道的重要手段之一。守正创新是贯彻习近平文化思想必须遵循的基本原则，守正是基础，创新是动力，两者是“守常”与“达变”的辩证统一。融媒体时代主流媒体的短视频新闻，必须在守正的基础上创新，守新闻真实性、正确舆论导向、新闻专业主义之“正”，创内容形式、表达方式、传播渠道之“新”，唯有坚持在“守正”中“创新”，“创新”才能有明确的立场和指向。

关键词：习近平文化思想　融媒体时代　短视频新闻　“守正”与“创新”

引　言

习近平文化思想是个十分丰富的思想宝库。在 2023 年 7 月习近平总书记对宣传思想文化工作明确提出“七个着力”重大要求，“着力提升新闻舆论传播力引导力影响力公信力”（以下称“四力”）是其中的重要组成部分。坚持守正创新是贯彻习近平文化思想必须遵循的一个基本原则，本文拟从守正创新的角度，探讨融媒体时代短视频新闻如何贯彻习近平文化思想，持续巩固壮大主流思想舆论价值，着力提升新闻舆论“四力”。

习近平总书记指出，“守正才能不迷失方向、不犯颠覆性错误，创新才能把握时代、引领时代。”习近平文化思想，用坚守好“魂脉”和“根脉”做比喻，揭示了守正创新的辩证关系。坚持守正创新、着力提升“四力”是一项系统工程，聚焦于新闻传播领域。新时代新征程，中华民族伟大复兴处于关键时期，党的新闻舆论工作，事关旗帜和道路。面对新形势、新任务，短视频新闻作为引导公众舆论的重要手段，必须在守正基础上创新，坚守新闻的核心价值，用新视角开拓新实践。

一、融媒体时代短视频的崛起与乱象分析

（一）融媒体时代短视频的崛起

1. 融媒体时代受众的信息需求

融媒体时代，信息资源的传播途径极其丰富。这一时代背景下，受众的信息需求除了短、平、快，还呈现出多元化、个性化和互动化的特点。信息资源的多元化趋势，打破了传统采编工作在信息获取上的局限性，拓宽了信息采集的边界，受众主要通过手机、电脑等设备轻松获取新闻信息。短视频短时高效的特点满足了受众快速阅读的需求，成为受众获取信息的重要途径。统计数据库显示，截至 2023 年 12 月，全网短视频账号总数达 15.5 亿个，日均短视频更新量达 8 000 万条，成为主流价值观传播的重要阵地。

2. 短视频崛起的原因分析

短视频也称为微视频，作为一种互联网内容传播方式，时长一般不超过 5 分钟。短视频是广播电视改革的一个突破口，其内容多样，包括热点新闻、社会新闻、时尚潮流、技能分享、幽默搞怪，公益教育、广告创意，等等。其传播特点上呈现碎片化、速度快、范围广的特点，这契合了移动状态下用户的碎片化的信息消费习惯，在移动互联网、融媒体时代，智能手机使得视频内容生产门槛降低，传播效率提高，用户可以通过短视频进行互动，在满足了用户生活、娱乐、信息等多样化需求的情况下，短视频已成为所有互联网流量形态中最重要的一种形态。

（二）短视频新闻乱象层出不穷

1. 乱象表现

短视频平台，尤其像抖音，近年来面临着多种乱象的挑战。低俗内容的泛滥和违规短剧的频发是短视频平台最突出的问题之一。为了吸引流量，短视频新闻乱象的表现也是多种多样。

一是内容碎片化，令信息不完整。如因受时长限制，仅截取某一片段传播，

导致断章取义，关键信息缺失。二是抢发新闻，令信息失实。为了追求高流量，一些创作者在未经核实的情况下抢发新闻，直接影响了新闻的真实性。三是追求热点，导致内容同质化。因传播速度快、传播面广，同类型的短视频新闻经常会在短时间内频发，导致视频内容同质化。四是因缺乏约束，引起真假难辨。融媒体时代，“人人都可成为传播者”，一些缺乏自我约束的自媒体为追求流量，制作和传播虚假短视频新闻，令新闻真假难辨。五是曝光过度，泄露隐私。在对不良社会现象的拍摄中，一些短视频传播者过度曝光他人信息，引发涉嫌侵犯肖像权，导致被拍摄者姓名、工作、生活等隐私信息泄露。

2. 乱象原因分析

时下的短视频分短视频新闻、短视频文娱节目、微纪录片等。将艺术表现手段运用于短视频新闻，将新闻与文娱混淆是乱象的重要原因之一，其核心在于模糊了严肃新闻与娱乐化表达的边界，导致信息传播失真，价值观偏移。

二次创作短视频是短视频创作的重要部分，其主要形式是在原作视频（已经为人熟知或是当下热门的影视剧、网生内容）的基础上，采用重新剪辑拼接、重新配音、“P”图等方式，对原作的声音和图像进行部分修改，或是简单集纳，或是截取精华，或是戏谑恶搞，以达到加快视频节奏，扩大视频冲击力，获得更好传播效果的目的。

产生短视频新闻乱象的原因还有好多，比如没有守住正确的舆论导向，制作的社会新闻立意不高，不符合新闻报道真实性、思想性、时效性、准确性的思想要求，等等。综上所述，守正是克服乱象的重要途径，为了克服乱象，必须守正；为了更好发展，必须创新。这个“守”，守的是新闻传播的正，舆论导向的正；这个“创”，创的是短视频的新，传播策略的新。

二、短视频新闻的守正研究

短视频新闻的守正，是守新闻的本源是事实，守新闻的真实性原则、思想性原则、时效性原则、用事实说话原则，也守视频新闻传播的原生态图像的传播原则。

1. 短视频新闻的本源是客观事实，不能造假

真实是新闻的生命，视频“短”，不是信息“假”的理由。短视频的易加工性和跨平台的传播力，使之成为融媒体环境中信息传播的重要方式，但也正是由于短、平、快的特点，让短视频中的信息出现差错疏漏，甚至是有意去掉时间、地点、

人物等核心信息的情况屡屡出现，让有瑕疵有偏差的内容误导受众。

对于主流媒体来说，新闻真实是必须坚守的底线。无论何时，都不能为追逐流量而迷失了自我，被流量反噬。2021 年，一则题为“儿子牺牲 6 年后婆婆送儿媳出嫁”的短视频上了热搜，并被大量新媒体账号转载，但事发何处，人物是谁，因果如何，所有该有的新闻要素都极为模糊。仅仅是一家地方的都市媒体新媒体账号发布后，尾随而来无数的跟发“原创”。

这种不加辨别的盲目跟风，无疑加大了不实信息的传播。不被流量裹挟，不被热搜冲昏头脑，是主流媒体在短视频新闻创作中的底线，作为新闻工作者，要牢记在心，一刻也不能忘。

2. 既要正能量，又要大流量，是思想性与传播力的统一

上海广播电视台(SMG)推出的“看看新闻”客户端，是一个成功的原创视频新闻品牌。2019 年全国两会期间，“看看新闻 Knews”精心策划打造了“两会 Vlgo”专栏，聚焦重大议题，速递权威信息，热议国计民生，解读焦点话题，13 天会期共生产了 40 多条“Vlgo 体”短视频，总浏览量突破 3 000 万。

2024 年 3 月全国两会期间，其推出的《看两会　看东方》系列短视频，在以权威发布两会记者会、上海代表团审议政府工作报告等二十大版块囊括大屏端所有亮点的同时，更以汇集当天重点抢先在网络呈现的两会重磅，全国人大代表、首席主播印海蓉专属视角带来的《两会印记 · 当听到总书记说》，第一时间解读总书记重要讲话精神的两会学习时间，专家名嘴观点首发的两会快评，记录代表委员火热感言的两会实况声，新闻主播从细节看两会由数字说变化的两会微观察，以数字主播梳理两会热词的东雅数说两会，以生动街头海采反映百姓心声的走街串巷说两会、两会开放麦等，系列短视频抢占网络发布第一落点，语态鲜活、信息密集，以接地气、易传播的姿态在网络空间有力发声，短时间内引发了受众的围观和点赞、点评。

3. 迅速撷取富有意义的原生态图像，是思想性与传播力的统一

短视频新闻中，影音画面的力量不仅是第一位的，而且是唯一的。秉承纪实摄录的根本特性，迅速撷取真实、鲜活的原生态画面，将深刻的思想内核与高效的传播形式结合，对于提升新闻的思想性与传播力具有重要意义。

青浦区融媒体中心制作的短视频《百年芳华　感恩有你》，这部作品的原生态图像运用很成功。视频以百岁老人殷秀英的个人经历为主线，从她在旧中国的苦难童年到新中国成立后的奋斗历程，再到晚年坚持学习、热心公益的生活片段，通过大量历史照片、工作场景和老年大学学习记录等原生态素材，勾勒出个

体与时代共振的生命轨迹。

作品将个体生命史与家国叙事无缝衔接，通过真实、细腻的原生影像传递思想内核，同时借助融媒体技术实现广泛传播，这是新闻敏感能力、政治敏感能力、业务能力的综合反映。

“无视频，不真相”，短视频新闻的思想性不在于刻意说教，而在于对原生态现实的敏锐捕捉，其传播力源于真实力量的自然迸发。当新闻工作者以“记录者”而非“加工者”的姿态介入时，短视频便能成为联结新闻事实与公众认知的最短路径。

4. 坚决杜绝平台造假、摆拍、渲染夸张等表演手法

在短视频新闻的“守正”过程中，坚决杜绝造假、摆拍、渲染夸张等表演手法，是维护新闻真实性与公信力的核心要求。

某短视频团队在凉山地区摆拍“儿童衣衫褴褛吃不上饭”的场景，通过脏污妆容、破旧房屋等刻意营造贫困假象，配以煽情音乐和“求捐助”文案，欺骗公众捐款超百万元，后经查实为造假，导致公众对公益慈善信任度下降，真实贫困群体反而遭受质疑。

2025 年 1 月，人民日报视频号发布了一则“新兵体验用身体连接电话线传承连队先辈战斗精神”的短视频，陆军某旅“钢铁电话连”一场特殊的新兵入连仪式中，某新兵站姿挺拔、眼神坚毅，双手紧握两根带电的电话线，此时，带电的电话线发出了“嗞嗞”声响，新兵战士紧皱双眉、咬紧牙关，伴随着电流接通后的电话铃声，新兵战士们“传承弘扬钢铁精神”的口号声响彻云霄，这是对新时代中国军人的爱国情怀、精神特质、崭新形象的生动描摹，作品获得了 10 万＋的点赞量。

短视频新闻的“守正”，本质是回归新闻行业的根基——真实。无论是编造悲情骗流量，还是渲染冲突博眼球，最终都会反噬媒体信誉。唯有以真实为底线，以责任为边界，短视频新闻才能在碎片化传播中守住公众的信任。

三、短视频新闻的创新探索

（一）创新选题与内容

1. 选题要聚焦

短视频新闻以短、小见长，选题的切口一定要聚焦，要小而精，要巧妙。选题方向可以围绕主题主线、民生话题、网络热点、焦点人物、特殊主角、传统文化、市

井生活等，主打正能量暖新闻。

2020 年 12 月浦东新区融媒体中心制作的短视频新闻《浦东：从“特斯拉速度”到“长三角速度”》选题就很有新意。“特斯拉速度”是近年来中国经济领域的热点话题，浦东作为这一速度的诞生地，始终处于舆论关注的焦点。作品选题切口以“速度”为原点，以江浙地区企业等具体案例与政策实践相结合，生动展现了浦东新区在长三角一体化中的发展动能与创新模式。其间，无论是马斯克还是企业负责人员、临港新片区管委会相关负责人员等的采访，都围绕“速度”二字来展开，最终由“浦东速度”升华为“中国速度”，“小切口”体现了大战略，作品不仅体现了浦东营商环境的优化成果，更通过“速度”背后的制度突破（如市场准营承诺即入制改革、一站式施工许可等）展示了政策创新的辐射效应。

2. 角度要“巧而新”

在短视频新闻领域，一个“巧而新”的角度，往往通过逆向思维、微观叙事、技术赋能等策略，让传统新闻更具吸引力。

如反向解读“双 11 退货潮”，短视频新闻不是聚焦消费数据，转而追踪“退货商品去哪儿”。跟拍一件被退回的羽绒服，从分拣中心到翻新工厂的全流程，插入专家解读“逆向物流”的环保成本与经济价值，结尾发起闲置重生计划，鼓励用户捐赠退货商品。视频播放量超 5 000 万，带动环保组织回收衣物超 10 万件。

短视频新闻角度的创新，“巧”在“四两拨千斤”，用轻量化手段撬动厚重议题；“新”在“旧题新解”，让传统新闻通过跨界组合焕发新生。以上案例证明，短视频新闻的创新，本质是对用户认知习惯和情感需求的精准狙击。

3. 内容要新鲜

对新闻媒体来说，内容创新是根本的。短视频新闻内容要创新，最主要的一点，就是内容一定要新鲜。新鲜内容指的是那些能够提供最新、最准确、最有趣的信息或观点的内容。短视频新闻的内容新鲜主要体现在时效性、独特视角和稀缺信息三个方面。融媒体时代，短视频新闻作为一种新兴的信息传播方式，其内容的新鲜度直接关系到受众的兴趣和媒体的公信力，除了提高传播效率，也有助于建立媒体的品牌形象。

未来的短视频新闻不再是“信息的搬运”，而是通过技术重构现实，激发共情，制造参与的记忆烙印。短视频新闻的新鲜感来自对人性底层需求（好奇、掌握、共鸣）的极致满足。2025 年初热播的动画片《哪吒 2》在各大影院爆火，其背后蕴含的传播逻辑，为主流媒体探索短视频新闻创作和传播带来了新启示。片中哪吒“天雷滚滚我好怕怕”等台词，引发全民二创热潮，对短视频新闻来说，也受到这样一个启示，就是要精准捕捉事件的“燃”点核心。主流媒体的新闻记者，只有将这一理念融入日常采编播流程，才能在短视频新闻天地里乘风破浪，以有温度、有新意、有实效的作品，把握时代脉搏，不负使命担当。

（二）创新叙事手段

和传统新闻媒介相比，短视频新闻因其快速直观的播报特点，具有独特的传播优势和叙事力量。短视频新闻叙事讲究客观真实，为适应短视频平台的特点和受众的需求，其叙事手段可以是多维度的。

1. 抓住结构

短视频新闻在叙事结构上追求简洁明了，通常会在有限的时间内增加信息密度，降低信息的接收门槛。这种叙事结构的创新，突破传统叙事逻辑，使得新闻内容更加集约、重点突出，能够短时间内在碎片化场景中重构受众的注意力。

央视新闻《两会“拆条”报道》，用 AI 自动拆条＋算法推荐系统，将复杂的政策拆解为“民生红包”“经济密码”“外交金句”等独立模块，观众可自由组合观看顺序，单条视频完播率提升了 37%，用户主动点击相关模块率达 62%；人民日报抖音号“破案式报道”，基本模式为前 3 秒的核心悬念—证据链条（15 秒动态信息流）—结尾 3 秒的反转揭晓。较典型的如“电信诈骗揭秘”，视频采用的是转账截图闪现—聊天记录碎片—反转揭晓的侦探叙事手法。据统计，这类视频平均观看时长延长至 21 秒，超行业均值 40%。

2. 抓住细节

创新短视频新闻叙事手段，抓住细节是提升受众代入感、提升新闻质量和吸引力、增强信息传递效率的关键。

以新华社《一双满是伤痕的手》为例，报道消防员群体的新闻中，镜头聚焦于一双布满烧伤、老茧和裂口的手部特写。特写的细节，就是指甲缝残留的黑色烟灰、手背愈合中的伤口、无名指戒指的磨损，通过手部动作展示消防栓连接、绳索打结等职业符号，15 秒内建立的人物画像，让受众自发联想职业危险性与奉献精神。

当前，优质短视频新闻的细节设计已呈现三大趋势：体感化叙事（从观看到体验），元数据显性化（让隐藏信息可交互）、跨模态隐喻（打通视觉、听觉、触觉通感），建议建立“细节元素拆解表”，将每个画面分解为功能层（信息传递）、情感层（共情触发）、记忆层（符号留存）进行量化设计。

3. 抓住情感

传播学家麦克卢汉指出，媒介是人的感官的延伸。短视频时长短，短时间内吸引受众，作品必须具有视觉冲击力并引发情感共鸣。

2023 年杭州亚运会的高点击量短视频新闻通过抓住情感共鸣点，展现了体育精神、友谊、坚持和团结等主题，成功吸引了大量受众的关注，成为亚运会传播的亮点。中国选手刘毅在克柔术比赛中夺得金牌后喜极而泣，获得银牌的伊朗选手为她送上暖心一吻，二人拥抱相互鼓励。这一幕展现了竞技体育之外的温情与友谊，传递了超越胜负的体育精神。这一短视频在社交媒体上引发热议，点击量迅速突破百万。

（三）创新表达形式

1. 年轻语态和创意表达

短视频新闻通过年轻语态和创意表达形式，成功吸引了大量年轻受众。比如网络热词与流行梗的融入。好多短视频新闻常以“爷青回”“绝绝子”等网络语言重构标题，如《央 young 之夏》中“冰皮月饼队”用童年动画 OST 串烧《爷童回》，瞬间引发共鸣，弹幕互动量超百万。再比如民生视角与轻量化科普。科普类短视频“柴知道”用动画解构复杂科学原理，如“量子纠缠”以猫狗拟人化演绎，语言口语化且穿插表情包，降低了理解门槛。

短视频新闻表达形式的创新，不仅在于技术或形式的突破，更须在文化内核上与年轻群体达成深度共鸣。例如央视频通过“科技＋文化＋互动”的三维策略，既保持了主流媒体的权威性，又实现了语态的年轻化转型；而抖音等平台则依靠 UGC 生态和算法推荐，推动新闻内容向“轻量化、情感化、社交化”演进。未来，如何在“迎合”与“引领”之间平衡，仍是主流媒体探索的关键。

2. 构思和声画紧贴文案内容

短视频新闻表达形式的创新中，还须以文案为核心，通过声画设计强化信息传递。制作手法上，构思与声画设计要紧贴文案内容，在视觉、听觉元素的协同作用下强化信息传递，提升受众的情感共鸣和记忆点。

2019 年 5 月人民网抖音号记录消防员救援瞬间，文案“惊心动魄！女子被困江中……”配合现场救援的连续镜头和慢动作特写，强化紧张氛围，结尾以获救者报平安的对话收尾，凸显人文关怀。2022 年 3 月《人民日报》的“点燃主火炬的这幕看到破防”，盲人火炬手李端摸索火炬台时的金属摩擦声、观众的屏息声、“加油”呐喊声、点燃成功后全场爆发的掌声，形成了从紧张到释放的情绪起伏。2023 年 7 月《新京报》“北京暴雨现场”，短视频全程无解说，通过分层音效传递信息，将暴雨灾情转化为可感知的视听语言，如基础层为暴雨击打车窗声，事件层为隐约传来的警笛声，情感层是记者急促呼吸声，数据层是雨量计数字跳动声，用每秒嘀嗒频率对应实时降雨量。平台数据显示，多维度声效叠加形成立体叙事，比传统解说词提升 67%完播率。

3. 采用系列报道和组合报道

短视频新闻实践中，系列报道和组合报道是两种重要的创新表达形式，它们以不同的叙事逻辑和技术手段增强新闻的传播效果。

2021 年起，北京日报《胡同里的北京》短视频通过长期跟踪胡同改造、居民生活变迁等议题，形成系列报道。《“89”后设计师为 700 岁大街“卸妆”》记录了一位建筑师参与胡同改造的全过程，从初期设计到居民反馈，再到最终成果，分阶段发布短视频，引发公众对城市更新的持续关注。

组合报道侧重多角度、多形式的整合。某一中国新闻奖获奖作品通过征集 2 000 多条网友拍摄的短视频，围绕同一社会议题（如“城市记忆”“环保行动”）进行剪辑整合，形成多视角、多地域的组合式报道，增强了报道的真实性与传播广度。

两者在短视频新闻中的应用，体现了媒体融合背景下内容生产的灵活性，也反映了受众对深度与广度兼具的信息需求。

4. 新技术+新平台

新技术＋新平台，是创新短视频新闻表达形式的必由之路。在人工智能技术快速发展的背景下，短视频新闻与以 DeepSeek 为代表的 AI 技术深度融合，正在重塑内容生产、传播与用户体验的格局。AI 技术赋能短视频新闻生产流程革新，在智能内容生成与素材制作中，DeepSeek 通过自然语言处理技术，可快速生成视频脚本、AI 绘图提示词，并结合可灵（AI 绘图工具）和剪映实现“文生图—图生视频—一键成片”的全流程自动化。

短视频新闻在抖音、小红书等平台上的迅速崛起，反映了用户获取信息方式的根本性转变。当下，用户行为变迁，正从“信息获取”到“决策辅助”，年轻用户更倾向于通过具体场景关键词搜索信息，而短视频平台通过 UGC 内容如小红书笔记等精准覆盖这类长尾需求，提供即时、具象化的决策参考。

主流媒体与短视频平台的“内容＋运营”融合模式，强化了新闻传播的广度和深度。2025 年 2 月，上海报业集团与小红书达成全面战略合作，携手探索数字科技与媒体融合发展新模式。跨域融合强强联手，内容渠道双向驱动，通过全方位合作，为未来的媒体与互联网企业合作发展立起标杆，探索出一条可持续的创新之路。

结　语

融媒体时代，短视频已经成为当下的主流传播方式，它打破了传统媒体的传播方式，促进了短视频与新闻的有机融合。据最新行业报告统计，截至 2024 年 11 月底，中国短视频用户数量已升至 10.59 亿，其中大部分用户通过手机接收和观看新闻。短视频和手机新闻接收在现代社会已经形成了紧密的联系，为广大受众提供了便捷、丰富、互动的新闻体验。

短视频新闻如何在技术迭代和受众需求变化的双重驱动下“守正创新”，是当前新闻改革的一个突破点。融媒体时代的短视频新闻，须以“守正”为根基，确保新闻真实性和社会责任感，以“创新”为引擎，通过技术赋能、叙事变革和平台融合实现传播效能提升。归根结底，就是要在深度思考、策划提炼和深入采访上下功夫，在追求创新的同时，坚守新闻的真实性、客观性和公正性。未来，随着人工智能、5G 等技术的深化应用，短视频新闻的发展前景广阔。其核心仍在于“内容为王”与“用户为本”的双重逻辑，尊重新闻规律，创新方法手段，实现传播力与引导力的平衡。

守正才能把准方向，创新才能引领时代。新闻工作者要以习近平文化思想为引领，把握好“守正”与“创新”的辩证关系，持续巩固壮大主流思想舆论，更加注重用户体验和信息质量的双重提升，在深度思考、策划提炼和深入采访的基础上，结合技术创新和用户需求，制作出既有深度又有传播力的短视频新闻内容。

参考文献：

[1]《把视频生产的“基因优势”变成“显性优势”——对上海广播电视台融媒体中心短视频战略的几点思考》(宋炯明)，《探究真谛》第七辑 21—26 页。

[2]《二次创作短视频乱象浅析》(宋俊)，《探究真谛》第九辑 128—134 页。

[3]《融媒体背景下广播新闻短视频创作的探索与实践》(俞倩)，《探究真谛》第九辑 217—224 页。

[4]《融媒体环境下电视新闻机构短视频新闻创制的策略分析》(王祈)，《探究真谛》第十辑 253—259 页。

[5]《短视频新闻内容生产流程再造与创新策略研究——以“看看新闻”官方抖音号为例》(赵慧侠)，《探究真谛》第十一辑 185—193 页。

[6]《传统话语表达在短视频平台上的转化与应用》(吉宁),《中国广播电视学刊》2023.9.总第390期53—55页。
[7]《全媒体时代如何守正创新　着力提升新闻舆论"四力"》(范易),《中国广播电视学刊》2023.11,总第392期31—34页。
[8]《融合传统与现代,构建国际社会文化认同——以杭州亚运会开幕式为例》(方圆　关玲),《中国广播电视学刊》2023.11,总第392期115—118页。
[9]《短视频新闻叙事的表达范式探析》(沈智婉),《中国广播电视学刊》2024.1,总第394期70—73页。

作者简介:

黄彩云,上海市浦东新区融媒体中心编辑三部记者。

区县融媒体主题报道可看性探究
——以上海市嘉定区融媒体中心主题报道为例

俞　超　邵晓明

提　要：随着媒体融合深入发展的步伐不断加快，区县融媒体作为联结基层群众与信息传播的重要桥梁，其主题报道的质量和影响力至关重要。然而，当前部分区县融媒体的主题报道存在形式单一、内容枯燥、缺乏吸引力等问题，导致可看性不足，难以有效触达受众引起共鸣。提升区县融媒体主题报道的可看性，已成为摆在我们面前的一项紧迫任务。本文以上海市嘉定区融媒体系列主题报道为例，以“可看性”为切入点，从如何既上连“天线”又下接“地气”角度，深入探究影响区县融媒体主题报道可看性的因素，并提出切实可行的提升策略，旨在为区县融媒体打造更具吸引力、感染力和传播力的主题报道提供有益参考。

关键词：政策导向　百姓语言　趣味性　吸引力

引　言

紧跟时代发展与选择重大主题，展现地方作为和担当，是区县融媒体中心必须承担的重任之一。区县级融媒体中心作为基层舆论宣传的主阵地，其主题报道作为宣传党的路线方针政策、展现地方发展成就、凝聚社会共识的关键手段，需要在遵循上级条线要求的同时，紧密贴合基层群众的实际需求与生活，真正做到“既连天线又接地气”。上海市嘉定区融媒体中心在主题报道可看性探究方面积极探索实践，通过一系列富有成效的举措和特色鲜明的报道，打造出一批高质量、有影响力的主题报道，为区县级融媒体中心主题报道的创新发展提供了宝贵经验。

一、上接“天线”：精准把握政策导向与时代脉搏

在媒体多元化发展的时代，面对海量信息、多元媒体，轻松活泼、直接易懂、能引发情感共鸣的信息更容易被人们接受。但以时政新闻为背景策划的主题报道往往政治性强，要求严谨、规范，因而显得面孔生硬、程式化，甚至使得重要新闻信息淹没在枯燥的表达中，缺乏吸引力。在这种形势下，主题报道必须创新理念、内容、题材、形式、方法、手段，才能实现创新出彩、叫好叫座。

1. 加强前期策划是主题报道的“必修课”

主题报道作为传递主流价值观、凝聚社会共识的关键手段，其重要性不言而喻。嘉定区融媒体中心在众多探索实践中逐步认识到：主题报道要有更多的可看性，关键就在于深刻认识到加强前期策划是主题报道的“必修课”。

近年来，嘉定区融媒体中心积极响应国家重大发展战略和时代主题，如深化改革再出发、乡村振兴、长三角一体化发展等，先后策划推出了一系列主题报道。其中，既包括“奋进新征程　建功新时代”“迎接二十大·赶考路上”等党政色彩较强的主题系列报道，也有“向行而行，新质生产力”“嘉码营商　优无止境”等展现企业高质量发展的经济类报道，还有“汽车文化节”“上海之夏”“国潮大会”，以及“因为F1，我想留在嘉定”等和老百姓生活娱乐消费息息相关的系列主题报道。

在前期策划时，往往将整个报道周期划分为预热、高潮和后续跟进等不同阶段。比如在报道重要会议时，会前通过发布背景资料、专家解读等内容进行预热，引发受众对会议主题的关注；会中进行实时直播、深度报道会议重要内容和成果，掀起报道高潮；会后持续跟进政策落实情况和社会反响，通过系列报道、跟踪采访等形式，让报道热度得以延续。这种有节奏的报道安排，使受众始终保持对重大主题的关注，拓展了报道的覆盖面和影响力，让主题报道在不同平台、不同受众群体中广泛传播，不断强化报道效果。

2. 坚守主题报道的“初心”和“规范”

对于上级出台的各类政策，嘉定区融媒体中心组织专业采编团队，深入研究政策背景、目标和具体内容，深度剖析政策内涵。在深入解读政策法规，确保报道权威性之后，通过新闻报道、图文海报、专家访谈等多种形式，将政策法规以通

俗易懂的方式呈现给受众。在报道中，采用简洁明了的语言，突出政策的核心内容和与百姓生活、企业发展密切相关的部分；图文海报则从不同角度深入剖析政策的背景、目标和实施路径；专家访谈邀请权威专家对政策进行解读，解答受众关心的问题。如在报道科技创新政策时，通过采访嘉定区科技部门负责人和相关领域专家，详细介绍政策对区内科技企业的扶持措施、项目申报流程等内容，为企业提供了清晰的指导。

主题报道，不同于社会新闻和其他类型的新闻，对记者基本功要求更高，需要记者对区域情况有充分的了解。在相关报道中，记者能具备准确把握时政报道和主题报道的政治敏锐性，紧扣会议或活动主题，按照区委宣传部制定的报道要求，充分学习和参照中央媒体和市级媒体的新闻报道写作要求，不断完善报道写作规范，努力做到“结构清晰、内容正气、有据可查”。此外，在主题报道过程中，严格落实记者负责制，按照制订的报道计划和时间节点，确保稿件保质保量完成。

3. 主题报道以“组团式”“项目化”落地

“做精党政报道、做强主题策划、做新特色亮点”是嘉定区融媒体中心对于采编一线部门提出的具体工作要求，也是提升系列主题报道可看性的强有力指挥棒。为此，在每一次的主题报道落实前，采编部门必须深入吃透工作要求，强化部门之间的协作，在资源共享、信息互通、特长运用等方面充分调动各部门的积极性，之后各自领取任务，细化责任分工，由分管业务工作的总编或者副总编牵头推进落实。

“组团式”有利于提升团队凝聚力。主题报道往往涉及多个领域的专业知识和复杂的社会议题，需要一支具备多学科背景和丰富报道经验的专业团队。嘉定区融媒体中心在前期策划阶段，精心挑选记者、编辑、视频制作人员以及图形图像处理等专业人士，组建跨部门的“组团式”报道团队。团队成员围绕报道主题展开头脑风暴，从不同角度贡献创意和思路。比如在报道科技创新成果时，懂科技的记者负责挖掘技术亮点，擅长数据和图片处理的人员则提供行业发展趋势的数据支撑，摄影和视频制作人员构思独特的视觉呈现方式，编辑负责统筹内容逻辑和语言表达，通过团队成员的紧密协作，凝聚起强大的策划合力，确保报道的深度和广度。

“项目化”有利于落实责任田。嘉定区融媒体中心打破传统部门界限，针对重要主题报道成立临时项目组，由总编办、采编、技术、运营等多个部门成员构成，从记者负责采访收集素材，到编辑精心梳理内容，再到技术人员提供新媒体展示支持，各环节紧密配合。这种模式明确了每个成员在项目中的职责，如同划分了清晰的“责任田”，避免了以往工作中的推诿现象。执行过程中，记者负责深入采访，获取一手资料；编辑对内容进行精编，确保语言准确、风格统一；摄影师捕捉精彩画面；技术人员保障新媒体平台的稳定运行。

4. 用受众听得懂的语言让报道“飞入寻常百姓家”

在信息爆炸的时代，主题报道作为传递主流价值观、展现区域发展成果的重要方式，却常常面临着曲高和寡的困境。在主题报道中，如何把相对“高大上”的内容转化为通俗表达，将专业的政策语言转化为通俗易懂的大白话，始终是一道考题。嘉定区融媒体中心在主题报道中，尝试通过多形式呈现方式将主题报道的意义升华。

从受众需求出发是关键。嘉定有着独特的历史文化底蕴和蓬勃发展的现代产业，居民们既关心家乡的历史传承，也关注当下的民生改善和未来发展。比如在报道嘉定西大街的保护与更新时，需要深入了解本地受众的特点和需求，不仅罗列保护措施和建筑修复数据，而且讲述古镇居民的生活故事。“小时候有过一段时间，喜欢假装睡不着的我，会骑着小脚踏车，跟着父亲的凤凰牌，经过西大街前往嘉丰厂，满心欢喜地去给下晚班的母亲一个惊喜。长大以后，再次走过西大街，拿起相机记录下西大街的人和事，也算是一种耦合与幸运。”通过这样贴近生活的故事，让受众感受到主题报道与自身息息相关，理解古镇保护对于延续地方文化、提升生活品质的重要意义。

运用生动形象的语言表达。避免使用过多专业术语和官腔套话，把抽象的概念转化为具体可感的表述。在报道科技创新成果时，如果只是说“某企业研发的新型芯片采用了先进制程工艺，性能大幅提升”，多数受众可能一知半解，不妨像嘉定融媒体中心报道中那样换种说法：“1 Pb 相当于 1 000 Tb，也就是说，这种超分辨光盘的存储容量可达到普通蓝光光盘的 1 万倍，甚至超过‘竞争对手’硬盘的 100 倍。”这种通俗易懂的语言，能迅速拉近与受众的距离，使他们轻松理解科技创新给生活带来的改变，进而领悟科技创新对区域经济发展的推动作用。

二、下接“地气”：贴近群众生活，反映基层实际

在多年的探索和尝试中，嘉定区融媒体中心在推动主题报道贴近群众生活、反映基层中，一方面努力提升新闻报道本身关注度，在海量信息中迅速捕捉到与自身相关的内容，从而更容易吸引他们的注意力，使主题报道更易被接受和传播；另一方面以基层实际为素材，用群众熟悉的场景、语言进行报道，能让群众轻松理解报道的内容和意图，进而对报道所传达的观点和价值观产生认同。

1. 聚焦民生热点，回应群众关切

过去，嘉定区融媒体中心策划的主题报道，往往不够接地气，常常就像“空中楼阁”一样，停留在一些政策和职能部门的解读层面，受众的感受度、互动性不强，反馈也不够强烈。在近几年的主题报道中，就要求把概念性的问题聚焦成市民群众关注的日常生活问题，“化繁为简”“化‘晦涩难懂’为‘就在身边’”，将主题报道镜头对准百姓日常生活中的热点难点问题。

以 2024 年初嘉定区融媒体中心推出的“十个维度看开局”主题报道为例，报道要求以新一轮“五大行动”为主要抓手，围绕政府工作报告提出的 2023 年 10 个方面具体工作和全面提升政府治理现代化水平，全面报道“抓开局”工作。在具体的报道方案中，从“十个维度”破题，以一个个实实在在的项目为载体，串“珠”成“链”，宣传报道嘉定经济社会发展各项开局工作取得的新成效、新进展。其中，以“靓度”为主题，讲述了嘉定全力推进生态文明建设，净增森林面积 903 亩，新建公园绿地 20 公顷、绿道 10 公里等，让报道更加贴近百姓生活，有知更有感；在“温度”中，则报道了新增 5 个社区综合为老服务中心、10 个社区老年人助餐服务场所，不成套旧住房改造 3.6 万平方米等，不断改善民生服务品质。

2. 做好“新闻＋政务”

“上海嘉定”政务新媒体作为参与基层社会治理的有机主体，向上生发直通区域行政单位的枝干，向下延伸至街头巷尾、田间地头的须茎。在主题报道中，嘉定融媒体充分发挥主流媒体“定音鼓”“风向标”作用，不断巩固壮大奋进新时代新征程的主流思想舆论，持续使党的创新理论“飞入寻常百姓家”，让正能量更强劲、主旋律更高昂。具体包括紧紧围绕长三角一体化、新城北虹桥“双引擎”、科技创新、汽车产业、民生福祉等区域重点热点开展报道，为现代化新型城市建设营造良好舆论氛围。

通过主题报道，搭建政府和群众的“连心桥”，在城市形象、高质量发展等方面多为嘉定发声，也推动了社会治理模式从单向管理向双向互动转变，为激发多元主体参与基层社会治理提供平台和抓手。例如通过主题报道的形式，打造“小嘉随身办”品牌，定期梳理意见建议专报和舆情报告，及时向上反映社情民意，为区委区府决策提供依据。此外，每周形成《“上海嘉定”政务新媒体网民留言意见建议专报》，常态化推进政务新媒体网民意见建议收集、研判、派发、处置、反馈的闭环工作机制，引导市民群众和政府职能部门更深度参与基层治理，共建“人民城市”，共享“人民城市”建设成果。

3. 挖掘报道中平凡人物的感人故事

主题报道的“可看性”往往是记者深入基层社区、企业、乡村，挖掘普通人在工作、生活中的感人故事，通过平凡的人和事来折射社会发展的宏观大背景。例如在撤县建区30年主题报道《我嘉三十年》城市发展篇章中，记者先后选取位于嘉定北城河桥南堍，两幢高93米的桃园公寓作为报道主体，通过采访楼道内的居民，讲述30年前的第一高楼到如今高楼林立的发展态势。同时，还聚焦嘉定汽车城大厦和保利大剧院两幢标志性的建筑，真实再现了30年的“嘉”速蝶变，高层建筑不断涌现，让主题报道既有故事也有更长远的深意。

而在这类报道中，也充分注重运用群众语言，避免使用过于专业、晦涩的词语。无论是新闻稿件的撰写还是采访中的提问，都力求用通俗易懂的语言与群众沟通。比如在报道农村垃圾分类工作时，记者用村民们熟悉的方言进行采访，将垃圾分类的重要性和方法以简单直白的方式传达给村民，使报道更易于被接受和理解。

4. 创新报道形式，推动“硬内容的软表达”

提高主题报道“可看性”，除了内容方面求新求变之外，创新报道形式，以更加融合、多元的方式呈现新闻内容，也是提高新闻作品趣味性和吸引力的重要方式。

适应移动互联网时代的传播特点，嘉定区融媒体中心在主题报道中，大力推动短视频和微短片创作。通过生动有趣的画面、简洁明了的文字和富有感染力的音乐，将主题报道内容以更加直观、生动的形式呈现给受众。例如在区两会期间，重点推出“小记者跑两会”“小嘉带你看两会”“两会新感受”“两会好声音”等时长控制在1分钟左右的短视频，“硬内容的软表达”不仅易于在新媒体以及微信朋友圈内转发，同时短小精悍的采访内容也受到了受众的喜爱。此外，例如在报道城市规划建设时，通过在线平台征求市民的意见和建议，让市民成为城市发展的参与者和决策者，同时将市民的意见反馈给相关部门，实现了政府与群众的良性互动。

在主题报道中，嘉定融媒体还充分整合文字、图片、海报、视频、直播等多元报道形式。如在推出嘉定孔庙修缮工程完成的主题报道中，除了传统的图文稿件，还制作了精美的短视频展示文化遗产的魅力，推出主播带领观众实地参观保护现场，同时还提前拍摄了文物介绍片，赴外地采访了相关专家等，让受众可以自主探索文化遗产背后的历史故事。这种全方位、立体化的传播路径，极大地拓展了报道的覆盖面和影响力，让重大主题报道在不同平台、不同受众群体中广泛传播。

三、面临的挑战分析与应对策略探索

1. 面临的挑战分析

内容同质化问题：在主题报道中，容易出现与其他地区融媒体中心内容相似的情况，缺乏独特的视角和创新性，这导致报道在海量信息中难以脱颖而出，无法有效吸引受众的关注。

人才短缺困境：嘉定区融媒体中心在人才队伍建设方面面临较大压力，既懂新闻业务又能出镜表达，还要熟悉新媒体技术的复合型人才相对匮乏，这限制了主题报道在形式创新和内容深度方面的发展。

技术应用瓶颈：新媒体技术的快速发展对区县级融媒体中心的技术应用能力提出了更高要求，如人工智能、虚拟现实等技术在新闻领域的应用日益广泛。然而，由于资金、技术基础等方面的限制，区县级融媒体中心在技术更新和人才储备方面相对滞后，难以快速跟上技术发展步伐，影响了主题报道的传播效果。

受众需求多样化：随着社会发展，受众的兴趣爱好、信息需求呈现多样化趋势。如何精准把握不同受众群体的需求，提供个性化的主题报道内容，是区县级融媒体中心面临的一大挑战。

2. 应对策略探索

挖掘地方特色，打造差异化内容：深入挖掘嘉定区的独特文化、产业、社会等资源，从独特视角出发策划主题报道。结合地方实际情况，打造具有嘉定特色的报道内容，避免与其他地区的同质化竞争。例如深入挖掘嘉定区的历史文化、民俗风情、产业特色等地方资源，从独特的视角出发，策划一系列具有创新性和吸引力的主题报道。

加强技术合作创新，培养更多人才：积极与高校、科研机构、互联网企业等开展技术合作，引进先进的新媒体技术和设备。同时，加强对内部技术人员的培训和培养，鼓励他们开展技术创新和应用探索。在主题报道中，尝试运用人工智能进行新闻写作、虚拟现实进行场景还原、大数据进行精准推送等，通过内部培训、外部进修，鼓励探索新技术在新闻报道中的应用，提升区融媒体中心的技术水平和主题报道的质量与传播效果。

运用大数据分析，精准定位受众需求：利用大数据分析技术，对受众的年龄、性别、地域、兴趣爱好等信息进行收集和分析，了解不同受众群体的需求特点。根据分析结果，对主题报道内容进行分类策划和制作，实现精准传播。例如针对年轻受众群体，采用短视频、动画等形式制作主题报道；针对老年受众群体，采用文字和图片相结合的方式，以通俗易懂的文字和图片形式呈现报道内容。

结　语

融媒体时代为主题报道带来了前所未有的机遇与挑战。面对内容同质化、受众需求多样化、技术创新压力等挑战，嘉定区融媒体中心采取挖掘地方特色、运用大数据分析、加强技术合作与创新等应对策略，不断提升主题报道的质量和传播效果。嘉定区融媒体中心的经验为其他区县级融媒体中心提供了有益的借鉴，有助于推动区县级融媒体中心主题报道工作的高质量发展，更好地服务于地方经济社会发展和人民群众的信息需求。未来，区县级融媒体中心应继续探索创新，不断提升自身的传播力、引导力、影响力和公信力，在新时代的媒体格局中发挥更大的作用。

参考文献：

[1] 杨川源.用典型元素支撑重大主题报道的可看性：以电视专题《“并村”之后》为例[J].传媒评论，2020(12).
[2] 李春雨，李澍.主题性报道的新闻化途径[J].新闻传播，2008(2).
[3] 沈旻雁.地方台电视系列报道提高可看性探索[J].今传媒，2015(1).
[4] 桑翔.融媒体时代的新闻选题策划研究[M].探究真谛，2024(12).

作者简介：

俞超，上海市嘉定区融媒体中心采访部副主任。
邵晓明，上海市嘉定区融媒体中心副主任。

论区级融媒体深入基层治理的有效路径探索

——以上海市松江区融媒体中心《夏令热线》节目为例

万　涛

提　要： 媒介作为政务建设的重要组成部分，近年来和政府治理互动显著，主流媒体日益承担了推动政府高效治理现代化的重要角色。本文以新闻舆论引导与监督理论为指导，以松江区融媒体中心《夏令热线》为研究对象，分析媒体在基层治理中的角色和作用，重在探索其融入基层治理的逻辑、困境与有效路径，以期为社会治理建构媒介经验，提供可参考的实践路径与成功模式。

关键词： 问政节目　《夏令热线》　基层治理　路径探索

引　言

舆论引导和舆论监督是社会主义新闻事业的两大功能，开展建设性舆论监督报道是主流媒体参与社会治理的重要途径。当前，以问政节目为载体的媒介治理模式在全国各地铺展开来。以上海地区为例，《夏令热线：区长访谈》已成为上海广播政务访谈品牌节目，坚持台网联动、常做常新，上海各区也在积极探索政务访谈。2020 年 6 月，随着松江区融媒体中心大厦完成交付运营，政务直播节目《2020 夏令热线：主任、镇长访谈》应运而生，至今已走过 5 年，其因政治性、服务性属性一度成为“现象级”节目，民众参与治理的诉求越来越高。媒介如何高效赋能社会治理，还有哪些因素制约其发展，值得深思与探讨。文章认为，只有深入基层、优化引导、明确权力，才能实现媒介治理的民主与权威，助力政府治理能力现代化水平提高。

一、媒体参与社会治理的内在逻辑与基层实践

党的二十大报告指出“完善社会治理体系，健全共建共治共享的社会治理制度，提升社会治理效能，建设人人有责、人人尽责、人人享有的社会治理共同体”，不仅指明了新时代社会治理应坚持的科学理念，也为媒体参与社会治理共同体建设提供了指导方向。近年来，随着各地媒体的深入融合，区县级融媒体成为区域主流舆论阵地、权威新闻信息渠道、数据和业务枢纽及综合服务平台。从基层实践来看，媒介与治理互动显著。具体而言，体现在媒介舆论建构的政治逻辑、民众参与治理的主动诉求、延伸社会效能的价值意涵三个维度。

1. 媒介舆论建构的政治逻辑

推动社会主义现代化建设，必须发挥党建引领作用，强化社会治理的政治保证，通过构建合理和谐的舆论场，从而更好推动社会治理体系建设和治理能力现代化的提升。习近平总书记2023年在上海考察时强调：“在各种文化交汇融合中进一步壮大主流价值、主流舆论、主流文化。”这对主流媒体掌握意识形态工作领导权话语权提出了新要求：新闻舆论战线工作必须始终坚持围绕中心、服务大局，走好新时代宣传思想工作的群众路线，必须深入群众、引导群众、服务群众。“建设具有强大凝聚力和引领力的社会主义意识形态”是上海地区媒体的使命必然。

2019年，在上海全市和相关部门共同努力下，16个区完成区级融媒体中心机构整合并推出新媒体产品。为进一步壮大主流舆论声音，借鉴上海人民广播电台《区长热线》成功经验，松江区融媒体中心联合松江区城市运行管理中心推出《夏令热线：主任、镇长访谈》（以下简称《夏令热线》），通过媒体触角，对话协商一线人员，解决民生难题，为媒体参与基层社会治理提供了政治层面、民生情怀、价值引领的实践遵循，契合社会治理现代化建设的政治引领需求。

2. 民众参与治理的主动诉求

当前，主流媒体的智慧化接口服务与转型建构共同形成群众非正式诉求表达的窗口，打破了单一诉求表达形式限制，除信访和投诉以外，人们还可以在互联网曝光，进行意愿表达，以期得到相关部门的迅速关注。人们逐渐认识到，“博关注”可以提升问题妥善解决的成功率。由此可见，信息传播进一步打破各类圈

层壁垒，民众诉求的主体也从政府延伸至企业或社会公众。以上海松江 App 和微信公众号为例，除了日常政策咨询、群众求助，市民问题反映成主要互动内容，这无疑加速了信息传播体系与社会治理体系两者之间的同构。

松江区《夏令热线》每年夏天如约而至，为市民诉求表达、资政建言提供快速通道。通过记者探访实录，强化电话问政实效，栏目全程聚焦民生问题解决，坚持以更高标准、更实举措回应群众关切。5 年来，《夏令热线》共接到市民反映问题 3 000 余件，网友留言 4 万余条，30 万人次观看客户端直播。这一结果与民众参与社会治理的诉求耦合，与社会治理现代化目标同向。《夏令热线》逐渐成为市民可反馈、可沟通、可互动的本地媒介空间，由此不断助力媒介治理模式创新，紧密契合中央提出的共建共治共享的社会治理制度。

3. 延伸社会效能的价值意涵

媒介治理现代化与民主化是相伴而生、相辅相成的。推进媒介治理民主化，实现社会民主治理是问政栏目的价值追求，是延伸社会效能的内生动力，这为《夏令热线》制作提供了实践价值遵循，体现在选题策划，采访调查和制作播出的全过程人民民主。运行 5 年，节目始终聚焦“科创、人文、生态”现代化新松江的核心理念，以公众需求为导向，以政策解读为抓手，有效引导公众舆论，推动“人民城市人民建，人民城市为人民”理念深入人心。

《夏令热线》紧紧围绕居民诉求，第一，通过前期调研，与区城运中心有效衔接投诉工单，电话问询落实进展，做好话题备选；第二，通过舆情接报，记者实际探访，力求寻得事实依据，采制问政素材；第三，通过推送节目预告和直播互动，征集和回应市民声音，鼓励公众参与社会治理，使得节目成为各种声音联结和交汇的平台，不断巩固和强化主流媒体参与社会治理的角色定位。

直播现场，街镇领导将直面市民来电和媒体暗访问题，积极回应，能当下落实解决的，第一时间安排专人处置；无法当即解决的，安排相关职能部门给出解决方案，尽快落实解决；访谈直播结束后，街镇相关职能部门将深入问题现场，开展调研，结合实际，制订解决方案，并严格按照时间节点，落实整改措施，跟踪问题后续解决处置情况，做到“事事有回应，件件有解决方案”，不断延伸媒介赋能社会治理的实现路径。2024 年某镇居民来电反映房屋修缮问题，并表达“宅基地平移”诉求，但因户口问题，与政策相悖，村里也无可奈何，该镇镇长耐心倾听，以期找到合理合适的解决方案，先解决房屋修缮问题，再推动居民“进镇上楼”。回应、落实、反馈的夏令机制落实，彰显了《夏令热线》的民生情怀，体现了基层媒体社会治理的民主实践。

通过访谈，一方面向民众传递媒体更加关注民生问题，更加重视民生工作的态度和精神；通过连线，分析原因和治理难点，纾解民众情绪，这些信息将会为街镇治理现代化提供重要参考依据，一定程度上也敦促了街镇有关部门聚焦薄弱领域，推进精细化管理，延伸社会治理效能。

二、媒体重构社会治理的潜在挑战与真实困境

《夏令热线》作为市民和政府直接对话的窗口，运行 5 年，为建设舆论监督赋能社会治理现代化做了诸多有益探索，也助推了地方政府有效落实。

一块路牌，一个积水点，一条断头路，看似小事，考验的是城市管理的“绣花”水平，《夏令热线》跟踪背后，践行的是媒体履行监督职责的庄严承诺，也是社会各界参与社会治理的美好共识。但受政治、经济、社会文化等多方面的因素制约，导致其关注民生的初衷在落实过程中无法切实深入内里，在节目中反映的问题也不够具有典型性与说明度，跟踪探索仍面临诸多挑战。

1. 难以深入基层的困境

一方面，在群众层面，尽管问政类节目旨在倾听民意、传达民声，然而需要注意的是，当今社会依然存在大基数的人群，由于文化水平、技术条件、法律意识等方面的限制，他们或不了解如何利用问政节目的平台反映问题，或不具备有效表达自身诉求的能力，导致问政节目无法彻底而全面地深入基层。另外，即使社会的法治化与公平化在大力推进，个别群众仍然会出于对被边缘化、被针对化的刻板印象而放弃在平台发声的权利，同时其行为亦具有传染性与典型性，使得这一群体保有一定的人数基础。故而，即使《夏令热线》为本地市民提供了发声平台，旧有文化观念的根深蒂固将严重制约深入基层的举措落实，削弱媒体在政府与人民之间的桥梁作用。

另一方面，区委宣传主要依赖于区级融媒体和街镇融媒体矩阵，其影响力相较于省级媒体、全国性媒体存在较大差距。节目中若涉及具有典型性的民生问题，由于未能获得更大范围的关注，从而导致问题的解决措施存在滞后性与延时性，难以开展更切实有效的治理行动。同时，新媒体时代问政类节目将面临短视频、社交媒体的竞争，传统的节目制式将难以吸引青年群体，从而进一步削弱节目的影响力。

同时，地方政府出于舆论引导、平复舆情的目的，会对问政节目的各个环节进行不同程度的干预，或通过“瞒信息”来“躲媒体”，使得真正具有代表性的民意难以进入公众视野，导致媒体在部分敏感问题上只能沉默失语，而这些意见往往才是决定节目深入基层力度的关键。

需要强调的是，问政节目的主体依然是各类社会矛盾，地方政府或担心节目的传播会激化民众与政府之间的矛盾，从而督促媒体采取如删减报道内容、删除评论内容等举措，由此引发部分问题“蜻蜓点水”式一笔带过，或避而不谈。这种做法固然短期内有助于社会稳定，但长期下去可能削弱了公众对媒体的信任。

与此同时，问政节目本身也需要在履行监督职能与社会稳定之间找到平衡点，尽可能扳正舆论中负面风向，避免因举措不当引发舆论的二次爆发。在权衡的过程中，由于这些或那些的考虑导致深入的力度不够充足，这一点也显示出社会治理中政治逻辑与媒介逻辑的失衡。

2. 引导能力的窘迫

作为区域主流媒体，融媒体中心承担着引导群众、服务群众的职能，而从舆论治理层面来看，其传播力、引导力、影响力、公信力等方面仍有很大提升空间，尤其是目前存在引导能力窘迫的情形，不少群众向媒体“要服务”“要说法”，明显这种需求未深刻匹配。

以《夏令热线》为例，现有“即时反馈”的模式不足以支持民众问题足够深度探讨。热线类问政节目依赖于观众的来电反馈、社交平台的留言等方式获取议题，使得其处理问题的方式依托于个体诉求的积累，而非系统性的议题研究。另外，部分热线反映的问题可能存在恶意反馈的可能性，使得地方媒体在短时间内难以完成有效的信息甄别。在缺乏深度筛选和前期策划的条件下，节目能够予以引导的问题往往碎片化，缺乏整体性和前瞻性。

除此以外，区县级媒体的公信力与权威性相对不足。一方面，地方媒体的报道深度有限，缺乏足够的社会影响力，即使在部分议题中满足了一定的报道深度，然而依然会由于传播力度与话语权重的不足导致处理结果停留表面；另一方面，地方媒体主办的问政节目本质职能往往不是媒介监督，而是作为政府的耳目喉舌，为政府发声的作用，这将影响节目本身的独立性，使得节目无法以中立的桥梁角色进行监督，大大限制了传播引导的功能。

需要注意的是，由于节目本身一定程度代表了地方政府的立场，做出的是符合政府倾向的回复，因此回应不得不基于媒介“风险沟通”进行敏感话题的屏蔽。例如 2024 年某街道辖区期房无法交付的群体诉求就不能作为公众节目讨论的主体，而导致真正诱发矛盾的议题只能弱化处理，进而制约媒体舆论引导的作用。

在这样的条件下，我们重新将目光放在节目的职能性质上。问政类节目核心的问题在于其与政策的对接能力依然存在不足，要实现引导功能的充分作用，就不得不从单纯的反映问题上升为对制度优化的推动。在地方媒体的具体实践过程中，节目与政府政策的执行衔接往往存在脱节现象。例如节目中反映的一些问题可能会被政府部门在短期内予以回应，但后续的政策调整、法律完善等措施常常难以跟进，使得问题本身依然滞留。2023年某镇居民反映的因道路破损经常摔倒的问题，最后以更换路灯结尾，迫于政策滞后，有关修路的实事工程至今未有结果。此外，地方政府或存在将问政节目视为体现政府形象的代表媒介而非切实优化政策的渠道的问题，节目中大幅宣传"面子工程"的行为亦会导致地方媒体在政策对接上的引导力有限。

借鉴部分发达国家类似节目的机制，其往往存在制度化反馈的流程开展，即政府部门在收到问题反馈后需要在一定时间内提供整改报告，接受公众的监督。然而在我国，许多问题的跟进仅仅靠媒体本身进行后采报道，缺乏系统性的监督措施。另一角度讲，单靠媒体有限的引导功能可以满足公众短期内的需求，但全民参政的热情必须得到官方的回应与结果出示才能持久赋能。

总体而言，地方媒体只有具备一定的独立议题设置的能力和与政府携手促进政策对接的能力，跨越"曝光问题"与"推动治理"的隐形鸿沟，问政类节目和地方媒体才能摆脱引导能力有限的窘境。

3. 治理权力的尴尬

媒介开展社会治理活动中往往扮演协调者角色，应主动参与到政府、企业、公众的需求和服务中。然而，地方媒体本身并不具备行政执法职能，其在问政类节目中发挥的作用需要在现有体制的框架下进行。通常来看，媒体接近了群众，但不能影响群众，甚至问题暴露，出现权责不清的局面，导致媒体"心有余而力不足"。

从本质上讲，地方媒体担任的是"准治理角色"，即媒体拥有集纳民声的义务，然而并不具有参与治理的权利。这种职能并不具有法律约束力，节目也不存在强制政府部门整改的权力，最终的执行依然落位在政府部门本身的治理意愿。这意味着地方媒体始终在推动治理的过程中处于被动。其次，地方媒体举办问政类节目需要依附于当地的政府部门支持。这种依附关系会带来监督职能与行政依附关系间的本源性冲突。例如当节目涉及政策缺陷时，媒体将不得不由于行政压力而进行约束化的传播。因此，地方媒体若想进一步介入改善过程，存在职能越界的问题。

从节目参与成员上讲，行政人员对媒体本身职能存在认知上的模糊。例如当部分基层干部对舆论监督机制不够熟悉，其新闻素养不足的性质导致对问政节目中的问题采取回避态度时，媒介能够行使的职权便由此遭到了限制。其关键在于，媒体对节目的规划不仅需要取决于对政府立场的考虑，同时受到节目参与人员本身新闻素养的影响，这从根本上决定了节目的政治性与问题表达的自由性，导致媒体陷入决不失责但难以履责的窘境。

从节目本身性质上来说，地方媒体的问政权力同样不够明确。第一，《夏令热线》无法形成长效的治理机制。由于治理权限受限于同级监督，问政类热线节目往往不涉及系统性政策的调整，即使其可以解决个案的问题，对具有类似情况的问题仍然无能为力；第二，地方治理本身涉及多个部门的协作，然而地方媒体并不具备协调这些部门的职能，当存在部门间互相推脱责任的情况时，媒体缺乏实际的行政调度权以开展落实举措，难以形成治理合力；第三，地方媒体不具备处理负责复杂治理问题的专业能力，这点从地方媒体的人员构成上可见一斑。由于其多以新闻记者为主，缺乏政策研究、法律分析等关键的专业能力，因而在情况复杂时无法提供专业的解决方案，使得节目在履行其合法执行权利的过程中，更倾向于情绪化的曝光而非政策的引导。

三、媒介社会治理效能的路径探索与强化建议

从《夏令热线》的探索实践可以看出，问政的具体实践关乎地方民生诉求的个性表达，平民视角的热切期盼，是主流媒体探寻媒介治理现代化的突破口，积极构建区县级融媒体问政节目长效机制，是融入基层治理的实现路径。笔者结合工作实战经验，梳理归纳了三点建议，展开探讨。

1. 突破传播壁垒，拓宽民意渠道

目前问政节目议题仍然聚焦于观众投诉，具有碎片化、被动化的特征，难以触及深层的社会问题，或可进行长期、细化的方案予以解决。一方面，节目可保留民众热线的环节，通过热线的形式与公众“面对面”，然而在过程中对于传播性的考量、政治性强弱的斟酌，两者权重的考量是否可以被重新提上议程。另一方面，是否允许地方媒体线上收集一定的民声问题进行定性、定量的集中回复。

同时，热线节目本身或可以采用一些传播渠道的扩展。地方问政类多集中于传统广播电视渠道，导致在传统媒介孱弱的时代背景下受众有限，基层参与度不足。可以采取多平台联动的形式进行节目后的民意收集，如利用抖音或小红书等新媒体平台设置话题讨论，吸引年轻群体参与议题讨论。政府宣传部门可以借此，继而设计线下的民意收集机制。

更重要的是，地方媒体是否可以强化跟踪报道，构建问题的“提出—整改—反馈”的流程闭环。换言之，即使媒体的权力有限，依然要对已曝光的问题进行定期的跟进，确保问题整改的进度。可以定期回访，及时与政府部门协商，以公

布部门的落实情况。再者，可以引入第三方的评价体系，邀请社会组织、高校等独立机构，参与评政优政的环节。

2. 提升议题质量，增强舆论监督

前文提到，地方媒体本身并不具备多方调度的能力，借此，是否可以采取多方参与的措施来共同协商解决问题？例如涉及结构性的复杂问题时，能够联合各方组织进行深度调查，形成多方参与，协力讨论出能解决复杂问题的政策框架与切实办法。

既然《夏令热线》类问政节目不得不受制于个案累积的窘况，那么当热线节目的具体落实过程中出现先前已有的相似议题时，是否能归纳出共性，总结出新方案？如若方案已然足够完备，不必给予新建议，那么可以保留个案投诉的即时性，又能赋予零散议题以长期的价值讨论范畴。

而地方媒体本身的舆论监督功能，如前文所述，出现政府与媒体间的模糊地带，那么是否能与政府部门进行沟通，加强地方媒体的舆论监督功能，使得其可以尽可能出于独立的立场对民声政意进行相互的传达？在确保传达政府意见、立足党性立场的前提下，适当减少政府方面对节目的直接干预，或是通过协商得出其他的方案，防止问政节目被行政化、官方化，从而真正履行舆论监督的职能。

3. 厘清职责边界，提升治理效能

问政类节目若始终居于“准治理角色”，在治理体系中就将始终陷入“既非决策者，亦非执行者”的尴尬定位。那么前文中所提到的，舆论监督与政策协同，此类两线并行的举措可借以参考，是以令媒体成为政府与民众间坚实而稳固的桥梁。另外，建议政府方面能将媒介的职能体系纳入需要改善的方面之一，以此明确让媒体部分参与但不干涉的政策改进机制中。

其次，为避免部门权责不清从而推卸责任的情况，是否可以考虑增加部分议题进入政府决策层讨论的环节，从而形成制度化、官方性的解决方案？如若将此纳入考虑，便可增加第三方评估者以进一步践行节目初衷。

若媒体得以部分参与政策优化的过程中，为确保媒体始终作为政府耳目喉舌的角色，避免媒介审判等现象的出现，媒体本身就须保证不滥用舆论引导功能干涉行政决策。与此同时，政府部门就应依法回应舆论监督，防止公关式回复、使问题不得根治的现象出现。

进而言之，为保证过程的全透明性质，确保全过程公平公开公正的原则得以落实，媒体的跟进报道、记者的回访结果、政府的解决流程就应做到均可查证，接受社会监督，提高问政节目的透明度和公信力。

区县级融媒体主办的问政类节目若要走出如今的困境，就要从深入基层、优化引导、明确权力三个方面着手，通过拓宽民意渠道、提升监督效能、规范治理边界的问题进行转型。

只有当地方媒体能够在基层治理中彻底地发挥桥梁作用，其问政职能才能更加制度化、有效化、可持续化。

结　语

习近平总书记指出："城市管理应该像绣花一样精细。"这就要求社会治理应紧紧围绕人的生活、人的生活质量做文章。媒介治理也须遵循其价值，《夏令热线》只是媒体践行社会治理的一隅，要践行人民城市人民管、以人民为中心的理念，不断满足人民群众对美好生活的期盼，还有长远的路要走。媒体应该肩负起社会治理的职责使命，做实问政的具体实践，做好媒介的风险沟通，做强舆论的引导效能，以公众需求为导向，回到公众视角，回望政府举措，回应百姓关切，因地制宜，因时制宜，合理、有效问政，才能为政府治理管理提供有效"媒体经验"，真正助力政府治理能力现代化。

参考文献：

[1] 习近平新时代中国特色社会主义思想学习纲要[M].人民出版社，2023.

[2] 管洪，梁泽耀，王琳颖，等.建设性舆论监督赋能社会治理现代化的逻辑与路径：以重庆电视台《今日关注》为例[J].中国广播影视，2024-08-01.

[3] 冯鹏志.进一步壮大主流价值[N].人民日报，2024-01-19.

作者简介：

万涛，上海市松江区融媒体中心主持人，《夏令热线》节目主创。

跨区域媒体联动的实践与思考

——以嘉昆太三地联合采访报道为例

陆晓峰

提　要： 随着互联网技术的普及和媒体形态的迭代，地方媒体面临着前所未有的机遇与挑战。在媒体融合向纵深发展的时代背景下，跨区域的媒体合作成为打破固有格局、拓展新闻资源的重要路径。嘉定、昆山、太仓三地作为长三角一体化发展的重要区域，其融媒体中心通过联合采访报道，不仅促进了区域间的信息交流与共享，也提升了媒体的传播力和影响力。在融合联动的过程中，构建了更为紧密的区域协同关系，强化了受众与媒介认同。

本文基于区域联动视角，以嘉定、昆山、太仓三地融媒体中心开展联合采访报道为研究对象，深入剖析其合作的背景、模式、实践成果、面临挑战及应对策略。通过实证研究与案例分析发现，三地融媒体中心的联合采访报道打破了地域限制，实现了资源共享、优势互补，提升了区域新闻传播的广度与深度，但在合作过程中也面临着体制机制、内容整合、人才协作等方面的挑战。通过优化体制机制、强化内容创新、培养复合型人才等措施，三地融媒体中心有望进一步深化合作，为跨区域媒体融合发展提供有益借鉴。

关键词： 跨区域媒体　融合联动　联合采访报道　实践与思考

引　言

随着信息技术的飞速发展，媒体格局发生深刻变革。传统媒体与新媒体的融合不再局限于单一媒体机构内部，跨区域的融媒体合作逐渐兴起。嘉定、昆山、太仓三地地缘相近、人文相亲、经济联系紧密，具备开展融媒体合作的天然基础。开展联合采访报道，不仅能够整合三地新闻资源，提升新闻报道的质量和影响力，还能为区域协同发展营造良好的舆论氛围，促进三地在经济、文化、社会等多领域的深度合作。

推进区域一体化发展是党和国家的重要发展战略，也是社会各界广泛关注的议题。在推进区域一体化进程中，跨区域媒体融合既是区域一体化的题中之义，又是区域一体化的重要推手。长三角一体化发展上升为国家战略以来，嘉定、昆山、太仓三地作为核心区域，在交通互联、民生同圈、社会共治等方面取得了显著成效。为了全面呈现三地在长三角一体化发展战略下的崭新图景，三地融媒体中心积极响应时代号召，开展联合采访报道，通过整合媒体资源、创新报道形式、提升传播效果，为区域协同发展贡献媒体力量。

一、嘉昆太三地联合采访报道实践项目的研究背景、现状与方法

（一）研究背景

1. 区域协同发展的战略需求

长三角一体化发展上升为国家战略六周年之际，嘉定、昆山、太仓三地以“协同创新核心圈”为实践载体，在产业协同、交通互联、生态共治、公共服务等方面的合作日益紧密，成为长三角区域一体化高质量发展的重要样本。截至 2023 年底，核心圈集聚高新技术企业 6 700 余家，工业总产值突破 1.9 万亿元，战略性新兴产业产值达到近 9 900 亿元，展现出显著的经济协同效应。

在此背景下，跨区域媒体联动的需求日益凸显：一方面，三地在产业链协作（如汽车产业集群）、科技创新（如长三角科技成果交易博览会）、民生共建（如跨省医保结算）等领域深度融合，亟须通过媒体传播形成区域品牌认知；另一方面，行政边界带来的信息壁垒、文化差异和传播碎片化问题，对跨区域治理效能提升构成挑战。三地融媒体中心联合采访报道能够及时、全面地展现区域协同发展的成果与动态，为政策宣传、经验交流、凝聚共识提供有力支撑。

2. 媒体融合发展的内在要求

媒体融合进入深水区，传统媒体的单一传播模式已难以适应新时代传播需求。单家融媒体中心普遍面临资源有限、传播渠道单一、影响力受地域限制等发

展瓶颈，跨区域媒体联动成为媒体创新发展的必然选择。通过跨区域联合，三地融媒体中心能够突破地域限制，实现人力、技术、信息等媒体资源的优化配置与共享。这种联动模式不仅能够拓展传播渠道、放大传播效果，更有助于构建具有区域影响力的融媒体传播矩阵，推动媒体融合发展向纵深推进。同时，跨区域联动也为探索新型传播模式、创新内容生产方式提供了实践平台。

3. 受众信息需求的结构性转变

随着三地居民生活圈的深度融合，跨区域工作、生活、旅游的常态化趋势日益显著，受众对区域信息的获取需求呈现结构性转变。受众对三地发展动态、民生政策、文化活动等综合信息需求愈发强烈，推动着构建跨区域的信息传播体系的不断优化。三地融媒体中心联合采访报道能够有效满足受众对区域信息的多元化需求，通过提供及时、准确、全面的跨区域资讯，增强媒体与受众的黏性，提升媒体的服务效能。同时，这种联动模式也有助于培养受众的区域共同体意识，促进文化认同与价值共识的形成。

（二）研究现状与创新点

1. 研究现状

通过广泛查阅和梳理国内外关于区域传播、媒体融合以及联合采访等领域的文献资料，可以发现区域传播与媒体融合研究呈现出明显的阶段性特征，国外对于区域联动与媒体传播的研究起步较早，主要聚焦于区域一体化进程中的媒体角色与功能。在欧洲一体化研究领域，学者们重点关注跨区域媒体在促进文化交流与认同方面的作用机制，通过比较分析方法探讨媒体策略对区域共同意识塑造的影响。在技术应用层面，国外研究强调大数据、人工智能等新兴技术对传播模式的重构，着重探索精准化、个性化传播的实现路径。

国内研究近年来呈现快速增长态势，主要围绕长三角、珠三角等区域展开。学者们从媒体资源整合、协同报道机制等维度，探讨区域媒体对经济文化发展的推动作用。然而，现有研究存在三个明显局限：一是理论探讨居多，缺乏深入的实证研究；二是研究视角较为单一，多局限于单一媒体或单一维度；三是针对长三角融媒体联动的研究相对匮乏，系统性、综合性分析不足。

2. 本研究的创新点

基于上述分析，本研究的创新点主要体现在以下三个方面：首先，在研究视角上，突破单一媒体或单一维度的局限，构建了“机制—效果—影响”三位一体的分析框架，系统考察三地融媒体联动的实践模式与传播效果；其次，在研究方法上，通过内容分析，结合三地融媒体中心平台数据监测，通过翔实数据对比增强研究结论可靠性；最后，在实践价值上，研究聚焦长三角一体化战略下的区（县）级融媒体联动，其经验总结与模式提炼可为其他区域提供可复制、可推广的参考范式，具有重要的实践指导意义。这些创新点不仅填补了现有研究的缺陷，也为深化区域传播研究提供了新的思路。

（三）研究方法与理论基础

本研究基于区域联动视角，深入剖析三地联合采访报道的具体案例，探讨在区域一体化背景下媒体融合的传播策略与效果，从中总结经验与规律，为区域媒体融合发展提供新的视角与思路。

所谓“联动”，是指具有一定联系的机构或事件之间相互影响，并引起对方变化。“媒体联动是指各种媒体在同一时间或同一范围内对同一事件进行报道时的联手行为。”“业界与学界的相关研究多将媒体区域联动定义为不同区域同介质或不同介质媒体之间，以一定的方式进行信息共享、信息互助与信息共存的现象。”媒体区域联动是传统媒体突破区域局限，实现跨区域传播，扩大媒体影响力、增强媒体传播力的有效手段。

议程设置理论认为，大众传媒具有一种为公众设置“议事日程”的功能，传媒的新闻报道和信息传达活动以赋予各种“议题”不同程度的显著性的方式，影响着人们对周围世界的“大事”及其重要性的判断。“联动报道通过议程设置，向大众进行传播与宣传，更趋于传递给受众一种跨省份、跨组织的整体性形象。”在嘉昆太三地联合采访报道中，媒体通过选择和突出报道某些区域联动相关的议题，如重大合作项目的推进、区域交通一体化的进展等，引导受众关注这些议题，从而影响公众对嘉昆太区域发展的认知和讨论。

把关人理论指出，在信息传播过程中，对信息的筛选与过滤起着关键作用。融媒体环境下，虽然信息传播的门槛降低，但把关人的角色依然存在。在三地联合采访报道中，媒体需要对海量的信息进行筛选、编辑和审核，确保传播的信息真实、准确、有价值，符合区域发展的主题和方向，为受众提供高质量的新闻内容。

二、联合采访报道项目概述与探索要点

（一）项目发起与策划

1. 建立常态化合作机制

三地融媒体中心达成协议，明确合作目标、内容、方式等，成立联合采访报道工作小组，由三地融媒体中心负责人担任组长，定期召开工作会议，制订报道计划，协调采访任务，确保联合采访报道工作有序推进。同时，建立信息共享平台，实现新闻线索、素材、稿件等资源的实时共享，提高工作效率。

2. 联合策划报道选题

围绕长三角一体化发展、区域重大项目建设、跨区域民生保障、文化交流等主题，三地融媒体中心共同策划系列采访报道选题。例如针对三地共同推进的产业园区建设，策划“跨区域产业协同发展”报道，深入挖掘产业合作模式、创新成果及发展前景。通过联合策划，整合三地新闻资源，形成报道合力，提升报道的系统性和深度。

3. 组建联合采访团队

根据报道选题，从三地融媒体中心抽调文字记者、摄像记者、新媒体编辑等专业人员，组建跨区域联合采访团队。团队成员发挥各自专业优势，协同开展采访、拍摄、编辑等工作。在采访过程中，充分利用三地的人脉资源和信息渠道，全面深入地了解新闻事件，获取丰富的新闻素材。

4. 多媒体传播矩阵联动

三地融媒体中心整合各自的微信公众号、视频号、报纸、电视台等媒体平台，构建多媒体传播矩阵。对联合采访报道的内容进行多渠道、全方位传播，根据不同平台的特点和受众需求，进行个性化的内容呈现。例如在微信公众号上发布图文并茂的深度报道，在视频号上推出航拍短视频，实现传播效果的最大化。

（二）项目实践与探索要点

“随着媒体融合向纵深推进，媒体不再是即时性消费品，而成为一种基础设

施；媒体流程不是一个闭环，而是一个开放的关系网络。”由此可见，我们需要深入理解和把握网络传播的内在规律，积极推动数字技术与媒体融合的深度整合，以及资源要素的高效配置。通过实现新闻内容、技术应用、平台终端和管理手段的全面融合与互联互通，进一步扩大融媒体传播的覆盖范围，提升其影响力。媒体联动是立足本地基础、拓宽新闻视野的有效报道方式之一，可以最大限度发挥联动媒体自身的优势，取长补短，实现共享共赢。

1. 内容生产：聚焦区域协同发展，挖掘系列新闻亮点

三地融媒体中心在联合采访报道中，紧扣长三角一体化发展主题，围绕交通互联、产业升级、民生改善等方面，深入挖掘新闻亮点，展现三地协同发展的生动实践。

系列报道的策划与实施是三地联合采访报道提升传播力的重要举措。精心策划一系列主题相关、内容连贯的报道，全面、系统地展现三地在区域联动发展中的各个方面，形成了强大的传播合力。例如通过报道嘉定与昆山、太仓在轨道交通、城市路网、跨省公交等领域的互联互通，展示交通网络对区域经济发展的推动作用；通过报道三地在医保跨区域双向结算、文旅互通等领域的合作，展现民生福祉的持续改善。每个子主题都紧扣长三角一体化和嘉昆太区域联动发展的核心，从不同角度展现了三地在一体化进程中的探索成果。

在实施过程中，三地媒体团队紧密合作，充分发挥各自优势。记者们深入三地进行实地采访，收集了丰富的素材，包括企业案例、人物故事、数据资料等。系列报道的连贯性和系统性增强了传播效果。报道之间网状关联，受众在阅读或观看系列报道时，能够对嘉昆太三地的区域联动发展有更全面、深入的了解。

2. 技术创新：融合新媒体技术，提升报道质量

“主流媒体跨区域联动，本质上是新闻产品价值链的延伸或重构，实现产品价值的增值。”用好新媒体平台，让新闻产品价值最大化，需要传播内容和形式上多元发力。

在联合采访报道中，三地融媒体中心充分利用新媒体平台，通过直播、短视频、文字、图片等形式，实现新闻内容的多样化传播。例如通过直播平台实时报道三地的重大活动等，让观众身临其境地感受现场氛围；通过短视频形式展现三地的风土人情、美食美景等，吸引更多年轻受众的关注；通过文字、图片呈现三地的经济社会发展成果，让受众更加直观地了解区域协同发展的成果。

三地融媒体中心还积极探索大数据和人工智能技术在新闻报道中的应用。例如通过大数据分析，了解受众的喜好和需求，为新闻报道提供更加精准的内容

定位；通过人工智能技术，实现新闻内容的自动分类、摘要生成等，提高新闻报道的效率和准确性。

3. 平台融合：打通媒体资源，实现共享共赢

为了更好地实现媒体资源的共享和共赢，三地融媒体中心积极建设融媒体平台。例如通过整合报纸、广播、电视、网站等传统媒体资源，形成多种传播形态、多元传播渠道、多样平台终端的融媒体格局；通过打通“报、台、网、端、微、屏”等各种资源，实现新闻“一次采集、多种生成、多元发布、全媒体传播”的工作格局。

策划和组织重大主题报道、联合采访、互动直播等形式，也有效加强了媒体间的交流与合作。例如针对长三角一体化发展的重大事件和热点问题，三地融媒体中心共同策划报道方案，组织记者深入一线采访报道；通过互动直播等形式，让受众参与报道过程，提高报道的互动性和参与性。由于新媒体的“延展性”与“无界性”，联动报道内容多变、形式多元，平台融合的过程中，不同媒介的边界逐渐消弭。

三、联合采访报道效果分析

恩格斯在《反杜林论》哲学篇（十二）辩证法中曾说：“许多人协作许多力量融合为一个总的力量用马克思的话来说，就造成新的力量，这种力量和他的一个个力量的总和有本质的差别。”一个个单纯量的相加，和他们之间协作融合所产生的功能效果有本质的不同，即“一加一大于二”。联合采访报道，三地融媒体中心就实现了“一加一加一大于三”的效果。

（一）媒体传播力与影响力显著提升

三地融媒体中心通过联合采访报道，达成媒体资源共享，极大提升了传播力和影响力。在内容生产上，整合资源、创新形式，产出优质多样的新闻内容。在传播途径上，借助新媒体平台，开展联合活动，扩大新闻覆盖面。

从具体数据来看，传播力提升效果显著。在阅读量方面，多篇联合采访报道内容阅读量激增。例如三地交通一体化建设的报道，通过三地官方微信公众号、微博等平台同步发布，全网累计阅读量超百万，引发网友热烈讨论。关于三地产业协同发展的系列报道，在三地融媒体平台总阅读量超十万，转发量过千。这些数据表明，联合采访报道使三地融媒体中心知名度和影响力大幅提升，为区域协

同发展营造了良好舆论氛围。

（二）区域信息交流与共享不断深化

联合采访报道在区域信息交流与共享方面发挥了关键作用。一方面，报道三地在交通互联、产业升级、民生改善等领域合作成果与经验，加强区域间信息互动；另一方面，展现三地风土人情、特色文化，吸引游客和投资者，推动区域经济发展。

以“三地非遗文化探寻之旅”报道为例，对嘉定竹刻、昆山昆曲、太仓江南丝竹等非遗项目深入采访，通过图文、视频等多媒体形式在三地融媒体平台展示。报道发布后，三地相关话题热度飙升，微博等平台话题阅读量超百万，不仅让更多人了解三地优秀传统文化，还增强了区域文化认同感和归属感。

（三）区域协同发展体系逐步健全

三地融媒体中心整合传统媒体资源与新媒体技术，构建全媒体传播体系，加强人才队伍与激励机制建设，提升报道能力，有力推动区域协同发展。通过报道区域协同发展成功经验与典型案例，为各地提供借鉴，促进产业、科技、人才、生态等领域合作交流。

关于三地科技创新合作的报道，介绍了三地共建科技创新园区，共享科研成果的成功案例，吸引着更多企业和科研机构关注三地的创新环境和合作机会，推动跨区域的科技成果转化和产业升级。

四、联合采访报道的问题与挑战

尽管三地联合采访报道取得了一定成效，但在实践过程中也暴露出一些不容忽视的问题与挑战。

（一）内容整合的系统性难题

嘉昆太三地虽地理相邻，但在政策导向、文化特征、媒体发展水平等方面仍存在差异，给区域联动传播带来实质性挑战。首先是内容风格差异：三地新闻报道在语言表达、叙事方式、价值取向等方面存在明显区别。三地对同一新闻事件的解读各有侧重和偏好，差异化的报道风格导致内容整合难度加大。其次，信息不对称：据统计，2023 年全年三地联合报道中，因信息核实导致的报道延迟占比达 30%。再次，是平衡性的把控：在 2023 年的 15 篇联合报道中，约 3 篇因新闻元素平衡问题，收到受众后台留言反馈，可见未来还须建立更科学的评估机制，确保报道的公正性和客观性。

（二）人才协作的结构性障碍

联合采访团队由三地不同背景的媒体人员组成，工作习惯、专业技能、沟通方式的差异影响团队协作效率。文字记者更关注事件逻辑和文字表述，摄影摄像记者则着重画面美感和视觉呈现，在拍摄需求和文字表达侧重点上易产生理解偏差。新媒体编辑擅长运用互动性强、传播速度快的新媒体传播方式，传统媒体记者则在深度报道和新闻调查方面经验丰富，两者在传播理念和技术应用上存在分歧，导致工作衔接不畅。

而且，跨区域采访报道需要具备跨区域协调能力、多领域知识储备的复合型人才。目前三地融媒体中心此类人才相对匮乏，以区域生态环境报道为例，既需要记者了解三地环保政策、生态现状，又要具备与不同地区环保部门沟通协调的能力，此类人才短缺制约了联合采访报道的深度和广度。

（三）技术平台融合的实践困境

三地融媒体中心虽构建了多媒体传播矩阵，但技术平台融合不足。不同平台间数据共享、技术对接、内容分发环节不够顺畅。在数据共享方面，由于三地融媒体中心数据格式和存储标准不一致，导致数据传输和整合时出现数据缺失、格式错误等问题，需要二次加工，影响传播时效。跨平台内容分发平均耗时较单一平台增加 30%，影响新闻时效性。在技术对接上，短视频制作时偶尔出现播放卡顿等情况，影响分发效率，影响传播效果。

（四）新闻同质化的现实挑战

三地在采访过程中面临采访资源竞争。因三地新闻事件和采访对象有限，常出现同时关注和报道同一类新闻事件或采访对象的情况。例如在报道区域文化活动时，三地媒体都聚焦重大文化节庆，报道内容和角度相似，导致新闻同质化。这不仅增加采访难度和成本，还影响联合采访报道的特色和质量，使受众产生审美疲劳，降低对联合报道的关注度和认可度。

以上问题的存在，不仅影响联合报道的质量和效率，也制约着区域媒体联动的深度发展。需要通过机制创新、人才培养、技术升级等多方面措施，系统性地解决这些问题，推动跨区域媒体联动向更高水平发展。

五、解决问题的对策与措施研究

（一）加强区域合作机制建设

建立全面且细致的合作框架是保障三地联合采访报道顺利开展的基石。三地融媒体中心应共同研讨并制定统一的工作流程和标准，涵盖采访计划拟订、素材采集规范、编辑排版要求、审核流程细则以及发布渠道与时间安排等各个环节。比如在重大主题报道中，规定三地需在同一时间节点发布相关内容，确保传播的一致性和影响力。

同时，构建科学合理的资源分配与利益共享机制至关重要。通过量化评估各地在人力、物力、财力以及创意策划等方面的投入，结合报道成果的实际贡献，公平分配资源和收益。例如设立联合采访报道专项资金，根据各地参与项目的工作量和成果质量进行资金分配。此外，建立定期沟通交流机制，每月举行线上或线下的联席会议，共同商讨报道计划、交流工作经验、解决合作中的问题；搭建联合策划报道机制，每季度共同确定重大主题报道方向，联合组建采访团队，实现资源共享与优势互补；完善信息共享机制，搭建统一的信息共享平台，实时共享新闻线索、采访素材和数据资源，提高工作效率。

（二）优化内容整合流程

成立由三地资深编辑组成的内容整合团队，负责对联合采访素材进行深度梳理、精心编辑和高效整合。在整合过程中，深入挖掘三地新闻素材的共性与亮点，紧密围绕区域协同发展的主题，提炼具有代表性和传播价值的内容。

加强对报道内容的审核把关，建立严格的三审制度。初审由各地采编人员负责，确保内容的真实性和准确性；二审由内容整合团队负责，从整体内容架构和区域协同主题角度进行审核；终审由三地融媒体中心总编共同把关，确保报道的客观性、公正性和舆论导向的正确性。

（三）推进技术创新融合

紧跟新媒体技术发展趋势，三地融媒体中心应加大技术创新与应用力度。

积极探索5G、大数据、人工智能等新技术在新闻报道中的应用场景。利用5G技术实现新闻现场的实时高清直播，让受众身临其境感受新闻事件；借助大数据分析技术，精准洞察受众需求和兴趣点，为内容策划和选题提供数据支持，提高报道的针对性和吸引力。例如通过分析受众在社交媒体上的关注热点和互动数据，确定具有话题性和关注度的新闻选题。

引入人工智能技术，实现新闻稿件的智能撰写、视频内容的智能剪辑以及个性化推荐服务。比如利用人工智能算法根据用户的浏览历史和兴趣偏好，为其推送个性化的新闻内容，拓展新闻报道的传播渠道和受众群体，提升传播效果。

（四）拓展多元服务功能

除了新闻报道外，三地融媒体中心还可以积极拓展服务领域和功能。例如可以开展政务信息服务、民生服务、文化旅游推广等服务；此外，搭建融媒体电商平台，整合三地的特色农产品、手工艺品等资源，通过直播带货、电商促销等形式，推动地方经济发展，助力乡村振兴。积极组织开展公益活动和志愿服务，如爱心捐赠、环保行动等，展现媒体的责任担当，提升媒体的社会形象和影响力。

（五）加强人才培养交流

定期组织三地融媒体中心人员参加业务培训和交流活动，邀请行业专家、学者进行专题讲座和培训，内容涵盖新闻采编、新媒体技术应用、跨区域合作沟通等方面，提升人员的专业素养和业务能力。

开展跨区域的采编实践活动，让三地媒体人员共同参与重大新闻事件的采访报道，在实践中增进彼此的了解和信任，促进工作习惯和沟通方式的融合。例如组织三地媒体人员共同参与区域重大项目的建设报道，通过团队协作完成采访任务，提高团队协作能力。

加大复合型人才的培养力度，通过内部培训、外部引进等方式，打造一支具备跨区域协调能力、多领域知识储备和融媒体技术应用能力的人才队伍。建立人才激励机制，设立专项奖励基金，对在联合采访报道中表现突出的个人和团队给予表彰和奖励，激发人才的积极性和创造力。

结　语

长三角一体化发展是新时代我国区域发展的重要战略之一。嘉定、昆山、太仓三地作为核心区域，在长三角一体化发展中发挥着重要作用。研究表明，嘉昆太三地凭借独特的区位优势与紧密的区域合作基础，通过联合采访报道，在提升融媒体传播力方面取得了显著成效。

通过聚焦区域协同发展、挖掘新闻亮点，融合新媒体技术、提升报道质量，打通媒体资源、实现共享共赢，加强队伍建设、提升媒体素养等措施的实施，三地融媒体中心不仅提升了自身的传播力和影响力，还促进了区域间的信息交流与共享，实现互利共赢。

同时，本研究仍存在一定的局限性。研究方法上，缺乏定量研究方法的深度运用。未来可通过问卷调查、大数据分析等方式，进行更精准的量化评估，深入分析挖掘传播渠道的最佳组合和传播效果的影响因素，为媒体联动协作发展提供更科学、更有力的实证支持，推动三地媒体联动协作不断迈向新的高度。

随着长三角一体化进程的加速，三地媒体可以在更多领域开展深度合作。在内容生产方面，进一步挖掘区域特色，打造具有全国影响力的新闻品牌，依托长三角一体化优势联合打造国际传播平台，探索建立多语种传播矩阵，提升区域国际影响力；在技术应用方面，持续探索新兴技术，如虚拟现实（VR）、增强现实（AR）等在新闻报道中的应用；在人才培养方面，持续完善的人才培养体系，打造一支精通全媒体业务，具有国际视野的高素质人才队伍等。通过不断创新与合作，三地媒体将在长三角一体化发展中发挥更大的作用，为区域发展提供强大的舆论支持和信息服务。

参考文献：

[1] 丁红.论汶川地震报道中的跨媒体联动[J].淮海工学院学报(社会科学版)，2010(08)：104－107.
[2] 朱胜利.区域一体化背景下党报联合报道影响分析[J].新闻世界，2018(08)：25－27.
[3] 董璐.传播学核心理论与概念[M].北京：北京大学出版社，2016：315.
[4] 丁峰.构建传播新格局深度挖掘新动能：以长三角地区媒体融合发展为例[J].新闻战线，2023(19)：70－72.
[5] 刘永涛.主流媒体加强区域联动、放大产品价值链的实践和启示[J].中国记者，2022(05).
[6] 恩格斯.反杜林论[M].人民出版社，1999.

作者简介：

陆晓峰，上海市嘉定区融媒体中心总编办公室主任。

融媒时代背景下文化类节目破圈路径探究

张　菲

提　要：当前，文化类节目在媒体融合大环境下展现出多样化的特征。尽管部分优质文化类节目在一定程度上满足了观众与时俱进的文化需求，收获了不错的反响，但从整体上看，文化类节目仍然面临着诸多挑战。比如不少文化类节目的收视成绩并不理想，口碑参差不齐，真正叫好又叫座的节目数量有限，缺乏持续的吸引力和竞争力。本文以近年来全国有影响力的文化类节目具体创作实践为案例，从叙事策略、传播方式到审美建构等维度，探寻文化类节目成为爆款的底层逻辑和创作方法，为推动文化类节目整体迈向高质量发展提供有益的借鉴与参考。

关键词：传统文化　叙事策略　传播方式　审美建构　媒体融合

引　言

近年来，一批文化类节目不断在电视荧屏、网络平台和社交媒体中刷屏，从较早期为观众所熟知的《中国诗词大会》《朗读者》《见字如面》《经典咏流传》，到如今融入了全新的形式，如圆桌访谈、情景剧、诗朗诵、文学竞赛和旅行户外等等，文化类节目正呈现出“文化＋影视”“文化＋文旅”“文化＋科技”等多元融合的发展趋势。像《典籍里的中国》《非遗里的中国》《宗师列传·唐宋八大家》，以及 2024 年央视、卫视春节联欢晚会，都不约而同地选择了代表不同地域特点的文化大主题，获得了广大观众的喜爱。

无论何时，文化类题材创作都是主题宣传中的重要组成部分。在 2023 年 6 月召开的文化传承发展座谈会上，习近平总书记指出了中华文明的五大突出特性，即连续性、创新性、统一性、包容性、和平性。了解中华文明的起源与发展历程，对塑造民族思想品质和价值观，增强民族历史自信和文化自信有着十分重要的意义。在融媒时代背景下，文化类节目题材创作正通过“思想＋艺术＋技术”的多元融合与创新，持续打破主题概念化、题材模板化乃至叙事套路化的思维束缚火爆“出圈”。

本文结合近年来全国有传播力、影响力和公信力的文化类节目具体创作实践，从叙事策略、传播方式到审美建构等维度，探寻该类节目成为爆款的底层逻辑和创作方法论，为未来文化类节目的创新与发展提供有益参考。

一、叙事策略·创意出圈

文化类节目聚焦中华优秀传统文化的不同领域，通过话题设置、沉浸演绎和网感表达，开发原创特色文化 IP，从不同角度呈现中华文明。文化类节目主题的构造、情感的传达和价值观念的输出都有赖于节目中叙事策略的精准效用。

（一）话题性设置

鉴于文化的多元属性，文化类节目在话题设置方面也拥有多样性的选择。大型文化节目《非遗里的中国》以中国非物质文化遗产为话题，让小众的非遗项目从街头巷陌走进当代人的日常生活。文博探秘节目《博物馆之城》，以“探源”和“考古”为主题，让观众近距离了解文物挖掘和修复的过程，感受不同年代展品背后的历史渊源。文化雅集节目《斯文江南》（第二季），从文化先贤的经典文本出发揭秘中华民族的文化图腾和精神密码。

优秀的作品既是时代精神的体现，也是民族精神的表征。从非遗文化、文博考古到经典名篇，在媒体融合与新文化语境下，原本小众的、圈层化的文化题材通过价值的多维表达，形成具有时代精神的公共文化产品。法国哲学家、文化社会学家皮埃尔·布尔迪厄曾提出，“文化生产是一个动态的社会化过程”，我们的文化类节目之所以能成为常谈常新的话题，其底层逻辑在于创作者没有选择单纯照搬和移植传统元素，而是主动打破文化圈层壁垒，从观众感兴趣的话题入手，找到传统文化与现代精神的最佳契合点，以当代主流价值引领传统文化创作。简言之，实现中华优秀传统文化的当代性价值转化正是新时代文化类节目创作的题中应有之义。

（二）沉浸式演绎

生动立体的文化类节目通常离不开节目对主线人物的形象化塑造。法国哲学家亨利·列斐伏尔在代表作品《空间的生产》中强调了空间的复杂性和多维性。文化类节目利用空间和场景的建构，形成立体化的沉浸场域，将人物形象塑造得更加立体。大型文化节目《典籍里的中国》设定“当代读书人”和“古代读书人”的戏剧角色，在节目历史空间的演绎部分，主持人撒贝宁以“当代读书人”的身份参演，跟随剧中演员跨越时空，谈论经典，在视觉效果呈现下，节目以戏剧化演绎的方式联结古今，更彰显中华文明一脉相承的厚重。

与此同时，将历史典故或历史人物作为叙事线索进行戏剧化演绎也越来越成为文化类节目创新表达的方式。沉浸式演绎让抽象的“文明”转化为生动的视觉符号，这种由表演者所赋予的情感和思考，能够直接加深观众对于角色背后所传达的精神和价值的共鸣。此外，沉浸式演绎对于中国传统文化场景的再塑造，也能很好地帮助观众了解特定历史背景，比如节目中“历史空间”的精巧设计、演员的服化造型和举止礼仪都完全贴近典籍中的时代背景和人物角色，也让观众的学习体验变得更加丰富。

（三）网感化表达

“网感”是影视创作者在策划时有意呈现出的一种风格，业界通常把网络节目与电视节目不同的特质统称为“网感”。文化类节目在进入网络文艺生产和传播场域后，也尝试以“网感”的语态让传统文化吸引年轻人的关注。央视语言文字纪录片《“字”从遇见你》溯源每个汉字的原始形态及含义，以诙谐幽默的表达方式揭开汉字背后的历史文化典故。在第25集“象”字的介绍中，节目通过一段朗朗上口的RAP，将现代时尚元素与华夏传统意识情感巧妙地融入解说词中，“豫州这么棒，真想逛一逛！河南的土地上还有没有大象？河南的象，中原的象，历史存在的象就是文化的样……”平仄押韵的解说在充满网感和意趣的同时，也讲述了自古被称为“豫州”的河南与“象”的关系，过渡自然且角度新颖，既更新了观众对于传统汉字的认知维度，也拓展了节目的张力。

可见，文化类节目中流行元素的穿插运用，能够让原本严肃有深度的文化题材更具亲和力和趣味性。在新媒体传播生态下，文化类节目创作者选择摒弃自上而下的灌输方式，在策划过程中有意识地注入网感思维，也是这类节目能够迅速出圈的原因。与此同时，我们也必须辩证地看待这一现象，毕竟文化类节目因其选题的正向性和特殊性，在寻找传统文化和当代青年的兴趣联结点时，仍须把握网感之“度”，不可因片面追求传播效果，出现对文化知识的表述不严谨或是以边缘话题吸引眼球。综上，真“网感”应该是“品质”与“网感”的结合，文化类节目要在接地气的同时坚守中华文化立场，二者缺一不可。

二、传播策略·技术破圈

除了叙事策略的多元，文化类节目形态的创新也极大程度得益于智能影像技术的快速发展。当前，数字技术越来越成为新时代科技赋能传统文化创造性转化、创新性发展的重要力量，也为文化类节目再现经典、创新经典提供了强有力的支撑。现如今，全国各级广电加快媒体融合转型，深化技术革命，XR、全息影像、5G＋4K/8K 高清转播技术、AI＋VR 裸眼 3D 演播室技术等，越来越多地出现在文化类节目中。

（一）可视化场景

2024 年 2 月 26 日，中国首部文生视频 AIGC 动画片《千秋诗颂》一经播出，便引起国内外各大媒体的广泛关注。节目依托中央广播电视总台“央视听媒体大模型”，将国家统编语文教材中的诗词转化制作成唯美的国风动画，创作出更适合“Z 世代”少年儿童的背诗场景，赢得了观众的交口称赞。在《千秋诗颂》宣传片的评论区里，不少网友留言表示“AI 和中华传统文化的交互碰撞，呈现出了不一样的精彩”“比课文插图更生动，妈妈再也不用担心我背诗了”。《千秋诗颂》从美术设计到动效生成再到后期成片，均为 AIGC 辅助制作。AIGC 全称“AI Generated Content”，指利用人工智能生成所需要的内容。为了让 AI 大模型具备理解古诗词的能力，《千秋诗颂》的主创团队和技术团队收集了大量文物照片和人物形象图，在大量精准语料库“投喂”训练后，生成了符合历史依据的场景、建筑和人物。比如输入“春雨”“大唐盛世”“汉服”“国风”等关键词，为场景和人物赋予具体的环境特征和性格标签，再通过人工智能技术进行风格化处理，从而呈现出独具底蕴的东方审美。节目首播收视份额 4.22%，在全国所有上星频道动画片中位列第一。可见，技术的更新迭代会让影视画面变得更丰富、更有层次，智能媒介技术的自主创新成为文化类节目破圈的关键。

从结果来看，以 Sora 为代表的文生视频技术与节目生产流程相结合，极大程度提高了节目制作生产效率，让孩子们对书本中的诗词歌赋和语言文字可视、可听、可感，也延展了观众对文化类节目的想象空间。但硬币总有正反面，从整体来看，这项技术目前还处于产研结合的阶段，需要人为干预，视听作品并不能简单粗暴地依赖技术生成，文化价值内涵的表达与呈现仍然需要创作者发挥主观能动性，把好内容审核关。与此同时，它也释放了一个有效的信号，那就是当技术不再成为竞争壁垒，创意将成为核心竞争力影响视听行业内容生态。对文化类节目而言，只有主动拥抱技术革命，守好本心，因地制宜进入内容产业的全新赛道，才能形成新质生产力肥沃节目创新的土壤。

（二）交互化体验

新媒体时代，越来越多的文化节目喜欢在强化参与感上做文章。比如国内首档考古空间探秘类文化节目《中国考古大会》就以 AI＋VR 裸眼 3D 演播室技术，针对每个考古遗址量身打造出沉浸式的“视＋听＋触”场景。舞台上不仅有 XR 打造的虚拟特效，还有真实置景和道具加持。在“探秘古蜀先民的家园：三星堆遗址”这期节目中，考古成员穿越时空隧道进入“探秘空间”，接近 4 米高的青铜神树、精美的青铜纵目面具和青铜大立人像通过虚拟现实技术映入眼帘，环屏包裹下的主舞台和 XR 空间副舞台，配合 360 度圆环状灯网和起伏自如的地屏，仿佛让观众亲自步入文物考古挖掘的第一现场，从“只可远观”到“触手可及”。

这类由真人参与、交互体验的模式通常在文化类综艺节目中较为常见，其目的就在于强化真实。时代在变，载体在变，新兴技术为传统文化节目制作带来了更多可能，提供了新的创作思路和机会。2024 年的《政府工作报告》提出了诸多关于“文化”的具体措施，例如“深入推进国家文化数字化战略”“大力发展文化产业”，等等，“人工智能＋”也被首次写入政府工作报告。在大环境的支持下，被赋能新技术的文化类节目，用契合现代审美的创新形式对传统文化再创作，不仅让传统文化在新时代焕发新生，也成了节目持续圈粉当代年轻人的重要原因。从长期实践看，新技术在应用层面仍存在一些技术挑战，文化节目创作者必须充分考虑用户的接受度和体验感，在将虚拟交互技术应用于传统文化节目制作时，需要在技术创新和文化传承之间找到合适的平衡点，实现文化与技术、艺术的深度勾连。

（三）精准化传播

从传统媒体到互联网平台，从长视频主场到短视频崛起，文化类节目在媒体融合发展的潮流下开辟出多元“玩法”，寻找传播的精准路径。如传统文化节目

《了不起的手艺人》面向中高端城市文艺消费人群，开发出一系列声音、视觉和文创产品，并由节目延展出多样化的线下活动，如非遗市集、非遗手作项目体验、非遗文化沙龙等，也成为政企、文旅、艺术机构和教育机构良好合作的切口，取得了社会效益和经济效益的双丰收。大型融媒体文化节目《行走大运河》邀请学者、作家、艺术家作为“大运河文化推广人”，讲述大运河文化对人类的滋养，阐述传承保护大运河的现实意义。节目在正式开播前便采取了视频直播预热的方式，通过“访谈＋体验”带领观众沉浸式感受运河文化，之后又以短视频、记者体验Vlog、微博话题、系列海报和“点亮大运河”H5游戏等形式进行多维传播，力求让更多年轻人感受大运河的文化魅力，同时也带火了大运河沿岸的旅游取景地。

归纳来看，当前文化类节目的融合传播策略除了联动各级各类媒体进行平面矩阵式推广外，以伴随式的直播方式对节目进行“剧透”预热和话题营销也是宣传推广中经常使用的方式。除了大屏端的精良制作，节目在小屏端也同步推出系列短视频、正片和花絮等宣推物料，形成互动传播热潮。与此同时，文化类节目还可以借助大数据的用户画像技术，针对不同性别、年龄和职业的用户进行多层级精准推送，最终形成大屏小屏齐发力、线上线下深度融合的传播新格局。

三、审美建构·跨界拓圈

审美文化是以艺术文化为中心，具有一定审美价值与审美特征的文化形式。一些文化类节目之所以不会让观众产生审美疲劳，很大程度上得益于节目中跨界元素的融合运用。比如文化类节目积极跨越艺术形式和古今文化的边界，用现代审美视角诠释传统文化特色，通过技术手段的加持，让传统与流行元素相连，为观众带来了前所未有的视听体验。

（一）跨艺术形式之界

大型文化节目《诗画中国》以中国经典名画为内容，从经典诗词传递的精神内核出发，为传统诗画作品赋予了新时代的艺术表达。节目在表现明代·唐寅所作的《柴门掩雪图》轴时，没有直接选择传统大屏呈现画作的内容，而是以画中图景为原型，通过艺术表演、舞蹈、编曲等元素，还原了冬雪山景里的几组镜头，实现了古今审美观念的碰撞与融合。其中包括“雪中行走的路人”“芦苇丛中的乌篷渔船”“船篷中躲避风雪的渔夫”。通过演员的精湛演绎和视觉技术的加持，展现了更多样的东方美学，为经典画作打造出沉浸式的“写意空间”。与此同时，节目中大量的古画和文物也作为形制参考，让文人墨客笔下的经典名篇拥有了真实的文学意境，充分彰显节目的美育功能和文化价值。

（二）跨古今文化之界

纵观当下文化类节目创新生态，极具中式美学的国风元素开始成为文化类节目的“流量密码”，激活不同传播圈层。2022 年 B 站元宵晚会《上元千灯会》以寻找古时元宵灯会为主线，串联起多彩的民俗文化。猜灯谜、逛灯会、听昆曲，这些传统元宵佳节的经典活动，在现代舞台上焕发出全新活力。在猜灯谜环节，融入了数字互动技术，观众不仅能在屏幕前参与，还能借助 AR 技术“亲临”灯谜现场。虚拟主持人用年轻人喜爱的网络热梗引导大家解谜，瞬间拉近与“Z 世代”观众的距离。为了实现古今文化的深度融合，节目组还邀请到时下国风题材优质创作者参与故事和剧本创作，古今糅合的审美体验和诗意绚烂的国风之美，让古老的故事更符合当代年轻人的口味，也为节目赢得了流量和口碑。从 2024 年央、卫视平台推介的节目资源来看，“国风”主题文化节目成为平台推介的重点内容，其中《国风超有戏》《有礼有剧》《热血诗社》等节目，均从不同垂类文化主题着手，主动拥抱青年审美元素，拓宽传统文化内容赛道。

从美学层面看，传统文化形态要从“传统审美形式”转换成“当代审美形式”，其转化与创新的本质是一种“二创”，是用更具现代感的艺术方式重构经典艺术文本的审美价值。当前，我国文化类节目的创新也正是在传统基础上，融合了多种现代元素的“二创”。可见，只有思想上的“破冰”，才能有发展中的“突围”。融媒背景下，文化类节目创作需要主动找到大众喜闻乐见的话题，以跨界拓圈的形式进行艺术和审美建构，打造出兼具立意高度、内容深度、情感温度和话题热度的优秀作品，让传统文化更年轻、更流行。

结　语

文化兴则国运兴，文化强则民族强。在习近平文化思想中，“加强对中华优秀传统文化的挖掘和阐发，让中华文化展现出永久魅力和时代风采”是新时代重要的文化课题。围绕新时代新的文化使命，文化类节目的创制要找准视角和切入点，把社会主义核心价值观、中华优秀传统文化等融入各方面、全过程，从人民群众真正喜爱的文化命题中寻找、发现内容，以讲好文化故事、时代故事和中国故事为根本目的，在垂类领域中深化文化传承的主旨。与此同时，创作者还须时刻关注新技术的发展，在策划时主动融入互联网思维，统筹考虑对外宣传方式，让节目形态更多元、语态更年轻、受众更垂直，努力实现文化类节目正能量和大流量的双向奔赴。

参考文献：

[1] 习近平.在文化传承发展座谈会上的讲话，求是网，http://www.qstheory.cn/dukan/qs/2023-08/31/c_1129834700.htm，2023年8月31日.

[2] 孙蕾蕾.中华优秀传统文化当代转化的价值逻辑、审美再现、技术赋能，《电视研究》2023年第11期.

[3] 周才庶.西方文论关键词：文化生产，《外国文学》2016年第5期67—76页.

[4] 李强.政府工作报告：2024年3月5日在第十四届全国人民代表大会第二次会议上，共产党员网，https://www.12371.cn/2024/03/12/ARTI1710251280907210.shtml，2024年3月12日.

[5] 林夕.2024节目革新，"国风"成有效抓手，《传媒内参》(CMNC).

[6] 徐天承.深入学习贯彻习近平文化思想　做好中华优秀传统文化挖掘和阐发工作，中国共产党历史和文献网，https://www.dswxyjy.org.cn/n1/2024/0207/c458214-40175419.html，2024年2月7日.

作者简介：

张菲，上海教育电视台总编室编辑。

融媒体生态中短视频促进传统文化传承的路径研究与策略创新

孙　晨　沈逸清

提　要：在融媒体时代背景下，传统文化的传承与发展不再局限于传统的口耳相传或书面记载，而是步入了一个充满挑战又蕴藏无限可能的新纪元。短视频，作为一种新兴的媒介形态，凭借其短小精悍的内容结构、快速便捷的分享机制，以及形式活泼、创意无限的表达方式，迅速在文化传播领域占据了一席之地，成为联结传统文化与大众的重要桥梁。将传统文化类内容以短视频形式播出，有效降低了文化传播的门槛，同时也激发了大众对于中国传统文化的热情。本文深入剖析当前一系列成功的实践案例，旨在揭示短视频在激活传统文化魅力、拓宽文化传播渠道方面的积极作用及其深远影响。

关键词：短视频　传统文化　融媒体时代　文化传播　策略创新

引　言

随着互联网技术的日新月异，人类社会已全面步入信息爆炸的融媒体时代。短视频，这一新兴的媒介形态，凭借其独特的吸引力迅速渗透至日常生活的每一个角落。在快节奏的现代生活中，传统文化的传承与发展遭遇了前所未有的挑战，但同时也迎来了前所未有的机遇。如何在短视频的浪潮中挖掘传统文化的精髓，让其在新时代焕发出新的生机，成了一个值得深思的课题。

本文旨在探讨融媒体生态下短视频如何促进传统文化的传承，通过深入分析成功案例，揭示短视频在文化传播中的独特价值。同时，我们也将审视短视频文化传播过程中可能遇到的问题与挑战,并提出相应的解决策略,为传统文化在融媒时代的传承与发展提供参考和启示。

一、理论探讨:短视频、传统文化及其关系

(一)短视频的定义与特点

党的二十大报告提出"以中国式现代化全面推进中华民族伟大复兴"的重大命题。在这一背景下,文化领域的高质量发展不仅是中国式现代化的题中之义,也是彰显新时代中国文化特色的重要实践。随着互联网和移动互联网的飞速发展,短视频以其碎片化、娱乐化、易传播等特点迅速崛起,成为人们获取信息和娱乐的重要方式。2025 年 1 月 17 日,中国互联网络信息中心发布的第 55 次《中国互联网络发展状况统计报告》显示,截至 2024 年 12 月,我国网民规模达 11.08 亿人,互联网普及率达 78.6%,越来越多的人正在接入互联网,共享数字时代的便捷和红利。随着用户对优质内容需求的不断增长和行业环境的不断优化,网络视频行业呈现蓬勃发展势头,截至 2024 年 6 月,短视频用户占网民整体的 95.5%。这一庞大的用户基础使得短视频成为当下受众范围最广、内容生产最多的媒介形式。因此,短视频也自然需要承担起推动文化高质量发展的时代使命。

短视频是指在各种新媒体平台上播放的、适合在移动状态和短时休闲状态下观看的、高频推送的视频。它是一种新型视频形式,通常在 5 分钟以内。它具有短小精悍、制作门槛低、传播社交化、时效性强、内容工具化等特点。它不仅适应了现代人快节奏的生活方式,还迅速融入了人们日常生活的方方面面,扮演着信息获取、娱乐消遣与社交互动的桥梁角色。5G 技术的商用化与普及化为短视频行业的飞速发展铺设了坚实的技术基石,在缩短视频加载时间的同时,又确保了流畅播放,用户的观看体验显著提升。这一技术革新,无疑为短视频内容的即时传播与广泛分享创造了有利条件。

随着智能手机的功能日益强大,现在人人都能成为"摄影师",大众可以随时随地利用手中的设备进行拍摄、剪辑并观看,这一便捷性极大地拓宽了短视频内容的创作与消费边界,进一步加速了短视频的发展。此外,以抖音、快手、bilibili 等头部短视频平台,凭借其先进的算法技术与精准的内容推荐机制,成功吸引了海量用户群体。个性化内容推送,不仅提升了用户的参与度和黏性,也为短视频内容的广泛传播提供了宽广的舞台。

（二）传统文化的内涵与价值

传统文化是一个民族历经漫长历史沉淀而形成的共同价值观、道德观念、审美取向及生活方式的综合体现，它深植于民族的精神根基之中，是维系民族生存与繁荣发展的基石。然而，在当今社会，传统文化的传承正遭遇前所未有的断层风险，众多传统技艺正悄然淡出人们的视野。全球化与现代化的浪潮，作为现代社会的显著特征，对传统文化的保护与传承构成了多重挑战。在此背景下，如何妥善协调传统文化与现代文明之间的张力，如何在新的时代背景下有效传承并创新发展传统文化，成了亟待我们深入探索与解答的重大课题。

习近平总书记指出："每一种文明都延续着一个国家和民族的精神血脉，既需要薪火相传、代代守护，更需要与时俱进、勇于创新。"党的十八大以来，习近平总书记将推动中华优秀传统文化创造性转化、创新性发展摆在突出位置。他表示，要扎实做好非物质文化遗产的系统性保护，更好满足人民日益增长的精神文化需求，推进文化自信自强。要推动中华优秀传统文化创造性转化、创新性发展，不断增强中华民族凝聚力和中华文化影响力，深化文明交流互鉴，讲好中华优秀传统文化故事，推动中华文化更好走向世界。

（三）短视频与传统文化的关系

在融媒体时代，短视频作为当下受众范围最广、内容生产最多的媒介形式，自然需要承担起推动文化高质量发展的时代使命。

一方面，短视频作为一种新兴的传播媒介，为传统文化的传播提供了新的途径。短视频平台以其低门槛、高互动性和传播速度快的特点，打破了传统文化传播的时间和空间限制。通过短视频，传统文化可以以更加生动、直观的方式呈现给大众，尤其是年轻一代。这些短小精悍的视频片段，能够迅速抓住观众的注意力，将传统文化的精髓浓缩在几分钟甚至几十秒内，极大地提高了传统文化在现代社会中的曝光率和影响力。例如一些传统节日、民间艺术、非物质文化遗产等，通过短视频的传播，让更多人了解并产生了浓厚的兴趣。

另一方面，传统文化为短视频创作提供了丰富的素材和灵感。在短视频平台上，我们可以看到大量的以传统文化为主题的创作，如古风音乐、传统舞蹈、书法展示、历史故事讲解等。这些内容不仅丰富了短视频平台的多样性，也为传统文化的传承和发展注入了新的活力。传统文化中的故事、人物、习俗、技艺等，都成了短视频创作者取之不尽的创意源泉。在这个过程中，传统文化得到了重新诠释和创新，使其更加符合现代人的审美和需求。

短视频与传统文化之间的相互促进与影响，不仅拓宽了传统文化传播的渠道，也激发了短视频内容的创新。这种互动关系有助于传统文化的活化与传承，同时也为短视频行业的发展提供了新的方向和动力。在这种良性互动中，传统文化得以在现代社会中焕发新的生命力，而短视频也因融入了传统文化的内涵变得更加丰富和有深度。

二、案例分析：短视频传播传统文化的成功案例剖析

（一）李子柒：非遗文化的生动演绎者

近期，非遗赛道博主李子柒的回归备受瞩目。她以一条聚焦非遗漆器技艺的复出视频震撼归来，短时间内便获得了极高的播放量。作为深耕文化类视频创作的短视频博主，李子柒将传统文化与现代审美巧妙融合，持续挖掘并探索非物质文化遗产的内涵。她通过精美的画面拍摄与剪辑技巧，将原本繁复深奥的非遗文化转化为简洁生动的视觉语言，触动了广大观众的心弦。她的短视频作品不仅展现了她在传统技艺上游刃有余，更体现了她对传统文化的深刻理解和独到见解。

（二）故宫博物院：短视频中的历史文化传承

故宫博物院官方抖音账号通过精心制作的短视频，向观众深度展现了故宫的历史文化与艺术价值，成功吸引了年轻群体的关注。这些视频不仅呈现了故宫的古建筑风貌与珍贵文物，还讲述了文物背后的历史故事与文化内涵，以更加生动和直观的方式传递了传统文化。通过社交媒体平台的文化传播，实现了文化的双向互动，增强了文化自信和民族认同感。这种传播方式打破了传统博物馆的时空限制，实现了文化遗产的数字化保护和共享。

（三）青浦融媒：二十四节气短视频中的文化传承与创新

二十四节气作为中国古代农耕文明的产物，是中华优秀传统文化的重要组成部分。在全球化的浪潮中，对二十四节气的保护和传承具有重要意义。短视频以其碎片化、趣味化的特点，降低了对二十四节气文化的理解门槛，提升了传播效率。在短视频平台上，大量创作者通过制作与二十四节气相关的短视频作品，展现了日常生活中的节气之美。青浦区融媒体中心推出的“二十四节气”系

列短视频《邂逅青浦二十四食》《邂逅青浦二十四诗》等，成了短视频与文化传承深度融合的产物。该系列短视频，以食物和诗句为载体，精准捕捉每个节气所特有的文化习俗，并融入现代审美与创意元素，使古老的节气文化以更加生动、直观、有趣的方式呈现在观众眼前。这些作品不仅吸引了大量网友的观看与点赞，还激发了更多人对二十四节气文化的兴趣与关注。通过短视频这一载体，二十四节气等传统文化更加贴近现代人的生活，增强了观众对地方文化的认同感与自豪感。据统计，截至 2024 年 12 月，《邂逅青浦二十四食》全网总播放超 350 万，《邂逅青浦二十四诗》全网总播放超 442 万。

三、策略研究：短视频传播传统文化的路径优化与策略创新

（一）短视频传播传统文化的优势与面临挑战

短视频与传统文化的结合是时代发展的必然趋势。青浦区融媒体中心推出的“二十四节气”系列短视频，以及众多短视频博主在这一领域的成功案例，充分展示了短视频作为新兴媒介平台，在传承与弘扬中华优秀传统文化方面所展现出的巨大潜力和独特优势。这些实践不仅丰富了文化传播的形式，还极大地增强了传统文化在现代社会的吸引力和影响力。

短视频的制作相较于微电影和直播而言，具有其独特的特点和挑战。一方面，相较于微电影对表达形式和团队配置的高要求，短视频的生产流程更为简洁，制作门槛也相对较低，因此吸引了更多人参与创作，从而丰富了内容的多样性并提升了参与性。另一方面，短视频又比直播更具传播价值，其超短的制作周期和易于分享的特性，使得信息能够迅速扩散，形成广泛的社会影响。然而，这也对短视频制作团队的文案撰写、创意策划以及内容编排能力提出了更高要求。如何在有限的时间内，通过精练的文案、巧妙的构思和吸引人的视觉元素，将传统文化的精髓准确而生动地呈现出来，成为摆在每一个新媒体人面前的重大课题。

（二）针对短视频传播传统文化的对策与建议

深入挖掘传统文化内涵，并结合现代审美，是打造具有吸引力的短视频内容的关键。创作者须深入研究传统文化的精髓，将其与现代元素巧妙融合，创作出既保留传统韵味又迎合现代观众口味的内容。在这个过程中，画面、音效、剪辑等制作质量同样至关重要，它们共同决定了观众的观看体验。只有高质量的短视频，才能有效地传达出传统文化的美，从而提升传播效果。

为了进一步推广传统文化内容，建立与短视频平台的合作关系显得尤为重要。借助短视频平台的推荐算法和资源支持，可以有效提升传统文化内容的曝光率，使其触及更广泛的受众。同时，鼓励观众积极参与短视频的创作与传播，是增强互动性的有效手段。通过举办短视频创作大赛、征集观众投稿等形式，可以激发观众的创作热情，让更多人成为传统文化传承的积极参与者。

此外，加强版权保护意识，尊重原创内容，是维护创作者权益和促进文化健康发展的基石。我们必须避免侵权行为，保护传统文化资源的合法权益。政府和相关部门也应出台相应政策，支持和鼓励利用短视频传播传统文化，为传统文化的创新发展营造良好的环境。

（三）策略创新：探索短视频与传统文化的深度融合

1. 技术融合创新：利用人工智能、虚拟现实（VR）、增强现实（AR）等前沿技术，为传统文化内容增添互动性和沉浸感，提升用户体验，使传统文化以更加生动、直观的方式呈现给受众。

2. 跨界合作创新：与时尚、旅游、教育等产业进行跨界合作，将传统文化元素融入现代生活场景，打造具有文化特色的产品和服务，拓宽传统文化的传播渠道和受众群体。

3. 社群营销创新：建立基于共同文化兴趣的社群，通过社群营销的方式，促进受众之间的交流与互动，形成文化认同感和归属感，增强传统文化的凝聚力和影响力。

4. 国际化传播创新：利用短视频平台的国际化特性，推动传统文化的国际传播，通过多语言字幕、国际文化交流活动等方式，使传统文化走向世界，增进不同文化之间的理解和尊重。

通过实施这些对策和建议，我们可以更有效地利用短视频这一新兴媒介，进一步挖掘其在传播传统文化方面的潜力。这不仅有助于推动传统文化的传承与发展，还能促进传统文化的创新性发展和创造性转化，为传统文化在现代社会中绽放新的活力并注入新的动力。

结　语

在文化传承与创新的征途中，新媒体从业者肩负着不可推卸的历史使命。2023 年 6 月 2 日，习近平总书记在文化传承发展座谈会上提出的“文化主体性”论断，深刻揭示了文化在民族精神构建与国家软实力提升中的核心地位。中华文明，以其连续性和独特性，在全球文化版图中独树一帜，其生命力与魅力根源深植于丰富的传统文化之中。

短视频，作为新媒体时代的产物，凭借其短小精悍、易于传播的特性，迅速成为联结信息、娱乐与社交的桥梁，为传统文化的传播与传承开辟了全新路径。作为新媒体从业者，我们应积极拥抱这一变革，探索短视频与传统文化融合的新模式、新路径，致力于推动中华优秀传统文化的创造性转化和创新性发展。

在内容创新方面，我们应深入挖掘传统文化的精髓，制作具有新颖性和吸引力的短视频内容，以多样化的形式展现传统文化的魅力，吸引更多观众的关注与参与。同时，注重提升短视频的制作质量，从画面、音效到剪辑，每一个细节都力求完美，以打造出更具观赏性和传播力的作品。

在平台合作与推广上，我们应与各大短视频平台建立紧密的合作关系，共同推广传统文化相关的短视频内容，拓宽传播渠道，扩大影响力。此外，观众的参与和反馈同样重要，我们应建立良好的沟通机制，倾听观众的声音，了解他们的需求和喜好，以此优化短视频内容和传播策略。

在追求创新的同时，我们亦须不断学习短视频的视听语言和叙事技巧，使作品更加贴近当代受众的审美需求和接受习惯。这要求我们不断提升自身的专业素养和创新能力，勇于尝试新的技术手段和艺术表现形式，以期在短视频与传统文化的结合中创造出更多具有深度和广度的优秀作品。

展望未来，让我们共同推动短视频与传统文化融合发展的美好愿景。在新媒体技术的助力下，让传统文化在现代化进程中焕发出更加璀璨的光芒，为中华优秀传统文化的传承与发展贡献自己的力量，共同守护和弘扬这份宝贵的文化遗产。

参考文献：

[1] 高瑞龙，尚梦婷.融媒体视域下移动短视频发展策略研究[J].艺术科技，2021：34.
[2] 宋鑫.浅析传统文化对于促进文化自信的作用[J].汉字文化，2022-01-25.
[3] 李奕悦.新媒体中的传统文化传播研究：以社交短视频平台抖音为例[J].山海经：教育前沿，2020：(6).
[4] 王忠才.高质量融媒体新闻短视频的制作分析[J].新闻传播，2022-03-20.
[5] 孟安然.融媒体时代地方文化短视频的传播策略研究[D].聊城大学，2020-06-01.
[6] 王传领.短视频赋能中华优秀传统文化的媒介特征与文化使命[J].中国编辑，2024-05-14.

作者简介：

孙晨，上海市青浦区融媒体中心移动媒体部副主任。
沈逸清，上海市青浦区融媒体中心移动媒体部编辑。

语言符号下广播访谈类节目主持人转型路径探讨

马凯洲

提　要： 在媒体融合上升为国家战略开启第二个十年的新征程下，人工智能生成技术推动主流媒体系统性变革使媒体融合迈入新的发展阶段。本文从语言符号学视角出发，深入剖析上海金山区融媒体中心广播访谈节目《1051 会客厅》以及其他优秀广播访谈节目案例，提出广播访谈节目主持人应通过精准运用语言符号、增强语言感染力、适应多元需求、注重逻辑与互动、考虑受众接受度、营造互动氛围、把握节奏变化、引用案例故事以及关注文化社会背景等路径，适应媒体融合发展趋势，提高节目质量和传播效果。

关键词： 语言符号　区县融媒体　广播访谈类节目主持人　转型路径

引　言

在媒体融合不断深入的大背景下，区县融媒体广播访谈类节目主持人的角色和职责发生了深刻变化。语言符号作为播音员、主持人传达思想和观点的核心工具，其有效运用对于提升节目质量和传播效果至关重要。主持人如何在语言符号的运用上实现转型，成为适应新时代要求、推动区县融媒体发展的关键因素。金山区广播电视台综合广播的《1051 会客厅》节目以及其他优秀广播访谈节目为笔者提供了丰富的实践案例，本文试通过对这些案例的分析，探讨在我国融媒体建设进入第二个十年后，其播音员与主持人在语言符号运用方面的转型路径及其重要意义。

一、语言符号在广播访谈节目的运用分析

在广播访谈节目中，主持人和嘉宾对话题的阐述、观点的表达是编码行为，他们运用语言、声音等符号将自己的想法和情感进行编码。受众则根据自己的经验、文化背景和认知结构对节目中的符号进行解码，从而理解节目传达的信息和意义。因此，语言符号作为广播最主要的也是最为重要的传播手段，主持人和嘉宾的编码过程是通过语言符号直接传达思想、观点和情感，构建节目内容和意义。

（一）信息传递功能

语言符号是符号传播中最有效的、足以避免错觉的媒介。作为广播媒介最重要的承载信息的介质，广播节目主持人通过合理运用语言符号包括事实、观点、情感等，可以准确、高效地将信息进行编码传递信息。而作为广播节目重要的组成部分——广播访谈节目，主持人更需要通过提问、引导嘉宾发言以及自己的阐述等方式，将节目主题相关的信息传达给听众。

（二）意义构建功能

语言符号的意义需要在特定语境中产生和解码，通过不同的组合和表达方式，就能构建起独特的意义空间。广播访谈节目的语境包含节目所处的社会文化背景、节目主题、参与人员的身份和关系、传播渠道等因素。这些语境因素会影响符号的选择、编码和解码，以及节目中的互动方式和效果。广播访谈节目中主持人和嘉宾的对话需要在特定的语境下，选择与语境相适应的符号进行编码、解码以达到传播效果。

（三）情感沟通功能

语言是由人创造出来用以传递思想和表达情感的符号系统，它赋予人以特定的“文化”属性，从而成为人类文明的表征。语言作为人与现实之间不可或缺的中介，一方面使客观现实以符号的形式进入人的文化世界，另一方面又被主体“人”用以感知和解释现实世界的一切事物。语言符号可以传达情感，引发听众的情感共鸣。主持人的语调、语气以及用词的情感色彩，都能影响听众的情绪感受。在讲述感人故事时，使用温情、感人的语言，能够触动听众的心灵；在讨论激

励人心的话题时，运用充满激情的语言，激发听众的热情和动力。

二、广播访谈节目主持人语言符号转型的必要性

（一）适应媒体融合趋势

伴随 AIGC 时代来临，以及“两微一抖”为代表的社交媒体平台的发展，区县融媒体曾经的传播渠道已然式微。区县融媒体广播访谈节目不能固守传统节目传播阵地，更需要与多种媒体形式融合实现传播效果质的提升，扩大自身的节目的影响力。作为广播访谈节目的灵魂——主持人面对新的传播平台，必须具备跨媒体传播能力。这要求主持人在广播访谈节目中的语言符号运用上更加灵活多样，能够适应不同媒体平台的特点。例如在新媒体平台上，语言要更具个性化、吸引力和互动性，以吸引用户关注和参与；在传统广播中，语言要清晰、准确，便于听众理解。

（二）满足受众需求变化

社交媒体兴盛的当下，受众对资讯内容的需要已经达到社区层面，受众越来越关注个人化的、在地化的生活资讯，如生活区和工作区附近的购物、饮食、交通出行等。在传播现象中，新媒介已经改变了传统区县媒体单向传播的形式。每一个受众既是传播者，也是信息接收者，因此广播访谈节目传播的进展与效果实际上表现在主持人与嘉宾、听众之间是否能够进行良好的心理活动。受众希望广播访谈节目内容更加丰富多样，形式更加新颖有趣，互动性更强，因此，区县融媒体广播访谈节目主持人需要敏锐洞察受众需求，调整语言风格和表达方式，以吸引和留住受众。例如年轻受众可能更喜欢时尚、潮流的语言表达，而老年受众则更倾向于通俗易懂、沉稳的语言风格。

（三）提升节目竞争力

在激烈的媒体竞争中，主持人作为节目的核心人物，其语言能力和表达水平直接影响节目竞争力。优秀的主持人是访谈节目的灵魂与核心，节目主持人通过精准、生动、富有感染力的语言，能使节目在众多同类节目中脱颖而出。独特的语言风格可以塑造节目品牌形象，吸引特定受众群体，提高节目在市场中的占有率。

三、《1051会客厅》节目案例分析

（一）节目概况与发展历程

《1051会客厅》是隶属上海金山区融媒体中心下的金山区广播电视台综合广播，在2018年开始制作的一档广播访谈节目，播出平台为调频FM105.1，节目内容基本围绕地区热点话题，邀请区内职能部门及其他嘉宾进行探讨，结合相关民生热点问题回应市民诉求；邀请区内相关职能部门承担参与、回应及解决民生问题等任务。

《1051会客厅》节目的发展历程反映了区县融媒体节目在不断适应时代需求中的探索与创新，节目主持人也同样在实践中不断优化表现形式和语言表达。例如在日常节目中，当主持人遇到政策解读以及专业术语等较难理解的内容时，会提前与嘉宾沟通，准备一些与百姓生活相关的案例或根据内容提供一些有说服力的产品，增加听友互动环节，阶段性走出直播间在户外与嘉宾进行广播视频化交流访谈，降低受众接收信息难度的同时，也大大提升了节目的传播效果。

（二）节目创作背景与理念

《1051会客厅》的节目创作立足“开放式服务”基础功能，通过参与、沟通，形成问题反映与解决闭环。紧密结合金山区的地域特色和社会发展需求，以关注本地居民生活、促进社区交流为宗旨。其创作理念强调互动性和人文关怀，通过邀请本地各界人士参与访谈，深入探讨社会热点、民生问题以及个人奋斗经历等，为金山区居民提供一个表达观点、分享故事的平台。例如在每期节目的选题策划上，策划团队注重选取与金山本地居民生活息息相关的话题，如金山各街镇的产业发展、文化传承、社区建设等。每年按期固定推出一季街镇书记、镇长、委办局访谈等。围绕社会关注度高、民生呼吁强烈、亟待解决的相关工作或政府实事项目，邀请各街镇书记、镇长或各委办局负责人与居民代表进行现场探讨、解决问题。

（三）节目创作过程中的语言符号运用

1. 以精准表达　拉近受众距离

广播访谈节目质量的优劣，语言符号的精准选择是关键。在《1051会客厅》

节目的直播过程中，主持人注重运用清晰、准确的语言阐述观点，避免模糊和歧义。

例如在《1051 会客厅》2024 区两会特别节目中，节目邀请区发改委相关负责人畅谈有关金山地区未来发展规划，当主持人与嘉宾讨论到金山产业转型方向时，在嘉宾因专业性的缘故介绍完金山的转型规划后，主持人使用明确的词语和简洁的语句提炼出关键词进行提问："经过您的介绍，金山的产业转型重点在于绿色化工和现代农业的协同发展，通过技术创新提升产业附加值，对吗？"在线性传播的当下，这样及时的提问能使听众快速理解刚才嘉宾所讲的核心内容。同时，在涉及专业领域话题时，主持人会根据嘉宾的对话内容先进行简单解释和分析，确保不同领域、不同年龄层次的听众，无论节目话题内容是否熟悉，都能轻松进入到每期节目的对话场域并引发相关思考。在涉及政府相关政策解读与宣传时，传播效果也更加有效。

2. 以语言感染力　凸显情感价值

《1051 会客厅》作为上海金山区主流媒体唯一的广播时政访谈节目，节目内容不仅聚焦百姓身边事、政府职能部门的决策等，也承担着更多金山文化传播的责任。例如在有关金山文旅推介的节目内容中，主持人通过运用生动的描述和形象的比喻，增强语言的画面感和吸引力，为金山的旅游文化资源进行推荐。在讲述金山的乡村旅游资源时，主持人形容"金山的乡村就像一幅美丽的画卷，白墙黛瓦的江南民居、金黄的稻田、小桥流水的水乡古镇，构成了乡村振兴的美丽图景"，让听众仿佛身临其境。此外，主持人还根据访谈主题和氛围适时调整情感基调，在讲述本地感人故事时，适当使用金山本土方言，语调饱含深情，引发听众的情感共鸣。

3. 以多元视角　凝聚奋斗合力

由于上海金山区融媒体中心自身定位为"主流舆论阵地、综合服务平台、社区信息枢纽"，受其定位影响，《1051 会客厅》节目的嘉宾选择不仅有政府相关部门的负责人，还更加关注社区百姓的身边人。节目主持人需要根据每期节目嘉宾的身份和访谈主题灵活调整语言风格，以适应节目传播。例如在《1051 会客厅》有关社区文化建设访谈节目中，节目邀请到了一位社区基层工作者共同探讨社区文化活动，主持人通过使用轻松、幽默的语言，让这位基层工作者能够在最短的时间内适应陌生的广播直播环境，并且畅所欲言，不仅增强了节目的亲和力，也增加了节目的传播效果。在一期关注金山 80 后回乡创业做农业的主题时，主持人也通过巧妙的提问引导嘉宾讲述自己的创业历程与奋斗艰辛，如“您在创业过程中遇到的最大困难是什么？您是如何克服的？”等，促使嘉宾更好展现出80后新农人积极向上，励志为家乡发展做贡献的优秀品质，也让受众感受到嘉宾更真实的一面，以及后续为更多创业者提供有益的借鉴。

四、广播访谈类节目主持人语言符号的转型路径探讨

（一）精准传达信息，增强内容准确性

1. 精确表达避免语义歧义

精准选择和运用语言符号，确保词语准确传达意图、避免歧义，是广播节目的必然要求，也是广播访谈主持人必备的专业技能。广播节目访谈主持人要从生活与工作中不断丰富词语量，习惯用精确的词语来表达或提炼思想。尤其是在报道事实和阐述观点时，避免使用模糊、含混的词语。在报道新闻事件或讨论热点话题的访谈节目中，应使用简洁高效的表达方式，迅速抓住重点，避免冗长烦琐。例如在喜马拉雅音频访谈节目《樊登读书·作者光临》中，主持人樊登能够在每期节目中精准把握所读书籍的核心思想，并运用简洁明了的语言概括复杂概念，为深入解读作者书籍做好铺垫，这为主持人在处理专业内容时提供了范例，即如何将复杂信息转化为听众易于理解的语言。

2. 优化语句结构提升传播效率

构建简洁明了、逻辑清晰的语句结构有助于广播访谈节目主持人准确传达信息。在广播访谈节目中，受到线性传播与节目时间的限制，主持人需要迅速、准确地将问题和观点表达出来。混乱的语句结构，可能会导致嘉宾和听众难以理解主持人的意图，从而影响沟通效率。为此，广播访谈节目主持人在访谈中可以多使用短句和简单句，使表达更加直接有力。

例如在中央广播电台《新闻纵横》节目访谈版块中报道突发的自然灾害事件时，节目主持人在开场时迅速询问嘉宾关于灾害的基本情况：“这次地震的震级是多少？震中在哪里？目前的伤亡情况如何？”嘉宾也同样用简洁准确的语言回答：“据初步测定，此次地震震级为7.0级，震中位于四川阿坝州九寨沟县，截至目前已造成5人遇难，死者均为游客，63人受伤。救援工作正在紧张进行中……”让听众在第一时间获取最关键的信息，满足受众对新闻事件的快速获取需求。

3. 构建清晰的思维逻辑框架

现阶段声音与音响依然是广播媒体主要的传播形式，受众主要依靠听觉来获取信息。为使听众更容易解析复杂的编码信息，广播访谈节目主持人在访谈过程中需要与嘉宾的语言表达遵循一定的逻辑顺序，如时间顺序、因果关系、重要性程度等。先阐述背景信息，再逐步展开主要观点和论据，最后进行总结归纳，使整个访谈过程条理清晰，听众能够轻松理解思路的发展。例如在《1051 会客厅》一期探讨国产动漫 IP 时，主持人与嘉宾先从当下火爆的电影《哪吒之魔童降世》《姜子牙》等说起，与嘉宾从电影台词中展开讨论，延展到当下一系列的社会现象及其背后成因，引发广泛关注，该节目片段仅阿基米德平台就获得近 20 万的点击量。

（二）丰富的语言表达，助力文化传播

语言符号是文化传播的重要载体，蕴含着丰富的社会文化意义。相较于其他媒体形式，广播媒介在单位时间内能够传递的信息量相对较少，无法同时呈现文字、图片、图表等多种信息形式辅助理解，对于一些专业性强、信息量大的访谈主题就会凸显短板，这就需要主持人在节目中通过运用具有地域特色、文化底蕴的语言符号，以及深入挖掘和展示节目背后的文化内涵，提升节目深度和文化价值，使其成为地区文化的传承与交流平台，为传播地方文化、促进文化多样性发展作出贡献。

1. 加强语言描述的生动性

在广播节目的语言符号中，比喻、拟人、排比等修辞手法的运用，可以使抽象的概念变得具体可感，增强语言的画面感和吸引力。在《冬吴相对论》节目中，主持人梁冬和吴伯凡就常常使用较幽默风趣的语言来解构严肃的话题。例如在一期讨论经济形势的话题中，主持人的开场语“人生的起起落落，就像坐过山车一样，有时候经济高涨，企业和个人都在兴奋地尖叫；有时候经济低谷，大家又都紧张得抓紧扶手”，这种幽默的开场语让听众在轻松愉快的氛围中进入到节目，并对本期节目的主题有了初步的理解，也增加了节目的趣味性和可听性。

2. 以丰富的情感色彩引发共鸣

访谈节目的主题和氛围是节目吸引受众的核心，主持人与嘉宾的对话过程更像是一场深入灵魂的沟通。为了创造更加适宜的对话场域，主持人需要在访谈中不断适时调整语言的情感基调。在谈到感人故事时，使用饱含深情的语调；在涉及严肃话题时，保持庄重的语气。只有主持人在访谈中适当的情感融入才能够引发

听众的共鸣，使信息的接受更为有效。例如《锵锵行天下》节目中主持人窦文涛经常引用典故、成语和各种文化元素来丰富语言表达和观点内涵。在一期与嘉宾共同探访浙江天台山的节目中，当他与嘉宾行进在天台山的盘山公路时，窦文涛吟诵了李白《梦游天姥吟留别》中的诗句“天台四万八千丈，对此欲倒东南倾。我欲因之梦吴越，一夜飞度镜湖月”，以此来展示天台山的秀丽风光以及自己当下的心境，通过引经据典让受众在了解传统文化的同时，也让节目更具观赏性，增强文化底蕴。

3. 以内容为依托控制节奏与语速

语速与节奏是语言符号系统中的核心要素，广播访谈节目主持人通过合理控制谈话节奏和语速，不仅可让访谈过程更加流畅，避免出现突兀的转折或长时间的停顿，还可以传达不同的情感和氛围。例如广播的新闻访谈节目通常聚焦当下热点新闻事件和重大话题，具有较强的时效性和严肃性。主持人的语速可以控制在每分钟 180 字左右，这样既能保证信息的高效传递，又能让听众有足够的时间理解和消化信息。而文化访谈节目旨在探讨文化领域的各种话题，如文学、艺术、历史等这类节目通常需要营造出一种沉稳、优雅的氛围，因此主持人的节奏相对较慢，每分钟在 150 字左右，让听众有更多的时间去品味嘉宾的话语，感受文化的魅力，增强节目的感染力。

4. 适时运用停顿提升传播效果

访谈节目中合理的停顿可以起到强调重点，为听众留出思考空间以及增强语境传播的功能。节目主持人在提出一个关键问题后可以稍加停顿，让嘉宾有时间组织答案，也让听众有时间在脑海中形成自己的想法。如节目主持人在访谈过程中，可适时追问嘉宾：“面对这样的问题，您认为最重要的因素有哪些？(停顿)”这样的停顿能够使整个访谈过程更加自然流畅，同时也有助于提高信息传达的效果。但同时也需要注意：因广播节目的传播特性，还需要在节目访谈中有相应连贯的音响或音乐作为铺垫，避免触发广播播出事故的应急机制。

（三）对话引导与话语空间的双重建构

1. 不断引导话题深入

主持人在节目中通过巧妙的提问和追问，运用恰当的语言技巧，可以引导嘉宾更好地深入阐述自己的观点。在访谈过程中，主持人提问可采用非限制性疑问句（如“您如何看待这种现象的深层成因?”），在倾听过程中多采用“情感标记”

策略(如通过语调变化传递共情),在互动交流过程中多使用“经验共享”机制(适时引入个人经历形成对话镜像),这种层进式的引导策略能有效带动受访者的交流表达欲望,构建真切、自然的谈话场域,并将受众带入其中。

2. 构建嘉宾表达空间

美国作家与社会学家戈夫曼(Erving Goffman)的拟剧理论认为,人们在社会生活中就像演员在舞台上表演一样,通过扮演特定的角色来展示自己,以获得他人的认可和好评。主持人在访谈节目中须扮演“协调表演者”角色,通过话语策略的运用,有效激发受访者的自我呈现动机。主持人通过共同话语的营造,鼓励嘉宾表达,可以让嘉宾更加放松地分享自己的真实经历和感受。他们的观点和见解可以为听众提供更加广阔的视野,节目会呈现出更加真实、自然、生动的特点,提高节目的知名度和美誉度,还可以帮助节目形成独特的风格和品牌。

结　语

在媒体融合不断深化且步入新阶段的宏观语境下,区县融媒体播音员与主持人的转型已然成为媒体融合领域研究与实践的重要课题。主持人应积极适应媒体融合趋势,不断提升自身语言符号运用与创新能力,以实现广播访谈节目在内容质量、传播效果以及社会影响力等方面的全面提升,为区县融媒体发展乃至整个广播媒体行业的创新发展提供有力支撑,在构建新型主流媒体格局和传播体系中发挥积极而关键的作用。让我们提高素养,继续努力!

参考文献:

[1] 余志鸿.传播符号学[M].上海:上海交通大学出版社,2007.
[2] 汪翔、赵爱国.语言文化学视角的语言符号“文化性”浅论[J].中国俄语教学,2021(2).
[3] 王斌.超本地化新闻的发展理念:服务社区用户导向[J].中国报业,2010(6):45-48.
[4] 戴洁敏.共情时代的广播主持人话语策略[J].视听纵横,2020(1).
[5] 刘越.广播音乐节目主持人的节奏控制[J].卫星电视与宽带多媒体,2022(21).
[6] 纪涵潆.访谈类节目主持人的语言特点探析[J].西部广播电视,2017(8).
[7] 葛苜.浅谈市级电视媒体访谈类节目[J].记者摇篮,2017(7):35.
[8] 高贵武.解析主持传播[M].北京广播学院,2004.
[9] 王群,曹可凡.谈话节目主持艺术[M].上海:上海社会科学院出版社,2002.

作者简介:

马凯洲,上海市金山区融媒体中心播音与主持人部副主任。

媒体融合时代区县广播电视技术发展和应用探讨

吴春花

提　要：媒体融合时代，广播电视在传播模式、内容生产和服务等领域发生了巨大变化，而且随着5G和超高清视频技术的发展和标准体系的完善，广播电视技术迭代成为必然。本文从媒体融合时代区县广播电视现状分析，对现阶段5G技术和超高清视频技术做了阐述，并以上海本地广播电视和区县融媒体中心在融合发展中的技术发展和应用案例为例，探讨媒体融合时代的区县广播电视技术发展和应用，用新技术赋能广电产业，丰富广电生态，打造智慧广电等多种应用，提升广播电视应急公众服务，推进地方融媒体中心技术系统建设，构建多元融合。

关键词：媒体融合　广播电视技术　智慧广电　应急广播

引　言

党的十八大以来，以习近平同志为核心的党中央做出推动媒体融合发展的重大决策部署，这几年，各级广播电视机构积极落实，媒体融合取得重要进展。在推动媒体深度融合的进程中，媒介形态的多样性和传播方式的多元化，媒体资源的整合和优化配置使广播电视行业逐步建立以内容建设为根本、先进技术为支撑、创新管理为保障的全媒体传播体系。以区县为例，区县融媒体中心整合了县级广播电视、报刊、新媒体等资源，成为开展媒体服务、党建服务、政务服务、公共服务、增值服务等业务的融合媒体平台。本文从媒体融合时代广播电视现状分析，重点阐述现阶段区县广播电视技术发展和应用，并以上海本地融媒体中心为例，探讨媒体融合时代广播电视要做好技术迭代，让先进技术引领创新、加强应用，促进新型主流媒体融合发展。

一、媒体融合下的区县广播电视现状

媒体融合要求我们以互联网思维优化媒体资源配置，把分散优质的资源要素向互联网主阵地聚合，向移动端倾斜，精办广播电视频率频道和优化节目栏目。区县融媒体中心主要是通过广播电视、报刊和新媒体业务传播给受众当地的时事新闻和党政服务等媒体服务类业务，在紧急情况下作为应急广播提供信息服务，而其技术系统由采集和汇聚、内容生产、综合服务、策划指挥、数据分析、内容审核、融合发布、网络安全、运行维护和监测监管等部分组成。以上海市奉贤区融媒体中心为例，该中心于 2019 年成立，由当时的奉贤区广播电视台、奉贤报社和区互联网新闻信息服务中心三家单位融合组成。这几年来，奉贤区融媒体中心精耕奉贤本地内容，强化本地服务和社交互动，是区委宣传思想工作的新平台、新载体、新阵地，是区综合服务平台和社区信息枢纽，为推动奉贤经济社会高质量发展提供有力舆论支撑。

媒体的融合使传统的广播电视业务发生了新的改变。奉贤区融媒体中心成立后，一方面新媒体的发展如火如荼，但另一方面也面临着广播电视传统媒体有所削弱的不争事实。2025 年元旦，上海台有序关停四个电视频道和四套广播频率，大力压减 40%的传统频道频率的举措就是精简精办频道频率的改革，这既有受众减少的原因，也有媒体行业竞争的因素。这几年，全国各大小广播电视台，特别是区县广播电视台面临节目内容缩减、设备陈旧技术落后、广告投放减少等问题，其发展乃至生存都面临着巨大困难。因此，传统广电机构若故步自封，在内容建设与供给上不突破，在传播体系、大数据创新应用和新技术上不采取主动，在全媒体时代的发展会越来越艰难。

二、区县广播电视技术在媒体融合时代的发展

（一）传统广播电视在媒体融合时代的优劣

传统广播电视媒体具有内容整齐统一、大屏视听的特长，区县广播电视机构在传输网上则是上联下通，与中央级、省级、地市级紧密相连，又与乡镇、社区互联互通，它具有党和政府联系群众的桥梁纽带作用，是党的喉舌，并传送到千家万户。就上海而言，区县广播电视网属于全市一张有线网，各区再加入各自的地

方广播电视频道(频率)和节目传输到各自区内的有线电视用户家。它具有用户众多,自主可控的广播为主、点播为辅的传播平台的特点,可提供针对性、地方性、亲民性的媒体服务:譬如地方新闻——奉贤新闻、本区天气预报、本区人物或地方的专题专访和自播电视节目等。这些功能是上海的IPTV平台不能拥有的。

但是,我们不可否认的是,传统广播电视的受众更多的是中老年人,并以老年人居多,在上海尤为突出。更多的年轻人获取信息和收听收看音视频的来源在于网络。与传统广播电视节目形式不同,各种音频、短视频、竖屏节目在移动端遍地开花,在提供丰富多彩内容的同时当然也出现了良莠不齐乃至低俗的内容;节目质量也不能像广播电视那样保证高清、杜比立体音质等效果。而这时,融媒体的发展又为广播电视传播提供了更广泛的渠道。它通过面向网络用户群体来促进传统媒体的传播和发展,在提升用户观看节目便捷的同时拓展媒体行业的发展边界,并随着广电5G技术、4K/8K技术的发展,行业标准的制定,大数据、物联网、人工智能等的应用注重,使传统广播电视的突破创新和转型升级具有新的发展前景。

(二)区县广播电视技术的发展现状

融媒体是在信息化和网络化技术基础上逐渐发展起来的,能够让新闻媒体以全媒体跨媒介和一体化的手段方法。在媒体融合前,上海的区县广播电视台为区政府所辖的区文旅局下属单位,媒体融合后则为区党委直属,归口区委宣传部,但广播电视的安全播出依然由区文旅局管理。在技术层面,区县广播电视的制播,譬如录音制作、演播室、采集汇聚、融合生产和媒资管理系统等传统技术系统功能跟以前一样,其归属权属于当地融媒体中心。

各区县通过对传统媒体与新兴媒体的整合,原有的广播电视行业领域的运营模式发生了变化,广播电视技术也受到了一定的影响。以奉贤区融媒体为例,在2019年媒体融合前已实现了广播电视数字化和高清电视节目的制作播出,媒体融合以后,广播电视在内容、制作流程和互动上有较大改变,诸如微信短视频的宣传、让听众走进广播直播间、现场直播互动等。虽然我们的广播节目早已实现在“阿基米德”移动社交音频平台上入驻,但是在传统广播电视技术层面上的变化并不是很多,广播电视的技术有一种陷入停滞或踟蹰不前的尴尬局面,这既有从传统广播电视到新媒体的资金投入和重心转移的原因,也有广播电视技术迭代更新所需的人才队伍的不足,还有不同机构合作发展的力度问题。我们知道,媒体融合不是摈弃一项发展另一项,而是多种传统媒体的融合,重视传统广播电视技术发展一直是广电总局的工作重心之一。因此，区县广播电视技术要改变现状，一定要在先进技术上做到创新引领，加快升级传播体系和大数据创新应用、提升核心技术能力和保持对新技术的战略主动。

（三）媒体融合时代广播电视技术发展

传统广播电视技术一般分为制作播出和传输覆盖，以上海市为例，区县融媒体中心承担着本区广播电视节目的制作和自办台无线频道的发射播出，同时又通过东方有线网络将自办台的频道在有线网络中传输。

随着数字技术的发展，广播电视节目制作已经从单一的线性传播走向了全方位和多层次的传播，传统的广播电视播出方式正逐步向多平台的传播方向改革，包括电视、网络和移动设备等，多样化的内容制作和传播模式是融媒体时代广播电视发展的必然方向。个性化用户体验和互动性要求对广播电视行业的交互技术需求也越来越多。网络技术的发展和移动终端的广泛使用，通过内容集成和传输播出技术升级，让广播电视内容在多个平台的传播成为现实。大数据和人工智能等多种科技手段既能为用户提供个性化服务，也能为广播电视行业发展提供更好的数据分析基础。5G 和 4K/8K 技术的发展，对媒体融合时代的广播电视技术产生了新的影响，也对其发展提出了新的要求。

在融媒体时代，广播电视节目受众对于节目的清晰度、传输速度提出了全新的要求，而多种行业和国家标准的制定和建设指南为媒体融合时代的技术发展提供了依据和参考，区县广播电视技术也在迭代发展的时代大潮中有了新的技术标准和建设规范。

1. 广播电视的5G技术

5G 技术具有高速率、低延迟、大容量连接、高可靠性等关键技术特性。建设中国广电 5G 网络，是深入贯彻落实习近平总书记关于“打造智慧广电媒体，发展智慧广电网络”重要指示的重大举措。自 2019 年 6 月中国广电获颁 5G 商用牌照以来积极投入建设，及至 2022 年 6 月中国广电 5G 网络服务的启动，标志着全国有线电视网络整合和广电 5G 建设一体化发展取得新的突破性进展，我国广电网络初步形成“有线＋5G”融合发展新格局。以上海为例，截至 2024 年 6 月末，上海有线电视实际用户 759.69 万户，广电 5G 用户达 152.21 万户。

5G 技术的高传输速率、低延时将传统广播电视系统的高清、超高清视频内容实时、清晰地传到观众的移动端。高速率保证了信号的稳定和画面的清晰流畅，而低延时能使直播节目的互动实时交流给予保障。5G 网络技术能支持更多设备同时连接，为广电多元化应用场景和媒体融合提供了可能。媒体融合时代，广播电视节目不再局限于传统的广播电视信号传输模式，也不仅是单向广播模式，而是朝着更加多元化、智能化、互动化的方向发展。以2024年和2025年的奉贤区融媒体中心的跨年迎新的乡村“村晚”直播为例，将转播车上信号源通过有线传至服务器，然后进行5G网络推流，让更多的用户在手机、iPAD或电脑等移动端收看，观众在收看直播的同时还能进行抽奖等环节的互动。而按以前的直播模式，上海地区通过光电缆的有线方式在安装有线电视用户终端的电视机上收看，如果互动，通常也只是电话接入的单用户形式。

近两年，广电5G频道的落地也提上日程并开始试点，上海目前是试点阶段。5G频道是广播电视播出机构适应5G应用场景、满足多种需求开办的，能基于传统广播电视频道、手机小屏的，面向多屏多态联动播出，实现频道用户互联互通的、可提供视听社交融合服务的新型广播电视频道。建成后的5G频道的大屏端将会成为视听内容、高新视听服务总平台，各地融媒App与之对接设立地方5G频道，区县的新闻、政务和民生服务等都可加入。5G频道提供了全媒体传播服务的新形态，并具备智能化推荐、智慧化编排的智能媒体特点。

2. 广播电视的超高清技术

超高清视频是具有4K(3 840×2 160像素)或8K(7 680×4 320像素)分辨率，符合高帧率、高位深、广色域、高动态范围等技术要求的新一代视频。4K超高清频道建设总体技术体系由4K超高清采集拍摄系统、后期制作系统、媒资系统、播出系统、传输分发系统、制播云平台等构成，可通过广播电视或网络视听发布。

在现有的广播电视系统中，由于全国各地广播电视技术水平发展不一致，用户看到的节目质量也不一，但通常主要频道实行标高清同播，有条件的进行4K频道的播放。以上海的有线电视用户为例，能收看到的上海SMG的频道、CCTV-1至CCTV-15和CCTV-17都有标清和高清，另外还有CCTV-4K超高清、CCTV-16奥林匹克和欢笑剧场3个4K超高清频道。在上海，现有的广播电视节目制作播出已全面实现高清化，有条件的区和市台则积极采用超高清制作。

早在2012年，上海广播电视台就率先制作播出广电行业首个4K超高清宣传片。相较于高清频道，4K超高清频道的图像清晰度更加细腻，色彩亮度的表现更加丰富，可达到电影水平，4K声音效果也与影院相当，观众可以在家体验到影院的视听感受。2024年10月，上海市经济和信息化委员会、上海市文化和旅游局(上海市广播电视局)、上海广播电视台联合发布《上海市超高清视听产业发展行动方案》的目标之一是超高清电视制播能力大幅提高：到2026年，实现3

个以上频道采取 4K 超高清方式播出，有线电视网络具备传输 20 套超高清电视频道的能力，4K 超高清节目储备时长超过 10 000 小时，超高清电视发展水平达到国内领先水平；目标之二是超高清视听产业生态持续优化，其内容供给、视听网络传输、标准体系不断完善，超高清视听技术测试公共服务平台基本建成。

在技术层面，区县融媒体中心一旦在 4K 超高清演播室的建设和制播系统的搭建及频道传输与安全播出等各环节准备好了，就能更好满足用户视听体验升级的要求，也能拉动年轻受众回归电视大屏。以奉贤区融媒体中心为例，在中心成立以前，原区广播电视台的转播车上就已配备 4K 设备和技术，超高清 4K 跟高清 2K 相比，画质更佳，一旦全面转为 4K 超高清转播或直播，也能很快切入新的系统。

3. 区县广播电视技术发展趋势

在媒体融合时代，高质量、数字化、多种传输方式的广播电视技术发展保证了信号的采集、制作、发送、传输、接收都有了新的变化。我们的记者和媒体受众已不受空间和媒介的限制，我们工作的终端可以是电脑，也可以是手机，我们可脱离台非线性编辑系统制作节目，我们的收看终端也不再局限于电视机，观看的场所也可以随时改变。“5G＋4K”技术的高效率、高体验感和灵活性为广播电视的发展提供了新的可能，为各类应用场景提供了强大技术支持，也为用户带来更加便捷优质的体验。

国家广电总局近几年发布了一系列与媒体融合建设相关的国家或行业标准、技术规范或实施指南、技术白皮书等，这些都积极推进了媒体融合建设，对 5G、4K 频道和技术等媒体融合时代的广播电视新技术提供了参考和标准，对提升区县广电全面转型升级赋能，促进广播电视和网络视听行业高质量创新性发展提供了帮助。

传统广电行业由于种种条件限制，绝大多数台是生产本地内容服务本地受众，各种区县台甚至最早的镇广播电视站的建立初衷就是于此。随着物联网与移动互联网的兴起，技术条件不再受限，多数台开办了网络台，建设了融媒 App，生产多元内容，服务更多用户。正如上文提及过，5G 频道总平台的建设对各地融媒 App，特别是小地方区县融媒 App 内容共享、用户互通，形成规模效应提供了可能，对区县融媒体中心的发展起到了促进作用。

从技术角度而言，5G 频道是突出 5G 移动通信时代技术特性和传播特征的新媒体，是基于有线 TVOS 机顶盒、IPTV、OTT 电视盒、智能电视等，与手机、平板等移动终端，协同呈现一个具备线性直播、智能推荐点播，智慧编排、频道定制“千人千面”的分发方式，以及大小屏协同联动、信息互通的服务模式。它具有网络协同传播、全媒体传播、视听交互传播等技术特性。5G 频道的关键技术诸如云原生、大数据、AI 智能制作、AI 智慧编排、大小屏协同技术等是传统广播电视技术中很少涉及的，但现在随着技术的发展，这些技术特别是 AI 技术已经在逐步应用中。

5G 频道为 4K/8K 超高清视频，VR、AR 娱乐及增强型购物、数字医疗等高新视听产业、内容产业、服务行业新应用场景提供支撑，它作为广电差异化发展的创新频道，以媒体融合为核心，频道转型为突破，互联互通为特色，共建共享为目标，充分实践全程媒体、全息媒体、全员媒体、全效媒体，构建台网合作的发展模式和主流主导的良好生态。平台的上联下通也让区县融媒体中心在建设新型广电主流媒体中有了占一席之地的可能。

而 4K 技术的高分辨率、丰富的色彩和更高的帧率已使其成为电视、电影和视频制作等领域的主流技术，8K 技术也在逐步应用中。

对于区县融媒体来说，如果要建设基于 4K 超高清视频的广播电视融媒体，首先要在制播领域做好技术创新和研究成果转化，鼓励 IP 化制播、云制播、视频浅压缩、人工智能辅助制播、视频修复增强等技术的创新应用；其次要推动自主技术标准的规模化应用，然后还要因地制宜选择安全可靠的技术路线，确保 4K 超高清频道安全播出。由于区县融媒体中心资金有限，所以资金如何有效利用对推广 4K 技术有很大决定作用。而且“5G＋4K”相结合可实现多云数据空间中的高清信号采集和转换等处理，推动超高清视频产业的发展，带动相关产业链的升级和转型。区县若构建“5G＋4K”融媒体平台，除了具有通过大数据实现智能搜索、个性化推荐的智慧广电特点，同时也是为了实现多种媒体格式的兼容和处理来提供丰富的超高清视频内容。

三、区县广播电视技术在媒体融合时代的应用

媒体融合时代背景下，广播电视的传播模式和相应的技术发生了变化和挑战，同时也孕育了新的应用。媒体融合的核心思维是互联网思维，倾向是从大屏到小屏，移动和互动，因此我们可以将融媒体应用的先进技术融入广播电视技术的优化开发中，提升广播电视传播质量和效率，充分发挥其在媒体融合时代的智慧广电和应急广播等方面的新应用。

广播电视技术随着时代的发展而迭代更新。在媒体融合时代，传统广播电视的流程在媒体域、传播域、接收域、安全域等都有迭代。在媒体域，在媒体内容、制播、平台等方面都有技术创新，诸如要提升智慧广电媒体的内容供给力、传播力和影响力，对用户提供优质的广播电视收视服务，包括推进高清、超高清频

道的推广和制播能力的提升。在传播域，主要是发展智慧广电网络，建设应急广播平台，增强广播电视传播的能力，统筹有线网、无线网、卫星网建设，实现有线电视网络 IP 化和云化改造，推进全国有线电视网络整合和广电 5G 建设一体化发展，开展 5G 广播技术应用、标准制定和业务开发及新一代卫星技术系统应用等。在接收域则是推进全媒体智能终端应用和智能人机交互技术等。

1. 智慧广电应用

智慧广电是媒体融合建设向纵向发展的必然趋势，是推进有线电视服务创新发展的应用体现。区县融媒体中心的成立为充分发挥和利用广播电视的行业优势、整体力量和层级特征，通过统筹和标准支撑推动媒体融合向基层延伸，为多渠道资源共享、多业务数据互通提供了可能。AI、VR、4K 技术的实现，广播电视制播平台云化、互联网协议(IP)化的建设和大数据、云计算、5G 等新一代信息技术的应用及全国有线电视网络整合和互联互通平台的建设使“一体化资源配置、多媒体内容汇聚、共平台内容生产、多渠道内容分发、多终端精准服务、全流程智能协同”的智慧广电节目制播和传播体系有了新的发展。以上海为例，近年来，广电媒体融合发展脱离了最初简单的“大小屏互动”的技术范畴，已向纵深发展，探索了一条以媒体定位的整体性转变、内容驱动的专业化推进以及传播对城市生活的全方位赋能为特征，“融在机制、融在内容、融在服务、融在科技”的“上海路径”。

在 2024 年的上海广电媒体融合创新实践成果的评选中，多个区融媒体中心获奖，譬如闵行融媒的“全效媒体赋能基层社会治理”、松江融媒的“全息媒体探索地区对外传播”、静安融媒的“‘静安真好’变‘流量’为‘留量’”、黄浦融媒的“‘未来媒体人’人才孵化项目”等。闵行融媒体中心通过“今日闵行”客户端实现全区 105 所学校体育场地预约全覆盖，松江融媒体中心则通过“全球传播实训基地＋客户端英语频道＋海外社交媒体＋国际传播产品＋英文版报纸”等多渠道，以丰富的音视频、图文等形式，立体展现地区魅力。这是媒体融合时代区积极推动广播电视与政务、教育、医疗、旅游、农业等相关行业的业务合作、业态创新和服务升级，加快广播电视与物联网、移动互联网等深度融合的可喜成就。这些案例给媒体融合时代区县广播电视应用的积极探索提供了参考。

2. 应急广播应用

应急广播是利用广播电视、网络视听等信息传送方式，向公众或特定区域特定人群播发应急信息的传送播出系统。它是国家政策宣传、应急管理、社会治理和精神文明建设的关键基础设施，在打通信息发布“最后一公里”，实现精准动员中发挥着重要作用。它通过广播电视传输覆盖网、地震气象自建渠道、电信移动通信网络、互联网服务商、地方特色预警系统等多种渠道组合发布，广电总局是唯一具有应急广播管理职能的国家机关。

自2008年首次提出应急广播的概念、2013年总局制订《推进国家应急广播体建设工作方案》，并列入“十三五”“十四五”建设发展规划以来，应急广播的建设、发展与应用与日俱进，目前正致力于形成上下贯通、综合覆盖、安全可靠、精准高效的应急广播体系。

应急广播技术系统主要包括应急信号源、应急广播平台、各级广播地市频率频道播出系统、传输覆盖网和效果监测评估系统。应急广播主要通过适配系统调用有线、无线、卫星等各类广播电视传输覆盖资源，或通过电台、电视台、融媒体中心等的频率频道播出系统，依托了现有的节目直播、文字、新媒体的方式，通过各类终端进行信息的呈现，传达到社会大众。

这几年，广电系统通过优化技术、完善体制、强化运维管理等方式，推动应急广播在服务政策宣传、乡村治理、应急管理和公共事务能力方面取得了新的成果。据统计，截至2024年6月，已上报的1 200多个县级应急广播平台与应急管理部门实现联结的达65%左右，与县政府综合信息大厅实现联结的有12.4%。

应急广播坚持“平战结合”的原则，因此平时作为宣传工具，灾时则作为灾情信息传递。对于区县融媒体中心来说，负责区县应急广播与广播电视系统的融合建设与管理。媒体融合时代，应急广播在多渠道多方面融合：在传输覆盖上传统广播与新兴媒介并进，大喇叭、音柱等老终端焕发新生，电视、网络、App等新媒体平台强势加入；应急广播突破传统界限，与电视、网络视听、手机App新媒体平台等深度融合，构建全方位，多层次的行传输体系，信息传达更广泛，传播效果更显著；传输覆盖多样化，调频、中波及DTMB、有线电视、网络试听、IPTV等技术手段齐上阵，通过优势互补共同提升应急广播的传输效率和覆盖范围，实现城乡区域、不同人群的无缝衔接。无论是城市还是农村，都能迅速接收到应急广播信息，确保信息传播的广泛性和全面性。

2025年1月21日，“上海市应急广播系统市级应急广播管理平台和主城区主动发布终端覆盖项目——应急广播平台及传输覆盖项目”通过验收。该项目完成了上海市级应急广播平台建设，它在中心城区部署安装7 000个主动发布终端，实现了与应急广播传输覆盖网的适配对接。系统设计支持中英文语音合成，打造“全媒体”“智慧化”“数智创新”的应急广播系统。而早在2016年3月，上海交通FM105.7就开始承担应急广播的工作职责，这几年上海也积极探索“5G+应急广播”的应用。

在上海市区应急广播中，金山区的实践应用让区县融媒体中心对当下或今后的应急广播应用有了学习借鉴。2015年该区率先在上海郊区建成农村数字

(应急)广播系统,主要建设有区应急广播平台、区应急广播系统(区、镇、村广播机房)和应急接收终端(智慧音柱、小广播)三个部分,向下与区应急局、区气象局、区人防办、城运中心建立响应权限账号,向上则预留接口对接市和国家应急广播平台。建成后,这套农村数字(应急)广播系统不仅使农村广播和喇叭在媒体融合时代焕发出新的生机,巩固了舆论宣传阵地,还发挥了应急信息传播、农村知识普及甚至社会综合治理等作用。在面对突发新冠疫情时,在区委宣传部和区融媒体中心的统一指挥和部署下,通过自办节目、金山方言形式制作成各类音频文件,利用广播特有的快速直达优势,让疫情防控内容家喻户晓。而在平时,则是一网多用,加强阵地建设。显而易见,在媒体融合时代,区县融媒体中心在应急广播上探索出了一条国际化大都市下郊区新农村建设管理的新路。

结　语

媒体融合时代的到来为广播电视技术的迭代更新提供了契机,5G、超高清视频、云计算、人工智能的技术发展和多业务平台、个性化内容、交互体验及各种媒介融合也为传统广播电视行业带来了挑战和困难,诸如技术融合程度有限,创新能力还须加强,数据泄露风险增加等。未来,我们要拓宽思路、积极探索引进高新技术,提高广播电视的节目制作、传输和接收质量,加强行业合作和媒体融合,做好智慧广电和应急广播应用,用新技术赋能广电产业、丰富广电生态,多种应用提升服务,推进地方融媒体中心技术系统建设,提升地方媒体发展,打造融媒体新气象。

参考文献:

[1] 潘伟杰.融媒体时代广播电视技术发展思路与方法.卫星电视与宽度多媒体[J].2024(3):12.

[2] 陈涛.融媒体时代广播电视的发展趋势及新媒体应用策略[J].广播电视网络,2024(10):104.

[3] 刘峙江.5G时代融媒体技术发展趋势[J].广播电视信息,2024(9):32.

[4] 国家广播电视总局.5G频道技术白皮书[R].北京:国家广播电视总局,2022:1.

[5] 应急广播体系建设案例:地市和县级案例之四　上海金山区[EB/OL].http://www.nrta.gov.cn/art/2023/4/10/art_3888_63904.html,2023-04-10.

作者简介:

吴春花,上海市奉贤区融媒体中心平台运维部,高级工程师。

综 合 专 题 篇

试析主流媒体打造社会责任竞争力的新范式

——以 SMG 社会责任履责实践为例

辛　涛

提　要: 本文梳理了企业社会责任竞争力的理论演进及媒体社会责任竞争力的前沿理论发展,探索提出主流媒体社会责任竞争力的打造已从传统范式,转向“价值引领＋技术赋能＋制度创新”等三位一体的系统性工程,进一步解构主流媒体社会责任竞争力模型,与上海广播电视台(上海文化广播影视集团有限公司)(以下简称“SMG”)近年社会责任实践相结合,探讨了主流媒体社会责任竞争力打造的范式升级、现实挑战及应对策略。

关键词: 社会责任　竞争力　主流媒体　新范式

引　言

《第二曲线》的作者、欧洲管理学思想大师查尔斯·汉迪在关于企业寿命的研究中提出,随着科技、环境变迁,一般企业平均寿命已由此前的 40 年大幅缩减到 14 年。主流媒体面对市场环境的剧变、技术发展的日新月异,如何保持组织韧性更好地履行社会责任,本文希望通过梳理参考企业社会责任竞争力的理论演进及公共价值理论(Public Value Theory)与“韧性媒体”(Resilient Media)理论等前沿理论发展,结合近年来的 SMG 履责实践,从核心能力建设的角度,探索主流媒体社会责任竞争力打造的新范式,进而对主流媒体更好履行社会责任有所启发。

一、理论基础：媒体社会责任竞争力的理论框架

（一）关于企业社会责任竞争力的理论演进

理论溯源与范式争鸣（20世纪初—60年代）：英国经济学家亚当·斯密在《国富论》中隐含企业行为与社会效益的关联性，为后续研究提供思想启蒙。1953年Howard Bowen系统阐述企业社会责任理论体系，主张商业组织应主动承担超越经济目标的社会义务，奠定现代CSR理论基础。

理论体系化发展阶段（20世纪60—90年代）：以美国经济学家弗里德曼(Friedman)在1970年提出的"股东利益最大化"为核心，主张企业唯一社会责任是股东利益最大化，其观点成为新古典经济学在企业管理领域的延伸。Carroll(1979)构建CSR金字塔模型，确立经济责任、法律责任、伦理责任和慈善责任四维分析框架。Freeman(1984)系统提出利益相关者理论，突破传统股东中心论，强调企业须构建多维价值平衡机制。

战略融合与实证验证时期（21世纪以来）：哈佛商学院教授迈克尔·波特(Porter)等于2011年提出共享价值理论，推动CSR从附属行为向战略核心要素转化，揭示社会责任与企业竞争力的内生关联。Margolis等(2003)通过大样本实证研究验证CSR实践与财务绩效存在一定正向关系，确立战略化实施的理论依据。2004年，联合国全球契约组织提出ESG，可视为CRS的延伸和具体化。

2005年，责任竞争力理论突破，基于可持续发展目标，责任竞争力理论将专业能力建设、社会价值创造与经济效益获取纳入统一分析框架。该理论模型涵盖三大核心要素——依托专业优势解决社会问题，通过价值重构提升经济效能，建立可持续发展方法论体系，其公式是企业社会责任竞争力＝专业优势＋社会责任＋经济效益，其中社会责任的含义则是企业根据自身实际解决人类可持续发展，标志着CSR研究从工具理性向战略理性的范式升级。

（二）媒体社会责任竞争力的前沿理论发展

近年来，媒体社会责任竞争力的理论建构呈现出价值转向与功能拓展的双重特征。公共价值理论(Public Value Theory)与"韧性媒体"(Resilient Media)框架作为代表性理论，分别从价值创造维度与组织发展维度构建了创新性分析路径。

公共价值理论由哈佛大学教授马克·摩尔(Moore)1995年提出，后经其他

学者的媒介化改造，强调媒体通过公共价值管理模型实现社会效益与经济效益的统一性，强调媒体须在市场化与公共性之间找到平衡，通过创造社会价值（如促进民主协商、推动文化传承等）实现竞争力提升，其创新性在于揭示了社会责任履行与媒体品牌资产的正向关联机制。如《纽约时报》的“真相工程”（Truth Project）的公共新闻实践，一定程度上印证了公共价值创造对媒体公信力的转化效应。

“韧性媒体”框架在组织韧性理论（Nielsen & Lund，2022）基础上发展而来，主张媒体通过社会责任实践能够提升媒体的结构弹性与动态适应能力。基于《国际传播学刊》（2024）的专题研究，该框架建构了包含信息韧性、关系韧性、伦理韧性的三维模型，强调媒体在危机传播中通过心理干预、社群联结等社会责任实践，可有效提升受众黏性并形成竞争护城河。例如 BBC 在新冠疫情期间建立的“心理健康支持网络”，实证研究表明其社会服务功能转化率较传统传播模式高。

二、主流媒体打造社会责任竞争力新范式的背景与模型解构

（一）背景：主流媒体履行社会责任面临新挑战

1. 受众需求的多元化和细分化带来的履责挑战

社交媒体、短视频平台、自媒体等新兴媒体的兴起，使受众拥有了更多元化的信息获取渠道和表达方式，受众在信息选择、二次传播、参与媒体信息生产过程的主导权大大增强，但在此过程中，过度依赖算法可能会导致平台利益驱逐媒体价值，责任主体的泛化及唯点击率和流量的追求也增加信息传播的不可控，使主流媒体的舆论引导面临很大挑战。同时，文化圈层化带来的封闭性与差异性，增加了不同圈层间的话语壁垒，也大大增加了主流媒体传播的难度和复杂性。

2. 区块链、AI 等新技术的快速发展带来的履责挑战

新技术的快速涌现，从互联网、移动互联网到大数据、云计算、区块链、人工智能等，改变了信息生产、传播方式和效率，既带来了前所未有的机遇，也带来了一系列风险，如知识产权争议、侵犯个人隐私、信息过载、信息造假、数据污染、技术权力滥用等问题，为监管及主流媒体履行社会责任带来了空前挑战。

3. 主流媒体收入结构被动变化带来的履责挑战

受宏观经济和媒体产业结构变化影响，主流媒体普遍面临广告收入断崖式

下跌的窘境，而新动能带来的营收增长与利润空间尚不能弥补广告下跌带来的缺口，经济压力的增大迫使主流媒体不得不被动缩减内容创制、人才培养、技术升级、新平台建设等方面的投入，而投入的不足可能会直接影响社会责任的履责效果。

（二）探索：主流媒体打造社会责任竞争力的范式升级

面对技术革命、媒介生态重构等多重挑战，主流媒体须从传统范式转向新的范式，即以主流媒体机构的社会责任为核心驱动力，通过价值引领、技术创新与制度协同，构建兼具公共价值创造力、可持续发展能力与全球化适应能力的系统性竞争优势。其本质兼具“公共性”与“市场性”的动态平衡，通过解决社会问题（如信息治理、文化认同、公共服务）实现社会效益与经济效益相统一，最终服务于国家治理现代化与人类命运共同体建设。其核心特征具有：社会责任实践与媒体核心业务深度融合的“价值共生性”，人工智能等新技术重构责任履行范式的“技术嵌入性”，以及通过组织创新等实现责任管理的常态化与长效化的“制度韧性”。主流媒体社会责任竞争力模型，如下表所示。

表 1 “三位一体”的主流媒体社会责任竞争力模型解构

社会责任竞争力维度	细化维度参考	主要内涵
价值维度：公共价值引领力	意识形态引导	通过议题设置（如 SMG 东方卫视以“头条工程”为引领，锚定“立足上海、服务全国、面向世界”的新闻定位）强化主流价值观传播，回应“中国话语体系建构”需求
	公共议题建构力	以调查报道、数据新闻推动社会治理（如 SMG《民生一网通》推动市民共同参与城市治理）
	文化传承创新力	通过 IP 开发（如 SMG 具有中国审美和人文特质纪录片《何以中国》《文运中国》等）实现传统文化现代化表达，解决“文化断层”与“代际传播”难题
	跨文化适应与传播力	通过多语种传播（如 SMG“ShanghaiEye”海外矩阵）破解“西强我弱”传播格局；以“共通价值”叙事（如 SMG 联合制作的《行进中的中国》系列）弥合意识形态差异，提升国际认同
技术维度：新技术赋能力	内容生产革新	利用 AI 辅助创作（如 SMG 媒体专业级 AI 高效内容生产平台，提升新闻等时效性），同时建立算法审核机制规避伦理风险

续　表

社会责任竞争力维度	细化维度参考	主　要　内　涵
技术维度：新技术赋能力	传播效能升级	基于大数据的社会需求响应（如 SMG“智慧广电＋公共服务”精准匹配公共服务资源），提升传播覆盖率与触达率
	治理工具创新	区块链技术用于版权保护与信源追溯（如 SMG 旗下第一财经联合蚂蚁链推出“新闻版权联盟链”，利用区块链存证技术对原创稿件进行实时确权），构建“透明化”责任履行证据链
	技术标准输出	参与全球媒体伦理规则制定，彰显责任竞争力的话语权
制度维度：协同治理创新力	内部机制	社会责任绩效纳入考核体系（如 SMG 构建“双效统一”的评估体系），驱动宣传、经营协同
	外部协同	搭建“政府—媒体—公众”共治平台（如 SMG 深入推进的“全民主、全链条、全方位”的人人议事厅基层民主实践活动），提升社会治理参与度
	风险防控	建立舆情预警与危机修复机制（如 SMG 在新冠疫情期间，充分利用频道、频率、新媒体等各平台权威发声、及时发声、联动发声，制作防疫宣传片、特别节目、影视作品等，搭建服务平台等），强化媒体组织韧性

三、SMG 打造社会责任竞争力新范式的履责实践

（一）价值维度：公共价值引领力分析

1. 新闻舆论引导坚守正确政治方向

SMG 坚持“新闻立台”。始终坚持党的统一领导，坚持正确的政治方向、舆论导向、价值取向、审美趣向，充分发挥全媒体优势，生动践行习近平文化思想。以“头条工程”“首屏首页”为抓手，锚定“立足上海、服务全国、面向世界”的新闻定位，勇做舆论大潮中的“定音鼓”“压舱石”。2023 年，旗下第一财经全年制作财经类新闻时长超 1 万小时，融媒体中心、广播中心全年制作各类新闻、文化科技等内容时长共计近 1 万小时，东方卫视日均播出新闻节目时长超 4 小时，新闻播出时长居全国省级卫视首位。此外，看看新闻 Knews 客户端累计用户下载量

1 630 万，第三方矩阵总粉丝数超 1 亿，全网传播量日均触达 2 亿。第一财经新媒体矩阵 2023 年生产微信“十万＋”稿件 231 条，视频“千万＋”236 条（其中 1 条过亿）；经济领域大 V 数量破千，总流量超 3 亿，新媒体矩阵 MCN 粉丝总数超 1 300 万。全媒传播力稳居行业前列。

2. 文化创新创造彰显主流价值引导

SMG 秉持“文化强台”，赓续中华文脉，以精品工程为抓手，引行业风气之先，打造了一系列精彩纷呈的影视作品、文化节目、文化 IP，如出品了《大江大河》《破晓东方》等影视剧精品，在东方卫视平台推出了《何以中国》《这就是中国》《未来中国》《斯文江南》《了不起的宝藏》《一路前行》《爱乐之都》《朤月东方·中秋奇遇夜》《极限挑战宝藏行》等众多兼具大都市气质和中国式审美的精品节目；值得一提的是，原创代际潮音综艺《我们的歌》节目模式持续输出西班牙国家电视台，引领中国电视综艺模式“走出去”“走得远”。此外，纪录片中心持续打造国产优秀纪录片内容生产和传播高地，集中推了《万桥飞架——山水间的人类奇迹》《田野之上》《武夷山·我们的国家公园》《大江南》等一批重大题材纪录片。文广演艺集团 2023 年举办各类演出超 4 300 场，观演人次超 550 万。其中，联合英国真正好集团制作《剧院魅影》中文版刷新了中国音乐剧行业的里程碑；原创音乐剧《爱情神话》，原创话剧《英雄儿女》，舞台剧《觉醒年代》，舞剧《永不消逝的电波》，杂技剧《战上海》《天山雪》，音乐剧《伪装者》等，成为上海耀眼的城市文化品牌。2023 年，SMG 获得包括中国新闻奖、中国广播电视大奖、广电总局“新闻百佳”、总局创新创优及美国泰利奖、亚洲电视奖等各类奖项超过 200 个，彰显了行业领先地位和卓越贡献。

3. 国际传播展现跨文化适应力

国际传播能力建设方面，SMG 已全新组建上海文广国际传播中心（SMG International），持续做好 ShanghaiEye、一财全球等国际传播矩阵建设，参与国际舆论场流量竞争与分配，提升国际传播能级。2023 年，“ShanghaiEye 魔都眼”外宣新媒体矩阵海外覆盖总量逾 3.4 亿，ICS 新媒体账号矩阵的海外总观看量近 6 000 万；此外，纪录片 Doculife 纪实国际传播新媒体矩阵总订阅量覆盖国际用户超 6 400 万人次，为中国文化的国际传播和交流搭建了重要平台。SMG 积极推动更广泛的媒体国际合作，分别与阿联酋国家通讯社（WAM）、华纳兄弟探索集团等逾 30 家境外媒体和文化机构，在内容生产与资源互换、演艺剧场、技术服务等领域探讨进一步合作的可能性，并借助亚广联、欧广联和国际合作平台优势资源，积极推进优质视听内容“出海”；发挥赛事转播、文艺演出的专业优势，引进制作国际经典项目，提供多元业务产品，开展国际文化交流项目，助力民间外交工作。

（二）技术维度：新技术赋能力

1. 新技术赋能媒体融合与传播效能提升

SMG 以技术为引领，整体推进“融合强台”。作为省级广电媒体率先布局生成式人工智能（AIGC）领域的创新举措，已正式挂牌成立“生成式人工智能媒体融合创新工作室”，旨在抢占科技革命和产业变革的制高点，抓住 AIGC 发展机遇，推动内容创制与技术研发一体化发展，构建国内领先的文化传媒大模型应用生态，强化面向未来的前沿关键技术应用布局，建设深度融合的新型媒体产业集群，助推广电行业新一轮高质量发展。近年来，SMG 持续推进专业媒体 AI 能力建设，已在业内具备一定领先优势。基于 AI 技术自主研发的媒体内容智能生产平台、内容生产和分发平台，已抢先推出人工智能集成工具箱 Scube（智媒魔方），自主研发第一财经专业智能体“星翼”大模型，推出第一财经万流智慧金融信息运营平台、AI 高清视频修复系统、大型综合体育赛事智慧内容云平台、AI 虚拟数字人和播音员、大数据情感交互可视化受众测评系统、广播电视媒资生产管理平台、媒体智能标签系统、大屏 EPG 智能推荐优化和智能推荐频道、智慧广电＋公共服务、东方有线总前端安全播出管理系统、可视化拨测系统和 EPG 爬测系统、网络安全态势感知平台、安全监测系统等，已在广播电视节目的生产、修复、转播、播出、评价以及媒资管理、智能终端、智慧监管等诸多领域得到广泛应用。以巴黎奥运会为例，SMG 自主研发的体育赛事 AI 产品获得成功应用，开创了奥运会首次将 AI 技术应用于乒乓球和射箭赛事的国际公用信号转播的历史，自信展示上海广电的智造力量。

SMG 坚定不移深化媒体融合发展，重点打造百视 TV、看看新闻 Knews、第一财经新媒体矩阵、阿基米德四个重点新媒体产品，截至 2023 年末新媒体移动端去重月活用户数达到 4.1 亿，充分显示出新媒体产品和平台的传播力和影响力。

2. 新技术赋能社会议题设置与公益行动

SMG 全面拥抱新技术，赋能社会议题设置。如以全媒体完成的 2024 年全国两会报道为例，SMG 对标“台网并重、先网后台、移动优先、首发原创”战略方针，以年轻态、互动化、国际范的上海新闻特色，贴近受众需求，唱响时代主旋律，出新出彩出圈呈现了两会盛况和代表委员履职风采，全媒体传播声量创多个“第一”。

SMG还应用新技术推动中华优秀传统文化的创新性发展，利用4K/8K超高清、立体3D、HDR、高帧率等前沿视听技术与戏剧电影相结合，拍摄戏剧电影《霸王别姬》《萧何月下追韩信》《勘玉钏》《贞观盛事》《捉放曹》等，斩获多个国际大奖，部分影片入选庆祝建党百年优秀影片。

SMG将AI等新技术直接应用于公益项目，SMG与上海科技大学联合开发推出“润爱无声”人工智能手语翻译项目，作为聚焦元宇宙相关技术赋能广电转型的内部孵化项目，旨在建设全球首个人工智能手语大模型SLLM，运营智能手语翻译服务体系，解决听障人士融入社会的难题，提升广大听障人群福祉，消弭信息交流鸿沟。2023年，“润爱无声”联合徐汇牙防所开设了“全国首家牙科助聋门诊”；2024年，在全球开发者先锋大会上，发布了上海市级重大应用场景《润爱无声助聋门诊场景》：基于手语大模型的交互式数字人手语翻译，并在7月的世界人工智能大会上正式亮相。目前在市残联的指导下，已在都市频道《妙手仁心》节目中实现应用，服务众多听障观众，获得观众好评。

3. 新技术赋能城市发展与公共服务

在新技术的加持下，SMG还积极加大IP、模式等创新，更好服务城市发展，不仅高质量承办上海市“全球人工智能开发者先锋大会”“上海全球投资促进大会”“世界人工智能大会”等高端重要活动和项目，还创新打造系列城市户外音乐节、城市潮流体育活动、超沉浸艺术节、“国际光影节”等重要IP，赋能城市更新，增加城市质感与温度。2023年，静安国际光影节历时11天，举办了396场光影秀、10大主题日、36场活动，吸引和带动周边商圈的娱乐、餐饮、购物、会展等消费人群，实现全网曝光超20亿，多次占据微博、抖音同城榜第一，全时段客流量超131万，在传播、客流、消费等方面均取得了亮眼成绩。此举既利用光影艺术焕新了历史建筑，提升了城市公共空间品质，又将文旅场景和文化消费并举，整合了年轻潮流和传统节庆活动资源，激活了城市文化消费新动能。2024年，这一IP提升为首届上海国际光影节，双节共庆，在上海展览中心主会场及浦东新区等12个分会场，举办了100场主题活动，推出了100处夜景打卡点，精彩打造上海这座城市独特的光影盛宴。

（三）制度创新：协同治理创新力

SMG积极完善内部治理，提升体制机制活力，促进外部协同，提升协同治理创新力。对内，SMG坚持党委统一领导，发挥党委核心作用，落实意识形态工作责任制，明确党组织在法人治理结构中的法定地位，并按照现代企业治理要求，完善董事会、监事会构成，建立监事长列席党委会制度，分层明确各自的职责、权限和议事规则。建立台（集团）党委领导下的编辑委员会、技术委员会、安全生产委员会"三大统筹机制"，全面强化规划指导、统筹协调和推进落实工作。2024年，SMG在全国广电系统率先推进主流媒体系统性变革，改革工作得到中央宣传部、国务院新闻办、国家广播电视总局充分肯定，相关改革实践与做法在全国予以推广。

对外，SMG发挥自身全媒体综合文化产业集团的资源优势，不断加强对外合作，探索创新合作模式，为SMG战略与核心合作伙伴创造全新合作场景。通过加强资源共享、优势互补，协同推进内容宣传、活动联办、文化产业等领域的全面合作，联手探索跨域、跨领域等合作新路径。此外，SMG坚持规范信息披露与社会责任报告发布，自觉接受行业监管部门的监管及市场与社会监督，确保渠道畅通，积极回应社会关切。与此同时，多种途径搭建"政府—媒体—公众"共治平台，提升社会治理参与度，及在重要社会舆情事件中建立危机修复机制，有助于提升公信力与组织韧性。

结　语

主流媒体的社会责任竞争力已从传统的舆论引导功能，演变为涵盖价值引领、技术赋能与制度创新的系统性工程。SMG的实践表明，通过将社会责任深度嵌入媒体核心业务链，以"三位一体"模型实现公共价值创造、技术工具革新与协同治理机制的同频共振，有助于更好破解"公共性"与"市场性"的张力矛盾。这一新范式的核心启示在于：社会责任竞争力的本质是媒体组织在动态环境中平衡多重利益诉求的能力，既需要以文化IP、国际传播等载体强化价值认同的"软联结"，亦须通过算法治理、版权保护等技术手段筑牢责任履行的"硬支撑"。当主流媒体将解决社会问题转化为核心竞争力时，其承担的不仅是信息传播功能，更成为国家治理现代化进程中的价值共创者与生态重构者。SMG的探索为行业提供了从"被动适应"转向"主动引领"的转型路径，其经验对于构建新型主流媒体社会责任生态具有重要的范式参考意义。

参考文献：

[1] 肖红军.共享价值式企业社会责任范式的反思与超越[J].管理世界，2020(5)：87－133.

[2] 杜娟.鞍钢集团公司：利用尾矿资源　提升绿色效益[J].WTO经济导刊，2014(09)：52－53.

[3] 李卓颖，高子尧，林千羽.ESG信息披露对企业绩效的影响效应及作用机制研究综述与展望[J].现代商业，2024(19)：55-58.
[4] 刘春红，郄可心，陈李红.动态视角下组织韧性的形成机理与作用效果[J].经济管理，2023(8)：5-25.
[5] 侯仕军.社会责任视域下企业责任竞争力的内涵、诱因与塑造[D].第八届(2013)中国管理学年会——组织与战略分会场论文集，2013：603-626.
[6] 吴秋生，王少华.党组织治理参与程度对内部控制有效性的影响：基于国有企业的实证分析[J].中南财经政法大学学报，2018(5)：50-58.

作者简介：

辛涛，上海广播电视台战略发展和经济管理部战略主管。

“广电＋文旅”双向奔赴　深度融合的探索与实践

——以东方广播中心为例

刘　莉

提　要：文化和旅游产业的繁荣发展，离不开文旅IP的塑造，而媒体在文旅IP的塑造中发挥着越来越重要的作用。如何在“文旅融合”的积极实践中切实发挥主流媒体的影响力和引领力，有效服务于社会发展和大众需求？“广电＋文旅”在双向奔赴的实践中，探索出了哪些新玩法，如何赋能城市发展，还有哪些潜力空间？东方广播中心为推动“广电＋文旅”深度融合与创新发展提供了鲜活案例，本文以东方广播中心的丰富实践、创新作为为例，研究广电文旅融合现象，探寻融合的创新模式。

关键词：广电＋文旅融合　创新模式　广播实践

引　言

党的二十届三中全会提出“健全文化和旅游深度融合发展体制机制”，“广电＋文旅”的融合发展已成为行业内最受瞩目的现象，“广电＋文旅”正成为各大媒体集团重要战略，如电广传媒积极适应文旅融合趋势全力建设“芒果城”项目，江苏卫视在“广电＋文旅”赛道上提速等。广电机构在广告收入不断下滑的困境中努力找寻突破口，通过与文旅相互借力，拓展业务领域，创新盈利模式。一方面，广电有内容，文旅有产业，既可通过广电优质内容带动文旅发展，也可依靠文旅产业丰富广电内容供给；另一方面，广电可深度开发文旅资源，有助于打造现象级文旅品牌。广电文旅融合作为一种新兴的产业形态，具有广阔的市场前景和盈利空间，符合市场需要，符合文化传承需要，成为广电机构转型发展的重要方向。

上海广播电视台(集团)在“推进主流媒体系统性变革”中，强调要增强平台市场价值。充分依托上海城市资源和城市功能，坚持从自身最有资源、最有优势的地方出发，聚焦文旅商体展联动，充分整合台内外优质资源，加快打造城市新消费的首选入口，创新探索平台的商业模式，努力锻造自身的核心竞争力，并在2025商业创新邀约发布会中提出：要“成为文化IP的塑造者和传播者”。在“广电+文旅”深度融合发展之路上，东方广播中心牢牢把握重要机遇期，密集布局文旅+，通过自身平台与城市公共文化资源的深度联结，把城市的广阔机遇转化为自身的发展契机，拓展业务领域，创新盈利模式，探索符合自身特色的“广电+文旅”融合打法，实现有效引流与消费转化，助力上海文旅发展。

一、多维发力　开拓“广电+文旅”融合发展新路径

1. 业态融合　以节兴旅　激发文旅消费潜能

广播将自身的优质内容和IP与文旅产业相结合，通过打造音乐节实现业态融合，通过文旅产业的平台和渠道实现内容的更大范围传播和价值提升，促进媒体内容的深度挖掘和赋能。同时，音乐节对经济拉动作用明显，带动旅游业、餐饮、交通等服务性产业发展，形成服务于音乐节的产业链，主要经济来源有冠名赞助和衍生收入，包括演出门票、餐饮、创意集市、音乐节衍生品贩卖等。

东方广播中心经典947辰山草地广播音乐节自2012年起连续举办12届，成为中国售票体量最大、听众规模最大的户外古典音乐节。音乐节打造之初，对标柏林森林音乐节、维也纳美泉宫音乐会等国际一流的城市户外品牌项目。每年5月在上海辰山植物园内举办室外古典音乐会，两个舞台四场演出，年度观看人数近2万人，先后吸引维也纳交响乐团、圣彼得堡爱乐乐团、贝里尼歌剧院交响乐团等世界知名乐团在此演出。辰山植物园的园艺景观、建筑设计和古典高雅音乐的融合带给观众全新的体验，观众在大自然中与音乐交融，赏花品乐。东方广播中心将古典音乐作为切入口，打造一个非常具有辨识度的上海文旅形象、文化IP，赋能城市文旅发展。辰山草地广播音乐节见证了上海文化生活的繁荣发展，成为一张不可或缺的文化名片。2024年“辰山草地广播音乐节”入选了100个打响上海文化品牌的“最佳融合发展案例”。

东方广播中心将辰山草地广播音乐节的成功经验复制推广，积极打造“户外音乐节”这一都市型文化IP矩阵，先后举办辰山自然生活节、辰山樱花季、上海湾区·花开海上音乐节、上海湖畔国际音乐节、进博会倒计时100天——青浦四叶草之夜音乐会等。与金泽镇政府合作推出的“上海之夏最江南　青浦金泽水乡音乐节”，而且通过音乐节自驾游、跟团游、文创市集等新消费模式，带动当地

旅游、餐饮、住宿等收入增长。音乐节系列活动为受众提供高品质的文化体验，为城市打造有流量的文化入口。

2. 延伸产业链　开拓多元新场景　打造"内容＋"文旅实体产品

广播与文旅产业共同开发具有独特文化内涵和市场潜力的 IP 产品，通过跨界合作与资源整合，提升文旅产品附加值和市场竞争力，以延伸产业链升级融媒商业模式，实现品牌和文化的双重输出。比如通过打造闪电咖啡馆实体项目，将广播的品牌和内容优势转化为文旅体验。2021 年，由东方广播中心动感 101 和东方卫视联合打造的多维融媒体音乐节目《东方风云榜·闪电咖啡馆》开播，在"东方风云榜"IP 升级的同时，融入上海的咖啡文化与海派文化。之后东方广播中心携手上海国际会议中心，联合专业咖啡运营商，于 2023 年推出以"棚店合一""日咖夜酒"为特色的实体咖啡店——闪电咖啡馆上海国际会议中心店。营业面积近 300 平方米，不仅拥有全品类餐饮模式，更巧妙融合线上直播节目与线下咖啡馆活动，不定期举办广播音视频直播、艺人新歌试听会、歌迷私享会等线下活动。一年半的时间内，在闪电咖啡馆举办和内容相关活动近 50 场，吸引陆家嘴白领、粉丝客群到店，打造网红打卡地标，为酒店引流。

东方广播中心与江苏路街道联合打造首个沉浸式广播实体空间愚园路电台，融入海派文化、移动互联网技术、广播电台、文化图书、电台咖啡等特色元素内容，以开放性延伸公共空间设计，带来"沉浸式、场景式"城市文化地标的全新体验，成为网红"城市会客厅"。《阅见城市"声"活——"支点"沉浸式阅读媒体推广项目》作为上海唯一代表，入选中宣部 2023—2024 年度全民阅读优秀项目名单。

"电台奇遇记"是东方广播中心精心打造的另一个实体文旅产品，上海广播博物馆于 2023 年 5 月开馆，东方广播中心借此契机将广播博物馆、艺术中心场馆等融合为"电台奇遇记"旅游产品，成为上海市总工会"看上海、品上海、爱上海"一日游专属线路，带领观众开展一段"未来→现在→过去"的广播探秘之旅，在沉浸式剧场体验最新的"融媒系统"，在博物馆回望广播百年历史，与广播主持人亲密互动，等等。这一广播特色文旅产品已接待超过 200 家各类机构的参访团到访，成为沪上中小学生寒暑假期活动集体出行地。

3. 赋能文旅定制服务　推动旅游小镇建设

文旅定制不仅可以作用于内容端，也可以用于旅游目的地产品和品牌建设，将地方特色文化、历史、风光等元素融入旅游景点设计中。东方广播中心借助自身的宣传策划优势和媒体 IP 赋能文旅定制服务，与地方政府合作推动无锡旅游小镇建设，为文旅项目注入了鲜活能量与创新思维，提升知名度和吸引力。

旗下阿基米德传媒有限公司开拓多元化运营场景，与无锡惠山堰桥街道合力打造“天上村前”特色历史文化街区项目。通过市场调研、规划项目商业定位、整合招商渠道、引入品牌战略合作伙伴，对项目进行整体规划设计，提供宣传推广、运营、策划等服务。2024年无锡“天上村前”历史文化街区项目“四馆”成功揭幕，整体街区年内全面运营。作为无锡市大运河文化带“十四五”重点项目之一及惠山区最大的历史文化特色街区，“天上村前”定位目标为长三角创意文化产业的重要组成部分，不仅是文化旧居的复原，还为街区的其他文化企业打造数字文创的标杆，带动整个街区数字文化产业的发展，项目营收超千万元。

4. 文化品牌输出　助力异地文旅产业

东方广播中心在本地深耕音乐节IP矩阵的同时，充分发挥户外音乐节项目优势，成功实现文化品牌输出，助力新疆文旅产业。“2024上海文化周”首次在新疆喀什地区举办，掀起上海文化热潮。作为本次文化周的开幕式，由东方广播中心策划的2024喀什星空音乐节在喀什古城高台民居成功举办，为当地群众呈现了一场上海文化盛宴。音乐节展示上海魅力，深化沪喀交流，以音乐为桥，让流行、摇滚与民族音乐元素交融，家国情感交汇。

本次音乐节开创了“文化润疆”的多个“第一”：首推上海援疆旅游包机直通音乐节现场，喀什文旅部门为本次音乐节开辟的三条特色线路；首创音乐节文创市集，汇聚来自中共一大纪念馆的初心驿站，上海交通大学设计学院等文化润疆、产业援疆的成果，让全国各地游客畅享沪喀两地文创好物。音乐节以文旅融合推动喀什多元化消费场景，以文化交流铸牢中华民族共同体意识。

此外，东方广播中心“广播开放日”——“电波巴士大巡游”，以文旅商体展打卡点形式，联动相关品牌全城互动。旗下动感101、Love Radio、交通广播、科学家族工作室等根据频率定位在旅游节目基础上，开发了不同特色的旅游、研学项目和产品，带领听众组团出游，联结全国旅游资源；交通广播行·味餐厅评选等经典品牌，在线上线下均表现出强大的号召力和影响力，成为带动本地文旅消费的新动能。这些文旅融合IP在为上海广播实现多元创收的同时，持续不断地向社会提供有营养的精神文化产品，体现上海“开放、创新、包容”的城市品格。

二、全媒体联动　深挖文旅IP　激活业态创新传续

1. 构建全域传播生态　打造融合宣推矩阵

在文旅市场激烈竞争的大背景下，广播充分运用了全媒体矩阵的优势，实现

了线上线下活动无缝衔接。通过整合视频、音频、网络直播、社交媒体等多种形式，打造创意新、交互强、沉浸足的融合宣推矩阵，全方位多角度呈现人文历史、民俗风情等，放大协同效应，形成推动产品迅速破圈的强大合力。

"喀什星空音乐节"，作为在喀什地区推出的首个高品质音乐节，演出视频在喀什当地 12 县市地标大屏同步转播，实现全国性文化润疆融媒矩阵联动传播，超 40 家国内媒体平台直播与报道关注，《人民日报》、新华社、《光明日报》等央媒纷纷报道，台网双端总矩阵传播量超 6 500 万，文化润疆 IP"喀什星空音乐节"品牌曝光量过 2 亿。辰山草地音乐节，电视、广播、平媒、户外硬广、网络音视频 App 等多渠道宣推，上百万广播听众以及超过千万互联网端视频观众收听观看。凤凰卫视、《中国日报》、中新社、*Shanghai Daily* 等媒体着重关注辰山草地广播音乐节通过音乐向世界讲好中国故事。音乐节的实况录音通过欧洲广播联盟平台上传推荐，被多个欧洲国家广播电台下载播出，使得辰山草地音乐节活动不仅在国内市场获得了广泛的关注，更借助国际广播平台走向了世界舞台。

2. 媒体赋能　创造"文旅＋"系列 IP 共赢生态

"广电＋文旅"的融合核心在于挖掘 IP 品牌的潜在价值，唯有精心培育并持续运营媒体 IP，方能绽放商业繁花，收获累累硕果。广播通过媒体 IP 赋能，深挖文旅内涵，依托多元化的线下体验场景与深化产业联动，面对不同的受众需求和消费场景在文旅主 IP 的基础上开发子 IP，实现了资源协同和互利共赢。

依托辰山草地广播音乐节，进一步衍生"辰山自然生活节""辰山樱花季"。"辰山自然生活节"是融合舞台戏剧表演、艺术启蒙体验、植物科普、文创市集、野餐露营于一体的沪上规模最大的户外亲子艺术节，以自然、艺术、生活"三位一体"的概念打造，充分利用植物园得天独厚的自然环境，尤其为孩子提供了更加轻松的观演氛围，突破了年龄、身高等限制，让他们置身艺术世界，激发艺术潜能。"辰山樱花季"在浪漫的樱花树下举办"云直播音乐会"，上海爱乐乐团首席长笛演奏家和首席竖琴演奏家为市民呈现一场专属于春天的"粉色浪漫"。通过现代技术手段，引入 360 度环绕式镜头的 VR 直播技术，结合多机位的高清视频直播呈现，全方位展现了樱花的绽放之美，让春色与音乐传播到人们的眼睛里、耳朵里。

三、广播与文旅融合面临的挑战与对策

东方广播中心在文旅融合的过程中，充分发挥广播媒体的宣传策划和举办大型活动的能力、优质内容生产能力，尝试不同类型的融合方式，深挖文旅 IP，打造融合宣推矩阵，并对其中的成熟项目进行复制推广，经济效益和社会效益双

效联动。但仍面临一些挑战需要突破,克服这些挑战,将有利于实现两个产业更深层次的融合和共同发展。

1. 转变观念　主动融合

人们的出行已远远超越单纯旅游的范畴,更多的是出于对文化的追寻,对触动心灵的美好瞬间的渴望,从而获得更深层次的精神满足。广播人需要转变传统的观念,认识到广电文旅融合是产业拓展的必然趋势和发展方向,是新的业务增长点,需要主动积极拓展业务领域,发挥广播自身优势,创新业务模式。同时转变观念,认识到与文旅融合大有可为,将与文旅融合上升到战略高度,改变各部门单兵作战现象,重视研究文旅融合现象,总结经验,整体规划文旅融合方向,更好地迎接新的机遇。

2. 提升内容生产能力　创新能力

伴随着各机构主体涌入文旅产业,使得文旅赛道竞争异常激烈。在这种情况下,需要与众多竞争对手争夺市场份额。广播与文旅融合中,文化资源是基础源泉,创意转化是关键环节,文化产品是价值实现,共同形成文旅融合内容生产的基本链条。这对广播的内容创新能力提出了更高要求,如何将文旅资源转化为具有市场价值的文旅新产品?需要结合文旅特色,将媒体广泛的传播力切实转化为塑造文旅 IP 的执行力,为文旅行业持续深度赋能,创作出富有创意的文旅产品,避免同质化,保持吸引力。

3. 构建具备跨界思维和创新能力人才队伍

广播与文旅融合需要一支具备跨界思维和创新能力的复合型人才队伍。这支队伍不仅需要熟悉广电业务,还需要了解文旅产业的特点和规律,能够实现两个领域的有机融合。目前,广电文旅融合的人才多数是在文旅项目的摸索拓展中逐步成长起来的,以现有媒体人员为主,他们的文旅产业的专业知识明显不足,现有培养体系难以满足“技术+内容+运营”的综合需求,因此,需要形成人才培养和引进的新机制,提高团队的整体素质和能力水平。

4. 完善“文旅+”商业模式

“广电+文旅”的融合主要通过构建消费新场景,提升文旅新体验,开发文旅 IP 新价值,搭建可听、可看、可感知的文化场景,串联起文旅链、消费链、价值链。广播媒体虽然多维探索文旅融合模式,一些融合项目如音乐节 IP 矩阵已经形成规模效应,形成稳定、可持续的盈利模式,但部分融合项目如文旅定制、跨地域文旅合作难以复制推广，商业模式有待进一步挖掘和完善。

5. 重构现有组织架构、工作流程

受限于体制机制的束缚，广播与文旅双方需要面对不同的政策环境、审批流程和监管要求，增加了合作的复杂性和难度。根据创辉科技调查显示，广电与文旅行业在管理标准、评价体系等方面存在差异，73％的从业者认为跨部门协作存在困难。为适应文旅产业的需求和发展趋势，广播媒体须对现有融合产品进行整合，形成合力，需要审视自身的资源，进行必要的调整和优化，包括组织架构的调整、业务流程的优化、技术平台的升级等多个方面。

结　语

"广电＋文旅"的双向奔赴代表着广电行业和文旅产业创新发展的必然趋势。这种融合不仅是两个行业相互赋能、共同繁荣的重要契机，也是推动文化、旅游及相关产业高质量发展的关键所在。在融合过程中，广电行业借助其广泛的传播渠道和影响力，为文旅产业提供更多的市场曝光和品牌建设机会，文旅产业也为广电行业带来更广阔的市场空间和新的利润增长点。东方广播中心在"广电＋文旅"融合发展的实践中，凭借公信力、内容生产能力、传播创新优势赋能文旅产业，既拓展产业链打造文旅实体项目，也实现文旅定制服务输出；既深化本地文旅协同，也强化跨区域联动合作，为当下"广电＋文旅"融合创新发展模式提供了有益的借鉴和启示。

参考文献：

[1] 唐瑞峰.《2024年1—2月广电文旅融合市场调研报告：五个方面解读广电与文旅融合最新发展态势》，广电头条，2024年3月4日 https://www.sarft.net/a/217439.aspx.

[2] 唐瑞峰.《对话郭全中：广电与文旅融合，求变与倒逼的选择》，传媒内参，2024年2月23日 https://www.sohu.com/a/760825173_121118712?scm=1102.xchannel:325:100002.0.6.0.

[3] 综合编辑.《广电与文旅：分合之间，探索深度融合新路径》，广电独家，2024年4月11日 https://www.sarft.net/a/217790.aspx.

[4] 翟思睿.《"广电＋文旅"的时代，拓展新业态的N种可能》，看电视，2023年11月8日 https://www.163.com/dy/article/IJ277B7T0517D57R.html.

[5] 丁迈.《广电与文旅的双向赋能——共塑文化新生态，共创繁荣新未来》，收视中国，2024年11月18日.

作者简介：

刘莉，上海广播电视台东方广播中心工会副主席、上海新闻广播兼职编辑。

媒体融合视域下的《最爱金曲榜》创新研究与价值重塑

陈又俐

提　要： 自2017年创办以来，上海广播电视台《最爱金曲榜》以经典金曲的回顾和推广为核心、稳筑大量中老年听众基本盘，不断寻求内容创新，广泛"扩群"经典流行音乐爱好者，逐渐形成了地域性品牌影响力。随着媒体融合的深入发展，传统电台节目面临数字化转型、跨平台运营和跨界融合的挑战，本文从若干角度分析探讨《最爱金曲榜》未来在技术应用和商业模式上的补强之策。

关键词： 老歌新唱　怀旧经济　情绪价值　深融实践

引　言

《最爱金曲榜》音乐盛典是媒体融合战略下的实践产物，其诞生与发展深刻体现了上海主流媒体的转型特征。2017年，随着《关于促进移动互联网健康有序发展的意见》和《国家"十三五"时期文化发展改革规划纲要》的相继出台，我国媒体融合进入以机制创新为核心的深度发展阶段。在此背景下，上海广播电视台以Love Radio103.7FM为起点，通过整合广播、电视、新媒体等多平台资源，成功将这一音乐盛典打造为兼具社会效益与经济效益的融合型文化IP。从最初的广播评选到跨媒体传播，从单一活动到持续运营的品牌矩阵，《最爱金曲榜》的演进历程不仅展现了传统媒体在移动互联网时代的创新路径，更成为观察音乐广播媒体融合实践的一个典型案例。本研究通过分析其发展模式，旨在探讨媒体深度融合背景下经典文化内容的创新研究与价值重塑机制。

一、诞生八年来的成效

《最爱金曲榜》音乐盛典自2017年诞生以来，经过八年的发展，已经成为上海乃至全国音乐广播领域品牌特点鲜明的IP，不仅广告创收和观众参与度逐年增长，还通过多元化的传播手段和创新的活动形式，成功打造了一个集音乐、文化、娱乐于一体的综合性平台：

1. 品牌影响力逐年提升

1）2017年：首届《最爱金曲榜》音乐盛典成功举办，吸引了19位歌手和音乐人参与，现场观众近2 000人，覆盖全国12个城市，微博话题阅读量达1.1亿，广告创收近千万元。

2）2018年：盛典升级为规模化运营的音乐文化IP，场地升级至具有全国影响力的文化地标梅赛德斯奔驰文化中心，现场观众规模达到万人，首次进入电视端并通过优酷、QQ音乐、爱奇艺等平台同步直播，广告创收突破千万元。

3）2019年：盛典规模进一步扩大，23组华语歌坛实力唱将及金牌词曲作者参与，视频网站直播观看量近900万人次，广告创收达到1 400万元。

4）2020年：尽管受疫情影响，盛典首次开放半场，入场观众控制在5 000人，线上观看人次首次达千万，广告创收保持1 400万元。

5）2021年：首次空场举办，通过百视TV独家直播，全国音乐广播联盟同步播出，微博热度冲上榜首，广告创收达到1 450万元。

6）2022—2023年：继续由百视TV独家直播，全国36家主流媒体关注报道，东方卫视录制播出，品牌影响力持续扩大。

7）2024年：全网流量破1 000万，创历年最高，现场观演人次破万，广告创收稳固在千万级别。

2. 多元化传播与创新活动

从2017年开始，《最爱金曲榜》便结合新媒体传播手法，通过微博、抖音、B站、优酷、爱奇艺等平台进行广泛宣传和直播，极大地提升了活动的网络影响力和观众参与度。

作为《最爱金曲榜》的衍生活动，“K歌争霸赛”通过线上线下结合的方式，吸引了大量观众参与，尤其是在疫情期间，通过抖音等平台进行线上连麦PK，进一步扩大了品牌的影响力。2020年“K歌争霸赛”首次获得广告商青睐，创收100

万元，2021 年创收翻倍至 200 万元。

3. 广告创收稳步增长

从 2017 年的近千万元广告创收，到 2024 年的稳固千万级创收，成为上海广播有能力常年维持千万级创收体量的 IP。其核心活动包括年度音乐盛典、Love Radio103.7FM 同名线上节目以及“K 歌争霸赛”，通过多元化的传播渠道和创新的活动形式，持续吸引广告商的关注和投入。

4. 文化与社会影响力

《最爱金曲榜》不仅是一个音乐盛典，更是一个“唱响主旋律”的文化符号。以“40 年流淌的金曲致敬改革开放”为主题的 2018 年盛典，通过东方卫视在国庆 75 周年之际播出的 2024 年盛典，回顾了华语音乐在时代变迁中的经典，致敬了新时代的中国。

5. 多渠道扩散与覆盖

《最爱金曲榜》通过广播、电视、网络、户外大屏、地铁广告等多渠道进行宣传，尤其是在 2024 年，户外大屏（上海中心、光启城、宏伊广场）和地铁广告的宣传力度创下历年纪录，“话题性事件”进一步扩大了品牌的曝光度和影响力。

二、取得成效的原因

Love Radio103.7FM 作为上海最早的音乐广播频率，自 2005 年推出“最爱调频”定位以来，便明确了其核心受众为 70 后和 80 后人群。这一群体具有高学历、高收入、高消费的特征，且对经典华语流行音乐有强烈的情感依赖。通过播放改革开放至千禧年间的经典金曲，Love Radio103.7FM 成功锁定了这一具有高消费转化能力的群体，形成了稳定的听众基础。以经典金曲为核心内容，通过日积月累的播放，不仅唤起了听众的集体记忆，还通过情感伴随增强了受众的情感黏性。

2017 年，《最爱金曲榜》音乐盛典的推出，填补了 Love Radio103.7FM 在重大品牌 IP 上的空白。该盛典以年度播放率最高的 103 首金曲为候选范围，通过听众票选与专家评分相结合的方式，最终选出 20 首“最爱金曲”。这种评选机制不仅增强了听众的参与感，还通过地面活动和线上互动，为盛典演唱会预热了近 6 个月，打响了品牌的知名度和影响力。

《最爱金曲榜》音乐盛典通过“老歌翻唱”的产业模式，成功复活了经典作品，持续挖掘了作品的商业价值。翻唱不仅是音乐产业的重要商业模式，也是音乐传唱与承续的多元化实现方式。《最爱金曲榜》的内容生产特别强调挖掘金曲创作背后的故事和花絮，善于将文化内涵和情绪价值转化为现场和网端的华语歌坛“现象级场景”，进一步增强了品牌的文化影响力。

同时《最爱金曲榜》音乐盛典通过讲述怀旧话题和前辈故事，独家呈现出独特的文化内涵和情绪价值。例如 2017 年演唱会呈现的多位音乐人的“第一次”故事，不仅增强了节目的文化深度，还通过情感共鸣提升了品牌的吸引力。这种“故事化”的内容创制手法，为打响品牌提供了强有力的支持。

在宣发方面，《最爱金曲榜》音乐盛典充分利用新媒体传播手段，通过微博、抖音、B 站、优酷、爱奇艺等平台进行广泛宣传和直播，极大地提升了活动的网络影响力和观众参与度。2018 年盛典演唱会在话题性超强的文化地标梅赛德斯奔驰文化中心，实现优酷、QQ 音乐、爱奇艺多平台同步直播，有效强化了品牌的覆盖范围和影响力。

“K 歌争霸赛”作为《最爱金曲榜》线上线下结合的衍生活动，导入了大量观众参与，打磨两年就成为“名利双收”的新增长点，不仅通过持续扩散的网络影响力，拉动了多个现场的参与规模和活力，还为品牌获得创收 300 万元。

《最爱金曲榜》通过年度音乐盛典、周播节目《最爱金曲榜》以及“K 歌争霸赛”等活动，形成了长周期高频度的内容输出。这种持续的内容生产和传播，不仅保持了品牌的热度，还通过多平台分发获取了可观的流量，相较于移动互联网音乐平台，Love Radio103.7FM 在特定群体中具有显著的公信力优势。其“专业”“权威”和“可信赖”的形象，使得《最爱金曲榜》在目标受众中具有较高的认可度和忠诚度。“有效盘活”这种传统媒体的优质资产，是品牌长期发展的坚实基础。

在创收方面，通过多元化的传播手段和创新的活动形式，《最爱金曲榜》成功吸引了广告商的关注和投入，并实现广告收入逐年增长。从 2017 年的近千万广告创收，到 2018 年突破千万收入，再到 2024 年的稳固千万级创收，证明《最爱金曲榜》在市场下行趋势中仍然具有适度的“溢价能力”和“议价资格”。

《最爱金曲榜》的成功，得益于其精准的市场定位、经典金曲的情感伴随性、品牌 IP 的打造与内容创新、多平台分发与新媒体传播、翻唱与怀旧文化的结合、“K 歌争霸赛”的衍生与创收、传统媒体的公信力与专业优势、文化内涵与情绪价值的转化、长周期高频度的有效输出以及广告创收的稳步增长。这些因素共同作用，使得《最爱金曲榜》成为上海乃至全国音乐广播领域市场表现良好的品牌 IP，并为其未来的持续发展奠定了坚实的基础。

三、现在面临的问题

《最爱金曲榜》首先面临着适度“年轻化”的难题，一是节目曲库过度集中于20世纪80年代至21世纪00年代的金曲，且重复播放导致内容新鲜感不足，难以形成长期吸引力；二是频道属性和曲库无法适度松绑，决定了节目定位过于依赖怀旧情怀，未能与时俱进地融入当代音乐文化。年轻受众参与度低，缺乏对这一群体音乐偏好和消费习惯的深入研究，内容创新不足，受众断层明显。

其次，《最爱金曲榜》音乐盛典在融媒体探索中，仅实现了内容在不同平台上的简单迁移，未能实现真正的“深度融合”。例如虽然在阿基米德App等平台上线，但受众的互动性和黏性较低，未能形成有市场想象的活跃度。在与市场化头部互联网平台（如抖音、B站）的合作仅限于宣发渠道，未能实现经营维度的深度联动。融媒体融合停留在“相加”阶段，缺乏对融媒体生态的全面理解，未能形成资源共享和协同效应。

此外，商业模式单一，缺乏多元化变现能力，主要依赖传统广告收入，未能充分挖掘IP的商业价值。缺乏二次创作和衍生开发。线下演唱会和盛典活动的商业开发程度有限，未能形成规模化效应，没有充分地将经典金曲的文化价值转化为商业价值，也缺乏对新兴商业模式（如粉丝经济、场景化营销）的深入研究和实践。

关键还在于，在受众运营和技术应用方面比较薄弱，缺乏系统化策略，未能有效构建活跃的受众社群。参与感低，缺乏与节目的深度互动和情感联结。线下活动形式传统，缺乏对受众需求的深入洞察，未能充分利用社交媒体和互联网平台扩大影响力。在技术应用方面较为保守，未能充分利用先进技术提升内容制作和受众体验。互动形式单一，没有将技术作为内容创新的核心驱动力。

节目品牌形象过于传统，定位过于依赖经典怀旧，未能与时俱进地融入年轻态文化，很难吸引年轻群体的关注和认同。传播内容缺乏创新，未能与年轻群体的文化偏好和价值观产生共鸣。品牌传播方式单一，未能充分利用新媒体平台进行年轻化营销。品牌老化，缺乏年轻化的形象。

面对竞争激烈的市场，节目在内容、形式、技术等方面与同类节目（如《声生不息》）相比缺乏差异化优势。没有形成独特的品牌价值和核心竞争力。在规模和商业化能力方面，与头部互联网音乐项目存在较大差距。节目创新能力和执行力不足，没有快速响应市场需求。

要突破现状，《最爱金曲榜》需要在内容、技术、运营、商业模式等方面进行系统性升级，同时注重年轻化转型和品牌重塑，以实现从“相加”到“相融”的跨越。

四、对策

1. 内部融合深化——构建“金曲生态圈”核心引擎

“借力”台/集团全媒体生态系统在演艺、版权、文化物业等广域的传统优势资源，纵向寻求“扩项”“扩能”，构建“金曲生态圈”。

1）版权资源整合：对接新汇集团的可用版权资源，打造“金曲版权池”，探索研发再版实体唱片和NFT数字藏品的发行。

2）场景化传播链：对接本系统独特的文化物业（东方明珠电视塔、国际会议中心、辽宁路产业园、虹桥路录音棚）等，扩充自身传播链中的场景化需要。

3）内容产品化：

对接文广演艺、纪录片中心、看东方等业务主理机构，寻求宣发活动“扩项”成为分站演唱会、季播金曲主题纪实类视频产品。

建立多元化的曲库，在保留原有经典金曲的基础上，适当引入21世纪00年代后的优质音乐，围绕家庭、爱情、友情、职场等跨代际主题，策划系列内容，引发老中青三代的情感共鸣，打造跨代际共鸣的音乐产品。

2. 行业融合创新——打造垂直领域共生体

横向对接优质行业资源，如联手老牌唱片公司，扩充“金曲版权池”的延伸业务开发，如经典金曲的二次创作版权，吸引更多音乐人参与，形成内容生态。例如推出“经典金曲改编计划”，鼓励音乐人进行创新演绎。联手经纪公司、对接移动互联网平台和各大声音客户端，推出金曲唱/作者视角的衍生IP“我与上海”（或“我与SMG”），爱乐者视角的“金曲记忆图谱”“我与金曲的故事”（多平台可视化金曲社群运营粉丝、UGC内容聚合），共同注入资源，共同运营上述分站演唱会、季播金曲主题纪实类视频产品等“扩项”行动。

结合不同的生活场景，推出定制化的音乐内容。成立专门的IP运营团队，负责版权经营和衍生开发。与品牌方合作，推出联名款产品或活动，推动商业模式的创新。

3. 跨界融合破圈——渗透城市肌理

随着“文化强国”战略的推进，文旅部《“十四五”文化产业发展规划》明确提出“促进音乐产业与旅游产业融合发展”的要求。音乐作为情感联结载体，具有天然的文旅融合基因。经典金曲承载着集体的记忆，具有地域标识性、情感共鸣性、文化符号性。《最爱金曲榜》可以突破传统“音乐＋旅游”模式，构建“金曲场景化沉浸体验”，可以采用全息投影＋气味扩散系统还原年代氛围，推出怀旧品牌厂商的“年代盲盒”。建立“代际音乐传承计划”，组织银发族与“Z世代”共同参与“金曲研学游”，开发基于方言保护的“地方金曲数字博物馆”。通过广域的社会融合，消除“怀旧经济”跨界开发“盲区”，与城市文旅融合，与城市商业融合，与城市生产融合，与城市生活融合，推出“金曲地图”“金曲主题街区”、金曲主题的复古周边等。通过“科技赋能、场景再造和情感联结”三位一体的模式，重塑音乐与旅游的融合方式。

4. 品牌联合创新——打造年轻时尚形象

利用短视频、直播等传播方式，重塑品牌形象。开发“金曲新演绎”短视频矩阵，邀请新生代音乐人进行创意改编，在抖音、B站等平台打造现象级传播。与时尚品牌、潮流文化IP合作，推出联名款产品或活动。例如与潮牌合作推出“复古音乐主题”服饰，通过讲述经典金曲背后的故事，增强品牌的文化内涵。又如推出“金曲背后的故事”系列纪录片，搭建“金曲社交平台”，推出“跨代合唱”等互动活动，促进代际音乐交流。

5. 技术赋能融合——提升受众体验

技术赋能融合是《最爱金曲榜》提升受众体验的核心驱动力。利用AI技术进行音乐剪辑、混音等，提升内容制作效率。打造“智能音乐实验室”，推出“经典重制计划”，通过AI修复、智能混音等技术手段，让经典金曲焕发新生。通过AR/VR技术，打造沉浸式音乐体验。线上推出“虚拟演唱会”，重现经典舞台；线下打造“金曲主题快闪店”和“年代音乐体验馆”，让受众全方位感受到音乐的魅力。

建立受众画像系统，让每一首推荐歌曲都恰到好处地契合受众当下的心境和场景。通过打造“弹幕点歌”和“虚拟礼物”等功能，让音乐欣赏从单向收听转变为沉浸式参与。根据受众所处地理位置智能推送相关年代的金曲内容，在虚实交融中唤醒集体记忆。真正实现“科技让经典更动人”的品牌承诺。在保障数据安全的前提下，这种技术赋能的融合体验，既保留了音乐的情感温度，又赋予了传统文化崭新的表达方式，为经典音乐的数字化转型提供了可复制的创新范式。

《最爱金曲榜》要实现从“相加”到“相融”的跨越，必须在内容创新、技术赋能、商业模式、用户运营、品牌重塑等方面进行系统性升级。通过“老歌新唱”、技术驱动、IP衍生开发、社群化运营、年轻化传播等手段，节目可以在保持经典金曲魅力的同时，吸引更多年轻用户，实现品牌的持续强化和商业价值的提升。

结语："双T型"的再出发

在媒体深度融合的新阶段，《最爱金曲榜》要实现持续发展与价值跃升，必须进一步深化转型，从内容生产、技术应用到商业模式进行全面重塑。一方面，要以"人才＋技术"为双引擎，通过引入AI工程师、数据分析师等新型人才，构建跨学科、跨代际的内容创新团队，推动5G、AI、大数据等技术与音乐IP的深度融合，打造智能化、个性化的视听体验；另一方面，要立足"声音＋"生态，拓展音乐IP的跨界价值，通过版权运营、场景化营销、数字藏品等多元变现模式，实现社会效益与经济效益的统一。未来，《最爱金曲榜》应继续发挥标杆作用，在媒体融合的深水区探索中，为传统广电的转型提供可复制、可推广的创新范式，助力构建新型主流媒体的传播格局。

作者简介：
陈又俐，上海广播电视台东方广播中心流行音乐中心副主任。

认知负荷模型视角下新闻播音中的常见口误差错研究

——以上海新闻广播主要新闻节目为例

陈　凯

提　要：认知负荷模型由法国学者丹尼尔·吉尔(Daneil Gile)提出，普遍用于解释译员在同声传译、交替传译等口译工作中出现差错及失败的原因。他认为"只有在译员大脑提供的认知负荷总量大于口译任务本身所需要的认知负荷总量时，口译质量才能得到有效的保证"。翻译与播音虽互为独立学科，但译员(尤其是同声传译员)和播音员在工作过程中对各环节进行精力(负荷)的合理协调分配同样都是避免差错的关键因素，因此本文试图对认知负荷模型进行适度、合理的迁移，进而探究新闻播音工作中的精力分配模型框架，并用于解释各种常见播音差错的成因，帮助播音员优化工作表现，减少错误发生。

关键词：认知负荷模型　新闻播音　口误　差错应对

引　言

媒体融合时代，传统广电媒体主频道(频率)的新闻节目仍然是传播党和政府主流声音、报道国计民生热点事件的重要平台。新闻节目播音员、主持人在工作中出现口误，不仅会影响节目本身的质量和美感，更可能因偏离稿件原意而造成播出事故，产生不良社会影响。近年来，学界对新闻播音口误差错的成因及对策进行了许多富有见地的研究。在播音主持学科领域，上述研究主要提出新闻播音员主持人要加强广义和狭义备稿、气息和口腔控制、语音语调基本功训练等来减少差错发生。同时,越来越多的学者意识到播音差错问题可以从跨学科角度加以理解阐释,如徐海霞从心理学角度切入,借由弗洛伊德观点分析认为口误实际上都是由“在无意识中被压制的意念入侵到有意识的言语输出中”所引起的;李桃借鉴语言学对口误的分类,将播音有声语言失误分为“语音失误、音义结合体失误和类语言失误”三部分。

本文亦选择跨学科阐释路径,基于翻译学中用以解释译员差错成因的认知负荷模型以及同声传译工作与新闻播音工作在认知负荷表述方面的相似性,从工作实例出发,探索建立新闻播音中的精力(负荷)分配模型,从而为解释播音差错成因及后续对策分析提供新的理论视角。

一、认知负荷模型理论概述及其在播音差错解释方面的表达探索

1. 认知负荷模型理论概述

诺奖得主、认知心理学家卡尼曼(Kahneman)1973 年提出资源限制理论(资源分配理论、有限容量理论),这一理论的基本假设是,完成每一项任务都需要运用心理资源,操作几项任务可以共用心理资源,但是人的心理资源的总量是有限的。这些任务过程产生一定数量的输出,人在操作几项任务时根据特定数量的资源和输出在质量上的变化,将资源量分配给这些任务的操作。只要同时进行的几项任务所需要的资源之和不超过人的心理资源的总量,那么,同时操作这些任务就是可能的;反之,任务则会失败。

资源限制理论在工程学、教育学、翻译学等领域被广泛应用,其中最为知名的应用之一就是法国学者丹尼尔·吉尔(Daneil Gile)为解释译员翻译任务失败原因而提出的认知负荷模型(精力分配模型)。该模型继承了资源限制理论的核心概念,认为“只有在译员大脑提供的认知负荷总量大于翻译任务本身所需要的认知负荷总量时,翻译质量才能得到有效保证”。吉尔还针对口译、笔译等翻译工作特点,开创性地给出了量化表达式。如在同声传译领域,吉尔认为其包含四种负荷(精力),即听辨负荷、记忆负荷、产出负荷、协调负荷。具体表达为:

同声传译=听辨负荷+记忆负荷+产出负荷+协调负荷

据此,吉尔将造成同声传译差错的原因归结为两点:一是整体认知资源不足,即同传任务所需的总精力大于译员可提供的四种精力之和,导致总认知超

载；二是精力协调失衡，即译员对认知资源在各个环节上的分配不合理。前者更多指向译员自身知识储备、翻译能力和训练量的不足，如译员词汇量未能覆盖翻译目标、记忆能力跟不上源语讲话者语速等；后者则指向译员对"如何使用有限精力"的方法失当，如面对源语语句中的生僻复杂概念时听辨负荷分配过多导致记忆和产出精力不足而出现错漏译等。

吉尔认知负荷模型作为一种解释工具，其对翻译差错成因的解释已经获得学界高度认可，并被证明可以有效帮助译员改善工作表现。

2. 认知负荷模型理论在播音差错解释方面的表达探索

不难看出，新闻播音工作同样可以适用资源限制理论来解释。要保证播音不出现差错，播音员首先要通过足量的训练和实践使自己能够提供整项工作所需的认知精力总量，其次要在播音过程中合理调配各分项精力的使用情况，达到动态平衡。

同时，在认知负荷表述层面，新闻播音工作过程与吉尔所描述的同声传译工作过程具有较高相似性。同传中的"听辨"环节对应播音中的稿件识读环节，都是对源信息的输入和理解过程；同传中的"产出"环节在播音中同样存在，都是在源信息输入并理解的基础上进行开口表达；同传中的"协调"环节要求译员准确发现自身在工作中的某一时刻对各种精力的调配使用情况是否合理并做出相应调整，这一"心态适配"过程在播音工作中同样关键。

同声传译与新闻播音在认知负荷表达上最显著的区别在于"记忆"和"监控"层面。同样是一边输入一边输出的工作模式，同传的源信息输入依赖译员对讲话者所讲内容的短时记忆来存储，而播音的稿件信息以明文呈现，无须播音员额外消耗精力去存储，所以新闻播音工作负荷表达中不宜单列短时记忆负荷。

虽然吉尔认知负荷模型中没有单独描述译员"对自身产出内容正确性的监控"这一负荷，但他同时指出，译员在产出负荷中应包含对内容质量的监控，并注意控制监控力度，过度监控会造成产出失败。新闻播音工作中，播音员同样需要重视上述"监控"问题：当监控不足时，播音员即便出现差错也毫不自知，不能及时改正；当监控过度时，播音员出现差错后陡然提高监控精力，导致识读和产出环节精力不足，出现连续差错。因此，新闻播音工作负荷中有必要单列监控负荷。

基于上述分析，并结合笔者工作实践及对多名播音员的走访，试图在吉尔认知负荷模型基础上探索建立新闻播音认知负荷模型表达式：

新闻播音＝识读负荷＋产出负荷＋监控负荷＋协调负荷

基于上述表达，播音差错发生的原因主要是播音员提供的认知精力总量小于播音任务所需的认知精力总量，以及播音员不能正确协调各项认知精力的使用，导致分项认知负荷过载或精力不足。

需要说明的是，不同于同声传译中的产出负荷更多关联翻译内容本身的准确性，新闻播音的产出负荷更复杂，笔者大致将其拆分为语音产出负荷（确保基础语音准确）、技巧产出负荷（确保重音停连语气节奏等表达技巧恰当）、情感产出负荷（确保情感基调正确）等，为使表达式更简洁，故将上述产出负荷统一归纳为“产出负荷”，但分析具体问题时仍可拆分使用。

二、播音认知负荷模型对上海新闻广播主要新闻节目常见播音差错成因的解释研究

笔者在2020—2023年间负责统计分析上海新闻广播各主要新闻节目的口误差错问题并提出相应解决对策。首先要承认，作为省级主流广播媒体主频率，上海新闻广播拥有一支业务能力过硬的播音团队，即便把近4年、5 000余小时的节目播音作为研究样本，仍能发现播音团队将总体差错率控制在极低水平。正因如此，认真分析已经出现的差错，查找原因并提出对策，对进一步优化播音员工作表现，提高节目传播质量和口碑都具有重要意义。

下文将提取上述样本中常见的几类口误差错案例，并从认知负荷模型视角加以分析，试图找出共性原因。

1. 认知精力投入不足，认知负荷总量超过播音员所能承受的负荷

认知精力总量不足在不同能力级别的播音员身上会有不同的表现形式。对于一些新手，或是刚刚转换工作岗位、处于适应期的播音员来说，有时自身能够提供的认知总量客观上不足以应对工作任务，导致错读、常识错误等差错发生，如：

案例1：“纪检监察机关要接受最严格的约束和监督，加大严管严治、自我净化力度，针对自身权力运行机制和管理监督体系的薄弱环节，扎（zhā）紧织密制度笼子……”

新手播音员将“扎紧”的“扎（zā）”错读成了“zhā”。但除此之外，播音员在识读稿件、播音技巧、情感把控等方面均表现优良，由于完全不知道读音错误，所以也没有过多调动监控资源，可见该差错发生纯属自身认知资源不足以覆盖“扎”的正确读音，这里的认知资源不足是一种客观原因。

但在一些资深播音员身上，认知总量不足的问题也会发生，只不过更多关乎

播音员的主观投入意愿，如：

案例 2："为您介绍昨天温度实况"（此处停顿了约 3 秒钟），"目前本市空气质量指数为 100，评价等级为良……"

显然，播音员没有如他播报的那样介绍昨天温度实况，而是在停顿后跳转到后续的空气质量内容。这是因为在大多数情况下，天气预报稿件在此处都会出现昨天温度实况，但偶尔会因为气象部门未及时发布而空缺，这位播音员遇到的就是空缺的情况。实际上，稿件中既没有"为您介绍昨天温度实况"这句话，也没有温度实况内容，而"目前本市空气质量"这句话恰好在后一页稿件最上方，播音员没有及时翻页，就根据过往经验和思维定式，脱口说出了"为您介绍昨天温度实况"，翻页后发现没有相应内容，于是在停顿几秒后继续播报。播音员全程保持冷静，停顿前后的播音都稳定流畅，后续产出也没有其他差错。这说明，这位经验丰富的播音员有足够的认知资源储备和协调能力，但在面对简单稿件时没有充分调动使用这些资源，而是依赖过往经验和思维定式，主观上导致认知资源总量不足，从而产生差错。类似情况还有：

案例 3："申城今天最高温度将达 30 摄氏度……"

这句话本身没有问题，但它出自当天傍晚 6 点的晚新闻节目，此时温度已不会继续上升，稿件原文是"申城今天最高温度达 30 摄氏度"，播音员增加了一个"将"字，意思完全错误。究其原因，这位播音员是从早新闻节目刚刚来到晚新闻节目轮岗，以往播报早间天气时，"将"字已刻入肌肉记忆，以至于没有调动足够的识读精力。

2. 复杂陌生信息输入导致认知过载

此类问题往往发生在稿件中出现复杂陌生名词概念，而播音员限于现实条件等未能充分备稿时。差错的直接诱因可能是播音员耗尽了识读精力也没能成功播读复杂信息，如：

案例 4："26 号返回出发港佛州代劳……尔……佛州劳德代尔堡……"

此案例中播音员在"佛州劳德代尔堡"这一地名前投入了过多识读精力，已无法正常进行产出，所以发生错读，随后立即调用监控精力予以修正，后续没有再发生差错，可见其监控和协调精力仍可正常工作。

还有一类差错情形，播音员在一个复杂陌生信息面前消耗了大量识读、产出和监控精力，虽然可以正确播读，但已经没有足够的识读精力分配给后续内容，导致复杂信息之后的内容出错，如：

案例 5："北约秘书长斯托尔滕贝格与哈维斯托和林……德将在今天正式签署芬兰和瑞典加入北约组织的议定书……"

播音员在消耗了大量识读、产出和监控精力后正确播读了“北约秘书长斯托尔滕贝格”这一复杂名字，但随后的一个“与”字预示着后续还可能有若干复杂人名出现，而播音员已经耗尽识读精力，无法正确断句，导致“林德”破读。

同样，如果复杂信息不是出现在句首，播音员则可能预先“储备”大量认知精力，反而导致播读句首的认知精力不足，出现差错，如：

案例 6：“美国新墨西哥州最大城希（音）阿尔伯克基四名穆斯林遭枪击事件引发全美和国际关注……”

播音员此前进行了快速备稿，注意到了“阿尔伯克基四名穆斯林”这个陌生复杂信息，并为此预先分配了大量产出和监控精力，反而导致句首相对简单的概念没有足够的产出负荷支撑，于是尽管对“美国新墨西哥州最大城市”这部分的识读没有问题，但无法正确产出，出错后也未能及时调用监控精力予以改正，而后半句的“阿尔伯克基四名穆斯林遭枪击事件引发全美和国际关注”却能够准确、流畅产出。

3. 过度关注产出负荷中的某一环节，顾此失彼

案例 7：“……最近免疫细标（音）……下降明显……”

案例 8：“……他强调，中国将提纲（音）……提高开放水平……”

以上两个案例差错出自同一名新手播音员，仔细回听其播音片段可以发现，他在产出阶段情绪状态十分饱满，重音停连等技巧性处理也非常到位，甚至有些用力过度，但总是出现此类低级读音差错。究其原因，新手播音员自身可提供的认知负荷总量并不大，但他又非常重视自己在播音技巧和状态方面的表现，因此刻意分配了过量产出精力在这两个环节，导致语音产出精力严重不足，频频出现读音错误。

4. 监控与协调精力分配不合理

监控精力不足会导致播音员出现明显差错而不自知，也不修正。但更常见的问题是过度监控导致连续差错，这种情形往往伴随着协调精力不足。如：

案例 9：“特拉斯……（此处停顿 2 秒）成为英国的新任首相，现年 47 岁的她也成为英国历史上继撒切尔、特梅……特蕾莎・梅之后的第三位女首相……”

案例 9 是典型的由于过度监控且没有及时协调后续精力分配而产生的连续差错。对于播音员来说，“特拉斯”这个名字与知名品牌“特斯拉”过于接近，播音员为此消耗了大量监控精力，虽然成功播读，但耗时过多，不得已要停顿 2 秒才能继续，然而协调精力迟迟没有发挥作用，为了避免再次出错，监控负荷持续处于高位，导致产出精力不足，终于在遇到下一个人名概念时出现错

读。此时监控负荷仍然偏大，所以尽管及时修正了错误，但播音员的紧张感没有消失，好在稿件已经结束，否则有可能继续出现差错，甚至产生语无伦次的局面。

三、认知负荷模型解释新闻播音常见差错后的对策启示

1. 播音员要尽量增大自身可用认知精力总量，增强自动化处理能力

生活中，一个人可以一边吃饭一边跟朋友聊天，却不用担心会把饭塞进鼻孔里，因为吃饭这个动作已经高度自动化，无须耗费注意力资源。同理，更大的认知精力总量，意味着播音员遇到复杂任务时，可以调动更多"自动化"资源，应对更从容。播音员如果对生僻人名、地名等概念有充足认知，遇到具体稿件时，哪怕没有时间备稿，也可以通过自动化应对完成准确流畅的播报；如果在情绪、技巧等层面加强训练和实践，形成自动化处理能力，也就无须过度分配精力去注意这两个部分，可以将必要精力分配给产出、监控等环节。

从播音主持专业角度出发，许多学者都建议播音员加强广义和狭义备稿，以避免差错发生，这当然是正确的。但认知负荷模型视角下，备稿又有两层新的含义：第一，狭义备稿并不能增加认知精力总量，它的主要作用是形成短期的自动化处理能力，从而减轻识读负担，解放其他精力资源，这一作用在完成当前的稿件播读后即宣告结束，过度依赖狭义备稿，会导致"见字发音"，不仅破坏稿件意义传达，更有可能因为播读不流畅而造成新的认知负担；第二，广义备稿虽然可以增加认知精力总量，形成大量自动化资源，但也容易让播音员产生松懈情绪，造成"虽然认知总量充裕，但不愿积极使用"的尴尬，而一味依赖自动化处理来应对具体稿件识读问题，同样容易造成差错，案例 2 和 3 就是典型例子。所以，播音员应该认识到，最大限度降低差错发生率，需要的是充足的认知负荷总量带来充分的自动化处理能力，同时发挥主观能动性，在播音工作中积极干预、调配使用这些能力，而不是放任自流。

2. 播音员要准确评估自身当前具备的认知精力总量

每个播音员都有成长过程，不能苛求刚入职的新人就能游刃有余。就算是资深播音员，也可能有状态不佳的情况，所以播音员一旦开始播音，就不能过度关注某一项技能表现而忽略其他环节，因为自身认知精力总量有限，更应该合理分配到各个工作环节中，而不是顾此失彼，最终导致差错。一句话概括：日常要

注重增加认知精力总量，到了话筒前则要用好现有认知资源。

3. 正确运用监控精力资源，增强正向暗示

案例9说明过度监控容易造成播音员心理紧张，进而出现连续差错。当差错出现时，除了要及时调配监控精力予以修正，还要注意利用监控负荷的正向暗示作用来及时调整心态——既然监控发现差错会使人紧张，那么监控发现良好表现则可以缓解紧张。当差错已被修正时，建议播音员这样使用剩余的监控精力：多关注自己在后续播音中反馈出的正常表现，当意识到自己能够正确产出内容并持续几秒（几句）后，监控精力会迅速恢复到正常水准，紧张情绪也会得到缓解。

结　语

本研究以吉尔认知负荷模型为基础，对新闻播音工作中的常见口误情形从认知负荷角度进行描述与分析，并通过案例解析具体差错出现时的认知过载或失衡过程，针对性地提出增加认知精力总量、增强自动化处理能力、准确评估认知精力资源、加强正向暗示等具体对策。口误差错问题是播音员整个职业生涯中都要持续面对的挑战，并非某一单一理论方法就能彻底解决，播音员仍然要强化锻造职业素养，增强对抗差错的能力。

此外，本文所指的认知负荷属于吉尔提出的“内部负荷”，即与译员（播音员）自身能力相关的认知负荷。吉尔同时提出“外部负荷”的概念，即环境、设备、方言等外部干扰因素带来的认知负荷，限于篇幅，本文不做讨论。

特别需要指出，正如吉尔认知负荷模型在口译差错研究中更多被认为是一种“解释工具”而非理论成果，本文所建立的新闻播音认知负荷模型表达框架只是为播音员口误差错研究提供一种新的观察角度，表达式本身不能精确描述播音活动中所有认知负荷的使用和调配情况，也未能覆盖所有播音差错类型，只具备一定的定性分析功能，谨愿本文能为相关实践提供参考借鉴。

参考文献：

[1] Gile D. Basic Concepts and Models for Interpreter and Translator Training[M].上海外语教育出版社，2011：146－178.

[2] 徐海霞.播音员口误的类型、成因与对策[J].辽宁医学院学报（社会科学版），2010(5)：123－125.

[3] 李桃.电视新闻直播节目的主播语误研究[J].现代语文，2018(3)：126－130.

[4] 郭雨晨.认知负荷模型下学生译员同声传译错漏译研究[J].池州学院学报,2024(2):27-31.
[5] 曹曦.口误的成因及解决方法探究[J].新闻传播,2010(5):72-74.
[6] 张敏.单一资源理论模型在听配能研究中的应用[J].中国听力语言康复科学杂志,2017(3):205-208.

作者简介:
陈凯,上海广播电视台东方广播中心主任播音员。

论现实题材影视剧创作的时代性表达

——以电视剧《繁花》为例

李隽士

提　要：电视剧《繁花》改编自金宇澄的同名小说，并于2024年先后获得“五个一工程”奖、“飞天奖”“白玉兰奖”“金鹰奖”的“优秀电视剧”称号。该剧以故事情节展现时代背景，以人物塑造汇聚时代精神，以典型细节再现时代环境，凸显了作品的时代性。通过分析该剧在情节、人物、细节上的成功经验，可以为未来现实题材影视剧创作提供借鉴。

关键词：电视剧《繁花》　现实题材影视剧　时代精神

引　言

在党的二十大精神指引下，近年来影视行业涌现了一大批兼具思想性、艺术性和社会效益的优秀现实题材作品。这些作品坚持以人民为中心，讴歌时代，充满浓厚的家国情怀和昂扬的民族精神。2024年热播的电视剧《繁花》正是其中的优秀代表。

电视剧《繁花》改编自作家金宇澄的同名小说，该小说曾获得“五个一工程”奖和“茅盾文学奖”。剧版《繁花》先后在央视八套、央视一套、腾讯视频、东方卫视、江苏卫视播出，取得平均收视率破1.785％，豆瓣48万人8.7分的好成绩，并狂揽三大中国电视剧奖项的“优秀电视剧”称号和“五个一工程优秀电视剧作品”，编剧秦雯荣获金鹰奖“最佳电视剧编剧”。这些荣誉是对一部电视剧的极大褒奖，同时也是对《繁花》剧本的肯定。

“奋斗”和“时代”是电视剧《繁花》获得成功的关键词，“展现伟大的时代变革，以及普通人的奋斗和追求”则是这部作品想要表达的主题。《人民日报》评价该剧：“以现实主义精神反映时代伟大变革，书写改革开放时代的传奇人生。在风云际会、世情冷暖中尽显人物在困难中拼搏，在挫折中成长的生命张力。”在导演王家卫看来，“剧集《繁花》介绍的是时代，因为我们的故事讲的是一无所有的阿宝，如何在短短十年，成为叱咤风云的阿宝。除了个人奋斗，它需要时代的加持。”

“以小人物折射大时代”是近几年影视作品非常推崇的一种叙事策略，而电视剧《繁花》则为更好地实践“小中见大、小中见远”提供了成功经验。从情节、人物、环境三个方面对作品的“时代性表达”进行研究，可以为未来的现实题材影视剧创作提供一些启示。

一、故事情节与时代背景的深度耦合

“整个悲剧艺术包含的六个成分里，最重要的是情节，即事件的安排；……情节乃悲剧的基础，有似悲剧的灵魂。”在古今中外的戏剧理论中，情节通常被认为是戏剧作品的核心要素之一，它决定着作品的主题、意义和深度。时代背景不仅是一个时间和地点概念，还包括塑造人物和事件的社会、政治、文化和历史条件。要在作品中展现主题和时代精神，就要让时代背景和故事情节充分结合起来，让时代背景成为戏剧冲突发生、发展的驱动力。如果仅仅将它理解成一个时间节点，像标签一样贴在作品背景上，将无助于作品展现时代性。

电视剧《繁花》讲述的是20世纪90年代上海，以阿宝为代表的奋进者在中国经济快速增长的过程中顺势而上，抓住机遇施展抱负的故事。剧集涉及的时代背景包括“邓小平南方谈话”，外贸出口高速增长，“上海名牌”认证制度，证券交易改革，外汇并轨，浦东开发，入世谈判……这些改革开放以来的大事件在剧版《繁花》中，不仅作为故事背景呈现，而且直接作用在矛盾冲突的发展上，通过对人物命运施加直接影响，来体现作品的时代主题。

（一）时代背景与矛盾冲突的发展、反转深度结合

时代背景与矛盾冲突深度结合的途径有很多，电视剧《繁花》采用了一个最为行之有效的办法，就是将其投射、落实在人物的行动目标中。人物动机是推动情节发展的重要因素。人物对实现目标的意志越强烈，他的行动力就越强烈，越能够带来充满戏剧性的矛盾冲突，也越能够体现作品的主题立意和时代性。

“三羊牌T恤登陆南京路”是全剧的一个重要核心事件，其时代背景是90年代初建立的“上海名牌”认证制度。彼时，改革开放力度加大，外国品牌蜂拥而入，对国货形成严重挤压。因此，推动国内企业走“质量第一、品牌优先”的发展道路迫在眉睫。电视剧《繁花》紧紧抓住这个时代背景，为主人公阿宝和掌握了新型技术的农民企业家范总设定了明确的行动目标：“三羊”品牌必须拿下“上海名牌”。此外，阿宝还有一个更大的“野心”，就是要打造中国人自己的国货精品。围绕这个时代背景和人物行动目标，剧作设计了一波三折的戏剧情节。

第一波，“红鹭酒家”阿宝为了压价，躲着不见范总。而至真园内，范总则利用皮草商魏总高调“逼宫”阿宝。两人的“着急”和“笃定”形成巨大反差和悬念。谜底揭晓，阿宝的底气来自他的实力——已获得南京路地标沪联商厦对“三羊”上市的全力支持。果然，范总在摸清魏总的底牌后，迅速反水，倒向了真正有实力的阿宝。沪联商厦是“三羊”获得“上海名牌”的关键一步。第二波，“三羊”未出，仿品先行。在诸暨麻老板的高仿仓库，阿宝单刀赴会，命悬一线，关键时刻甩出沪联货单——“贴自己厂牌，成为下一个上海名牌”的愿景打动了外表凶悍的麻老板，情节在千钧一发的关键时刻再次出现戏剧性反转。最后，“费翔站台”是整个事件的“豹尾”。“三羊”销售额猛增，红遍上海滩，情节和情绪在这里达到一个小高潮——用剧中阿宝的话说“家喻户晓的全民偶像用《冬天里的一把火》烧出了一个中国人自己的名牌”。

整个“三羊”事件中起承转合的关键点都紧扣“上海名牌”认证制度的时代背景。主人公的行动目的贯穿始终，不断发展，产生了非常具有张力的戏剧效果。作品通过一个充满张力的故事外壳让观众感受到了那个年代里从政府到个人对“打造优质国货精品”所抱有的决心和所付出的努力，清晰有力地展现了改革开放年代中，中国商人和实业家的骨气、智慧。

（二）时代发展和人物命运的同频共振

“以小人物折射大时代”，就是要从“小”中探视时代发展规律，写出个体行为背后包含的时代所赋予的责任和使命，让小人物与大时代共振。将波澜壮阔的时代发展聚焦在普通人身上，通过个体命运的跌宕起伏来展现时代的洪流，是当下影视创作义不容辞的责任。编剧秦雯在接受媒体采访时曾经说过：“在对小说《繁花》进行改编时面临了很多挑战，其中一个重点就是如何结合人物命运与时代背景。”可见，电视剧《繁花》在这一点上是下了功夫的。

阿宝是全剧的核心人物，也是一个具有时代典型性的人物，他的每一次逆袭和反转都是对现实重大事件的呼应。他凭借智慧和能力，从无名小卒成为时代宠儿的成功历程，在上海改革开放初期的经济和社会背景下，带有鲜明的时代特点。

电视剧《繁花》的时代叙事与阿宝命运年表

剧中时间	时代背景	剧中事件	人物命运	人物关系
1987年	1986年国务院发文推进探索国企股份制改造。1987年初，上海真空电子器件股份有限公司作为第一家试行股份制的国有大中型企业向社会公开发行股票	爷叔授意阿宝购买电真空股票	阿宝获得人生第一桶金	获爷叔信任，结成师徒。全剧重要人物关系之一
1988年	1987年全球股灾引发外国订单取消，影响国内企业生产。20世纪80年代国家提倡发展外贸代理业务，成立上海市对外贸易总公司，纺织品五朵金花承担国家创汇重任	阿宝为获得外滩27号配额，坐尽冷板凳，最终通过第一笔试单，正式敲开外贸行业大门	阿宝救下因外商毁约、无力支付工资而欲轻生的“小宁波”。此举既解决了订单生产问题，又让“小宁波”的纺织工起死回生	与汪明珠相识于微末，互相成就。全剧重要的人物关系之一。 与“小宁波”结成过命兄弟、黄金搭档
1992年	1990年12月，沪深证券交易所先后投入营业。1992年初，沪市率先发行新股认购证	阿宝连夜赶回上海，在交易关闭前买进大量新股认购证	阿宝从此进入大户行列，完成原始积累	结识麒麟会。 欠下蔡司令人情，以致在后来的414事件中甘愿为其顶包
	深圳股市经过狂热期后，1991年开启长达数月的下跌，私募损失惨重	阿宝带着大量资金收割深圳股市低价筹码	阿宝在股市名气陡增	与深圳帮结下宿怨
1992—1993年	中国股市转型中的阵痛——以某外地股票在上海A股上市的真实案例为原型	414股票事件	阿宝在跨年之夜遭遇暗杀，生死未卜	阿宝退出乍浦路股票舰队。蔡司令心中有愧，遂在之后的“宝强之争”中全力辅佐阿宝

续 表

剧中时间	时代背景	剧中事件	人物命运	人物关系
1993年春	始于20世纪80年代的“上海市名牌产品”评选活动旨在打造国货精品。同年，上海进出口实现第一个百亿美元，外贸体制改革推动全国零售业快速发展	“三羊”销售破千万，与外贸公司签约，拿下“上海名牌”，走出国门。市场随即出现高仿产品	阿宝因“三羊”的成功，名动全城，并受邀筹备服饰公司上市	与范新华结下交情，为让其助力汪明珠渡过难关做铺垫。 与李李棋逢对手，默契渐生
1993下半年	9月4日上交所宣布向国内法人机构开放A股交易，上海加速成为全国金融中心	南京路服饰公司谋划上市	阿宝重回资本市场筹措资金，欲以服饰公司上市为支点，实现自己的商业理想	成为服饰公司的上市顾问，完成以小宁波、蔡司令为基本盘的资金布局，并开始寻找外地券商支持
	上海成为全国性市场后，深圳资金带来轰动全国的新中国第一起上市公司恶意收购案：宝延大战	宝瀛大战	此一役，阿宝在李李的助力下，开始为服饰公司上市储备资金	阿宝与深圳帮代表强慕杰交恶；阿宝通过李李结识西国投
1993年底—1994年	1993年国内股市快速发展，政府加强了宏观调控和监管力度，股市在跌宕起伏中走向健康。上海时装公司成为全国首家专营服装鞋帽的上市公司	强慕杰代表卢百与阿宝的服饰公司竞争唯一的上市名额：宝强之争、股价大战，生死较量	阿宝以对政策导向的把握、商业投资智慧和社会责任心胜出。强慕杰出局	在遭遇几方背刺、生死一线极限逆转后，阿宝急流勇退，转战地产

剧版《繁花》中，不仅阿宝的故事与时代发展同频共振，剧中的其他角色，比如范总领着“三羊”闯荡南京路，玲子重塑“夜东京”逆袭上海滩，还有汪小姐、爷叔、李李、强慕杰，这些人物都在时代的加持下产生了巨大变化。电视剧《繁花》通过人物命运的跌宕起伏，展现了那个充满机遇和希望、拼搏和奋斗的波澜壮阔的时代。

二、人物塑造与时代精神的高度契合

著名戏剧导演罗锦鳞曾说：“人物形象是戏剧艺术最重要的环节。”韦尔特说:“人物是剧作家和观众之间的思想通道。在人物里抽象的思想成为具体的形象——并且具有说服力。”人物形象不仅是影视作品的核心要素之一,也是反映时代精神的重要载体。通过人物具体的行动、语言、外貌来传递他们的所思所想,集中展现特定时期下的主流价值观和精神气质,是一部现实题材影视作品体现“时代性”的必由之路。

《繁花》的原著作者金宇澄曾经说过,“繁花就像星星点点生命力特强的一朵朵小花,好比树上闪烁的小灯,这个亮起那个暗下。”电视剧《繁花》借用这一意象,成功塑造了时代弄潮儿阿宝以及一群“繁花”式的人物。无论是沉稳老练的爷叔、精明仗义的范总,还是明朗率真的汪小姐,神秘强势的李李,甚至是在上海滩逐梦的“小江西”三姐妹,等等,这些人物都以其鲜活而有生命力的形象特点给观众留下深刻的印象。作品围绕改革开放的时代主题,将人物进行了工笔细画,使他们从历史轮回和城市空间中的匆匆过客显影出独特的外部形象和精神内核。

(一) 通过多样化的人物群像,汇聚时代精神

湖西针织厂的厂长范新华是 90 年代怀揣梦想的乡镇企业家代表。他带着新型纺织技术,背负着几百名工人的希望,只身闯上海。他深知,要让“三羊”拿下“上海名牌”就必须拿下阿宝。为了见阿宝一面,他可以在新年里蹲守黄河路,等在昏暗的弄堂里啃油条大饼;他也可以游走至真园,靠智慧上演“扮猪吃老虎”的戏码。他的卑微、他的焦虑溢于言表,但开拓市场的决心更加强大。正如成功之后的范总所言,“三羊牌从两把剪刀、一台缝纫机起家,从泥巴路走到南京路,目标只有一个,创自己的品牌,一个令大家可以骄傲的、人民穿得起的民族品牌。”相信这句话是无数中国企业家的心声,范总的梦想和经历也是无数个中国企业家的缩影,而时代给了他们实现梦想的舞台。

外贸公司职员汪小姐,是敢于搏击、追求独立的新时代女性代表。身为家境优渥的上海第一代独生女,名校毕业,又有外贸公司和阿宝的加持,优秀如她,难免傲娇率真,也得罪了不少人。出乎意料的是,这样一个备受娇宠的年轻女性在被一副珍珠耳环打败之后,如梦初醒,向命运发起挑战。写检查、当女工、拒绝重回体制内,下海经商,一切从零开始。紧接着,车祸、挨打、被偷,四处碰壁……然而“不能毁灭我的,必将使我强大”。历尽磨难之后,不服输的汪明珠紧紧抓住“外汇并轨”和外贸体制改革的时代机遇,依靠自身强大的专业背景,绝地反击,涅槃重生,用行动实践了对自己的诺言——“要做自己的码头”。时代不仅给予一代人改变命运的机遇,也重塑了一代人的精神世界和价值观。汪明珠的坚韧和奋斗故事是写给一代女性的励志颂歌。

“小江西”三姐妹是黄河路食物链末端的打工仔。和千千万万个外来打拼者一样，在这样一个遍地机会的年代里，她们也有属于她们的梦想——“自己当老板娘”。但是，三人三种命，剧作用简洁的笔墨精准勾勒了三个打工人群中的典型形象。敏敏，人如其名，机敏灵活，“靠脑子”赚大钱，重情重义守护至真园；露丝脚踏实地，平稳度日；小江西有野心没底线，现实社会给她好好上了一课。“金美林”事件后，敏敏和露丝掏出所有钱塞给小江西，三人抱头痛哭，这里有背井离乡的辛酸和不甘，也有普通人之间的真情和慰藉。全剧结尾，三人决定一起离开黄河路，完成了合伙当老板娘的梦想。剧作用三姐妹的故事让人看到即便身处底层也能通过奋斗获得成功，同时又通过“小江西”这个人物展现了飞速发展的时代下，人在面对欲望和诱惑时应该保有的底线和原则。

除了以上这些人物之外，电视剧《繁花》还成功塑造了玲子、李李、卢美玲等一系列生动形象的人物。作为一部以凸显时代性为要务的影视作品，创作者通过这些不同年龄、不同阶层、不同身份的角色构成了 90 年代上海市民阶层的生活横断面，进而从不同维度展现了新时代里普通中国人的家国情怀、理想追求，以及勇敢坚韧、自信自立的精神面貌和激情飞扬的时代风采。

（二）通过新颖独特的艺术手段塑造人物，凸显时代精神

在一些艺术创作中，作者有时会更倾向于通过含蓄的方式来表达某种强烈的情感，因为这样会让作品显得更“高级”。但在电视剧《繁花》中，我们却能够通过人物感受到一种直白的、浓烈的对于时代的颂扬之情，不仅丝毫不显违和与做作，反而呈现一种从心底里打动观众的情感力量。

“三羊牌”上市大获成功后，阿宝首期利润高达 1 000 万元，众人欢呼雀跃。在 90 年代外国品牌强势进入市场的时代背景下，“三羊”成功的意义不仅在于盈利的数字大小，更重要的是它的成功激发了本土品牌的强烈斗志。毫无疑问，这是一个激动人心的时刻。

对创作来讲，这是一个必须写好的重场戏。作品充分利用这个高光时刻，不仅将它处理成一个情节高点，而且借助这个时刻将作品推向了情绪高点，并通过人物台词高调有力地点明主题。彩炮、人群、欢呼，阿宝对着电视台的采访镜头大声呼喊：“我们只要有眼光有双手，就可以实现梦想。”镜头一转，便是和平饭店内爷叔的视角——电视机屏幕里，意气风发的阿宝面对记者提问，振臂高呼：“我们要感谢这个时代！”——屏幕外，历经岁月风霜的老人，看着阿宝，感慨万千。这场戏的最后，人群的喧嚣淡去，暮光中是爷叔从容的背影，缓缓流淌的音乐声里传来阿宝的画外音：“走在 1993 年的南京路上，你会感到这是一个会飞起来的

年代。我们庆幸生逢其时，与时代紧密相连，一切尚未定义，一切皆有可能。”短短几句，点题收尾。对于那些经历过 90 年代的观众来说，此时此刻心绪都会被这句肺腑之言拉回那个奔腾的年代，感同身受。

这场戏的处理非常智慧，它通过一种新颖的表达途径，为饱满的情感提供释放窗口。剧中阿宝并没有直接面对观众喊出那句“我们要感谢这个时代”，这样的做法就会显得生硬和刻意，作品巧妙地设计了一个“电视台采访”的规定情境，以荧屏为媒介，通过“画中画”的形式，连通内外两个世界，一热一冷，一个血脉贲张，一个深沉含蓄，形成鲜明对比。一方面让主人公在万众簇拥和镁光灯的聚焦之下大声喊出那句心声，完成了人物在情节高潮上的情绪释放，合情合理，并与观众之间形成了一次颇为完美的情感共振，用“响亮”消解了之前的“不响”。另一方面，又通过爷叔的视角反衬出阿宝作为时代宠儿的幸运，以理性呼应热烈，再次点题“时代的光芒”。

在作品中采用这样直抒胸臆，甚至略带夸张的情感表达方式是大胆有力却又有一些风险的。一方面，它能够迅速直抵作品主题和创作意图，让观众产生共鸣。但另一方面，这种直白又略夸张的方式也可能因为有“喊口号”的痕迹，而让观众产生厌烦。因此，创作者不仅需要具备熟稔的戏剧技巧，和对生活、对时代更深刻的感悟思考，还要具备更高级的审美品位。只有同时满足这些条件，作品才能通过新颖独特的艺术手段塑造人物，凸显时代精神。

三、典型细节对时代环境的真实再现

影视作品中的典型细节在体现“时代性”上起到了至关重要的作用。这些细节不仅能让观众产生强烈的代入感，而且也是叙事的辅助工具，更是表达特定时代环境和文化内涵的关键要素。在电视剧《繁花》中，我们看到了大量具有代表性的细节：从矜持贵气的和平饭店，到烈火烹油的黄河路，再到小家碧玉的进贤路；从电真空股票，到民间私募基金的雏形“小乐惠”，再到高举高打的南国投；还有范总的“三羊牌”T 恤、爷叔的上海牌皮包、进贤路上门铃叮当的街边小店、建设中的东方明珠……电视剧《繁花》不仅通过这些细节还原了时代质感，为观众营造了一个丰富立体、活色生香的 90 年代都市图景，同时也为更加直观地展现作品“时代性”找到了最佳切入口。

（一）利用典型细节来塑造人物、推进情节

“邮票”是小说《繁花》里的精彩一笔，同时也是剧版《繁花》中贯穿阿宝、汪小姐、金花、爷叔这组人物关系的重要细节。剧版主创在小说提供的大量素材中选

中这个细节，一定程度上也是因为“邮票”所具有的时代价值。

20世纪八九十年代，上海掀起全民炒邮的热潮，几分钱一枚邮票在“黑市”可以炒到上万元，上海邮市成为全国四大邮市之一。邮票可以说是那个年代上海投资收藏界最具代表性的物品。剧版《繁花》抓住了这个细节的价值，但在改编的过程中并没有仅仅停留展示现象的层面，而是通过艺术创作对这个细节进行了生发，让它在人物塑造、推进情节方面发挥了更大的作用。

剧中的阿宝和汪小姐因为寻找一枚外国邮票而结缘，这为全剧重要的人物关系和情节推进奠定了扎实基础；金花先用“撕邮票”来磨炼娇气的“碰哭精”汪小姐，之后又为了支持困境中的汪小姐创业将价值不菲的邮册拱手相赠，展现了人物的良苦用心和彼此间的深厚情谊；结尾处，爷叔将这本邮册“完璧”奉还金花，化解了两人多年恩怨，情节和情感上同时形成一个完美闭环。至此，“邮票”这一带有鲜明时代烙印的细节仿佛一颗深扎在剧中的戏剧种子，让阿宝等人物的关系变化、形象塑造、复杂情感、情节推进，都紧紧围绕着它生根发芽。

红色的《国有土地使用证》是剧版《繁花》中一个看似不起眼却撬动了人物命运的重要细节。在“阿宝被撞”事件的结尾，它代表了阿宝以德报怨、对故人儿子的一份深情厚谊；在“沃尔玛”事件中，它是阿宝心里真正的“逃生通道”；在最后与强总的“生死之战”中，它又成了阿宝与麒麟会交换利益的重要筹码。多年之后，阿宝必将凭借这块土地再度傲视江湖，而这座城市也在继股市之后，开启了房地产红利时代。

这个只有一个镜头的细节，却贯穿全剧头尾。它不仅展现了阿宝有情有义的一面，而且塑造了一个有远见、有魄力的当代中国商人形象。“赤子之心常在，人不响，天晓得。”阿宝在川沙稻田里落下的最后一句话是作者埋下的一个巧思，赋予了整部作品一个意犹未尽，令人浮想联翩的结尾。

（二）挖掘细节背后的社会意义，展现时代特质

流光溢彩的黄河路是电视剧《繁花》的一个重要意象。有人质疑，90年代的黄河路是否像剧中所表现的那样华丽。编剧秦雯回应了这一说法：“在剧本动笔之前，王家卫导演已经做了很多准备工作。在搭建黄河路的过程中，王家卫导演从心理学的角度出发，有意凸显当年黄河路给人的视觉冲击力。”主创是在借用闻名全国的美食街“黄河路”这个细节来展现那个信息飞速交换、经济爆发式繁荣的时代，并通过强烈的视觉效果给予更加直观和强化的表达。

电视剧《繁花》播出后不久，关于“三羊牌T恤原型究竟是谁”的话题就在观众中引起热议。有人从“三羊”的名字判断是上海的百年老字号“羊羊羊恒源祥”，有人认为费翔“站台”的细节说明原型是成立于宁波的“中国500强企业”雅

戈尔，还有人说"国产火烧丝光棉"说的就是全国纺织龙头品牌三枪牌，除此以外，还有"七匹狼"等等。答案莫衷一是，但它们都有一个共同点——响当当的国货精品，观众从虚构的电视剧《繁花》里看到的是现实世界里众多优秀国货精品的影子，而"三羊"和"西湖针织厂"则是电视剧主创塑造的90年代改革开放背景下国货名品的集体缩影。

结　语

2014年10月，习近平总书记在文艺工作座谈会上发表重要讲话时强调："文艺工作者要讲好中国故事、传播好中国声音、阐发中国精神、展现中国风貌。"作为人民群众喜闻乐见的文艺形式，影视剧是实现这一目标的重要载体。电视剧《繁花》作为一部优秀的现实题材影视作品，在情节上紧密结合时代背景，将历史事件融入人物命运，通过多维度的人物群像、典型细节和独特的艺术手段汇聚时代精神，深化时代特质，以个体的奋斗轨迹凸显了家国情怀和民族精神。未来的影视创作可以从电视剧《繁花》汲取经验，继续探索如何更好地坚持"以人民为中心"，讲述普通人的奋斗历程，展现时代精神。

参考文献：

[1]《〈繁花〉用"不响"赢得"巨响"，研讨会上专家称赞该剧像"炸弹"》，《北京日报》官方网站，2024-01-18 https://baijiahao.baidu.com/s?id=1788399045767269602&wfr=spider&for=pc.

[2] 张彩虹.《在文化记忆书写中彰显时代精神——电视剧〈繁花〉的价值追寻》，中国广播电视学刊，2024(8).

[3] 林玉箫，仲呈祥.《电视剧〈繁花〉：书写改革开放时代的传奇人生》，人民日报客户端，2024-01-08 https://www.peopleapp.com/column/30035520917-500000571295.

[4] 亚里士多德.《诗学》，上海：上海人民出版社，2005：31.

[5] 赵鹏.《从"小"中探视时代发展规律》，选自《人民日报记者说：典型人物采访与写作》，北京：人民日报出版社，2016：185.

[6] 韦尔特.《独幕剧编剧技巧》，见顾仲彝《编剧理论与技巧》，北京：中国戏剧出版社，1981：285.

[7]《在文化记忆书写中彰显时代精神——电视剧〈繁花〉的价值追寻》张彩虹.中国广播电视学刊，2024(8).

作者简介：

李隽士，上海广播电视台影视剧联席会议办公室项目责编。

探讨真实历史影像在影视作品中的使用与价值

——以电视剧《繁花》的资料服务为例

施依娜　李佳敏　汪　珉　王良鸣

提　要：2024 年，由中国香港导演王家卫执导的电视剧《繁花》热播。剧中出现的历史影像部分由上海文化广播影视集团有限公司版权资产中心暨上海音像资料馆提供。以此为例，我们得以探讨总结真实历史影像在影视作品中的使用和价值，在还原历史场景、塑造历史人物、增强历史真实感、平衡真实性与艺术性的关系等方面都具有其独特的作用。此外，口述历史资料的使用也对影视剧创作有着一定的参考价值，在增强故事的真实性与可信度、丰富故事内容与情节、塑造立体的人物形象等方面都有相应的作用。

关键词：真实历史影像　影像档案　电视剧《繁花》　市场化运用

引　言

2023 年岁末，根据茅盾文学奖作品《繁花》改编，由中国香港导演王家卫执导的电视剧《繁花》一经推出，口碑爆棚。随着剧情发展，上海人如同打开了一道记忆闸门，集体回到了那个充满活力的 20 世纪 90 年代。剧中出现了很多当年的真实画面，有些历史影像是由上海音像资料馆提供的。

2020 年，《繁花》剧组就和上海音像资料馆取得了联系，希望能够借由馆内 20 世纪 80 年代到 90 年代，上海这座城市相关的影像资料，深挖这段历史时期的上海以及上海人的生活状态，为该剧真实还原当时的场景。在此后的三年多时间里，资料馆为剧组配置了高级专业资料员提供专题咨询服务，由专人定向查询、整理资料，最后为《繁花》剧组提供了超过60个，累计1 800多分钟的历史影像素材。剧组借由这些丰富的影像记忆，在影视基地1∶1复刻搭建了当时上海的街景——狭窄的弄堂、拥挤的楼梯、摆满东西的过道，这些都为影片呈现出20世纪90年代初期上海浓郁的烟火气和时代感。

从合作之初的历史场景参考需求，到珍贵历史影像的版权购买影片应用，上海音像资料馆与剧组一起精雕细琢，三年磨一剑，共同展现了20世纪90年代令人动容的市井上海。以此为例，我们得以探讨总结真实历史影像在影视作品中的使用和价值，从而进一步探索影像档案在市场化运用中的实践。

一、为电视剧《繁花》提供专题影像服务

2014年，王家卫导演在香港书展期间表示对20世纪90年代的上海不太熟悉，巧好作家金宇澄先生的新书《繁花》为他填补了空白，于是王家卫先生购买了该书的影视改编权。经过多年筹备，2019年《繁花》剧组与腾讯视频签订了制作协议，项目正式启动。剧版《繁花》将故事设定在20世纪90年代的上海，主要讲述以阿宝为代表的小人物利用时代机遇和个人才华，在充满挑战的社会浪潮中勇敢迎难而上，通过坚韧不拔的努力和决心，逐步改变自己的命运并实现个人成长的故事。

为了更真实地再现当时的上海风貌，《繁花》剧组与上海音像资料馆联系，查询了外滩、南京路、黄河路等上海地标性城市形象的影像资料，特别关注和平饭店、市百一店的内外场景，当时人们的样貌、穿着等资料，还包括时代变迁下，20世纪八九十年代上海的发展，例如1990年上海证券交易所成立，1995年东方明珠广播电视塔发射开播，以及当时上海市民的衣食住行，看电影、逛菜场、坐公交等生活情景。

剧组对影像资料的查询非常细致，例如穿衣服，年轻人喜欢穿什么，年长的人又喜欢怎么穿；再比如煮饭，上海人当时是怎么煮饭的，煮饭的环境是什么样的；还特别关注上海人的年夜饭，桌上有哪些菜品，如何摆盘，包括跨年灯光秀、放烟花、市民看花灯等细枝末节。除了对画面的要求，剧组对声音资料的要求也很高。例如公交车里的环境声，尤其是售票员的喊声要非常清晰。还有电车的叮叮声，轮渡的汽笛声，不同时段、不同情况的声音都有所不同，编研人员需要找到它们，再精心挑选符合剧组要求的声音，这对我们来说无疑也是一个挑战。

经过三年反复的查询、比较、筛选，最后上海音像资料馆给剧组版权授权的

资料是以金融方面为主,包括上海证券交易所、深圳证券交易所、外贸外汇发展的资料,包括证券从业人员,第一批股民抢购股票、股市火爆的镜头,总共三分钟左右。和其他剧组不同,《繁花》剧组对资料的要求是精确到一秒钟,哪怕一秒钟也要做足功课,要有信息量。

电视剧《繁花》剧照(影像资料出自上海音像资料馆)

对其中有年代感的影像,我们的技术团队会对一些拉条和明显的色斑进行修复和调整,但是在清晰度方面,工作人员特意保留了一些当年的质感。例如90年代上海人抢购股票的画面,镜头依然有粗糙的抖动,可以营造出当时股市热闹的氛围。

随着大众版权意识的增强,随意使用网上的资料存在版权风险,越来越多的影视剧作品创作者找到我们。他们发现,不管在剧本前期调研阶段,还是在实际拍摄或者后期制作中,真实历史影像资料都是重要的组成部分。

二、真实历史影像在影视剧里的应用

随着观众观影能力的提高,影视行业越来越重视历史影像,它不仅能够增加影片的历史真实感,还能丰富叙述手法,提升观众的历史认知和情感共鸣。

近年来,找我馆做拍摄参考的团队越来越多,除了剧版《繁花》,还有电视剧《理想照耀中国》《大浦东》《大江大河》、纪录电影《星河一叶》《严东生〈诗与真〉》,等等。通过这些项目的实践,我们可以看到真实历史影像在影视市场化运用中的价值。

其一,真实历史影像可以还原历史场景。它可以直接展示历史上发生的重要事件、场景和人物，使观众仿佛置身于那个时代。而有些历史场景由于时间久远或者资料匮乏，难以通过现代手段完全还原，历史影像就能成为重要的补充手段，通过展示相关的历史照片、影像资料等，为观众提供更加丰富的历史细节。例如电视剧《理想照耀中国》第二集讲述工人运动领袖张人亚和他的父亲张爵谦的故事，我们向剧组提供了1949年在北京举行开国大典的历史影像，彩色鲜艳的画面让人心潮澎湃，深深感受到新中国成立带来的希望和喜悦。第19集，故事讲述中国科学家们在艰难的条件下进行核爆的测算，我们向剧组提供了1964年我国第一颗原子弹爆炸成功的历史影像，独一无二的真实影像让观众受到震撼。

电视剧《理想照耀中国》剧照(影像资料出自上海音像资料馆)

其二，真实历史影像可以塑造历史人物。历史影像可以展示历史人物的真实形象、生活环境和时代背景，有助于观众更加直观地了解历史人物的性格、经历和情感。同时，观众可以更加深刻地感受到历史人物所经历的喜怒哀乐、悲欢离合，从而引发情感共鸣。在有关中国科学院院士、天文学家叶叔华的电影纪录片《星河一叶》中，我们向剧组提供了叶叔华院士的新闻报道和她的讲话原声，更为完整地展现她在天文领域的重要成就和谦逊低调的品格。

其三，真实历史影像可以增强历史真实感。历史影像作为历史的直接见证，具有无可替代的真实性和权威性。在电影电视剧中运用历史影像，可以增强影片的历史真实感，使观众更加信服影片所讲述的历史故事。在电视剧《繁花》中，主人公阿宝前期在和平饭店养伤的时候，窗外可以看到正在建设中的东方明珠。随着剧情的发展，大结局的时候，东方明珠首次亮灯，我们提供的当时的新闻也

电影《星河一叶》剧照（影像资料出自上海音像资料馆）

成了剧情的一部分，既符合当时的历史事实，也和剧情要表达的情感高度融合，展现了20世纪90年代上海的踔厉奋发，让很多观众回到那个年代，瞬间共情，感动不已。

电视剧《繁花》剧照（影像资料出自上海音像资料馆）

此外，历史题材影视剧需要平衡真实性与艺术性的关系，而历史影像的应用正是实现这一平衡的重要手段之一。通过合理使用历史影像，可以在保证历史真实性的基础上，发挥艺术想象力和创造力，使影片更加生动、感人。《繁花》中提到1992年沪市首次发行新股认购证，主人公阿宝赶上末班车，买到了认购证，

电视剧《繁花》剧照（影像资料出自上海音像资料馆）

赚到了人生第一桶金。剧中使用了股民购买认购证、印刷新股认购抽签表等真实历史影像，和实拍镜头混剪，再现了当时热火朝天的“全民炒股”。

其四，真实历史影像可以起到教育和传承的作用。历史影像的应用可以让观众在娱乐的同时，获取一定的历史知识，提高历史素养。例如电视剧《大浦东》中提到1986年美国纽约证券交易所董事长范尔霖来访中国。我们为剧组提供了邓小平在人民大会堂会见范尔霖的历史影像，新中国第一家专业买卖股票的机构——静安证券业务部的历史影像，1990年浦东开发办公室挂牌的历史影像，这些真实的历史影像出现在电视剧里，观众可以见证改革开放在中国的新进程。随着金融改革的深化，上海浦东作为长江流域开发的龙头迎来了全新的发展机遇。

此外，历史影像还承载着丰富的文化信息，通过电影电视剧的传播，可以实现对传统文化的传承和弘扬。《繁花》里有一段主人公阿宝的师父邀请宁波裁缝为阿宝量身定做西装的情节。我们为剧组提供了一系列参考专题片，其中有详细介绍红帮裁缝为客人量体裁衣的过程和细节。根据媒体报道，这集播出之后，宁波裁缝的生意也红火了起来。

我们在实践中也发现，很多早期的历史影像资料都是默片，画面也比较模糊，更重要的是里面的各种信息都需要确认，何时何地何人何事，都需要考证确认以后才能应用。我们的考证工作也是与时俱进的，随着技术的不断提升，我们把最新的AI人脸识别技术运用到考证的工作中去，提高了准确性和工作效率。在我们的媒资平台里，每一段收录进去的内容都会做很细致的分类编目，根据平台检索，可以尽快找到想要的素材。

三、口述历史对影视剧创作的作用

“口述历史”是上海音像资料馆的另一个特色馆藏，这项工作已经坚持了十多年。根据不同的主题做了很多系列的口述采访，包括抗战老兵、上海重大工程建设、2010 年上海世博会、上海老艺术家等不同主题，制作了很多口述专辑。近年来，我馆也为一些大型企业做口述采访记录，用口述历史的方式反映企业的发展史。企业在重大周年庆的时候，也有这方面的需求，委托我们拍摄、制作口述历史，同时也会购买我们资料库里与他们企业相关的历史资料。此外，我馆自制的专题节目《上海故事》就结合了许多口述历史的内容，在提供给《繁花》剧组的样片里，有很多是选自《上海故事》的节目内容。

随着影视剧行业的不断发展，口述历史在创作中也越来越受到重视，它不仅为作品提供了丰富的素材和灵感，还深刻影响了故事的真实性、情感深度和文化内涵。

其一，口述历史可以增强故事的真实性与可信度。口述历史往往基于个人或者群体的亲身经历和回忆，这些第一手资料为影视剧提供了真实的历史背景和细节。通过融入这些真实的元素，作品能够更加贴近历史真相，增强观众的代入感和信任感，使故事更加可信和动人。

1972 年，著名的意大利电影导演米开朗琪罗·安东尼奥尼到中国拍摄了一部纪录电影《中国》，为了讲述这个故事，我们找到了这支外国摄影队的中方陪同、上海电视台的资深记者朱黔生，在他的口述采访中，我们了解到拍摄期间的点点滴滴。朱黔生说，安东尼奥尼让他的摄影师在浦西拍了当年差不多和地平线一般高的浦东，恰是这个镜头为浦东记录了一段真实的历史，留下了一段珍贵的影像。他说：“像我做了 40 多年的记者，我拿不出这一段影像资料来。在我们的脑子里面，我要拍的都是好的、积极的，能够让人家看到欣欣向荣的，我不可能去拍一个一马平川的浦东。”如今，在很多反映浦东开发的影片中，都会用到安东尼奥尼拍摄的这个镜头，剧版《繁花》也同样使用了这个镜头。这样的口述历史，让观众更加了解镜头背后的故事。

其二，口述历史可以丰富故事内容与情节。口述历史中往往蕴含许多不为人知的故事和细节，这些素材可以极大地丰富影视剧的内容。创作者可以从口述历史中挖掘出独特的视角、情感纠葛或者关键事件，为作品增添层次感和深度，使故事情节更加饱满，引人入胜。

比如我们想要了解 20 世纪七八十年代上海的公共交通情况，为《繁花》剧组提供相应的参考资料。当时上海是一座超过千万人的特大城市，由于城市建设

节目《上海故事》截屏(影像资料出自上海音像资料馆)

基础设施还不完善,上海的公交车一度出现了严重的拥挤,特别是早晨上班时间,6 点半到 7 点半的一个小时内乘客竟高达 100 多万人次。对曾经在巨龙车上做过多年售票员的游开勋的口述采访让我们能够除了影像之外,更具体地了解情况。他说:"巨龙车开始的时候一排一排的座位,座位比较多的,后来因为车厢里比较拥挤,乘客上不了,所以把这个位子拆掉了,可以多站几个人。此外,刚开始的时候靠窗那边有一个通道,售票员可以走过去卖票,然后再兜回来,和乘客分开的。后来感觉这个也没有必要,乘客还站进站出的,照样把你堵住,而且这地方不利用上也是浪费,后来就撤销了。"《繁花》男主角阿宝的初恋雪芝就是公交车售票员,她在拥挤的公交车上卖票的情形在剧中呈现,既真实又充满了男女主角邂逅的浪漫气息。

其三,口述历史可以塑造立体的人物形象。通过口述历史中的真实人物故事,影视剧能够更加生动地塑造出具有鲜明个性和复杂情感的角色。这些角色不再是单一的脸谱化的人物,而是有血有肉、有情感波动和成长变化的真实个体。观众在观影过程中能够更容易与角色产生共鸣,增强作品的感染力。

1992 年,刚刚开发的黄河路从一条小马路变得灯火辉煌,成为个体经营者们眼中的风水宝地。而在为《繁花》剧组寻找关于黄河路美食街资料的时候,我们注意到一段对美食街上饭店老板娘的口述采访。粤味馆的老板娘聂瑛珍回忆:"那时候台子不停地翻,到最后台布也用光了,就不铺台布直接请客人就餐。我还自己买菜,和服务员一起收台子、收钞票,做到夜市 9 点钟回去睡一个钟头再来,接着做到早晨六七点,回去睡到 9 点又来上班。"这些细节描述为剧组再现黄河路当年的热闹场景提供了参考，生动展现了黄河路上形形色色的老板娘。

其四，口述历史可以促进跨文化交流与理解。在全球化背景下，口述历史中的跨文化元素有助于促进不同文化之间的交流与理解。通过展现不同国家和地区的历史背景、文化特色和社会现象，影视剧能够增进观众对其他文化的了解和尊重，促进文化的多样性和包容性。

四、多元传播，挖掘真实历史影像新应用场景

面对目前更加多元的媒体传播方式，依托丰富的馆藏历史影像，我们也策划、制作了各种主题短视频，在官方视频号、公众号等新媒体平台向观众展现真实的历史影像，让很多人重温往日生活的点点滴滴，同时普及历史知识，逐步探索社会公共试听图书馆的功能。

在《繁花》剧版上线后，我们围绕 20 世纪 90 年代上海市民生活的方方面面，策划了系列短视频“换个方式打开《繁花》”，官方视频号“影像上海”上线，其中有《真实的黄河路》《和平饭店的英国套房到底长什么样》《关于认购证的那些事》《东方明珠诞生记》等等，都在社交媒体获得了不小的反响，引发了观众的共鸣。随着剧集的热播，我们还策划在徐家汇书院举办主题观影活动《哈啰上海・影像带你乐游上海》，和观众一同领略《繁花》年代的真实景象，同样受到了线下观众的好评。

结　语

上海音像资料馆从 2008 年起就对外提供影像专题咨询服务，近年来开始推动“上海音像资源公共服务平台”的建设，平台以 SMG 收藏保存的百年百万小时珍贵音像资料为依托，以数字音像资源为核心，为政府机构、企事业单位、社会团体以及广大市民群众提供音像资料查询、在线试听及调用服务。随着影视技术的不断发展和完善，相信真实历史影像资料在影视剧中的应用会越来越广泛和深入。

参考文献：

[1] 黄小河.《繁花》幕后：哪怕一秒钟也得做足功课.澎湃新闻：2024-01-09.
[2] 上海影像工作室.上海故事：百姓生活记忆.上海：上海世纪出版股份有限公司，2012.
[3] 上海音像资料馆.上海故事：一座城市的温暖记忆.上海：上海大学出版社，2018.
[4] 范竞秋，李婷.吃在黄河路的真实历史，你了解多少?.档案春秋公众号，2024-01-10.

作者简介：

施依娜，上海广播电视台版权资产中心（上海音像资料馆）馆员。
李佳敏，上海广播电视台版权资产中心（上海音像资料馆）资深编研。
汪珉，上海广播电视台版权资产中心（上海音像资料馆）综合编研部主任。
王良鸣，上海广播电视台版权资产中心（上海音像资料馆）合作交流部主任。

“它经济”背景下的广电垂类综艺营销探索
——以上海广播电视台互联网节目中心宠物系列项目为例

张黎星

提　要： 本文以近年来由上海广播电视台互联网节目中心出品创制的宠物系列项目为研究对象，从内容生产、平台加持、商业合作、市场宣推、流量变现等多面向，分析传统广电媒体通过创新突围、深耕品牌、拓展价值链等方式，搭乘“它经济”的东风，为广电垂类综艺项目的策划生产及市场化运营提供实践经验与理论思考。

关键词： “它经济”　宠物垂类综艺　节目创制　市场运营

引　言

饲养宠物已成为越来越多市民的一种生活方式。人们开始将情感投射于自己的宠物身上，使“它经济”在近年成为一种情感消费而获得迅速发展，与宠物相关的文化娱乐、服务消费、日常用品等细分市场产值正不断提升。根据国家统计局发布的数据显示，2023 年我国经济总量达到 126 万亿元，按不变价格计算，比上年增长 5.2%。与此同时，城镇宠物（犬猫）消费市场规模为 2 793 亿元，较 2022 年增长 3.2%。

现代新媒体的迅速发展又促进了宠物消费文化的进一步传播，海量养宠、爱宠用户和多样化萌宠内容的短视频在各类视频网站、社交媒体不断涌现，并深刻影响着人们对饲养宠物及宠物消费的观念。宠物及其背后的文娱价值、商业价值越来越受到行业关注。自 2019 年起，上海广播电视台（SMG，下同）互联网节目中心锚定宠物垂类综艺赛道，从传统广电人具有优势的内容创制领域出发，打通宠物消费的价值链，最终走出一条“从线上节目延伸至线下项目，直至成为一个拥有自主知识产权（IP）品牌”的市场化运营之路。

对于什么是垂类综艺，如何能够将其做好，学界业界依然在争论中不断探索。国内学者高慧敏、殷乐对“垂类综艺”的定义是：借助高曝光、强话题性等社交媒体平台特征将节目中的圈层文化带回大众视野，让受众接触、了解并喜欢的一种综艺节目形态。回顾过去几年的行业实践，该定义能较准确反映当前行业制作的现状，垂类综艺节目是否能“出圈”，引发更广泛关注的关键就在于找到圈层文化与社会大众文化间同频共振的“引爆点”。也是基于这样的思考，笔者带领团队努力在宠物垂类综艺赛道上创新突围，并尝试总结其策略和规律。

一、创新突围——打造“萌宠＋医疗”宠物垂类综艺

在传媒行业开始聚焦宠物经济的背景下，各大综艺制作团队通过不同内容与题材形式来诠释宠物文化，吸引垂类用户，从而形成了“萌宠＋”的内容市场细分，如“宠物＋竞技”的《狗狗冲冲冲》《奇兵神犬》；“萌宠＋明星”的互动类节目《奇妙的朋友》《萌主来了》；“萌宠＋萌娃”的成长挑战秀《小手牵小狗》；还有关注流浪动物救助的纪实综艺《百分之二的爱》等多类型综艺节目。

传媒生态位理论的提出者迪米克认为“要在传媒行业竞争中获胜，实施差异化竞争策略是行之有效的办法”。团队通过深度前期调研发现，养宠人群平时最关心，也最为迫切希望获得的是养宠知识干货，最期待的宠物医院服务是普及宠物健康和营养知识。是否可以做一档以科普养宠为底色，通过观察式真人秀的展现方式，探索人宠之间的情感联系，进而体现节目的人文关怀与疗愈功能？团队开始积极寻找合作方推动节目落地。2019—2021 年，SMG 互联网节目中心联合大桔文创以及 B 站推出了《宠物医院》系列综艺，通过将镜头聚焦宠物医院这一场景、宠物医生这一群体，让观众看到了宠物世界的“人间世”。截至 2021 年 5 月，该系列节目在 B 站总计播放量超 1.1 亿，并获得第一季 9.8、第二季 9.4、第三季 9.8 的站内评分，豆瓣平均 8.8 分，取得每季均连续四周荣登豆瓣国内综艺评分排行榜 TOP5 中唯一素人节目的亮眼成绩。

三季《宠物医院》节目充分展现了医生的专业技能及个性特点，提升了真实用户对出镜的医生和医院的信赖程度，许多来自全国各地的宠物主人前来求诊。而参与拍摄的医生们不仅收获了一定的用户粉丝，还成为国内宠物医疗领域的

新星，打响了自己的知名度，有的甚至开启了创业之旅。顺应这一趋势，2022 年 5 月，SMG 互联网节目中心和大桔文创联合制作了综艺《宠物医生》在抖音上线。节目在延续“宠物＋医疗”的核心要素基础上，首次将“刚毕业的年轻宠物医生”作为节目的主角，进一步拓展宠物综艺的叙事视角和话题深度。从最直观的播放量表现来看，《宠物医生 2》在抖音平台的播放量达到 4.4 亿，为系列节目最高值，丰富了宠物垂类综艺内容厂牌。

根据数据分析，无论是《宠物医院》系列还是《宠物医生》系列，节目受众中近八成为女性，18～24 岁观众过半，上海、广东、江苏、北京等经济发达地区受众占比较大。弹幕讨论也显示节目观众大多为宠物主人或期待拥有宠物的城镇居民。在节目相关舆情讨论词云中，“专业”“科学”等词语频繁出现，证明了节目的专业性获得“垂直圈层”用户的高度认可，基本达到了项目在策划立项阶段的整体预期。

二、深耕品牌——进一步挖掘宠物垂类综艺市场价值

在两档系列宠物垂类综艺节目受到行业与市场认可后，主创考虑的是如何利用好当下的口碑与流量，率先在小众圈层中形成“价值增量”，从社会和商业两个维度，进一步挖掘宠物垂类综艺市场价值，在宠物垂类综艺赛道上走得更远。

（一）社会价值：撬动宠物诊疗行业发展，提升医患信用关系，普及科学养宠知识

1. 内容生产

在宠物医院这个狭小的空间里，主人、动物和医生的情感与关系被进一步挤压、交织在一起。这样的题材先天性地具有可看性，是“宠物＋医疗”能够时刻扣人心弦、输出话题的核心原因。对于节目的圈层受众而言，我们的创制需要在保持个性化的文化表征基础上，与大众主流文化所强调的真、善、美等价值内核相统一。一方面，主创团队特别注重节目叙事中的疗愈功能，“凡是可以缓解压力、抚慰人心的有形物和无形物，均可被认为是治愈系。”如《宠物医院 3》第六集“小幸运”中，观众看到了一只历经世事的拉布拉多工作犬“天宝”在生命的最后几年遇上了一位好主人，之间形成了跨物种的陪伴与情谊。导演组通过一段车内的蒙太奇剪辑，将“共情共鸣与情感疗愈”推向了全集的顶点，让观众感受到人与宠物遇见彼此是一份“幸运”。

另一方面，主创团队在三季《宠物医院》节目中，都对宠物进行人格化的转码，由此凸显动物作为“人的同类”的形象，令观众在节目里看到了鲜活生动，有思想、有感情的动物个体。第一季中的柯基、第二季中的法斗，还有第三季中的橘猫，它们的姓名、年龄等信息都会在荧屏上呈现。主创团队也以萌宠的口吻，拟人化地进行配音贯穿叙事，为观众提供了一种移情的情感体验。

2023年，继续深耕萌宠赛道的SMG互联网节目中心以《宠物医院》中的明星宠物柯基与橘猫为原型，打造萌趣大橘“毛咕咕”和活力柯基“茸么么”两大IP形象，以耦合SMG各产业集群的优势，通过模块化落地的方式结合节假日及年轻主题打造“毛茸茸派对”在2023静安国际光影节亮相。

2. 活动宣传

作为2023静安国际光影节的重要组成部分，“毛茸茸派对”在光影节民意调查中获活动满意度综合排名第三。官方抖音号、小红书号、视频号同步出街，为光影节取得了增粉、增效、增加好感度的三重赋能。此外，活动现场的互动装置“毛茸茸钢琴”吸引了众多市民的积极参与，82岁老奶奶、10后小朋友、现场保安大哥的倾情演绎，引发现场市民围观，并达成了社交网络上的极高传播度。

项目运营团队抓住机会开启线上导盲犬公益直播和柯基大巡游事件，直播内容既有盲人小姐姐与导盲犬的温暖故事，也有宠物狗狗与救命恩人之间的奇妙偶遇。活动当日，“毛茸茸派对”直播在看看新闻网App播放量36 929，抖音官方账号的直播获得5W+观众流量，在无预告、无宣传、无推流，且是工作日的时间段直播，内容和流量上都取得了相当的成果。正如美国社会学家兰德尔·柯林斯的“互动仪式链”理论所指出的，参与者通过共享情感状态这一过程获得能量和群体认同。用户在观看宠物直播和点赞评论宠物短视频的方式强化了宠物与用户之间的黏性，也容易产生群体认同感。

静安光影节之后，“毛茸茸派对”项目运营团队又在2024新春佳节登陆东方明珠零米大厅，打造为期四周的新春快闪活动，其中最具核心亮点的是：一座与众不同的“毛茸茸东方明珠塔”。该件作品是由虹口区曲阳路街道“阳光家园”的残障朋友和志愿者老师全手工打造，他们自主创意、精心挑选了可回收材料，利用水管搭建骨架，扭扭棒制作出毛茸茸的质感，历时7天完成了这件独一无二的作品，希望通过这件倾注着爱与艺术的手工文创，激发人们对特殊群体的关注与了解。

通过参加线下活动的方式，拓宽大众参与范围，打响品牌知名度，反哺节目的制作，使节目生产制作与活动宣传相辅相成。

3. 精选平台

数据分析团队根据多季节目的播出情况分析研判，指导创制和运营团队更精细化的选择播出平台，提升节目的社会影响力。《宠物医院》系列节目与B站关注小众圈层、深入细分垂类的内容战略不谋而合，并成为B站扩充知识干货内容的有力供给，"娱乐内容＋知识干货＋萌宠垂类"的内容价值与社会效应不断凸显。就公域传播而言，《宠物医院》第三季微博话题阅读量高达9 062.1万，产生了＃你能接受宠物安乐死吗＃＃没有钱该不该养宠物＃＃如何和宠物好好告别＃等热搜话题，单个话题阅读量3亿＋，引发了社交媒体的广泛传播和全民讨论，破圈效应显著。

而《宠物医生》则是抖音平台在宠物赛道长综艺内容的首次试水。很多非圈层用户都是通过抖音平台上的节目爆点短视频内容剪辑来了解节目，进而关注节目。例如《宠物医生2》利用抖音IP账号矩阵，围绕节目内容，通过话题热点、挑战赛互动等多元形式持续吸粉，官号短视频爆款不断，其中有3条视频播放量突破千万，10条视频点赞过10万；同时在节目播出期间每周固定的宠物医生直播也持续提升用户互动体验感，节目触达用户规模首次突破亿级。

（二）商业价值：带动品类消费增长、达成异业跨界合作、厘清垂类综艺商业模式

1. 商业合作

聚焦宠物诊疗场景的《宠物医院》商业赞助不断提升，在前两季获得宠物保健品牌的独家冠名后，第三季节目更是收获更多优质品牌的投放和赞助。投放产品包括营养膏、化毛膏、处方粮等宠物产品，覆盖诊疗、保健、生活等多个消费场景。

不同于传统的产品植入形式，策划《宠物医生》节目时，主创团队探索的是为品牌赋能后参与电商销售分成的形式。例如在宠物得到救治后适时切入品牌的提醒卡片，告知观众宠物在特殊时期要注意的喂养事宜，让用户直观体会到品牌的理念和用心。《宠物医生》第一季节目播出后一个月，节目冠名商的品牌舆情声量大涨1861.3％，大大助力其品牌的电商销售。

2. 市场推广

运营团队在2023静安光影节取得成功之后，以"万物皆可毛茸茸"的理念对

自有品牌“毛茸茸派对”进行市场推广，提出“春夏秋冬，因季制宜”的运营策略。2023年冬季，运营团队在外滩·中央广场“有礼取闹市集”中打造了“毛茸茸派对”互动游乐区，通过全新打造十四款专属主题游戏并引入“打卡集章”玩法，赢得不错的反响。而“打卡集章”的机制与极具吸引力的超级大奖，更是不断激起用户的参与感与消费欲。活动共吸引了近5 000人次消费游戏，其中10%的参与者完成了十四个游戏的“大满贯”。此外，运营团队还与某电动汽车品牌合作，为品牌商定制了一辆萌趣十足的“毛茸茸大眼车”，吸引众多市民游客驻足打卡的同时，其温暖治愈的视觉、触觉体验，为年轻消费者提供极高的情绪价值。

线下活动的亮点被传播到线上社交平台，有可能引发新一轮热潮，从而带动线下活动的声量，线上线下相融合，会使得传播持续出圈。

3. 流量变现

与普通的综艺节目相比，垂类综艺的商业化模式更清晰，面临的最大难点在于如何平衡好品牌与内容的关系。经过调研得知，传统宠物线上消费变现的方式主要是通过广告推广、打赏提现、付费课程、宠物用品种草等方式。在《宠物医生》项目中，运营团队基于抖音IP账号体系通过星图平台、团购推荐、线下联动等“后链路”进行变现尝试，全面深化《宠物医生》项目的市场化程度。例如《宠物医生2》在星图平台商品展示超19.6万次，同时开展亚洲宠物展览会线下活动、系列内容付费观看、建立私域社群、团购宠物健康医疗套餐等相关转化活动。基于此，宠物垂类综艺的商业价值得以长效释放，也帮助合作品牌持续提升在年轻养宠消费圈层的影响力。

三、价值拓展——实现自由品牌市场营销效果的最大化

经过一年的孵化运营，SMG互联网节目中心的原创IP“毛茸茸派对”，通过“场景化发布”“互动式传播”“沉浸式体验”等运营策略，打造了一个集毛茸茸艺术装置、宠物玩乐设施、宠物社群活动、购物餐饮、休闲娱乐、游戏互动等为一体的宠物友好传播矩阵。矩阵汇齐年轻人喜爱要素，营造不焦虑，纯治愈，人宠和谐的欢乐氛围，通过特定的时间、地点、情感、关系等构成一个新兴消费场景，让“毛茸茸派对”不仅是一个宠物友好的代名词，更是一种令人向往的生活方式，进而使用户获得更深层次多维的触达，走出一条“线上内容攻略—线下场景体验—线上分享扩散”的循环通路，实现营销效果的最大化，进一步拓宽宠物垂类综艺的市场价值。

通过“毛茸茸派对”这个品牌的扩散与延伸可知，主流媒体核心IP的打造，

需要从线上运营、线下体验和综艺节目共创三个方面入手。

1）线上运营方面，因"季"制宜通过游戏互动、打卡等方式建立"毛茸茸派对"线上社区，营造消费氛围和情感黏连，赢得目标用户的喜爱和认同，让"毛茸茸派对"内容拥有自发传播的能力。

2）线下市集进一步升级，以互动性更强、打卡属性更显著的系列策划吸引不同人群。现场派发品牌方试用装及产品周边，提升品牌好感度；积极邀请沪上文旅 IP 与"毛茸茸派对"创意互动，制作联名产品，满足用户有趣、有用、有新意的产品需求。

3）综艺节目共创方面，进一步挖掘"毛茸茸派对"的内容生产力，以更有趣、更生活化的创意设计，强化"毛咕咕""茸么么"的形象记忆度，吸引粉丝。包括与短视频平台合作萌宠垂类综艺，与直播平台合作爱宠泛娱乐类直播，并为品牌定制微综艺。这与传统的贴片广告、冠名广告等形式相比，更能有效地向用户传递品牌的价值与内涵。

结　语

SMG 互联网节目中心在宠物垂类综艺赛道市场化的探索，是宠物类内容探索线上线下相互助力、共同发展的一个案例。通过全方位、多维度的尝试，与平台方、品牌方、消费者达成了多赢的结果——垂类综艺节目内容视角的创新带动节目出圈同时，提升了内容制作方的行业口碑；B 站、抖音等播出平台借助优质长视频内容进一步增强用户黏性；品牌方也通过对垂直目标客群的高效营销实现了品牌价值提升；项目受众则通过综艺、直播内容，获取目标产品或宠物医生的信息并提高消费意愿。

宠物类节目不局限在挖掘宠物"萌""可爱"等方面来博得收视与关注，更是顺应"它经济"的发展趋势，打造集养宠知识干货、宠物医疗、宠物社交等高附加值的内容厂牌，吸引到了忠实的圈层用户和爱宠消费者，并持续为他们提供个性、专业、可信赖的服务。

参考文献：

[1] 派读宠业参考.《2023 年—2024 中国宠物行业白皮书》正式发布：市场规模达到 2 793 亿元，犬猫数量实现"双升"[R/OL].（2023 - 12 - 28）https://mp.weixin.qq.com/s/bSnhD2ysnpRt1_CXtfaJXg.

[2] 高慧敏，殷乐.垂类综艺节目生产与传播的"破圈"逻辑生成[J].《中国电视》，2023：12.

[3] 约翰·W.迪米克.媒介竞争与共存：生态位理论[M].王春枝，译.北京：清华大学出版

社,2013.
[4] 覃晴,白迎港.从价值转向到文化破圈:垂直类综艺节目的文化传播路径探析[J].《传媒》,2022(1).
[5] 燕玫,郑春."治愈系动画"对观众情绪的调节作用[J].新闻研究导刊,2016(8).

作者简介:

张黎星,上海广播电视台互联网节目中心主任、上海好有文化传媒有限公司总经理。

科普视角下医学类纪录片的传播策略分析

方达威

提　要： 医学类纪录片作为普及科学与传递人文关怀的重要媒介，其传播策略的优化，对打破医学专业知识与大众认知之间的壁垒具有关键作用。本文从科普视角切入，分析此类纪录片在叙事手法、传播方式及表现形式上的有效传播策略：纪录片通过严谨性与可看性的平衡、多重视角的交织、困境叙事对现实痛点的深度揭示，以及普世价值的具象化传递，显著提升了内容的感染力；在传播方式上，结合社会热点、短视频与长视频互补、弹幕互动等形式，构建了“知识普及—情感共鸣—行动转化”的传播闭环；同时，通过影像语言与声音设计等表现形式的协同创新，纪录片构建起具象可感的知识体系，强化了科普效能。

关键词： 科普　纪录片　医学　传播

引　言

随着社会的发展和公众健康意识的提升，医学类纪录片作为普及科学与传递人文关怀的重要媒介，传播价值日益凸显。然而，专业医学知识的“高门槛”与大众接受度之间的差距，对纪录片的叙事与传播效能提出了挑战。

本文将以近年来取得广泛传播效应的医学题材纪录片为案例，从科普视角出发，结合创作实践，探讨此类纪录片的传播策略，分析如何在叙事手法、传播方式、表现形式等方面突破，构建医学知识与公众认知之间的桥梁，让科学的理念触达更多受众，实现纪录片的社会性价值。

一、叙事手法分析

医学纪录片的叙事，是联结科学理性与大众认知的核心纽带。作为科学与艺术的融合产物，医学纪录片须在严谨性与可看性之间构建平衡，以多元视角组成立体认知，以故事化的叙事手法打破专业知识的传播壁垒，将抽象医学知识转化为具象化、情感化的公共话语，从而扩大科普效能。

1. 科学性与通俗性的平衡

医学类纪录片的传播，往往受限于“专业壁垒”。过于强调专业性，可能导致受众难以理解；而过于通俗化，则可能牺牲知识传达的准确性。如何在保障科学严谨性的同时，实现通俗化的表达，是创作者需要面对的重要问题。纪录片《手术两百年》为解决这一难题，提供了积极的范例。

专业性与权威性的保障

该片作为中国第一部全景展现人类与疾病抗争的医学纪录片，历时3年，前往12个国家，探访70余家医院、医学院及博物馆，采访50余位国际顶尖专家及15位中国院士，通过权威信源确保内容的科学严谨性，全面而系统地呈现了现代医学的传承与演进。

科学逻辑的系统化呈现

以第二集《手术基石》为例，片中递进式地解析了外科手术“三大基石”——止血、麻醉、消毒：有了止血，手术才不会“血流成河”；有了麻醉，才可以进行长时间的手术；有了消毒，术后不会感染。同时，纪录片采用了“问题—突破—影响”的叙事模式，在每个段落或分集结尾，都会进行小结，通过构建学科发展的内在逻辑，帮助观众更好地理解学科的发展脉络。

故事化叙事

现代外科医学的发展史，是一部在无数失败与教训中不断前行的历史。纪录片通过经典案例的呈现，生动展现了学科在曲折中进步的历程。

以麻醉学的发展为例，片中并未采用堆砌专业术语的方式解释其原理与机制，而是通过一个极具戏剧性的历史案例——19世纪伦敦外科医生罗伯特·李斯顿的“28秒截肢手术”——由浅入深地揭示了麻醉技术的重要性。在缺乏麻醉条件的时代，手术的成功往往依赖于速度，而李斯顿医生正是以惊人的速度完成了这次截肢手术。然而，由于操作过快，他不仅误切了助手的两根手指，导致助手失血而亡；还切除了病人的部分生殖器官，引发术后感染致死；甚至导致一名观众因惊吓过度，心脏病发作身亡。这场手术最终造成了三人死亡的悲剧，死亡率高达300%。

纪录片通过这一极端案例，直观地展现了麻醉缺失的致命后果。观众无须深入理解神经阻滞的复杂原理，便能感受到麻醉学对现代外科手术的革命性意义。这种叙事策略不仅降低了知识理解的门槛，更以强烈的情感冲击，引发公众对科学进步的敬畏与思考。

互文的表达

片中在讲述现代医学起步之时，将它放置在更宏大的人类文明发展史中。比如第一集《理性之光》中讲道，1543年意大利医生维萨里发表了《人体的构造》，这是现代解剖学的奠基之作，代表了现代医学的开始，而同一年，哥白尼提出了"日心说"，人类同时向认识自己身体和认识宇宙迈出了第一步。片中动画将人体和宇宙星辰元素进行切换，通过蒙太奇的形式，互文地表达了人类对内和对外的探索进程——人类在探索自己身体的同时，也在探索宇宙，探索着一切未知世界。动画细致地刻画了人体的精妙构造，从微观视角来看，人类身体就像宇宙一样，人类也在不断找寻着自己的坐标，探究生命的意义。借助医学、天文与哲学的三重互文，纪录片将这段人类向死亡发起挑战的历史，升华为人类科学精神的史诗。这种跨越学科的互文表达，既保留了医学史的深度，又以宇宙探索的意象降低了理解门槛，生动诠释了科学理性与人文诗意的融合。

2. 多重视角的综合呈现

在医学类纪录片中引入多重视角，是突破单向知识传递、构建立体认知图景的核心策略。通过科学家、医生、患者、政策制定者等多方主体的视角，纪录片不仅能实现医学知识的系统化普及，也能规避片面信息误导，帮助公众形成对医疗议题的全面理解，最终实现科学传播的效率扩大化。

作为中国首部全景跟踪创新药研发的纪录片，《创新者的处方》讲述了中国科学家与临床医生、患者合作，共同研发创新药以打破神经内分泌肿瘤这一世界级难题的故事。它通过四重视角的交织，构建了医学知识传播的立体模型：

科学家视角：展现科研艰辛与创新精神

纪录片跟踪拍摄科学家在药物研究实验室的工作，独家记录了新药研发各个环节的实验过程，展现了研发历程的艰辛。

创新药从开始研发到最终上市，成功率不到万分之一，而平均花费的时间，约为十年。科研人员反复查看实验数据、讨论筛选化合物等场景，让观众直观感受到科研工作者从无到有，十年磨一剑，千万次地追寻千万分之一的正解，探索中国自主创新药的复杂性和挑战性。

临床医生视角：展示临床试验的严谨与规范

纪录片跟拍了以中国人民解放军总医院第五医学中心和北京大学肿瘤医院为代表的临床医生团队，记录了他们如何依据国际规范，建立并执行了一系列严格的临床试验标准，从患者筛选、数据监测到不良反应评估，每一个环节都彰显出临床研究的科学性和严谨性。

通过这些细致入微的场景呈现，观众得以深入了解新药研发从实验室基础研究到临床一期、二期、三期试验的复杂过程。同时，纪录片也展现了临床医生在这一过程中所扮演的多重角色，他们不仅是科学探索者，更是患者权益的守护者。在资源有限的情况下，医生们积极为患者争取入试验组的机会，以便他们能够获得最新的治疗方案和免费的医疗支持。这种努力不仅体现了医生们对患者的深切关怀，也彰显了医学职业的人文温度。

纪录片通过临床医生视角的呈现，不仅让观众对临床试验的复杂性和重要性有了更深刻的认识，也传递了医学职业的核心价值观——在追求科学真理的同时，始终将患者的福祉放在首位。

患者视角：传递信念与希望

在与肿瘤对抗的战场上，并非只有医生单刀赴会，患者也是并肩作战的战友。患者莹莹、李定柏的故事，成了片中重要的叙事线索。通过他们的亲身经历，观众能直观地感受到新药研发给患者带来的希望和改变：难舍年幼的儿子，莹莹辗转求医，翘首以盼，苦求一线生机，入组后从绝望到重获新生的过程；李定柏在双盲实验中进入了安慰剂组后，依然积极配合临床研究，坦然面对疾病，尽自己所能，帮助那些曾经像他一样绝望、迷茫的病友。患者视角不仅增强了纪录片的感染力，传递了积极向上的能量，引起共鸣，也让观众更加理解创新药研发的重要性和紧迫性。

社会与政策视角：反映制度支持与创新环境

纪录片还关注了新药研发过程中的社会与政策环境的变化，介绍国家出台的药品上市许可持有人制度（MAH）对创新药研发的推动作用，展现制度支持对于新药研发的重要性。同时，纪录片还通过专家访谈等方式，探讨了国产创新药物研发面临的挑战和机遇，为观众提供了更多思考空间。

纪录片多重视角的叙事方式，展现科学家、医生、患者等不同群体的情感与努力，使观众在多维立体视角中，对创新药有了更加全面而深入的理解。

3. 注重“困境”叙事——穷则思变

注重“困境”叙事，是提升医学类纪录片代入感和感染力的有效手段。纪录片通过聚焦平凡人遭遇疾病时的生存困境、医疗抉择中的伦理挣扎，以及医患双方共同面对的生命无常，以真实的镜头语言直击社会痛点，深深触动观众的内心情感。

纪录片《人间世》在这类叙事技巧中堪称典范。创作团队将镜头对准医院这一特殊场所，采用“跟踪+访谈”的拍摄模式，将个体命运与医学挑战交织，不回避矛盾，不美化现实，而是通过呈现多重困境——经济压力、技术局限、人性考验——构建起医学与社会的对话空间。以第二季第三集《呼吸》为例，尘肺病患者廖连和的故事被置于经济、伦理的双重困境中展开：

经济困境：疾病对家庭的倾轧

廖连和因长期井下作业罹患尘肺病，双肺纤维化严重，只能通过肺移植延续生命。为筹集 60 万元肺移植费用，儿子廖延龙卖车凑款，从淮南到无锡辗转求医，折射出底层劳动者在重大疾病前的脆弱性。纪录片通过“凑钱—手术—感染—死亡”的线性叙事，展现疾病如何将一个家庭拖入经济与情感的双重困境。

伦理困境：医疗效果与患者期望的差距

肺移植风险极高，即使手术成功，也要面临术后排异、感染等多个难关。而廖连和等自费患者因倾家荡产投入治疗，对手术成功抱有近乎执念的期待。这种“孤注一掷”的心态使医生陷入两难：既要尊重患者的选择权，又要承受手术可能失败带来的道德压力。

困境叙事的价值升华

当廖连和术后感染多重耐药菌去世，纪录片没有回避这样沉重的结局，但也在故事的尾声保留了一丝温暖——通常手术失败的病人家属，都不会再回到医院，但廖延龙来办结账手续的那天，给所有帮助过父亲的医生送去了自家种植的鲜花。这一反常规的温情场景，揭示了困境叙事更深层的价值——在直面医疗局限性的同时，凸显医患相互理解、共渡难关的人性光辉。

这种叙事策略，使《人间世》超越了传统科普片的单向说教，在呈现困境的过程中，构建起医学、个体与社会三方对话的公共空间。当观众为廖连和的命运揪心时，也在无形中完成了一次对医疗体系、劳动保障制度的反思——这正是困境叙事的力量：它不提供标准答案，而是用真实的疼痛，唤醒社会的共情与行动。

4. 巧妙地传递普世价值

医学类纪录片不仅是知识传播的载体，更是社会价值观重构的媒介，肩负着传递生命尊严、临终关怀等普世价值的使命。如何将这些抽象理念，以润物细无声的方式融入叙事，影响观众的认知、情感与态度？纪录片《生命里》的探索，可供参考。

具象化的细节：以符号系统建构共识

《生命里》聚焦上海临汾社区卫生服务中心的安宁疗护病房，那里收治的主要是癌症晚期患者，生命所剩的时间大多不超过三个月。片中将“生命尊严”转化为可感知的行为符号：13床患者亲自挑选遗照，以对仪容的执着，维护着临终的体面；患者汪明昌吹奏葫芦丝答谢志愿者的慰问，以音乐传递对陪伴的珍视。镜头也记录下护士为昏迷患者擦拭身体、剪脚指甲，在生命的最后一站，尽力让患者舒适、有尊严地离去，以细节动作诠释对生命主体的尊重。这些场景将抽象概念具象化为可触摸的生命经验，使观众在共情中，接纳“生命最后有尊严地离去”的理念。

禁忌话题的打破：重构文化认知

在传统观念中，死亡是忌讳的话题，安宁病房对面的居民楼悬挂镜子以“驱散晦气”。纪录片并未评判这些观念，而是提供了一扇窗口，我们看到大学教授、老兵、知青，那些曾经朝气蓬勃、风华正茂的生命，而今风烛残年、老态龙钟，没有人能违背自然的规律，传递了“死亡是生命自然的一部分”的认知，引导公众超越恐惧，重新审视生命的完整性。

沉重感的消解：情感共鸣中的认知重构

临终话题的沉重性，易使观众产生逃避心理。《生命里》引入志愿者视角，实现了叙事缓冲：初入病房的志愿者手足无措，不敢触碰患者身体；随着互动的深入，他们逐渐学会附耳倾听、握紧患者双手。这一转变过程被镜头记录下来，形成“观察—参与—反思”的情感传输链。观众经由志愿者的视角，目睹安宁疗护如何以“减轻痛苦”替代“治愈疾病”，理解“医学的边界”与“陪伴的力量”，悄然完成认知重构——安宁疗护并非放弃，而是另一种救治，原本孤独脆弱的个体，因为有了爱与温暖的陪伴，才会有勇气，有力量，有希望，在一定程度上消解了话题的沉重感。由此，纪录片巧妙地将“临终关怀”的普世价值融入观众的情感体验中，既避免了说教式的价值灌输，又让观众在潜移默化中接受这些理念。

二、传播方式分析

医学纪录片的传播效能，不仅依赖于内容质量，更须符合媒介的演变发展规律。如何突破传统单一线性传播的局限，构建“知识普及—情感共鸣—行动转化”的传播闭环，成为提升医学纪录片影响力的关键。

1. 紧扣时下话题与社会热点

医学类纪录片紧扣时下话题与社会热点，主动介入公共议题，不仅能够有效提升影响力和观众的关注度，也能在一定程度上回应公众的关切，引导公众情绪转化为建设性反思。

2020年初，新冠疫情全球大流行，纪录片《山河无恙——影响中国的疫情档案》在这一背景下推出，直面公众对于病毒起源、防控对策等核心议题的高度关注，从中国历史上甲肝、血吸虫病、鼠疫、流感、非典等重大公共卫生防疫事件入手，以历史之例，解当下之问。通过权威专家解读、亲历者倾情讲述，结合国内外一手历史资料，梳理百年中国防疫史，展现公共卫生系统逐步建立、完善的过程。

应对恐慌情绪，理性而有效的方式就是普及科学知识，提高科学防护。《山河无恙》展现了我国在重大防疫事件中丰富的成功经验，鼓舞了民众士气，部分观众在弹幕中表示“看完后报名成为社区志愿者”，体现了纪录片在引导公众情绪和传播凝聚力方面的积极作用。

2. 短视频与长视频互补：碎片化与深度的平衡

在信息碎片化与注意力稀缺的时代，医学类纪录片通过“短视频引流＋长视频深耕”的双轨策略，实现了传播广度与深度的平衡。短视频通过高密度信息剪辑（如冲突场景、金句集锦、视觉奇观等）快速抓人眼球，触达泛知识受众，激发兴趣并形成话题裂变；长视频则通过深度内容满足核心受众对专业知识的探索需求。二者互为补充，短视频作为流量入口为长视频导流，长视频则通过高质量内容反哺短视频以持续热度，形成“观看—分享—回流”的传播闭环。

例如《手术两百年》在电视播出的长视频版本的基础上，拆条剪辑了3～6分钟不等的短视频，打上“数字化世界实施虚拟手术”“机器人微创手术为心脏疾病患者带来新生”等标签，引导受众通过短视频建立兴趣点，再至长视频完成知识升级。

这种互补模式，不仅突破了传统纪录片的受众局限，更在碎片化传播中保留了科学内容的完整性与严肃性，为医学知识的普及开辟了新路径。

3. 弹幕与评论区：互动传播与参与感构建

弹幕与评论区作为新媒体时代的重要传播工具，在医学类纪录片中展现出独特的参与价值。这种互动模式通过即时反馈、情感共鸣与知识共建，打破了传统单向传播的局限，构建起创作者、观众与内容之间的多向对话渠道，显著提升了传播效能。

观众在观看过程中实时发表观点、提问或回应他人，形成“观看—互动—再观看”的循环链路。例如《人间世》在腾讯视频上线，观众在人物故事中受到触动，在弹幕区分享个人就医经历，构建起即时的情感共鸣场，个体观看行为转化为集体参与，形成共同话题，进一步激活公共议题的传播裂变。专业观众也会通过评论区辅助纪录片解释复杂概念，纠正部分评论的理解误差，形成协同传播模式。

三、表现形式分析

医学类纪录片的科普效能的实现，一定程度上依赖于影像、声音等表现形式的协同作用。影像语言以视觉化的方式突破专业壁垒，声音设计以听觉促进认知渗透，二者共同构建起科学性与可看性平衡的传播范式。以《本草中国》和《本草中华》为例，它们作为中医药主题纪录片，通过创新的视听语言与技术手段，构建起具象可感的知识体系，为医学类纪录片的表现形式提供了范本。

1. 影像语言：实拍与再现的互补

《本草中华》大量使用了航拍、升格和高速摄影、水下摄影等手法，记录了中药生长的原生环境——如冬虫夏草长在氧气稀薄的藏北高原，铁皮石斛生于湿滑的绝壁之间，而海参则藏于海底的岩礁之下，摄制组一路记取每个地方的独特风貌，将“道地药材”的概念具象化为可感知的自然美学。

对于肉眼难见的微观世界，片中常以动画辅助阐释。例如以动画模拟展示冬虫夏草菌丝侵入蝙蝠蛾幼虫的寄生过程，解释“虫草非虫非草”的生物学本质。

而对于那些受现代工艺冲击，已经很少应用的“真功夫”，纪录片也进行了重现。《本草中国》第 4 集《境遇》复原了《本草纲目》中记载的“九蒸九晒”工艺。镜头聚焦于工匠在寒冬腊月耗时 30 余天手工炮制熟地黄的场景，蒸汽升腾、光影交织、日夜更迭、循环反复的画面，传递了古法技艺不厌其烦的匠心。

2. 声音设计：同期声的沉浸氛围、背景音乐的情感编码

纪录片通过同期声采集，打造了沉浸式的听觉现场：药农用铜刀切割药材的“嚓嚓”声、药杵捣药的“咚咚”声、煎药时砂锅的“咕嘟”声，这些声音细节，帮助观众通过听觉感知药材处理过程中质地、含水量等特性。

适时出现的背景音乐，深度参与了叙事节奏的控制：在展现采药人攀缘绝壁的紧张段落，配以密集的鼓点；而在呈现药材炮制成功时，响起悠扬的二胡旋律，形成张弛有度的情感曲线。

通过视听语言的双重编码，两部纪录片成了中医药传统智慧的现代转译范式，具备“既古老又现代”的传播魅力，推动中医药从“文化记忆”向当代生活实践转化。

结 语

医学类纪录片作为科学与人文的交汇载体，其传播策略的革新对知识普及与社会认知重构具有深远意义。未来，随着虚拟现实、人工智能等技术的深化应用，医学纪录片或将进一步拓展传播边界，从“观看”迈向“体验”，从“传播”转向“共创”，扮演启蒙者与见证者的双重角色，持续为建设健康中国注入文化动力。

参考文献：

[1] 徐颢哲.豆瓣 9.4 分，这部医疗纪录片走红不是没有原因的，北京日报客户端，2019-07-15.

[2] 李正伟，高宏斌，申浩.当科普遇上传播：传播学理论带给科普的启示[M].北京：中国科学技术出版社，2019.

[3] 余群，张蕾主编.医学新媒体科普作品创作技巧[M].上海：上海交通大学出版社，2023.

[4] 董健，唐文娟，江世亮，贾永兴主编.医学科普基础与实践[M].上海：上海科学技术出版社，2021.

作者简介：

方达威，上海广播电视台真实传媒有限公司谢申照工作室导演。

论法律类访谈节目在融媒体时代的创新与发展

付庆杰

提　要：本文基于融媒体时代的大背景，深入剖析了法律类访谈节目所呈现出的特征，详细阐述了其所面临的机遇与挑战。通过对创新路径的全面探讨，从内容、形式、技术、互动及品牌建设等多个方面综合分析，结合具体案例，提出了具有针对性和前瞻性的未来发展建议。旨在为法律类访谈节目在融媒体环境下的持续发展提供理论参考，推动普法工作的深入开展。

关键词：法律类访谈节目　融媒体　创新发展　普法宣传

引　言

随着媒体生态的变革，传统媒体与新媒体加速融合。作为普法宣传的重要载体，法律类访谈节目承担着普及法律知识、弘扬法治精神、提升公众法律意识的重要使命。融媒体时代，面对信息爆炸和用户需求多元化的现状，传播渠道单一、互动性不足以及品牌辨识度不高等问题，严重制约了法律类访谈节目的发展。如何实现创新与突破，成为法律类访谈节目亟须解决的问题。深入研究这一问题，不仅有助于法律类访谈节目自身的发展，也对推动我国法治建设具有重要的现实意义。

一、融媒体时代的特征与机遇

融媒体时代的到来，为法律类访谈节目带来了前所未有的发展机遇。首先，融媒体时代呈现多渠道传播特征,传统媒体与新媒体的深度融合为节目传播提供了更广阔的平台。其次,互动性显著增强,用户可以积极参与内容的生产和传播。这就让法律类访谈节目有了更多与观众互动的可能性。此外,传播碎片化趋势使得信息获取更加便捷和高频,这就要求法律类访谈节目在内容制作和传播方式上做出相应调整。这些特征为法律类访谈节目的创新发展提供了新的思路和方向。

(一)融媒体时代的特征

融媒体时代的特征主要体现在以下几个方面:

多渠道传播。媒体之间的界限被打破,传统媒体如电视、广播、报纸等,凭借丰富的内容资源和专业的制作团队,在信息传播中占据着重要地位;而新媒体,如互联网、移动客户端、社交媒体等,则以其便捷性、及时性和互动性等优势,成为信息传播的重要渠道。各类媒体相互配合、相互补充,形成了全方位、多层次的传播格局,使得信息更广泛、传播更快速。

互动性增强。融媒体时代,用户可以通过各种社交媒体平台、评论区、互动社区等渠道,对节目内容进行评论、分享、转发,甚至参与到节目的策划、制作和传播过程中。这不仅提高了用户的参与度和黏性,也为节目制作方提供了更多的反馈信息,有助于节目内容的优化和改进。

传播碎片化。用户可以随时随地通过手机、平板电脑等移动设备获取各种信息。用户更倾向于获取简短、精练、易于理解的信息内容,信息传播逐渐呈现出碎片化的特点。这种传播碎片化的趋势,对节目提出了更高的要求,节目须更加注重内容的精练性和吸引力,适应受众的阅读和观看习惯。

智能化赋能。人工智能(AI)技术可以通过对用户数据的分析和挖掘,实现内容的精准推荐,为用户提供个性化的信息服务。同时可应用于节目制作的各个环节,如智能剪辑、语音合成、图像识别等,提高节目制作的效率和质量。

(二)法律类访谈节目的机遇

普法需求旺盛。法律类访谈节目作为一种重要的普法形式,能够通过专业的法律解读、生动的案例分析,向公众普及法律知识,解答法律疑问,满足公众对法律知识的需求。同时,法律类访谈节目还可以通过传播法治理念,弘扬法治精神,引导公众树立正确的法律观念,促进社会的法治进步。

传播渠道多元。除了传统的电视、广播等媒体平台外,节目还可以通过互联网视频平台、社交媒体平台、移动客户端等新媒体渠道进行传播。这些新媒体渠道具有传播范围广、传播速度快、互动性强等优势，能够帮助节目触达更广泛的受众群体，提高节目的传播效果和影响力。

政策有力支持。国家高度重视法治宣传教育工作，支持和鼓励各类媒体开展法治宣传。法律类访谈节目作为法治宣传的重要载体，得到了政策层面的大力支持。政策的支持不仅为节目提供了资金、技术等方面的保障，也为节目营造了良好的发展环境，有助于推动法律类访谈节目的创新与发展。

二、法律类访谈节目面临的挑战

目前，市场上的法律类访谈节目数量众多，尽管融媒体时代为法律类访谈节目带来了诸多机遇，但节目发展仍面临不少挑战。

首先，内容同质化问题突出，许多节目缺乏深度和差异化，节目往往只是对一些常见的法律案例进行简单的解读和分析，缺乏对法律问题的深入探讨和对社会现象的深刻洞察，难以吸引和留住观众。

其次，传播渠道单一的问题依然存在，一些法律类访谈节目仍然主要依赖传统的电视、广播等媒体平台进行传播，未能充分利用新媒体矩阵的优势，导致传播范围和传播效果受限，无法触达更广泛的受众群体，特别是年轻一代的受众。

此外，互动性不足也是制约节目发展的重要因素。许多法律类访谈节目仍然一味输出，用户参与度较低，节目与观众之间的互动主要停留在简单的电话连线、短信互动等传统方式上，缺乏新颖、有效的互动形式，这就难以形成有效的互动和反馈机制。

最后，普遍存在品牌辨识度不强的问题，许多节目缺乏明确的品牌定位和独特的节目风格，节目在品牌推广和宣传方面也存在不足，缺乏有效的品牌建设策略和推广手段，难以在众多同类节目中脱颖而出。

这些挑战亟须节目制作方在创新发展中加以解决。

三、法律类访谈节目创新路径简析

这里对法律类访谈节目的创新路径，做一个简要的思路探析，而成功的案例分析则在下一节予以展示。

面对融媒体时代的机遇和挑战，法律类访谈节目需要在内容创新、形式创新、技术创新、互动创新和品牌建设多个方面进行创新探索。此外，还应紧跟社会热点，关注与公众生活密切相关的法律问题，及时选取具有代表性和影响力的案例进行深入分析和解读。

（一）内容创新

内容创新是法律类访谈节目发展的核心。节目应丰富选题，紧跟社会热点，确保内容的新鲜度。同时，应拓展选题范围，涵盖更多领域的法律知识，如知识产权、环境保护、金融法律等，满足不同受众群体的需求；还可结合特殊的时间节点或事件，策划相关的专题节目，提高节目的时效性和吸引力。

（二）形式创新

形式创新是提升节目吸引力的重要手段。节目应采用多元化的表现形式，如短视频、直播、系列专题等，以满足不同观众的需求，提升节目的吸引力和传播效果。注重跨平台传播，整合抖音、B站等新媒体渠道，扩大受众覆盖面，同时，采用多视角叙事方式，增强节目的趣味性和故事性，提高观众黏性。通过创新节目形式，提升观众的观看体验和参与感。

（三）技术创新

技术创新是法律类访谈节目发展的重要方向。利用AI智能推荐和大数据分析技术，实现内容的精准推送，提高节目的传播效果。此外，通过技术创新，提升节目的制作水平和观众体验。

（四）互动创新

互动创新是提升节目吸引力的关键。节目可以引入用户共创内容机制，设立观众参与讨论区和投票功能，增强观众的参与感和归属感。通过互动创新，提升观众的参与度和黏性，形成良好的互动氛围。

（五）品牌建设

品牌建设是法律类访谈节目发展的重要保障。节目应着力打造独特的IP，整合电视、广播、互联网、社交媒体等多种媒体渠道，建立全媒体矩阵推广体系，通过不同媒体渠道的优势互补，实现节目的全方位、多层次推广。

四、案例分析

通过对《法律讲堂》《今日说法》等传统法律类访谈节目以及新兴的新媒体法律栏目的分析，我们可以总结出一些成功经验。《法律讲堂》以其深入浅出的讲解方式，在普法效果上取得了显著成效。《今日说法》则通过经典案例剖析，兼顾专业性与大众性，赢得了广泛好评。

新兴的新媒体法律栏目，如短视频普法节目，凭借其新颖的形式和贴近生活的选题，迅速吸引了大量年轻观众。这些案例表明，成功的法律类访谈节目往往能够达到内容深度、形式创新和观众互动等方面的平衡，既保持专业性，又兼顾趣味性和参与性。

（一）《法律讲堂》讲解方式深入浅出

《法律讲堂》是一档具有较高知名度和影响力的法律类节目。该节目以“剖析法律热点，聚焦法治人生”为宗旨，通过邀请法律专家、学者、律师等作为嘉宾，对一些具有代表性的法律案例进行深入剖析和解读。在内容方面，《法律讲堂》紧跟社会热点，选题丰富多样，涵盖了刑事、民事、经济等多个领域的法律问题。节目通过生动的案例分析和通俗易懂的语言，使观众能够轻松理解和掌握相关的法律知识。在形式方面，《法律讲堂》采用了讲座式、访谈式、案例分析式等多种呈现方式，还制作了一些短视频、系列专题等，通过互联网进行传播，扩大了节目的传播范围和影响力。在互动方面，《法律讲堂》通过官方网站、社交媒体平台等渠道，与观众进行互动交流。观众可以在节目官方网站上留言提问，节目制作方会及时回复观众的问题；在社交媒体平台上，节目也会发布一些互动话题，吸引观众的参与和讨论。

通过多年的发展，《法律讲堂》已经形成了独特的品牌形象和较高的品牌辨识度，成为观众喜爱的法律类访谈节目之一。

（二）《今日说法》专业内容与普及形式结合

《今日说法》是中央电视台一档著名的法律类节目，自 1999 年开播以来，深受观众喜爱。该节目通过对一些典型案例的报道和分析，向观众普及法律知识，弘扬法治精神。在内容方面，《今日说法》注重选取具有社会影响力和教育意义的案例，不仅详细介绍了案件，还对案件所涉及的法律问题进行了深入的解读和探讨，引导观众树立正确的法律观念。在形式方面，《今日说法》采用了新闻报道与专家访谈相结合的形式。主持人通过对案件的介绍和分析，引导观众关注案件的重点和关键问题；同时，邀请法律专家、学者、法官等作为嘉宾，对案件进行深入的解读和分析，为观众提供专业的法律意见和建议。在互动方面，《今日说法》通过官方网站、微信公众号等渠道，与观众进行互动交流。观众可以在节目官方网站上留言评论，节目制作方会及时回复观众的留言；在微信公众号上，节目也会发布一些互动活动，吸引观众的参与和关注。

《今日说法》凭借其专业的内容、权威的嘉宾和广泛的影响力，成为中国法治宣传的重要品牌之一。

（三）新媒体法律栏目新颖生动、互动性强

随着新媒体的发展，一些新媒体法律栏目也应运而生。这些栏目以短视频、直播等形式为主，通过生动有趣的内容和形式，吸引了大量年轻用户的关注。比如某短视频平台上的“法律小课堂”栏目，通过一分钟左右的短视频，讲解日常生活中常见的法律问题，如劳动合同纠纷、消费者权益保护等，深受受众喜爱。再比如一些有趣的法律科普短视频，通过动画、漫画、人物演绎等形式，将复杂的法律知识转化为通俗易懂的内容，让观众在轻松愉快的氛围中学习法律知识。还有一些新媒体法律栏目会采用直播的形式，邀请法律专家、律师等作为嘉宾，与观众进行实时互动，解答观众的法律疑问。

这些新媒体法律栏目凭借其新颖的形式、丰富的内容和强大的互动性，成为法律类访谈节目在新媒体领域的重要创新形式，为普法提供了新的途径和方式。

五、法律类访谈节目未来发展建议

展望未来，法律类访谈节目需要在多个方面持续发力。要深化内容策划，结合社会热点，深入挖掘具有深度和广度的法律问题，创新节目主题。构建全方位的传播矩阵，打通全媒体平台，建立多渠道传播闭环，扩大受众覆盖面，同时，增强用户参与感，通过引入互动投票、评论讨论、用户共创栏目等方式，提高观众的参与度和归属感。值得注意的是，要时刻牢记坚持权威性与责任感是法律类访谈节目的立身之本，加强与高校、司法机构等的合作，可以为节目提供更多优质资源和专业支持。

（一）深化内容策划

在选题上，不仅要关注常见的法律案例，还要关注一些新兴领域的法律问

题，如人工智能、大数据、区块链等领域的法律问题。同时，要兼顾深度与通俗性，用通俗易懂的语言和生动形象的案例，普及法律知识，使观众能够轻松理解和掌握。要注重对节目的整体规划和设计，包括节目的结构、节奏、嘉宾邀请等方面，提高节目的质量和吸引力，使节目能够更好地满足观众的需求。

（二）强化技术赋能

加强 AI 技术在节目制作和传播中的应用，实现个性化推荐，为用户提供更加精准、个性化的节目内容服务。例如可以利用 AI 技术对用户的观看行为和兴趣爱好进行分析，为用户推荐符合其需求的节目内容；当然也可以利用 AR/VR 技术制作一些虚拟场景，让观众身临其境地感受法律案件的发生过程，提高观众对法律知识的理解和认识。

（三）构建传播矩阵

整合电视、广播、互联网、社交媒体等多种媒体渠道，实现节目内容的跨平台传播和推广。根据不同平台的特点和用户需求，制定相应的传播策略和内容形式，提高节目在不同平台上的传播效果。

在电视媒体上，可以通过节目预告、嘉宾访谈等形式进行宣传；在互联网媒体上，可以通过视频平台、社交媒体平台等进行节目内容的传播和推广；在社交媒体上，可以通过发布节目相关的话题、活动等，吸引用户的关注和参与。通过构建传播矩阵，扩大节目的传播范围，提高节目的知名度和影响力。

（四）增强用户参与感

鼓励用户积极参与到节目内容的创作和传播过程中，为节目提供更多的创意和灵感。可以在节目官方网站、社交媒体平台等渠道设立用户共创栏目，邀请用户提供法律案例、提出法律问题、分享法律经验等；可以设立互动投票和评论讨论区，了解用户的意见和看法。通过增强用户参与感，提高用户对节目的忠诚度和满意度。

（五）坚持权威性与责任感

邀请权威法律人士参与节目制作，如知名律师、法官、法学教授等，确保节目内容的公信力。在节目制作过程中，要严格遵循法律法规和职业道德，对节目内容进行认真审核和把关，确保节目所传达的法律信息准确无误。同时，要坚持正确的舆论导向，弘扬法治精神，传播正能量。通过对法律案例的深入分析和解读，引导公众树立正确的法律观念，增强公众的法治意识和法治信仰。在面对一些敏感的法律问题和社会热点事件时，要保持客观、公正的态度，避免误导公众。

（六）推动行业合作与生态建设

加强与高校、司法机构、律师事务所等相关单位和机构的合作，整合各方资源，拓宽节目影响力。与高校合作，可以邀请法学专业的师生参与节目制作，为节目提供专业的学术支持和理论指导；与司法机构合作，可以获取更多真实、典型的法律案例，提高节目的权威性和可信度；与律师事务所合作，可以邀请优秀的律师作为嘉宾，为观众提供更加专业、实用的法律建议。

此外，还可以推动法律类访谈节目行业之间的合作与交流，共同探讨行业发展中面临的问题和挑战，分享成功的经验和做法，促进整个行业的健康发展。

结　语

在融媒体时代，法律类访谈节目面临着前所未有的机遇和挑战。通过内容、形式、技术和互动等方面的创新，节目可以在激烈的媒体竞争中脱颖而出。未来，法律类访谈节目应继续深化内容策划，强化技术赋能，构建全方位传播矩阵，增强用户参与感，坚持权威性和责任感，推动行业合作与生态建设。只有不断创新和发展，法律类访谈节目才能在融媒体时代更好地履行普法宣传的使命，为提升全民法律素养、推动法治社会建设做出更大贡献，在未来的发展中，随着媒体技术的不断进步和公众法律意识的不断提高，法律类访谈节目必将迎来更加广阔的发展前景。

参考文献：

[1] 王伟.融媒体背景下法律类访谈节目的创新路径研究[J].新闻与传播研究，2023，45(6)：102－110.

[2] 李娜.新媒体环境下普法类节目内容创新探析[J].传媒评论，2022，38(5)：88－95.

[3] 张明.社交媒体时代的法律传播研究[M].北京大学出版社，2021.

[4] 刘洋.互动式法律普法节目的传播机制研究[J].现代传播，2024，47(2)：56－63.

[5] 国家广播电视总局.《关于加强融媒体内容建设的指导意见》[Z].2023.

[6] 陈静.融媒体时代法律类访谈节目的创新策略[J].新闻战线,2023,42(3):78－85.
[7] 赵强.新媒体环境下法律类访谈节目的传播效果研究[J].传媒观察,2022,39(4):67－74.
[8] 孙丽.法律类访谈节目在融媒体时代的创新与发展[J].新闻与写作,2023,41(7):92－99.
[9] 王芳.融媒体时代法律类访谈节目的内容创新研究[J].新闻爱好者,2022,40(8):103－110.
[10] 李强.法律类访谈节目在融媒体时代的传播策略[J].新闻与传播评论,2023,46(5):88－95.

作者简介:
付庆杰,上海市嘉定区融媒体中心播音员、主持人。

广播媒体赋能青少年生态文明教育创新实践探索

——以上海新闻广播《青未来FM》栏目为例

乐　祺

提　要：在全球环境问题愈发严峻的当下，青少年作为未来社会发展的中流砥柱，其环保意识与责任感的培育，对推动可持续发展战略的全面实施具有关键意义。长期以来，传统媒体凭借其权威性、广泛的传播覆盖面以及深厚的文化积淀，在环境传播领域扮演着重要角色。然而，随着新媒体技术的迅速崛起，信息传播格局发生了深刻变革，传统媒体在吸引青少年群体方面面临着前所未有的挑战。自2018年起，上海新闻广播精心打造了青少年生态文明教育品牌栏目《青未来FM》，经过六年的发展与探索，该节目精准聚焦校园生态文明建设，持续创新节目内容与传播形式，旨在全方位提升青少年的生态文明意识，引导他们养成良好的生态文明行为习惯，增强参与生态文明建设的能力。本文作者作为该栏目的核心创作人员，将从节目所具备的新闻属性、科普属性以及与新媒体融合传播的实践等多个维度展开深入剖析，为广播媒体如何赋能青少年生态文明教育创新实践提供思路。

关键词：广播媒体　科普节目　青少年生态文明教育　创新实践探索

引言：研究背景与意义

在当今时代，环境问题已成为全人类共同面临的重大挑战。气候变化导致极端天气频发，生物多样性锐减破坏了生态平衡，资源短缺制约着经济社会的可持续发展，这些问题严重威胁着人类的生存与未来。青少年作为未来社会的主力军，他们的环保意识和责任感将直接影响地球的未来走向。因此，培养青少年的环境责任感，促使他们积极投身于环境保护行动，对于推动可持续发展战略的有效实施具有不可估量的价值。

在环境传播领域，传统媒体（如广播、电视、报刊）具有重要的历史地位。与新媒体相比，传统媒体在内容权威性、受众覆盖面以及长期文化影响力方面具有独特优势。近年来，国内外传统媒体在环境传播领域取得了一定成果。例如中央广播电视总台制作了多档聚焦生态文明建设的纪录片，如《美丽中国》，通过优美的画面和翔实的数据向观众展示中国在生态保护方面的成就与挑战。BBC出品的经典纪录片《蓝色星球》系列则聚焦于海洋生态环境面临的问题，让观众深入了解海洋世界及其面临的挑战。这些节目不仅传播了环保理念，还在一定程度上提升了公众对环保议题的关注度和认知。

然而，随着新媒体发展势头的强劲，青少年获取信息的渠道更加多元化、娱乐化，传统媒体的影响力逐渐被削弱。如何在竞争激烈的传播环境中重新建立起对于青少年的吸引力和影响力，是传统媒体亟须解决的问题。

《青未来FM》节目自2018年起在上海新闻广播以周播形式进行播出，累计完成超过500期节目，每期节目时长55分钟左右。节目侧重定位校园生态文明建设，通过行业专家知识科普，学生代表经验分享等寓教于乐的方式，旨在强化青少年群体生态文明意识，培养生态文明行为，提升广大青少年的生态文明建设能力。节目拥有较为丰富的高校、研究院所、科普场馆等的专家资源。节目嘉宾基本以教授、研究员、博士、绿色环保组织领导者等为主体，让内容的严谨性、专业性得到了基本保证。根据权威收听率调查机构赛立信的数据：2023年全年制作广播节目100期，每期节目平均收听率为0.8，平均每期节目覆盖人数约20万人次，全年总计收听覆盖人次不少于2 000万。节目制作团队拥有8年以上的科普音频节目制作经验，具备较高的科学素养。科普节目及个人都曾多次获得市级科技、科普类奖项。

《青未来FM》节目始终在探索解决以下三个核心问题：

1. 广播媒体在生态文明教育传播中具有哪些优势，如何保持并发扬？

2. 如何通过内容和形式的创新，激发青少年对于生态文明意识和理念的提升？

3. 如何结合新媒体发展趋势，优化传统媒体的传播效果以更好地吸引青少年群体？

一、广播媒体在生态文明教育传播中的优势与挑战

传统广播媒体作为信息传播的官方主要渠道之一，在信息传播过程中遵循着传播学的基本原理，其传播特点对青少年环境责任感的塑造有着极为深远的影响，具体表现在以下几个方面：

1. 权威性与可信度

在传播学理论中，信源的可信度是影响信息传播效果的关键因素。传统媒体经过长期的发展与积累，建立了严格的采编审核流程，拥有一支专业素养高、经验丰富的采编团队。这些优势使得传统媒体在公众心中树立了极高的权威性。当涉及环保类科普节目时，传统媒体能够凭借其广泛的资源和深厚的行业积累，获取更多经过权威专家解读或得到政府数据支持的内容。

以《青未来 FM》为例，2024 年 8 月，国家安全机关发布新闻，曝光了一些境外快递、包裹成为生物入侵“秘密通道”的问题，其中涉及邮寄红耳龟、鳄龟、美国牛蛙等外来物种。针对这一新闻，节目迅速做出反应，邀请了海关工作人员和上海自然博物馆的副研究员共同参与话题讨论。海关工作人员详细解读了最新的政策法规，动物专家则从生物入侵对生态环境的影响角度，列举大量翔实的数据，介绍典型的真实案例。由于青少年对权威专家和官方媒体的高度信任，他们会更加深入地思考这些问题，从而激发自身对环境保护的责任感。

2. 深度报道与故事性

传统媒体擅长运用专题报道、深度访谈、纪录片等多种形式，对环境议题进行全方位、深层次的探讨。这种报道方式不仅能够从多个角度深入分析问题，构建完整的知识体系，还能通过讲述生动、真实的故事，使枯燥的知识点和严肃的话题变得更加通俗易懂、易于记忆。相比之下，网络上的“短频快”音频和视频内容，虽然能够在短时间内吸引受众的注意力，但往往只能传播碎片化的信息。为了追求高完播率，创作者常常采用夸张的内容和语言，这在一定程度上牺牲了新闻话题的严谨性和准确性，容易对辨别能力较弱的青少年产生误导。

《青未来 FM》在节目制作过程中充分发挥了传统媒体的这一优势。节目每期时长约 50 分钟，根据对青少年收听习惯的深入分析，一般 15～20 分钟是他们集中注意力的平均时长。因此，节目将内容巧妙地切分成三段，每段聚焦一个话题方向。例如在制作关于生物多样性保护的节目时，第一个 15 分钟邀请高校生态学教授详细介绍生物多样性的概念、现状、面临的威胁以及保护措施等专业知

识;第二个 15 分钟,邀请海洋公益组织创始人讲述他们在清理海洋垃圾公益行动中发生的生动感人的真实故事;最后 10 分钟则进行“短频快”的生态环保资讯播报,引导青少年养成关注全球新闻动态的良好习惯。

3. 陪伴感与仪式感

长期以来,传统广播节目形成了固定的播出时间和收听习惯。听众在特定时间收听特定节目,这种规律性的行为逐渐形成了一种稳定的陪伴感和仪式感。例如每周六、周日傍晚固定时段播出的环保科普广播节目,加上专业主持人亲切、温暖的语言和嘉宾生动、细致的讲述,青少年在收听过程中,会逐渐在情感上对环境保护产生认同和责任感,养成定期关注环保话题的习惯。这种陪伴感和仪式感是新媒体难以轻易复制的,它能够在潜移默化中影响青少年的价值观和行为习惯。

4. 传统媒体面临的挑战

随着新媒体的迅猛发展,青少年获取信息的渠道变得更加多元化和娱乐化。新媒体的即时性、互动性和个性化特点,使其能够迅速满足青少年的信息需求和娱乐需求。相比之下,传统媒体的传播方式相对单一,缺乏与受众的实时互动,这使得传统媒体在吸引青少年群体方面逐渐失去优势。

此外,新媒体平台上的信息鱼龙混杂,虚假信息和不良信息泛滥。青少年在面对海量信息时,由于缺乏足够的辨别能力,容易受到不良信息的影响,导致价值观的扭曲。传统媒体如何在这种复杂的信息环境中,充分发挥自身优势,引导青少年树立正确的价值观,成为一大挑战。

二、广播科普节目+生态文明,应该如何创新?

传统媒体通过内容创新、形式多样化及互动增强等手段,能够有效促进青少年生态文明意识的提升和实践能力的培养。具体可以从以下方面进行实践:

1. 结合热点深度报道:聚焦当下热门生态事件,比如濒危物种保护进展,像长江江豚种群数量监测与保护成果,或是某地区生态修复实例,如崇明东滩修复和申遗过程,通过深度报道,邀请相关专家、一线工作人员分享背后故事,让青少年能直观感受生态保护的紧迫性与重要性,提升参与感。

2. 迎合青少年兴趣点:在话题选择上,关注青少年感兴趣的环保议题,如校园垃圾分类、节能节水方法、新能源汽车、野生动物保护、绿色生活方式,等等。在知识传递方式上,摒弃传统的说教形式,采用生动有趣的语言、互动式的教学方法和多样化的表现形式。例如在访谈设计上，以学生的视角和兴趣点出发，多问“为什么”，多分享具体生动的例子，多提供实用可操作的建议。同时，注重引导青少年参与节目，让他们不仅是听众，更是分享者和参与者。例如在一期关于校园环保的节目中，邀请了几位中学生作为嘉宾，分享他们在校园环保行动中的经验、心得和创意。通过同龄人的分享，激发了其他青少年的参与热情，使他们对生态文明教育有了更直观、更深刻的理解和共鸣。

3. 跨学科融合：把生态文明知识与多学科知识进行交融。从历史角度，可以结合不同时期生态环境变迁，比如工业革命对环境的影响。在艺术领域，可以讲述古代诗词中对自然的描写，从文学角度引入自古以来就有的生态保护理念。从心理角度，聊聊气候对于人类情绪和社会文明的影响。通过跨学科融合，从不同侧面阐述保护生态的深远意义和重要性。

4. 故事化讲述：深入挖掘环保工作背后的人物故事和情感元素。把生态知识融入有趣的故事中，以故事主人公的亲身经历传递生态理念。讲述普通人在环保公益行动中的感人故事，比如《青未来 FM》在一期讲述乡村建设的节目中，邀请到一位留学海归博士，他长期扎根我国边远乡村地区，致力于当地的环境治理、儿童教育、乡村文化等建设。他的海归背景与“接地气”的工作形成鲜明反差，其坚持和奉献精神深深打动青少年听众，使他们对美丽乡村发展的重要性有了更深刻的认识，从而激发情感共鸣。

5. 选好意见领袖和跨领域嘉宾：在节目嘉宾选择上，一方面严格筛选学术背景和专业能力，确保广播节目的权威性；另一方面充分考量嘉宾在受众，特别是青少年群体中的影响力和信任度。例如可以邀请在环保领域有影响力的青少年，如获得环保奖项的少年、发起校园环保行动的学生代表等，分享他们的经验和想法。又比如除生态领域的专家外，还可邀请科幻作家探讨未来生态环境与科技发展的关系，激发青少年的想象力，拓宽他们的视野。

6. 主持人 IP 打造：主持人在长期的节目访谈过程中，也需要主动积累较为全面专业的环保知识，逐渐成为“专家型”的主持人和“绿色环保”代言人，在节目中与嘉宾互动时，能问出专业的、有信息量的并抓得住听众兴趣点的问题，让访谈深入浅出地传播知识与思想。

三、结合新媒体发展趋势，扩大优质内容传播力

1. 多平台传播：为了适应新媒体时代的发展需求，《青未来 FM》除了在广播端播出外，还在阿基米德 App 上进行网络直播和点播回听。同时，根据网络端“短频快”、互动性强的传播规律，开发了相关互联网内容。例如青未来微信公

众号会根据节目内容节选出精彩片段，以“图文＋短音频”的形式在公众号推文中进行二次传播。这种传播方式不仅扩大了节目的覆盖面，还满足了不同青少年的消费习惯和需求。

2. 互动内容设计： 为了增强青少年的参与感和兴趣度，《青未来 FM》节目组近年来不断探索互动内容设计。例如每年邀请来自全市各小学的学生代表，录制“一分钟环保小课堂”广播短音频，用孩子们生动精练的语言，科普关于生物多样性、全球生态环境、绿色低碳等小知识。这类短音频在广播端和互联网端同时播放，引发学生及其亲朋好友的层层转发分享，形成了天然的传播矩阵。此外，节目组还开发了 H5 环保小游戏“学生电子版绿色‘碳’索护照”，结合本市公园、绿地等场所，以 City Walk 寻宝“高碳汇”植物为目标，通过手机定位打卡、拍照识别、图文科普等方式，倡导学思结合、寓教于乐。这种简单的手机游戏＋积分＋兑换电子证书和小礼物的形式，迎合了当代学生的娱乐需求，让他们在轻松愉快的氛围中学习绿色生态知识。

3. 实践活动拓展： 除了线上互动，《青未来 FM》还积极开展线下实践活动。例如利用学生假期实践，开设线下主播营，由专业的电台主持人和资深编辑进行指导，以生态文明为主题，通过选题策划、街道采访、录音、访谈、直播等方式，制作学生自己的播客节目，并在广播与互联网端播放。通过这些实践活动，让青少年亲身参与到节目制作过程中，提升了他们对环境议题的参与度和共鸣，培养了他们的实践能力和创新精神。

结　语

通过对《青未来 FM》节目的深入研究，我们可以得出以下结论：传统广播媒体在赋能青少年生态文明教育方面仍然具有不可替代的优势。通过充分发扬自身的权威性、深度报道和陪伴感等优势，紧密结合新媒体的发展趋势，创新传播形式和内容，相信广播节目能够重新赢得青少年的关注与喜爱。《青未来 FM》节目在实践中，通过将新闻与科普有机结合，从选题到语言，从制作到平台，逐步激发青少年共鸣，不仅为青少年提供了丰富、系统的环保知识，还引导他们将环保理念转化为实际行动，在日常生活中践行绿色生活方式。

展望未来，传统媒体应进一步拓展与新媒体的融合深度。例如利用人工智能技术，分析青少年的收听习惯和兴趣偏好，实现个性化内容推送，精准触达目标受众。在内容创作上，持续挖掘新颖的环保话题，紧跟科技发展步伐，激发青少年对前沿环保理念的探索欲望。还可以加强国际合作，分享全球不同地区的环保经验与成果，拓宽青少年的国际视野，培养他们作为“地球公民”的责任感。

此外，可以进一步强化与学校、社区、公益机构等联动，将优质广播节目内容与校园环保课程、社区环保活动紧密结合，形成全方位、多层次的生态文明教育体系，让青少年更广泛地践行环保理念，真正成为生态文明建设的积极推动者。

作者简介：

乐祺，上海人民广播电台上海新闻广播编辑，《青未来 FM》节目制作人、编辑。

回归本源 儿童视频内容分龄策划与设计

沈腾飞 黄幼欣 晁欣玥

提 要： 经过60余年的努力，我国儿童视频内容先后经历了探索期、成长期，现在进入了台网融合时期。目前我国儿童视频存在对儿童视角观察不足、节目受众定位模糊等问题，因此有必要基于科学的儿童成长特点，制作匹配各阶段儿童的节目。本文梳理我国儿童视频的历史和现状，以皮亚杰的儿童认知理论为依据，对不同年龄段儿童的视听需求与视听习惯进行分析，3岁左右幼童通过身体感知世界，节目应注重音频的利用和亲子互动；4至6岁儿童注意力集中在形式特征上，可提高节目内容的可识别性和易懂性；7至12岁是儿童智力、心理成长和学习社会生活的重要阶段，可将知识、社会交往常识以及丰富的情绪综合融入节目中。

关键词： 儿童视频 成长特点 儿童认知理论 分龄

引 言

儿童视频内容不仅是为了娱乐儿童，同时也可以培养儿童必要的社交技能、学习能力、社交能力、认知能力和控制情绪的能力。我国儿童电视节目早在1958年就开始逐渐探索，如今已有了丰富的探索成果，但也面临着新时代电视节目收看习惯的改变和儿童视频内容制作升级的挑战。制作适合儿童且儿童需要的节目十分必要，且应当根据各年龄段儿童成长特点提出相应的儿童视频策划设想。

一、我国儿童节目(视频内容)的历史发展

1956年至1999年,中国儿童节目经历了探索阶段。1956年中国电视史上第一个儿童广播节目《小喇叭》诞生,1958年我国第一个少儿电视节目《两个笨狗熊》在北京电视台(现中央电视台)开播,开启了中国儿童节目的制作尝试。1958年至1979年,探索主要集中于中央电视台的前身北京电视台,儿童节目数量少,传播效果也不明显。1980年开始,全国各地电视台铆足精力创办自己的原创节目。1981年中共中央书记处召开了儿童工作座谈会,呼吁社会以及影视从业者关注儿童健康成长。自此出现了许多早期儿童节目,例如《春芽》《蓓蕾》《学拼音》《雪莲花》等。1991年中央电视台成立了动画部,儿童节目不断增加,节目种类也丰富多样,动画片、互动游戏、纪录片、科普、音乐等多种形式的节目相继产生。

2000年,国家广电总局发布《关于加强动画片引进和播放管理的通知》,随着政策的支持与指导,少儿频道在全国迅速增长。我国少儿频道开展了国际的交流合作,引进了国外动画片,也尝试与国外合作拍摄动画片,如《马丁的早晨》《海底小精灵》。儿童节目分化出了受众的年龄划分,但还是比较笼统。少儿频道受众为0至18岁,6岁以下为学龄前,6至12岁为小学生,12至18岁为中学生,如此划分。

2008年我国推进"三网融合",数字电视广播开始推广,新媒体开始进入人们的生活。央视索福瑞调查公司2010年调查报告显示84.8%的0至3岁儿童接触电视,4至14岁中国儿童日均收看电视1.52小时,周末则接近三小时,从小学高年级开始,逐渐转变为使用互联网设备。2023年中国互联网络信息中心统计的《第5次全国未成年人互联网使用情况调查报告》显示,未成年网民中拥有属于自己的上网设备的比例达到87.0%。如今越来越多儿童在互联网平台观看儿童节目、动画片或者短视频。

二、国内儿童视频的现状与问题

以促进儿童健康成长为目标,检视我国儿童视频,学者与业内专家们发现我国目前的儿童视频存在两个主要问题。一是对儿童视角的观察不足。儿童视频的编导习惯基于成人视角,借助儿童视频,对儿童们进行道理说教、理论灌输。这种应试教育化的教导性编排缺乏对儿童成长客观规律的观察,忽略了儿童观众的实际需求。与其他年龄群体相比,儿童具有更强的好奇心,更低的社会化程

度。因此，儿童视频内容不仅应具有教育性，还应具备娱乐性，以寓教于乐的方式，促进儿童心智成长的协同发展。

二是对节目受众的定位模糊、认识不深。例如一些媒体平台将面向 6 至 12 岁的少儿节目与面向 2 至 5 岁学龄前儿童的幼儿节目混为一谈，对节目受众与节目类型缺乏明确划分。无法准确定位受众、理解受众，就无法制作出真正符合受众需求、促进儿童成长的好节目。儿童是一个宽泛的概念，处于不同成长阶段的儿童，具有不同的生理、心理与社会化特点，存在不同的生理、心理与认知发育需求。因此，儿童视频内容有必要基于科学的儿童生长发育规律，对处在不同成长阶段的不同年龄段儿童进行更加精细化的划分、定位、制作以及匹配。儿童视频内容应当在实现观众精准定位与匹配的同时，系统化地完成对各年龄段儿童科学养育的全覆盖。

三、儿童成长特点视角下的节目构想

（一）音乐的利用、身体的互动：0 至 3 岁儿童视频内容设计

根据皮亚杰的儿童认知理论，0 至 2 岁左右的孩童处于感知运动阶段。感知运动阶段是孩童以自我为中心的时期，主要依靠肢体接触来感受外界环境，分为六个循序渐进的步骤。第一阶段是新生儿通过反复进行先天反射来适应环境。在不断巩固先天性反射后，开始第二阶段，即寻找声源或使用双眼追踪物体。第三阶段，孩童开始用肢体触碰物体，为了达到目的而抓取身边的物品。第四阶段是智力动作的产生，孩童开始借助其他东西拿到自己想要的物品。第五阶段是孩童不断重复感兴趣的活动，在不断重复活动的过程中做出调整和改变。第六阶段是孩童开始尝试用脑子思考新的解决问题的方法，或者调动别人做过的行为来解决眼前问题，标志着感觉动作时期结束。

孩童在 0 至 3 岁的成长发育过程中，将孩童的注意力集中于他们身边的现实世界，并鼓励与环境的积极互动，是至关重要的。婴幼儿期是感知觉、动作、语言、情感和社会性发展的重要时期，需要通过不断的实践活动来构建对世界的认知。因此，面向 0 至 3 岁婴幼儿的节目应以健康、安全为首要原则。在节目制作过程中，应确保内容健康、安全，并避免过度依赖电子设备，以确保孩童的全面发展。

我国卫健委 2021 年 12 月 29 日发布的《中国人群身体活动指南（2021）》明确指出了 0 至 2 岁孩童的身体活动建议。其中，强烈建议这一年龄段的孩童避免长时间观看电子屏幕，因为电子屏幕不仅可能对他们的视力发育造成不良影

响，还可能减少他们与现实世界的互动机会，从而影响其全面发展。但信息时代，电子屏幕已经大范围进入生活的各个领域，年轻父母在抚养孩子的过程中不可避免带着孩子一起接触电子产品。因此，为孩子们打造高质量、有教育意义、严格控制观看时间的节目极其必要，这样可以确保孩子在享受娱乐的同时，也能保持与现实世界的紧密联系，为家长的健康、科学育儿提供支持。

根据以上婴幼儿的生长发育特点，面向 3 岁以下幼童的节目应注重音频的利用，可以开发与音乐相关的互动节目。在婴儿发育到 3～4 个月时，能对声音做出反应，1 岁左右会开始模仿声音，对声音产生兴趣，音乐丰富的内容符合感知阶段的孩童成长时期，并且对不推荐观看电子屏幕的 2 岁以下幼童也有陪伴作用。因此，音乐互动节目一方面能够调动 3 岁左右孩童的活力，训练孩童肢体协调和锻炼，幼儿的父母在繁忙之时也能播放节目的音频，兼顾工作与儿童照护。

第一，针对 3 岁左右幼童的节目应注重亲子的互动性。《中国人群身体活动指南(2021)》建议父母和监护人每天与孩子进行高质量的互动玩耍，这有助于促进孩子的感知觉发展、动作协调性、语言能力和社会情感技能，而且为婴幼儿提供了宝贵的学习与探索机会。因此，我们建议采用多元化的方法，以婴幼儿的父母为主要受众，打造 0 至 3 岁婴幼儿节目。节目时长以 10 分钟以下为宜，以单元环节的形式，设置亲子阅读以培养语言能力和阅读兴趣，音乐律动以增强节奏感和音乐素养，以及户外探索活动以培养观察力和探索精神。这些活动不仅能够有效激发孩童的兴趣和好奇心，还能在愉悦的氛围中促进他们的学习与发展。

第二，针对 2 岁左右的孩童的内容，可以充分利用孩童该阶段不断模仿学习的特点，融入身体活动的元素，培养孩子的锻炼习惯。对于已经能够行走的孩童，指南建议每天进行至少 180 分钟的身体活动。这些身体活动可以是有趣的游戏、户外探险或者简单的日常活动，如走路、跑步、跳跃等，以增强孩子的身体素质，提高他们的协调能力、平衡能力和自信心；也可以是简单的孩童群体操，鼓励孩子们跟随节目音乐进行活动，有助于开发孩童感知运动阶段的开发，为日后的体能发展和健康习惯奠定坚实基础。

（二）形象鲜明、激发探索：4 至 6 岁儿童视频内容设计

2 岁左右至 6 岁的孩童处于前运算阶段，孩童逐渐学会说话，能和外界言语沟通。尽管沟通还是以自我中心为主，不能够客观地看待问题，但言语沟通是社会化的开始。

该阶段儿童比起3岁以下儿童已经开始学习使用语言和社会相处，可以开始接受“象征游戏”的训练，即联想游戏，将不存在的事物用代表形式表现出来，训练孩童使用语言将联想到的与现实联系，训练表达能力。因此，儿童视频内容可以策划连续的游戏专题环节，邀请固定的主持人或制作玩偶IP形象，以角色化的形式陪伴儿童并以有趣的游戏形式吸引孩童注意力。以角色情景剧的形式展开游戏，或许能够寓教于乐，同时展现社会生活以及与他人相处的方法。

同时，研究发现在婴儿期至学龄前的成长关键期内，儿童在接触媒体内容时，其注意力主要集中于媒体所展现的形式性特征。这些特征包括丰富多彩的视觉元素，如生动的人物形象、直观的动作表现；也包括各类声音效果，如优美的音乐、欢快的笑声以及鼓舞人心的掌声等，而且儿童还会对媒体中的镜头效果，如剪切、平移、溶解等产生浓厚的兴趣。这些显著的视觉和听觉形式不仅因其直观性和易于理解性，成为吸引2至5岁的学龄前儿童初步接触并观看电视节目的主要亮点，还会成为这个年龄段儿童模仿和学习的重要对象。

鉴于此，针对学龄前儿童制作的儿童视频内容，应当特别注重节目内容的可识别性和易懂性。在视觉和听觉设计上，应运用鲜明、易于辨识的视觉标志和听觉标志，如明亮的色彩、简洁的图案、生动的角色形象，以及清晰、悦耳、纯洁的声音与音效效果。这样的设计不仅有助于儿童快速理解节目内容，还能有效激发其观看兴趣，进而促进其在观看过程中学习和成长。

目前针对5岁左右孩童的中外动画片，探险题材居多，有丰富的色彩以及物品，对孩童的识物能力有很大帮助。探险题材的另一个要点展现了人与人或人与世界接触的各种情况，有助于孩童通过情境学习如何与外界沟通，学习沟通和表达的社会能力，在此年龄阶段也适合培养孩童的兴趣爱好。

面对4至6岁孩童的节目，可以将重点放在激发孩童的兴趣，包括与人交流和兴趣爱好的开发。可采用鲜明主题的方式策划节目，将节目的主题内容结合生活，创造陪伴性，增加游戏环节。有研究表明，个人学习能力在4岁左右获得50%，其余30%在80岁前逐渐获得，所以4岁的孩童已经具备学习能力，该阶段的儿童视频内容中经常加入学龄前教育内容。

与此同时，学龄前儿童对电视节目的持续关注和兴趣，在很大程度上依赖于节目内容的可理解性。这是因为，对于这一年龄段的儿童而言，节目的吸引力不仅在于其外在的形式特征，更在于节目内容是否能够被他们所理解、所接纳，并与其生活经验形成共鸣。

为了有效吸引并维持学龄前儿童对电视节目的关注，节目制作者需要深入考虑儿童的认知特点和兴趣爱好。这意味着，节目制作者不应仅从成年人的教育视角出发,单方面地思考“我想让孩子知道什么”,而应更多地站在儿童的立场,以儿童的视角去观察和思考。他们需要认真捕捉那些真正能够激发儿童好奇心和探索欲的元素,比如“如果我是孩子,我会对什么感到好奇?我会想了解什么知识?”,通过这样的转换视角,节目制作者能够更准确地把握儿童的内心世界,从而创作出既富有教育意义又充满趣味性的儿童视频内容。这样的节目不仅能够吸引儿童的注意力,还能够在潜移默化中帮助他们拓宽视野、增长知识,实现教育与娱乐的完美结合。

(三)注重综合性,培养社交:7至12岁儿童视频内容设计

在皮亚杰的儿童认知发展理论中,7至12岁的孩童正处于具体运算阶段,这是他们智力、心理和社会生活发展的重要转折点,也是他们对物质世界认知逐步深化的关键时期。这一阶段的孩子已经步入学龄前教育,通过学校教育和社会互动,他们开始具备一定的社会化和学习能力,能够接受并处理更为复杂和具有信息量的知识,展现出较高的主动性和探索欲。

鉴于具体运算阶段孩童的这些特点,我们建议儿童视频内容的制作应充分考虑内容的重复性和教育性。重复性在儿童的成长和学习过程中具有不可替代的作用,它有助于孩童巩固和深化对知识的理解和技能的掌握。在互联网时代,短视频以其短小精悍、内容多样、刺激性强的特点吸引了各个年龄层的注意力,但对于学龄前孩童而言,他们更需要那些值得反复观看、常看常新的内容,以便在不断的回顾和反思中深化对世界的理解。

此外,儿童视频内容还应注重情感教育和朴素道理的传递。7至12岁的孩童已经具备了感知阶段和前运算阶段孩童的综合能力,他们开始关注社会交往和情绪管理。同时,根据皮亚杰的道德发展理论,8至12岁被视为儿童道德发展的重要阶段,即道德自律期。在这一阶段,儿童开始展现出对道德规则的内在理解和自律能力。他们不再仅依赖外部权威或行为结果来进行道德判断,而是能够设想并理解他人的立场,基于行为的动机来做出道德评估。此外,这一阶段的儿童也开始重视自身和同伴在道德判断中的作用,意识到道德决策是一个相对且复杂的过程,不存在绝对不变的、普遍适用的道德原则。这种道德自律的发展,标志着儿童在道德认知上的一大飞跃,为他们日后成为具备独立思考和行动能力的道德主体奠定了基础。

鉴于儿童道德认知在这一阶段的快速发展,我们可以尝试将知识、社会交往常识以及情绪综合融入节目中,通过单元情景剧或专题活动的形式,使孩童在娱乐中学习和成长。这种寓教于乐的方式不仅可以减少直接学习的枯燥感,增加

节目的吸引力，还能锻炼孩童的注意力集中和综合理解能力，为他们的全面发展打下坚实的基础。

结　语

本研究之所以提出并探究如何设计和实现儿童视频的分年龄策划，是由于在整理儿童视频发展情况的过程中，当时间推进到现代，互联网已经成为当代家庭娱乐活动的重要组成部分。如今的儿童视频播放渠道逐渐多元，不仅能在电视前收看，还能在移动设备上播放，儿童视频的收看已经没有固定场所。除了收看地点的限制消失了，互联网平台也使错过更新的节目能够重新回放，时间上的限制也消失了。双重限制的消失本应该使儿童更便捷地接触到适龄、有益的内容，然而，实际情况却展现出另一番图景，如在商场里、高铁上刷短视频的儿童越来越常见，孩子们的注意力被海量的繁杂信息所吸引，但还不具备筛选能力。

不仅是短视频所蕴含的大量信息会影响儿童，不适宜幼儿观看，而且被误认为是普适性的动画片也会使儿童受到影响。动画片本身没有问题，但没有明确的建议观看年龄，以及适合不同阶段儿童观看的节目细分，导致一些具有艺术价值的全年龄作品受到审核限制，而同时寓教于乐的面向低龄儿童的节目数量缺乏也不完全适合低龄儿童观看。

正如成年人与孩子交流应该与孩子平视，倾听并尊重孩子的想法一般，面向儿童的电视节目也需要充分了解儿童的心理与各个阶段的成长特点，正视不同年龄阶段儿童在成长过程中的不同需求，让儿童视频的策划和设计回归儿童成长。鉴于此，本研究倡导儿童视频策划应秉持“以儿童为中心”“儿童视频制作者与儿童平视”的理念，深刻理解并尊重儿童心理发展的阶段性特征与个体差异。通过精准分析不同年龄段儿童的认知能力、兴趣偏好及成长需求，实现节目内容的科学分龄与精准推送，从而引导儿童视频制作回归儿童成长的本质，确保每个孩子在娱乐的同时，能够获得与其年龄阶段相匹配的知识滋养与价值观引导，实现寓教于乐的最佳效果。

参考文献：

[1]《童年的“消逝”与“绽放”》，张娣，山东大学.
[2]《浅谈少儿频道节目编排》，陈伟，新闻传播，2021年09期.
[3]《基于少年儿童需求打造少儿电视节目新样态》，许杨，西部广播电视，2022年03期.
[4]《浅析少儿电视节目编导策划意识与策略》，吕星，西部广播电视，2020年13期.

[5]《儿童心理学》,皮亚杰,商务印书馆,1980.
[6]《多元媒介环境下的我国儿童电视节目研究》,李琦,华东师范大学,2013年.

作者简介:

沈腾飞,上海广播电视台互联网节目中心主任助理,节目总监。

黄幼欣,北京大学新闻与传播学院硕士研究生。

晁欣玥,北京大学新闻与传播学院硕士研究生。

融媒体背景下电视地面频道发展教育类短视频的策略研究

袁宏云

提　要：电视地面频道发展短视频既是媒体融合的必然选择，也是突破地域限制、激活本土资源的重要路径。本文详细分析了电视地面频道短视频发展的背景、优势及劣势，进而提出垂直教育类短视频的内容定位、受众定位、平台定位、品牌定位和价值定位，并指出垂直教育类短视频的核心逻辑围绕精准满足用户需求、高效传递知识价值、构建用户黏性展开。在创作策略方面，本文建议垂直细分与热点结合的选题策划，多模态表达与互动设计的形式创新，碎片化与系统化融合的叙事结构；在运营策略方面，本文建议多平台布局与精细化运营，强化用户互动与粉丝运营，探索多元化商业变现途径以及数据驱动的运营决策。

关键词：媒体融合　电视地面频道　教育节目　短视频

引　言

随着媒体融合的深入，短视频已成为信息传播的重要载体。2024 年底，国家广播电视总局发展研究中心发布了《中国短视频发展研究报告(2024)》。报告显示，2018 年 12 月至 2023 年 12 月的五年间，短视频用户规模从 6.48 亿增长至 10.53 亿，使用率也从 78.2%增长至 96.40%。短视频平台如抖音、视频号的影响力日益凸显，逐渐成为大视听产业的主引擎。反观电视地面频道作为传统媒体的重要组成部分，面临着观众流失加剧、市场份额日益下降的困境。如何通过短视频的黄金赛道，找到垂直细分领域，开拓新的经营发展空间成为其探索发展的一条新道路。教育在中国家庭备受重视，教育支出也成为家庭消费的最主要部分。教育节目作为地面频道的特色内容之一，具有专业性强、受众需求明确等优势，与短视频的结合有望实现内容的精准传播，开拓新的经营发展空间。因此，研究电视地面频道垂直教育类节目短视频的创作与运营具有重要的现实意义。

一、电视地面频道短视频发展的背景与条件

（一）发展背景：媒体融合与生存压力驱动

一方面，媒体深度融合势在必行。随着互联网技术与新媒体的崛起，传统电视媒体尤其是地面频道面临央视、省级卫视的竞争挤压，以及短视频平台对用户注意力的争夺。在“三网融合”（电信网、广播电视网、互联网）背景下，地面频道的传播渠道得以扩展，覆盖范围从区域走向全国甚至全球，但同时也不得不加速与新媒体融合。2014 年 8 月，经中央深化改革领导小组审议通过的《关于推动传统媒体和新兴媒体融合发展的指导意见》的出台，标志着媒体融合上升为国家战略，这在我国新闻政策史和传媒业发展史上，是一个具有里程碑式意义的创举，媒体融合的号角正式吹响。这十年来，地面频道也在积极探索自己的融合路径，它们往往以频率、频道为基础，以 App 移动客户端为龙头，网站、微博、抖音、快手、B 站、小红书、公众号、视频号等几乎全网覆盖。媒体融合是多种媒体形式在技术、内容、业务等层面的融合，是传统媒体向新媒体转型的必然趋势。媒体融合不仅是技术的融合，更是传播范式的革命，需要从产业生态的角度重新构建媒体的发展模式。

与此同时，电视地面频道的局限性与困境倒逼创新。面对广告收入下滑等一系列问题，内容创新和传播渠道重构成为地面频道突破重围的关键所在。在政策和市场的双重驱动下，地面频道必须通过制度优化和技术升级主动地拥抱变化，寻求转型。

（二）发展优势：本土资源与专业能力的双重赋能

首先，权威性和公信力仍然是地面频道的首要优势。在长期的生产传播工作中，电视地面频道形成了严格的内容生产规范和审片的流程，强化主流价值引导，更具可信度和说服力。

其次，地面频道长期深耕地方文化，积累了大量本土化内容资源。例如山东电视台综艺频道推出的水上闯关节目《快乐向前冲》通过融入山东民俗元素，打造差异化内容，既吸引本地观众情感共鸣，又通过短视频平台向全国传播地域文化。这种“在地感”是短视频平台UGC（用户生成内容）难以复制的优势。加之地面频道已有近十年的媒体融合，除了本身的频道资源，在新媒体布局也比较庞大。除此之外，海内外新闻来源的广泛性，权威独家的便捷性、节目资源的丰富性以及各种资料画面的清晰度，都是新媒体平台不可比拟的，这些宝藏资源对于短视频的创作生产是非常有力的支撑。

电视地面频道积淀了丰厚的优质资源，其在节目策划和制作方面有其无可比拟的专业性和资源优势。这些优势一旦与短视频有效结合，彼此借力，短视频与电视地面频道一定能取长补短，相互成就。

（三）发展劣势：多重挑战与制约

电视地面频道的短视频面临的挑战表现在：一是内容方面。地面频道作为大众传媒，为吸引和满足大多数受众群体的需求，往往倾向于制作一些普适性的内容，这在一定程度上限制了在细分市场的探索和创新，使其在针对特定受众群体的精准传播上存在不足，尤其是在细分垂类市场方面。在传统媒体生存空间日益被挤压的同时，地面频道的相应栏目则需要另辟一条属于自己的融媒之路。二是人才方面。年轻人是互联网的原住民，他们更具网感，对热点追踪和捕捉更有敏感度。如何吸引年轻人才加入，激发和培养现有员工的短视频创作、传播和营销能力也是未来一大挑战。三是机制方面。传统的地面频道，无论是广播还是电视，大多配有新媒体部门，很多内容与同行及自媒体的重合度高。为了获取流量，要么是比拼速度，要么是比拼发稿量，以量取胜往往靠随机偶发的爆款获取流量，导致全网内容输出很多，但仍然很难带动自己的移动客户端用户的增加，这些都一定程度上限制了其在短视频领域深度布局的步伐与成效。

与此同时，短视频行业的发展也面临着诸多制约。短视频平台的热门模板（如无人机航拍、卡点音乐）导致文旅内容趋同，例如多地文旅局长模仿“古装侠客”风格拍摄宣传片，虽短期内吸引流量，但缺乏对文化内涵的深度挖掘，最终陷入“符号堆砌”的困境。同样需要引起重视的是，短视频平台的推荐算法倾向于推送符合用户偏好的内容，容易形成“信息茧房”。电视地面频道的本土化内容若无法突破算法限制，可能被稀释为泛娱乐化符号。

二、垂直教育类短视频的定位与核心逻辑

（一）垂直教育类短视频的市场前景巨大

在众多短视频类型中，教育类短视频前景被广泛看好，主要基于以下几方面原因：

首先，教育类短视频契合了当下快节奏生活中人们对知识获取的高效需求。人们时间愈发碎片化，难以抽出大块时间进行系统学习，而教育类短视频时长通常较短，能在短短几分钟甚至几十秒内，以简洁明了的方式传递一个知识点、一项技能或一种学习方法，极大地满足了人们利用碎片化时间学习的需求。

其次，教育类短视频内容丰富多样，涵盖了几乎所有教育领域，各类受众都能从中找到自己所需的短视频。更重要的是，教育类短视频打破了知识传播的时空限制，使得原本集中的优质教育资源也能触达偏远地区。

最后，随着经济的发展和社会的进步，终身学习的理念逐渐深入人心，人们对文化知识的需求更加多元、更加强烈，而教育类短视频以其便捷的方式能够满足人们对教育和培训的需求。从这一意义上看，教育类短视频市场潜力巨大，这也是教育类短视频被普遍看好的重要因素。

（二）垂直教育类短视频的定位

一是受众定位： 明确目标受众群体，根据不同受众的年龄、学习阶段、职业、兴趣爱好等因素进行细分。对于中小学生，内容注重趣味性和教育性结合，以动画、情景短剧等形式吸引他们的注意力，帮助巩固课堂知识；大学生则更关注专业知识的深化和职业技能的储备，短视频内容可提供专业课程的拓展、实习就业指导等；职场人士主要需求是职业技能提升和行业前沿知识，短视频应聚焦行业最新技术、管理经验等。

二是平台定位： 根据自身特点和目标受众选择合适的短视频平台。抖音、快手用户基数大、覆盖面广，适合发布通用性强、娱乐性与教育性兼具的内容，以吸引更广泛的用户关注；B站以年轻用户为主，平台文化注重创意和潮流，适合发布具有创新性、趣味性的教育内容，如动漫风格的知识科普短视频；一些教育类专属平台，如网易云课堂等，用户多为有明确学习需求的人群，更适合发布专业性强、系统性的教育课程短视频。

三是品牌定位： 在浩如烟海的教育类短视频中，打造独特的品牌形象是形

成差异化竞争优势的关键所在。独特的品牌形象表现在内容风格、主播人设、呈现方式等多方面，这也是构建教育类短视频护城河的重中之重。

（三）垂直教育类短视频的核心逻辑

垂直教育类短视频的核心逻辑是通过围绕精准满足用户需求、高效传递知识价值、构建用户黏性展开，在短时间内解决特定领域的学习痛点，其成功的关键在于将专业性与趣味性结合，并适应短视频平台的传播规律。精准定位是前提，通过垂直细分、用户分层和场景化切入，解决用户的痛点（学习障碍），满足用户的爽点（短平快的获得感和成就感），既满足用户主动搜索的学习需求，也通过兴趣推荐激发被动学习。知识传递的高效性依赖颗粒化知识点、视觉化表达和强互动设计来实现。平台算法适配、社交属性叠加以及 IP 化人设是触达并构建用户黏性的关键。

总之，垂直教育类短视频的本质就是用高效而有趣的方式满足用户对特定领域的知识需求，并且需要持续迭代，以不断适应技术的变革与用户的习惯，最终产生商业价值和社会效益。

三、电视地面频道教育类节目短视频创作策略：从选题到呈现

（一）选题策划：垂直细分与热点结合

一方面是在垂直细分领域里深耕，教育题材的选择可侧重本地特色，比如方言保护、地方手工艺等。地方特色是地面频道做教育类短视频的重要切入口，甚至是立身之本。例如杭州余杭区将非遗与短视频结合，利用短视频推广非遗，既能吸引年轻受众，同时又能弘扬优秀的地域传统文化，扩大地方影响力。教育题材的选择还可以根据地面频道现有的教育节目进行聚焦和深耕，进一步细分领域和专题，深入收集材料和编辑文案，制作相应短视频，形成对本领域知识点的全覆盖。比如上海新闻综合频道的自制节目《海外路路通》就可以细分为不同课程系列、语言考试系列、申请政策系列，以及校园生活系列等颗粒度更小的垂直领域短视频。另一方面是借热点推广。第一时间响应教育领域的热点话题和政策动态，内容紧跟最新热点话题。微博、抖音、头条都可成了解最新热点的渠道，设法找到教育角度的切入点，快速捕捉热点。譬如在“双减”政策背景下，推出家庭教育指导类的短视频；在中考或高考期间，发布复习技巧、心理辅导等相关内容。2025 年 3 月《海外路路通》及时报道了美国新一届政府推动关闭教育部的

一条短视频，一周内播放量超过 600 多万，转发 4 万多次，单条收获近 1 万粉丝，也带动了其他短视频的观看量和直播预约量的上升。

（二）形式创新：多模态表达与互动设计

首先要技术赋能。例如化学实验类的短视频可通过虚拟仿真技术，最大限度地降低甚至规避实操风险；再譬如可以利用 AI 技术实现配音或视频生成。

多维呈现与多模态表达已成大势所趋。为了提升教育类短视频的趣味性，地面频道可综合运用动漫、情景短剧、脱口秀、互动直播等多种形式，兼顾知识性和娱乐性，会在很大程度上事半功倍，让学习变成一件有趣的事情。

让互动机制无处不在。将问答、投票、挑战、闯关植入学习过程中，强化用户参与感，形成“学习—反馈—激励”的良性循环。

（三）叙事结构：碎片化与系统化的融合

碎片化符合移动互联网时代用户“即时获取、快速消化”的阅读习惯，适配通勤、等待等碎片化场景。借助好的标题以及前 3 秒吸引用户停留，提升完播率。短视频需要在单集内容中实现独立叙事，同时通过系列化策划构建知识体系。例如将一门课程拆分为 10 期短视频，每期聚焦一个知识点，并通过合集功能引导用户连续观看。上海新闻综合频道的《海外路路通》从 2024 年开始，每月一期留学深度观察直播系列，推出一期一校的长视频，为用户进行深度解析每所大学的不同特点和录取要求；同时针对专题长视频按照知识点进行整理和精练，制作成短而精的系列短视频以及音频作品，来适应用户不同播放场景，构建留学教育节目的系统化知识架构和视频矩阵。

四、电视地面频道教育类节目短视频运营策略

（一）运营现状

一是受众定位逐渐清晰。通过数据分析和市场调研，大部分电视地面频道垂直教育类节目短视频将受众主要定位于学生群体（包括中小学生、大学生）、职场人士以及对知识有强烈渴望的社会大众。针对不同受众群体的年龄、学习需求、兴趣爱好等特征，精准推送内容。

二是平台分布较为集中。主要集中在抖音、快手、B 站等主流短视频平台，

以及一些教育类专属平台。这些平台拥有庞大的用户基础和强大的流量分发机制，能够为教育类短视频提供广阔的传播空间。同时，部分地面频道也在自有官方网站和社交媒体账号上发布短视频，以强化品牌影响力和用户黏性。

三是缺乏高质量的用户互动。互动的质量比简单的互动数量更有价值，不能仅停留在评论、点赞和分享，教育类短视频的创作者和运营者缺乏与用户的深度交流，用户反馈的价值远未体现，因而也难以根据用户需求和反馈进行更有针对性的内容优化。

四是盈利模式尚不成熟。传统的商业变现途径主要包括广告和知识付费，但教育类短视频的商业属性相对其他短视频显得较弱，不适宜广告植入，也有的缺少清晰的战略规划和有效的战术策略，这些都会直接或间接地影响到盈利水平。

（二）运营策略

对于短视频，教育类博主采取的大多是通过话术和视觉等设计，打造 IP 矩阵策略，将流量从公域转到私域再进行培训或者课程或者服务的进一步销售。教育类自媒体平台多用短视频＋直播，线上流域转到社群或者教育机构直接导流，进行进一步的咨询和转化。教育类自媒体还通过公众号优质文章以及线下交流活动，增加用户的留存率和活跃度。无论是利用平台算法提高曝光率，还是增强与用户的互动，最终都是引导用户进入私域流量池进行转化。针对当前教育类短视频市场竞争激烈、商业变现难等问题，笔者认为，电视地面频道教育类节目的短视频运营应重点围绕以下几个方面展开：

一是多平台布局。多平台布局是融媒体时代的应有之义，平台选择和内容投放要根据不同平台的用户特点和内容生态。例如抖音适合发布通用性较强的教育类短视频；B 站用户以年轻人为主，可以发布一些更具创意和潮流感的教育类短视频。视频号由于微信平台的政策扶持，不断优化的功能使得内容创作者现阶段更容易获得关注与流量。

二是强化粉丝运营。在各平台上建立用户社群，将用户聚集起来，通过社群运营，及时了解用户需求和反馈，增强用户黏性和忠诚度。对于用户提出的问题和建议，要第一时间给予积极回应，让用户感受到被重视。互动的价值不仅在于增加用户的参与感和黏性，更在于能进一步了解用户的需求和兴趣点，为后续更好地满足用户需求奠定坚实的基础。

三是探索多元变现途径。除了精准的广告投放外，围绕用户需求和反馈，开发高质量的付费课程和知识产品。同时，结合教育类短视频内容，开展线下培训和研讨会等活动。此外，与其他教育机构、学校、企业等进行合作，实现资源共享和互利共赢。

四是数据驱动决策。利用专业的数据分析工具，对教育类短视频的用户观看行为数据进行实时监测和分析，找出运营过程中存在的问题和不足之处。通过对历史数据的分析和挖掘，预测用户需求的变化趋势和市场走向，提前布局相关内容和业务，抢占市场先机。

结　语

电视地面频道发展短视频既是媒体融合的必然选择，也是突破地域限制、激活本土资源的重要路径。媒体融合地面频道一方面以短视频为标配来加速客户端建设，另一方面建设短视频账户矩阵，提升短视频时代舆论宣传能力。电视地面频道的垂直教育类节目也可以通过短视频在内容和运营层面上进一步深耕和开拓。通过精准定位内容、创新内容形式、提高制作质量，以及科学的运营策略和多元化的商业变现途径，为频道增加营收空间。随着 AI 技术的普及和广泛应用，未来的短视频制作无论从文案、制作和发布，都可能会产生新的范式革命。我们需要持续深入研究行业动态，学会使用 AI 工具，生产发布高质量的短视频的同时，在用户和媒体的新型供求关系中生存和发展，从而实现地面频道在短视频赛道中从“被动转型”到“主动引领”的跨越。

参考文献：

[1] 喻国明.AIGC 传播时代，北京：中译出版社，2024.

[2] 葛莱.融媒时代广电媒体深度布局短视频的策略探析：基于“印象中国”2024 短视频征集展示活动的思考，传媒，2024(24).

[3] 国家广播电视总局发展研究中心等，中国短视频发展研究报告(2024)，2024.

[4] 胡志芳.媒体融合进程中地面频道短视频创作与运营：河南广播电视台民生频道的探索与思考，中国广播电视学刊，2023(8).

[5] 夏婧.地面频道新闻短视频突围之路浅析，声屏世界，2022(14).

[6] 秋叶.短视频实战一本通，北京：人民邮电出版社，2020.

作者简介：

袁宏云，上海广播电视台融媒体中心国传项目部主编。

试论节目主持人舆论引导力的养成与提升

龚　兵

提　要：节目主持人作为舆论场中的关键角色，其舆论引导力的强弱直接关系到信息传播的准确性、社会情绪的稳定性和公众价值观的塑造。本文旨在探讨节目主持人在舆论引导方面所面临的挑战，包括在新媒体环境下的舆论控制能力、复杂舆论环境下的引导策略、突发公共事件中的信息处理能力、面对“Z世代”群体的对话表达能力等，并提出相应的对策，以提升节目主持人的舆论引导能力，构建更加健康、理性的舆论环境。

关键词：节目主持人　舆论引导　Z世代　监测机制　个人和团队

引　言

在信息时代，节目主持人在舆论引导中扮演着至关重要的角色。节目主持人是广播电视节目的主持者，是节目制作者群体的中心人物，通常担任主要演播者并掌管节目策划、串联、组织、播出等进展情况。因此，节目主持人在舆论场中起着意见领袖的作用，其中就有舆论引导力的问题。然而，随着社会环境的复杂化和媒体技术的快速发展，主持人在舆论引导中面临着新的挑战，有必要加以深入探讨与研究。

本文将深入探讨这些挑战，并提出相应的对策，以期为节目主持人在舆论引导中提供指导。

一、节目主持人舆论引导力面临挑战的现状分析

当下中国节目主持人在舆论引导力方面尽管已经取得了显著的成就，但也存在着一系列挑战，主要体现在以下几个方面：

一是新媒体环境下的舆论控制能力。在新媒体环境下，信息传播的速度和范围都大大增加，舆论的形成和变化速度也更快，这样的速度，已经远远超出传统媒介的传播，一不留神舆论就可能转化为“舆情”，这对当代主持人的舆论引导能力提出了更高的要求。

二是复杂舆论环境下的引导策略。在中华民族伟大复兴战略全局和世界百年未有之大变局这“两个大局”加速演进并深度互动的时代背景下，面对网络舆论乱象丛生、思想文化相互激荡、价值观念多元多样带来的挑战，如何有效引导舆论，是主流媒体需要研究破局的重要内容。其中，主持人的舆论引导不仅需要有正确的策略，还需要有恰当的技巧，能够灵活运用各种舆论引导策略和技巧，进行有效的舆论引导。

三是在突发公共事件中的信息处理能力。据百度百科介绍，突发公共事件是指突然发生，造成或者可能造成重大人员伤亡、财产损失、生态环境破坏和严重社会危害，危及公共安全的紧急事件。事件性质表现为突发性、复杂性、破坏性、持续性、可控性和机遇性。而突发公共事件往往伴随着信息的不确定性、舆论的混乱性和情绪的波动性，对主持人的信息处理能力提出了极高的要求。

四是面对“Z 世代”群体的对话表达能力。“Z 世代”人群已成为全球最大的代际群体，他们是出生于 1995 年至 2009 年的“数字原住民”，正在通过跨民族、跨国界的信息分享，深刻地影响着国际传播格局。对于这一群体，主持人要充分倾听他们的声音，了解群体的内涵特征，这将有助于在对话中加强引导力。

另外，还有可能涉及政治、经济、文化、社会、科技等多个领域的跨领域舆论引导能力，对公众情绪和心理的引导能力，跨文化、跨语言的舆论引导能力以及个人影响力和公众形象的塑造等。

这些方面对于当代主持人或多或少构成了挑战，从而对主持人提出了更高的要求，需要从业者加倍努力，找准发力点，切实提升舆论引导力。

二、节目主持人舆论引导力的养成路径探析

（一）培养新媒体环境下的舆论控制能力

在新媒体环境下，节目主持人舆论控制能力的重要性日益凸显。为适应新

媒体环境的变化，主持人需要通过多种方式来提高舆论控制的能力。

1. 掌握新媒体技能

新媒体技能是指在新媒体环境下，从业者需要掌握的一系列新技能和能力，以适应不断变化的媒体环境和工作要求，主要包括社交媒体运营、内容创作、网络直播的技巧、网络语言的运用、数据分析、多媒体制作、用户运营等。主持人在其中的角色大不同于以往广播电视传统媒体主持人，需要掌握的技能也需要与时俱进。只有熟练掌握新媒体使用技能的主持人，才能适应新媒体环境的传播特点，提高自身舆论控制的能力。

2. 培养新媒体危机的应对能力

新媒体传播的一大特征就是“快”。“快”意味着是否能占领舆论制高点，当然，“快”往往伴随着不实或片面的报道，一个看似不起眼的民生报道，经有心人的揣测，在网络发表貌似义正词严的个人观点，一个在我们想当然中不会发酵的事情，就有可能转化为舆情危机。这种转化速度，因为有了新媒体的传播，往往是传统媒体的几倍甚至几百倍，播及的范围可以瞬间放大，只要有网络的地球角落，都能接收到信息。因此，新媒体时代，舆论危机考验着每一家主流媒体，更考验着每一个主持人。主持人必须有强有力的危机应对能力，能够快速、有效地处理突发的舆论危机，提高舆论控制的能力。

3. 培育充分运用新媒体的创新理念与技术

当前全球新一轮科技革命和产业变革孕育的技术成果已经到了应用转化的临界点，人工智能、生命科学、可控核聚变、量子科技等颠覆性技术和前沿技术进入加快向现实生产力转化的窗口期。其中，人工智能(AI)被视为一种新质生产力的重要组成部分，它对生产效率、生产方式和产业结构产生了深远影响。尤其是生成式人工智能，近年来，给传媒业的未来带来了无穷的想象空间。它可以应用于文本生成、图像生成等多个领域，在文本生成方面，以 ChatGPT 为代表的生成式对话模型取得了令人惊艳的效果，开始广泛应用于各行各业。

主持人在这样的技术变革时代，必须有创新的精神，能够充分运用新媒体的创新理念和技术，如大数据、人工智能、虚拟现实等，推动新媒体的发展，提高舆论控制的前瞻性和创新性。

2019 年 7 月 29 日，《新闻联播》开设了竖屏短视频节目《主播说联播》，通俗而不失格调，幽默而不失内涵，实现了与年轻观众的沟通对话，巩固和提高了主流媒体的引导力和传播力。这是《新闻联播》在引导舆论迈出的惊喜一步。这是主持人在新媒体环境下加强舆论引导力的一大探索和突破。

何炅作为湖南卫视的知名主持人，同时也是一名活跃在微博、抖音等新媒体平台上的“网络红人”。2019 年，何炅在微博上对“996 工作制”发表了自己的看法，引发了公众对工作与生活平衡的广泛讨论，展现了他快速反应的能力。在新媒体平台上，何炅与公众的互动频繁，通过回复评论、发起话题讨论等方式，增强公众的参与感，引导公众舆论。

（二）讲究在复杂舆论环境下的引导策略

复杂舆论环境下的舆论引导，需要主持人具备高度的舆论敏感度、深入的分析能力和灵活的引导策略。主持人需要在多元化的舆论中，找到舆论的焦点，把握舆论的导向，引导舆论向积极的方向发展。

1. 保持客观和公正

新媒体时代，互联网虽然是秉承开放、自由、匿名、互动的精神，但也不乏唯恐天下不乱并以造谣为业的网络逐利者。媒体人要树立牢固的新闻真实观，把真实摆在第一位，从客观事实入手去报道新闻。新闻的真实性原则本来就是同社会公德存在一定距离的，甚至很多好新闻都是记者在权衡公德心与记录真实之间做出的艰难选择。主持人的工作同样如此，客观和公正是应该始终秉持的原则，努力避免在节目中表达个人偏见或立场，而是提供全面、准确的信息，让观众自己做出判断，这有助于在复杂舆论环境中建立信任和公信力。

2. 采用深度报道与分析

对于已经或是即将发生的事件，观众总希望媒体有一个正确的、不带任何偏见的介绍，作为媒体来说，这也是应有之义。而在复杂舆论环境中，通过深度报道和专业分析，已经成为大多数媒体记者和主持人采用的最多的方式。这种方式可以帮助观众理解事件的全貌，避免因信息不全或误解而导致的舆论偏颇。例如通过邀请专家进行专业解读，或者提供历史背景、国际视角等多角度的信息，帮助观众形成全面的理解。

3. 促进理性讨论

理性讨论在多个层面上都具有重要性，它对于个人、社群乃至整个社会都产生着积极的影响。主持人可以通过提问、引导对话等方式，促进节目嘉宾和观众之间的理性讨论，鼓励不同观点的表达和尊重，避免情绪化的言论，引导公众以理性的态度对待复杂舆论事件。比如理性的对话是解决分歧和冲突的有效手段，它通过沟通和理解来寻找共同点和妥协方案；通过理性讨论，人们可以分享信息、观点和经验，从而增进对话题的理解和认知；理性讨论鼓励参与者批判性地分析论点和证据，这有助于提高个人的逻辑思维和判断能力。

2019 年中美两国的贸易摩擦升级，引发了国内外舆论的高度关注，舆论环境错综复杂。中央电视台主持人董倩在《新闻 1+1》节目中，深度解读了中美贸易摩擦的背景、原因、影响及可能的解决方案，邀请了多位经济专家、国际关系专家参与节目，从多角度、多维度进行解读，提供了全面、深入的分析，帮助公众理解问题的复杂性，引导公众形成独立的判断。在复杂舆论环境下，董倩在节目中保持了公正的立场，既报道了中国在应对贸易摩擦时的立场和措施，也关注了美国的视角和声音，避免了片面的报道。

所以，主持人应努力学习舆论引导策略，包括正面情绪的传递、理性分析的引导、公众参与的促进等，同时，不断增强舆论分析能力，以提升舆论引导的效果。

（三）培养面对突发公共事件时的信息处理能力

面对突发公共事件，主持人的信息处理能力是决定其能否有效引导公众舆论的关键。主持人需要在短时间内准确获取信息、核实信息、解读信息，同时还要保持情绪的稳定，避免信息误导和情绪传染。

1. 快反应与信息收集

突发事件一般具有不可抗拒、无法预料、破坏性强、瞬间聚众等特点，而新媒体信息有发布门槛低、传播速度快、环境虚拟性等特点。人民网的舆情监测室根据突发事件的舆情生成和发展规律，提出了“黄金 4 小时媒体”之说，即在事发 4 小时内，利用微博、微信、BBS 论坛、QQ 群等新媒体传播平台，及时有效地发布信息，利用这些“黄金 4 小时媒体”进行危机公关。面对突发公共事件，主持人需要有快速反应的能力，迅速了解事件的基本情况。这包括收集来自官方、媒体、社交媒体等多渠道的信息，以便形成对事件的初步判断。

2. 信息核实与筛选

在信息传播过程中，无论是新媒体还是传统主流媒体，都有义务对要发布的信息内容进行客观取舍。这种客观有效的取舍，一方面要保障党、国家和人民的权益不受损害；另一方面也要综合考虑，满足公众的基本知情权，避免产生次生舆论灾害。因此，主持人在报道突发公共事件时，需要有辨别真伪信息的能力，也要懂得取舍。面对突发公共事件，主持人应首先核实信息的来源和真实性，避免传播未经证实的消息。同时，筛选出关键信息，避免被不重要的细节所干扰。

3. 情绪管理与引导

突发公共事件往往会引起公众的恐慌或情绪波动。比如 2018 年 10 月 28 日上午 10 时 8 分，重庆市万州区一辆公交车在长江二桥桥面与一辆小轿车发生碰撞后坠入江中，随后在未调查出事情真相始末之前，因一段现场视频内部包含事故当事人女司机穿着高跟鞋坐在路边的画面，国内众多主流媒体开始发布新闻报道，称事故起因是女司机逆行，导致公交车避让不及时，相撞最后坠入江中。报道一出，短时间内引爆公众情绪，当天下午网络舆论从同情事故伤亡者转变为对女司机的声讨。从这则案例中，我们可以了解到，媒体尤其是主流媒体报道对于公众情绪的引导是巨大的。作为主持人，遇到类似突发事件，首先必须有能力管控好自己的情绪，务必保持冷静和理性，其次还是要努力核实真相，切忌盲目猜测，人云亦云，引导公众以理性的态度对待事件，避免不必要的恐慌和混乱。

2020 年新冠疫情暴发时，中央电视台主持人白岩松在《新闻 1+1》节目中，展现出了极高的信息处理能力和舆论引导能力。疫情初发，白岩松迅速响应，及时调整节目内容，将疫情报道作为重点。他尤其注重信息的核实，通过官方渠道和权威专家获取信息，确保报道的准确性和权威性。节目中，白岩松对疫情进行了深度分析，引导公众理性看待疫情，避免恐慌情绪的蔓延。

因此，主持人应着力加强信息处理能力的培养，包括建立高效的信息获取渠道、提升信息核实的技巧、学习信息解读的方法等。同时，主持人还应提升情绪管理能力，保持冷静、理性，避免情绪化的言论引发舆论波动。

（四）提升面对“Z 世代”群体的对话表达能力

“Z 世代”人群伴随互联网成长，他们的信息获取渠道更为多元，消费模式更加多样，不仅通过文字阅读，还通过视觉符号接收信息。与其他世代相比，“Z 世代”更倾向于通过趣缘群体沟通互动，他们以相同或相近的兴趣为纽带，通过网络互动实现情感共鸣和身份认同。所以，为了增强舆论引导力，主持人有必要加大对这一群体青年的关注。

比如巴黎奥运会游泳冠军潘展乐在接受采访时“告起了状”。“我在下面跟查尔莫斯打招呼，他一点都不理我，包括美国队的阿雷克西。我们训练的时候，教练在岸上，他那种滚翻直接往教练身上溅水花，就是感觉有点看不起我们的样子。”这时，意识到不对的潘展乐还问了句，“这能说吗?”

而巴黎奥运会跳水冠军全红婵在接受采访时一段段耿直的回答被网友称为“整顿”采访界。记者问道：“比赛累吗?”全红婵答道：“这话问得，谁不累啊!”记者问：“哥哥来到现场，什么感觉?”全红婵答：“没啥感觉，我刚知道。”记者问：“拿下这场比赛的关键在哪?”全红婵答：“关键在我自己。”对此，网友评论道：“这届00后主打一个谁也不惯着。”

所以作为主持人，如果因循守旧，不主动求变，和“Z世代”对话时，就有可能出现尬聊，甚至对话进行不下去的局面。主持人务必尊重这一群体，通过各类平台，多观察他们的“年轻态”表达，接受他们的表达方式，也可以多与“Z世代”青年交朋友，尝试掌握用他们的表达方式与之对话，就会增强对这一群体的舆论引导能力。

三、搞好节目主持人舆论引导力与舆论监测机制的关系

建立舆论监测机制，是节目主持人提升舆论引导力的重要方式。缺少舆论监测，舆论引导方向就可能出错，又谈何引导力。怎样建立有效的舆论监测机制，可以考虑从建立舆情预警机制和舆论引导机制等方面着手。

（一）建立舆情预警机制

节目中建立舆情预警机制，通过监测舆论动态，可以预测舆论趋势，为舆论引导提供预警信息。例如在2019年中美贸易摩擦升级时，白岩松通过监测舆论动态，预测舆论趋势，为舆论引导提供了预警信息，引导公众理性看待中美贸易摩擦，避免了情绪化的言论，增强了公众的信息素养和批判性思维。

（二）建立舆论引导机制

建立舆论引导机制，可以通过深度解读舆论焦点，分析舆论趋势，为舆论引导提供策略支持。例如在2022年北京冬奥会期间，白岩松通过建立舆论引导机制，深度解读了中国运动员的表现，分析了舆论趋势，为舆论引导提供了策略支持，引导公众理性看待中国运动员的表现，避免了过度的批评或过度的赞扬。

（三）利用新媒体平台进行舆论监测

利用微博、微信等新媒体平台进行舆论监测，可以通过关注热点话题，收集公众反馈，了解公众关注的焦点和公众情绪的变化，为舆论引导提供实时的数据支持。例如在 2020 年新冠疫情暴发初期，白岩松通过微博、微信等新媒体平台，收集公众对疫情的反馈，节目有了实时的数据支持，从而引导公众理性看待疫情，避免了恐慌情绪的蔓延。

通过建立舆论监测机制，主持人可以实时了解公众关注的焦点和公众情绪的变化，预测舆论趋势，深度解读舆论焦点，分析舆论趋势，为舆论引导提供实时、预警、深度和策略的数据支持，提升舆论引导力。

四、搞好节目主持人舆论引导力的个人和团队关系

主持人的舆论引导力，既依赖于个人的能力，也依靠团队的协作，两者相辅相成。节目成功的背后，往往是整个团队的辛勤付出。

1. 发挥个人能力的关键作用

主持人的个人能力对舆论引导力的形成起着关键作用。央视著名主持人敬一丹，以其深厚的新闻素养，敏锐的洞察力和亲和的主持风格，深受广大观众的喜爱和尊重。例如在 2014 年马航 MH370 事件中，作为《焦点访谈》主持人的敬一丹以其深厚的新闻专业素养，准确解读了事件的实质，进行了深入的分析和评论，引导公众理性看待这一事件。敬一丹的个人魅力也对舆论引导力的形成起着重要作用。她以其亲和力、沉稳的形象和人格魅力，赢得了公众的信任和尊重，增强了舆论引导的效果。

2. 发挥团队协作的重要作用

舆论引导力的形成，离不开主持人背后团队的协作。《焦点访谈》的制作团队，包括编辑、导演、制片人、技术人员等，为敬一丹提供了全面的新闻信息和专业支持，帮助她准确理解新闻事件的实质，进行深入的分析和评论，增强了舆论引导的效果。同时，团队还负责节目的策划、制作、播出等各个环节，为敬一丹提供了全面的技术支持和后勤保障，确保了节目的顺利进行，增强了舆论引导的效果。

由此可见，个人能力为主持人提供了舆论引导的主体力量，团队协作为主持

人提供了舆论引导的支撑力量，双方的有效协作和互动，增强了舆论引导的效果，为主持人完成舆论引导的任务提供了保障。

结　语

中国节目主持人在舆论引导中面临着多重挑战，包括在新媒体环境下的舆论控制能力、在复杂舆论环境下的引导策略、在突发公共事件中的信息处理能力和面对“Z世代”群体的对话表达能力等等。为提升中国主持人的舆论引导能力，建议对主持人加强信息处理能力的培养，提升舆论分析和引导能力，以及面对“Z世代”群体的对话表达能力，学习新媒体运用和舆论控制策略，建立有效的舆论监测机制以及主持人个人和团队良好的合作关系。同时，建议媒体机构和教育机构加强对节目主持人的专业培训，提升节目主持人的专业素养和舆论引导能力，以应对信息时代的新挑战。

参考文献：

[1] 吴瑛.加深国际传播能力建设[N].解放日报，2023-11-17(8).
[2] 王琼瑶.《主播说联播》：主流媒体新闻语态的新变革[J].视听，2019(11).
[3] 周凯.媒体核心价值观的三个关键词[J].青年记者，2014(13).
[4] 沈春雷.如何进行突发事件中的舆情引导[J].人民论坛，2016(27).
[5] 付晓雅.社交媒体中情绪传播与事实传播的关系[EB/OL].人民网，2020-01-10，http://media.people.com.cn/GB/n1/2020/0110/c431263-31543601.html.
[6] 巴黎奥运会那些喜感的名场面[EB/OL].极目新闻，2024-08-12.https://mp.weixin.qq.com/s/uw-MOt_4tQT09FHszYLIdQ.

作者简介：

龚兵，上海市松江区融媒体中心主任播音员。

浅析沉浸式新闻报道中演播运镜的创新策略

——以东方卫视新闻节目视觉焕新实践为例

万纪庆　张　勇

提　要： 在融媒时代背景下，演播运镜作为新闻报道呈现的关键手段，通过融合虚拟现实（VR）、增强现实（AR）等前沿技术，实现了从传统单一视角到多维度、交互式视觉体验的转变。本文以上海广播电视台融媒体中心在2025东方卫视焕新亮相中的多维演播运镜技术突破为研究对象，深入分析演播运镜在沉浸式报道中的技术应用、叙事策略以及情感共鸣的构建，探讨东方卫视新闻的演播运镜如何通过创新镜头语言和场景切换，增强观众的参与感和沉浸感，进而革新传统新闻生产的空间叙事范式；同时，进一步探讨未来在媒体融合与技术变革浪潮中，演播运镜的智能化、科技化发展趋势和路径。

关键词： 演播运镜　焕新实践　沉浸式报道

引　言

在智能媒体时代，新闻传播的形式与内容不断革新，“诗文随世运，无日不趋新”这一清代赵翼的箴言，恰如其分地映射出当下新闻演播领域的创新态势。2025年元旦，上海广播电视台东方卫视频道的全面焕新亮相，便是这一创新精神的生动体现。此次焕新不仅涵盖了一系列新节目的推出，更在全天4档新闻直播节目中，通过演播运镜的创新、新视效与新场景的打造，以及前沿技术的深度应用，重塑了新闻报道的视觉呈现，实现了沉浸式报道的全新突破。这种以视觉增效和技术赋能为核心的创新实践，不仅深化了“艺术＋技术”融合传播的内涵，也进一步提升了主流媒体在新闻传播领域的引领力和影响力。

此次焕新实践，不仅是上海广播电视台在“新闻立台”使命担当上的重新定义，更是主流媒体在全链路、全方位、全领域精品节目创新中的重要探索与跨越。本文将从演播运镜、焕新实践以及沉浸式报道三个维度展开探讨，分析上海广播电视台融媒体中心如何借助技术赋能与艺术表达，向新求质，深耕演播创新，通过演播运镜在沉浸式报道中的技术应用、叙事策略以及情感共鸣的创新构建，革新传统新闻生产的空间叙事范式的创新实践路径。

一、新闻报道演播运镜的发展历程与焕新优势

1. 演播运镜的定义与内涵

演播运镜是指在电视演播室节目制作中，通过摄像机的运动、角度变化、镜头切换以及画面调度等技术手段，实现演播画面内容的动态呈现和叙事表达。它是一种将技术与艺术相结合的视觉表现方式，通过精心设计的镜头语言，使单一的镜头不仅具备了“动”的美感，还通过影像的变化产生强烈的“视觉刺激”，从而增强节目的视觉效果、信息传递效率和受众体验。

技术层面：演播运镜依赖于摄像机的多种运动方式（如推、拉、摇、移等）以及多机位协同配合，通过镜头切换和画面调度，实现信息的动态呈现。例如通过推拉镜头可以快速切换场景，从宏观到微观展示细节；通过摇移镜头可以引导观众的视线，增强画面的动态感和空间感。

艺术层面：演播运镜不仅是一种技术手段，更是一种艺术表达。通过构图、光影、节奏等设计，演播运镜能够赋予画面情感表达和叙事张力，使视觉画面内容更具吸引力和感染力。例如通过低角度拍摄可以增强主体的威严感，通过高角度拍摄可以营造出一种俯瞰的视角，增强画面的叙事性和情感深度。

综合价值：在运用镜头引领画面“导向”和视听语言呈现上，演播运镜在视觉作品中所承载的规模、数量以及精美设计程度，已成为衡量主流媒体机构专业制作水准的重要技术考量标准。它不仅提升了节目的视觉效果，还通过动态画面增强了信息传递的效率和受众的沉浸感。

2. 新闻演播运镜发展历程

(1) 早期探索与技术局限

新闻演播的运镜技术最早可追溯至 20 世纪后期。当时，杂志型编排方式引

入电视新闻领域，新闻报道形式开始走向多元化，演播运镜手段也从电视文艺节目制作中被引入新闻演播。例如1991年上海电视台的《新闻报道》在直播中采用开场“推”运镜和结束“拉”运镜，这种极具张力的视觉“点睛”手法，改变了传统“片头＋主播固定播报画面＋新闻片”的单一编播结构，提升了新闻报道的视觉效果和现场感。

(2) 技术进步与多样化运镜

进入21世纪，随着大屏和高清技术的发展，新闻演播运镜开始走向多样化。大屏成为演播区的重要视觉重构工具，赋予了“背景板”动态叙事功能。围绕主播与大屏的信息传递，新闻演播不仅增配了摄像机，还引入了综艺摇臂。通过摇臂的大广角运镜，从高至下或从外至内，放大了演播场景规模，增强了视觉动感，推动了新闻播报站播形式的产生，为场景化编排注入了更强的视觉冲击力和叙事张力。

(3) 数字化与智能化时代的突破

2011年起，数字技术和智能演播设备的发展极大提升了新闻演播运镜技术。上海广播电视台S1演播室率先引入自走式机器人摄像机，开启了演播机器人摄像机的智能化探索。2016年，S2“魔都之眼”集控制播系统首次在亚洲成功应用，配备了轨道式、抓臂式、自走式等全系列机器人摄像机，实现了集控自动演播运镜，彻底颠覆了传统新闻演播方式。近年来，AI技术的融合进一步推动了沉浸式电视新闻演播的发展，实现了新闻生产的智能化，提升了新闻报道效率和质量，增强了新闻播报的故事性、吸引力和观众参与感。

3. 新闻演播运镜的优势与在焕新中的作用

随着演播技术的迭代升级以及新闻融合传播需求的推动，新闻演播运镜的优势日益凸显。它通过镜头的动态呈现，从多角度捕捉新闻现场，以立体式的视觉引导，巧妙地将新闻的现场感与真实感传递给受众。同时，演播运镜与新闻编排的深度融合，形成了独特的新闻节奏和韵律，不仅增强了视觉冲击力，还显著提升了新闻报道的权威性与栏目品牌形象。

在AI赋能与虚拟在线技术的加持下，新闻演播的运镜调度与设计更具创造力。它不仅在新闻演播的仪式感上实现了突破，还在多场景交接、多屏联动、全域全景播报、大屏“镜”解、虚拟数据“镜”解以及深度报道和主题直播制作中，通过多机位的动态切换和多角度的“动接动”，完美呈现了新闻事件的全局与细节。这种融媒化的新闻视觉表达方式，带来了新闻报道的沉浸性与互动感，营造了浓厚的氛围，为新闻播报的主题内容推出提供了充分的情绪依据。

演播运镜的视觉焕新，与演播场景、大屏配置规模及演播技术智能化程度紧密相连。其智能化运行与数字化记忆功能，使得新的设计可以叠加并再次读取执行，因此在演播视觉增效应用上具有极高的推广性。例如在2025年的焕新实践中，上海广播电视台新闻演播室在未对整体场景进行改造且不影响高密度全天候新闻制播的前提下，通过低成本的演播运镜创意设计及磨炼，瞬间改变了演播质感。这种创新实践不仅拓展了固定新闻场景演播的可持续应用途径，还借助AI赋能的演播创意化表达，全方位、多角度、深层次地推动了"新闻＋艺术＋技术"的融合突围。

二、东方卫视沉浸式报道焕新实践中的运镜创新与视觉突破

1. 跨维度运镜瞬移，创新视觉表现仪式

在电视新闻播报中，开场仪式是吸引观众注意力，奠定新闻演播基调的关键环节。东方卫视频道自2011年起，便凭借新闻演播室配备的7米大摇臂，以各时段新闻报道的虚拟主标板作为开场前景，通过从上至下的"摇"镜头，巧妙地实现了扩大视觉空间的新闻演播开场。这一设计不仅让新闻栏目的开场仪式显得大气磅礴，更在当时开创了演播运镜与虚拟前景结合使用的新闻演播视觉新气象。

2025年焕新实践，东方卫视在视觉表现仪式层次设计上实现了跨维度的突破，成功跨越了固有新闻演播室室内场景结构的局限。借助增强现实（AR）技术，生成了位于陆家嘴金融区挑空直升机停机坪高空的外景，以开阔的第一视角震撼开场，带来强烈的视觉冲击。随后，通过20秒"综合运镜＋一镜到底"的运镜瞬移，无缝融合移入报道演播室的高俯全景，再接主播双人开场。这种开场方式以"会当凌绝顶，一览众山小"的壮阔气势，为新闻报道带来了全新的视觉仪式感体验，构建了沉浸式东方卫视新闻"在上海"播报的独特视觉意境，让观众仿佛置身于上海这座繁华都市的高处，俯瞰着城市的脉动，感受着新闻的脉搏。

在技术应用层面，这一独特的开场镜头成功地以交互设计为核心，全面兼顾了AI外景、演播实景、虚拟前景的三重空间兼容。在复杂的多空间演播融合中，实现了理想的影像呈现，展现了高度的技术整合能力。而从艺术实践的角度来看，主要借助AI动态运镜的精准控制优势，通过"借镜贴景"的综合动态运镜，实现了一镜到底的智联未来沉浸式开场。整个过程一气呵成，流畅自然，跨维度运镜瞬移兼具精准性与智能化，为观众带来了极具未来感的视觉享受。

此外，该开场镜头还可根据实时天气状态，形成外景AI的"阳光明媚""细雨如丝""大雪纷飞"等视觉强化突出效果。这种对天气细节的精准呈现，不仅增强

了新闻报道的沉浸式叙事张力，更让观众仿佛身临其境，感受着新闻发生时的真实环境。这短短 20 秒的运镜瞬移，融合了多元与创新、信息与速度、科技感与艺术感，营造了崭新的沉浸氛围，成功吸引了电视新闻受众一同走进东方卫视新闻报道的演播情境，开启了一场视觉与心灵的双重之旅。

2. 数字化运镜融屏，打破视觉范式同质化

在当今竞争激烈的媒体环境中，每个新闻栏目都渴望打造独具特色的演播视觉风格。然而，时效性新闻栏目大多受限于成本与制作便捷性的考量，通常在固定的新闻室内录制。尽管演播大屏全域包围的场景设计逐渐普及，但主体视觉的同质化问题依然难以回避，成为新闻演播视觉亟待突破的主要难点。

东方卫视于 2024 年推出的《中国考古报道》，作为中国首档考古文化博览新闻专题节目，以“大考古”为核心理念，深入考古现场，对话考古工作者，从多角度探寻古代中国的奥秘。节目致力于通过虚实结合的演播视觉，联动考古文博第一线现场，实现“透物见人、以物论史、以史启思”的叙事目标。此次栏目的视觉焕新，突破性地采用了全景域扩展现实（XR）山水画长卷展示，借鉴北京奥运会开幕式中国书画“卷轴”的创意，打造出在演播摇臂横移运镜下，XR 山水长卷画绵延不绝的震撼视觉效果。以“千里江山，苍莽浩瀚，通篇青绿，富丽堂皇”的国风运镜效果，牢牢抓住观众视线，通过情节化演绎赋予历史叙事生动鲜活的表达。

这一沉浸式的创新尝试，巧妙地将演播虚拟场景、多演播大屏以及演播运镜三者有机结合，极大地增强了融合后画面的表现力和视觉效果，实现了从演播视觉的“同屏”到“跨屏”再到“融屏”的跨越，巧妙规避了传统演播大屏视觉框架的同质化问题。节目采用长镜头横移运镜，不仅呈现了《中国考古报道》的宏观全景，还通过运镜落点的主播融入式出场，以及后续版块的轴卷式多框人物推荐等细节表现，实现了“全场景”视觉呈现。画面写意的虚拟场景与精心设计的运镜相得益彰，不仅让新闻栏目“有言值”，更通过镜头语言“有颜值”，展现了影像的新意与意境，达到了视觉与内涵的高度统一。

3. 场景式运镜跨屏，丰富叙事与节奏活跃，突出沉浸性

在此次东方卫视焕新升级中，特别推出了一档面向海外观众的英语电视杂志栏目 *ShanghaiEye*。该栏目借鉴杂志专栏化分类编排的手法，形式丰富多样，内容涵盖短讯报道、深度解析以及评论分析，旨在通过多元化的叙事方式，生动讲述中国故事，展现国际传播的轻快、明朗与时尚性。

为了打破传统演播框架的局限，节目摒弃了 S1 演播室的传统场景，转而采

用 S2 地面频道演播室的沉浸式视觉再造方案。充分利用其 360°环绕多样屏及全智能化多系列摄像机的集控演播优势，进行场景版块化互动设计与内容共创。同时，节目在节奏把控与优化上也下足了功夫，通过动态运镜和大屏内容的巧妙互动，将外宣重要新闻与趣味新闻交替编排，形成高低起伏的节奏感，有效吸引观众的注意力并保持其观看兴趣。

在具体的节目设计中，这种创新的视觉和节奏把控得到了充分体现。例如在栏目中的双人点评转男主播竖屏解读版块，场景设计始终伴随着流畅且富有节奏感的运镜。当双人点评即将结束时，抓臂机器人摄像机从下方开始带虚拟大全景向上跃起并缓缓推进，镜头在即将推至双人中景落幅前，男主播以较为夸张的动作突然侧身，边讲述新闻边移步。抓臂机器人摄像机则以急拉转向的跟随运镜巧妙地带出场景的后背景，瞬间从演播室的超长宽屏切换到另一侧的通天竖屏内容，实现了贴切自然的沉浸式杂志型版块转场。这种设计不仅增强了节目的视觉冲击力，还提升了观众的沉浸感。

此外，节目通过巧妙设计栏目主题 logo——AI“大眼睛”，使其在主播台周围进行跳跃式的显现，增强了沉浸感。同时，结合轨道机器人摄像机的正向或反向交叉移动运镜，以及抓臂机器人摄像机的场景化移动式播报 Vlog 视觉，节目实现了形式多样的动态运镜播报。这些技术手段不仅营造了国际传播的视觉节奏感，还通过开阔立体的演播视野，实现了中西文化的融合与兼收并蓄。这种场景式运镜跨屏的设计，丰富了叙事层次，活跃了节目节奏，为观众带来了一场沉浸式的视听盛宴，进一步提升了节目在国际传播中的吸引力和影响力。

三、新闻报道演播运镜的三个未来发展趋势及路径

在未来的媒体融合与技术变革浪潮中，随着机器人智能化摄像系统的进一步优化以及演播摄像直播操作的智能化替代，演播运镜技术将依托前沿技术的持续赋能，体现出智能化、定制化、互动化的三个维度发展新趋势，实现“向新求质”的新一轮变革。

1. 智能化：以智能技术锻造新型制播能力，强化新闻演播运镜叙事创新

未来，媒体智能化发展将是科技驱动的必然趋势。东方卫视 S1 演播室新引进的手臂式机器人将在未来的焕新实践中占据演播运镜的最大比重。随着 4K 演播室的升级，伸缩炮技术也将被应用于新闻演播。以 AIGC 为代表的新技术新应用，将成为内容创作的重要灵感来源。这不仅要求制作人员深入学习新设

备的硬件构造和软件控制原理，更要研发智能化功能，将技术与人的创意、情感、审美有机融合。通过人机融合，新闻演播运镜叙事的效率将得到进一步提升，视觉效果进一步增强，并可探索更多沉浸式叙事形式。

2. 定制化：以业务场景和应用模式为中心，强化新闻演播运镜空间表现创新

面对融媒体时代主流媒体所面临的多重挑战，未来的演播运镜艺术化探索将不再局限于演播大屏与虚拟技术的联动，而是将成为新闻演播的“动态叙事者”。更重要的是，演播运镜将服务于多种业务场景，包括新闻直播、专题报道和日常新闻节目。通过提前策划、整合技术和创意设计，将实现演播场景的快速切换与定制化。这种创新将增强互动性，突破沉浸式可视化的瓶颈，形成良好的资源循环，降低制作成本和硬件依赖，使演播焕新成为一种可持续的表现形式，持续为观众呈现喜闻乐见的新闻演播场景。

3. 互动化：通过跨领域融合发展，强化新闻演播运镜表现形式的多元创新

在未来的媒体融合与技术变革浪潮中，主流媒体要在激烈竞争中脱颖而出，仍须强化融合发展理念，增强优质内容供给，提高新技术运用水平。这不仅是技术的升级，更是理念的革新。

一方面，通过与前沿技术的紧密结合，演播运镜将进一步加大艺术与技术的深度融合。通过多部门合作研发与技术转化，创新运镜表现形式，增强新闻报道的沉浸感和吸引力，快速将先进适用的演播技术转化为实际生产力，提升新闻报道的表现力和感染力。另一方面，主流媒体还将通过推动新闻演播创意与其他艺术形式的跨领域融合，实现新闻内容呈现方式的更优化表达，打造互动性强、参与度高的新闻报道，让观众不仅是信息的接收者，更是新闻的参与者和创造者。

在艺术与技术的双轮驱动下，新闻报道演播运镜的不断创新，将成为主流媒体持续探索新的表现形式、提升新闻报道的品质与深度、塑造独特的新闻品牌的重要工作抓手，为观众带来更加丰富、生动、深刻的演播画面新体验。

结　语

东方卫视频道 2025 年焕新实践，凭借演播运镜创新、新视效与新场景打造，以及前沿技术深度应用，成功实现新闻报道沉浸式突破，为观众带来全新视觉体

验。这一实践不仅提升了新闻报道的视觉效果和信息传递效率，还增强了观众的沉浸感和参与感，展现了主流媒体在技术与艺术融合方面的积极探索，为新闻传播领域发展提供了新思路。

展望未来，新闻演播将在技术与艺术双轮驱动下持续前行。主流媒体有望继续探索创新路径，满足观众多样化需求，为其带来更丰富、生动、深刻的新闻体验。在艺术与技术深度融合中，主流媒体影响力将进一步扩大，推动新闻传播事业高质量发展，更好地履行社会责任。

参考文献：

[1] 张会军.电影摄影画面创作艺术与技巧[M].北京：中国电影出版社，2021.
[2] 刘卫华.何以中国历史叙事策略管窥：基于新历史视角[J].上海广播电视研究，2024(7).
[3] 陶一萍.科技赋能“天地跨屏”创意引领刷屏之效：从新华社智能化编辑部2022全国两会报道看媒体融合与创新[J].中国传媒科技，2022(5).
[4] 人民网研究院.从三大央媒实践看主流媒体智能化发展趋势[J].传媒，2023(8).
[5] 顾亚奇，王琳琳.场景再造与家国共情的融屏传播[J].新闻战线，2021(2).

作者简介：

万纪庆，上海广播电视台融媒体中心制作播出部摄像。
张勇，上海广播电视台融媒体中心制作播出部制作主管。

“时间胶囊”效应：“肯德基早餐”×《音乐早餐》的怀旧营销策略解码

阚晓君

提　要： 2024 年 11 月 20 日，在上海人民广播电台的精心策划与周密安排下，肯德基品牌与上海人民广播电台流行音乐广播动感 101《音乐早餐》节目携手展开了一次深度合作，联合推出了名为“肯德基早餐与君畅惊喜联动，轻盈过周三”的创意营销活动。此次跨界合作不仅实现了双方品牌资源的有效整合与互利共赢，更通过巧妙运用怀旧营销策略，将已经离开《音乐早餐》的上海广播经典 IP 搭档主持人晓君与小畅成功召唤回节目，此举唤起了广大听众内心深处的情感共鸣，显著提升了肯德基品牌在消费者心中的好感度，并有效激发了消费者的购买意愿。本文将通过对此次合作中怀旧营销策略的深入剖析，探讨上海广播如何借助其独特的传播优势，助力品牌开拓创新营销的新思路与新路径。

关键词： 怀旧营销　广播营销　文化符号　音乐早餐　肯德基

引　言

在当前市场竞争日趋白热化的环境下，品牌为了在激烈的市场角逐中脱颖而出，亟须不断推陈出新，探索和实施更具有吸引力的营销策略，以此赢得消费者心智。怀旧营销作为一种能够有效触动消费者情感记忆、引发情感共鸣的营销手段，近年来逐渐受到众多品牌的广泛关注和青睐。2024 年 11 月 20 日，上海人民广播电台以独到的市场洞察力和创新思维，策划了一场别具一格且富有创意的合作活动:“肯德基早餐”与动感101电台中备受听众喜爱的王牌节目《音乐早餐》强强联手,共同推出了“肯德基早餐与君畅惊喜联动,轻盈过周三”的营销活动。此次合作不仅为听众带来了耳目一新的惊喜体验,更为上海广播的品牌营销注入了创新活力,成为业界瞩目的焦点。

本文深入剖析肯德基与《音乐早餐》节目合作中所采用的怀旧营销策略,探讨其对品牌形象塑造和消费者行为产生的深远影响。此次合作不仅大幅提升了肯德基品牌在消费者心中的好感度和美誉度,还显著增强了消费者的购买意愿和品牌忠诚度。借助上海人民广播电台这一极具公信力与影响力的传播平台,加上阿基米德App及上海人民广播电台相关新媒体平台,肯德基成功将怀旧营销与现代传播手段有机结合,开创性地探索出一条符合当下市场趋势和消费者心理的创新营销新路径,为其他品牌提供了宝贵的借鉴和启示。

一、理论背景

(一)怀旧营销的理论演进

怀旧营销作为一种独特的营销手段,其理论体系经历了从最初的单纯复刻经典元素到如今注重沉浸式体验的逐步演变过程。Baker(2020)在其研究中提出的怀旧营销分类体系,详细阐述了怀旧营销从最初的1.0版本的单纯复刻(通过复刻经典产品或场景唤起消费者回忆),到2.0版本的情感共鸣(结合品牌故事与消费者情感需求,增强情感联结),再到3.0版本的场景再现(通过场景化设计,让消费者身临其境),逐渐发展到4.0版本的沉浸式体验(多感官刺激与互动体验,提升消费者参与感)的演变历程,强调通过多感官刺激和深度情感共鸣,使消费者在浓郁的怀旧氛围中深刻体验品牌价值。肯德基与《音乐早餐》的此次合作,正是对怀旧营销4.0理论的一次生动实践和完美诠释。

(二)时间地理学视角

时间地理学为怀旧营销提供了独特且富有洞察力的理论视角。哈格斯特朗提出的时空矩阵理论深刻揭示了时间和空间因素对人类行为和心理的深刻影响。在此次合作中,肯德基与《音乐早餐》节目巧妙地设定了特定的时间锚点(每周三晓君与小畅限时回归主持《音乐早餐》)和精心营造的空间场景(如户外透明直播车带来的现场互动体验),成功唤起了节目听众对过往美好时光的强烈情感共鸣,由此进一步加深了品牌与消费者之间的情感联结。

（三）“Z 世代”怀旧消费特征

“Z 世代”作为伴随着数字技术成长起来的新一代消费者，其怀旧消费特征呈现出独特的“二手怀旧”现象，即在怀旧内容的选择上更倾向于那些并非亲身经历但具有时代符号意义的元素。此次合作通过多渠道传播手段（如广播、视频直播）和丰富多样的互动体验（如邀请网红嘉宾进行对谈），成功吸引了“Z 世代”消费者的广泛关注和积极参与，甚至唤起一波互动留言，争相追忆曾经坐在父母车上、去上学的路上收听《音乐早餐》的儿时记忆，进一步扩大了品牌的影响力。

二、案例解构：《音乐早餐》的时空魔法

（一）三重时间锚点设置

1. 物理时间：每周三限时回归的稀缺性设计

通过精心策划的每周三限时回归机制，肯德基与《音乐早餐》的合作活动巧妙地制造了稀缺性效应。这种限时回归的设置不仅极大地提升了活动的吸引力和话题性，还使得听众对每周三的节目充满了强烈的期待感。每当周三来临，听众都会格外关注节目内容，期待着肯德基与晓君、小畅联动的限时“君畅版《音乐早餐》”带来的特别惊喜，这种期待心理有效提升了节目的收听率和品牌曝光度。

2. 情感时间：2007/2021/2024 关键节点的记忆唤醒

2007 年 11 月 20 日是晓君与小畅搭档的《音乐早餐》节目正式开播的重要日子，而当时节目冠名品牌就是肯德基；2021 年 7 月 9 日，则是晓君和小畅这对黄金搭档最后一次共同主持节目的时间节点；而 2024 年，则是肯德基品牌时隔十多年再度回归上海广播并与该节目展开深度合作的关键年份，并且巧妙设置 2024 年 11 月 20 日这一具有特殊意义的日子，由肯德基召回晓君与小畅再次主持《音乐早餐》，仿佛重回十七年前的那一天，此举成功唤醒了听众对过去美好时光的深刻记忆。这些关键节点的回顾不仅让老听众重温了曾经的感动，也让新听众对节目和品牌产生了浓厚的兴趣，进一步增强了听众对品牌的情感认同。

3. 品牌时间：1987 年双重起源故事的强化

1987 年不仅是肯德基正式进入中国市场的标志性年份，同时也是主持人晓

君出生的年份。这种双重起源故事的巧妙结合，不仅让听众感受到肯德基品牌与《音乐早餐》节目之间深厚的渊源和紧密的联系，还通过时间的重合，进一步强化了品牌与听众之间的情感纽带。听众在了解这一背景后，更容易对品牌产生共鸣，感受到肯德基不仅是餐饮品牌，更是陪伴他们成长的重要记忆。

（二）文化符号系统构建

1. 透明直播车的“记忆容器”隐喻

透明直播车作为此次合作活动的重要场景之一，不仅承担了节目直播的功能，更被赋予了“记忆容器”的深刻隐喻。它不仅承载了听众对《音乐早餐》和肯德基早餐的美好回忆，还通过其透明的设计理念，邀请听众上透明直播车参与节目直播等举动，营造出一种开放、包容的互动氛围。听众在看到透明直播车时，仿佛能够穿越时空，重温那些与节目和品牌相关的温馨瞬间。

2. *101 Happy Morning Call* 单元定制化设计

101 Happy Morning Call 单元是《音乐早餐》节目中最受欢迎的王牌单元，节目组通过接受听众报名委托，打整蛊电话给其亲朋好友，欢笑过后送上真挚祝福。在此次合作中，电话整蛊的剧情桥段巧妙结合了肯德基早餐的营销内容，并在最后送给委托人与被整人肯德基大神卡等礼品，不仅极大地增加了节目的趣味性和互动性，还进一步加深了肯德基品牌与听众之间的情感联结。这种互动形式让听众感受到品牌的关怀，提升了品牌的好感和忠诚度。

3. 早餐场景的仪式化再造

通过在户外透明直播车直接送路过打卡的听众肯德基早餐、肯德基大神卡等礼品巧妙结合，活动成功地将日常的早餐场景进行了仪式化的再造。大神卡不仅是一种优惠凭证，更成了一种承载记忆的特殊载体。听众在直播车前享受美味早餐的同时，打开肯德基 App 看到赠予其的大神卡，仿佛拥有了通往美好回忆的钥匙，感受到品牌对他们的重视。

（三）跨媒介传播矩阵

1. 广播端的声景还原

广播端作为此次活动的主要传播渠道之一，通过精心还原节目中的经典声景,让听众在收听过程中仿佛置身于熟悉的节目氛围中。十七年前节目熟悉的片头曲的再次响起,2007 年 11 月 20 日晓君与小畅第一次在《音乐早餐》与听众打招呼的节目录音,主持人的亲切声音以及互动环节的巧妙设置,都让听众仿佛回到了过去,唤起了他们曾经收听《音乐早餐》时的难忘回忆,增强了节目的情感共鸣。在上海人民广播电台的网络收听 App 阿基米德的《音乐早餐》节目社区中,当日用户留言评论量为往日的 60 倍之多,评论纷纷表示“我穿越了吗,晓君和小畅又回来了吗”“我的青春又回来了”“肯德基是最懂上海听众的品牌”“今天早餐必须买肯德基”等。

2. 视频直播的次元壁突破

视频直播的引入不仅打破了传统广播的次元壁限制,还通过视觉化的呈现方式,显著提升了活动的吸引力和观赏性。通过动感 101 的官方视频号进行音视频同步直播,不仅让听众能够直观地看到节目现场的真实情景,还借助互动弹幕、点赞等新媒体手段,极大地增强了听众的参与感和互动体验,使得活动更加生动有趣。当日动感 101 的官方视频号观看量为该视频号 2024 年度最高观看量。

3. 透明直播车的城市漫游叙事

透明直播车的城市漫游叙事设计不仅为活动增添了趣味性和互动性,还通过移动场景的巧妙设置,为听众带来了一种全新的感官体验。直播车出现在城市的不同方位,不仅吸引了更多市民和听众的目光,还通过现场互动的形式,进一步扩大了活动的影响力和传播范围,使得肯德基品牌深入人心。

三、心理机制:集体记忆的神经编码

(一)多感官记忆唤醒模型

1. 听觉(节目片头曲、垫乐)

节目片头曲、节目垫乐作为节目的重要听觉元素,通过耳熟能详的旋律,唤起听众对《音乐早餐》的美好回忆。这种听觉刺激不仅让听众感受到熟悉与亲切,仿佛回到了那段美好的时光,曾经听节目时的自己重现脑海,还使听众在心理上对这次合作营销的活动产生更强的认同感和归属感。

2. 味觉(经典早餐产品组合重现)

肯德基早餐的部分产品在合作营销活动期间"价格重返 2006",曾经经典美味的搭配组合重现,通过味觉刺激,使听众不仅感受到熟悉的味道,还感受到肯德基满满的诚意,给消费者带来实实在在的优惠。这种味觉体验不仅让听众体会到品牌的品质与特色,品尝到了记忆中的美味,还进一步加深了品牌与听众之间的情感纽带,使听众在情感上更加依赖和信任品牌。

3. 空间觉(直播车实体接触)

透明直播车作为活动的重要空间场景,通过实体接触的方式,让听众感受到活动的真实性与互动性。这种空间觉的刺激不仅让听众沉浸在活动氛围中,仿佛置身于现场,还显著提升了活动的体验感,自发打卡记录,分发个人社交平台,使听众对活动留下深刻难忘印象的同时,还增强了活动的传播度。

(二)镜像神经元激活机制

镜像神经元在怀旧营销中扮演着关键角色。主持搭档的互动模式不仅让听众感受到久违的亲切,犹如看到自己与朋友间的互动,还通过激活镜像神经元,引发听众的情感共振。这种情感共振不仅强化了听众对品牌的认同感,使他们对品牌产生更深的情感联结,还提升了他们的购买意愿,促使他们更愿意选择和支持品牌。在听众的互动中经常能看到"从此每周三必吃肯德基早餐""肯德基合作多久,我就吃多久"的留言内容。

(三)代际记忆缝合技术

1. 80 后主持人与"Z 世代"用户的对话设计

晓君与小畅都是 80 后主持人,通过 80 后主持人与"Z 世代"用户(1995—2009 年间出生的一代人)的对话设计,加上每期都有不同的、有趣的话题讨论,此次活动成功实现了代际记忆的缝合。"好想找回那个 TA""你心目中的绝配 CP""再忙也不会忽略的事"等节目话题,既与品牌想传递的营销内容契合,又让各个年龄阶段的听众能产生参与分享的欲望。"有没有以前坐在爸爸妈妈车上听我们节目的?""听着我们节目长大的来告诉我们!""以前被爸爸妈妈逼着跟他们一起听节目的有吗?""以前小时候有没有在肯德基过生日的?"

诸如此类的对话设计不仅让不同年龄段的听众感受到情感共鸣，仿佛跨越了时空的隔阂，还进一步增强了活动的包容性与互动性，使活动能够吸引更广泛的受众群体。

2. 网红嘉宾的缓冲层作用

《音乐早餐》节目组根据肯德基早餐想突出表达的健康生活理念特别邀请健身网红嘉宾、音乐剧大咖演员等加入节目，嘉宾加入不仅为活动带来了新的视角和话题，增加了活动的趣味性和多样性，还通过缓冲层的作用，进一步提升了活动的吸引力和互动性。节目嘉宾的参与不仅增加了活动的话题性，使活动在社交媒体上获得更多关注，还借助他们的影响力扩大了活动的传播范围，使活动的影响力得以最大化。

四、研究挑战与争议

（一）存在的问题

1. 审美疲劳

此次怀旧营销固然可圈可点，但我们需要理性认识到，过度怀旧可能导致消费者产生审美疲劳。当怀旧营销过于频繁或缺乏新意时，消费者可能会产生厌倦感，认为品牌缺乏创新和活力。因此，品牌需要在怀旧与创新之间找到平衡，既要保留怀旧元素的情感价值，又要注入新的创意和元素，避免过度依赖怀旧元素。

2. 代际差异

不同代际对怀旧元素的接受度存在差异。"Z 世代"对怀旧元素的接受度较高，因为他们对新鲜事物充满好奇，但也对过去的经典有所怀念；而其他年龄段的消费者可能对某些怀旧元素不感兴趣，认为这些元素与他们的生活经历不符。品牌在设计怀旧营销活动时，须充分考虑不同代际的需求和偏好，确保活动能够覆盖并打动各个年龄段的受众。

3. 真实性质疑

部分消费者对怀旧营销的真实性表示怀疑。如果消费者认为品牌在怀旧营销中夸大或虚构了某些元素，可能会对品牌产生负面印象，认为品牌不够真诚和可信。因此，品牌在进行怀旧营销时，须确保所使用的怀旧元素具有真实性和可信度，通过真实的回忆和情感故事来打动消费者。在肯德基与《音乐早餐》的此次合作中，通过真实的回忆和情感故事，加上曾经的音频、视频、图文等佐证，成功避免了这种质疑，使消费者对品牌产生了更强的信任感和好感度。

（二）争议

1. 怀旧营销的可持续性

怀旧营销是否能够长期维系消费者兴趣，是一个备受关注且颇具争议的话题。部分学者认为，尽管怀旧营销在短期内能够迅速吸引消费者的注意力，具备显著的短期吸引力，但长期来看，却难以持续激发消费者的新鲜感和持久的兴趣。然而，肯德基与《音乐早餐》的合作案例却为我们提供了一个成功的范例。通过不断创新选题内容、融合多元化渠道互动以及灵活调整怀旧元素，成功实现了长期的可持续性，证明了怀旧营销在恰当的策略指导下，完全可以保持其吸引力并维系消费者的长期兴趣。

2. 怀旧与创新的平衡

怀旧营销与品牌创新之间的平衡问题，同样引发了广泛的争议和讨论。一些学者担忧，过度依赖怀旧营销可能会束缚品牌的创新空间，导致品牌固守过去的成功模式，从而忽视了市场的变化和消费者需求的演进。然而，肯德基与《音乐早餐》节目在这一方面做出了巧妙的平衡。通过将怀旧元素（曾经的录音、曾经经典的主持人搭档、重返曾经价格的早餐）与现代技术（如视频直播、透明直播车等）相结合，肯德基不仅保留了怀旧的情感价值，还注入了创新的活力，成功达成了怀旧与创新的和谐共存，展示了品牌在怀旧与创新之间找到平衡点的可能性。

3. 文化符号的过度使用

在怀旧营销中，文化符号的过度使用是一个值得警惕的问题。当某些文化符号频繁出现时，其原有的文化内涵可能会逐渐弱化，甚至被稀释，从而失去其独特的情感共鸣效果。肯德基在与《音乐早餐》的此次合作中，充分意识到了这一点，通过精心设计和审慎选择文化符号（如 101 happy morning call 单元），确保了这些符号能够有效传达品牌的核心价值，避免了文化符号的过度使用，保持了其应有的情感深度和文化意义。

结　语

（一）研究总结

本文通过深入分析肯德基与《音乐早餐》的合作案例，揭示了怀旧营销在新消费时代下的创新路径和策略。研究表明，借助时间锚点重构、文化符号再生产和跨代际情感共振等多种策略，品牌能够有效唤起消费者的情感共鸣，显著提升品牌好感度和消费者购买意愿。这种策略不仅促进了短期销售转化，更在认知层面实现了从快餐品牌到"城市记忆器官"的质变，为品牌的长远发展奠定了坚实的基础，也为广播节目的整合营销方式打开新的思路，提供成功案例。

（二）研究展望

1. 未来研究方向

跨文化研究：进一步探讨怀旧营销在不同文化背景下的应用情况，分析文化差异对怀旧营销效果的具体影响，以便更好地制定适应不同文化环境的怀旧营销策略。

新兴技术应用：研究怀旧营销在新兴技术（如虚拟现实、增强现实）中的潜力，探索如何通过技术手段增强怀旧体验，提升消费者的参与度和情感共鸣。

长期影响研究：关注怀旧营销的长期影响，分析其对品牌忠诚度和消费者行为的持续作用，以便更全面地评估怀旧营销的综合效果。

2. 实践建议

平衡怀旧与创新：品牌在应用怀旧营销时，须注重平衡怀旧元素与现代创新，避免过度依赖怀旧，同时融合现代技术和创新理念，以保持品牌的活力和竞争力。

注重文化符号的真实性：在使用文化符号时，品牌应确保其真实性和可信度，以避免引发消费者的负面情绪，确保文化符号能够有效传达品牌的核心理念。

跨代际互动设计：通过精心设计的跨代际互动，促进不同年龄群体之间的理解和认同，提升活动的包容性和吸引力，扩大品牌的市场影响力。

3. 理论贡献

本文为怀旧营销的理论研究提供了新的视角和丰富的案例支持，丰富了相关理论体系。通过案例分析，揭示了怀旧营销在新消费时代下的创新路径和策略，为其他品牌提供了宝贵的借鉴和启示，推动了怀旧营销理论的发展和实践应用。

参考文献：

[1] Baker, S. M. (2024). Nostalgia4.0: From replication to immersive co-creation. Journal of Consumer Psychology, 34(2), 45 - 67. https://doi.org/10.1016/j.jcps.2024.03.002.

[2] Deloitte. (2024). 2024 Global marketing trends report. Deloitte Insights.

[3] Halbwachs, M. (1992). On collective memory (L. A. Coser, Trans.). University of Chicago Press. (Original work published 1952)

[4] Hägerstrand, T. (1970). What about people in regional science? Papers of the Regional Science Association, 24(1), 7 - 21. https://doi.org/10.1007/BF01936872.

[5] Wildschut, T., Sedikides, C., & Cordaro, F. (2022). Neural correlates of nostalgia: A meta-analysis. Nature Neuroscience, 25 (4), 789 - 801. https://doi. org/10. 1038/s41593-022-01054-2.

[6] 王丽丽，张璇，陈含郁.忆往昔促进消费者宽恕：服务失误情境下怀旧对宽恕的影响及内在机制.心理学报，2023，55(7)：1123 - 1138. [DOI：10.3724/SP.J.1041.2023.01123]

[7] 甘峰明.区域品牌利益共享机制研究.经济问题探索，2006(3)：67 - 71. [DOI：10.3969/j.issn.1006-2912.2006.03.015]

[8] 刘胜男，刘淑梅.跨文化视角下肯德基在中国的品牌营销策略研究.商业经济研究，2011(12)：58 - 61. [DOI：10.3969/j.issn.1002 - 5863.2011.12.020]

作者简介：

阚晓君，上海人民广播电台流行音乐品牌总监、动感101主持人。

“走转改”在行动：上市公司实地调研与价值投资理念传播新探

叶　柳

提　要： 在资本市场蓬勃发展的当下，投资者对上市公司信息的需求日渐深化。作为证券节目主持人，肩负着为听众传递精准信息、引导理性投资的重任。本文以“走转改”精神为导向，阐述主持人走出直播间、深入上市公司实地调研的实践意义，探讨如何借此发掘公司价值并有效传递给听众，助力资本市场的健康发展。

关键词： 走转改　上市公司调研　价值投资理念

引　言

“走转改”，即“走基层、转作风、改文风”，其蕴含的精神内涵为新闻工作提供了重要指引，对证券节目主持人的工作同样意义非凡。在资本市场中，上市公司的信息直接影响着投资者的决策。随着上市公司数量不断增多，规模持续扩大，投资环境愈发复杂，准确获取上市公司信息、传播价值投资理念成为证券节目主持人亟待解决的重要课题。过去，部分证券节目主持人依赖网络信息做节目，存在内容空洞不实、缺乏深度的问题。如今，以“走转改”精神为指引，走出直播间，深入企业实地调研，成为打破这一困境的关键举措。

一、"走转改"精神下的实地调研实践

（一）走基层：深入企业亲身体验

"走基层"要求证券节目主持人深入上市公司的各个关键环节，获取最直观、真实的一手资料。以明阳智能为例，主持人亲自前往位于广东中山的公司总部。在生产车间，仔细观察风机及相关配件从原材料加工到成品组装的每一道工序，详细记录生产设备的运行状况、生产工艺的特点以及生产效率的相关数据。与一线工人深入交流，了解他们在实际生产过程中遇到的技术难题，比如在大型风机叶片制造过程中，如何确保叶片的强度和稳定性，以及他们对公司未来发展的看法，从基层员工的视角获取对公司发展的独特见解。

对于海上风电项目，主持人详细询问项目选址的综合考量因素，包括海域的风能资源状况、海洋环境条件、与海岸线的距离以及对周边生态环境的影响等。了解项目的建设进度安排，从基础施工到风机安装，再到并网发电的各个阶段的时间节点和技术难点。关注项目在技术创新方面的突破，例如是否采用了新型的风机技术、智能运维系统等，这些技术创新如何提升项目的发电效率和可靠性。通过这一系列的实地考察，主持人亲眼见证了公司的实际运营状况，收集到大量在网络上无法获取的宝贵信息。

在调研绿色动力时，主持人实地探访了其位于广东惠州的垃圾焚烧发电项目。从垃圾的收集运输车辆进入厂区开始，全程跟踪了解垃圾预处理的流程，包括垃圾的分类、破碎、筛选等环节，以及这些预处理措施如何提高垃圾的焚烧效率和减少对环境的污染。观察焚烧炉的运行情况，了解焚烧炉的技术参数、燃烧控制方式以及余热利用情况。深入了解发电环节，包括蒸汽轮机的工作原理、发电效率以及电力输送等方面的情况。同时，还关注后续环保处理措施，如废气、废水、废渣的处理方式，以及这些措施是否符合国家相关环保标准。与项目运营管理人员交谈，知晓他们在项目运营管理模式上的创新点，比如如何优化人员配置，降低运营成本，提高项目的盈利能力。了解他们如何协调与周边社区的关系，通过开展环保宣传活动、提供就业机会等方式，赢得周边社区居民的支持，保障项目平稳运行。这些亲身体验，让主持人对绿色动力的业务有了全面且深入的认识。

（二）转作风：秉持严谨客观态度

在实地调研过程中，转变工作作风是确保调研质量的关键。主持人要摒弃

过去依赖二手资料的浮躁态度，以严谨、客观、公正的原则对待每一次调研。在对中国卫通进行调研时，为了准确了解公司的业务情况，主持人不仅与公司总经理孙京进行深入访谈，询问客户分布、业务转型等关键问题，还通过多种方式对获取的信息进行核实。

查阅权威行业报告，如知名咨询机构发布的关于卫星通信行业的研究报告，了解行业的整体发展趋势、市场竞争格局以及中国卫通在行业中的地位。咨询卫星领域的专家学者，获取他们对中国卫通在轨卫星技术、通信能力以及未来发展方向的专业意见。在访谈过程中，充分听取公司管理层、基层员工以及相关利益者的不同意见，不预设立场。对于公司管理层关于业务发展的战略规划，认真倾听并分析其可行性；对于基层员工提出的实际工作中的问题和建议，给予充分关注；对于相关利益者，如合作伙伴、客户等的意见，也进行全面收集和分析。在收集数据时，仔细核对每一个数据来源，确保信息的准确性和可靠性。通过多种渠道获取公司在轨卫星数量、全球排名以及在广播电视安全播出等方面的数据，并进行交叉验证，避免数据误差。这种严谨客观的作风，使主持人能够为听众呈现真实、全面的上市公司情况。

（三）改文风：用通俗语言解读调研成果

为了让广大听众能够轻松理解调研内容，在撰写节目稿件和主持节目时，主持人要注重用通俗易懂、准确翔实的语言描述调研结果。以伯特利为例，在介绍其电控制动产品和轻量化制动零部件产品时，避免使用晦涩难懂的专业术语。

通过类比生活中的常见现象，向听众解释电控制动产品的工作原理。比如将电控制动产品比作汽车的“智能刹车助手”，它通过电子控制单元，就像人的大脑一样，能够快速准确地感知车辆的行驶状态和驾驶员的制动需求，然后精确控制制动系统，使车辆平稳、快速地停下来。对于轻量化制动零部件产品，形象地比喻为给汽车“减肥”。通过采用新型材料和先进工艺，就像给汽车换上了更轻便、更坚固的“装备”，不仅减轻了汽车的整体重量，还提高了车辆的性能，比如加速更快，刹车更灵敏，油耗更低等。同时，结合市场实际情况，分析这些产品在新能源汽车领域的竞争优势和发展前景，介绍伯特利在新能源汽车制动系统市场的市场份额、客户群体以及与其他竞争对手相比的技术优势和成本优势；分析随着新能源汽车行业的快速发展，对制动系统的需求变化趋势，以及伯特利如何通过不断创新和优化产品来适应市场需求，让听众能够清晰地认识到伯特利的核心竞争力。

二、实地调研对证券节目的价值体现

（一）获取一手信息，提升节目深度

深入上市公司实地调研，使主持人能够获取丰富的第一手资料，极大地提升了节目内容的深度和广度。在对山石网科的调研中，主持人走进公司研发中心，与研发人员面对面交流，了解到他们在网络安全技术研发方面的投入，包括研发资金的规模、研发人员的数量和专业背景等。知晓公司正在进行的前沿技术研究项目，比如针对人工智能时代网络安全威胁的新型防御技术研发，以及这些技术如何应对日益复杂的网络安全威胁，如黑客利用人工智能技术进行的攻击、数据泄露风险的增加等。

同时，深入分析公司的财务状况，不仅了解营收来源，包括不同产品线的收入贡献、国内外市场的收入占比等，还分析利润构成，判断公司的盈利能力是否可持续，以及成本控制策略，比如在研发成本、营销成本、生产成本等方面的控制措施。通过对市场竞争环境的调研，掌握山石网科在行业中的地位，与主要竞争对手进行对比，分析其优势和劣势。了解整个行业的发展趋势，如云计算、大数据、物联网等新兴技术对网络安全行业的影响，以及行业未来的发展方向。这些全面且深入的信息，让主持人在节目中能够为听众提供更具价值的分析，帮助他们更好地了解上市公司的真实价值。

（二）挖掘核心竞争力，助力听众投资决策

实地调研让主持人能够深入挖掘上市公司的核心竞争力，为听众的投资决策提供有力支持。不同行业的上市公司具有不同的竞争优势，通过实地考察，主持人可以准确把握这些关键因素。

对于科技类公司，重点关注其技术研发实力。以明阳智能为例，其自主研发的全球最大、技术最先进的抗台风型大型海上风电机组是公司的核心竞争力之一。在调研中，主持人了解到公司为了研发这一技术，投入大量资源，组建了一支由国内外顶尖专家组成的研发团队，团队成员涵盖了机械工程、电气工程、海洋工程等多个领域的专业人才。公司还与国内外多家科研机构紧密合作，共同攻克技术难题。拥有先进的研发设备和实验室，能够进行模拟海上环境的实验，对风机的性能进行严格测试和优化。这些信息让主持人在节目中能够清晰地向听众解读明阳智能的技术优势以及在海上风电领域的发展潜力，帮助听众做出

更合理的投资决策。

对于传统制造业公司，则聚焦生产工艺和成本控制能力。比如在调研某汽车零部件制造企业时，主持人深入生产车间，观察生产工艺流程，从原材料的采购、加工到零部件的组装，每一个环节都进行细致考察。了解企业在生产过程中采用的先进工艺，如高精度的模具制造技术、自动化的生产设备等，这些工艺如何提高产品质量和生产效率。同时，关注企业的成本控制措施，包括原材料采购成本的控制、生产过程中的节能减排措施、人力资源的合理配置等，这些措施如何降低企业的生产成本，提高产品的市场竞争力。通过对这些实际经营环节的考察，主持人能准确把握公司核心竞争力，为听众提供有价值的判断依据。

（三）评估发展前景，服务广大听众

通过实地调研评估上市公司的发展前景，是主持人服务听众的重要方式。在对中国卫通的调研中，主持人了解到公司在轨卫星数量、全球排名以及在多个重要领域的关键作用。随着我国卫星互联网的快速发展，中国卫通迎来了新的发展机遇。

例如国内航班机载互联网服务的推进，将为中国卫通带来新的业务增长点。主持人在节目中向听众详细介绍公司在这一领域的布局和进展，包括与航空公司的合作模式、技术解决方案以及预期的市场规模。对于"一带一路"区域的卫星覆盖计划，主持人深入了解公司的战略规划和实施进度，分析这一计划对公司未来营收和市场份额的影响。同时，介绍公司的技术创新举措，如卫星通信技术的升级、新型卫星的研发等，以及市场拓展方向，如开拓国际市场、涉足新兴应用领域等，让听众对公司的未来发展有清晰的认识，从而为他们的投资决策提供参考。

三、基于实地调研的价值投资理念传播

（一）分享成功案例，增强听众投资信心

在节目中，主持人将实地调研中发现的具有投资价值的上市公司成功案例分享给听众。例如明阳智能在 2019 年三季报中展现出良好的业绩，每股收益 0.38 元，净利润 5.14 亿，同比增长 98.59%，并且在海上风电领域处于领先地位。主持人通过向听众详细介绍公司的技术优势、市场份额以及未来发展规划，让他

们看到明阳智能的发展潜力，从而增强对价值投资理念的信心。

又如绿色动力在固废处理领域也有出色表现，2012 年其固废处理规模在 6.5 万吨以上，项目数量和垃圾处理能力在行业领先，采用的 BOT 商业模式具有可复制性。通过分享这些案例，让听众认识到价值投资的可行性，鼓励他们长期持有优质公司的股票。

（二）揭示投资风险，引导听众理性投资

实地调研不仅能发现投资价值，还能揭示潜在风险。在对车市寒冬下的伯特利调研时，主持人了解到虽然公司在新能源汽车领域有一定优势，但作为整车汽车上游的零部件企业，其销售业绩受汽车行业整体低迷的影响较大。在节目中，向听众详细分析这些风险因素，提醒他们在投资决策时要充分考虑行业环境的变化，避免盲目跟风。对于其他上市公司，主持人在调研后向听众揭示诸如市场竞争加剧、技术更新换代快、政策调整等风险因素，引导听众理性投资。

（三）普及投资知识，提升听众投资素养

在节目中，主持人借助实地调研的机会，向听众传播价值投资知识。在对山石网科调研后，向听众介绍了网络安全行业的发展趋势、山石网科的核心竞争力以及价值投资的基本原理。讲解如何从公司的技术优势、市场地位、财务状况等方面评估其内在价值，以及在投资过程中如何应对市场波动。这些知识的传播，帮助听众提升投资素养，让他们在投资过程中更加理性、专业。

四、实地调研与价值投资理念传播面临的挑战

（一）信息不对称难题

尽管实地调研能获取大量信息，但信息不对称问题依然存在。部分上市公司可能会隐瞒不利信息或夸大自身优势。例如有些公司可能会夸大技术研发成果，或者对财务困境避而不谈。为了应对这一问题，主持人在调研过程中需要通过多种渠道收集信息并进行交叉验证。除了与公司内部人员交流，还会查阅行业报告、咨询专业机构，与公司的供应商和客户沟通，从不同角度了解公司的真实情况。同时，密切关注公司的公告、新闻报道以及社交媒体上的信息，及时发

现潜在问题。

（二）专业知识局限

上市公司涉及众多行业，每个行业都有独特的技术、市场和经营模式，这对主持人的专业知识储备提出了很高的要求。在调研科技公司时，复杂的技术研发过程和前沿技术概念常常令人感到困惑；调研金融公司时，对复杂的金融产品和风险管理机制的理解也存在困难。这些专业知识的局限可能导致主持人在调研中无法深入挖掘公司的核心竞争力和潜在风险，在节目中也难以准确向听众解释相关行业的投资要点和风险因素。此外，对财务报表的解读能力也有待提高，以确保能从复杂的数据中提取关键信息，准确评估公司价值。

（三）市场波动干扰

市场波动会对听众的投资决策产生重大影响。即使主持人在节目中推荐了具有投资价值的上市公司，但如果市场出现大幅波动，听众可能会因为短期股价波动而改变投资决策。在新冠疫情期间，市场动荡，许多听众因为股价下跌而恐慌抛售股票，忽视了公司的内在价值。市场波动容易引发听众的恐慌情绪，导致他们做出不理性的决策，这给主持人传播价值投资理念带来了很大挑战。

五、应对挑战的策略

（一）强化信息收集与验证

为了减少信息不对称，主持人在调研过程中会更加注重信息的收集与验证。深入上市公司各个部门，与不同层级的员工交流，获取多维度的信息。详细记录调研过程中的每一个细节，包括生产工艺、技术创新、市场反馈等。除实地调研外，广泛查阅权威行业报告，了解行业动态和趋势；咨询专业机构，借助他们的专业分析深入了解公司；与公司的供应商和客户沟通，从侧面了解公司的运营情况。通过对这些多渠道信息进行交叉验证，确保在节目中传递给听众的信息真实、准确。

（二）提升专业能力，坚守价值投资理念

在节目中，主持人会积极引导听众坚持价值投资理念，不受市场波动的影响。强调价值投资的核心是关注企业的内在价值，而不是短期股价波动。当市场出现波动时，及时在节目中向听众解释波动的原因，引导他们理性看待市场变化。同时，不断提升自己的专业分析能力，深入研究公司的财务报表、经营状况、市场竞争环境等，准确评估公司的内在价值。参考专业机构的研究报告和评级结果，结合自己的实地调研，为听众提供更专业的投资建议。

（三）加强学习与投资者教育

一方面，充分利用多种媒体渠道传递信息。在广播节目中，增加对上市公司调研的专题内容，详细介绍公司的优势和风险；在社交媒体平台上，定期发布深度分析文章，用通俗易懂的语言解读调研结果；通过线上直播与听众实时互动，解答他们在投资过程中遇到的问题。另一方面，定期组织线上或线下的投资者教育活动。举办投资知识讲座，邀请行业专家分享价值投资理念和方法；开展投资案例分析活动，引导听众参与讨论，提高他们的投资分析能力，帮助听众更好地根据调研信息做出合理的投资决策。

结　语

“走转改”精神为证券节目主持人的工作带来了全新的思路和方法。通过走出直播间，深入企业实地调研，使得主持人可以获取更准确、全面的信息，为听众发掘上市公司的价值，并有效传播价值投资理念。尽管在这个过程中面临着信息不对称、专业知识局限和市场波动等挑战，但通过加强信息收集与验证、提升专业能力、加强与听众的沟通和教育，使得主持人可以为听众提供更优质的服务，引导中小投资者树立正确的投资理念，促进我国资本市场的健康发展。在未来的工作中，我们需要继续践行“走转改”精神，不断探索创新，为广大投资者创造更多价值。

参考文献：

[1] 习近平.加快推动媒体融合发展　构建全媒体传播格局[J].求是，2019(6).
[2] 中宣部编写组.习近平新闻思想讲义[M].北京：人民出版社，2018：78－79.

[3] 中共中央办公厅国务院办公厅印发《关于加快推进媒体深度融合发展的意见》[N].新华社，2020-09-26.
[4] 喻国明.媒介革命：互联网逻辑下传媒业发展的关键与进路[M].北京：人民日报出版社，2015.
[5] 张文俊.数字新媒体概论[M].上海：复旦大学出版社，2009.

作者简介：
叶柳，上海广播电视台第一财经广播投资交易版块主理人、主持人。

古装悬疑剧如何令人“回味”？

——以《唐朝诡事录》《繁城之下》《莲花楼》为例

王灵丽

提　要： 古装悬疑剧作为一种融合历史背景与悬疑叙事的类型剧，近年来通过多维度的创新成为影视市场的热门题材。本文以三部该类型热播剧《唐朝诡事录》《繁城之下》《莲花楼》为案例，从剧作结构、主题立意、人物塑造等角度展开分析，探讨其如何通过悬疑外壳包裹现实内核，以案件为媒介洞察人性与社会，最终实现观众对作品的深度共情与长久回味。研究发现，优秀的古装悬疑剧须兼具精巧的叙事设计、深刻的主题表达以及对复杂人性的真实刻画，从而在满足观众娱乐需求的同时引发对历史与现实的思考。

关键词： 古装悬疑剧　叙事结构　人性洞察　类型嫁接

引　言

近年来，古装悬疑剧凭借其独特的历史氛围与悬疑叙事，逐渐成为国产剧集中的重要类型。此类作品不仅通过离奇案件与缜密推理吸引观众，更借助历史背景折射现实议题，以人性探讨深化作品内涵。本文选取《唐朝诡事录》《繁城之下》《莲花楼》三部热播剧为例，分析其如何通过悬疑框架展现社会百态与人性复杂，最终令观众产生“回味”之感。

一、悬疑剧的类型特质与古装悬疑剧的叙事结构

悬疑剧一般通过复杂的悬念设置和环环相扣的缜密推理，引起观众对剧中人物命运、曲折离奇剧情和最终结局的高度关注，从而营造出高度焦虑和紧张感，具有强烈的节奏感，同时融合了惊悚、冒险、暴力、心理、爱情等元素，具有强烈的视听感染力。

而古装悬疑剧的特殊性在于其历史语境的融入。此类作品往往以凶杀谜案为叙事起点，借助权谋斗争、社会矛盾、庙堂江湖等历史元素构建案件背景，引发观众对法令、道德以及人性等问题的思考。例如《唐朝诡事录》以唐代志怪传说为基底，通过八个单元案件串联起朝堂权斗与民间疾苦；《繁城之下》则以明代江南小城为舞台，通过一桩灭门惨案揭露封建社会的阶级固化与人性异化。其叙事结构多采用“案件驱动＋人物成长”的双线模式，既能保证剧情的紧凑性，又赋予角色深度发展的空间。

因此，一部优秀的古装悬疑剧，不仅体现在寻找扑朔迷离的真相、带来紧张刺激的视听震撼，更要跳出单纯破案的情节设计和非黑即白的理念设计，在人物个性的刻画和案件背后的作案动机等方面下功夫，从而给观众带来更深层次的心理冲击，以人生描写的广度、人性刻画的深度来让观众和剧中人物产生共情，从而对人性的复杂善变和命运的变化无常、不可预知以及周围的世界产生更加深刻的认识和思考，并以此来体现创作者人文关怀的温度。

（一）《唐朝诡事录》：“志怪”单元案与权谋斗争的交织

唐朝诡事录 (2022)

更新描述或海报

导演: 柏杉
编剧: 魏风华
主演: 杨旭文 / 杨志刚 / 郜思雯 / 陈创 / 孙雪宁 / 更多...
类型: 悬疑 / 奇幻 / 武侠 / 古装
制片国家/地区: 中国大陆
语言: 汉语普通话
首播: 2022-09-27(中国大陆)
集数: 36
单集片长: 45分钟
又名: 唐朝诡实录 / 唐诡1 / 大唐诡事录 / Horror Stories of Tang Dynasty / Strange Legend of Tang Dynasty / Strange Tales of Tang Dynasty
IMDb: tt22797712

豆瓣评分
8.0 ★★★★☆
361247人评价

5星 26.9%
4星 49.3%
3星 20.4%
2星 2.5%
1星 0.9%

《唐朝诡事录》是一部以唐朝为背景的古装悬疑探案剧，融合了志怪、奇幻与历史元素。其叙事结构具有鲜明的类型化特征，同时通过多线交织和单元式推进的方式构建故事框架。

该剧讲述了大唐盛世之下发生的一系列奇闻逸事，长安金吾卫中郎将卢凌风与狄仁杰亲传弟子苏无名携手共破诡案，挽救社稷，守护苍生的故事。全剧以八个独立案件(如《长安红茶》《甘棠驿》等)组成，每个单元集数不等，形成"一案一闭环"的结构。各单元之间由"调令"衔接，地点的切换过程带有"公路"元素，这种模式符合悬疑剧观众对快节奏、强情节的需求。而这八个独立的案件通过苏无名与卢凌风的角色成长线和太子与公主的权力斗争线串联起来，将探案与权谋交织。全剧以真实唐代风物为基底，融入了志怪元素，通过怪诞叙事影射现实，在类型化框架中实现了历史想象与悬疑叙事的有机融合。

《唐朝诡事录》的编剧魏风华，同时也是该剧的原著作者，小说里的故事大多取材自唐代的各类志怪小说，如《酉阳杂俎》《玄怪录》《潇湘录》《独异志》。以唐朝作者段成式的《酉阳杂俎》为例，内容涉及仙佛妖鬼、幻术道法、奇闻怪谈、异域传说、珍禽异兽等，以及众多在后世失传的秘密知识，集诡异、奇幻、惊悚、恐怖于一体。

从剧作体现的元素层面，更可以从唐代的志怪笔记中找到原型，幻术就是其中的一个代表：例如在该剧的结局案件"参天楼"中，作者采用了《三水小牍》和《宣室志》中收集月光和登上天空取月饼的幻术描写，而后面的鲤鱼跳跃、真龙现身，则来自《宣室志》和《广异记》。当作者悉心选取的这些幻术桥段，以精美的影像视听语言呈现在当下观众面前时，也能令大众像观看电影《长安三万里》《妖猫传》一样，体验一把"梦回大唐"的艺术盛宴，剧中八个案件所呈现的中式恐怖氛围带来的惊悚刺激与奇异诡谲又令人欲罢不能。虽然是探案悬疑剧，但剧集在极力挖掘大唐怪谈、呈现历史之"奇幻"的同时，对于历史本身的呈现，都循着正史的脉络，具有历史的厚重感。整部剧从人物、台词、动作都在竭力还原唐风唐俗，历史细节考究，展现了一个立体化的盛唐风貌。

继该剧成为2022年古装悬疑市场上的一匹黑马之后，2024年播出的续集《唐朝诡事录之西行》，依旧是凭借八个精彩的奇案和精良的制作，闯进豆瓣年度华语剧评分榜TOP3，形成一种正向的系列化的市场口碑和观剧期待。

(二)《繁城之下》："新案"勾连"旧案"的完美闭环

《繁城之下》讲述了明朝万历三十七年(1609)，江南蠹县县城，接连发生凶案，死者身份各异，彼此毫无关联，尸体被布置成离奇的姿势，每个案发现场都留

繁城之下 (2023)

更新描述或海报

导演: 王铮
编剧: 王铮
主演: 白宇帆 / 宁理 / 向涵之 / 刘怡潼 / 张昊唯 / 更多...
类型: 悬疑 / 犯罪 / 古装
制片国家/地区: 中国大陆
语言: 汉语普通话
首播: 2023-10-13(中国大陆)
集数: 12
单集片长: 60分钟
又名: 青蝇宴
IMDb: tt28114772

豆瓣评分
8.5
221032人评价

5星	40.0%
4星	46.3%
3星	12.0%
2星	1.3%
1星	0.3%

有一句话。作为第一个受害者的徒弟——小捕快曲三更对这些命案展开调查，及至发现这些命案及二十年前陆家失火案的所有真相。这部只有十二集的精品之作，开篇三集，三桩惨案，诡异的死法，带有仪式感的留言，让人忍不住一探究竟。

作为一部原创古装悬疑剧，《繁城之下》导演兼编剧王铮将故事的开端时间设定为明万历三十七年，虚构出一个地处江南的丰饶小城——矗县，并以“当下案件”为表层主线（如对冷捕快的死亡调查），逐步牵引出二十年前陆宅火灾的“历史谜案”。两条时间线通过物证（如玉佩、账本）、人物身份（幸存者、目击者）和台词暗示（如“因果轮回”）反复勾连，形成镜像对照。当观众在随着曲三更“当下”破解桩桩离奇命案的过程中，一步步走近、揭开那个尘封的旧案、大案时，可以看到当下案件中的受害者往往与历史案件中的施害者存在隐秘关联，暗示复仇的因果链条，从而实现了案件逻辑与人物关系的完美闭环。

相较于《大宋提刑官》《神探狄仁杰》等经典线性叙事的古装悬疑剧，《繁城之下》更接近《长安十二时辰》的多线密集型结构，但进一步弱化了“神探主导”模式，转而强调集体记忆与时代困境对个体的强大作用力。

剧集开篇，县衙捕快曲三更带着没编制的捕快高士聪赶往命案现场——城外麦田中矗立一个稻草人。掀开帽子，曲三更骇然跌坐在地，这稻草人状的死者，正是他敬若父亲的师父——县衙捕头冷无疾。这样一片丰收的盛景中，却赫然出现一具腐败可怕的尸体，繁华之下的衰败和苍凉，就是对当时社会发展趋势的直观映照。

彼时的明朝，已经过了明神宗朱翊钧前十年的勤政阶段，进入了贪财好色、骄奢淫逸、醉生梦死、不理朝政的时期，带动了当时社会的铺张浪费和吏治腐败，这时候整个国家已经开始走向衰败。这一点，在《繁城之下》中的地名矗县及相邻的螽县、蠡县的影射中，观众就可窥见一斑。

剧中运用水墨质感的画面所营造出的氤氲氛围，和市井百态相融合，叙事覆盖了士、农、工、商、衙役、乞丐等多阶层，通过案件辐射整个繁城的社会结构。例如乞丐帮派的江湖规则与官场腐败形成对照，揭示出“权力与罪恶”的普遍性，也拉开了一幅经历万历中兴又逐渐滑至明末衰败的江南百景图。《繁城之下》以一众市井小民身上自然存在的社会关系来展现大明王朝中下层的运作体系，而这不同阶层的各路人马，又将“富庶江南小镇表象之下的悲剧隐喻”以具象的故事呈现，展示出这个封建王朝步入腐朽、走向衰败的过程。

（三）《莲花楼》：悬疑十武侠的另类书写

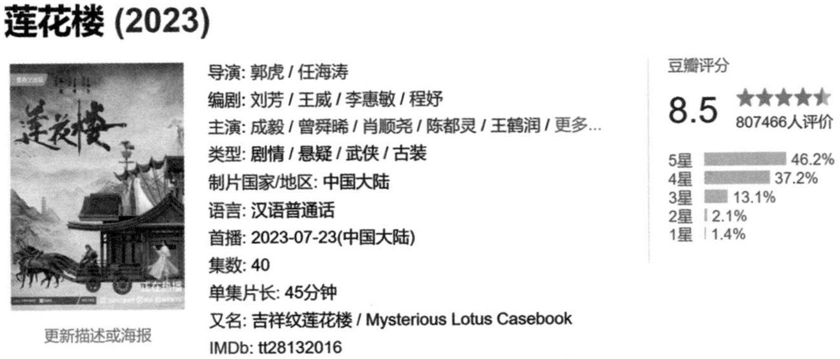

在2023剧集市场竞争最为激烈的暑期档，《莲花楼》播出的长尾效应引发大量关注。该剧改编自藤萍小说《吉祥纹莲花楼》，讲述了闻名武林的四顾门门主李相夷在一次大战后身受重伤，从此退隐江湖成为淡泊名利的“假神医”李莲花，在遇到新交方多病与旧敌笛飞声后重新卷入江湖的故事。该剧成为爱奇艺平台2023年第三部热度破万作品。从一开始的不温不火到后续热度攀升、剧集结束后仍频频登上微博热搜榜，呈现长达四个多月的长尾效应，足以见得《莲花楼》的“后劲”之大。

《莲花楼》糅杂了新时代武侠剧和悬疑剧的两大亮点，进行了类型嫁接的创新性尝试，以“武林复仇”为故事主线，同时主线中埋设长期悬念（师兄单孤刀是否已死），以“侦破奇案”为副线，将这两个类型剧进行了十分巧妙和成功的融合，通过“短期悬念解谜→长期悬念递进”的循环，持续牵引观众注意力，将江湖门派的权力斗争（如金鸳盟与四顾门）嵌入了探案推理之中。而且不同于金庸式“家国天下”宏大叙事，《莲花楼》以“小人物江湖”为切口，通过李莲花的“下沉视角”（从门主到游医）展现武林光环下的琐碎与荒诞，结构上更贴近现代观众对“去中心化叙事”的偏好，全力塑造出一个“武学天才”在陨落为“神医妙探”、命不久矣的普通人之后的人生态度和胸怀格局的变化，展示一个独立个体在新一轮的自我认同过程中对侠义精神的彰显，定义属于自己的“仁”与“义”。

从剧作结构来看，与原著小说相比，加入了一条明显的武侠主线：李相夷为寻找师兄单孤刀遗体并在后来发现事情真相后，在众人帮助下，彻底毁灭以师兄为首的一干邪恶势力，换天下太平，百姓安宁。这样的主线设置，一是为了让剧作能够撑满长达四十集的故事体量，二是能在剧目中让悬疑探案与江湖恩怨相辅相成，并使人物李相夷与李莲花的前后命运对比更加鲜明，更能体现和突出这个人物由无所不能、天下第一的孤高自负的“神”向身体支离破碎，心理转而平和宁静的普通“人”的转变。

在案件编排上，剧作选取了原小说中的十个案例进行了精练和拔高。例如“女宅”案中，当三人小组破获这起“被迫待客”的女孩子反抗玉楼春的压迫后，是李莲花和方多病劝说她们放下屠刀，并且给她们保障了一个比较光明的前程。对于女性的尊重和她们对命运的反抗，都是编剧在洞悉当下观众心理的前提下做出的有效改编。

在这些单元案件中，李莲花一次次以智慧化解危机，实则是对其“失去武功”这一悲剧命运的补偿性叙事；主线揭露的“同门背叛”“信仰崩塌”，则解构了传统武侠的“快意恩仇”，转向对人性复杂性的探讨。

如果说《唐朝诡事录》以唐代朝堂之上的国事之争为背景，《繁城之下》以明代的市井人生为主调，那《莲花楼》则将中国观众所熟悉的“庙堂”与“江湖”的关系，用一个人物李莲花的“劫后余生”来进行了重新书写，也就同时完成了全剧的灵魂——对于李莲花这个充满吸引力的普通“人”的塑造。这也是近几年在古装悬疑剧中以一个人物的塑造引起热议和持续关注的剧目。

二、悬疑外壳下的现实内核：人性与社会的双重映射

古装悬疑剧的“回味”价值不仅源于案件的离奇性，更在于其对人性与社会的深刻剖析。

《唐朝诡事录》通过诡案背后的权力博弈，展现盛世表象下的政治倾轧，提出“谁在推动历史”的宏大命题；《繁城之下》则以市井小人物的欲望纠葛为切口，揭示封建制度下个体命运的悲剧性，凸显善恶交织的人性本质；《莲花楼》通过主角李莲花的身份转变，探讨“侠义精神”的现代重构，以个体选择呼应观众对自我认同的追求。这些作品均以案件为媒介，将历史问题与现实议题相勾连，引发观众对当下社会的反思。

(一)《唐朝诡事录》:谁是辉煌盛世的缔造者?

在《唐朝诡事录》中,透过五人小分队的探案表层,我们深究这个故事的内里延展,就会发现探案解谜的故事主线之外,还有一条一以贯之的隐线:这是一场大唐内部权力的游戏。而它要表达的主题是:是谁,推动着这个时期的唐朝走向了盛世?

剧中八个诡异案件和破案过程,以及剧中人物的命运,都与政治斗争紧密相关。剧中涉及一段非常重要的历史背景:故事发生的唐朝景云年间,是唐睿宗李旦复位后的年号。彼时,中央朝政处在睿宗李旦与妹妹太平公主及太子李隆基的三角政斗阶段,李隆基在接受李旦的禅位登基后不久又赐死亲姑姑太平公主,终于结束了之前皇权不断变更的混乱历史,成为唐朝在位最久的皇帝——唐明皇,开创了唐朝的极盛之世——开元盛世。编剧在唐朝历史中,智慧地选择了这段皇权斗争的敏感时期,将志怪小说的惊悚与刺激和这段党同伐异、权力倾轧的乱世相结合,一是表达了无数小人物成就辉煌盛世的主题,二是巧妙地为续集制作留了一个端口。

这些诡案,都是特定历史时代的产物和朝堂政治斗争的衍生品,涉及案子里的众生,也就都是政治斗争的受益者或牺牲品。剧中出现的一系列诡异案件,主要人物官职变化频繁、仕途浮沉,很多角色命运悲惨等情节,都是这种特殊的时代背景诱发的。

剧中的探案小组,如卢凌风、苏无名等一批朝野忠义之人,正是这大唐盛世的守护者。盛世的蓝图由上层人物设计描绘,而盛世的基底则由千千万万的卢凌风、苏无名等小人物来铸就。历史与辉煌的创造者、书写者,恰是这些普通人。这样,故事的立意就通过这八个诡案清晰完整地展现了出来。

(二)《繁城之下》:一场关于权力、贪婪与救赎的东方寓言

在《繁城之下》的剧情中,当曲三更对"当下"案件的抽丝剥茧过程逐渐涉及"历史"案件时,"当下"的真相仿佛已经显得没那么重要了。

时光回溯到二十年前,少年时期的陆直是家主陆远暴捡来的乞丐,他聪慧乖巧,心机深沉,善于窥见人心。陆直一心想"认父",脱离贱籍,成为像陆远暴一样有钱、有社会地位、有尊严的人。但是管家陆忠和陆远暴胞弟再次让陆直清晰认识到无论自己如何努力,他也永远是个奴仆。这种人与人之间无法跨越的阶级差异,以及由此带来的毫无前途、没有真正尊严的人生是陆直丧心病狂放火烧死

陆家二十几口人的最深层原因。人心的难测，私欲的膨胀，最终一场无情大火又改变了所有人的命运，带来的是绵延二十年的恩怨纠葛。

剧中每个人物身上，都有作为一个普通百姓的无奈与悲哀，只是在人生的是与非、人性的善与恶之间，每个人的抉择不同。

比如神医有个顺手牵羊的习惯，因此被陆直拿捏，因为害怕被告发偷东西，并被套路一步步越陷越深；王夫子失手杀死弟子被陆直发现并握有证据；冷捕头、忠爷、赵举人、陈旺、张贵、厨子、柳十七……这些每个被陆直利用的人都被他把握了各自的人性弱点，形成了一个以陆直为核心的利益集团；而另一端，心地纯良的陆家表少爷陆不忧，陆直童年玩伴、耿直善良的小宝子，成为这些人中不可多得的始终坚守着善意与底线的人物。

剧中，曲三更维护公道的目的是正义的，但手段却不是磊落的。他拿着两行罪证和收益手册，借力打力，革了自己上司易有靠的职，收拾了上级派来查案的夏捕头，最后以恶制恶，甚至搭上了他敬重的上司宋辰和一众同僚的命。包括酷吏宋辰，自身也是被掌权者无情捉弄，成为政治斗争的牺牲品。

曲三更知道父亲曲天明是救火而死，当他询问母亲当年的情况时，母亲只记得事发后冷无疾送来一大笔银子，才知道两人“关系甚好”，之前却毫不知情。直到大结局观众才知晓是打更的曲天明二十年前意外撞破纵火现场，被冷无疾杀人灭口……一切看似不起眼的细节到最终都会成为逻辑闭环，给人无限遐想。在一个个人物的串联下，所有的线索终于填满了这场跨越二十年的悲剧。

剥开这个故事，便会发现，离奇与惊悚的命案并不是该剧的底色，而是在追求公理和正义过程中，展现出来的不那么泾渭分明的人性善与恶。《繁城之下》之中的所有人无疑都被命运所驱使着前行，让欲望迸发，一点点将人性的善恶放大。

正是由于这种非常规的非黑即白式表达，才会将人性的复杂展示得淋漓尽致，人心难测，善恶难辨，欲望驱使，命运无常，这也是这部剧最吸引人的地方。

（三）《莲花楼》：“复仇”与“放下”的角力与平衡

如前所述，故事背景架空的《莲花楼》虽也引入了朝堂，但并不能激起多少家国情怀。李莲花一改往昔国产武侠剧中那种忧国忧民、为国献身的大侠形象，在由李相夷被迫转变成李莲花之后，一路在向过往那个意气风发惊艳绝绝的自己挥手说再见，他的行为更多的是遵循个体内心想法和情感考量之后做出的一种选择。这种选择更加去“集体化”，凸显独立思考的“个体化”，但编剧让他的种种选择又符合了当下主流价值观的认可。因此，当这样一个曾经辉煌过的普通人在自己的世界里兴高采烈地努力活着之时，当他对自己在意的人可以舍身相救，对他人的错误可以宽恕原谅，但唯独不能放下对背叛师父的师兄进行惩罚时，这个人物李莲花，既有武侠剧中主角快意恩仇的一面（故事主线带来的危机的化解），又有足够的睿智对过往生活中众多“意难平”进行和解（渗透在探案过程中完成的任务），并在结尾留下“事了拂衣去，深藏功与名”的开放式结尾，让剧作既有爽感又有现实感，所以更能为当下观众的现实生活提供一个良好的情绪释放口和宣泄点。李莲花这个人物的独特魅力在于，他让观众在这个特殊的“童话故事”中体会到了久违的亲切感，只要认同自我的一切，那么个体就能与世界和解。人民文娱对这个角色的描述是：“他始终坚持自己，不沉溺于过往的成就里，不活在别人的期待里，也不活在周遭人的定义里。”

三、人物塑造与观众共情：从“神性”到“人性”的转变

角色塑造是古装悬疑剧实现“回味”的关键。《唐朝诡事录》中卢凌风与苏无名的忠义形象，象征了盛世背后的无名守护者；《繁城之下》的曲三更在追寻正义过程中逐渐显露的道德模糊性，打破了传统“非黑即白”的叙事模式；而《莲花楼》的李莲花则通过从“天才少侠”到“平凡神医”的转变，展现了人物从执念到放下的心路历程。此类角色既具备传奇色彩，又充满现实质感，其复杂性使观众得以在共情中反观自身。

结　语

古装悬疑剧的“回味”本质，在于其将历史叙事与人性探讨紧密结合的能力。通过《唐朝诡事录》《繁城之下》《莲花楼》等作品可见，此类剧集的成功不仅依赖于悬疑氛围的营造与逻辑推理的严谨，更须在主题深度与人物塑造上寻求突破。未来，古装悬疑剧可进一步挖掘历史与现实的对话空间，打破类型化叙事的局限，在案件设计、文化表达与价值观传递上实现创新。唯有如此，方能持续激发观众的思考与共鸣，使“回味”成为此类作品长盛不衰的核心竞争力。

参考文献：

[1] 罗晚晴.“惯例”与“创新”：国产网络悬疑剧的叙事共性与突破[J].西部广播电视，2023(03).

[2] 何美.类型、媒介和审美：近年国产悬疑网剧的破圈之道[J].当代电视，2021(04).

作者简介：

王灵丽，上海尚世影业有限公司文学策划评估。

图书在版编目(CIP)数据

探究真谛 ：上海广播电视论文选. 第十三辑 / 上海市广播电视协会编. — 上海 ：文汇出版社，2025. 8.
ISBN 978-7-5496-4581-7

Ⅰ. G229. 2-53

中国国家版本馆 CIP 数据核字第 2025FM8284 号

探究真谛

——上海广播电视论文选·第十三辑

上海市广播电视协会　编

责任编辑 / 熊　勇
封面装帧 / 张　晋

出版发行 / 文匯出版社
上海市威海路 755 号
(邮政编码 200041)
经　　销 / 全国新华书店
排　　版 / 南京展望文化发展有限公司
印刷装订 / 上海颛辉印刷厂有限公司
版　　次 / 2025 年 8 月第 1 版
印　　次 / 2025 年 8 月第 1 次印刷
开　　本 / 720×1000　1/16
字　　数 / 700 千字
印　　张 / 37.5

ISBN 978-7-5496-4581-7
定　　价 / 98.00 元